DIGNIDADE DA PESSOA HUMANA

CONTEÚDO, TRAJETÓRIAS E METODOLOGIA

DANIEL SARMENTO

DIGNIDADE DA PESSOA HUMANA

CONTEÚDO, TRAJETÓRIAS E METODOLOGIA

3ª edição
1ª reimpressão

Belo Horizonte
FÓRUM
CONHECIMENTO JURÍDICO
2024

2016 – 2ª edição
2020 – 3ª edição
2024 – 1ª reimpressão

FORUM
CONHECIMENTO JURÍDICO

Luís Cláudio Rodrigues Ferreira
Presidente e Editor

Coordenação editorial: Leonardo Eustáquio Siqueira Araújo
Aline Sobreira de Oliveira

Rua Paulo Ribeiro Bastos, 211 – Jardim Atlântico – CEP 31710-430
Belo Horizonte – Minas Gerais – Tel.: (31) 99412.0131
www.editoraforum.com.br – editoraforum@editoraforum.com.br

Técnica. Empenho. Zelo. Esses foram alguns dos cuidados aplicados na edição desta obra. No entanto, podem ocorrer erros de impressão, digitação ou mesmo restar alguma dúvida conceitual. Caso se constate algo assim, solicitamos a gentileza de nos comunicar através do *e-mail* editorial@editoraforum.com.br para que possamos esclarecer, no que couber. A sua contribuição é muito importante para mantermos a excelência editorial. A Editora Fórum agradece a sua contribuição.

S246d Sarmento, Daniel

Dignidade da pessoa humana: conteúdo, trajetórias e metodologia / Daniel Sarmento. 3. ed. 1. reimpressão. – Belo Horizonte: Fórum, 2020.

462p.

ISBN 978-65-5518-206-4

1. Direito constitucional. 2. Direitos humanos. 3. Filosofia do direito. I. Título.

CDD: 341.2
CDU: 342

Informação bibliográfica deste livro, conforme a NBR 6023:2018 da Associação Brasileira de Normas Técnicas (ABNT):

SARMENTO, Daniel. *Dignidade da pessoa humana*: conteúdo, trajetórias e metodologia. 3. ed. 1. reimpr. Belo Horizonte: Fórum, 2020. ISBN 978-65-5518-206-4.

Para Teresa, Cíntia, João Pedro e Chico,
raízes que são asas, com amor.

Holy! Holy! Holy! Holy! Holy! Holy! Holy! Holy! Holy! Holy! Holy! Holy! Holy! Holy!
The world is holy! The soul is holy! The skin is holy! The nose is holy! (…)
The bum's as holy as the seraphim! the madman is holy as you my soul are holy! (…)
Holy forgiveness! mercy! charity! faith! Holy! Ours! bodies! suffering! magnanimity!
Holy the supernatural extra brilliant intelligent kindness of the soul!
(Allen Ginsberg, *Footnote to Howl*)

SUMÁRIO

CAPÍTULO 6

O RECONHECIMENTO

NOTA À 3ª EDIÇÃO

Esta terceira edição incorpora um posfácio, que tem o título "Dignidade da Pessoa Humana em tempos de crise democrática". No posfácio, analiso os impactos de acontecimentos recentes no país – notadamente a eleição e a gestão do Presidente Jair Bolsonaro – sobre a eficácia social do princípio da dignidade da pessoa humana.

A premissa, detidamente explorada no texto, é a de que o Brasil atravessa uma grave crise democrática, e que, nos últimos anos, houve significativos retrocessos em relação a cada um dos componentes do princípio da dignidade da pessoa humana, discutidos ao longo do livro.

Agradeço as sugestões de Ademar Borges, Anna Luiza Rubiano, Camilla Borges, Eduardo Adami e João Gabriel Madeira Pontes, queridos amigos e colegas de escritório.

Este livro corresponde, com pequenos ajustes, à tese que apresentei no concurso público para o cargo de Professor Titular de Direito Constitucional da UERJ, defendida e aprovada em 1º lugar, em dezembro de 2015. A titularidade é o coroamento de toda uma vida docente, no meu caso, de quase vinte anos. Se fosse expressar a minha gratidão a todos que contribuíram para a minha trajetória, um livro inteiro seria pouco. Assim, registro aqui apenas os agradecimentos relacionados à elaboração da tese e ao seu contexto. Muitos outros eu levo no coração.

Agradeço primeiramente à banca examinadora, composta pelos Professores Luís Roberto Barroso (Presidente), Gustavo Tepedino, Clèmerson Merlin Clève, Ingo Wolfgang Sarlet e Oscar Vilhena Vieira, pela arguição instigante. Foi uma grande honra ter sido examinado por juristas dessa envergadura, todos pessoas queridas e genuinamente importantes para a minha formação intelectual.

Alguns amigos queridos leram e fizeram sugestões e críticas valiosas a partes do texto: Ademar Borges, Aline Osório, Camilla Gomes, Carlos Alexandre de Azevedo Campos, Juliana Cesário Alvim, Patrícia Perrone e Teresa Mello. Registro também o meu agradecimento às acadêmicas Juliana Ávila e Helena Ferreira pelo excepcional trabalho de pesquisa. Helena, Camilla e Flávio Costa foram impecáveis na revisão da obra, feita em tempo recorde. Helena cuidou ainda de toda a interminável papelada necessária para o concurso, além de ajudar com as traduções do alemão. Muito obrigado a todos!

Tenho sido muito feliz na Faculdade de Direito da UERJ. Apesar das carências materiais e do ambiente físico um tanto inóspito, se trata de um espaço privilegiado para pensar o Direito e os problemas da nossa sociedade, caracterizado pelo pluralismo, respeito mútuo e excelência acadêmica. Agradeço aos grandes mestres que tive na instituição, especialmente a Ricardo Lobo Torres, meu querido orientador de Mestrado e Doutorado, a Luís Roberto Barroso, constitucionalista insuperável e inspiração permanente, e a Gustavo Tepedino, patrono da minha turma de graduação e acadêmico exemplar. Também expresso o meu reconhecimento aos brilhantes colegas de docência na UERJ com quem tenho dialogado e aprendido tanto, especialmente a Gustavo

Binenbojm, Ricardo Lodi Ribeiro, Rodrigo Brandão, Fábio Zambitte, Alexandre Aragão, Jane Reis, Ana Paula de Barcellos e Carlos Alexandre de Azevedo Campos. Acima de tudo, agradeço aos alunos maravilhosos de graduação e pós-graduação com que a vida me tem presenteado ao longo dos anos, que a cada dia me surpreendem, desafiam e me estimulam a ir além.

Este livro foi escrito basicamente ao longo do ano de 2015. Foi um período especialmente tumultuado, porque, além do concurso para Professor Titular, enfrentei também uma grande mudança profissional, ao me desligar do Ministério Público Federal, em que atuara por quase 20 anos, e ingressar na advocacia privada. Apesar da saudade do MPF e dos amigos que lá deixei, estou feliz e realizado com a guinada. De todo modo, muito do que sou e do que penso, muito do que figura nesta obra, aprendi nas lides em favor dos direitos humanos e minorias travadas no MPF. Agradeço à instituição, com muito orgulho por tê-la integrado, na pessoa da minha companheira de tantas lutas, Deborah Duprat.

Agradeço ainda à Camilla, à Juliana Cesário Alvim e à Helena por terem me ajudado a segurar as pontas no escritório durante esse período conturbado, mas felizmente tão fértil. E à Camilla, novamente, pelo auxílio indispensável com as minhas turmas na graduação da UERJ.

Sou imensamente grato a dois amigos fraternos pela imensa generosidade nessa minha transição profissional: Leonardo Lobo e Gustavo Binenbojm. E agradeço também, pela amizade e parceria de tantos anos, a Cláudio Pereira de Souza Neto e a Ricardo Lodi Ribeiro.

À Juliana Cesário Alvim, sou grato também por ter compensado, com brilho e paixão, as minhas ausências na Clínica de Direitos Fundamentais da UERJ. E a todas as queridas companheiras e companheiros da Clínica, por sonharem junto comigo, botando seu tempo e energia no nosso projeto de fazer advocacia de interesse público do mais alto nível, voltada à defesa da dignidade dos excluídos.

Agradeço ao João Pedro, meu filho mais velho, por muita coisa, mas especialmente pela alegria que me deu no final de 2015. É emocionante ver um filho chegar à idade adulta e perceber como ele é bacana, bondoso, autêntico, brilhante. Ao Chico, meu caçula maravilhoso, que foge dos meus beijos como o diabo foge da cruz, devo os meus momentos mais leves e alegres. À minha mãe, Teresa, agradeço pelo amor, carinho e estímulo em tudo, desde sempre.

Cíntia me apoiou de corpo e alma nesta empreitada, como vem fazendo há tantos anos, em todos os meus projetos. Ela suportou estoicamente as minhas ausências e oscilações de humor; deu-me colo, calma e carinho. Não vendo a menor graça no Direito, teve a generosidade de ler páginas e páginas desta tese, mesmo quando convocada para a leitura nas horas mais impróprias. Tantas vezes me acudiu, pacientemente, para procurar livros perdidos na minha caótica biblioteca ou para resolver problemas banais — mas para mim invencíveis — com o computador. À Cíntia, minha mulher, tão sábia e tão linda, teria muito mais a agradecer, com o coração cheio de amor, por tudo e por tanto!

Rio de Janeiro, janeiro de 2016.
Daniel Sarmento

INTRODUÇÃO

> *Os homens pedem carne. Fogo. Sapatos.*
> *As leis não bastam.*
> *Os lírios não nascem da lei.*
> (Carlos Drummond de Andrade)[1]

1 Primeiras palavras

No rico Estado de São Paulo, presidiárias têm que usar miolos de pão para conter o fluxo menstrual, pois o Poder Público não lhes fornece absorventes.[2] Nas favelas brasileiras, a polícia executa com habitualidade suspeitos pobres, e os fatos, com grande frequência, não são sequer investigados. Menos de 50% da população brasileira tem acesso à coleta de esgoto[3] e cerca de 6 milhões de pessoas no país sequer dispõem de banheiro em casa.[4] A Europa enjeita diariamente milhares de imigrantes desesperados fugidos da África e do Oriente Médio. Os que não se afogam ou morrem de outro jeito na infernal travessia do

---

1 ANDRADE, Carlos Drummond de. Nosso Tempo. *In*: ANDRADE, Carlos Drummond de. *Antologia poética*. São Paulo: Companhia das Letras, 2015. p. 140.

2 QUEIROZ, Nana. *Presos que menstruam*. Rio de Janeiro: Record, 2015.

3 SECRETARIA NACIONAL DE SANEAMENTO AMBIENTAL DO MINISTÉRIO DAS CIDADES. *Diagnóstico dos Serviços de Água e Esgotos, Sistema Nacional de Informações sobre Saneamento (SNIS)*. 2013. p. 17. Disponível em: http://www.snis.gov.br/diagnostico-agua-e-esgotos/diagnostico-ae-2013. Acesso em 11 jan. 2016.

4 UNICEF. World Health Organization. *Progress on Drinking Water and Sanitation*. 2014. p. 54. Disponível em: http://www.unicef.org/gambia/Progress_on_drinking_water_and_sanitation_2014_update.pdf. Acesso em 11 jan. 2016.

Mediterrâneo, são tratados como bichos quando chegam ao continente do Iluminismo,[5] privados até do direito de ter direitos.

Enquanto isso, como que em outra dimensão, os tratados internacionais e as constituições proclamam, altissonantes, o princípio da dignidade da pessoa humana. A dignidade figura em praticamente todas as declarações e tratados internacionais sobre direitos humanos, e está consagrada em nada menos que 149 constituições nacionais, das 194 que hoje estão em vigor.[6] [7] Ademais, a sua eficácia também é reconhecida em países cujas constituições não contêm menção expressa ao princípio, como a França[8] e os Estados Unidos.[9] A dignidade da pessoa humana tem sido invocada com grande frequência por diversas cortes constitucionais estrangeiras e por tribunais internacionais,[10] e se tornou um parâmetro para a contestação jurídica, social e política da ação opressiva dos Estados, de entidades internacionais e do poder privado.

No Brasil, a dignidade da pessoa humana figura como "fundamento da República" no art. 1º, inciso III, da Constituição brasileira. O princípio já foi apontado pela nossa doutrina como o "valor supremo da

---

5 Cf. HUMAN RIGHTS WATCH. *Europe's Refugee Crisis Isn't Only About Syria*. 18 set. 2015. Disponível em: https://www.hrw.org/news/2015/09/18/europes-refugee-crisis-isnt-only-about-syria. Acesso em 14 out. 2015.

6 Cf. *Constitute Project*. Disponível em: http://www.constituteproject.org/#/search. Acesso em 21 jul. 2016.

7 A consagração não significa, contudo, compromisso real com a dignidade. Basta ver que ela figura nas constituições de países como Síria, Afeganistão, Sudão e Somália, notórios pelas graves violações de direitos humanos que perpetram contra a sua própria população.

8 Cf. *e.g.*, GIMENO-CABRERA, Véronique. *Le traitement jurisprudentiel du principe de dignité de la personne humaine dans la jurispudence du Conseil Constitutionnel Français et du Tribunal Constitutionnel Espagnol*. Paris: L.G.D.J., 2004.

9 Cf., *e.g.*, MEYER, Michael J.; PARENT, W. A. *The constitution of rights*: human dignity and American values. Ithaca: Cornell University Press, 1992.

10 Cf. MCCRUDDEN, Christopher. Human dignity and judicial interpretation of human rights. *European Journal of international Law*, Firenze, v. 19, n. 4, p. 655-724, 2008; BURGORGUE-LARSEN, Laurence (Ed.). *La dignité saisie par les juges en Europe*. Bruxelas: Bruylant, 2010; BARROSO, Luís Roberto. *A dignidade da pessoa humana no direito constitucional contemporâneo*: a construção de um conceito jurídico à luz da jurisprudência mundial. Belo Horizonte: Fórum, 2013; DALY, Erin. *Dignity rights*: courts, constitution and the worth of the human person. Philadelphia: University of Pennsylvania Press, 2013; MAHLMANN, Mathias. Human dignity and autonomy in modern constitutional orders. *In*: ROSENFELD, Michel; SAJÓ, András (Eds.). *The Oxford Handbook of comparative constitutional law*. Oxford: Oxford University Press, 2012. p. 370-396; CAROZZA, Paolo G. Human dignity in constitutional adjudication. *In*: GINSBURG, Tom; DIXON, Rosalind (Eds.). *Comparative constitutional law*. Cheltenham: Edward Elgar Publishing Limited, 2011. p. 459-472.

democracia",[11] como a "norma das normas dos direitos fundamentais",[12] como o "princípio dos princípios constitucionais",[13] como o "coração do patrimônio jurídico-moral da pessoa humana".[14] O reconhecimento da centralidade do princípio da dignidade da pessoa humana é recorrente na jurisprudência brasileira, tendo o STF afirmado que se trata do "verdadeiro valor-fonte que conforma e inspira todo o ordenamento constitucional vigente em nosso país".[15] E são cada vez mais frequentes as decisões judiciais que invocam o princípio da dignidade da pessoa humana. Só no Supremo, por ocasião da finalização da 2ª edição desta obra, eram nada menos do que 315 acórdãos, 2.940 decisões monocráticas e 89 decisões da Presidência invocando o princípio.[16] No STJ, por sua vez, foram 934 acórdãos e 28.544 decisões monocráticas.[17] Essas cifras são ainda pálidas quando comparadas aos números espantosos do TST: nessa corte superior, há menção à "dignidade humana" ou à "dignidade da pessoa humana" em nada menos que 103.372 acordãos e 8003 decisões monocráticas![18] Isso corresponde a quase 4% de todas as decisões proferidas pelo referido tribunal, disponíveis no seu sítio eletrônico de pesquisa.

Essa importância atribuída à dignidade da pessoa humana no Brasil e no constitucionalismo global deve ser saudada como sinal de avanço civilizatório. Afinal, trata-se de princípio profundamente humanista, baseado na valorização da pessoa e comprometido com a garantia dos seus direitos básicos contra todas as formas de injustiça e opressão. Portanto, é promissor que tal princípio tenha passado a desempenhar papel de destaque nos ordenamentos jurídicos contemporâneos.

---

[11] SILVA, José Afonso da. A dignidade da pessoa humana como valor supremo da democracia. *In*: SILVA, José Afonso da. *Poder constituinte e poder popular*. São Paulo: Malheiros, 2000. p. 144-149.

[12] BONAVIDES, Paulo. Prefácio. *In*: SARLET, Ingo Wolfgang. *Dignidade da pessoa humana e direitos fundamentais na Constituição Federal de 1988*. Belo Horizonte: Livraria do Advogado, 2001. p. 13.

[13] CASTRO, Carlos Roberto Siqueira. Dignidade da pessoa humana: o princípio dos princípios constitucionais. *In*: CASTRO, Carlos Roberto Siqueira. *Direito constitucional e regulatório*: ensaios e pareceres. Rio de Janeiro: Renovar, 2011. p. 851-889.

[14] ROCHA, Carmen Lúcia Antunes. O princípio da dignidade da pessoa humana e a exclusão social. *Revista de Interesse Público*, n. 4, p. 32, 1999.

[15] Supremo Tribunal Federal. ADI nº 3510, Rel. Min Ayres Britto, julg. 29.5.2008. Trecho do voto do Min. Celso de Mello.

[16] Disponível em: http://www.stf.jus.br/portal/jurisprudencia/pesquisarJurisprudencia.asp. Acesso em 27 jul. 2016.

[17] Disponível em: http://www.stj.jus.br/SCON. Acesso em 27 jul. 2016.

[18] Disponível em: http://www.tst.jus.br/consulta-unificada. Acesso em 27 jul. 2016.

Nada obstante, tal centralidade, como visto, não tem bastado para assegurar a eficácia social da dignidade humana. Entre o discurso generoso dos textos constitucionais e internacionais e a vida concreta da população mais carente, interpõe-se quase sempre um oceano. Pessoas continuam morrendo vitimadas pela fome ou por doenças facilmente evitáveis; seres humanos são barbaramente torturados; presos são submetidos a condições de encarceramento absolutamente degradantes; indivíduos são discriminados, humilhados e até assassinados em razão de fatores como a sua raça, nacionalidade, gênero, religião, deficiência ou orientação sexual; pessoas são impedidas de seguir seus projetos de vida porque estes contrariam preceitos religiosos ou preconceitos enraizados. Em suma, o princípio da dignidade da pessoa humana, proclamado com pompa e circunstância nos textos constitucionais e nos tratados internacionais sobre direitos humanos, continua sendo denegado na vida cotidiana de legiões de pessoas, especialmente dos excluídos. Infelizmente, é assim praticamente no mundo inteiro e também no Brasil.

Os problemas que cercam o princípio da dignidade da pessoa humana não param por aí. Além da falta de eficácia social, o princípio enfrenta também dificuldades decorrentes da ausência de consenso quanto ao seu conteúdo.[19] A elevada abertura semântica do princípio, a diversidade das suas fontes históricas e fundamentações filosóficas, a sua incidência sobre temas profundamente controvertidos sob o prisma moral, político e religioso, e o pluralismo social que caracteriza as sociedades contemporâneas contribuem para tornar a interpretação da dignidade da pessoa humana um terreno fértil para embates sociais, travados em diferentes esferas, como no Poder Judiciário, nos parlamentos, na opinião pública e na academia.

Não são incomuns, por exemplo, as hipóteses em que a dignidade da pessoa humana é invocada pelos lados rivais de uma contenda, na defesa de posições diametralmente opostas.[20] Isso aconteceu no Brasil, nos debates travados no STF sobre pesquisas com células-tronco embrionárias[21] e interrupção da gestação de fetos anencefálicos.[22] É o que se dá também na discussão, que ocorre em praticamente todo o

---

19 Cf. WALDRON, Jeremy. *Dignity, rank and rights*. New York: Oxford University Press, 2012. loc. 237 (*e-book*).

20 Cf. MCCRUDDEN, Christopher. In pursuit of human dignity: an introduction to current debates. *In*: MCCRUDDEN, Christopher (Ed.). *Understanding human dignity*. Oxford: Oxford University Press, 2013. p. 1.

21 Supremo Tribunal Federal. ADI nº 3510, Rel. Min. Ayres Britto, julg. 29.05.2008.

22 Supremo Tribunal Federal. ADPF nº 54, Rel. Min. Marco Aurélio, julg. 12.04.2012.

mundo, a respeito de temas controvertidos, como eutanásia, aborto, prostituição, pornografia e legalização das drogas. Como observou Luís Roberto Barroso, "a dignidade, como conceito jurídico, frequentemente funciona como um espelho, no qual cada um projeta os seus próprios valores".[23]

Essa maleabilidade do princípio da dignidade da pessoa humana gera um efeito paradoxal. Por um lado, como o princípio comporta as mais divergentes leituras, praticamente todas as forças políticas e sociais podem endossá-lo, sem comprometer o seu ideário: libertários, favoráveis ao Estado mínimo, e socialistas, defensores da apropriação coletiva dos meios de produção; religiosos, que se batem pela proteção absoluta da vida do nascituro, e feministas, que pugnam pela ampla legalização do aborto. Todos se apresentam como defensores da dignidade da pessoa humana, desde que – é claro – interpretada sob a *sua* ótica. Esta é provavelmente uma das principais razões pelas quais é tão generalizada a consagração da garantia da dignidade da pessoa humana nas constituições contemporâneas e tratados internacionais.[24] Mas, por outro lado, essa indeterminação e ambiguidade comprometem a capacidade do princípio da dignidade humana de equacionar controvérsias jurídicas e sociais. Daí que a dignidade humana é empregada tanto para assegurar o respeito à autonomia dos indivíduos como para obrigá-los a viver de acordo com valores que não professam;[25] é utilizada ora para fundamentar a inclusão dos miseráveis e dos *outsiders*, ora para legitimar hierarquias sociais cristalizadas.[26]

Essa elevada indeterminação do princípio da dignidade da pessoa humana lhe tem rendido diversas críticas. José de Oliveira Ascensão, por exemplo, consignou que "alguma coisa não está certa na invocação da dignidade da pessoa humana", pois se ela "serve para tudo, então

---

23 BARROSO, Luís Roberto. *A dignidade da pessoa humana no direito constitucional contemporâneo*: a construção de um conceito jurídico à luz da jurisprudência mundial. Belo Horizonte: Fórum, 2013. p. 9-10.

24 Neste sentido, Paulo Gustavo Gonet Branco aponta a "abertura conotativa da expressão" como uma das causas do prestígio praticamente universal que o princípio da dignidade da pessoa humana alcançou. (BRANCO, Paulo Gustavo Gonet. Vastas emoções e pensamentos imperfeitos: algumas ideias obre a dignidade da pessoa no direito. *In*: BRANCO, Paulo Gustavo Gonet (Org.). *Princípio da dignidade da pessoa humana*. Brasília: IDP, 2013. p. 147).

25 O tema da tensão entre dignidade como autonomia e heteronomia será detidamente enfrentado no capítulo 4.

26 Cf. HENNETTE-VAUCHEZ, Stéphanie. A human dignitas?: the contemporary principle of human dignity as a mere reappraisal of an ancient concept. *European University Institute Working Papers*, Law 2008/18.

não serve para nada", transformando-se numa "fórmula vazia".[27] O intelectual norte-americano Steven Pinker, em sarcástico artigo jornalístico intitulado "A Estupidez da Dignidade" (*The Stupidity of Dignity*), argumentou que a "dignidade é uma noção subjetiva, flácida, que dificilmente está à altura das questões morais de 'peso-pesado' que lhe são atribuídas para resolver".[28] A francesa Stéphanie Hennete-Vauchez foi além, afirmando que essa imprecisão da dignidade tem permitido a ressurreição, sob novas vestes, de um jusnaturalismo conservador, hierárquico e avesso à autonomia.[29] Aliás, a objeção contra o discurso da dignidade humana nem é nova. Schopenhauer já a verbalizara, em tom irônico, nos idos do século XIX:

> Esta expressão, dignidade humana, usada por Kant, tornou-se desde então o lenga-lenga de todos os moralistas perplexos e cabeças-ocas, que escondem por trás dessa imponente expressão a sua incapacidade de estabelecer alguma base real para a moral, ou de uma que faça algum sentido. Eles contam astuciosamente com o fato de que seus leitores vão ficar contentes de se verem investidos nesta dignidade, e por isso se darão por satisfeitos.[30]

No cenário brasileiro, a vagueza do princípio da dignidade da pessoa humana, aliada ao modismo de recurso frequente e generalizado a princípios constitucionais impregnados de forte conteúdo moral na resolução judicial de casos concretos, também inspira preocupação.[31] Afinal, abundam os casos de invocação "frouxa" da dignidade humana

---

[27] ASCENSÃO, José de Oliveira. O 'fundamento do direito': entre o direito natural e a dignidade da pessoa humana. *Revista da Faculdade de Direito da Universidade de Lisboa*, v. 52, n. 1 e 2, 2011. p. 12-13.

[28] O artigo voltou-se à crítica do relatório intitulado *Human Dignity and Bioethics*, elaborado pelo Conselho de Bioética dos Estados Unidos, nomeado pelo Presidente George W. Bush. Veja-se PINKER, Steven. The stupidity of dignity. *The New Republic*, 28 mai. 2008. Disponível em: http://www.newrepublic.com/article/the-stupidity-dignity. Acesso em 28 set. 2015.

[29] HENNETTE-VAUCHEZ, Stéphanie. A human dignitas?: the contemporary principle of human dignity as a mere reappraisal of an ancient concept. *European University Institute Working Papers*, Law 2008/18. p. 7.

[30] SCHOPENHAUER, Arthur. *On the basis of morality*. Indianapolis: Hackett, 1965. p. 100.

[31] Tratei dessa tendência em SARMENTO, Daniel. Ubiquidade constitucional: os dois lados da moeda. *In*: SARMENTO, Daniel. *Livres e iguais*: estudos de direito constitucional. Rio de Janeiro: Lumen Juris, 2006. p. 167-206. Sobre o tema, veja-se também NEVES, Marcelo. Abuso de princípios no Supremo Tribunal Federal. *Revista Consultor Jurídico* (CONJUR), 27 out. 2012. Disponível em: http://www.conjur.com.br/2012-out-27/observatorio-constitucional-abuso-principios-supremo-tribunal. Acesso em 14 out. 2015.

nas fundamentações das decisões judiciais.[32] Muitas vezes, os magistrados sequer se dão ao trabalho de justificar a pertinência do recurso a princípio tão elevado na escala dos valores constitucionais. Há casos em que a dignidade aparece como um mero adorno na decisão, buscando emprestar-lhe algum charme humanista.

A "carnavalização" do princípio da dignidade da pessoa humana é prejudicial por diversas razões. Ao se banalizar o recurso à dignidade, desvaloriza-se o princípio no discurso jurídico.[33] Ademais, a prática atenta contra a segurança jurídica, pois torna o resultado do processo judicial muito dependente dos gostos e preferências de cada magistrado, comprometendo a previsibilidade do Direito. Finalmente, o fenômeno é problemático sob a perspectiva democrática, pois permite que juízes não eleitos imponham seus valores e preferências aos jurisdicionados, passando muitas vezes por cima das deliberações adotadas pelos representantes do povo.

Contudo, tais razões não justificam que se abandone ou relegue a um papel menor o princípio da dignidade da pessoa humana, como alguns chegam a postular. Além do respeito à decisão do poder constituinte originário e às normas internacionais sobre direitos humanos, a força moral do princípio, bem como o seu profundo apelo emocional, dirigido não só aos juristas como também ao cidadão comum, são boas razões para continuar apostando nele como um poderoso instrumento para humanização do ordenamento jurídico e das práticas sociais. O princípio da dignidade da pessoa humana, corretamente interpretado, pode ajudar a colorir com tintas mais emancipatórias a ordem jurídica; pode servir como arma de combate, nos tribunais e fora deles, contra práticas sociais injustas e opressivas; pode contribuir para o enraizamento de um genuíno sentimento constitucional na sociedade em favor da inclusão e da justiça.

---

32 Na mesma linha, a observação de Ingo Wolfgang Sarlet: "A aplicação do princípio da dignidade da pessoa humana (...) não raras vezes ocorre de modo flagrantemente distanciado da realidade concreta, sem qualquer fundamentação racional justificando a sua aplicação, gerando um déficit de segurança. Da mesma forma, censurável o uso meramente retórico e até panfletário do princípio, que com isso acaba tendo comprometida a sua força simbólica e eficácia normativa". (SARLET, Ingo Wolfgang. Art. 1º, III. *In*: CANOTILHO, J. J. Gomes *et al*. *Comentários à Constituição do Brasil*. São Paulo: Saraiva/Almedina, 2013. p. 128).

33 Mesmo Ronald Dworkin, defensor do uso da dignidade humana no discurso jurídico e moral, reconhece o problema ao afirmar que "o conceito de dignidade tem sido rebaixado pelo seu uso excessivo e frouxo". (DWORKIN, Ronald. *Justice for hedgehogs*. Cambridge: The Belknap Press of Harvard University Press, 2011. p. 13). Nesse mesmo sentido, MATHIS, Klaus. Human dignity as a two-edged sword. *In*: BRUGGER, Winfried; KIRSTE, Stephan (Eds.). *Human dignity as a foundation of law*. Stuttgart: Franz Steiner Verlag/Nomos, 2013. p. 144: "O uso inflacionário da dignidade, ao trivializá-la, a reduz a um conceito sem sentido".

Afinal, o desenvolvimento de uma cultura constitucional vibrante depende, em boa parte, da capacidade dos valores da Constituição de capturar a imaginação moral dos cidadãos,[34] e a dignidade da pessoa humana reúne, como talvez nenhum outro princípio, as condições necessárias para cumprir esse papel. Como destacou Bernard Schlink, a dignidade humana é usada com frequência como "uma bandeira sob a qual as pessoas se unem e lutam por liberdade, igualdade e condições decentes de vida".[35] Deve ser comemorado que tal estandarte, que simboliza e dá alento às lutas contra a injustiça e a opressão, se agite também sobre o nosso chão.

Porém, os riscos de *carnavalização* da dignidade humana, assim como de sua *apropriação* pelo discurso conservador, avesso à autonomia e à emancipação, tornam extremamente relevantes as tarefas de definição do conteúdo do princípio em questão, bem como de construção de metodologia adequada para sua aplicação. Estes serão os objetivos centrais desta obra.

2 Plano de trabalho

O tema geral do livro é o princípio da dignidade da pessoa humana no Direito Constitucional brasileiro. Trata-se de assunto praticamente inabarcável, uma vez que a dignidade se irradia por todos os ramos do ordenamento: civil, penal, administrativo, tributário, processual etc. Não é minha pretensão discutir cada uma dessas múltiplas projeções – e talvez nem fosse possível fazê-lo com a mínima profundidade. Tal princípio, ademais, está presente, em maior ou menor intensidade, em todos os direitos materialmente fundamentais, e também não tenho a intenção de debater cada um deles para perquirir o seu "conteúdo em dignidade humana".

Pela limitação de tempo e espaço, não haverá como tratar neste estudo de muitos assuntos extremamente relevantes ligados à dignidade da pessoa humana. Não serão discutidos, por exemplo, os direitos da

---

[34] Cf. BALKIN, Jack. *Constitutional redemption*: political faith in an unjust world. Cambridge: Harvard University Press, 2011; GOMES, Juliana Cesario Alvim. O constitucionalismo difuso e seus fundamentos. *In*: SARMENTO, Daniel (Org.). *Jurisdição constitucional e política*. Rio de Janeiro: Forense, 2015. p. 391-424.

[35] SCHLINK, Bernard. The concept of human dignity: current usages, future discourses. *In*: MCCRUDDEN, Christopher (Ed.). *Understanding human dignity*. Oxford: Oxford University Press, 2013. p. 631.

personalidade, tema central no âmbito do Direito Civil-Constitucional.[36] A obra não enveredará pelos riquíssimos debates que envolvem a aplicação da dignidade humana nos campos da Bioética e do Biodireito.[37] Não será explorada a questão dos titulares do direito à dignidade humana, que passa pela complexa problemática do *status* jurídico e moral do embrião, do feto e das pessoas sem atividade cerebral, mantidas artificialmente vivas. Como estas, muitas outras questões fundamentais não serão apreciadas. Num estudo sobre tema tão amplo e multifacetado, não há como tratar de todos os aspectos. Por isso, tive que fazer recortes e "escolhas trágicas" sobre o que enfrentar. Cabe então explicá-las e justificá-las.

O recorte temático da obra vem do reconhecimento de que, além da falta de eficácia social, existe outro importante problema no tratamento dado à dignidade humana no Brasil, já apontado acima. Ainda não existe uma definição cristalizada sobre o conteúdo desse princípio, o que vem gerando incertezas e decisionismos, e possibilitando que a dignidade seja empregada por vezes em defesa da heteronomia e da manutenção de privilégios e hierarquias, o que me parece uma lastimável deturpação. Assim, o objetivo principal do trabalho é definir um *conteúdo* para o princípio da dignidade da pessoa humana na ordem constitucional brasileira. Além disso, pretendo também elaborar uma proposta de *metodologia* para a aplicação do referido princípio.

A dignidade da pessoa humana é, por natureza, um tema interdisciplinar, que interessa profundamente a áreas diversas do saber. Neste estudo, o enfoque será eminentemente jurídico-constitucional. Porém, ele seria muito empobrecido se não aproveitasse os aportes vindos de

---

36 Sobre o tema, veja-se, *e.g.*, PERLINGIERI, Pietro. *La personalità umana nell'ordinamento giuridico.* Camerino: Jovene Editore, 1972; TEPEDINO, Gustavo. A tutela da personalidade no ordenamento civil-constitucional brasileiro. *In*: TEPEDINO, Gustavo. *Temas de direito civil.* Rio de Janeiro: Renovar, 1999. p. 44-54; PINTO, Paulo Mota. Direito ao livre desenvolvimento da personalidade. *In*: *AA. VV. Portugal-Brasil Ano 2000.* Tema Direito. Coimbra: Coimbra Editora, 1999. p. 149-246; SCHREIBER, Anderson. *Direitos da personalidade.* São Paulo: Atlas, 2011.

37 Sobre o assunto, veja-se, *e.g.*, BEYLEVELD, Deryck; BROWNSWORD, Roger. *Human dignity in bioethics and biolaw.* Oxford: Oxford University Press, 2001; ANDORNO, Roberto. *La bioéthique et la dignité de la personne.* Paris: PUF, 1997; PELLEGRINO, Edmund D. *et al. Human dignity and bioethics*: essays commissioned by the president's council on bioethics. Washington: The President's Council on Bioethics, 2008; LOUREIRO, João Carlos Gonçalves. O direito à identidade genética do ser humano. *In*: *AA.VV. Portugal-Brasil Ano 2000.* Tema Direito. Coimbra: Coimbra Editora, 2001. p. 264-389; SARLET, Ingo Wolfgang; LEITE, George Salomão (Orgs.). *Direitos fundamentais e biotecnologia.* São Paulo: Método, 2008; BARBOZA, Heloísa Helena Gomes. A proteção da identidade genética. *In*: ALMEIDA FILHO, Agassiz; MELGARÉ, Plínio (Orgs.). *Dignidade da pessoa humana*: fundamentos e critérios interpretativos. São Paulo: Malheiros, 2010. p. 83-100.

outros ramos do conhecimento. Assim, a obra não desprezará essas relevantes contribuições, buscando construir pontes entre o Direito Constitucional e outras disciplinas metajurídicas, especialmente a Filosofia Política e a História.

O estudo se vale intensamente de material do Direito Comparado. A premissa é a de que o diálogo entre fontes e cortes pode proporcionar "fertilizações cruzadas",[38] que abrem a possibilidade de aprendizado recíproco. Afinal, se outras nações e jurisdições já enfrentaram questões semelhantes àquelas com as quais nos defrontamos, conhecer suas experiências e os argumentos que empregaram pode contribuir para o aperfeiçoamento de nossas práticas e decisões, por dar ensejo à consideração de outras razões e perspectivas.[39] Com isso, permite-se o diagnóstico de possíveis fragilidades ou incoerências dos pontos de vista tradicionalmente adotados no cenário nacional. Nas questões complexas e controvertidas em que incide o princípio da dignidade da pessoa humana, essa abertura para o diálogo cosmopolita afigura-se especialmente recomendável.[40]

A opção da obra, neste ponto, foi de ir além das jurisdições que são normalmente estudadas pelos constitucionalistas brasileiros: Alemanha, Estados Unidos, França, Espanha, Portugal etc. Naturalmente, o debate travado em tais países também foi considerado, especialmente o alemão, pela sua importância no tema da dignidade humana. Nada obstante, deu-se especial destaque ao Direito Constitucional da África do Sul e da Colômbia por várias razões. Em primeiro lugar, porque o constitucionalismo brasileiro pode se valer muito mais dos diálogos Sul-Sul, travados com outras nações em desenvolvimento.[41] Afinal, temos

---

[38] A expressão é de JACOBS, Francis G. Judicial dialogues and the cross-fertilization of legal systems: the European Court of Justice. *Texas International Law Journal*, v. 38, p. 547-557, 2003.

[39] Sobre a importância dos diálogos transnacionais na interpretação constitucional, cf. CHOUDHRY, Sujit (Ed.). *The migration of constitutional ideas*. Cambridge: Cambridge University Press, 2006; JACKSON, Vicki C. *Constitutional engagement in a transnational era*. New York: Oxford University Press, 2009; NEVES, Marcelo. *Transconstitucionalismo*. São Paulo: Martins Fontes, 2012.

[40] No mesmo sentido, cf. BARROSO, Luís Roberto. *A dignidade da pessoa humana no direito constitucional contemporâneo*: a construção de um conceito jurídico à luz da jurisprudência mundial. Belo Horizonte: Fórum, 2013. p. 11-12.

[41] Na mesma linha, VIEIRA, Oscar Vilhena. Introduction. *In*: VIEIRA, Oscar Vilhena; BAXI, Upendra; VILJOEN, Frans (Eds.). *Transformative constitutionalism*: comparing the apex courts of Brazil, India and South Africa. Pretoria: Pretoria University Law Press, 2013. p. 2-14; MALDONADO, Daniel Bonilla. Toward a constitutionalism of the global south. *In*: MALDONADO, Daniel Bonilla (Ed.). *Constitutionalism of the global south*: the activist tribunals of India, South Africa, and Colombia. New York: Cambridge University Press, 2013. p. 4-56; SILVA, Virgílio Afonso da. Integração e diálogo constitucional na América

muitos problemas comuns com os demais países do terceiro mundo, como os atinentes à miséria e à desigualdade extrema, que não são tão pronunciados nas nações desenvolvidas. Para o enfrentamento jurídico desses temas, o debate constitucional com nações que padecem de adversidades semelhantes pode ser muito proveitoso. Não bastasse, África do Sul e Colômbia estão certamente entre os Estados com experiências jurisdicionais mais ricas no campo constitucional, especialmente na área de direitos fundamentais. Os dois países possuem constituições recentes e avançadas, além de contarem com cortes constitucionais bastante progressistas, que vêm proferindo belas decisões no tema da dignidade humana.

A dignidade é assunto central na reflexão de muitos pensadores antigos, modernos e contemporâneos, que nos legaram contribuições valiosas sobre o assunto, como Cícero, Pico della Mirandola, Kant, Ronald Dworkin e Habermas. Esta obra não será, porém, centrada na exploração das teorias de autores específicos. Pretendo, obviamente, valer-me das reflexões e ideias de vários pensadores e juristas, mas elas não serão o foco central do estudo, nem o eixo em torno do qual os seus argumentos serão construídos.

A obra incorre, confessadamente, em certo sincretismo teórico,[42] na medida em que incorpora *insights* e propostas de autores filiados a correntes filosóficas divergentes – como o liberalismo igualitário, a teoria das necessidades e a teoria crítica do reconhecimento –, sem aderir integralmente a nenhuma delas.[43] O meu objetivo não é trabalhar "dentro da caixa" de qualquer marco teórico predeterminado. O que me proponho, não sem certa ousadia, é construir uma teoria nova, que ambiciona ser coerente tanto com a ordem constitucional brasileira como com a moralidade crítica, mas não tem compromisso com qualquer corrente teórica preexistente.

---

do Sul. *In*: BOGDANDY, Armin Von; PIOVESAN, Flávia; ANTONIAZZI, Mariela Morales (Orgs). *Direitos humanos, democracia e integração jurídica.* Rio de Janeiro: Lumen Juris, 2010. p. 515-530.

42 Para uma crítica ao sincretismo no âmbito da interpretação constitucional – que não compartilho –, veja-se SILVA, Virgílio Afonso da. Interpretação constitucional e sincretismo metodológico. *In*: SILVA, Virgílio Afonso da (Org.). *Interpretação constitucional.* São Paulo: Malheiros, 2005. p. 115-144.

43 Concordo no ponto com Clèmerson Merlin Clève quando sustenta que não é impróprio conjugar o pensamento de autores com propostas a princípio inconciliáveis, pois "nada impede que um conceito seja somado a outro, uma vez assegurada a unidade e coerência não dos discursos referidos, mas do terceiro pensamento". (CLÈVE, Clèmerson Merlin. O jurídico como espaço de luta. *In*: CLÈVE, Clèmerson Merlin. *Para uma dogmática constitucional emancipatória.* Belo Horizonte: Fórum, 2012. p. 87).

Depois desta introdução, trato, no capítulo 1, da trajetória histórica da dignidade da pessoa humana. A exposição será organizada em torno de três processos, que correspondem, na minha ótica, às grandes transformações por que tem passado a dignidade humana na história: (a) de privilégio de uma minoria a princípio universal; (b) do foco no sujeito abstrato para a preocupação com a pessoa concreta e socialmente enraizada; e (c) de ideia apenas religiosa e filosófica para norma jurídica vinculante. O capítulo contém também uma discussão sobre a penetração desses processos em nosso país, com destaque para a deficiência nacional no que tange à universalização da dignidade, decorrente de uma cultura social desde sempre muito marcada por hierarquias e assimetrias.

No capítulo 2, cuido das funções que o princípio da dignidade da pessoa humana desempenha em nosso ordenamento. Apresento, em seguida, um esboço da minha compreensão sobre o conteúdo do princípio, decompondo-o em quatro elementos básicos: valor intrínseco da pessoa, autonomia, mínimo existencial e reconhecimento. O capítulo finaliza com o debate sobre o caráter relativo ou absoluto da proteção conferida à dignidade no Direito brasileiro.

Os quatro capítulos seguintes são dedicados à exploração de cada um dos referidos elementos. O capítulo 3 trata do valor intrínseco da pessoa. Busca-se explicar tal ideia, fornecer exemplos interessantes do seu uso no Brasil e no Direito Comparado, e cotejar tal concepção com duas linhas filosóficas com ela incompatíveis: o organicismo e o utilitarismo. Já o capítulo 4 dedica-se ao estudo da autonomia. Aborda-se a autonomia pública e privada, e discute-se a existência de um direito geral de liberdade no ordenamento brasileiro. O capítulo analisa criticamente o paternalismo, o perfeccionismo e o moralismo jurídico, e se encerra com uma tomada de posição sobre o onipresente debate entre duas concepções de dignidade: a "dignidade como autonomia" e a "dignidade como heteronomia".

O capítulo 5 trata do direito ao mínimo existencial. O texto examina alguns fundamentos filosóficos do instituto, discute o seu conteúdo na ordem jurídica brasileira e debate a sua relação com a ideia da reserva do possível. O estudo ingressa também na discussão sobre os limites da atuação jurisdicional na garantia de direitos prestacionais, em vista do princípio democrático e da limitação das capacidades institucionais do Poder Judiciário. O capítulo 6, por sua vez, volta-se ao reconhecimento intersubjetivo. Algumas teorias sobre esta matéria são exploradas, e elabora-se um conteúdo jurídico para o reconhecimento na ordem constitucional brasileira, analisando-se algumas das suas aplicações. O capítulo contém também um excurso sobre os direitos das populações tradicionais, em que se debate o tema da relação entre o multiculturalismo e a proteção dos direitos humanos.

Estes quatro capítulos são o coração da obra. Não ignoro que os temas tratados em cada um deles comportariam, com folgas, tratados inteiros. Minha intenção não é esgotar o exame de qualquer desses assuntos tão grandiosos e complexos, mas tão somente iluminar a relação profunda de cada um dos referidos elementos com a dignidade humana, esboçando linhas para a sua compreensão integrada no sistema constitucional brasileiro.

Finalmente, o capítulo 7 volta-se à metodologia. Diante da generalizada crítica – em minha ótica, procedente – de que o princípio da dignidade da pessoa humana tem sido usado no Brasil muitas vezes de forma retórica e decisionista, busco delinear algumas propostas específicas para o seu emprego em decisões judiciais. Em seguida, apresento um capítulo conclusivo, em que sintetizo as principais ideias do trabalho.

A aposta da obra é de que Drummond estava enganado no belo poema que figura na epígrafe desta introdução. O poeta acertou quando disse que "as leis não bastam", como comprovam as dantescas prisões brasileiras e a revoltante situação dos imigrantes que buscam refúgio na Europa. Mas, ao contrário do que afirmou, os lírios *podem* nascer das leis. Nada assegura que vão brotar e florescer, mas a possibilidade existe. Para que ela se realize, é preciso engenho e paixão. O Direito é um instrumento que pode ser usado para emancipar as pessoas, para garantir que sejam tratadas como gente, com igual respeito e consideração. Ao fim e ao cabo, é para isto que deve servir o princípio da dignidade da pessoa humana. Essa é a "premissa sentimental" deste estudo, que convém desde já desvelar.

CAPÍTULO 1

TRAJETÓRIA(S) DA DIGNIDADE HUMANA

> *Não existem, nas vozes a que agora damos ouvidos, ecos das vozes que emudeceram? (...)*
> *Articular historicamente o que foi o passado não significa conhecê-lo 'tal como ele de fato foi'. Significa apropriar-se de uma recordação, como ela relampeja em um momento de perigo.*
> (Walter Benjamin)[44]

1.1 Introdução

Na mitologia grega, a deusa Atena nasce da cabeça de Zeus, seu pai, já adulta e portando elmo, escudo e lança. Assim gerada, a deusa da sabedoria mantém a mesma aparência por toda a eternidade. Com os princípios jurídicos não ocorre o mesmo. Em geral, eles são esculpidos ao longo do tempo por fatores sociais, econômicos, culturais e políticos. Criaturas históricas, os princípios tendem a se transformar, assumindo novas feições ao sabor das mudanças que ocorrem nas sociedades em que vigoram.

Com o princípio da dignidade da pessoa humana não tem sido diferente. Independentemente da posição que se tenha sobre o *fundamento*

---

[44] BENJAMIN, Walter. Sobre o conceito de história. *In*: BENJAMIN, Walter. *Obras escolhidas*: magia e técnica, arte e política. (Trad. Sergio Paulo Rouanet). 8. ed. São Paulo: Editora Brasiliense, 2012. v. 1.

deste princípio – se ele se ancora, por exemplo, em leis divinas, na natureza humana, ou se é o resultado contingente e provisório de lutas políticas e sociais –, não há dúvida de que, do ponto de vista *descritivo*, o princípio da dignidade da pessoa humana, tal como hoje o concebemos, não nasceu pronto e acabado. A questão da genealogia histórica não se confunde com a da fundamentação, e é da primeira que se ocupa este capítulo.[45]

O objetivo do capítulo é discutir os processos históricos que têm pautado a construção da ideia de dignidade da pessoa humana. O estudo desses processos é relevante para a obra, não apenas por propiciar o acesso a informações interessantes, como, sobretudo, por prover *insights* sobre como deve ser compreendido e aplicado o princípio em questão, aqui e agora. Afinal, o conhecimento da história dos institutos nos proporciona uma perspectiva mais ampla sobre eles e nos auxilia a refletir melhor sobre o seu presente e futuro.

Ao invés de articular a exposição deste capítulo com base na linha do tempo, optei por discutir, separadamente, três transformações fundamentais que tiveram curso na compreensão sobre a dignidade humana: a sua universalização, a adoção de perspectiva mais concreta sobre a pessoa humana e a positivação jurídica do princípio. A escolha dessa forma de organização teve o propósito de conferir maior inteligibilidade aos complexos fenômenos históricos debatidos, que certamente não são estanques, mas reciprocamente implicados. Em seguida, discuto esses processos no Brasil, destacando o problema nacional com a universalização da dignidade, em razão da persistência no país de cultura social fortemente hierárquica e desigualitária. Nessa parte, o estudo seguirá uma linha mais sociológica do que histórica.

Na reconstrução histórica da dignidade humana, evitei incorrer no erro frequente de associar a ideia apenas às manifestações que empregaram o termo "dignidade" ou outros similares. A valorização da pessoa humana pode se expressar de múltiplas formas, por meio de diferentes vocabulários, sem a necessidade de uso de um termo específico para designar o fenômeno.[46] Tampouco almejo, neste momento, enveredar no debate aprofundado sobre o pensamento dos autores que

---

[45] Sobre a relação entre a genealogia histórica e a fundamentação dos direitos humanos e da dignidade humana, veja-se JOAS, Hans. *A sacralidade da pessoa*: nova genealogia dos direitos humanos. (Trad. Nélio Schneider). São Paulo: Unesp, 2012. p. 143-200.

[46] Numa analogia, pode-se dizer que o fato de faltar no idioma inglês um termo similar à nossa "saudade" não significa, por óbvio, que os povos anglófonos sejam incapazes de sentir esta emoção com a mesma intensidade que nós, ou mesmo de refletir sobre ela.

vêm discutindo o tema ao longo do tempo. O escopo deste capítulo não é expor e discutir teorias, mas sim analisar a evolução dos discursos e práticas jurídicas, políticas e sociais concernentes à dignidade das pessoas. Diante desse objetivo, as ideias dos pensadores interessam, mas apenas na medida em que influenciaram esses discursos e práticas.

Na descrição das trajetórias da dignidade, dar-se-á ênfase à sua evolução no âmbito da cultura ocidental, em cuja periferia estamos inseridos.[47] Não ignoro, contudo, a existência de diversas contribuições não ocidentais altamente relevantes para a ideia de dignidade humana.[48] Aliás, não é só em sociedades diferentes que são cultivadas compreensões distintas sobre a dignidade. No interior de uma mesma sociedade, também convivem interpretações heterogêneas sobre o conteúdo desse princípio, que possuem, igualmente, as suas raízes históricas. Nada obstante, não pretendo neste momento debruçar-me sobre essas diferenças entre culturas, ou no seu interior, relativas à compreensão da dignidade da pessoa humana. Algumas delas ainda serão enfrentadas ao longo desta obra. Neste capítulo, será indispensável proceder a algumas generalizações e simplificações no afã de viabilizar a exposição didática de processos históricos tão complexos, multifacetados e não lineares.

1.2 Da hierarquia à dignidade universal

A noção de dignidade humana evoca duas ideias diferentes, que se entrelaçam, mas não se identificam necessariamente: a dignidade da *pessoa* humana e a dignidade da *espécie* humana.[49] Pode-se dizer que a dignidade da pessoa humana pressupõe a da espécie humana, mas que o inverso não ocorre. No conceito moderno de dignidade humana

---

47 Apesar de situado nas margens do Ocidente cultural, o Brasil é um país multiétnico e pluricultural, que também recebeu e recebe decisivas influências de culturas não ocidentais, como a dos negros, originários da África, e dos povos indígenas.

48 Boaventura de Sousa Santos chega a afirmar que "todas as culturas possuem concepções de dignidade humana, mas nem todas elas a concebem em termos de direitos humanos". (SANTOS, Boaventura de Sousa. Por uma concepção multicultural de direitos humanos. *In*: SANTOS, Boaventura de Sousa. *Reconhecer para libertar*: os caminhos do cosmopolitismo multicultural. Rio de Janeiro: Civilização Brasileira, 2003. p. 442). Em DÜWELL, Marcus *et al*. (Eds.). *The Cambridge handbook of human dignity*: interdisciplinary perspectives. Cambridge: Cambridge University Press, 2014, há artigos que exploram as compreensões sobre a dignidade humana existentes entre os povos indígenas norte-americanos, no mundo islâmico, no hinduísmo, no budismo, no confucionismo e no taoísmo.

49 Cf. KATEB, George. *Human dignity*. Cambridge: The Belknap Press of Harvard University Press, 2011. p. 3-10.

presente nas constituições contemporâneas e nos tratados internacionais sobre direitos humanos, essas duas noções estão presentes.

A dignidade da espécie humana consiste no reconhecimento de que o ser humano ocupa uma posição superior e privilegiada entre todos os seres que habitam o nosso mundo. Distintas razões foram empregadas para justificar essa superioridade, sendo as mais frequentes o uso da razão, o livre arbítrio e, no âmbito religioso, a criação à imagem de Deus. Já a dignidade da pessoa humana envolve a concepção de que todas as pessoas, pela sua simples humanidade, têm intrínseca dignidade, devendo ser tratadas com o mesmo respeito e consideração. Nas palavras de Antonio Pele, a compreensão moderna da dignidade humana tem, simultaneamente, um "alcance vertical", que expressa "a superioridade dos seres humanos sobre os animais", e um "alcance horizontal", que consiste "na igualdade dos seres humanos entre si, independentemente da função que cada um desempenhe na sociedade".[50]

A primeira ideia – a dignidade da *espécie* humana – é muito mais antiga do que a segunda. A faceta igualitária da dignidade só veio a se afirmar institucionalmente na Modernidade, após o advento do Iluminismo. Muito antes disso, porém, já era corrente a afirmação do valor ímpar do ser humano no mundo natural. Contudo, não se extraía dessa valorização da humanidade a exigência de reconhecimento de uma igualdade intrínseca entre as pessoas. Muito pelo contrário, ela convivia lado a lado com a afirmação da desigualdade natural entre os indivíduos.

Com efeito, não foram poucas as fontes pré-modernas que enfatizaram a natureza especial dos seres humanos diante dos outros entes da natureza. O Livro do Gênesis – primeiro livro da Bíblia cristã e do Pentateuco judaico, provavelmente escrito no século VI A.C. – proclamou a grandeza do homem ao afirmar que Deus o criara "à sua imagem e semelhança", destinando-o a exercer autoridade sobre "os peixes do mar, sobre as aves do céu e sobre todos os seres vivos que se movam sobre a terra".[51] Esta ideia do ser humano criado à imagem de Deus – *Imago Dei* –, vem perpassando, desde então, o pensamento

---

[50] PELE, Antonio. Una aproximación al concepto de dignidad humana. *Universitas*, n. 1, dez./ jan. 2004. Disponível em: http://universitas.idhbc.es/n01/01_03pele.pdf. Acesso em 28 set. 2015.

[51] BÍBLIA. A.T. Gênesis, Português, *Bíblia Sagrada*, Capítulo 1, versículo 26.

cristão[52] e judaico,[53] constituindo alicerce ainda hoje invocado por essas tradições religiosas para a afirmação da dignidade da pessoa humana.

No pensamento helenístico, a estatura do ser humano também é enaltecida.[54] Isso se percebe, por exemplo, na filosofia do sofista Protágoras, que afirmou ser "o Homem a medida de todas as coisas".[55] A ideia também se evidencia na filosofia de Sócrates, que pregou o uso crítico da razão na busca da verdade, bem como a luta incessante pelo autoconhecimento.[56] Ela se entrevê, do mesmo modo, na dramaturgia grega, cujos personagens revelam com riqueza as inumeráveis capacidades da pessoa, como a razão, a coragem e a criatividade. Veja-se, como exemplo, o seguinte trecho da peça *Antígona*, de Sófocles:

> Coro: Muitos são os mistérios; nada mais misterioso que o Homem. Ele cruza o mar bravio quando há vento e tormenta. E a mais venerada das deusas, a Terra, a incorruptível, a venerável, ele vai fatigando com o ir e vir do seu arado, ano após ano, fazendo-a frutificar.
> Os pássaros do céu ele aprisiona, bem como os animais dos campos e os seres que habitam o fundo do mar, nas malhas das suas redes. Homem engenhoso demais! (...)
> Ele soube forjar a linguagem e o pensamento, criar cidades, e sabe proteger-se do gelo e das chuvas. Inesgotável em recursos contra tudo, salvo contra a morte.
> Dotado de inventividade sem fronteiras, umas vezes usada para o mal, outras para o bem.[57]

---

52 Cf. HANVEY, James. Dignity, person and imago trinitatis. *In*: MCCRUDDEN, Christopher (Ed.). *Understanding human dignity*. Oxford: Oxford University Press, 2013. p. 209-228.

53 Cf. LORBERBAUM, Yair. Blood and the image of God: on the sanctity of life in Biblical and early Rabbinic law, myth, and ritual. *In*: KRETZMER, David; KLEIN, Eckart (Eds.). *The concept of human dignity in human rights discourse*. The Hague: Kluwer Law International, 2002. p. 55-86.

54 Veja-se, a propósito, BAKER, Hershel. *The image of man*: a study of the idea of human dignity in classical antiquity, the middle ages and the renaissance. New York: Harper & Brothers, 1961. p. 3-68.

55 Cf. CHAUÍ, Marilena. *Introdução à história da filosofia 1*: dos pré-socráticos a Aristóteles. São Paulo: Schwartz, 2002. p. 169-172.

56 Cf. SÓCRATES. *Os pensadores*: seleção de textos de José Américo Motta Pessanha. (Trad. Jaime Bruna *et al*). 2. ed. São Paulo: Editora Abril, 1980. Para Henrique C. Lima Vaz, Sócrates introduziu "no campo das ideias antropológicas a ideia da personalidade moral sobre a qual irá assentar todo o edifício da Ética e do Direito em nossa civilização". (VAZ, Henrique C. de Lima. *Antropologia filosófica*. 7. ed. São Paulo: Loyola, 2004. v. 1, p. 29).

57 SÓFOCLES. *Tragedias completas*. (Trad. Ignacio Errandonea). 5. ed. Madri: Aguillar, 1964. p. 211-212.

Inobstante, na Antiguidade grega a ideia de desigualdade intrínseca entre as pessoas estava profundamente enraizada. Na Grécia Antiga, sempre recordada como berço da democracia e da filosofia, a escravidão era aceita sem questionamentos,[58] bem como a completa subordinação da mulher ao homem.[59] Para que o cidadão grego pudesse participar da vida pública, deliberando na *polis* sobre os temas de interesse coletivo, era necessário que os escravos trabalhassem para sustentar materialmente a comunidade.[60] Se na esfera pública chegou-se a proclamar que cidadãos livres detinham os mesmos privilégios (*isonomia*), além de idêntico direito de se pronunciar nas assembleias públicas (*isegoria* – igualdade na ágora), no âmbito do lar, cada cidadão era um tirano todo-poderoso, ao qual se subordinavam sua mulher, seus filhos e escravos.

É certo que no pensamento grego já se discutia a igualdade. A teoria aristotélica sobre justiça distributiva e compensatória é até hoje uma referência central nos debates sobre a matéria.[61] O que então não existia era a crença de que todas as pessoas deveriam ser tratadas como iguais. Muito pelo contrário, acreditava-se na desigualdade natural entre os indivíduos como justificativa para discriminações legítimas. Nesse sentido, o próprio Aristóteles não hesitou em justificar a escravidão. Para ele, "que alguns devam mandar e outros obedecer é algo não apenas necessário, mas também útil, pois desde a hora do seu nascimento, alguns são marcados para serem escravos e outros para serem senhores".[62] De acordo com o filósofo, há seres humanos em que a alma prevalece sobre o corpo, e a razão controla os instintos, enquanto que, em outros, dá-se exatamente o oposto. Os últimos são "escravos por natureza e

---

[58] Veja-se, a propósito, COULANGES, Fustel de. *A cidade antiga*. 8. ed. Lisboa: Livraria Clássica, 1980. p. 121-144.

[59] De acordo com Jean Gaudemet, "juridicamente a mulher ateniense está sempre submetida à autoridade de um *kyrios*: seu pai ou seu tutor, seu marido, seus filhos se ela é viúva". (GAUDEMET, Jean. *Institutions de L'Antiquité*. Paris: Sirey, 1967. p. 207).

[60] De acordo com Hannah Arendt, "O desprezo pelo labor (...) generalizou-se à medida em que as exigências da vida na polis consumiam cada vez mais o tempo dos cidadãos e com a ênfase em sua abstenção (*skhole*) de qualquer atividade que não fosse a política, até estender-se a tudo quanto exigisse esforço. (...). Os antigos (...) achavam necessário ter escravos em virtude da natureza servil de todas as ocupações que servissem às necessidades de manutenção da vida. Precisamente por este motivo é que a instituição da escravidão era defendida e justificada". (ARENDT, Hannah. *A condição humana*. (Trad. Roberto Raposo). 10. ed. Rio de Janeiro: Forense, 2000. p. 91 e 94).

[61] Cf. ARISTÓTELES. Nicomachean Ethics, Book V. (Trad. W. D. Ross). *In*: *The works of Aristotle*. 21. imp. London: Encyclopaedia Britannica, 1978. v. II, p. 376-387.

[62] ARISTÓTELES. Nicomachean Ethics, Book V. (Trad. W. D. Ross). *In*: *The works of Aristotle*. 21. imp. London: Encyclopaedia Britannica, 1978. v. II, p. 447-448.

é melhor para eles, como para todos os seres inferiores, que estejam sob as ordens de um Mestre". O raciocínio também vale para a relação entre os sexos, em que "o homem é por natureza superior e a mulher inferior, então é ele que governa e ela a governada".[63]

Outra formulação hierárquica da dignidade encontra-se na ideia de *dignitas*, presente na Roma Antiga. A palavra *dignitas* era empregada na Antiguidade romana para designar o prestígio de certas pessoas ou instituições em razão do seu *status*.[64] Ela era também usada para designar a altivez que deveria caracterizar o comportamento desses indivíduos de *status* superior. A *dignitas* conferia a certas pessoas a expectativa de receberem respeito e honrarias da sociedade em geral. Tratava-se, porém, do privilégio de poucos, e não de um atributo universal.

É verdade que Cícero – filósofo estóico da Roma Antiga –, na sua obra *De Officiis* (Dos Deveres),[65] de 44 a.C., deu à expressão um sentido universalista, até então inédito, ao aludir à dignidade como característica de todas as pessoas decorrente da razão, que distingue os seres humanos dos animais.[66] Isto, contudo, não o impediu de aceitar a escravidão, limitando-se a criticar os excessos de violência cometidos contra os escravos pelos seus proprietários.[67]

A superioridade da pessoa humana diante dos demais seres vivos também foi afirmada, quatro séculos mais tarde, por Agostinho de Hipona (Santo Agostinho), embora ele também tenha ressaltado a "condição decaída" do homem.[68] O ser humano, para Agostinho, é um animal racional criado por Deus à sua imagem. Ao atribuir inteligência ao homem, Deus ter-lhe-ia permitido "elevar-se acima de todos os animais

---

63 ARISTÓTELES. Nicomachean Ethics, Book V. (Trad. W. D. Ross). *In*: *The works of Aristotle*. 21. imp. London: Encyclopaedia Britannica, 1978. v. II, p. 448.

64 Cf. WALDRON, Jeremy. *Dignity, rank and rights*. New York: Oxford University Press, 2012. p. 474-483 (*e-book*); MCCRUDDEN, Christopher. Human dignity and judicial interpretation of human rights. *European Journal of international Law*, Firenze, v. 19, n. 4, p. 655-724, 2008. p. 656-657.

65 CÍCERO. *De officiis*. (Trad. Walter Miller). Cambridge: Harvard University Press, 1913. Disponível em: http://www.constitution.org/rom/de_officiis.htm. Acesso em 04 abr. 2015.

66 Michael Rosen destacou que Cícero, em outras obras, como *De Oratore*, deu à palavra *dignitas* o sentido latino tradicional, despido da conotação universalista. (ROSEN, Michael. *Dignity*: its history and meaning. Cambridge: Harvard University Press, 2012. p. 12). Sobre a concepção de Cícero a respeito da dignidade humana, veja-se CANCIK, Hubert. Dignity of man and 'persona' in stoic antrophology: some remarks on Cicero, De Officiis I, 105-107. *In*: KRETZMER, David; KLEIN, Eckart (Eds.). *The concept of human dignity in human rights discourse*. The Hague: Kluwer Law International, 2002. p. 19-40.

67 Cf. PELE, Antonio. *Dignidad humana en la historia y la filosofía*. Tese (Doutorado em Direito) - Universidad Carlos III, Madrid, 2006. p. 330-333.

68 Cf. PESSANHA, José Américo de. Vida e obra. *In*: *Os pensadores*: Santo Agostinho. São Paulo: Abril Cultural, 1979. p. XX-XXII.

da terra, das águas e do ar, desprovidos de um espírito deste gênero".[69] Nas suas *Confissões*,[70] Agostinho explorou, ademais, a interioridade humana,[71] desvelando a riqueza intelectual e espiritual do indivíduo. A teoria agostiniana, porém, nada tem de igualitária. Ocupa papel central no seu pensamento a ideia de "graça", que provém de Deus e que leva o ser humano a fazer o bem. Mas Deus, para Agostinho, não concede a graça a todos, mas apenas a alguns eleitos, que estariam predestinados à salvação. Justifica-se, assim, uma hierarquia entre as pessoas fundada na vontade divina.

Na Idade Média, o tema foi enfrentado, dentre outros, por Tomás de Aquino, na sua monumental *Suma Teológica*.[72] Para Aquino, a superioridade humana advém da racionalidade, bem como do livre arbítrio, em que Deus teria investido o homem, ao criá-lo à sua imagem e semelhança. A pessoa humana, para o filósofo cristão, é a mais perfeita criação divina. Porém, também é visível no pensamento tomista a visão pré-moderna sobre as relações sociais. Na *Suma contra os Gentios*, por exemplo, Aquino afirma que existe uma ordem hierárquica entre os homens ditada pela Divina Providência.[73]

Enfim, até o advento da Modernidade, era corrente a afirmação da superioridade dos seres humanos em relação aos demais animais e seres da natureza. Nisso, pode-se entrever uma concepção embrionária de dignidade humana. Todavia, não se extraía daquela concepção um sentido igualitário, que importasse em reconhecer a todos os mesmos direitos e deveres. Prevaleceu durante todo esse longo período uma concepção *estamental* das relações sociais, que pressupunha a existência de uma desigualdade natural entre as pessoas: algumas eram destinadas a exercer funções mais nobres na sociedade e outras a desempenhar papéis subalternos. O *status* de cada indivíduo – seus direitos e deveres, bem como o tratamento que deveria receber dos demais – dependia, acima de tudo, da sua inserção em um determinado estamento, o que ocorria por ocasião do nascimento e, afora raríssimas exceções, não se

---

69 SANTO AGOSTINHO. *A cidade de Deus*. (Trad. J. Dias Pereira). Lisboa: Calouste Gulbenkian, 1993. v. 2.

70 SANTO AGOSTINHO. *Confissões*. São Paulo: Vozes de Bolso, 2011.

71 A importância da reflexão agostiniana para o conceito moderno de pessoa é ressaltada em TAYLOR, Charles. *Sources of the self*: the making of modern identity. Cambridge: Harvard University Press, 1989. p. 127-142.

72 TOMÁS DE AQUINO. *The Summa Theologica*. (Trad. Daniel J. Sullivan). Londres: Encyclopedia Britannica, 1978.

73 TOMÁS DE AQUINO. *Summa contra Gentiles*. (Trad. Joseph Rickaby). Livro III, Cap. LXXXI. p. 449. Disponível em: http://www.catholicprimer.org/aquinas/aquinas_summa_contra_gentiles.pdf. Acesso em 25 set. 2015.

alterava até o fim da vida. Do simples pertencimento à espécie humana não resultavam direitos inatos para cada pessoa.

É verdade que algumas ideias surgidas na Antiguidade já tensionavam em certa medida a compreensão anti-igualitária das relações sociais. Foi o caso da afirmação cristã da igualdade dos homens perante Deus, proclamada na carta de São Paulo aos Gálatas: "Nisto não há mais judeu nem gentio; não há mais servo nem livre; não há macho nem fêmea; porque todos vós sois um em Cristo Jesus".[74] A bela epístola não continha, todavia, qualquer afirmação sobre a igualdade política, social ou jurídica das pessoas no mundo terreno. Não era a igualdade mundana, perante César, que o cristianismo pré-moderno postulava, mas tão somente aquela perante Deus.[75]

Uma fase de transição entre a concepção pré-moderna e a moderna de dignidade humana ocorre no Renascimento. No período, verificou-se uma grande valorização do ser humano, que se percebe em diversos campos, como nas artes, na literatura e na filosofia. As visões teocêntricas de sociedade, até então hegemônicas, começaram a ser substituídas por concepções antropocêntricas e seculares. O pensamento renascentista retomou o interesse pela tradição humanista greco-romana e aprofundou algumas ideias que importavam no enaltecimento da pessoa humana.[76]

Um pensador italiano renascentista, Giovanni Pico della Mirandola, é autor de texto canônico sobre a dignidade humana – o *Discurso sobre a Dignidade do Homem*[77] – que bem expressa esta nova cosmovisão. Para Pico, a dignidade repousa, antes de tudo, na autonomia individual, que consiste na capacidade que tem o ser humano de fazer escolhas sobre os rumos de sua vida.[78] Portanto, nessa perspectiva

---

74 *Carta aos Gálatas*, capítulo 3, versículo 28.

75 No mesmo sentido, afirma Fábio Konder Comparato: "Quando o apóstolo Paulo proclamou que 'não há mais judeu nem grego, não há mais escravo nem livre, não há mais homem nem mulher, pois todos vós sois um só em Jesus Cristo', ele claramente não se opunha à persistência transitória dessas desigualdades sociais cá na terra, pois elas não atentavam contra o princípio da igualdade absoluta de todas as almas perante Deus". (COMPARATO, Fábio Konder. *Ética*: direito, moral e religião no mundo moderno. São Paulo: Companhia das Letras, 2006. p. 559).

76 BAKER, Hershel. *The image of man*: a study of the idea of human dignity in classical antiquity, the middle ages and the renaissance. New York: Harper & Brothers, 1961.

77 CONDE DE MIRÂNDOLA E CONCÓRDIA, Giovanni Pico. *A dignidade do homem*. (Trad. Luiz Feracine). 2. ed. Campo Grande: Solivros, 1999.

78 Veja-se o lírico texto do próprio Pico della Mirandola: "Decretou então o ótimo Artífice que àquele ao qual nada de próprio pudera dar, tivesse como privativo tudo quanto fora partilhado por cada um dos demais. Assim, pois, tomou o homem, essa obra de tipo indefinido e, tendo-o colocado no centro do universo, falou-lhe nestes termos: 'A ti, ó Adão, não te temos dado nenhuma sede determinada, nem um aspecto peculiar, nem um múnus singular precisamente para que o lugar, a imagem e as tarefas que reclamas para

renascentista, a dignidade humana é um atributo de todas as pessoas, e não só de uma elite. Disso, porém, ainda não se extraía que todos devessem gozar dos mesmos direitos e se submeter aos mesmos deveres.

Um importante conflito sobre a universalidade da dignidade humana surgiu no século XVI, a propósito dos índios sul-americanos colonizados pelos espanhóis. Discutiu-se no Conselho de Valladolid, ocorrido em 1550-1551, se os indígenas teriam ou não alma e humanidade.[79] A controvérsia pôs em lados opostos dois frades dominicanos, Juan Ginés de Sepúlveda e Bartolomeu de Las Casas. Sepúlveda, de um lado, afirmava que os índios não tinham racionalidade nem alma, sendo "homúnculos inferiores" e não pessoas. Daí porque seria legítimo e natural escravizá-los. Las Casas, no outro bordo, defendia a humanidade e racionalidade dos índios, que lhes conferia o direito natural à liberdade.[80] Afirmava, contudo, que os indígenas deveriam ser convertidos ao cristianismo, embora de forma pacífica. Embora Las Casas tenha vencido a controvérsia político-religiosa, influenciando decisivamente a elaboração de bula papal que reconheceu o *status* dos índios como seres racionais e proibiu a sua escravização, na prática, as políticas de colonização da América – não só da espanhola, mas também da portuguesa, inglesa etc. – foram governadas por lógica perversa, que denegava a humanidade e dignidade dos indígenas, e que até hoje ainda não foi de todo superada.

O discurso sobre a dignidade só ganha efetivamente um colorido universal com o Iluminismo. O igualitarismo da dignidade ressoou fortemente, por exemplo, nas revoluções francesa e norte-americana, embora a retórica revolucionária tenha se valido de outros termos, e

---

ti, tudo isso tenhas e realizes, mas pelo mérito de tua vontade e livre consentimento. As outras criaturas já foram prefixadas em sua constituição por leis por nós estatuídas. Tu, porém, não estás coarctado por amarra nenhuma. (...). Não te fizemos nem celeste nem terreno, nem mortal ou imortal, de modo que assim, tu, por ti mesmo, qual modelador e escultor da própria imagem, segundo tua preferência e, por conseguinte, para tua glória, possas retratar a forma que gostarias de ostentar. Poderás descer ao nível dos seres mais baixos e embrutecidos; poderá, ao invés, por livre escolha da tua alma, subir aos patamares superiores, que são divinos". (CONDE DE MIRÂNDOLA E CONCÓRDIA, Giovanni Pico. *A dignidade do homem*. (Trad. Luiz Feracine). 2. ed. Campo Grande: Solivros, 1999. p. 53-54).

79 Veja-se, a propósito, TODOROV, Tzvetan. *A conquista da América*. (Trad. Beatriz Perrone-Moisés). São Paulo: Martins Fontes, 2011. v. 2, p. 211-243; e PHARO, Lars Kirkhusmo. The Council of Valladolid (1550-1551): a European disputation about the human dignity of indigenous peoples of the Americas. *In*: DÜWELL, Marcus *et al*. (Orgs.). *The Cambridge handbook of human dignity*: interdisciplinary perspectives. Cambridge: Cambridge University Press, 2014. p. 95-100.

80 Cf. LAS CASAS, Bartolomé de. In defense of the Indians. *In*: ISHAY, Micheline R. (Ed.). *The human rights reader*. 2. ed. New York: Routledge, 2007. p. 165-168.

não de "dignidade".[81] "Todos os homens nascem livres e iguais em direito", proclama o art. 1º da Declaração dos Direitos do Homem e do Cidadão de 1789, editada nos primórdios da Revolução Francesa. Os franceses revolucionários tomavam a igualdade como valor fundamental, insurgindo-se contra os privilégios da nobreza e do clero, bem como contra os resquícios do feudalismo que ainda subsistiam.[82] Poucos anos antes, a Declaração de Independência dos Estados Unidos de 1776 também afirmara, como verdade "autoevidente", que "todos os homens são criados iguais", e o valor da igualdade – formal, é certo – criou profundas raízes na cultura político-social norte-americana da época,[83] em que pese a paradoxal existência da escravidão negra.

O discurso iluminista dos *direitos naturais*, anteriores e superiores ao Estado e fundados na razão, tinha grande potencial igualitário, pois tais direitos eram hipoteticamente universais – eram os *direitos do Homem*.[84] Nisto, os direitos naturais da Ilustração diferiam do *Direito Natural*[85] pré-moderno, que, em geral, buscava legitimar as hierarquias sociais existentes, fundando-as numa ordem objetiva imutável, frequentemente associada à vontade divina.

O igualitarismo da dignidade manifestou-se na obra dos grandes filósofos do Iluminismo. Em Rousseau, por exemplo, ela se evidencia

---

[81] É curioso observar que, na única vez em que se falou em dignidade na Declaração, foi evocando o seu sentido pré-moderno de "distinção". Porém, o texto já apontava no sentido da universalização da dignidade: "Todos os cidadãos, sendo iguais aos seus (da lei) olhos, são igualmente admissíveis a todas as dignidades, cargos e empregos públicos, segundo suas capacidades e sem outra distinção a não ser a de suas virtudes e seus talentos" (trecho do art. 6º da Declaração dos Direitos do Homem e do Cidadão).

[82] De acordo com Fábio Konder Comparato, a "Revolução Francesa desencadeou, em curto espaço de tempo, a supressão das desigualdades entre indivíduos e grupos sociais, como a humanidade jamais experimentara. Na tríade famosa, foi sem dúvida a igualdade que representou o ponto central do movimento revolucionário". (COMPARATO, Fábio Konder. *A afirmação histórica dos direitos humanos*. São Paulo: Saraiva, 1999. p. 117).

[83] Sobre o assunto, a obra clássica é TOCQUEVILLE, Alexis de. *A democracia na América*. (Trad. Eduardo Brandão). São Paulo: Martins Fontes, 2004. Neste texto clássico da Sociologia Política, Tocqueville, um aristocrata francês, descreve detalhes da vida social norte-americana, que presenciara em viagem ao país realizada nos anos de 1831-1832.

[84] É verdade, todavia, que a própria expressão então corrente – "direitos do homem" – já exprimia uma clara concepção sexista. Os direitos do homem não eram também *direitos das mulheres*. Esta crítica foi feita de maneira precursora pela francesa Olympe de Gouges, que, em 1791, escreveu a *Declaração dos Direitos da Mulher e Cidadã*, em que demandava a extensão às mulheres dos mesmos direitos reconhecidos aos homens pela Declaração dos Direitos do Homem e do Cidadão, de 1789. No ano seguinte, a inglesa Mary Wollstonecraft publicou outra obra importante com a mesma reivindicação: *A Vindication of the Rights of the Women*. Os fragmentos mais importantes dos dois textos se encontram em ISHAY, Micheline R. *The human rights reader*. 2. ed. New York: Routledge, 2007. p. 175-180 e 181-188.

[85] Sobre a diferença entre a compreensão antiga de Direito Natural e a moderna de direitos naturais, veja-se VILLEY, Michel. *Le droit et les droits de l'homme*. Paris: PUF, 1983.

na afirmação de que o contrato social deve instaurar um regime de plena igualdade entre os cidadãos, assegurado pela igual participação de todos na elaboração das leis e pela submissão de todas as pessoas às mesmas normas.[86] Ela se manifesta também na sua crítica radical às desigualdades sociais, geradas pela proteção da propriedade privada.[87]

A mais importante formulação sobre a dignidade humana do Iluminismo – provavelmente a mais influente em toda a história – é do filósofo alemão Immanuel Kant, à qual se voltará diversas vezes ao longo deste estudo. É conhecida a teoria kantiana de que as pessoas, diferentemente das coisas e dos animais, não têm preço, mas *dignidade*, constituindo fins em si mesmas. Kant fundamentou essa dignidade na autonomia da pessoa humana, que lhe confere a capacidade de agir de acordo com a moralidade.[88] A autonomia, para Kant, é uma característica universal dos seres racionais capazes de descobrir e de se autodeterminar pela lei moral.[89] Ela não depende de classe social, raça ou qualquer outro fator.[90] Daí a formulação do conhecido imperativo categórico da dignidade, cujo viés igualitário é evidente: "Age de tal maneira que uses a humanidade, tanto na tua pessoa como na pessoa de qualquer outro, sempre e simultaneamente como fim, e nunca simplesmente como meio".[91]

Aliás, a própria ideia kantiana de estruturar as leis morais por meio de *imperativos categóricos*, que são máximas de ação universais, válidas para todas as pessoas e em todas as situações, já evidencia a sua

---

86 ROUSSEAU, Jean-Jacques. *Do contrato social*. (Trad. Eduardo Brandão). São Paulo: Companhia das Letras, 2011.

87 ROUSSEAU, Jean-Jacques. *Discurso sobre a origem da desigualdade entre os homens*. (Trad. Paulo Neves e Maria Lacerda Moura). São Paulo: L&PM, 2008.

88 Cf. KANT, Immanuel. *Fundamentação da metafísica dos costumes*. (Trad. Pedro Quintela). Lisboa: Edições 70, 2011. p. 50-124.

89 Como consignou John Rawls, para Kant, "o fundamento da dignidade é a capacidade de fazer a lei universal e de agir segundo o princípio de autonomia". (RAWLS, John. *História da filosofia moral*. (Trad. Ana Aguiar Contrim). São Paulo: Martins Fontes, 2005. p. 242).

90 Nesta formulação há, porém, uma clara exclusão dos indivíduos que não têm capacidades cognitivas plenamente desenvolvidas – como as pessoas com deficiência mental e mesmo as crianças menores. O ponto foi discutido por NUSSBAUM, Martha. *Frontiers of justice*: disability, nationality, species membership. Cambridge: The Belknap Press of Harvard University Press, 2006. p. 127-140. Tanto é assim que há pensadores kantianos contemporâneos que negam o *status* de pessoa e o acesso aos mesmos direitos a indivíduos com deficiências mentais e a crianças pequenas, como o bioético H. Tristram Engelhardt. Cf. ENGELHARDT JR., H. Tristram. *Fundamentos da bioética*. (Trad. José A. Ceschin). São Paulo: Loyola, 1998. p. 169-176.

91 KANT, Immanuel. *Fundamentação da metafísica dos costumes*. (Trad. Pedro Quintela). Lisboa: Edições 70, 2011. p. 73.

natureza igualitária.[92] Esta compreensão se projeta na visão kantiana sobre o Direito, que o filósofo de Königsberg definiu como instrumento voltado à garantia recíproca da igual liberdade entre pessoas: "O Direito é a soma das condições sob as quais o arbítrio de um pode estar de acordo com o arbítrio de outro, segundo uma lei universal de liberdade".[93]

Uma das mais importantes mudanças ocorridas na Modernidade – que naturalmente não se deu da mesma forma, na mesma época, nem com a mesma intensidade em todos os lugares –, foi a tendencial universalização dos direitos e deveres humanos ligada à emergência dessa compreensão igualitária da ideia de dignidade da pessoa. Tal transformação sofreu influência do pensamento iluminista. Mas também foi provocada por vários outros fatores, como o interesse da burguesia – classe que se tornara hegemônica – na universalização das normas e direitos, necessária tanto à cristalização institucional do seu papel de protagonismo na vida político-social, quanto à garantia da segurança nas relações econômicas. O processo de universalização dos direitos no plano político-jurídico deu-se em resposta a alterações culturais profundas, que envolveram o questionamento e a corrosão das hierarquias pré-modernas e dos modelos estamentais de organização das relações sociais.

Dentre os fatores que contribuíram para o surgimento desse *ethos* mais igualitário está a difusão nas sociedades europeias, a partir do século XVIII, de uma nova "imaginação moral", baseada na empatia com os sentimentos e experiências das pessoas comuns. Nesse sentido, a historiadora norte-americana Lynn Hunt atribuiu grande importância à publicação e circulação de romances cujos personagens principais eram pessoas simples e não integrantes da nobreza para a "invenção dos direitos humanos".[94] Isso serviu, segundo ela, para cultivar na mentalidade da época uma nova disposição mais igualitária, marcada pela percepção da pessoa comum como sujeito de direitos, merecedor de respeito e consideração.

---

92 Como registrou Bárbara Freitag, "o imperativo categórico kantiano constitui (...) a possibilidade de existência de uma sociedade justa, fundada em um contrato social que atenda aos direitos de todos e defenda a dignidade de cada homem dotado de razão, e, dessa forma, da humanidade como um todo". (FREITAG, Bárbara. *Itinerários de Antígona*: a questão da moralidade. São Paulo: Papirus Editora, 1992. p. 51).

93 KANT, Immanuel. *A metafisica dos costumes*. (Trad. Edson Bini). 2. ed. Bauru: Edipro, 2008. p. 76.

94 Cf. HUNT, Lynn. *Inventing human rights:* a history. New York: W. W. Norton & Company, 2007. (*e-book*) p. 354-790.

Dá-se então nos ordenamentos jurídicos a proclamação de direitos titularizados por todas as pessoas, pela simples razão da sua humanidade, em processo designado como *generalização* dos direitos fundamentais. Tal dinâmica conduziu também à abolição dos privilégios estamentais e corporativos e à adoção de modelo de regulação da vida social baseada em leis gerais e abstratas, que valeriam para todos, independentemente da sua posição social.

É certo, porém, que a igualdade e a generalização dos direitos, endossadas pelos textos constitucionais e pelos códigos, nem sempre se traduziram em mudanças sociais de viés emancipatório. Em geral, a vida do Direito continuou marcada por graves e injustificadas exclusões e assimetrias, como as que vitimaram negros, índios, povos coloniais, mulheres e pobres. Não há, por exemplo, maior ofensa à igual dignidade do que a escravização de pessoas, e esta foi a realidade em muitos países, cujos ordenamentos, paradoxalmente, proclamavam princípios do constitucionalismo liberal. Na verdade, durante a maior parte do tempo, os direitos humanos foram, no mundo real, pouco mais do que os direitos do homem branco e burguês. Isso se deveu tanto ao conteúdo dos direitos reconhecidos, em geral convergente com os interesses particulares dos grupos hegemônicos – *e.g.*, ênfase na proteção da propriedade e das liberdades econômicas, em sintonia com as reivindicações da burguesia –, como à falta de garantia do seu efetivo gozo pelas camadas desprivilegiadas da população.

Sem embargo, o discurso de universalidade dos direitos já exprimia uma cosmovisão igualitária, com o potencial de minar a legitimidade e abalar os pilares das hierarquias sociais vigentes. Ele plantava no solo das relações sociais as sementes da mudança. Naturalmente, houve reações.

Uma das mais estridentes proveio de Nietzsche. O filósofo alemão, como se sabe, foi crítico ferrenho da ideia de igualdade humana, que seria, sob a sua ótica, o resultado de uma "moral de escravos", que amesquinharia os grandes homens, impedindo-os de viver plenamente e de construir uma cultura pujante.[95] A afirmação da dignidade humana para Nietzsche não passaria de uma grande mentira, inventada pelos mais fracos para se autoenganarem.[96] A compreensão nietzschiana era de que apenas os gênios possuiriam verdadeira dignidade.

---

[95] Cf. NIETZSCHE, Friedrich. *A genealogia da moral*: uma polêmica. (Trad. Noéli Correia de Melo Sobrinho). São Paulo: Companhia das Letras, 1998.

[96] Nas palavras de Nietzsche, "tais fantasmas, como a dignidade do homem e dignidade do trabalho, são produtos indigentes da escravidão que se esconde de si mesma. Tempo funesto

Existiu, porém, outra leitura desigualitária da dignidade humana que até reconhecia a dignidade de todas as pessoas, mas afirmava que cada uma delas teria um papel próprio e predefinido na estrutura social que deveria desempenhar. Tal concepção, de marcada influência pré-moderna, buscava legitimar as hierarquias sociais existentes, mas sem negar a dignidade aos indivíduos que estivessem em posições subalternas. A dignidade, sob essa perspectiva, estaria em cada um ocupar "o seu próprio lugar" numa estrutura social tida como "natural". Até não muito tempo, essa foi a orientação adotada pela Igreja Católica,[97] que se posicionou firmemente contra a Modernidade e o Iluminismo, e especialmente contra as suas projeções políticas, morais e institucionais, como as ideias de democracia, laicidade, igualdade e direitos humanos. O discurso da Igreja era claramente reacionário, em favor das monarquias absolutas baseadas no "direito divino dos reis", e das hierarquias estamentais.[98] Um claro exemplo se encontra na Encíclica *Quod Apostolici Muneris*, de 1878, do Papa Leão XIII:

> 15. Mas, ao contrário, segundo as doutrinas do Evangelho, a igualdade dos homens consiste em que todos, dotados da mesma natureza, são chamados à mesma e eminente dignidade de filhos de Deus, e que, tendo todos o mesmo fim, cada um será julgado pela mesma lei e receberá o castigo ou a recompensa que merecer. Entretanto a desigualdade de direitos e de poder provém do próprio Autor da natureza (...).

---

em que o escravo precisa de tais conceitos, em que é incitado para a reflexão sobre si e sobre aquilo que está além dele! Sedutor funesto, que aniquilou a situação de inocência do escravo com o fruto da árvore do conhecimento! Agora ele tem que se entreter dia após dia com tais mentiras transparentes, que todo bom observador reconhece na pretensa 'igualdade para todos' e nos chamados 'direitos do homem' (...). Cada homem, com o conjunto dos seus atos, tem dignidade à medida que é instrumento do gênio, de modo consciente ou inconsciente; a consequência ética que se conclui imediatamente daí é que o 'homem em si' não possui nem dignidade, nem direito, nem deveres". (NIETZSCHE, Friedrich. O Estado grego. *In*: NIETZSCHE, Friedrich. *Cinco prefácios para cinco livros não escritos*. (Trad. Pedro Süssekind). Rio de Janeiro: 7 Letras, 2013. p. 39 e 49).

[97] Essa visão desigualitária sobre a dignidade humana que a Igreja Católica manteve por muito tempo parece se basear na concepção de Tomás de Aquino sobre a dignidade como o valor daquilo que ocupa o seu próprio espaço, dentro de uma ordem divinamente estabelecida. (cf. ROSEN, Michael. *Dignity*: its history and meaning. Cambridge: Harvard University Press, 2012. p. 47).

[98] No mesmo sentido, cf. MARTÍNEZ, Gregorio Peces-Barba. *Curso de Derechos Fundamentales*: teoría general. Universidad Carlos III: Madrid, 1999, p. 79-87; e ROSEN, Michael. *Dignity*: its history and meaning. Cambridge: Harvard University Press, 2012. p. 47-53. Em sentido contrário, em leitura mais favorável ao papel histórico da Igreja na afirmação da dignidade humana, veja-se PÉREZ, Jesús González. *La dignidad de la persona*. Madrid: Civitas, 1986. p. 40-49.

> 18. Por isso, assim como no céu quis (Deus) que os coros dos Anjos fossem distintos e subordinados uns aos outros, e na Igreja instituiu graus nas ordens e diversidade de ministérios de tal forma que nem todos fossem apóstolos, nem todos doutores, nem todos pastores (1, Cor 12, 27), assim estabeleceu que haveria na sociedade civil várias ordens diferentes em dignidade, em direitos e em poder, a fim de que a sociedade fosse, como a Igreja, um só corpo, compreendendo um grande número de membros, uns mais nobres que os outros, mas todos reciprocamente necessários e preocupados com o bem comum.[99]

A visão católica só se aproximou da compreensão moderna e igualitária sobre a dignidade humana em meados do século XX, sobretudo após o Concílio Vaticano II, ocorrido entre 1962 e 1965. Sem embargo, ainda persistem fricções significativas entre o discurso pontifício e o reconhecimento da igual dignidade das pessoas, notadamente no que concerne às posições oficiais da Igreja católica sobre gênero e orientação sexual.

Para o filósofo canadense Charles Taylor, o pano de fundo das transformações igualitárias no mundo moderno correspondeu à superação do paradigma da *honra*, assentado sobre hierarquias sociais típicas do *Ancien Régime*, para o paradigma da *dignidade*, de natureza universalista.[100] A honra – afirma Taylor – "é uma questão de *préférénces*", porque "para que alguns tivessem honra (...) era essencial que nem todos a tivessem", enquanto a dignidade, tal como concebida na cultura

---

[99] LEÃO XIII. *Quod Apostolici Muneris*. Carta Encíclica sobre o socialismo (28.12. 1878). Disponível em: http://www.ascendensblog.blogspot.com.br/2011/02/enciclica-quod-apostolici-muneris-leao.html. Acesso em 15 set. 2015.

[100] Devo ressaltar que não concordo com essa conclusão sobre a tendencial superação da ideia de honra na sociabilidade moderna. Em primeiro lugar, entendo que as "distinções" hierárquicas que Taylor associa à ideia de honra persistem e ainda têm impacto extraordinário nas nossas relações sociais, embora sejam exteriorizadas, em regra, de maneira mais sutil do que ocorria no mundo pré-moderno. Por outro lado, também me parece que a ideia de honra não precisa estar necessariamente associada às hierarquias sociais desprovidas de fundamento moral – embora com grande frequência isto ocorra. Os "*códigos de honra*" de uma cultura podem favorecer comportamentos moralmente positivos e deslegitimar outros que violem preceitos éticos importantes. Mudanças sociais relevantes, num sentido progressista, podem decorrer de alterações nos códigos de honra vigentes numa sociedade. Em instigante estudo dedicado ao assunto, Kwame Anthony Appiah demonstrou que a abolição da escravidão na Inglaterra, o fim dos duelos naquele país e o abandono da prática chinesa de impedir o crescimento dos pés das meninas pelo uso de sapatos de tamanho minúsculo tiveram relação com mudanças nos "códigos de honra". Tais mudanças fizeram que práticas e atitudes antes valorizadas se tornassem malvistas, passando a atrair reações sociais negativas, o que estimulou o seu desaparecimento. (APPIAH, Kwame Antony. *The honor code*: how moral revolutions happen. New York: W. W. Norton & Company, 2010).

moderna, tem sentido igualitário e universalista, e a sua "premissa subjacente é de que todos a compartilham".[101 102]

Num registro histórico, Peter Berger destaca que a ideia de honra tende a ser associada ao desempenho adequado pelo sujeito de papéis sociais predefinidos por fatores como classe social e gênero.[103] A desestabilização desses papéis, gerada pelo processo de modernização, culminou na crise do conceito de honra. Para Berger, "o conceito de honra importa que a identidade seja èssencialmente (...) ligada a papéis institucionais", enquanto "o conceito moderno de dignidade, por contraste, importa que a identidade seja essencialmente independente destes papéis institucionais".[104 105]

Pode-se dizer que a compreensão contemporânea da dignidade da pessoa humana representou a exigência de *nivelamento por cima* do tratamento dado às pessoas.[106] No mundo pré-moderno, apenas algumas pessoas eram tratadas com genuíno respeito. Na contemporaneidade, universalizou-se – pelo menos na teoria – a exigência normativa de tratamento respeitoso às pessoas, que antes era devido apenas aos nobres.

---

101 TAYLOR, Charles. *El multiculturalismo y la política del reconocimiento*. (Trad. Mónica Utrilla de Neira). México: Fondo de Cultura Económica, 1993. p. 45.

102 Também Montesquieu associou a honra à ideia de desigualdade e privilégio. Para Montesquieu, cada tipo de governo se rege por um princípio, essencial para que possa funcionar adequadamente: na democracia, o princípio é a virtude; na aristocracia, a moderação; na monarquia, trata-se da honra; no despotismo, o medo. Segundo Montesquieu, o "governo monárquico supõe (...) preeminências, categorias e mesmo uma nobreza de origem. A natureza da honra é exigir preferências e distinções". (MONTESQUIEU. *O espírito das leis*. (Trad. Fernando Henrique Cardoso e Leôncio Martins Rodrigues). 2. ed. São Paulo: Abril Cultural, 1979. p. 45).

103 Cf. BERGER, Peter. On the obsolescence of the concept of honor. *In*: SANDEL, Michael (Ed.). *Liberalism and its critics*. New York: New York Press, 1984. p. 149-159.

104 BERGER, Peter. On the obsolescence of the concept of honor. *In*: SANDEL, Michael (Ed.). *Liberalism and its critics*. New York: New York Press, 1984. p. 154.

105 No mesmo sentido, destacou Axel Honneth: "(...) o termo honra designa em sociedades articuladas em estamentos a medida relativa de reputação social que uma pessoa é capaz de adquirir quando consegue cumprir habitualmente expectativas coletivas atadas 'eticamente' ao *status* social. (...). As propriedades da personalidade pelas quais a avaliação social de uma pessoa se orienta sob estas condições não são, por isso, aquelas de um sujeito biograficamente individuado, mas as de um grupo determinado por *status*. (...). No curso das transformações descritas (modernização das relações sociais), uma parte não desconsiderável do que os princípios da honra, escalonados segundo o estamento, asseguravam até então ao indivíduo, em termos de estima social migra para a relação jurídica reformada, onde alcança validade universal com o conceito de 'dignidade humana'". (HONNETH, Axel. *Luta por reconhecimento*: a gramática moral dos conflitos sociais. (Trad. Luiz Repa). São Paulo: Editora 34, 2003. p. 201 e 204).

106 Essa é a tese central da obra de WALDRON, Jeremy. *Dignity, rank and rights*. New York: Oxford University Press, 2012. No mesmo sentido, BARROSO, Luís Roberto. Aqui, lá e em todo lugar: a dignidade humana no direito contemporâneo e no discurso transnacional. *Revista dos Tribunais*, São Paulo, v. 919, p. 194-195, 2012.

Porém, como já salientado, esse processo não se deu de forma universal e homogênea no tempo e no espaço. Em algumas sociedades, o vetor da equalização operou com menos força, e certas hierarquias mantiveram-se praticamente intactas, como é o caso do Brasil. Em outras, a afirmação da igualdade não foi acompanhada por uma preocupação com a garantia de tratamento digno a todas as pessoas. De acordo com o sociólogo do Direito James Q. Whitman, este teria sido o caso norte-americano.[107] [108]

Segundo Whitman, na Europa pré-moderna os nobres desfrutavam de privilégios em relação às pessoas comuns, relacionados, por exemplo, à forma não degradante como cumpriam penas e ao respeito à sua honra. A superação desse modelo deu-se por meio da exigência de "nivelamento por cima" (*levelling up*), através do qual o bom tratamento dispensado à minoria privilegiada era paulatinamente estendido às demais pessoas. A ideia de dignidade humana, para Whitman, foi um *leitmotiv* desse processo de equalização por cima, que se alicerçou firmemente na cultura social europeia. Já nos Estados Unidos o fenômeno não teria ocorrido, dentre outras razões, pela ausência de um "Antigo Regime" no país. As demandas igualitárias nos Estados Unidos deram-se não no sentido da universalização de antigos privilégios desfrutados por uma minoria, mas no de sua abolição. Para Whitman, essa dessemelhança histórico-cultural seria a principal responsável, por exemplo, pela diferença abissal entre o tratamento dispensado aos presos na Europa e nos Estados Unidos, muito mais severo e degradante neste último país.

No Brasil, como se verá abaixo, a situação parece bastante diferente, seja da Europa, seja dos Estados Unidos. Embora o nosso ordenamento jurídico esteja, neste ponto, alinhado ao modelo europeu,

---

107 Whitman explora essa ideia em vários textos importantes. Veja-se WHITMAN, James Q. *Harsh justice*: criminal punishment and the widening divide between America and Europe. New York: Oxford University Press, 2003; WHITMAN, James Q. The two western cultures of privacy: dignity versus liberty. *Yale Law School Legal Scholarship Repository*. Paper 649. Disponível em: http://digitalcommons.law. yale.edu/fss_papers/649. Acesso em 15. set. 2015; WHITMAN, James Q. Human dignity in Europe and the United States: the social foundations. *In*: NOLTE, Georg (Ed.). *European and US Constitutionalism*. Cambridge: Cambridge University Press, 2005. p. 108-124.

108 A tese de Whitman está longe de ser pacífica. Vários autores norte-americanos situam a dignidade humana no centro da cultura jurídico-social norte-americana. Veja-se, neste sentido, os textos da coletânea MEYER, Michael J; PARENT, W. A. *The constitution of rights*: human dignity and american values. Ithaca: Cornell University Press; DWORKIN, Ronald. *Is democracy possible here?* Princeton: Princeton University Press, 2006. p. 9-23; e BRENNAN JR., William J. *The Constitution of the United States*: contemporary ratification. Disponível em: http://www.staffweb.wilkes.edu/kyle.kreider /Brennan.doc. Acesso em 15 set. 2015.

ao postular o "nivelamento por cima" das pessoas em nome da sua intrínseca dignidade, as nossas práticas sociais tendem a conservar, de forma explícita ou velada, as hierarquias materiais e simbólicas.

1.3 Do indivíduo abstrato à pessoa concreta

Como se examinou no item anterior, até o advento da Modernidade prevalecia uma compreensão estamental e organicista das relações sociais. A pessoa não era concebida como um fim em si, mas como um órgão da comunidade, cujos direitos e deveres decorriam da sua inserção em determinado estamento social. Não havia sob o ângulo jurídico a noção de indivíduo, e os interesses da coletividade prevaleciam sobre os de cada um dos seus membros.

Pode-se dizer, usando a célebre expressão de Henry Maine, que, pelo menos no Ocidente, o processo de modernização correspondeu a um movimento que conduziu o eixo das relações sociais "do *status* ao contrato".[109] Em outras palavras, a concepção de sujeito cujos direitos e deveres dependiam da sua posição social, em comunidades fortemente interligadas, foi paulatinamente substituída pela do indivíduo autônomo, que se obriga voluntariamente no âmbito da sociedade.

A emergência do *individualismo* foi um dos fenômenos mais importantes da história do pensamento e da sociedade ocidental, que não terei como analisar aqui.[110] A cosmovisão individualista se formou em resposta a alterações profundas ocorridas no âmbito das relações sociais, da economia e da religião, que se deram no Ocidente a partir do final da Idade Média. Ela foi acolhida pelas teorias contratualistas do

---

109 MAINE, Henry J. S. *Ancient Law*: its connection with the early history of society and its relation to modern ideas. New York: Henry Holt and Company, 1906. Ressalte-se que Sir Henry Maine, dentro da linha da antropologia evolucionista então vigente, afirmava que a mudança do "*status* para o contrato" seria um processo inexorável decorrente da modernização das relações sociais. Não é essa a minha posição. Aqui destaco tão somente que foi esse o processo histórico que se desenvolveu nas nações centrais do Ocidente.

110 Sobre a emergência do individualismo, veja-se a obra clássica de DUMONT, Louis. *Essais sur l'individualisme*: une perspective anthropologique sur l'idéologie moderne. Paris: Editions du Seuil, 1983.

Estado de Thomas Hobbes[111] e John Locke,[112] que fundavam a existência da comunidade política no interesse dos indivíduos.[113]

Diferentemente do que propugnavam os antigos, para os contratualistas modernos eram os interesses individuais que justificavam a existência do Estado, e não o contrário. Embora essas influentes teorias do contrato social tenham preconizado modelos de Estado muito diferentes – o absolutismo em Hobbes, e o Estado liberal em Locke – elas tinham em comum a premissa antropológica da pessoa como sujeito abstrato, desencarnado e desenraizado. O indivíduo era "essencialmente o proprietário da sua pessoa e de suas capacidades", e a sociedade "consistia em relações de troca entre indivíduos", sendo o Estado um "instrumento calculado para a proteção da propriedade para a manutenção de relações ordenadas de comércio".[114]

O individualismo baseia-se em concepção atomizada da sociedade, que relega a um plano secundário os laços sociais e os interesses comuns compartilhados pelas pessoas. Nas suas versões mais radicais, subjacentes ao discurso jurídico e filosófico do Estado liberal-burguês, os indivíduos são vistos e tratados como abstrações racionais e incorpóreas. Não se dá maior atenção às suas carências materiais, aos seus sentimentos, aos seus vínculos sociais, à sua corporalidade. Na Filosofia, tal concepção teve clara expressão na influente teoria sobre a dignidade humana de Immanuel Kant.

Como já salientado, Kant atribuiu dignidade intrínseca às pessoas, mas fundou-a exclusivamente na sua autonomia, compreendida como a capacidade dos seres humanos de agirem de modo racional, prescrevendo para si as leis morais.[115] Não é a pessoa real e concreta, que age também em razão dos seus sentimentos, inclinações e necessidades, que a filosofia kantiana valoriza, mas tão somente a capacidade para o

---

111 HOBBES, Thomas. *Leviatã ou matéria, forma e poder de um Estado eclesiástico e civil*. (Trad. João de Paulo Monteiro e Maria Beatriz Nizza da Silva). 2. ed. São Paulo: Abril Cultural, 1979.

112 LOCKE, John. *O segundo tratado sobre o governo*: ensaio relativo à verdadeira origem, extensão e objetivo do governo civil. (Trad. E. Jacy Monteiro). São Paulo: Abril Cultural, 1973.

113 Veja-se, a propósito, a obra clássica de MACPHERSON, C. B. *The political theory of possessive individualism*: Hobbes to Locke. Oxford: Oxford University Press, 2011. Macpherson designou este modelo de "individualismo possessivo" e apontou a sua profunda penetração no pensamento político e na sociabilidade moderna.

114 MACPHERSON, C. B. *The political theory of possessive individualism*: Hobbes to Locke. Oxford: Oxford University Press, 2011. p. 3.

115 Cf. KANT, Immanuel. *Fundamentação da metafísica dos costumes*. (Trad. Pedro Quintela). Lisboa: Edições 70, 2011. p. 82: "Ora, a moralidade é a única condição que pode fazer de um ser racional um fim em si mesmo, pois só por ela lhe é possível ser membro legislador no reino dos fins. Portanto, a moralidade, e a humanidade enquanto capaz de moralidade, são as únicas coisas que têm dignidade".

uso da razão, existente em cada indivíduo. Trata-se de um ser humano abstrato, cuja liberdade estaria fora da natureza, não se sujeitando sequer às leis da causalidade.[116] Uma pessoa que não existe e que, a rigor, sequer é possível. Como observou Emilio Santoro, o fundamento kantiano para a dignidade das pessoas é, paradoxalmente, "impessoal": "Se deve respeitar não o concreto ser humano, mas a abstração que está presente nele; não a dignidade da pessoa singular, mas a dignidade da lei moral; não o indivíduo específico, mas a humanidade que está em cada um".[117]

Outras formulações filosóficas foram concebidas, que tinham em comum uma concepção abstrata e desencarnada de pessoa. Elas encontraram solo fértil em sociedades em que os antigos vínculos estamentais se desfaziam e em que se afirmava a hegemonia da burguesia e da economia de mercado. E enfrentaram não apenas críticas à esquerda, no sentido de que a abstração seria um disfarce para a dominação burguesa, como também à direita, dos saudosistas do Antigo Regime.[118] De todo modo, essas formulações tiveram decisiva influência na conformação dos principais institutos do Direito moderno, na sua configuração liberal-burguesa.

Na esfera constitucional, por exemplo, afirmava-se que o Estado não deveria intervir nas relações sociais travadas por agentes iguais perante a lei. Sujeitos autônomos deveriam ter a liberdade para definir os termos das relações que mantinham uns com outros, celebrar contratos e utilizar a sua propriedade como lhes aprouvesse. Afora os casos de violência ou fraude, não se justificaria a intervenção estatal nessa seara. O Estado deveria ser limitado, seja por arranjos institucionais que o contivessem – como a separação de poderes –, seja pela garantia de direitos individuais, concebidos como direitos negativos, que protegeriam o

---

116 Como salientou a filósofa kantiana Onora O'Neill, "Kant sustenta que o livre arbítrio e a causalidade natural são compatíveis desde que a liberdade humana – a capacidade de agir autonomamente – não seja considerada um aspecto do mundo natural. Causalidade e liberdade se aplicam em domínios separados". (O'NEILL, Onora. Kantian ethics. *In*: SINGER, Peter (Ed.). *A companion to ethics*. Malden: Blackwell Publishing, 1993. p. 178).

117 SANTORO, Emilio. *Autonomia individuale, libertà e diritti*: una critica dell'antropologia liberale. Pisa: ETS, 1999. p. 44.

118 No flanco conservador, tornou-se conhecida a crítica do francês Joseph de Maistre à abstração dos direitos do homem: "Conheci italianos, russos, espanhóis, ingleses e franceses, mas não conheço o homem em geral" (citado em DOUZINAS, Costas. *O fim dos direitos humanos*. (Trad. Luzia Araújo). São Leopoldo: Ed. Unisinos, 2007. p. 113). Na mesma linha, outra crítica conservadora influente desferida no século XVIII foi a do inglês BURKE, Edmund. *Reflections on the Revolution in France*. Indianapolis: Hackett, 1987.

indivíduo e a sociedade civil da ação dos governantes.[119] O modelo resultava no absenteísmo estatal na esfera econômica, deixando-se o equacionamento dos problemas sociais para a "mão invisível do mercado". *Laissez-faire, laissez-passer, le monde va de lui même* – o lema dos economistas fisiocratas do século XVIII – parecia inspirar o arranjo institucional projetado pelo constitucionalismo liberal.[120]

Muito embora no plano do discurso se enfatizasse a liberdade individual, as liberdades protegidas pelos ordenamentos jurídicos eram, acima de tudo, as econômicas, e não as existenciais. As restrições às liberdades existenciais, pelo contrário, abundavam no Direito, inspiradas por propósitos moralistas, em geral ligados a tradições culturais ou orientações religiosas autoritárias e desigualitárias. O direito de participação política, por outro lado, era denegado sistematicamente aos pobres por meio do voto censitário, o que mantinha o poder político nas mãos da burguesia. Para o discurso burguês, interessava apenas a "liberdade dos modernos", de fruição privada de direitos individuais, e não a "liberdade dos antigos", consistente na participação democrática na vida política.[121]

Ignorava-se, ademais, a opressão privada e a ausência de liberdade real das partes mais fracas das relações sociais. Se um indivíduo em situação de penúria aceitasse trabalhar para o seu patrão durante jornada de trabalho de 16 horas diárias, sem folgas semanais ou férias, e este se dispusesse a contratá-lo, não caberia ao Estado intervir naquela

---

119 Em passagem clássica, Carl Schmitt assim definiu a lógica do constitucionalismo liberal-burguês: "Primeiro, há o *princípio da distribuição*. A esfera individual de liberdade é pressuposta como algo anterior ao Estado, em particular a liberdade do indivíduo é *em princípio ilimitada*, enquanto a autoridade do Estado para intrusões nesta esfera é *em princípio limitada*. Segundo, há um *princípio de organização*, que facilita a implementação do princípio de distribuição. O poder do Estado, que é em princípio limitado, é distribuído através de um sistema de competências definidas. O princípio da distribuição (...) encontra a sua expressão em uma série de assim chamados direitos ou liberdade fundamentais; o princípio da organização está contido na teoria denominada de separação de poderes". (SCHMITT, Carl. *Constitutional theory*. (Trad. Jeffrey Seitzer). Durham: Duke University Press, 2008. p. 170).

120 Pode-se questionar, todavia, se a economia de mercado é mesmo uma realidade "natural", que prescinde do Estado, ou se antes ela depende de instituições estatais para funcionar, *e.g.*, normas que imponham o cumprimento dos contratos para os inadimplentes, instituições judiciais para assegurar a sua proteção etc. Veja-se, neste segundo sentido, SUNSTEIN, Cass. *The Partial Constitution*. Cambridge: Harvard University Press, 1993. p. 68-92.

121 A distinção entre a "liberdade dos antigos", associada à democracia grega, e a "liberdade dos modernos", concebida como garantia de direitos negativos contra o Estado, remonta a Benjamin Constant, que defendeu a absoluta prioridade da segunda em face da primeira, em texto canônico da Filosofia Política: CONSTANT, Benjamin. De la liberté des Anciens comparée a celles des Modernes. *In*: CONSTANT, Benjamin. *Écrits Politiques*. Paris: Gallimard, 1997.

relação. Afinal, ela seria o resultado de um acordo livremente pactuado pelas partes.[122]

Não foi à toa, portanto, que Karl Marx criticou o excessivo individualismo latente no discurso dos direitos do homem presente no século XIX, que, nas suas palavras, eram "direitos do homem egoísta (...) do indivíduo destacado da comunidade, limitado a si próprio, ao seu interesse privado e ao seu capricho pessoal".[123] Para Marx, os "direitos do homem" não passavam de verniz, que visava a emprestar legitimidade à exploração econômica presente no capitalismo.

No plano do Direito Privado, tal modelo ensejou a glorificação da propriedade e da autonomia da vontade, erigidas como os grandes pilares das codificações civis liberais-burguesas[124] – que desempenhavam verdadeiro papel constitucional naquela quadra histórica.[125] Tais codificações cristalizavam e vertiam para a ordem jurídica um suposto "direito natural",[126] cuja premissa filosófica era o indivíduo abstrato e racional do Iluminismo, concebido, porém, em harmonia com os interesses de um tipo de sujeito muitíssimo concreto: o homem branco, burguês, cristão e heterossexual.

A propriedade privada naquele cenário era um direito "sagrado" (a expressão consta no art. 17 da Declaração dos Direitos do Homem e do Cidadão, de 1789 – única vez em que tal documento, forjado no contexto anticlerical da Revolução Francesa, se referiu ao sagrado). Ela era vista como um direito absoluto, que encarnava a própria ideia

---

122 Veja-se, nessa linha, a célebre decisão da Suprema Corte dos Estados Unidos em *Lochner v. New York* – 198 U.S. 45 (1905) –, que invalidou lei que estabelecera jornada máxima de 10 horas diárias para os padeiros: "O real propósito e o objeto da lei é regular as horas de trabalho entre o patrão e seus empregados (...) em um negócio privado (...). Nessas circunstâncias, a liberdade entre o patrão e o empregado de contratarem um com o outro (...) não pode ser proibida ou sofrer interferência, sem violação da Constituição Federal".

123 MARX, Karl. A Questão Judaica. *In*: MARX, Karl. *Manuscritos econômicos e filosóficos*. (Trad. Alex Martins). São Paulo: Martin Claret, 2001. p. 13-59 – o trecho citado está na página 33.

124 Sobre a centralidade desses dois pilares no mais importante Código Civil do século XIX – o famoso *Code* de Napoleão, de 1804 – veja-se ARNAUD, André-Jean. *Les origines doctrinales du Code Civil Français*. Paris: L.G.D.J, 1969. Em perspectiva mais ampla, sobre o papel desses dois institutos no Direito Privado liberal-burguês, veja-se BARCELLONA, Pietro. *Diritto privato e società moderna*. Napoli: Jovene, 1996. p. 320 ss; e GROSSI, Paolo. Propiedad y contrato. *In:* FIORAVANTI, Maurizio (Ed.). *El estado moderno en Europa*: instituciones y derecho. (Trad. Manuel Martínez Neira). Madrid: Editorial Trotta, 2004. p. 127-136.

125 Cf. HESSE, Konrad. *Derecho Constitucional y Derecho Privado*. (Trad. Ignácio Gutièrrez y Gutièrrez). Madrid: Civitas, 1995. p. 38; GIORGIANNI, Michele. O Direito Privado e suas atuais fronteiras. (Trad. Maria Cristina de Cicco). *Revista dos Tribunais*, São Paulo, n. 747, p. 41, 1998.

126 Cf. HESPANHA, António Manuel. *Panorama histórico da cultura jurídica europeia*. Mira-Sintra: Publicações Europa-América, 1997. p. 162-164.

de liberdade do indivíduo, impondo limites ao poder estatal. Portalis, principal autor do Código Civil francês de 1805, sintetizou a ideia numa frase: "Ao cidadão pertence a propriedade, ao soberano, o império".[127] [128]

Já o princípio da autonomia da vontade partia da premissa de que é a vontade humana a fonte das obrigações que vinculam as pessoas.[129] Se uma obrigação deriva da própria vontade do obrigado, ela é necessariamente justa com ele. Daí a famosa frase do jurista e filósofo francês do século XIX, Alfred Fouillée: "*Qui dit contractuel, dit juste*"[130] (quem diz contratual, diz justo). No voluntarismo do Direito Civil liberal-burguês, a autonomia era vista de forma descontextualizada, com abstração das circunstâncias reais em que os indivíduos estavam mergulhados, que muitas vezes envolviam constrangimentos materiais ou sociais que tolhiam a sua liberdade real.

Na prática, o discurso em favor dos direitos do homem então vigente não se traduzia em emancipação social. Sob a égide do Estado liberal-burguês, vicejou a miséria e a exploração econômica dos pobres.[131] A isonomia apenas formal revelou-se insuficiente para assegurar uma vida digna para os segmentos vulneráveis das sociedades. Campeava então a opressão dos mais fracos pelos poderosos, paradoxalmente mascarada pela própria retórica da igualdade. A contradição foi captada pelo escritor francês Anatole France no início do século XX, quando

---

[127] Cf. PRATA, Ana. *A tutela constitucional da autonomia privada*. Coimbra: Livraria Almedina, 1984. p. 15.

[128] A inspiração política liberal do Código de Napoleão transparece no histórico *Discours Préliminaire du Premier Projet du Code Civil*, de autoria de Jean-Étienne-Marie Portalis: "Governa-se mal quando se governa muito. Um homem que negocia com outro deve ser atento e prudente; deve zelar pelos seus interesses, obter as informações convenientes, e não negligenciar do que lhe for útil. O papel da lei é de nos proteger contra a fraude alheia, mas não o de nos dispensar de fazer uso da nossa própria razão. Se não fosse assim, a vida das pessoas, sob a vigilância das leis, não seria mais que uma longa e vergonhosa menoridade". (PORTALIS, Jean-Étienne-Marie. *Discours préliminaire du premier projet du code civil*. p. 4. Disponível em: http://www.justice.gc.ca/fra/apd-abt/gci-icg/code/index.html. Acesso em 28 set. 2015).

[129] Sobre o desenvolvimento histórico da autonomia da vontade, veja-se o denso estudo de RUZYK, Carlos Eduardo Pianovski. *Institutos fundamentais do direito civil e liberdade(s)*. Rio de Janeiro: GZ Editora, 2011. p. 79-164.

[130] FOUILLÉE, Alfred. *La science sociale contemporaine*. Paris: Hachette, 1880. p. 411.

[131] Como ressaltou Caenegem: "O liberalismo político (...) aliava-se a uma economia de mercado livre que favorecia o capitalismo e os empreendedores e degradava o trabalho ao estatuto de mercadoria, com um valor determinado pela oferta e a procura. O século XIX seria testemunha de uma espetacular expansão demográfica e, consequentemente, de uma crescente oferta de trabalho: a posição da classe trabalhadora era, por conseguinte, fraca, tanto política como economicamente". (CAENEGEM, R. C. van. *Uma introdução histórica ao direito constitucional ocidental*. (Trad. Alexandre Vaz Pereira). Lisboa: Fundação Calouste Gulbenkian, 2009. p. 236).

ironizou "a majestosa igualdade das leis, que proíbe os ricos e os pobres de dormirem sob as pontes, de mendigarem na rua e de furtarem pão".[132]

Uma série de fatores contribuiu para a crise daquele modelo. Generalizou-se a percepção de que o absenteísmo estatal gerava não apenas níveis de desigualdade social intoleráveis, como também patologias no próprio funcionamento do mercado, possibilitando o surgimento de monopólios, oligopólios, cartéis etc. Na Europa, a pressão dos trabalhadores nas grandes cidades, que viviam em situação de absoluta penúria, e o medo por parte das elites dirigentes de convulsões sociais e revoluções foram fatores decisivos para que se deflagrasse uma significativa mudança no papel do Estado. Nos Estados Unidos, o processo ocorreu mais tarde e em menor intensidade, na sequência da gravíssima crise econômica que culminou na quebra da Bolsa de Nova York em 1929, e que foi combatida por políticas intervencionistas implementadas no âmbito do *New Deal*.

No plano das ideias, correntes como o marxismo, o socialismo utópico, o anarquismo e a doutrina social da Igreja, com perspectivas muito diferentes, criticavam o *status quo* e o capitalismo selvagem, deslegitimando-o na sociedade. A extensão do direito de voto a parcelas da população até então excluídas do sufrágio foi também um fator importante para a alteração do modelo político-jurídico do liberalismo-burguês, na medida em que criou um canal relevante para que os anseios dos pobres influíssem na definição das políticas estatais.[133]

Naquele contexto, o Estado foi assumindo novas tarefas, expandindo os serviços públicos que prestava, e passando a intervir de maneira mais frequente e incisiva nas relações sociais e econômicas, muitas vezes com o objetivo de proteger as partes mais fracas do arbítrio das mais fortes. No plano constitucional, as constituições passam a consagrar também direitos sociais e a relativizar as liberdades econômicas, bem como o direito de propriedade, que, em alguns textos constitucionais,

---

132 FRANCE, Anatole. *Le Lys Rouge*. Paris: Calmann-Levy, 1906.

133 Veja-se, a propósito, MARSHALL, T. H. *Class, citizenship and social development*. Garden City: Doubleday, 1964, em que se traça uma relação entre a extensão dos direitos políticos na Inglaterra e o advento dos direitos sociais. Vale, porém, o registro de que, de acordo com o historiador José Murilo de Carvalho, essa relação não se manifestou no Brasil, em que os direitos sociais surgiram na Era Vargas, no contexto de uma ditadura. (Cf. CARVALHO, José Murilo. *A cidadania no Brasil*: um longo caminho. 5. ed. Rio de Janeiro: Tempo Brasileiro, 2004).

passou a estar condicionado por uma "função social".[134] [135] No âmbito do Direito Privado, tornam-se cada vez mais frequentes as restrições à autonomia individual,[136] voltadas não só à tutela de interesses públicos, mas também à proteção dos mais débeis e dos direitos humanos em geral. Reconhecia-se, finalmente, o ponto destacado por Henri Lacordaire ainda no século XIX: "Entre o forte e o fraco, entre o rico e o pobre, entre o mestre e o senhor, é a liberdade que oprime e a lei que liberta".[137]

É verdade que a crise do liberalismo alimentou também ideologias autoritárias ou mesmo totalitárias, que conseguiram se instalar no poder em diversos Estados, e que não só desprezaram as liberdades individuais e políticas, como voltaram a cultivar concepções organicistas sobre as relações entre o indivíduo e o Estado. É o que se deu, por exemplo, na Alemanha nazista, na Rússia stalinista e na Itália fascista. Tratava-se, em tais casos, não da adoção de nova leitura dos direitos fundamentais a partir de compreensão mais realista da pessoa, mas da total denegação desses direitos. Mesmo em outros Estados que não passaram por rupturas tão radicais com os direitos humanos, nem sempre foi nítida a distinção entre a necessidade de correção e aperfeiçoamento

---

[134] A expressão "função social da propriedade" foi, pelo que consta, cunhada pelo jurista francês Léon Duguit em 1911, em texto coalhado de críticas ao individualismo subjacente ao discurso jurídico sobre a propriedade então vigente. Duguit radicalizou a ideia, chegando a negar que a propriedade fosse um direito subjetivo – conceito que ele também criticava acidamente: para ele, a propriedade não *tem* uma função social, ela *é* uma função social. (Cf. DUGUIT, Léon. *Las transformaciones del derecho público y privado.* (Trad. Carlos Posada). Buenos Aires: Editorial Heliasta, 1975. p. 179). Tal posição, em Duguit, pode ser associada à sua filosofia política organicista, francamente incompatível com a ideia de dignidade da pessoa humana, como o seguinte trecho de sua obra deixa entrever: "O indivíduo não é um fim, mas um meio; o indivíduo não é mais do que uma roda na vasta máquina que constitui o corpo social; cada um de nós não tem razão de ser no mundo além do trabalho que realiza na obra social". (DUGUIT, Léon. *Las transformaciones del derecho público y privado.* (Trad. Carlos Posada). Buenos Aires: Editorial Heliasta, 1975. p. 239). Contudo, não há ligação necessária entre o organicismo e a função social da propriedade, também consagrada em constituições que mostram forte preocupação com as liberdades públicas, como a Carta de 88.

[135] A função social da propriedade foi acolhida em muitas das constituições ditas sociais a partir das Cartas do México, de 1917, e de Weimar, de 1919. Sobre a função social da propriedade no Direito Comparado, veja-se FOSTER, Sheila R; MALDONADO, Daniel Bonilla. The Social Function of Property: a Comparative Law Perspective. *Fordham University Law Review*, New York, n. 80, p. 101-113, 2011. No Direito brasileiro, cf. TEPEDINO, Gustavo. Contornos constitucionais da propriedade privada. *In*: TEPEDINO, Gustavo. *Temas de Direito Civil.* Rio de Janeiro: Renovar, 1999. p. 267-292.

[136] Cf. PRATA, Ana. *A tutela constitucional da autonomia privada.* Coimbra: Livraria Almedina, 1984; GOMES, Orlando. *Transformações gerais do direito das obrigações.* São Paulo: Revista dos Tribunais, 1970.

[137] LACORDAIRE, Jean-Baptiste-Henri Dominique. *Conferénces de Notre-Dame de Paris.* Paris: Sagnier et Bray, 1848. p. 246.

do constitucionalismo liberal, para torná-lo mais inclusivo, e a sua total rejeição, com o recurso a formas autoritárias de exercício do poder, incompatíveis com o respeito à pessoa humana.

De todo modo, na Filosofia também houve várias mudanças importantes que auxiliaram a destronar a concepção abstrata de pessoa. Não há como resumi-las neste espaço, mas cabe apenas recordar, muito brevemente, alguns marcos importantes. Com Hegel, a historicidade do sujeito e da razão foram postas em evidência, em sentido oposto à matriz kantiana,[138] assim como ressaltada a importância do reconhecimento intersubjetivo.[139] Em outro flanco, o romantismo de filósofos como Schiller e Herder chamou a atenção para o enraizamento cultural das pessoas e para os seus sentimentos, valorizando-os.[140] Mais à frente, o chamado "giro linguístico",[141] nas suas variadas vertentes, rechaçou a "filosofia da consciência", tirando o foco do sujeito e deslocando-o para as relações intersubjetivas, mediadas pela linguagem.[142]

Na Psicologia, houve a corrosão da imagem do homem como ser racional, com a revelação de que as ações humanas são dirigidas também pelo inconsciente, motivadas por razões que muitas vezes

---

138 Cf. HEGEL, Georg Wilhelm Friedrich. *A fenomenologia do espírito*. 8. ed. Petrópolis: Editora Vozes, 2014; HEGEL, Georg Wilhelm Friedrich. *Princípios da filosofia do direito*. (Trad. Orlando Vitorino). São Paulo: Martins Fontes, 2003. Sobre as influências do pensamento hegeliano (de difícil compreensão) sobre as concepções de pessoa e dignidade na contemporaneidade, veja-se, *e.g.*, TAYLOR, Charles. *Hegel e a sociedade moderna*. (Trad. Luciana Pudenzi). São Paulo: Edições Loyola, 2005; e SEELMAN, Kurt. Pessoa e dignidade da pessoa humana na filosofia de Hegel. *In*: SARLET. Ingo Wolfgang (Org.). *Dimensões da dignidade*: ensaios de filosofia do direito e direito constitucional. 2. ed. Porto Alegre: Livraria do Advogado, 2013. p. 105-118.

139 O tema será aprofundado no capítulo 6.

140 Sobre a influência do romantismo – não só como corrente filosófica, mas também como estilo artístico e literário – na conformação da subjetividade contemporânea, veja-se TAYLOR, Charles. *Sources of the self*: the making of modern identity. Cambridge: Harvard University Press, 1989. p. 368-418.

141 Sobre o "giro linguístico" (*linguistic turn*) e as suas duas principais vertentes – a analítica e a hermenêutica – cf. D'AGOSTINI, Franca. *Analíticos e continentais*. (Trad. Benno Dischinger). São Leopoldo: Unisinos, 2003.

142 Veja-se, a propósito, a construção extremamente densa e sofisticada de HABERMAS, Jürgen. *Teoría de la acción comunicativa*: critica de la razón funcionalista. (Trad. Manuel Jimenez Redondo). Madrid: Taurus, 2003. v. 2.

o indivíduo desconhece.[143] Avanços no campo das Ciências Sociais[144] afastaram definitivamente a compreensão incorpórea e desenraizada de pessoa alentada por alguns filósofos iluministas, ao demonstrarem a importância dos vínculos sociais, da cultura e do "olhar do outro" para a formação da subjetividade.

Essas mudanças no plano das ideias nutriram e foram retroalimentadas por movimentos sociais importantes. Alguns se mobilizaram em favor da igualdade material e da justiça social. Outros, mais recentes, combateram dimensões diversas da opressão sobre os excluídos, chamando a atenção para o desprezo às identidades não hegemônicas nas instituições e nas práticas culturais cotidianas.[145]

Assim, múltiplos fatores induziram à adoção de visão mais realista sobre o ser humano, não como indivíduo racional isolado – "mônada ensimesmada", como ironizara Marx –, mas como pessoa concreta, que tem necessidades materiais e espirituais, inserida em relações sociais que são constitutivas da sua identidade. Nesse novo contexto, o discurso sobre a dignidade humana também se modifica, incorporando uma dimensão social e relacional inafastável.[146] Não se retorna à compreensão

---

[143] Em passagem clássica, Sigmund Freud alude a essa revelação como a terceira ferida narcísica que a ciência teria infligido à humanidade, abalando a sua autoestima. Foram, na sequência, a ferida cosmológica, quando se descobriu, com Copérnico, que a Terra não é o centro do universo; a ferida biológica, quando se revelou, com Darwin, que o homem é apenas mais um animal; e finalmente a ferida psicológica: "O que é mental, em você, não coincide com o que lhe é consciente (...) as informações de sua consciência são incompletas, e, frequentemente, suspeitas. (...). Mas esses dois esclarecimentos, de que a vida instinctual da sexualidade não pode ser inteiramente domada em nós, e de que os processos mentais são inconscientes em si e apenas submetidos ao Eu através de uma percepção incompleta e suspeita, equivalem à afirmação de que o Eu não é senhor de sua própria casa". (FREUD, Sigmund. Uma dificuldade da psicanálise. In: FREUD, Sigmund. *Obras Completas*. (Trad. Paulo César de Souza. São Paulo: Companhia das Letras, 2010. v. 14. p. 250-251).

[144] Com perspectivas muito diferentes, veja-se, *e.g.*, MEAD, George H. *Mind, self and society*. Chicago: University of Chicago Press, 1934; GOFFMAN, Erving. *Stigma*: notes on the management of spoiled identities. New York: Simon & Schuster, 1963; LÉVI-STRAUSS, Claude. *A antropologia diante dos problemas do mundo moderno*. (Trad. Rosa Freire Aguiar). São Paulo: Companhia das Letras, 2009; TAYLOR, Charles. *Multiculturalismo*: examinando a política do reconhecimento. (Trad. Martha Machado). Lisboa: Instituto Piaget, 1998; GUTMANN, Amy. *Identity in democracy*. Princeton: Princeton University Press, 2003; TODOROV, Tzvetan *A vida em comum*: ensaio de antropologia geral. (Trad. Mara Angélica Deângeli e Norma Wimmer). São Paulo: Unesp, 2013.

[145] O tema será aprofundado no capítulo 6.

[146] Cf., na literatura brasileira, SARLET, Ingo Wolfgang. As dimensões da dignidade da pessoa humana: construindo uma compreensão jurídico-constitucional necessária e possível. *In*: SARLET, Ingo Wolfgang (Org.). *Dimensões da dignidade*: ensaios de filosofia do direito e direito constitucional. Porto Alegre: Livraria do Advogado, 2005. p. 23-27; BARROSO, Luís Roberto. *A dignidade da pessoa humana no direito constitucional contemporâneo*: a construção de um conceito jurídico à luz da jurisprudência mundial. Belo Horizonte: Fórum, 2013. p. 87- 98; MORAES, Maria Celina Bodin de. O princípio da dignidade da pessoa humana.

pré-moderna e estamental do ser humano como parte subordinada ao todo social, mas tampouco se mantém a visão "insular" de pessoa,[147] alentada pelo discurso jurídico do liberalismo-burguês. O ser humano, nessa perspectiva, continua a ser concebido como um fim em si mesmo, na linha de Kant. Mas não se trata mais de uma abstração racional, valiosa porque "tem a lei moral dentro de si", como queria Kant, mas sim de um indivíduo concreto, imerso num determinado universo material e simbólico, partícipe de uma teia de relações intersubjetivas que compõe a sua identidade. Uma pessoa real, que usa a razão e faz escolhas, mas que também sente fome, fica doente, cultiva amizades, ama, sofre e precisa do outro, e que não deixa de ser digna por isso.[148] Pelo contrário, essa humanidade "calorosa" – este "ser gente" – é uma das melhores justificativas para o reconhecimento da sua dignidade.

1.4 De valor religioso e filosófico a princípio jurídico

Até o advento da Modernidade, era sobretudo no discurso religioso que se encontravam exaltações à dignidade do ser humano, em geral expressas por meio de outro vocabulário. Já aludimos neste capítulo à conhecida passagem do *Gênesis*, que afirma a criação do homem *à imagem e semelhança de Deus* e que tanta importância teve para o cristianismo ao longo de sua história.

Na religião judaica, também a ideia da dignidade humana tem raízes antigas, sendo frequentemente associada ao conceito de *kavod*[149] – palavra hebraica traduzida como dignidade, glória ou honra. Embora a palavra *kavod* seja mais frequentemente empregada em referências a Deus, também se encontra na tradição judaica a valorização da dignidade

---

In: MORAES, Maria Celina Bodin de. *Na medida da pessoa humana*: estudos de direito civil-constitucional. Rio de Janeiro: Renovar: 2010. p. 44-51.

147 A expressão é de AZEVEDO, Antônio Junqueira de. Caracterização jurídica da dignidade da pessoa humana. *Revista USP*, n. 53, p. 90-101, 2002. Ela remete ao trecho de conhecido poema inglês do século XVII de John Donne: "*No man is an island entire of iself; every man is a piece of the continent, a part of the main*".

148 Sobre a relevância dos sentimentos para a justiça política, veja-se a belíssima obra de NUSSBAUM, Martha C. *Political emotions*: why love matters for justice. Cambridge: The Belknap Press of Harvard University Press, 2013.

149 De acordo com Orit Kamir, o coceito de *kavod* é ambíguo e, além da exegese que o associa à dignidade humana, também comporta interpretações ligadas a visões particulares e não inclusivas sobre a honra. Veja-se, a propósito, KAMIR, Orit. Honor and dignity cultures: the case of kavod and ha-adam in Israeli society and law. *In*: KRETZMER, David; KLEIN, Eckart (Eds.). *The concept of human dignity in human rights discourse*: the concept of human dignity in human rights discourse. The Hague: Kluwer Law International, 2002. p. 231-258.

humana, sintetizada na expressão "*kvod Ha'adam*". Do mesmo modo, há no islamismo importantes sinalizações no sentido do reconhecimento da dignidade humana. Por exemplo, o Alcorão, na Sura 17, afirma que Allah conferiu "dignidade aos filhos de Adão" e determinou aos anjos que "se prostrassem perante os homens".[150] Além disso, em diversas outras tradições religiosas também é possível detectar manifestações importantes de enaltecimento do ser humano.[151]

É igualmente antiga a preocupação com a dignidade humana no pensamento dos grandes filósofos: Cícero, Pico della Mirandola e Kant foram apenas alguns dentre os muitos pensadores que, de uma maneira ou de outra, se debruçaram sobre o assunto ao longo do tempo. Porém, o que não havia até muito recentemente era a consagração *jurídica* do princípio da dignidade da pessoa humana. Essa é basicamente uma novidade do século XX, especialmente do segundo pós-guerra.[152]

As declarações de direitos, constituições e codificações dos séculos XVIII e XIX não aludiam à dignidade humana. Por conta disso, há quem afirme que a preocupação com a sua garantia era alheia ao discurso dos direitos humanos até a 2ª Guerra Mundial.[153] Não é este o meu entendimento. Tais documentos jurídicos se erguiam sobre pressupostos que são da essência da dignidade humana, como a autonomia, a igualdade – pelo menos a formal – e a necessidade de limitação do poder estatal.[154] Mais importante que isso, os direitos reconhecidos nesses documentos e nos que vieram depois – direitos individuais, políticos, sociais, culturais etc. – foram resultados de lutas históricas que, nas

---

150 Cf. KAMALI, Mohammad Hashim. *Human dignity in Islam*. Disponível em: http://www.iais.org.my/e/index.php/publications-sp-1447159098/articles/item/36-human-dignity-in-islam.html. Acesso em 15 set. 2015.

151 Como salientou Hans Joas, "em todas as grandes religiões" há "posicionamentos enfáticos a favor da dignidade do ser humano, de todos os seres humanos, e a favor de ajudar os sofredores, seja quem forem (...). Ao menos todas essas religiões chamadas 'mundiais' de fato comportam enunciados a favor da santidade da vida humana, de um *ethos* de amor e da reverência universal". (JOAS, Hans. *A sacralidade da pessoa*: nova genealogia dos direitos humanos. (Trad. Nélio Schneider). São Paulo: Unesp, 2012. p. 24-25).

152 Cf. GRIMM, Dieter. A dignidade humana é intangível. (Trad. Eduardo Mendonça). *Revista de Direito do Estado*, n. 19, n. 20, p. 3-5, 2010. p. 4.

153 Nesse sentido, MOYN, Samuel. The surprising origins of human dignity. *In*: MOYN, Samuel. *Human rights and the uses of history*. London: Verso, 2014. (*e-book*), p. 428 e ss.

154 Nesta linha, em relação à Declaração dos Direitos dos Homens e do Cidadão, cf. GIMENO-CABRERA, Véronique. *Le traitement jurisprudentiel du principe de dignité de la personne humaine dans la jurispudence du Conseil Constitutionnel Français et du Tribunal Constitutionnel Espagnol*. Paris: L.G.D.J., 2004. p. 26-27.

palavras de Habermas, tiveram como combustível a "indignação dos humilhados pela violação da sua dignidade humana".[155]

A experiência com a afronta à dignidade humana nutriu lutas como as que foram travadas em favor da tolerância e liberdade religiosas – que estão na base do constitucionalismo moderno –, em prol da emancipação dos escravos, da universalização do sufrágio, da afirmação dos direitos dos trabalhadores explorados, do acesso dos pobres a condições materiais básicas de vida, da descolonização, do respeito às diferenças identitárias etc. Em geral, as reivindicações de direitos não se articularam sob a bandeira da dignidade humana. Contudo, em um plano mais profundo, um motor das lutas foi a percepção de que certos tratamentos ou condições de vida degradantes ofendiam a dignidade das suas vítimas. As normas jurídicas constitucionais ou infraconstitucionais que resultaram dessas lutas tampouco invocaram, no mais das vezes, a dignidade da pessoa humana. Porém, parece inegável que também beberam dessa fonte.

Pelo que consta, a primeira invocação explícita da dignidade da pessoa humana em texto jurídico deu-se no preâmbulo do decreto que aboliu a escravidão na França, editado em 1848, em que se afirmava que "a escravidão é um atentado contra a dignidade humana".[156] Algumas constituições anteriores à 2ª Guerra Mundial fizeram referência à dignidade humana. Foi o caso das constituições do México de 1917, da Alemanha e da Finlândia, ambas de 1919. Outro texto constitucional

---

[155] Para Habermas, "é interessante a circunstância de que somente após o final da Segunda Guerra Mundial, o conceito filosófico da dignidade humana, que entrou em cena já na Antiguidade e adquiriu em Kant a sua acepção válida atualmente, tenha sido introduzido nos textos do direito das gentes e nas diferentes constituições nacionais desde então em vigor (...). Em contraposição à suposição de que foi atribuída retrospectivamente uma carga moral aos direitos humanos por meio do conceito de dignidade humana, pretendo defender a tese de que, desde o início, mesmo que ainda primeiro de modo implícito, havia um vínculo conceitual entre ambos os conceitos. (...) O apelo aos direitos humanos alimenta-se da indignação dos humilhados pela violação da sua dignidade humana (...). Depois de dois séculos de história conceitual moderna, reconhecemos melhor o que marcou esse desenvolvimento desde o início: a dignidade humana forma algo como o portal por meio do qual o conteúdo igualitário-universalista da moral é importado ao direito. A ideia de dignidade humana é a dobradiça conceitual que conecta o valor moral do respeito igual por cada um com o direito positivo e com a legislação democrática, de tal modo que, na sua cooperação sob circunstâncias históricas favoráveis, pôde emergir uma ordem política fundamentada nos direitos humanos". (HABERMAS, Jürgen. O conceito de dignidade humana e a utopia realista dos direitos humanos. *In*: HABERMAS, Jürgen. *Sobre a Constituição da Europa*. (Trad. Luis Werle, Luiz Repa e Rúrion Melo). São Paulo: Ed. UNESP, 2012. p. 9, 11 e 17-18).

[156] Cf. SCOTT, Rebecca J. Dignité/dignidade. Organizing against threats to dignity in societies after slavery. *In*: MCCRUDDEN, Christopher (Ed.). *Understanding human dignity*. Oxford: Oxford University Press, 2013. p. 61.

precursor na matéria foi a Constituição brasileira de 1934, cujo artigo 115 ditava que "a ordem econômica deve ser organizada conforme os princípios da Justiça e as necessidades da vida nacional, de modo que possibilite a todos existência digna". Vale destacar, ainda, o preâmbulo da Constituição da Irlanda, de 1937 – até hoje em vigor –, que também aludiu à dignidade humana, com entonação claramente religiosa.[157] [158]

Porém, foi depois da 2ª Guerra Mundial que normas internacionais e constituições passaram a positivar com destaque o princípio da dignidade humana. O fenômeno correspondeu a uma reação diante da barbárie insuperável do nazismo, que disseminou a percepção de que era fundamental organizar os Estados e a comunidade internacional sobre novas e mais humanitárias bases, de modo a impedir que semelhante catástrofe moral pudesse voltar a acontecer. Trata-se de verdadeiro "aprendizado pelo desastre",[159] que resultou no processo que foi denominado por Celso Lafercomo "a reconstrução dos direitos humanos".[160]

Este cenário levou à entronização, em declarações e tratados internacionais, bem como em diversas constituições nacionais, do princípio da dignidade da pessoa humana.[161] No plano internacional, o recurso à dignidade humana como fundamento dos direitos se afigurava, além de tudo, bastante útil, já que, pela plasticidade da categoria, a sua invocação se tornava palatável para pessoas de culturas, religiões e ideologias muito diferentes. Tais indivíduos encontrariam dificuldades provavelmente insuperáveis se buscassem definir algum fundamento último para os direitos, o que poderia até inviabilizar o consenso mínimo

---

157 O preâmbulo, depois de afirmar que toda autoridade provém da Santíssima Trindade e reconhecer as obrigações do Estado com o "Senhor Divino, Jesus Cristo", afirma que o objetivo da Constituição é "promover o bem comum, com a devida observância da Prudência, da Justiça e Caridade, para que a dignidade e liberdade do indivíduo possam ser garantidas, a verdadeira ordem social atingida, a unidade do país restaurada, e a concórdia com outras nações estabelecida".

158 Luís Roberto Barroso alude, ainda, às constituições do Equador (1929), Estônia (1937) e Nicarágua (1939). BARROSO, Luís Roberto. *A dignidade da pessoa humana no direito constitucional contemporâneo*: a construção de um conceito jurídico à luz da jurisprudência mundial. Belo Horizonte: Fórum, 2013. p. 20.

159 A expressão é de HABERMAS, Jürgen. Learning by disaster? A Diagnostic Back on the Short 20th Century. *Constellations*, n. 5, p. 307, 1998.

160 LAFER, Celso. *A reconstrução dos direitos humanos*. São Paulo: Companhia das Letras, 1988.

161 Nas palavras de Flávia Piovesan, "no esforço de reconstrução dos direitos humanos do Pós-Guerra, há, de um lado, a emergência do Direito Internacional dos Direitos Humanos, e, de outro, a emergência de uma nova feição do Direito Constitucional ocidental, aberto a princípios e a valores, com ênfase no valor da dignidade humana". (PIOVESAN, Flávia. *Direitos humanos e justiça internacional*. 3. ed. São Paulo: Saraiva, 2012. p. 41).

necessário à aprovação dos documentos e normas internacionais.[162] Mas podiam concordar com a fundamentação calcada na dignidade humana, já que esta se abre a leituras muito diversificadas – religiosas e laicas, liberais e socialistas, conservadoras e progressistas –, que cabiam nas cosmovisões de quase todos os envolvidos. A dignidade, pode-se dizer, viabilizou certo "consenso sobreposto" entre os membros da comunidade internacional no cenário do pós-guerra. Mas se tratava – ainda se trata – de um consenso "raso", "incompletamente teorizado", e o conteúdo da dignidade remanesce aberto não só a significativas variações culturais entre povos diferentes, como também a fortes disputas no interior de cada sociedade nacional.

A maior parte dos documentos internacionais sobre direitos humanos, editados após a 2ª Guerra Mundial, contém a proclamação da dignidade da pessoa humana. Dentre outros, a Carta da ONU (1945), a Declaração Universal dos Direitos Humanos (1948), a Convenção Internacional para a Eliminação de Todas as Formas de Discriminação Racial (1965), o Pacto dos Direitos Civis e Políticos (1966), o Pacto dos Direitos Sociais e Econômicos (1966), a Convenção Interamericana de Direitos Humanos (1978), a Convenção sobre a Eliminação de Todas as Formas de Discriminação contra as Mulheres (1979), a Carta Africana de Direitos Humanos e dos Povos (1981), a Convenção contra a Tortura e outros Tratamentos Cruéis, Desumanos e Degradantes (1984), a Convenção sobre os Direitos das Crianças (1989), a Carta de Direitos Fundamentais da União Europeia (2000) e a Convenção sobre os Direitos das Pessoas com Deficiência (2007). Dentre esses textos internacionais, vale destacar, pela sua importância histórica ímpar, a Declaração Universal dos Direitos Humanos, cujo preâmbulo afirma que "o reconhecimento da dignidade inerente a todos os membros da família humana e de seus direitos iguais e inalienáveis é o fundamento da liberdade, da justiça e da paz no mundo".

Também no plano interno, o princípio da dignidade da pessoa humana passa a ser consagrado com frequência cada vez maior depois

[162] Para uma detalhada descrição da dificuldade de definição da base filosófica dos direitos durante os trabalhos de elaboração da Declaração Universal dos Direitos Humanos, veja-se GLENDON, Mary Ann; *The world made new:* Eleanor Roosevelt and the Universal Declaration of Human Rights. New York: Random House, 2001. Na mesma linha, o filósofo cristão Jacques Maritain, figura importante nos debates da época, destacou a absoluta impossibilidade de construção de consenso quanto aos fundamentos dos direitos, o que levou os artífices da Declaração a focarem na questão mais prática, da elaboração da lista dos direitos que seriam reconhecidos. (Cf. MARITAIN, Jacques. *Man and the State.* New York: The Catholic University of America Press, 1989. p. 76).

da 2ª Guerra. Os exemplos são intermináveis, envolvendo países de todos os continentes. Pela importância, vale uma brevíssima nota sobre a experiência germânica. A Lei Fundamental alemã proclama, no seu artigo 1º, (1), que "a dignidade da pessoa humana é inviolável. Respeitá-la e promovê-la é dever de todas as autoridades estatais". No país, o princípio da dignidade da pessoa humana é considerado, de forma praticamente incontroversa, como o mais importante de toda a ordem jurídica, figurando no centro da ordem de valores constitucionais.[163] A jurisprudência da Corte Constitucional alemã está repleta de afirmações como a de que "a dignidade humana está no topo da ordem de valores da Lei Fundamental";[164] "a pessoa humana livre e sua dignidade são os valores mais elevados da ordem constitucional";[165] "o direito à inviolabilidade da dignidade humana é a base de todos os direitos fundamentais".[166]

Mais até do que um princípio jurídico, a dignidade da pessoa humana tornou-se, na Alemanha contemporânea, um valor socialmente compartilhado, que integra o *ethos* e a identidade constitucional da nação. Nas palavras de Dieter Grimm, a frase da Lei Fundamental que decreta que a dignidade humana é inviolável é a que mais marca os alemães.[167] As razões históricas dessa extrema valorização da dignidade humana na cultura jurídica e social alemã são compreensíveis. Afinal, o constitucionalismo germânico contemporâneo erigiu-se sobre os escombros do nazismo e do Holocausto com a pretensão de erguer uma comunidade política e um sistema jurídico que representassem exatamente o oposto da barbárie nacional-socialista, que consistiu na mais radical e odiosa negação à ideia da dignidade humana em toda a

---

[163] Cf. GRIMM, Dieter. A dignidade humana é intangível. (Trad. Eduardo Mendonça). *Revista de Direito do Estado*, n. 19, n. 20, p. 3-5, 2010. p. 5; HÄBERLE, Peter. A dignidade humana como fundamento da comunidade estatal. (Trad. Ingo Wolfgang Sarlet e Pedro Scherer de Melo Aleixo. *In*: SARLET, Ingo Wolfgang (Org.). *Dimensões da dignidade*: ensaios de filosofia do direito e direito constitucional. Porto Alegre: Livraria do Advogado, 2005. p. 128; BENDA, Ernst. Dignidad humana y derechos de la personalidad. *In*: BENDA, Ernst *et al*. *Manual de derecho constitucional*. 2. ed. (Trad. Antonio López Pina). Barcelona: Marcial Pons, 2001. p. 118; STARCK, Christian. The religious and philosophical background of human dignity and its place in modern constitutions. *In*: KRETZMER, David; KLEIN, Eckart (Eds.). *The concept of human dignity in human rights discourse*. The Hague: Kluwer Law International, 2002. p. 179; EBERLE, Edward J. *Dignity and liberty*: constitutional visions in Germany and the United States. Westport: Praeger, 2002. p. 41.

[164] Tribunal Constitucional Federal da Alemanha. BVerfGE 27, 1 (1969).

[165] Tribunal Constitucional Federal da Alemanha. BVerfGE 45, 187 (1977).

[166] Tribunal Constitucional Federal da Alemanha. BVerfGE 30, 173 (1971).

[167] GRIMM, Dieter. A dignidade humana é intangível. (Trad. Eduardo Mendonça). *Revista de Direito do Estado*, n. 19, n. 20, p. 3-5, 2010. p. 3.

história da humanidade. Como ressaltou Winfried Brugger, o sistema de direitos fundamentais da Lei Fundamental alemã, em cujo ápice está a dignidade humana, tem como *moto*: "Nunca mais! Nunca mais seja permitido à barbárie do aparato do terror nacional-socialista prevalecer na nossa comunidade".[168]

O exemplo alemão foi seguido por inúmeros países.[169] A dignidade humana é hoje amplamente reconhecida como um princípio normativo de máxima estatura, e não como mera proclamação retórica. Tribunais e cortes constitucionais de todo o mundo passaram a invocar com frequência cada vez maior o princípio,[170] que é central na jurisprudência de países de todos os continentes, como África do Sul, Colômbia, Canadá, Israel e Hungria.

O fenômeno praticamente universal de positivação da dignidade da pessoa humana não importou, porém, no esmaecimento das facetas não jurídicas do princípio. Pelo contrário, a dignidade humana continua sendo um elemento central em diversas religiões, um pilar fundamental em inúmeras teorias filosóficas, um combustível importante para as reivindicações sociais dos grupos excluídos. De um modo ou de outro, tais facetas da dignidade não cessam de influenciar o Direito, contribuindo de forma decisiva nos processos de interpretação do princípio.

O processo de positivação dos ditos "direitos naturais" nos códigos e nas constituições liberais-burguesas já foi caracterizado como a "saga de zangão" do jusnaturalismo.[171] Diz-se que o ápice da vida do zangão ocorre quando copula com a abelha-rainha, o que acontece uma única vez em sua vida. Logo após fecundá-la, o zangão morre. Com os direitos naturais, fala-se que teria ocorrido fenômeno parecido:

---

168 BRUGGER, Winfried. Dignity, rights and legal philosophy within the anthropological cross of decision-making. *German Law Journal*, v. 9, n. 10, p. 1260, 2008.

169 De acordo com Catherine Dupré, a ideia do "nunca mais" foi inspiração recorrente no reconhecimento do princípio da dignidade da pessoa humana no contexto do segundo pós-guerra. (DUPRÉ, Catherine. *The Age of Dignity:* human rights and constitutionalism in Europe. Oxford: Hart Publishing, 2015. *e-book*, p. 1724-1796).

170 Veja-se, a propósito, dentre outros, MCCRUDDEN, Christopher. Human dignity and judicial interpretation of human rights. *European Journal of international Law*, Firenze, v. 19, n. 4, p. 655-724, 2008; BARROSO, Luís Roberto. *A dignidade da pessoa humana no direito constitucional contemporâneo*: a construção de um conceito jurídico à luz da jurisprudência mundial. Belo Horizonte: Fórum, 2013; CAROZZA, Paolo G. Human dignity in constitutional adjudication. *In*: GINSBURG, Tom; DIXON, Rosalind (Eds.). *Comparative constitutional law*. Cheltenham: Edward Elgar Publishing Limited, 2011; DALY, Erin. *Dignity rights*: courts, constitution and the worth of the human person. Philadelphia: University of Pennsylvania Press, 2013.

171 Cf. LIMA, Viviane Nunes Araújo. *A saga de zangão*: uma visão sobre o direito natural. Rio de Janeiro: Renovar, 1999.

consagrados nos ordenamentos jurídicos, tais direitos teriam chegado então ao seu momento culminante. Em seguida, foram esquecidos pela teoria e *praxis* jurídicas hegemônicas com a ascensão do positivismo legalista, que gravitava ao redor da legislação, para a qual fora vertido o antigo ideário jusnaturalista.

Todavia, essa não foi a sina do princípio da dignidade humana. A sua positivação constitucional não fulminou ou tornou irrelevante a dimensão moral do princípio. Pelo contrário, a dignidade da pessoa humana converteu-se em uma importante "porta de entrada" da argumentação moral e filosófica no campo jurídico.[172] A sua consagração no patamar mais elevado dos ordenamentos jurídicos diminuiu, inclusive, a relevância prática da interminável querela entre positivistas e jusnaturalistas.[173] Hoje, mesmo um positivista que leve a sério a Constituição[174] não terá como se evadir ao debate sobre os padrões mínimos de respeito ao ser humano que devem ser observados pelas instituições e práticas sociais, cuja dimensão moral é irrecusável.

O reconhecimento da força normativa de princípios impregnados de conteúdo moral, como a dignidade da pessoa humana, não tem o condão de abolir a diferenciação entre direito e moral, que é essencial para

---

172 De acordo com Habermas, a dignidade humana introduz uma "moral universalista" nas constituições democráticas, produzindo uma "fusão explosiva da moral no *medium* do direito, no interior do qual deve ser efetuada a construção de ordens políticas justas". (HABERMAS, Jürgen. O conceito de dignidade humana e a utopia realista dos direitos humanos. *In*: HABERMAS, Jürgen. *Sobre a Constituição da Europa*. (Trad. Luis Werle, Luiz Repa e Rúrion Melo). São Paulo: Ed. UNESP, 2012. p. 36-37).

173 Não é este o espaço propício para enfrentar o tema, mas considero que nem o jusnaturalismo, nem o positivismo, em qualquer das suas versões, oferecem respostas satisfatórias para a teoria jurídica contemporânea. Como observei alhures, "o jusnaturalismo, mesmo na sua versão racional moderna, não reúne as condições necessárias para conferir legitimidade ao Direito, no cenário das sociedades contemporâneas, caracterizadas pelo pluralismo de visões de mundo. Por outro lado, a constatação de que o direito positivo pode assumir as feições mais monstruosas, como ocorreu na Alemanha nazista, torna imperativa a busca de algum fundamento moral para os ordenamentos, cuja validade não pode repousar apenas na autoridade ou na força de quem edita as normas jurídicas". (SOUZA NETO, Cláudio Pereira de; SARMENTO, Daniel. *Direito constitucional*: teoria, história e métodos de trabalho. Belo Horizonte: Fórum, 2012. p. 427-428.). No mesmo sentido, cf. BARROSO, Luís Roberto. Fundamentos teóricos e filosóficos do novo direito constitucional brasileiro: pós-modernidade, teoria crítica e pós-positivismo. *In*: BARROSO, Luís Roberto (Org.). *A nova interpretação constitucional*: ponderação, direitos fundamentais e relações privadas. Rio de Janeiro: Renovar, 2003. p. 1-48.

174 Chama-se *positivismo jurídico inclusivo* a sua versão mais *soft*, que aceita a abertura do direito para a moral, desde que normas de conteúdo moral tenham sido incorporadas ao próprio ordenamento por ato de autoridades reconhecidas. Sobre as diferentes versões do positivismo jurídico, veja-se, na literatura brasileira, DIMOULIS, Dimitri. *Positivismo jurídico*: introdução a uma teoria do direito e defesa do pragmatismo jurídico-político. São Paulo: Método, 2006.

o funcionamento das sociedades complexas. Porém, ele torna muito mais porosas as respectivas fronteiras. Aquele que interpreta um princípio jurídico como a dignidade da pessoa humana inevitavelmente projeta nesta atividade juízos morais. Neste contexto, debilita-se a distinção tradicional da teoria jurídica entre a descrição do Direito como ele é e a prescrição sobre como ele deveria ser.[175] Os juízos descritivo e prescritivo não se confundem, mas, em alguma medida, se interpenetram, pois princípios saturados de conteúdo moral conferem poder ao intérprete para buscar, nos marcos da própria ordem jurídica, a solução mais justa para o caso.

A dignidade humana, em síntese, de mera proclamação religiosa e filosófica converteu-se em princípio jurídico vinculante da mais elevada estatura, mas isso não a privou da sua dimensão moral. Pelo contrário, a sua positivação é parte importante do fenômeno de abertura do Direito à leitura moral.[176]

1.5 Brasil: dignidade num contexto desigual

Dos três processos históricos descritos acima, o mais problemático no Brasil tem sido certamente o de universalização da dignidade humana.

No que concerne à positivação jurídica, a dignidade da pessoa humana está consagrada com destaque na Constituição de 1988, no art. 1º, inciso III, que a invoca como "fundamento da República", sendo também citada em outros preceitos mais específicos (arts. 170; 226, § 6º; 227; 230). O Brasil, ademais, ratificou e incorporou ao ordenamento jurídico quase todos os tratados internacionais de direitos humanos que contêm referências à dignidade. Não bastasse, sob a égide da Constituição de 88 e, sobretudo, nos últimos quinze anos, a invocação da dignidade tornou-se moeda corrente no discurso jurisdicional, a ponto de suscitar legítimas preocupações quanto à sua banalização.[177]

---

[175] Cf. SARMENTO, Daniel. O neoconstitucionalismo no Brasil: riscos e possibilidades. *In*: SARMENTO, Daniel. *Por um constitucionalismo inclusivo*: história constitucional brasileira, teoria da constituição e direitos fundamentais. Rio de Janeiro: Lumen Juris, 2010. p. 240-243; SOUZA NETO, Cláudio Pereira de. A teoria constitucional e seus lugares específicos: notas sobre o aporte reconstrutivo. *Revista de Direito do Estado*, n. 1, p. 86-104, 2006.

[176] Sobre a leitura moral do Direito Constitucional, veja-se DWORKIN, Ronald. Introduction: the moral reading and the majoritarian premise. *In*: DWORKIN, Ronald. *Freedom's law*: the moral reading of the American Constitution. Cambridge: Harvard University Press, 1996. p. 1-38.

[177] Cf., *e.g.*, COSTA NETO, João. *Dignidade humana*: visão do Tribunal Constitucional Alemão, do STF e do Tribunal Europeu. São Paulo: Saraiva, 2014. p. 112-118.

Em relação à adoção de concepção mais concreta de pessoa, o caso brasileiro tem singularidades. Por um lado, ao longo da nossa história, o discurso jurídico muitas vezes se deixou impregnar por concepções do sujeito muito abstratas e descoladas da realidade. Foi assim, por exemplo, no Direito Privado que se desenvolveu sob a égide do Código Civil de 1916, marcado pelo forte individualismo.[178] A Constituição de 88 certamente não guarda qualquer ranço atomista. A releitura do ordenamento guiada pelos valores da Constituição impõe que se rechace qualquer visão excessivamente abstrata do indivíduo – insensível à sua situação real no mundo – em favor de concepção mais concreta e integral da sua personalidade.[179]

De todo modo, na esfera social, as pessoas são e sempre foram percebidas no Brasil como seres situados, inseridos numa teia de relações sociais constitutivas da sua identidade. Todavia, esse enraizamento nunca funcionou como um elemento emancipatório, que propiciasse proteção mais integral aos direitos e necessidades das pessoas vulneráveis. Trata-se exatamente do contrário: um enraizamento de feições pré-modernas, em que o *status* jurídico da pessoa se relaciona, na prática, a elementos como classe social, cor, profissão, relações familiares e de amizade do indivíduo.[180] A questão, portanto, acaba se reconduzindo ao mais crônico dos problemas nacionais: a *desigualdade*.

Assim, é no processo de universalização que se vislumbra o aspecto mais patológico do processo de afirmação da dignidade humana no Brasil. Subsistem nas nossas relações sociais traços fortemente hierárquicos, que se manifestam na assimetria entre as pessoas para o acesso aos direitos e submissão aos deveres impostos pela ordem jurídica. Houve, sem dúvida, avanços nessa área desde o advento da

---

178 Cf. MEIRELLES, Jussara. O ser e o ter na codificação civil brasileira: do sujeito virtual à clausura patrimonial. *In*: FACHIN, Luiz Edson (Coord.). *Repensando os fundamentos do direito civil brasileiro*. Rio de Janeiro: Renovar, 2000. p. 87-114.

179 Como salientou Gustavo Tepedino, "a pessoa humana, portanto – e não mais o sujeito de direito neutro, anônimo e titular de patrimônio –, qualificada na concreta relação jurídica em que se insere, de acordo com o valor social de sua atividade, e protegida pelo ordenamento segundo o grau de vulnerabilidade que apresenta, torna-se a categoria central do direito privado". (TEPEDINO, Gustavo. Do sujeito de direito à pessoa humana. *In*: TEPEDINO, Gustavo. *Temas de Direito Civil*. Rio de Janeiro: Renovar, 2006. t. II, p. 342). A lição de Tepedino, conquanto voltada para o Direito Civil, pode ser generalizada para os demais ramos do nosso ordenamento jurídico.

180 Sobre essa questão, veja-se o clássico ensaio de DAMATTA, Roberto. Sabe com quem está falando? A distinção entre indivíduo e pessoa no Brasil. *In*: DAMATTA, Roberto. *Carnavais, malandros e heróis*: para uma sociologia do dilema brasileiro. 6. ed. Rio de Janeiro: Rocco, 1996. p. 181-248.

Constituição de 88, mas os nossos padrões de desigualdade continuam perversos e inaceitáveis.

Trata-se de uma desigualdade multidimensional, que não diz respeito apenas à elevada concentração de renda. Ela também se manifesta em outros planos, como na falta de acesso universal às liberdades básicas e aos serviços públicos, no tratamento dispensado às pessoas por agentes estatais e por particulares, na plutocratização da política e no desrespeito às diferenças identitárias. Essa desigualdade tem um forte componente econômico, mas também se deixa permear por outros critérios de diferenciação para a eleição das suas vítimas. Além dos pobres, ela também estigmatiza outros grupos vulneráveis, como os negros, os indígenas, as mulheres, os homossexuais, os presos e as pessoas com deficiência, cada um do seu modo.

Tais padrões desigualitários não são o produto contingente de alguma crise social ou econômica passageira. Eles não se devem aos insucessos desse ou daquele governo. O problema é crônico e está profundamente enraizado em nossa história e cultura. Nossa desigualdade tem direta ligação com o passado escravocrata, com o desenvolvimento tardio e incompleto da noção de cidadania[181] e com a nossa enorme dificuldade em superar uma compreensão pré-moderna, hierárquica e estamental das relações sociais, em que direitos e deveres são concebidos não em bases universalistas, mas a partir da posição ocupada por cada indivíduo na estrutura social.

A desigualdade no Brasil articula-se com outros traços culturais também problemáticos. É o caso da *cordialidade*, destacada por Sérgio Buarque de Holanda, em obra clássica.[182] Essa cordialidade não reside na propalada simpatia do brasileiro,[183] mas na nossa dificuldade em seguir regras impessoais de conduta, com a tendência à priorização

---

181 Sobre esse desenvolvimento, veja-se CARVALHO, José Murilo de. *A cidadania no Brasil*: o longo caminho. 5. ed. Rio de Janeiro: Civilização Brasileira, 2004.

182 Cf. HOLANDA, Sérgio Buarque de. *Raízes do Brasil*. 26. ed. São Paulo: Companhia das Letras, 2004. p. 139-152.

183 O reconhecimento da simpatia e da alegria do povo brasileiro não deve legitimar discursos ufanistas, como os que negam a violência presente nas nossas relações sociais. Como observou Marilena Chauí, em texto que, conquanto elaborado durante o regime militar, ainda mantém a sua atualidade, "o mito da não violência brasileira foi construído graças a dispositivos ideológicos precisos, que, por um lado, permitissem considerar a violência como acontecimento acidental e não como algo constitutivo de uma sociedade de classes e, por outro, justificassem a exclusão social e histórica dos sujeitos violentos (...). Legitimada no plano do saber e cristalizada no plano das instituições, a violência é o ar que respiramos, são as ações que praticamos; interiorizada nas relações pessoais, sociais, econômicas e políticas. Porque somos seus agentes e pacientes, não a percebemos senão quando ultrapassa os limites do costumeiro". (CHAUÍ, Marilena. O homem cordial, um mito destruído à força.

das relações pessoais e afetivas em detrimento das razões objetivas, inclusive no trato da coisa pública. A cordialidade pode ser associada à lógica do "jeitinho",[184] que corresponde à patológica tendência ao excesso de flexibilidade na aplicação das normas jurídicas, pelas razões mais variadas, que vão da pura corrupção à empatia com o outro. Ela também se articula com o *patrimonialismo*,[185] que se caracteriza pela circunstância de governantes e agentes públicos tratarem o Estado como se fosse a sua propriedade privada, submetendo a coisa pública às suas preferências e interesses. Essas características antirrepublicanas das nossas relações sociais comprometem a efetividade da igualdade, na medida em que solapam a lógica impessoal e universalista que deveria reger os processos de formulação e aplicação do Direito.

Ademais, essa desigualdade encontra-se fortemente naturalizada. Os brasileiros em geral são socializados desde a primeira infância para perceberem as relações sociais como naturalmente desiguais. Compreende-se como natural que os patrões se utilizem do elevador social, e os empregados tenham de usar o de serviço. Natural que os mais humildes tenham de chamar as pessoas de classe superior de "doutor" ou "doutora", "senhor" ou "senhora", enquanto estas se dirigem aos mais humildes por meio do informal "você". Natural que só haja pobres na prisão; que as autoridades públicas tratem com subserviência os poderosos e com prepotência e desrespeito os mais humildes. Nossas práticas sociais ensinam "a cada um o seu lugar".[186]

O sociólogo Alberto Carlos de Almeida conduziu uma ampla pesquisa de opinião sobre "a cabeça do brasileiro", que confirmou esses traços hierárquicos das nossas relações sociais.[187] Pessoas de diferentes idades, classes sociais e regiões do país responderam a um questionário com perguntas elaboradas para aferir a sua visão de

---

In: CHAUÍ, Marilena. *Manifestações ideológicas do autoritarismo brasileiro*. Belo Horizonte: Autêntica Editora, 2013. p. 240 e 242).

184 Veja-se, a propósito, ROSENN, Keith N. *O jeito na cultura jurídica brasileira*. Rio de Janeiro: Renovar, 1998.

185 Patrimonialismo é uma categoria empregada por Max Weber para descrever uma das formas de dominação tradicional. (Cf. WEBER, Max. *Economía y sociedad*. (Trad. José Medina Echavarría *et al*.). México: Fondo de Cultura Económica, 1998. p. 180-193). O tratamento canônico do tema no pensamento social brasileiro encontra-se em FAORO, Raymundo. *Os donos do poder*: formação do patronato político brasileiro. 9. ed. Rio de Janeiro: Editora Globo, 1991. v. 2.

186 Cf. DAMATTA, Roberto. Sabe com quem está falando? A distinção entre indivíduo e pessoa no Brasil. *In*: DAMATTA, Roberto. *Carnavais, malandros e heróis*: para uma sociologia do dilema brasileiro. 6. ed. Rio de Janeiro: Rocco, 1996.

187 ALMEIDA, Alberto Carlos. *A cabeça do brasileiro*. Rio de Janeiro: Record, 2007. p. 75-93.

mundo. Uma das perguntas era "qual a atitude que os empregados de um edifício deveriam ter se os moradores dizem que eles podem usar o elevador social". Apenas 44% dos entrevistados responderam que, nessa hipótese, os empregados deveriam utilizá-lo. A maioria – 56% – considerou que, mesmo com a expressa permissão dos moradores, os empregados deveriam se restringir ao uso do elevador de serviço. Outro questionamento foi sobre a "atitude que o empregado deveria ter se o patrão diz que pode ser chamado de você". A ampla maioria dos entrevistados – 61% – entendeu que o correto seria o empregado continuar tratando o empregador de "senhor".[188]

A desigualdade, para empregar uma categoria de Pierre Bourdieu, inscreve-se no *habitus* do brasileiro, instalando-se abaixo do nível da nossa consciência racional.[189] Ela se deposita muito no fundo da nossa compreensão do mundo e passa a pautar o nosso comportamento espontâneo e pré-reflexivo. Cada um "aprende o seu lugar" e tende a agir automaticamente de acordo com essas regras implícitas da nossa gramática social. Isso evidentemente compromete a concretização, no plano das relações sociais, da ideia jurídica e moral da igual dignidade entre as pessoas. Jessé de Souza bem captou o problema, ao registrar que "para que haja eficácia legal da regra da igualdade é necessário que a percepção da igualdade na dimensão da vida cotidiana esteja efetivamente internalizada",[190] o que não ocorre entre nós.

Nesse quadro, a violação dos direitos das pessoas da elite causa escândalo. Se, por exemplo, um empresário é algemado indevidamente – o que é certamente lamentável –, alguém logo ensaia uma analogia exagerada com o nazismo. Mas não provoca comoção comparável a expedição de mandados de busca e apreensão genéricos pelo próprio Poder Judiciário, permitindo o ingresso da polícia em qualquer residência, em complexos de favelas com dezenas de milhares

---

188 Nessa pesquisa, as pessoas de menor escolaridade deram respostas em geral mais hierárquicas do que as mais instruídas (ALMEIDA, Alberto Carlos. *A cabeça do brasileiro*. Rio de Janeiro: Record, 2007. p. 91). Isso, porém, não demonstra, na minha opinião, que a elite brasileira tenha uma visão mais igualitária das relações sociais do que as camadas mais pobres da população, ao contrário do que Alberto Carlos Almeida sustentou. Uma explicação mais plausível é a de que pessoas com maior nível educacional têm mais consciência do que as menos escolarizadas de que as respostas ostensivamente hierárquicas são "politicamente incorretas" e tendem, por isso, a evitá-las para não desnudar os próprios preconceitos.

189 Cf. BOURDIEU, Pierre. *Razões práticas*: sobre a teoria da ação. (Trad. Mariza Corrêa). Campinas: Papirus, 1996; BOURDIEU, Pierre. *A economia das trocas simbólicas*. (Trad. Sérgio Miceli *et al.*). São Paulo: Perspectiva, 1987.

190 SOUZA, Jessé de. A gramática social da desigualdade brasileira. *In*: SOUZA, Jessé de (Org.). *A invisibilidade da desigualdade brasileira*. Belo Horizonte: Editora UFMG, 2006. p. 31.

de casas; nem mesmo o assassinato diário de jovens pobres e negros pelas autoridades de segurança, "legalizados" através da lavratura dos famigerados "autos de resistência". Se em um mesmo dia ocorrem uma chacina em comunidade carente, com inúmeras mortes, e o latrocínio de uma pessoa da elite em bairro nobre da mesma cidade, todas as atenções da imprensa, da opinião pública e das autoridades estatais tendem a se voltar para o segundo episódio. Nas consciências entorpecidas pela hierarquia, nem todas as vidas valem o mesmo.

Marcelo Neves tratou dessa disfunção da nossa sociedade por meio da formulação das categorias da *subintegração* e da *sobreintegração*.[191] Neves parte da impossibilidade de aplicação no Brasil e em outros países da "modernidade periférica" da teoria autopoiética do Direito, elaborada por Niklas Luhmann.[192] Tal teoria, como se sabe, postula que o sistema jurídico das sociedades modernas é operacionalmente fechado em relação ao ambiente, com o qual mantém apenas aberturas cognitivas.[193] Isso, em apertada síntese, significa dizer que as questões jurídicas são resolvidas por meio do código binário do próprio Direito – o lícito/ilícito –, não se sujeitando a imposições "vindas de fora", de esferas como a política, a economia ou a religião. Nosso Direito, segundo Marcelo Neves, teria permanecido *alopoiético*, sem suficiente diferenciação funcional em relação a outros subsistemas sociais. Dessa forma, elementos estranhos ao código do Direito – especialmente o dinheiro e o poder político – penetram generalizadamente nos processos de concretização das normas legais, dirigindo o seu resultado de forma desigualitária. Nesse contexto, não existe a universalidade da inclusão no Direito, mas sim a corrupção sistêmica, que se atualiza por meio de relações de subintegração e sobreintegração à cidadania.

Os subintegrados, de um lado, não têm condições reais de acesso aos direitos fundamentais, que "não desempenham qualquer papel relevante no seu agir e vivenciar".[194] Permanecem, porém, sujeitos ao poder do Estado, submetidos a toda a violência do seu aparelho repressivo e punitivo. Eles compõem as camadas populares, às quais pertence a maioria da população. Do outro lado, figuram os

---

[191] NEVES, Marcelo. Entre subintegração e sobreintegração: a cidadania inexistente. *Dados – Revista de Ciências Sociais*, v. 37, n. 2, 1994, p. 253-276.

[192] Cf. NEVES, Marcelo. *A constitucionalização simbólica*. 2. ed. São Paulo: Martins Fontes, 2007.

[193] Veja-se, a propósito, LUHMANN, Niklas. The self-reproduction of law and its limits. *In*: TEUBNER, Gunther (Ed.). *Dilemmas of Law in the Welfare State*. New York: Walter de Gruyter, 1986; LUHMANN, Niklas. *Sociologia do Direito*. (Trad. Gustavo Bayer). Rio de Janeiro: Edições Tempo Brasileiro, 1983. v. 2.

[194] NEVES, Marcelo. Luhmann, Habermas e o Estado de Direito. *Lua Nova*, n. 37, p. 101, 1996.

sobreintegrados, que são os "donos do poder". Estes possuem amplo acesso aos direitos e conseguem mobilizar e manipular o discurso constitucional em favor dos seus interesses, nem sempre legítimos. Além disso, os sobreintegrados logram se evadir aos limites que a ordem jurídica impõe à sua conduta e, quando vulneram tais proibições, quase sempre ficam impunes.

A partir de perspectiva teórica distinta, Oscar Vilhena Vieira também demonstrou como a desigualdade brasileira subverte a própria ideia de Estado de Direito.[195] Para Vieira, a profunda desigualdade existente no Brasil é responsável pela sedimentação de um modelo de sociedade em que convivem "a *invisibilidade* daqueles submetidos à pobreza extrema, a *demonização* daqueles que desafiam o sistema e a *imunidade* dos privilegiados, minando a imparcialidade da lei".[196] A invisibilidade significa que o sofrimento e a violação de direitos dos pobres e excluídos não causam reação moral, política ou jurídica de monta. Já a demonização é o processo pela qual a sociedade elege "inimigos", justificando e legitimando a violação dos seus direitos mais básicos e passando a tratá-los como menos que humanos. E a imunidade consiste na atribuição à elite de posição "acima da lei" por meio da impunidade e do acesso a privilégios. Temos no Brasil a invisibilidade dos pobres, moradores de favelas e de comunidades carentes, a demonização dos presos e de pessoas vistas como ligadas ao crime, e a imunidade das elites econômicas e políticas.

Essa hierarquização que permeia a vida concreta do Direito brasileiro por vezes está expressa na lei. Exemplo paradigmático é a previsão legal de prisão especial para os portadores de diploma de curso superior.[197] Não há qualquer razão plausível que justifique o melhor tratamento na prisão, antes da condenação definitiva, das pessoas mais

---

[195] VIEIRA, Oscar Vilhena. A desigualdade e a subversão do Estado de Direito. *In*: SARMENTO, Daniel; IKAWA, Daniela; PIOVESAN, Flávia (Orgs.). *Igualdade, diferença e direitos humanos*. Rio de Janeiro: Lumen Juris, 2008. p. 191-216.

[196] VIEIRA, Oscar Vilhena. A desigualdade e a subversão do Estado de Direito. *In*: SARMENTO, Daniel; IKAWA, Daniela; PIOVESAN, Flávia (Orgs.). *Igualdade, diferença e direitos humanos*. Rio de Janeiro: Lumen Juris, 2008. p. 207.

[197] De acordo com o art. 295 do Código de Processo Penal, os diplomados por qualquer faculdade têm direito à prisão especial até o trânsito em julgado de decisão condenatória. Essa prisão especial consiste em recolhimento em local distinto do preso comum ou, na falta de estabelecimento específico, em cela diferente, que pode ser coletiva, desde que "atendidos os requisitos de salubridade do ambiente, pela concorrência dos fatores de aeração, insolação e condicionamento térmico adequados à existência humana". Veda-se, ainda, o transporte do preso especial juntamente com o preso comum.

cultas – quase sempre também as mais ricas e mais brancas.[198] Pela sua instrução, essas pessoas tiveram até, presumivelmente, mais chance do que os demais presos de seguir outros caminhos de vida que não os da criminalidade.[199]

Com mais frequência, porém, o problema não está nas normas vigentes, mas nas práticas sociais que subsistem à margem da lei ou que se infiltram nos seus processos de aplicação. No Brasil contemporâneo, temos até boas leis, que se assentam na igual dignidade das pessoas – Constituição Federal, Estatuto da Criança e do Adolescente, Lei de Execução Penal, Estatuto da Igualdade Racial, dentre outros diplomas. Porém, a desigualdade enraizada na nossa cultura sabota o emprego dessas normas jurídicas, que acabam não protegendo todos os seus destinatários e se sujeitando a aplicações assimétricas pelas autoridades estatais, inclusive do Poder Judiciário.

Tal fenômeno dá-se até mesmo com o princípio da dignidade da pessoa humana, que, apesar do seu teor igualitário, se sujeita a abusos e silêncios eloquentes. Um exemplo anedótico ocorreu no Tribunal de Justiça do Estado do Rio de Janeiro, em decisão que invocou a dignidade do magistrado para obrigar os empregados do condomínio em que vive um juiz a chamarem-no apenas de "doutor" ou "senhor.[200] Em outro caso, o Tribunal Regional Federal da 1ª Região valeu-se da dignidade humana para afirmar que o valor do dano moral devido por ofensas praticadas contra magistrados deveria ser maior.[201]

Do outro lado, é emblemático o tratamento dado aos presos, na questão da responsabilidade por danos morais, decorrente de encarceramento em condições degradantes. O STF, no momento de

---

198 Nesse sentido, cf. PADILHA, Valquíria. A distinção por trás das grades: reflexões sobre a prisão especial. *Revista Sociologia Jurídica*, n. 4, 2007. Disponível em: http://www.sociologiajuridica.net.br/numero-4/193-a-distincao-por-atras-das-grades. Acesso em 23 mar. 2015.

199 Vale ressaltar que o Procurador-Geral da República ajuizou, em março de 2015, a ADPF nº 334, questionando a validade da prisão especial, sob o argumento de que viola os princípios constitucionais da igualdade e da dignidade da pessoa humana. A ação foi distribuída à relatoria do Min. Teori Zavascki.

200 Tribunal de Justiça do Estado do Rio de Janeiro. 9ª Câmara Cível, Processo 2004.002.173, Rel. Des. Gilberto Dutra. A decisão do relator foi posteriormente confirmada pela 9ª Câmara Cível do TJ/RJ por 2 votos a 1. Os termos da decisão são eloquentes: "Tratando-se de magistrado, cuja preservação da *dignidade* e de decoro da função que exerce, e antes de ser direito do agravante, mas um dever e, verificando-se dos autos que o mesmo vem sofrendo, não somente um enorme *desrespeito* por parte de *empregados subalternos* do condomínio, mas verdadeiros desacatos, mostra-se, data vênia, teratológica a decisão do juízo *a quo* ao indeferir a antecipação da tutela pretendida. Isto posto, defiro-a de plano" (grifo meu).

201 Tribunal Regional Federal da 1ª Região. 5ª Turma, AC nº 2009.34000045541, Rel. Des. Federal Souza Prudente, e-DJF de 27.06.2013, p. 192.

finalização desta obra, aprecia um recurso interposto contra decisão do STJ que denegou o pagamento de danos morais a um preso que permanecera por cerca de 5 anos em cela superlotada, nas condições mais precárias.[202] O STJ, que admite sem hesitação o dano moral pela devolução indevida de cheque sem fundos e por outros aborrecimentos banais, considerou que um preso, que teve a sua dignidade ultrajada pela prisão nas condições mais desumanas durante vários anos, não fazia jus a qualquer indenização![203] Em sua decisão, o STJ reverteu decisão condenatória do Tribunal de Justiça do Estado do Mato Grosso do Sul, que fixara o dano moral em 2 mil reais. Aliás, esse próprio valor da condenação também já revelava as hierarquias que perpassam, de modo consciente ou não, o processo de aplicação judicial do Direito em nosso país. De acordo com os parâmetros jurisprudenciais estabelecidos pelo STJ, o valor de referência para danos morais em caso de cancelamento indevido de voo aéreo é de 8 mil reais, e de 10 mil reais para o caso de inscrição indevida em cadastro de inadimplentes. Portanto, lesões à personalidade incomparavelmente menores infligidas às "pessoas de bem" recebem um tratamento muito mais generoso do Judiciário no campo indenizatório do que a prisão prolongada em condições desumanas de detentos.

Como observou Maria Celina Bodin de Moraes, "a reparação do dano moral corresponde (...) à contrapartida do princípio da dignidade da pessoa humana: é o reverso da medalha. Quando a dignidade é ofendida, há que se reparar o dano injusto sofrido".[204] Ora, parece indiscutível que a manutenção de presos em celas superlotadas e insalubres – infelizmente, fato corriqueiro no falido e degradante sistema prisional brasileiro – atinge de modo superlativo a dignidade humana dos detentos. Nesse cenário jurídico, o que explicaria a recusa judicial ao reconhecimento do direito à indenização do preso, ou mesmo o arbitramento dos danos em valor irrisório, tendo em vista a intensidade da lesão à dignidade da vítima? Mais do que isso, o que estaria por

[202] Supremo Tribunal Federal. RE nº 580.252, Rel. Min. Teori Zavascki. Os três ministros do STF que já se manifestaram – Teori Zavascki, Gilmar Mendes e Luís Roberto Barroso – posicionaram-se a favor do cabimento da reparação de danos. Para o Min. Barroso, porém, ele deve se dar prioritariamente pela remição da pena, e não por pagamento em pecúnia. Sobre o tópico, vale ainda destacar que o Conselho Federal da OAB ajuizou a ADI nº 5.170, distribuída à Ministra Rosa Weber, buscando o reconhecimento da reparabilidade do dano moral infligido ao preso por conta do encarceramento em condições degradantes.

[203] Superior Tribunal de Justiça. REsp nº 962.934, 2ª Turma, Rel. Min. Herman Benjamin, DJe 04.05.2011.

[204] MORAES, Maria Celina Bodin de. *Danos à pessoa humana*: uma leitura civil-constitucional dos canos morais. Rio de Janeiro: Renovar, 2003. p. 326.

trás da persistência da situação verdadeiramente infernal das prisões brasileiras, que é do pleno conhecimento de todas as autoridades competentes?

Ana Paula de Barcellos sugere uma resposta para essa questão – uma incômoda, mas convincente resposta.[205] A sua conclusão é a de que "a concepção de dignidade da maior parte da sociedade brasileira está muito mais vinculada ao que o indivíduo tem ou faz do que a simples circunstância de se tratar de um ser humano".[206] Os juízes e outros profissionais do meio jurídico, como pessoas inseridas na cultura de sua sociedade, "acabam sendo influenciados por essa mesma concepção não ontológica da dignidade humana, o que repercute, como não poderia deixar de ser, na formação dos seus convencimentos e na eleição das suas prioridades".[207] Por esta ótica distorcida, os presos não são dignos; logo, os seus direitos mais básicos não precisam ser assegurados.

Enfim, o principal déficit de efetividade da dignidade da pessoa humana no Brasil deriva não de uma razão puramente jurídica ou mesmo econômica. A sua origem está em uma cultura muito enraizada, que não concebe todas as pessoas como igualmente dignas. Nesse cenário, a dignidade humana periga, paradoxalmente, converter-se no seu inverso: um veículo adicional para reprodução e reforço do *status quo* de hierarquias e assimetrias, que consagra privilégios para uns à custa do tratamento indigno dispensado a outros.

Mas não precisa ser assim. Não se deve tomar essa descrição algo sombria do *ethos* desigualitário presente em nossa sociedade como uma capitulação fatalista do discurso constitucional diante de uma realidade refratária aos seus valores. O nosso quadro sociocultural não é imutável. É possível combater com êxito a desigualdade, buscando desentranhar das instituições e das práticas sociais os traços da hierarquia e da exclusão que nelas subsistem, para promover o ideal constitucional da igual dignidade das pessoas.

É verdade que esse ideal, além de distante da realidade material do país, sequer está suficientemente enraizado na cultura nacional. Porém, olhando para trás, é possível perceber que, empurrados pela luta e mobilização social, estamos avançando neste percurso desde a

---

205 BARCELLOS, Ana Paula. Violência urbana, condições das prisões e dignidade humana. *Revista de Direito Administrativo*, n. 254, p. 39-65, 2010.

206 BARCELLOS, Ana Paula. Violência urbana, condições das prisões e dignidade humana. *Revista de Direito Administrativo*, n. 254, p. 39-65, 2010. p. 52.

207 BARCELLOS, Ana Paula. Violência urbana, condições das prisões e dignidade humana. *Revista de Direito Administrativo*, n. 254, p. 39-65, 2010. p. 55.

redemocratização. Em velocidade aquém da desejável e em meio a muitos tropeços, é certo, mas em geral na direção correta. Para dar alguns exemplos importantes, a miséria e a fome diminuíram significativamente no país, as empregadas domésticas passaram a ter mais direitos, os homossexuais já podem se casar e adotar filhos, trabalhadores rurais finalmente conseguem se aposentar quando envelhecem, a violência doméstica contra a mulher já não é mais tolerada, os índices de analfabetismo foram sensivelmente reduzidos e aumentou o acesso dos pobres e negros à universidade. O caminho à frente é longo, incerto e pedregoso, e os riscos de retrocesso são inúmeros, mas a Constituição poderá nos servir de guia.

1.6 Conclusão

Não há uma teleologia na história que empurre a humanidade em direção a um futuro glorioso.[208] Porém, em relação à dignidade da pessoa humana, é possível captar a ação de três processos históricos importantes e virtuosos ao longo dos séculos. Em primeiro lugar, de atributo das elites na Antiguidade, a dignidade tornou-se na Modernidade um predicado atribuído universalmente a todas as pessoas. Em segundo, passou-se a mirar na contemporaneidade não mais o sujeito abstrato e insular do Iluminismo e do liberalismo-burguês, mas a pessoa concreta e situada, com as suas necessidades materiais e psicológicas, imersa em relações intersubjetivas. Em terceiro, a dignidade humana deixou de ser apenas um valor religioso e moral, para se converter em princípio jurídico vinculante, que ocupa posição central na ordem constitucional de muitos Estados, como o Brasil.

Em nosso país, porém, há um déficit grave em relação ao primeiro desses processos. Apesar de assegurada pela Constituição em bases universalistas, a dignidade por vezes ainda é lida através das lentes da hierarquia, que marcam desde sempre as nossas relações sociais,

---

[208] Martin Luther King afirmara, em conhecida passagem, que "o arco do universo moral é longo, mas ele se dobra na direção da justiça". Em belíssimo discurso proferido em 2013, na comemoração dos 50 anos da Marcha de Washington liderada por Luther King, Barack Obama registrou: "O arco do universo moral pode se dobrar na direção da justiça, mas ele *não* se dobra sozinho". Para Obama, para que o arco se envergue na direção correta, é fundamental que as pessoas lutem incessantemente em favor da dignidade para todos. Não podia estar mais certo o Presidente norte-americano. Veja-se o texto integral do seu histórico discurso em: OBAMA, Barack. *In Commemorative MLK Speech, President Obama Recalls His Own 2008 Dream*. 2013. Diponível em: http://swampland.time.com/2013/08/28/in-commemorative-mlk-speech-president-obama-recalls-his-own-2008-dream/. Acesso em 06. jan. 2016.

o que explica alguns silêncios e abusos na sua invocação judicial. Alguns passos já foram ensaiados na direção correta, mas ainda é cedo para falar em mudança de paradigma. Cabe a nós acelerar essa impreterível jornada, que, sem qualquer exagero, é a mais importante para a civilização brasileira.

CAPÍTULO 2

FUNÇÕES E CONTEÚDO DA DIGNIDADE DA PESSOA HUMANA NA ORDEM CONSTITUCIONAL BRASILEIRA

A Constituição é
caracteristicamente o estatuto do
homem. É a sua marca.
(Ulysses Guimarães)[209]

2.1 Introdução

Para que serve o princípio da dignidade da pessoa humana no ordenamento jurídico brasileiro? O objetivo central deste capítulo é tentar responder a essa pergunta, demarcando as principais funções que o princípio desempenha em nosso sistema jurídico, bem como o seu conteúdo básico. Além disso, pretendo também abordar a controvertida questão atinente ao caráter absoluto ou relativo do princípio da dignidade da pessoa humana. Para tratar desses tópicos, será necessário, antes, discutir a concepção de "pessoa" subjacente à ordem constitucional brasileira.

Como salientado na introdução, o princípio da dignidade da pessoa humana, além de comportar interpretações radicalmente divergentes, tem sido invocado muitas vezes de modo arbitrário e inflacionado. Essa não é uma singularidade brasileira, mas o problema é especialmente grave entre nós. Nesse cenário, as tarefas a que se propõe o capítulo assumem um relevo especial, tendo em vista a necessidade

[209] GUIMARÃES, Ulysses. Discurso proferido por ocasião da promulgação da Constituição de 1988.

de tornar mais previsível o processo de aplicação do princípio, bem como de conter eventuais arbitrariedades dos seus intérpretes.

Nada obstante, não se deve alimentar qualquer esperança no sentido de se "fechar" o princípio da dignidade da pessoa humana, precisando-lhe completamente os contornos, de modo a viabilizar a sua aplicação mecânica. A tarefa não seria factível: a natureza do princípio da dignidade humana e a complexidade das situações sobre os quais ele incide jamais o permitiriam. Esse fechamento tampouco seria desejável. Afinal, a *abertura* é fundamental para que o princípio possa desempenhar bem o seu papel, que envolve a proteção da pessoa humana diante de riscos e ameaças que nem sempre podem ser antecipados. Ademais, o princípio da dignidade humana é uma das mais importantes "portas de entrada" para as exigências da moralidade pública no âmbito do Direito e, por isso, não se compatibiliza com formulações muito rígidas, cuja adoção poderia inibir o desempenho dessa função de juridicização de imperativos morais.

Muito embora o princípio da dignidade da pessoa humana tenha forte vocação universalista, a definição do seu conteúdo e características não pode prescindir da análise do sistema jurídico da cada Estado. A exata conformação desse princípio, bem como a definição dos papéis que ele exerce, pode mudar – e tende a mudar – no tempo e no espaço, como se viu no capítulo anterior. O presente capítulo está focado no Brasil contemporâneo.

2.2 Interpretação constitucional e concepção de "pessoa"

Uma ordem jurídica se funda sobre certas premissas, que nem sempre estão explicitamente articuladas em textos legais. Pode-se dizer que o ordenamento jurídico-constitucional brasileiro se lastreia em uma premissa antropológica, que se deixa entrever em diversas passagens da Constituição, e que é vital para a definição dos contornos do princípio da dignidade da pessoa humana. Trata-se da ideia de pessoa concreta, que é racional, mas também sentimental e corporal; que é um fim em si mesmo, mas não uma "ilha" separada da sociedade; que deve ter a sua autonomia respeitada, mas também precisa da garantia das suas necessidades materiais básicas e do reconhecimento e respeito de sua identidade.

Teríamos um debate jurídico-filosófico complexo, que tocaria o âmago da interminável querela entre os positivistas e os não positivistas, se a premissa antropológica da nossa Constituição se afastasse do âmbito do razoável na esfera da moralidade pública. Se, por exemplo, a Carta de 88 endossasse uma visão organicista[210] da sociedade, que concebesse os indivíduos como meras peças eventualmente descartáveis das engrenagens sociais. Felizmente, fomos poupados dessa trágica "escolha de Sofia" entre a fidelidade à Constituição e o respeito aos princípios morais mais fundamentais. Afinal, a premissa antropológica em que se baseia a Constituição de 88 é profundamente humanista.

Mas o fato de a Constituição não consagrar, nessa matéria, qualquer tipo de injustiça intolerável[211] não esgota o papel da moral[212] na interpretação do princípio da dignidade da pessoa humana. A moralidade não funciona apenas como um limite externo para a interpretação constitucional, para ser mobilizado em casos extremos, mas também como um norte importante, que orienta o intérprete a buscar a solução mais justa no âmbito das possibilidades do texto e do sistema normativo. Com o princípio da dignidade da pessoa humana, essa característica da interpretação constitucional se revela com clareza e intensidade. Afinal, como destacou Habermas, a dignidade da pessoa humana "forma algo como o portal por meio do qual o conteúdo igualitário-universalista da moral é importado ao direito".[213] Assim, a interpretação desse princípio não tem como se desvincular da moral. Daí porque é preciso *reconstruir*[214] o sentido normativo do princípio da dignidade da pessoa humana, considerando o texto e o sistema constitucional vigentes, mas também os valores emancipatórios do constitucionalismo.

Para evitar mal-entendidos, é prudente qualificar essa moral a que me referi acima. Trata-se, em primeiro lugar, de uma *moralidade pública*,

---

[210] Sobre o organicismo e sua incompatibilidade com a dignidade humana, veja-se o capítulo 3.

[211] É conhecida a tese do jusfilósofo alemão Gustav Radbruch de que o direito injusto ainda é direito, mas não o intoleravelmente injusto, pois "a injustiça extrema não é Direito". Veja-se, a propósito, RADBRUCH, Gustav. *Filosofia do Direito.* (Trad. L. de Cabral Moncada). 6. ed. Coimbra: Coimbra Editora, 1979. p. 417 e ss. Sobre o tema, cf. ALEXY, Robert. *The argument from injustice*: a reply to legal positivism. (Trad. Bonnie Lischewski Paulson e Stanley L. Paulson. Oxford: Oxford University Press, 2002.

[212] Sobre o papel da moral na interpretação da Constituição, veja-se DWORKIN, Ronald. *Freedom's law*: the moral reading of the American Constitution. Cambridge: Harvard University Press, 1996; VIEIRA, Oscar Vilhena. A moralidade da constituição e os limites da empreitada interpretativa, ou entre Beethoven e Bernstein. *In*: SILVA, Virgílio Afonso da (Org.). *Interpretação Constitucional*. São Paulo: Malheiros, 2005. p. 217-244.

[213] HABERMAS, Jürgen. O conceito de dignidade humana e a utopia realista dos direitos humanos. *In*: HABERMAS, Jürgen. *Sobre a Constituição da Europa.* (Trad. Luis Werle, Luiz Repa e Rúrion Melo). São Paulo: Ed. UNESP, 2012. p. 17.

[214] Sobre o chamado aporte reconstrutivo na interpretação constitucional, veja-se SOUZA NETO, Cláudio Pereira de. A teoria constitucional e seus lugares específicos: notas sobre o aporte reconstrutivo. *Revista de Direito do Estado*, v. 1, p. 89-104, 2006.

que se volta à conformação das instituições e práticas sociais vigentes em uma comunidade, e não de uma moralidade privada, destinada a definir modelos de virtude ou de "vida boa" para as pessoas.[215] Aliás, como se verá no capítulo 4, a melhor interpretação do princípio da dignidade da pessoa humana envolve justamente a imposição de um bloqueio constitucional às intervenções estatais no campo da moralidade privada, atinente às escolhas de vida das pessoas que não afetem direitos de terceiros ou bens jurídicos coletivos relevantes.

Em segundo lugar, cuida-se de uma *moralidade crítica*,[216] que se propõe a interpelar os valores culturalmente hegemônicos na sociedade, perscrutando-os sob as lentes de uma compreensão inclusiva de justiça, e não de uma moralidade positiva, correspondente ao *ethos* predominante no grupo social. Não nego a complexidade da questão atinente à relação entre a interpretação jurídica e os valores hegemônicos na sociedade. Reconheço que a interpretação constitucional não pode se desvincular completamente desses valores comunitários, sob o risco de perder a sua legitimidade. Mas, se é verdade que a hermenêutica constitucional não pode deixar de exprimir, em alguma medida, a identidade sociopolítica do povo, também é certo que ela não deve se resumir à reprodução cega de tradições e pré-compreensões compartilhadas, que muitas vezes estão impregnadas pela hierarquia e exclusão.[217] Este é um alerta especialmente importante no cenário brasileiro, uma vez que, como visto no capítulo 1, a nossa cultura social mantém um forte ranço desigualitário, que tem se infiltrado indevidamente no contexto de interpretação e aplicação do princípio da dignidade da pessoa humana. A interpretação moral, nesse caso, deve ser mais uma *vacina* do que um *espelho* em relação às tradições e valores hegemônicos do nosso país.

No cenário brasileiro, a interpretação do sistema constitucional vigente e a consideração dos valores da moralidade pública, na sua dimensão crítica, convergem para a concepção de pessoa acima referida.

---

[215] Sobre a distinção entre moralidade pública, ou interpessoal, e moral privada ou pessoal, veja-se NINO, Carlos Santiago. El Concepto de Persona Moral. *In*: NINO, Carlos Santiago. *Derecho, moral y política II*. Buenos Aires: Gedisa, 2007. p. 142-143. Dworkin, para aludir à mesma distinção, fala em moral, que trata das relações intersubjetivas, e em ética, que concerne ao modo de cada pessoa de viver bem a sua própria vida. Veja-se, a propósito, DWORKIN, Ronald. *Justice for hedgehogs*. Cambridge: The Belknap Press of Harvard University Press, 2011.

[216] Sobre a ideia de moralidade crítica, veja-se HART, Herbert. *Law, liberty and morality*. Stanford: Stanford University Press, 1963.

[217] Discuti a questão em SARMENTO, Daniel. Interpretação constitucional, pré-compreensão e capacidades institucionais do intérprete. *In*: SARMENTO, Daniel. *Por um constitucionalismo inclusivo*. Rio de Janeiro: Lumen Juris, 2010. p. 217-232.

Veja-se, inicialmente, alguns traços pertinentes do nosso sistema constitucional.

A centralidade da pessoa humana, tratada não como meio, mas como fim da ordem jurídica e do Estado, revela-se logo na organização da Lei Maior. Se as constituições anteriores começavam disciplinando a estrutura estatal e só depois enunciavam os direitos fundamentais, a Carta de 88 faz o oposto, principiando pela consagração dos direitos das pessoas. A inversão não foi gratuita. Trata-se de modelo adotado em diversas constituições europeias do 2° pós-guerra, que indica a absoluta prioridade dos direitos fundamentais em nosso sistema jurídico. Tal prioridade, por outro lado, se entrevê também na elevação dos direitos fundamentais à qualidade de cláusulas pétreas (art. 60, §4°, inciso IV, CF), o que ocorreu pela primeira vez na história de nosso constitucionalismo. Como cláusulas pétreas, os direitos são garantidos como "trunfos", postos ao abrigo da vontade das maiorias políticas, mesmo as mais qualificadas.

O sistema de direitos fundamentais é riquíssimo. A ênfase na igualdade não só formal, como também material, é marcante, como se evidencia na enunciação dos objetivos fundamentais da República (art. 3°, incisos III e IV, CF), e na garantia da isonomia, logo no *caput* do art. 5°. As liberdades públicas e existenciais foram fortalecidas, como as liberdades de expressão e religião e o direito à privacidade (art. 5°, incisos, IV, VI, IX e X, CF), o que revela a opção por um modelo não organicista de relação entre indivíduo e comunidade, que protege o primeiro das pressões dos governantes e maiorias sociais.

Ao lado dos direitos civis mais tradicionais, a Constituição também garantiu um generoso elenco de direitos sociais – como saúde, educação, assistência social e moradia (art. 6°, CF) –, no que se vislumbra a sua preocupação com o atendimento das necessidades materiais básicas dos excluídos. Aliás, o foco na tutela de grupos vulneráveis também é nítido, com a previsão de direitos específicos voltados às crianças e adolescentes (art. 227 a 229), pessoas com deficiência (arts. 203, IV e V; 208, III; 244), idosos (art. 230), povos indígenas (arts. 231 e 232), quilombolas (art. 68, ADCT), presidiários (art. 5°, incisos XLVI a L) dentre outros segmentos. O constituinte instituiu, ainda, o princípio da solidariedade (art. 3°, I, CF), e se preocupou com a garantia de direitos transindividuais, de titularidade coletiva, como a proteção do meio ambiente (art. 226) e do patrimônio cultural (arts. 215 e 216) – direitos que evocam o *nós* e não o *eu* –, o que reforça o endosso de uma compreensão relacional e não egocêntrica de pessoa.

A Constituição também se abriu para demandas por reconhecimento e respeito dos grupos portadores de identidades não hegemônicas. Voltou-se, assim, ao combate contra o racismo (art. 5º, XLII), assegurou aos índios o direito de viverem de acordo com as suas tradições e costumes (art. 231), e se preocupou em proteger e valorizar as culturas afro-brasileira e indígena (art. 215, §1º). Não bastasse, o constituinte prestigiou a dimensão política da condição humana, ao fortalecer a democracia, prevendo instrumentos de participação semidireta da cidadania (art. 14, incisos I a III), e tornando o sufrágio universal, direto, secreto e periódico uma cláusula pétrea (art. 60, §4º, II).

É claro que há falhas e incoerências na Constituição, obra humana, que tem as marcas do seu tempo e do contexto em que foi elaborada. Por exemplo, o constituinte talvez tenha sido muito "generoso" com alguns grupos e corporações, consagrando vantagens de legitimidade duvidosa para categorias de servidores públicos, titulares de cartórios etc. Isso já levou inclusive um renomado publicista a afirmar, ironicamente, que a Carta de 88 não seria a Constituição cidadã, como apregoava Ulysses Guimarães, mas "uma Constituição chapa-branca",[218] o que me parece um exagero. De todo modo, um dos papéis da interpretação constitucional, como antes salientado, é buscar exegeses que, sem desprezo ao texto positivado ou ao sistema constitucional, aproximem a Constituição dos valores emancipatórios do constitucionalismo democrático. Nessa perspectiva, essas passagens corporativistas da Constituição – que são mais a exceção do que a regra – não devem ser empregadas, por exemplo, para justificar uma compreensão menos igualitária do princípio constitucional da dignidade da pessoa humana.

O certo é que os pilares da ordem constitucional brasileira convergem para uma compreensão da pessoa humana como *centro* e *razão última da ordem jurídica*. Mas se trata da pessoa concreta, enraizada, de carne e osso, que tem o direito de se autodeterminar, mas também experimenta necessidades materiais e espirituais, e que só realiza na vida em sociedade, em sua relação com o outro.

Tal concepção é também a que melhor se ajusta à moralidade pública de uma democracia. Ela é incomparavelmente superior às compreensões organicistas e estamentais típicas das sociedades pré-modernas, descritas no capítulo anterior, que não reconheciam nas pessoas uma dignidade intrínseca e igual, atribuindo a cada indivíduo

---

218 SUNDFELD, Carlos Ari. Que Constituição? In: SUNDFELD, Carlos Ari. *Direito administrativo para céticos*. 2. ed. São Paulo: Malheiros, 2014. p. 347-349.

o valor correspondente à posição ocupada na estrutura social. É certo que essa visão distorcida ainda está presente no *ethos* brasileiro, como visto anteriormente. Porém, como ressaltei acima, a moralidade que deve permear a interpretação do princípio da dignidade humana é crítica, e não se recusa a interpelar valores socialmente compartilhados. A moralidade pública de uma democracia tem de se assentar na compreensão de que os seres humanos devem ser tratados como livres e iguais, merecedores do mesmo respeito e da mesma consideração, o que definitivamente não se compatibiliza com as concepções pré-modernas de pessoa.

Dita concepção também é preferível, por diversas razões, à visão abstrata, desencarnada e desenraizada de pessoa, também explorada no capítulo 1, presente no pensamento de alguns filósofos iluministas, como Locke e Kant, e subjacente ao discurso jurídico do liberalismo-burguês. Várias razões justificam essa preferência. A primeira é de que aquela concepção não corresponde a nenhuma pessoa real. Seres humanos simplesmente não agem de forma puramente racional. Atuam também movidos pelo seu inconsciente. Agem tangidos por emoções.[219] Aliás, a neurociência contemporânea mostra que, em certa medida, agem *sempre* por emoções, pois é fisiologicamente impossível dissociar as emoções da razão, que se processam conjuntamente em nosso cérebro.[220] Por outro lado, a corporalidade é uma característica inafastável das pessoas. Nós não *temos* um corpo, nós *somos* um corpo, e essa é uma regra invariável, pois não existe pessoa sem corpo.[221] Temos necessidades materiais e espirituais, não somos autossuficientes. Como ressaltou Jean-Jacques Rosseau, "naturalmente, os homens não são nem reis, nem nobres, nem cortesãos, nem ricos; todos nasceram nus e pobres, todos sujeitos às misérias da vida, às tristezas, aos males, às necessidades, às dores de toda a espécie; enfim, são todos condenados à morte".[222]

Ademais, não vivemos como Robinson Crusoé, antes do seu encontro com o indígena Sexta-Feira. Somos seres sociais e precisamos

---

[219] Até no campo da Economia, onde por muito tempo se cultivou a visão de que os agentes se comportariam sempre de modo racional, se reconhece hoje o papel decisivo das emoções na tomada de decisões. Veja-se, a propósito, ELSTER, Jon. *Reason and rationality.* Princeton: Princeton University Press, 2009; e SUNSTEIN, Cass (Ed.). *Behavioral law & economics.* Cambridge: Harvard University Press, 2000.

[220] Cf. DAMÁSIO, Antonio. *O erro de Descartes.* (Trad. Dora Vicente e Georgina Segurado). São Paulo: Companhia das Letras, 1996.

[221] Cf. CAMPBELL, Keith. *Body and mind.* 2. ed. Notre Dame: Notre Dame University Press, 1984; CARRUTHERS, Peter. *Introducing persons.* London: Croom Helm, 1986.

[222] ROUSSEAU, Jean-Jacques. *Emílio ou da educação.* (Trad. Roberto Leal Ferreira). 4. ed. São Paulo: Martins Fontes, 2014. p. 302.

do outro, não só para a nossa sobrevivência física, mas sobretudo para nossa realização existencial. Enfim, a concepção desencarnada e insular de pessoa é absolutamente divorciada da realidade. E não faz sentido erigir o sistema jurídico sobre uma premissa antropológica que não guarda a mais leve semelhança com uma pessoa real.

Mas não é só. A concepção abstrata e insular, além de ser uma péssima descrição do ser humano, contém também uma implícita dimensão prescritiva que é inaceitável. Ela despreza as emoções e a corporalidade, glorificando, com isso, a imagem idealizada de um determinado tipo de sujeito, hipoteticamente mais racional, menos emotivo e corporal.[223] Essa imagem corresponde a um homem branco, heterossexual e burguês. Na imaginação social, esse é, *par excellence*, o sujeito racional. Tal idealização torna-se a *norma*. Com isso, sujeitos concebidos como mais emotivos e "físicos" – negros, indígenas, mulheres, homossexuais etc. – são situados *abaixo* na escala valorativa da sociedade.

O discurso iluminista parecia temer as emoções, por associá-las ao obscurantismo, ao atraso e ao autoritarismo.[224] Porém, sem sentimentos não há verdadeira humanidade. No conto infantil *O Mágico de Oz*, tão grave como o problema do espantalho, que não tinha cérebro, era o vivenciado pelo homem de lata, ao qual faltava o coração. "Cérebro e coração" que, aliás, não podem ser dissociados, sendo igualmente valiosos para a nossa humanidade.[225] Os sentimentos são, ademais, combustíveis indispensáveis para a luta por justiça e para promoção dos direitos humanos.[226]

O temor iluminista era ainda maior em relação ao corpo, talvez porque este ateste a nossa inescapável natureza animal. Embora a modernidade pretendesse romper com as tradições e cosmovisões teocêntricas, o obscurantismo moralista que elas alentavam se manteve

---

[223] Na Filosofia Política contemporânea, o tema foi explorado com profundidade por YOUNG, Iris Marion. *Inclusion and democracy*. Oxford: Oxford University Press, 2000.

[224] Cf. NUSSBAUM, Martha. *Political emotions*: why love matters for justice. Cambridge: The Belknap Press of Harvard University Press, 2013. p. 1-17.

[225] No belo discurso que proferiu por ocasião de sua posse no cargo de Presidente do STF, Carlos Ayres Britto, com seu peculiar lirismo, afirmou que é do "casamento por amor entre o pensamento e o sentimento que se pode partejar o rebento da consciência". (STF. *Discurso de posse no cargo de Presidente do Supremo Tribunal Federal e do Conselho Nacional de Justiça*. 19 abr. 2012. Disponível em: http://www.stf.jus.br/arquivo/cms/noticiaNoticiaStf/anexo/DiscursoAyresBritto.pdf. Acesso em 31 dez. 2015).

[226] Cf. NUSSBAUM, Martha. *Political emotions*: why love matters for justice. Cambridge: The Belknap Press of Harvard University Press, 2013; RORTY, Richard. Direitos humanos, racionalidade e sentimentalidade. *In*: RORTY, Richard. *Verdade e progresso*: escritos filosóficos. (Trad. Denise Sales). Barueri: Manole, 2005. p. 199-223.

em relação ao corpo,[227] o que ajuda a explicar a dificuldade com que o liberalismo tradicional tratava de temas afetos à sexualidade. Com isso, legitimou-se a domesticação dos corpos e a repressão dos prazeres, especialmente dos que não se ajustavam aos padrões sociais de "normalidade".

Ademais, o discurso abstrato e insular de pessoa, ao ignorar as necessidades materiais dos indivíduos e negar a importância dos vínculos sociais para a subjetividade, deu lastro ao individualismo possessivo, que, como se viu no capítulo anterior, se mostrou tão cruel, na prática, em relação aos sujeitos mais vulneráveis. A sua projeção jurídica legitimou e alimentou a exclusão, ao idealizar a autonomia e cerrar os olhos para a opressão econômica e cultural.

Portanto, a argumentação moral e a interpretação sistemática da Constituição são plenamente convergentes nesse ponto. A Constituição de 88, interpretada à luz do seu sistema e da moralidade crítica, endossa a ideia de que o Direito e o Estado existem para a pessoa, e não o contrário. A pessoa, nesse sentido, tem um *valor intrínseco*, e não pode ser instrumentalizada. Isso vale para absolutamente toda e qualquer pessoa. Não importa o seu *status* social, ou os atos heroicos ou hediondos que tenha porventura praticado: todos têm *igual dignidade*. O ser humano é concebido como um *sujeito* com capacidade para tomar decisões e o direito de fazê-lo – daí a garantia das liberdades individuais e da democracia (autonomias privada e pública). Ele é tido como um ser *racional*, mas não apenas racional: também *sentimental*, *corporal* e *social*, e todas estas dimensões da sua humanidade são igualmente valorizadas. É concebido como alguém que tem necessidades materiais básicas que devem ser atendidas – daí os direitos sociais. Que precisa do reconhecimento do outro. Que não é uma "ilha", mas um "animal social", pois não apenas vive, mas *convive*, tendo responsabilidades em relação à sociedade e aos seus semelhantes.

O Tribunal Constitucional alemão, em julgamento proferido em 1977, expressou que a Lei Fundamental do país "se baseia numa concepção de Homem como ser moral-espiritual dotado de liberdade de autodeterminação e desenvolvimento. A liberdade, no sentido da

227 Veja-se, nessa linha, a obra clássica de Max Weber sobre a influência da ética protestante – severa quanto aos prazeres do corpo – para a construção do capitalismo. WEBER, Max. La ética protestante y el espíritu del capitalismo. *In*: WEBER, Max. *Obras selectas*. (Trad. Carlos Alberto Samonta). Distal: Buenos Aires, 2003. p. 43-218. No próprio pensamento kantiano, aponta-se a influência da corrente luterana do pietismo praticada pelos pais do filósofo (cf. MILLER, James. *Vidas investigadas*: de Sócrates a Nietzsche. (Trad. Hugo Langone). Rio de Janeiro: Rocco, 2011. p. 256-257).

Lei Fundamental não é a de um indivíduo isolado e auto-centrado, mas, pelo contrário, de uma pessoa com relações e vínculos com a comunidade".[228] A mesma afirmação cabe perfeitamente em relação à compreensão de pessoa existente na ordem constitucional brasileira.

Essa compreensão, como se verá no item 2.4, tem implicações relevantes na definição do conteúdo do princípio da dignidade da pessoa humana na ordem jurídica brasileira.

2.3 As funções do princípio da dignidade da pessoa humana

O princípio da dignidade da pessoa humana tem múltiplas funções na ordem jurídica brasileira, o que é natural, haja vista a sua importância capital e o seu vastíssimo âmbito de incidência. Focarei aqui as que me parecem mais relevantes: fator de legitimação do Estado e do Direito, norte para a hermenêutica jurídica, diretriz para ponderação entre interesses colidentes, fator de limitação de direitos fundamentais, parâmetro para o controle de validade de atos estatais e particulares, critério para identificação de direitos fundamentais e fonte de direitos não enumerados.

O princípio da dignidade da pessoa humana é um importante *fundamento da ordem jurídica e da comunidade política*.[229] Esta ideia foi explicitamente consagrada pela Constituição brasileira em seu art. 1º, inciso III, que afirmou ser a dignidade da pessoa humana um dos fundamentos – o mais importante, diria eu – da República. Não por outra razão, Paulo Bonavides consignou que "nenhum outro princípio é mais

---

[228] Tribunal Constitucional Federal da Alemanha. Caso da "Prisão Perpétua", BVerfGE 45, 187 (1977).

[229] Cf. HÄBERLE, Peter. A dignidade humana como fundamento da comunidade estatal. (Trad. Ingo Wolfgang Sarlet e Pedro Scherer de Melo Aleixo. *In*: SARLET, Ingo Wolfgang (Org.). *Dimensões da dignidade*: ensaios de filosofia do direito e direito constitucional. Porto Alegre: Livraria do Advogado, 2005. p. 45-93; KIRSTE, Stephan. A legal concept of dignity as a foundation of law. *In*: BRUGGER, Winfried; KIRSTE, Stephan (Eds.). *Human dignity as a foundation of law*. Stuttgart: Nomos, 2013. p. 63-82; BARAK, Aharon. *Human dignity:* the constitutional value and the constitutional right. Cambridge: Cambridge University Press, 2015. p. 104-105; SILVA, José Afonso da. A dignidade da pessoa humana como valor supremo da democracia. *In*: SILVA, José Afonso da. *Poder constituinte e poder popular*. São Paulo: Malheiros, 2000; BARROSO, Luís Roberto. *A dignidade da pessoa humana no direito constitucional contemporâneo*: a construção de um conceito jurídico à luz da jurisprudência mundial. Belo Horizonte: Fórum, 2013. p. 64-67; SARLET, Ingo Wolfgang. *Dignidade da pessoa humana e direitos fundamentais na Constituição Federal de 1988*. Belo Horizonte: Livraria do Advogado, 2001. p. 66-75.

valioso para compendiar a unidade material da Constituição".[230] No Direito Internacional, tem-se igualmente reconhecido que a dignidade humana é o fundamento dos direitos humanos. É o que proclamam os preâmbulos dos dois mais importantes tratados sobre direitos humanos da ONU, o Pacto dos Direitos Civis e Políticos e o Pacto dos Direito Sociais Econômicos e Culturais, que afirmam, em textos idênticos, que tais direitos "decorrem da dignidade inerente à pessoa humana".

A noção de fundamento desdobra-se em dois planos: o da legitimação moral e o hermenêutico. No primeiro, afirma-se que a dignidade constitui princípio legitimador, que confere fundamento moral ao Estado e à ordem jurídica, ao estabelecer que eles existem em razão da pessoa humana, e não o contrário.[231] Depois do Holocausto nazista, não parece mais possível fundar a legitimidade do poder na mera forma jurídica, como sustentara Max Weber[232] no início do século passado. Busca-se, neste cenário, fundações para o Direito que não se reduzam a construções lógicas sem conteúdo, como a famosa *Grundnorm*, de Hans Kelsen.[233] Porém, diante do pluralismo cosmovisivo que caracteriza as sociedades contemporâneas, tampouco é possível alicerçar a legitimidade do Direito e do Estado em doutrinas religiosas ou metafísicas, ou mesmo em compreensões comunitárias sobre a "vida boa".[234]

Nesse contexto, a legitimidade do Estado e da ordem jurídica passa a se amparar em duas ideias fundamentais: democracia e respeito aos direitos humanos. Essas ideias sujeitam-se a leituras muito diferentes, e a maneira como elas se relacionam e articulam é objeto de interminável debate no âmbito da Filosofia Política, que não terei como analisar aqui. Cabe apenas ressaltar que, muito embora nenhuma delas se

---

230 BONAVIDES, Paulo. Prefácio. *In*: SARLET, Ingo Wolfgang. *Dignidade da pessoa humana e direitos fundamentais na Constituição Federal de 1988*. Belo Horizonte: Livraria do Advogado, 2001. p. 15.

231 Foi nesse sentido que Miguel Reale aludiu à pessoa como "valor-fonte fundamental do Direito". (REALE, Miguel. A pessoa, valor-fonte fundamental do direito. *In*: REALE, Miguel. *Nova fase do direito moderno*. São Paulo: Saraiva, 1990. p. 58-64).

232 Weber, como se sabe, afirmou que a legitimidade do poder que caracteriza as sociedades modernas é a legal ou racional, fundada no cumprimento de regras abstratas pela burocracia, que independe do conteúdo dessas normas. Veja-se, a propósito. WEBER, Max. *Economía y sociedad*. (Trad. José Medina Echavarria *et al*.). México: Fondo de Cultura Económica, 1998. p. 173-180.

233 A *Grundnorm* kelseniana é uma norma hipotética fundamental, que funciona como um pressuposto lógico da Constituição. O seu conteúdo se limita à determinação de que seja cumprida a Constituição. Veja-se KELSEN, Hans. *Teoria pura do direito*. (Trad. João Batista Machado). 6. ed. São Paulo: Martins Fontes, 1999. p. 227 ss.

234 HABERMAS, Jürgen. Direito e moral (Tanner Lectures, 1986). *In*: HABERMAS, Jürgen. *Direito e democracia*: entre facticidade e validade. (Trad. Flávio Beno Siebeneichler). Rio de Janeiro: Tempo Brasileiro, 1997. v. 2, p. 193-247.

confunda integralmente com a dignidade humana, ambas se nutrem da compreensão que alimenta o princípio da dignidade: as pessoas têm de ser respeitadas como iguais e tratadas como sujeitos e não como objetos, como agentes e não como "cabeças de um rebanho". Nessa perspectiva, carece de legitimidade o Estado autoritário ou totalitário, em que o governo não se respalde no consentimento dos governados, e em que haja violações maciças a direitos básicos e degradação institucionalizada da pessoa humana.

Destaque-se, porém, que a legitimidade não deriva da mera proclamação retórica do princípio da dignidade da pessoa humana. Um Estado totalitário, cuja constituição, desprovida de eficácia social, consagrasse a dignidade humana, não se legitimaria só pelo que está dito numa "folha de papel". Em contrapartida, uma ordem jurídica não perderia a legitimidade se não reconhecesse a vigência do princípio da dignidade, desde que o respeito à pessoa fosse assegurado por meios alternativos, como a proteção de outros direitos fundamentais e a institucionalização de procedimentos democráticos de autogoverno.

Por outro lado, é muito difícil que não haja, especialmente em Estados periféricos, situações afrontosas à dignidade das pessoas, e a sua ocorrência não basta para subtrair a legitimidade moral à ordem jurídico-política. Tal legitimidade, porém, depende, pelo menos, de que a dignidade seja "levada a sério" no âmbito da comunidade estatal; que haja um genuíno esforço de proteção e promoção dos direitos das pessoas, no sentido da superação das situações caracterizadoras de tratamento indigno.

Como fundamento da ordem jurídica, a dignidade da pessoa humana desempenha também um *papel hermenêutico* extremamente relevante, devendo guiar os processos de interpretação, aplicação e integração do Direito.[235] Isso se dá, evidentemente, em relação aos direitos fundamentais. É que, como ressaltou Jorge Miranda, em lição orientada para a ordem jurídica portuguesa mas também aplicável ao Brasil, "a Constituição, a despeito do seu caráter compromissório, confere uma unidade de sentido, de valor e de concordância prática ao sistema de

---

[235] Nessa linha, a propósito do direito italiano, mas em lição aplicável também ao ordenamento brasileiro, Pietro Perlingieri ressaltou: "Na hierarquia dos valores consagrados no vértice de relevância jurídica entre os princípios fundamentais da Carta, o valor da pessoa humana identifica o de estatura mais elevada. Daí decorre a necessidade jurídica de identificar no princípio não apenas parâmetro interpretativo, mas, além disso, o valor cuja atuação positiva deve orientar axiologicamente o sistema jurídico inteiro". (PERLINGIERI, Pietro. *Commento alla Costituzione Italiana*. 2. ed. Napoli: Edizioni Scientifiche Italiane, 2001. p. 6).

direitos fundamentais", que "repousa na dignidade humana".[236] Embora em intensidade variável, a dignidade da pessoa humana está presente em todos[237] – ou praticamente todos[238] – os direitos fundamentais constitucionalmente consagrados: liberdades individuais, direitos políticos, sociais, culturais e transindividuais. Assim, é natural que ela seja o principal norte na interpretação dos direitos fundamentais.[239]

Mas não é só nessa seara que a dignidade humana exerce o seu papel hermenêutico. Ela deve permear a interpretação e aplicação das normas constitucionais de todas as áreas, como as que tratam da organização do Estado, disciplina da economia, tributação, família etc.[240] Mais do que isso, a dignidade deve se irradiar para todos os ramos da ordem jurídica[241] – inclusive do Direito Privado[242] –, impondo a releitura dos preceitos e institutos de todas as áreas sob as suas lentes.[243] Como

---

[236] MIRANDA, Jorge. *Manual de direito constitucional*. Direitos Fundamentais. Coimbra: Coimbra Editora, 1988. t. IV, p. 166-167.

[237] Cf. ANDRADE, José Carlos Vieira de. *Os direitos fundamentais na Constituição Portuguesa de 1976*. Coimbra: Almedina, 1988. p. 102.

[238] Ingo Wolfgang Sarlet ressalta que "nem todos os direitos fundamentais têm fundamento direto na dignidade da pessoa humana (o que não lhes retira necessariamente a condição de direitos fundamentais)". Porém, nas suas palavras, "segue sendo correta a afirmação de que, em sua maioria, os direitos fundamentais constituem, em maior ou menor medida, explicitações, ou, como preferem outros, densificações do princípio da dignidade da pessoa humana". (SARLET, Ingo Wolfgang. Art. 1°, III. *In*: CANOTILHO, J. J. Gomes *et al*. *Comentários à Constituição do Brasil*. São Paulo: Saraiva/Almedina, 2013. p. 126). O debate sobre se a dignidade da pessoa humana está presente ou não em todos os direitos fundamentais envolve uma questão conceitual, que será analisada adiante.

[239] Nessa linha, decidiu a Corte Constitucional da África do Sul: "A dignidade humana informa a interpretação e adjudicação constitucional de muitos, provavelmente de todos outros direitos". (*Dawood & Another v. Ministers of Home Affairs & Others* 2000 (3) AS 936 (CC)).

[240] É assim porque, como consignou José Afonso da Silva, a dignidade da pessoa humana "não é apenas um princípio da ordem jurídica, mas o é também da ordem política, social, econômica e cultural. Daí a sua natureza de valor supremo, porque está na base de toda a vida nacional". (SILVA, José Afonso da. A dignidade da pessoa humana como valor supremo da democracia. *In*: SILVA, José Afonso da. *Poder constituinte e poder popular*. São Paulo: Malheiros, 2000. p. 147).

[241] Sobre aplicações do princípio da dignidade da pessoa humana em cada ramo do ordenamento jurídico, veja-se MIRANDA, Jorge; SILVA, Marco Antonio Marques da. *Tratado luso-brasileiro da dignidade humana*. 2. ed. São Paulo: Quartier Latin, 2009.

[242] Como ressaltou Gustavo Tepedino, ao acolher como fundamento da República o princípio da dignidade da pessoa humana, pretendeu o constituinte "definir uma nova ordem pública, da qual não se podem excluir as relações jurídicas privadas, que eleva ao ápice do ordenamento a tutela da pessoa humana, funcionalizando a atividade econômica privada aos valores sociais e existenciais ali definidos". (TEPEDINO, Gustavo. Direitos humanos e relações privadas. *In*: TEPEDINO, Gustavo. *Temas de direito civil*. Rio de Janeiro: Renovar, 1999. p. 67).

[243] Cf. CASTRO, Carlos Roberto Siqueira. Dignidade da pessoa humana: o princípio dos princípios constitucionais. *In*: CASTRO, Carlos Roberto Siqueira. *Direito constitucional e regulatório*: ensaios e pareceres. Rio de Janeiro: Renovar, 2011. p. 889.

diretriz hermenêutica, a dignidade humana se prestou, por exemplo, para justificar uma ousada – e correta! – leitura pelo STF do art. 226, §3º, da Constituição Federal, que estendeu o instituto da união estável para casais formados por pessoas do mesmo sexo.[244] Interpretou-se a Constituição no sentido de que seria impositiva a analogia entre a união homoafetiva e a heteroafetiva, sob pena de violação à dignidade humana e a outros direitos dos homossexuais.

No campo hermenêutico, a dignidade da pessoa humana atua também como um importante *critério para a ponderação* entre interesses constitucionais conflitantes.[245] Ela enseja a atribuição de um peso superior *prima facie* aos bens jurídicos mais importantes para a proteção e promoção da dignidade, e de um peso menor aos interesses mais afastados do princípio.[246] Tal critério vem sendo empregado, por exemplo, para afirmar a sindicabilidade judicial de prestações materiais concernentes ao mínimo existencial, mas não contempladas em sede legal, o que suscita o conflito entre a dignidade e o princípio da separação de poderes.[247] A dignidade não é, porém, um critério exclusivo ou definitivo para a ponderação, nem tampouco encerra algum tipo de algoritmo matemático que permita o equacionamento mecânico de todas as colisões constitucionais – até pela dificuldade de se reconhecer a direção em que o princípio aponta em cada caso. Cuida-se, isto sim, de um parâmetro importante, que busca reduzir o arbítrio do intérprete, bem como diminuir o risco de que a ponderação se converta em instrumento para o enfraquecimento dos direitos fundamentais diante dos interesses das maiorias.

---

[244] Supremo Tribunal Federal. ADPF nº 132 e ADI nº 142, Rel. Min. Carlos Ayres Britto, julg. 05.05.2011.

[245] Tratei da questão em SARMENTO, Daniel. *Ponderação de interesses na Constituição Federal*. Rio de Janeiro: Lumen Juris, 1999. p. 73-76; e SOUZA NETO, Cláudio Pereira de; SARMENTO, Daniel. *Direito constitucional*: teoria, história e métodos de trabalho. Belo Horizonte: Fórum, 2012. p. 526-527. Nesta segunda obra, afirma-se que (a) existe uma prioridade *prima facie* das normas que protegem direitos fundamentais diante de outras que tutelam outros bens; e (b) dentre os direitos fundamentais, existe uma preferência, também *prima facie*, dos que protegem as liberdades existenciais, os pressupostos para a democracia e as condições essenciais de vida, diante daqueles de caráter econômico ou patrimonial.

[246] Nesse sentido, o critério de ponderação proposto por Ana Paula de Barcellos: "A norma que de forma direta promova e/ou proteja a dignidade humana deve ter preferência sobre outra norma que apenas indiretamente está associada com a proteção ou promoção da dignidade humana". (BARCELLOS, Ana Paula de. *Ponderação, racionalidade e atividade jurisdicional*. Rio de Janeiro: Renovar, 2005. p. 235). Em linha parecida, Robert Alexy sustentou que, em uma ponderação, os direitos fundamentais ostentam prioridade *prima facie* diante dos bens coletivos. (ALEXY, Robert. Derechos individuales y bienes colectivos. *In*: ALEXY, Robert. *El concepto y la validez del derecho*. (Trad. Jorge M. Seña). Barcelona: Gedisa, 1994).

[247] O tema será analisado no capítulo 5.

Função igualmente importante do princípio da dignidade da pessoa humana diz respeito à *limitação* de direitos fundamentais. Aqui, porém, existem duas situações bastante distintas, que suscitam questões muito diferentes: a limitação do direito fundamental em razão da proteção da dignidade humana de um *terceiro*, e a restrição ao direito do titular em nome da tutela de sua *própria* dignidade. Neste momento, tratarei apenas da primeira situação. A segunda, muito mais polêmica, será estudada no capítulo 4, que versa sobre a autonomia, já que resvala no tema da legitimidade do paternalismo e do perfeccionismo moral no Direito, ali abordados.

Para se viabilizar a vida em sociedade, os direitos de cada pessoa devem ser restringidos a fim de que se compatibilizem com a atribuição de iguais direitos a todas as demais. Kant, defensor do caráter absoluto e incondicionado da dignidade humana, reconheceu essa impostergável necessidade, ao enunciar a sua conhecida fórmula sobre o princípio universal do Direito: "Aja externamente de modo que o uso livre do seu arbítrio possa coexistir com a liberdade de cada um, segundo uma lei universal".[248] A ideia de que o exercício da liberdade de uma pessoa pode ser validamente limitado para se evitar que lese direitos alheios sempre foi aceita, inclusive pelo liberalismo. É clássico o *princípio do dano*, de Stuart Mill,[249] segundo o qual impedir danos a terceiros seria a *única* justificativa legítima para a imposição de restrições à liberdade individual – o que, como se verá no capítulo 4, é uma afirmação exagerada, conquanto disparada na direção correta do antipaternalismo. Porém, definir o que é esse dano a terceiros nem sempre é tão fácil.[250]

De todo modo, numa ordem constitucional solidária, que se assenta em compreensão intersubjetiva e relacional de pessoa, não há dúvida de que se qualifica como dano o comportamento de um indivíduo que lesa a dignidade humana de outro. Ademais, o princípio da dignidade da pessoa humana é dotado de inequívoca eficácia horizontal, vinculando também os particulares ao seu respeito.[251] E o

---

[248] KANT, Immanuel. *La metafísica de las costumbres*. (Trad. Adela Cortina Orts e Jesús Conill Sancho). 4. ed. Madrid: Tecnos, 2005. p. 40.

[249] Cf. MILL, John Stuart. On liberty. *In*: *Great Books of the Western World*: American State Papers, The Federalist, Stuart Mill. Chicago: Encyclopaedia Britannica Inc., 1971. p. 267-323.

[250] Veja-se, a propósito, FEINBERG, Joel. *Harm to others*: the moral limits of the criminal law. Oxford: Oxford University Press, 1985.

[251] Tratei extensamente da eficácia horizontal dos direitos fundamentais em SARMENTO, Daniel. *Direitos fundamentais e relações privadas*. 2. ed. Rio de Janeiro: Lumen Juris, 2010. Uma coletânea de textos clássicos sobre o tema se encontra em DÜRIG, Günter; NIPPERDEY,

Estado tem o dever de proteger a dignidade humana das pessoas diante de ameaças que provenham de atores privados,[252] razão pela qual é mais do que legítima a imposição de restrições estatais a direitos, voltadas à salvaguarda da dignidade humana de terceiros.

Isso não quer dizer, todavia, que os comportamentos que lesam a dignidade alheia estejam necessariamente fora do âmbito de proteção dos direitos fundamentais. Essa tese corresponde à *teoria interna* sobre limites dos direitos fundamentais, que nega a ocorrência de colisões entre eles, enjeitando o uso da técnica da ponderação. Por razões substantivas e metodológicas que não terei como explorar aqui, considero mais adequada a chamada *teoria externa*, adotada pelo STF, que reconhece a possibilidade de conflito real entre direitos fundamentais e recorre à técnica da ponderação de interesses pautada pelo princípio da proporcionalidade para equacioná-los.[253]

Nessa perspectiva, quando o exercício de um direito conflita com a dignidade humana de um terceiro – o que, no mais das vezes, envolve a tensão entre dois direitos fundamentais diferentes, ambos com algum conteúdo em dignidade – deve-se recorrer à ponderação de interesses para a solução da colisão. Essa ponderação pode ser feita de modo abstrato pelo legislador, ou pode ser realizada no caso concreto pelo intérprete – juiz ou não. Um caso de limitação legislativa legítima a um direito fundamental, movida pelo propósito de proteção à dignidade da pessoa humana, foi a criminalização do racismo, inclusive quando praticado através da publicação de livros. O legislador, através do

---

Hans Carl; SCHWABE, Jürgen. *Direitos fundamentais e direito privado*. (Trad. Luis Afonso Heck). Porto Alegre: Sergio Antonio Fabris, 2012.

252 O papel do Estado diante dos direitos fundamentais envolve os chamados deveres de proteção. Além de não violar os direitos, o Estado deve atuar para impedir violações perpetradas por terceiros, inclusive particulares. Essa é uma das facetas da chamada dimensão objetiva dos direitos fundamentais. Tratei do tema em SARMENTO, Daniel. Dimensão objetiva dos direitos fundamentais: fragmentos de uma teoria. *In*: SAMPAIO, José Adércio Leite (Coord.). *Jurisdição constitucional e direitos fundamentais*. Belo Horizonte: Del Rey, 2003. p. 251-314. Sobre a questão, veja-se também CANARIS, Claus-Wilhelm. *Direitos fundamentais e direito privado*. (Trad. Ingo Wolfgang Sarlet e Paulo Mota Pinto). Lisboa: Almedina, 2003.

253 Os defensores da teoria interna, em síntese, sustentam que o intérprete deve delimitar cuidadosamente o campo de incidência dos direitos fundamentais, explicitando os seus limites imanentes, de modo a evitar a eclosão de conflitos. Nessa perspectiva, os direitos têm campo de incidência restrito, mas não se sujeitam a ponderações. Já os adeptos da teoria externa concebem os direitos como dotados de hipótese de incidência ampla, mas os veem como mandamentos *prima facie*, sujeitos a restrições proporcionais ditadas pelo legislador e, ainda, a ponderações de interesses no caso concreto feitas pelo Poder Judiciário. Para uma análise dessas teorias na literatura brasileira, veja-se, *e.g.*, PEREIRA, Jane Reis Gonçalves. *Interpretação constitucional e direitos fundamentais*. Rio de Janeiro: Renovar, 2006; e SILVA, Virgílio Afonso da. *Direitos fundamentais*: conteúdo essencial, restrições e eficácia. São Paulo: Malheiros, 2009. p. 128-163.

art. 20 da Lei nº 7.716/89, coibiu o chamado *hate speech*,[254] instituindo limitação às liberdades de expressão e de imprensa quando utilizadas para a difusão do preconceito racial, que estigmatiza e humilha as suas vítimas. O STF reconheceu a validade dessa limitação às liberdades comunicativas no famoso caso *Ellwanger*,[255] que tratou da condenação por racismo de editor que publicava sistematicamente livros com conteúdo antissemita. Entendeu a Corte que, na hipótese, a proteção da dignidade humana e do direito à igualdade dos judeus sobrepujava a tutela das liberdades expressivas.

O princípio da dignidade da pessoa humana se presta também ao papel de parâmetro para controle de atos estatais – normativos, administrativos e jurisdicionais – e mesmo de atos particulares, como contratos e negócios jurídicos em geral. Em síntese, são inválidos os atos que ofenderem a dignidade humana. Trata-se do que Ana Paula de Barcellos denominou de *eficácia negativa* do princípio constitucional.[256] No desempenho desse papel, a dignidade pode incidir diretamente, sem a necessidade da mediação concretizadora de outros direitos fundamentais ou de atos normativos infraconstitucionais.

A dignidade é parâmetro de controle, inclusive para as emendas à Constituição. É discutível, como se verá abaixo, se a própria dignidade é um direito fundamental, mas se trata inquestionavelmente do princípio que nutre e alimenta todos os direitos materialmente fundamentais. Portanto, ele está certamente abrigado pela limitação ao poder de reforma estabelecida pelo art. 60, §4º, inciso IV, da Constituição, que salvaguarda os direitos fundamentais. Assim, o poder constituinte derivado não pode suprimir ou desfigurar o princípio da dignidade. Mais que isso, nenhuma emenda pode atentar contra o núcleo essencial

---

254 Discuti a questão do *hate speech* em SARMENTO, Daniel. A liberdade de expressão e o problema do 'hate speech'. *In*: SARMENTO, Daniel. *Livres e iguais*: estudos de direito constitucional. Rio de Janeiro: Lumen Juris, 2007. p. 207-262. Sobre o tema, veja-se, também, MATSUDA, Mari J. *et al*. *Words that wound*: critical race theory, assaultive speech and the first amendment. Boulder: West Review, 1993; e WALDRON, Jeremy. *The harm in hate speech*. Cambridge: Harvard University Press, 2012.

255 Supremo Tribunal Federal, HC nº 82.424, Tribunal Pleno, Rel. Min. Maurício Corrêa, julg. 17.09.2003. Na ementa do julgado, consignou-se: "14. As liberdades públicas não são incondicionais, por isso devem ser exercidas de maneira harmônica, observados os limites definidos na própria Constituição Federal (CF, art. 5º, §2º, primeira parte) – O preceito fundamental de liberdade de expressão não consagra o 'direito à incitação do racismo', dado que um direito individual não pode constituir-se em salvaguarda de condutas ilícitas, como sucede com o direito contra a honra – Prevalência dos princípios da dignidade da pessoa humana e da igualdade jurídica". O tema será examinado no capítulo 6.

256 BARCELLOS, Ana Paula de. *A eficácia jurídica dos princípios*: o princípio da dignidade da pessoa humana. Rio de Janeiro: Renovar, 2002. p. 67.

desse princípio, mesmo que não tangencie o texto do art. 1º, inciso III, da Lei Maior.

Outro papel relevante do princípio da dignidade da pessoa humana se relaciona à *identificação de direitos fundamentais*. A dignidade é essencial, em primeiro lugar, para o reconhecimento da fundamentalidade de direitos que não estejam inseridos no catálogo constitucional de direitos e garantias fundamentais, correspondente ao Título II da Carta de 88, que vai do seu art. 5º ao art. 17. A questão é extremamente importante do ponto de vista prático, porque os direitos fundamentais desfrutam de um regime constitucional próprio e fortalecido, que envolve, por exemplo, a sua proteção como cláusulas pétreas (art. 60, §4ª, inciso IV, CF), bem como o reconhecimento da sua aplicabilidade imediata (art. 5º, §1º, CF). O texto constitucional é expresso ao afirmar o caráter não exaustivo do seu catálogo de direitos (art. 5º, §2º), o que abre espaço para a identificação de outros direitos fundamentais, consagrados em partes diferentes da própria Constituição, ou até mesmo em outros documentos normativos.

O principal critério para a identificação desses outros direitos fundamentais é o princípio da dignidade da pessoa humana. É esse critério que justifica que se concebam como direitos fundamentais, por exemplo, a fundamentação das decisões judiciais (art. 93, IX, CF) e o meio ambiente (art. 225), mas não o direito dos titulares de serviços notariais e registrais à manutenção dos seus cartórios (art. 32, ADCT). Afinal, os primeiros têm forte conexão com a dignidade humana, de que carece o último. Em síntese, devem ser considerados fundamentais os direitos que, conquanto não contidos no catálogo constitucional pertinente, representem concretizações relevantes do princípio da dignidade da pessoa humana.[257]

Discute-se, por outro lado, se o princípio da dignidade da pessoa humana pode ser empregado também para *negar fundamentalidade* a direitos inseridos no catálogo constitucional de direitos e garantias

---

[257] Nesse sentido, o Ministro Luís Roberto Barroso, em decisão monocrática proferida no MS nº 32.262, DJe 23.09.2013, afirmou que o direito dos índios às suas terras tradicionais, conquanto previsto fora do catálogo, no art. 231 da Constituição, se caracteriza como direito fundamental, haja vista a sua relevância para a dignidade humana do indígena: "Como meios de proteção e promoção da dignidade humana (CF/88, art. 1º, III), os direitos materialmente fundamentais definem um patamar mínimo de justiça, cujo esvaziamento privaria as pessoas de condições básicas para o desenvolvimento da sua personalidade (...). A circunstância de um grupo ser minoritário não enfraquece, mas antes reforça a pretensão de fundamentalidade dos seus direitos" uma vez que "a proteção das minorias e dos grupos vulneráveis qualifica-se como fundamento imprescindível à plena legitimação material do Estado Democrático de Direito".

fundamentais, mas que não tenham relação direta consigo. O tema é polêmico e ainda não foi enfrentado pela jurisprudência brasileira. A possibilidade é enfaticamente rejeitada por Ingo Wolfgang Sarlet,[258] que aduziu que a sua admissão exporia a grave risco os direitos fundamentais, em razão da diversidade de filosofias constitucionais existentes, o que acabaria tornando o reconhecimento da fundamentalidade dependente da ideologia do juiz de plantão. Um juiz libertário, por exemplo, poderia adotar leitura que excluísse a fundamentalidade dos direitos sociais, enquanto um marxista poderia fazê-lo em relação às liberdades civis tradicionais. Para evitar esse risco – afirma Sarlet – seria preferível tratar a todos os direitos inseridos no catálogo constitucional como fundamentais, independentemente de qualquer juízo acerca do seu conteúdo.

Em sentido oposto, Oscar Vilhena Vieira[259] e Rodrigo Brandão[260] sustentam que apenas os direitos materialmente fundamentais, que têm direta conexão com o princípio da dignidade da pessoa humana, são realmente fundamentais. Argumentam, em síntese, que não é compatível com o princípio democrático, que postula o direito de cada geração de se autogovernar, que se retirem determinados preceitos de menor importância do alcance do poder constituinte derivado, só pela sua localização no texto constitucional, por vezes equivocada. Concordo com essa segunda tese.[261] Não me parece, realmente, que se deva atribuir força definitiva à simples localização de um dispositivo no corpo da Constituição. Quanto à diversidade das ideologias judiciais, tenho que, apesar da abertura da cláusula, é possível extrair um conceito de dignidade humana vinculante para o Judiciário, que impeça tanto o suposto magistrado libertário como o seu colega marxista de reescreverem a Constituição ao seu gosto. Mas na minha concepção, a topologia constitucional não é irrelevante para a caracterização da fundamentalidade do direito, pois dela decorre a distribuição do ônus argumentativo sobre a questão. Se o direito estiver inserido no catálogo,

---

[258] SARLET, Ingo Wolfgang. *A eficácia dos direitos fundamentais*: uma teoria geral dos direitos fundamentais na perspectiva constitucional. 9. ed. Porto Alegre: Livraria do Advogado, 2009. p. 425-427.

[259] Cf. VIEIRA, Oscar Vilhena. *A Constituição e sua reserva de justiça*: um ensaio sobre os limites materiais ao poder de reforma. São Paulo: Malheiros, 1999. p. 245-247.

[260] BRANDÃO, Rodrigo. *Direitos fundamentais, democracia e cláusulas pétreas*. Rio de Janeiro: Renovar, 2008. p. 204-210.

[261] O tema foi desenvolvido em SOUZA NETO, Cláudio Pereira de; SARMENTO, Daniel. *Direito constitucional*: teoria, história e métodos de trabalho. Belo Horizonte: Fórum, 2012. p. 310-311.

haverá presunção de que se trata de direito fundamental, e o ônus argumentativo caberá àquele que sustentar o contrário. Já se ele estiver fora do catálogo, deve-se presumir que não é fundamental, competindo a quem sustenta a sua fundamentalidade o ônus de demonstrar que se trata de concretização importante do princípio da dignidade da pessoa humana.

Finalmente, outra função importantíssima se liga ao reconhecimento de direitos fundamentais não enumerados na Constituição. Com isso, visa-se a impedir que a pessoa humana fique desamparada diante de graves lesões e ameaças à sua dignidade, em razão de lacunas e incompletudes no rol de direitos fundamentais constitucionalmente consagrados. O princípio da dignidade, nessas situações, funciona como uma fonte adicional de direitos ou como uma espécie de "direito-mãe",[262] do qual se extraem direitos mais específicos não enumerados no texto constitucional.

No ordenamento israelense, esse é um papel absolutamente central da dignidade humana, porque há grave carência de instrumentos normativos protegendo direitos fundamentais de enorme importância, e a dignidade ajuda a suprir as lacunas existentes.[263] Com base na dignidade humana, já se afirmou, em Israel, a proteção da igualdade, das liberdades de expressão, religião e consciência, do devido processo legal, dos direitos à vida familiar, à reputação, ao mínimo existencial, à educação e ao trabalho – todos eles não positivados no ordenamento israelense.[264] Na Alemanha[265] e África do Sul,[266] também se reconhece

---

[262] A ideia da dignidade como "direito-mãe" (*mother-right*) é extensamente desenvolvida por BARAK, Aharon. *Human dignity*: the constitutional value and the constitutional right. Cambridge: Cambridge University Press, 2015. p. 156-169; e empregada também por DUPRÉ, Catherine. *Importing law in post-communist transitions*: the Hungarian Constitutional Court and the right to human dignity. Oxford: Hart Publishing, 2003. p. 67.

[263] Não há em Israel propriamente uma Constituição, mas existem algumas leis fundamentais, consideradas de estatura superior. Uma delas é a chamada *Basic Law*: Human Dignity and Liberty. Os direitos fundamentais expressamente positivados em Israel por leis fundamentais são apenas o direito à vida, à dignidade, à integridade corporal, à propriedade, à privacidade, à liberdade pessoal, a entrar e sair de Israel, à liberdade profissional, os direitos políticos e o direito a um julgamento público.

[264] Veja-se, a propósito, com farta citação de jurisprudência, BARAK, Aharon. *Human dignity*: the constitutional value and the constitutional right. Cambridge: Cambridge University Press, 2015. p. 288-301.

[265] Cf. GRIMM, Dieter. Dignity in a legal context: dignity as an absolute right. *In*: MCCRUDDEN, Christopher (Ed.). *Understanding human dignity*. Oxford: Oxford University Press, 2013. p. 381-391.

[266] Cf., *e.g.*, Corte Constitucional da África do Sul. *Dawood and Another v. Minister of Home Affairs, Halabi and Another v. Minister of Home Affairs, Thomas and Another v. Minister of Home Affairs and Others*, 2000 (3) SA 936.

que a dignidade humana pode ser fonte de posições jurídico-subjetivas não decorrentes de outros direitos enumerados. Já nos Estados Unidos,[267] Canadá,[268] França e Espanha,[269] existe o reconhecimento da dignidade humana como princípio objetivo, de grande importância no campo hermenêutico, mas não se admite a sua invocação como um direito autônomo ou como fonte de direitos não positivados.

A Constituição brasileira, como já ressaltado, possui um extenso e generoso elenco de direitos fundamentais. Por isso, esse uso do princípio da dignidade sem a companhia de qualquer outro direito fundamental enumerado não é tão frequente.[270] Nada obstante, ele não apenas é possível, como importantíssimo, suprindo as lacunas do rol de direitos inscritos na Constituição. Ingo Wolfgang Sarlet, por exemplo, fundamentou na dignidade humana os direitos à integridade física e psíquica e ao livre desenvolvimento da personalidade, que não figuram

---

[267] Cf. NEUMAN, Gerald. Human Dignity in the United States Constitutional Law. *In*: SIMON, Dieter; WEISS, Manfred (Eds.). *Zur Autonomie des Individuums. Liber Amicorum Spiros Simitis.* Berlin: Nomos Publishers, 2000: "Não há um direito constitucional à dignidade humana como tal, nem uma norma constitucional proibindo toda ação estatal inconsistente com a dignidade humana, nem um mandamento para que o Estado assegure a realização da dignidade humana. A dignidade humana informa a interpretação de direitos fundamentais específicos, incluindo os direitos gerais à igualdade e liberdade". (NEUMAN, Gerald. Human Dignity in the United States Constitutional Law. *In*: SIMON, Dieter; WEISS, Manfred (Eds.). *Zur Autonomie des Individuums. Liber Amicorum Spiros Simitis.* Berlin: Nomos Publishers, 2000. p. 75).

[268] Nesse sentido, a Suprema Corte do Canadá decidiu: "O respeito à inerente dignidade das pessoas é claramente um valor essencial na nossa sociedade livre e democrática que deve guiar as cortes na interpretação da Carta. Isso não significa, todavia, que a dignidade seja um direito constitucional autônomo (...). A dignidade nunca foi reconhecida por esta Corte como um direito independente, e sim como algo que se expressa através de direitos como a igualdade, privacidade ou proteção contra a coerção estatal". (SUPREMA CORTE DO CANADÁ. *Blencoe v. British Columbia (Human Rights Commission)*, 2000, 2 SCR 307).

[269] Veja-se, a propósito, o exaustivo estudo da jurisprudência desses países em GIMENO-CABRERA, Véronique. *Le traitement jurisprudentiel du principe de dignité de la personne humaine dans la jurispudence du Conseil Constitutionnel Français et du Tribunal Constitutionnel Espagnol.* Paris: L.G.D.J., 2004. p. 305. A referida autora salientou que "as constituições espanhola e francesa não permitem que se considere a dignidade como um direito subjetivo ou como uma cláusula aberta de direitos fundamentais podendo servir à criação permanente de direitos fundamentais. Dessa forma, os juízes constitucionais espanhóis e franceses limitam a utilização do princípio da dignidade à interpretação e aplicação de direitos fundamentais enunciados no catálogo de direitos".

[270] Nesse sentido, registrou Barroso: "Com o grau de abrangência e de detalhamento da Constituição brasileira, inclusive no seu longo elenco de direitos fundamentais, muitas das situações que em outras jurisdições envolvem a necessidade de utilização do princípio mais abstrato da dignidade humana, entre nós já se encontram previstas em regras específicas de maior densidade jurídica. Diante disso, a dignidade acaba citada apenas em reforço". (BARROSO, Luís Roberto. *A dignidade da pessoa humana no direito constitucional contemporâneo*: a construção de um conceito jurídico à luz da jurisprudência mundial. Belo Horizonte: Fórum, 2013. p. 115).

expressamente no texto constitucional.[271] A partir da dignidade humana, o STF reconheceu a existência de um direito fundamental da pessoa de conhecer a sua origem (descobrir a identidade do próprio pai).[272]

Discute-se se, por justificar pretensões subjetivas autônomas, a dignidade humana deve ser concebida como um direito fundamental em si,[273] dotado de múltiplas facetas, ou como uma fonte de direitos fundamentais mais específicos.[274] Sob o ângulo prático, as duas posições são equivalentes: ambas ensejam que se extraia da dignidade humana posições jurídicas jusfundamentais de natureza variada. De todo modo, por uma razão lógica, é preferível afirmar-se que a dignidade é uma fonte de direitos não enumerados, e não propriamente um direito fundamental em si.[275] Afinal, se ela é o fundamento de todos os direitos materialmente fundamentais, fica contraditório concebê-la também como um direito fundamental autônomo.

De todo modo, o reconhecimento desses direitos não enumerados – "filhotes", por assim dizer, da dignidade humana –, deve ser feito com cautela e critério. Afinal, a afirmação de um direito fundamental gera graves impactos na ordem jurídica e na sociedade, ao ensejar o surgimento de deveres correlatos para o Estado e para particulares.

---

[271] SARLET, Ingo Wolfgang; MARINONI, Luiz Guilherme; MITIDIERO, Daniel. *Curso de Direito Constitucional*. 3. ed. São Paulo: Revista dos Tribunais, 2014. p. 386 e 399. O autor afirma que a dignidade é "fundamento de posições jurídico-subjetivas", e que dela "podem ser deduzidos direitos fundamentais autônomos, não especificados"; mas destaca, por outro, que "não há como reconhecer um direito fundamental à dignidade".

[272] Supremo Tribunal Federal. RE nº 363889, Rel. Min. Dias Toffoli, julg. 02.04.2011. O ponto foi salientado no voto do Ministro Luiz Fux.

[273] Essa é a posição adotada pela jurisprudência alemã e sul-africana. Parece ser também a compreensão de Oscar Vilhena Vieira, que afirmou que a dignidade "está vinculada à realização de outros direitos fundamentais (...) expressamente consagrados na Constituição", mas, além disso, "tem um sentido autônomo e juridicamente relevante, como um direito que imponha deveres ao Estado e aos demais membros da sociedade". (VIEIRA, Oscar Vilhena. *Direitos fundamentais:* uma leitura da jurisprudência do STF. São Paulo: Malheiros, 2006. p. 63).

[274] Nesse sentido, cf. SARLET, Ingo Wolfgang. *Dignidade da pessoa humana e direitos fundamentais na Constituição Federal de 1988*. Belo Horizonte: Livraria do Advogado, 2001. p. 69.

[275] Essa posição foi sustentada por Luís Roberto Barroso, que afirmou o papel da dignidade humana como fonte de direitos não enumerados, mas destacou: "Uma vez que a dignidade é tida como o alicerce último de todos os direitos verdadeiramente fundamentais e como fonte de parte do seu conteúdo essencial, seria contraditório considerá-la como um direito em si, já que ela é parte de diferentes direitos. Além disso, se a dignidade fosse considerada um direito fundamental específico ela necessariamente iria ter que ser ponderada com outros direitos fundamentais, o que a colocaria em uma posição mais fraca do que ela teria caso fosse utilizada como parâmetro externo para aferir soluções possíveis nos casos de colisões de direitos". (BARROSO, Luís Roberto. *A dignidade da pessoa humana no direito constitucional contemporâneo*: a construção de um conceito jurídico à luz da jurisprudência mundial. Belo Horizonte: Fórum, 2013. p. 67-68).

Mais que isso, tal reconhecimento impõe limites para a deliberação das maiorias políticas. Tratando-se de direitos fundamentais, tais limites são oponíveis inclusive ao poder de reforma da Constituição (art. 60, §4º, IV, CF). Portanto, no pano de fundo da questão da afirmação de direitos não enumerados,[276] faz-se presente, mais uma vez, a conhecida tensão entre constitucionalismo e democracia. Vários riscos devem ser evitados nessa atividade, especialmente o decisionismo na "invenção" de novos direitos, a banalização da dignidade e o recurso ao princípio para fundamentar privilégios não universalizáveis ou promover agendas morais autoritárias e conservadoras.

Em suma, o princípio da dignidade da pessoa humana desempenha múltiplas e relevantes funções na nossa ordem jurídica. Para que possa exercê-las, porém, é preciso que se atribua ao princípio da dignidade um conteúdo. Afinal, se não se souber em que consiste o princípio, fica difícil empregá-lo de modo consistente em qualquer das funções acima descritas. No próximo item, começo a esboçar a minha concepção sobre esse conteúdo, que será desenvolvida em maior profundidade nos capítulos 3 a 6.

2.4 O conteúdo do princípio da dignidade da pessoa humana

O princípio da dignidade da pessoa humana visa a proporcionar uma proteção integral à pessoa, e não a tutelar aspectos previamente recortados da sua personalidade e dos seus direitos.[277] Por isso, deve ser dotado de suficiente elasticidade para que possa dar conta da sua tarefa monumental.

Essa constatação, todavia, não deslegitima o esforço de definição do conteúdo material do princípio. Mais do que legítima, esta é uma tarefa urgente. Afinal, como aplicar um princípio sem saber o que ele

[276] O tema dos direitos não enumerados gera acesos debates na teoria constitucional norte-americana, que se imbrica com a discussão sobre os limites da atuação jurisdicional em uma democracia. Veja-se, a propósito, a obra instigante de TRIBE, Laurence H. *The invisible constitution*. New York: Oxford University Press, 2008.

[277] Cf. TEPEDINO, Gustavo. A tutela da personalidade no ordenamento civil-constitucional brasileiro. *In*: TEPEDINO, Gustavo. *Temas de direito civil*. Rio de Janeiro: Renovar, 1999. p. 23-54; e PERLINGIERI, Pietro. *La personalità umana nell'ordinamento giuridico*. Camerino: Jovene Editore, 1972. Os autores aludem à existência de uma cláusula geral de tutela da personalidade, fundada na dignidade humana, que ultrapassa as balizas estruturais dos direitos subjetivos. Tratei do tema, defendendo a mesma posição, em SARMENTO, Daniel. *Direitos fundamentais e relações privadas*. 2. ed. Rio de Janeiro: Lumen Juris, 2010. p. 96-101.

prescreve? Como empregá-lo como vetor hermenêutico sem conhecer a direção em que aponta? Diante dos abusos a que o princípio vem se sujeitando – trivialização, invocação sem critério e fundamentação, emprego para a imposição heterônoma de modelos de virtude e de vida boa para as pessoas etc. – ganha importância ímpar a tentativa de definição do seu conteúdo material na ordem constitucional brasileira.

Essa tentativa já foi realizada por outros juristas brasileiros. Ingo Wolfgang Sarlet teceu considerações importantes sobre a matéria,[278] aludindo à dimensão ontológica da dignidade, ligada ao valor intrínseco da pessoa, e à dimensão intersubjetiva, que se conecta às relações sociais em que o indivíduo se insere, que devem se nortear pelo reconhecimento recíproco de direitos e deveres. Ressaltou, por outro lado, que o princípio da dignidade humana envolve tanto limites quanto tarefas para o Estado e para a sociedade, cumulando, portanto, as funções defensiva e prestacional. Nessa linha, elaborou a seguinte definição da dignidade:

> A qualidade intrínseca e distintiva reconhecida em cada ser humano que o faz merecedor do mesmo respeito e consideração por parte do Estado e da comunidade, implicando, neste sentido, um complexo de direitos e deveres fundamentais que assegurem a pessoa tanto contra todo e qualquer ato de cunho degradante e desumano, como venham a lhe garantir as condições existenciais mínimas para uma vida saudável, além de propiciar e promover sua participação ativa e co-responsável nos destinos da própria existência e da vida em comunhão com os demais seres humanos.[279]

Maria Celina Bodin de Moraes também empreendeu o esforço de definição do conteúdo jurídico do princípio da dignidade da pessoa humana.[280] Ela partiu do que chamou de "substrato material

[278] SARLET, Ingo Wolfgang. As dimensões da dignidade da pessoa humana: construindo uma compreensão jurídico-constitucional necessária e possível. *In*: SARLET, Ingo Wolfgang (Org.). *Dimensões da dignidade*: ensaios de filosofia do direito e direito constitucional. Porto Alegre: Livraria do Advogado, 2005. p. 15-43.

[279] SARLET, Ingo Wolfgang. *Dignidade da pessoa humana e direitos fundamentais na Constituição Federal de 1988*. Belo Horizonte: Livraria do Advogado, 2001. p. 59-60. A mesma definição consta em obra posterior do mesmo autor: SARLET, Ingo Wolfgang. As dimensões da dignidade da pessoa humana: construindo uma compreensão jurídico-constitucional necessária e possível. *In*: SARLET, Ingo Wolfgang (Org.). *Dimensões da dignidade*: ensaios de filosofia do direito e direito constitucional. Porto Alegre: Livraria do Advogado, 2005. p. 37.

[280] MORAES, Maria Celina Bodin de. O princípio da dignidade da pessoa humana. *In*: MORAES, Maria Celina Bodin de. *Na medida da pessoa humana*: estudos de direito civil-constitucional. Rio de Janeiro: Renovar, 2010.

da dignidade", que corresponde a uma compreensão da pessoa na comunidade. Trata-se, nas suas palavras, do "sujeito moral", "que reconhece a existência de outros sujeitos iguais (...) merecedores do mesmo respeito à integridade psicofísica", "dotado de autodeterminação", que integra um grupo social no qual não pode "ser marginalizado".[281] A partir desse substrato, desdobrou a dignidade humana em quatro princípios: igualdade (não apenas formal, mas também material), integridade psicofísica, liberdade e solidariedade.

Já Oscar Vilhena Vieira[282] associou o princípio ao imperativo kantiano de não instrumentalização da pessoa, aceitando, à moda de Kant, a sua invocação contra as decisões tomadas pelo próprio sujeito, que não poderia sacrificar a própria dignidade nem mesmo por decisão livre. Assentou também que deriva da dignidade a exigência moral e jurídica de reciprocidade nas relações intersubjetivas. Vicente de Paulo Barretto,[283] por sua vez, decompôs o princípio da dignidade humana em duas máximas: "não tratar a pessoa humana como simples meio" e "assegurar as necessidades vitais da pessoa humana". Afirmou, ainda, que a dignidade não é só fonte de direitos, mas também "um dever e um encargo", que poderia justificar a limitação à liberdade individual para obrigar as pessoas a viverem de modo digno.

Luís Roberto Barroso, por seu turno,[284] buscou construir um conceito universal da dignidade humana – tarefa diferente daquela a que se propõe este estudo, que se volta para a sociedade e para o Direito brasileiros. Ele decompôs o que chamou de "conteúdo mínimo da dignidade humana" em três elementos: valor intrínseco, autonomia e valor comunitário. O valor intrínseco concretiza a ideia de nunca tratar a pessoa como apenas um meio e compreende vários direitos básicos, como o direito à vida, à igualdade e à integridade física e psíquica. A autonomia envolve tanto a sua dimensão privada, consistente no "autogoverno do indivíduo", como a pública, correspondente à participação nas deliberações democráticas. Ela abarca, ainda, o mínimo

---

281 MORAES, Maria Celina Bodin de. O princípio da dignidade da pessoa humana. *In*: MORAES, Maria Celina Bodin de. *Na medida da pessoa humana*: estudos de direito civil-constitucional. Rio de Janeiro: Renovar, 2010. p. 85.

282 VIEIRA, Oscar Vilhena. *Direitos fundamentais*: uma leitura da jurisprudência do STF. São Paulo: Malheiros, 2006. p. 63-69.

283 BARRETTO, Vicente de Paulo. *O fetiche dos direitos humanos*. 2. ed. Porto Alegre: Livraria dos Advogados, 2013. p. 63-77.

284 BARROSO, Luís Roberto. *A dignidade da pessoa humana no direito constitucional contemporâneo*: a construção de um conceito jurídico à luz da jurisprudência mundial. Belo Horizonte: Fórum, 2013.

existencial, que assegura os pressupostos materiais para o exercício das liberdades. E o valor comunitário confere à dignidade uma dimensão heterônoma, ensejando restrições às liberdades individuais voltadas à proteção de direitos de terceiros, da dignidade do próprio indivíduo e de valores morais compartilhados na sociedade. No entanto – diz Barroso –, quando se volta à proteção da pessoa contra si mesma e à tutela de valores moralmente compartilhados, o valor comunitário "deve estar sob escrutínio permanente e estrito, devido aos riscos de o moralismo e o paternalismo afetarem direitos e escolhas pessoais legítimas".[285]

Como já ressaltado, considero que o princípio da dignidade da pessoa humana deve guardar uma necessária conexão com a compreensão de pessoa humana, que deriva de uma leitura da ordem constitucional brasileira guiada pela moralidade crítica. Como visto no item 2.2 acima, trata-se, em resumo, da pessoa vista como fim em si, e não como mero instrumento a serviço do Estado, da comunidade ou de terceiros; como merecedora do mesmo respeito e consideração que todas as demais, e não como parte de um estamento na hierarquia social; como agente autônomo, e não como "ovelha" a ser conduzida por qualquer pastor; como ser racional, mas que também tem corpo e sentimentos, e por isso experimenta necessidades materiais e psíquicas; como ser social, imerso em relações intersubjetivas fundamentais para a sua identidade, e não como indivíduo atomizado e desenraizado.

Dessa compreensão, emergem, *prima facie*, os seguintes componentes do princípio da dignidade da pessoa humana: o *valor intrínseco da pessoa*, que veda a sua instrumentalização em proveito de interesses de terceiros ou de metas coletivas; a *igualdade*, que implica a rejeição das hierarquias sociais e culturais e impõe que se busque a sua superação concreta; a *autonomia*, tanto na sua dimensão privada, ligada à autodeterminação individual, como na pública, relacionada à democracia; o *mínimo existencial*, que envolve a garantia das condições materiais indispensáveis para a vida digna; e o *reconhecimento*, que se conecta com o respeito à identidade individual e coletiva das pessoas nas instituições, práticas sociais e relações intersubjetivas.

No ordenamento constitucional brasileiro, há direitos fundamentais relacionados a cada um desses componentes – alguns se conectam simultaneamente a vários deles. Mas, com exceção da

---

[285] BARROSO, Luís Roberto. *A dignidade da pessoa humana no direito constitucional contemporâneo*: a construção de um conceito jurídico à luz da jurisprudência mundial. Belo Horizonte: Fórum, 2013. p. 112.

igualdade, integralmente contida no próprio princípio da isonomia[286] (art. 5º, *caput*, CF), os demais elementos são tutelados apenas parcialmente, de modo fragmentário, pelos direitos fundamentais e princípios enumerados pela Constituição. Não há qualquer direito específico que abarque, em toda a sua extensão, o valor intrínseco da pessoa. No caso da autonomia, existem na Constituição garantias de vários direitos que a integram: liberdade de expressão, religião, profissional etc. Há quem sustente também a existência de um direito geral de liberdade, sediado no art. 5º, *caput*, da Constituição.[287] Mas inexiste proteção expressa para o direito de ser tratado como um agente, capaz de fazer e seguir escolhas de vida, protegido das pressões conformistas ou paternalistas do Estado e da sociedade. A dignidade humana proporciona essa garantia. O mesmo ocorre com o mínimo existencial: há direitos sociais na Constituição ligados ao mínimo – saúde, alimentação, moradia, educação, assistência social etc. Mas eles não contemplam todas as necessidades materiais que sejam essenciais para uma vida digna, que também envolvem, por exemplo, o acesso a vestimentas adequadas, à água potável, à energia etc. Com o reconhecimento se passa o mesmo. Há normas constitucionais específicas ligadas ao reconhecimento – *e.g.*, imposição ao Estado de valorização e proteção das culturas indígenas e afro-brasileiras –, mas elas estão longe de englobar, em toda a sua extensão, o direito das pessoas ao respeito e valorização da sua identidade.[288]

Portanto, como a igualdade já é integralmente contemplada por outro princípio constitucional expressamente positivado – o princípio da igualdade, que ombreia, aliás, com a própria dignidade em termos de importância e estatura moral –, não me parece metodologicamente adequado apresentá-la como apenas mais um elemento básico da dignidade humana. O mesmo não se dá, como visto acima, com os demais componentes. Assim, pode-se dizer que o conteúdo essencial do princípio da dignidade da pessoa humana na ordem jurídica brasileira

---

[286] Nem toda a extensão do princípio da igualdade está contida na dignidade. Há discussões prosaicas sobre a violação à isonomia entre pessoas jurídicas no campo tributário, por exemplo, que, conquanto relevantes, não guardam relação direta com a dignidade humana.

[287] Cf. SARLET, Ingo Wolfgang; VALE, André Rufino do. Direito geral de liberdade. *In*: CANOTILHO, J. J. Gomes *et al*. *Comentários à Constituição do Brasil*. São Paulo: Saraiva, 2013. p. 216-222. Essa é também a minha posição, como se verá no capítulo 4, em que o tema será analisado.

[288] O direito ao reconhecimento é também associado à igualdade e à solidariedade. Penso que ele resulta de uma leitura articulada destes três princípios ⊠ dignidade humana, igualdade e solidariedade ⊠ como se verá no capítulo 6.

compreende: a) o *valor intrínseco da pessoa*; b) a *autonomia*; c) o *mínimo existencial*; e d) o *reconhecimento*.

Tais componentes não são isolados uns dos outros. Eles se imbricam, e as suas fronteiras não são nítidas, mas nebulosas. Em geral, a relação que mantêm entre si é de complementação e sinergia, pois todos convergem para a proteção integral da pessoa, concebida nos termos concretos e relacionais acima esboçados. Mas podem haver também tensões, que deverão ser devidamente arbitradas. Uma delas, de que tratarei no capítulo 4, diz respeito à relação entre autonomia e valor intrínseco, e vem à baila quando a pessoa decide livremente se submeter à situação que a sociedade considere degradante.

A estrutura aqui proposta tem diferenças metodológicas e substantivas em relação às alternativas apresentadas por outros autores. Metodologicamente, optei por apresentar como componente do princípio da dignidade apenas o que não se encontra integralmente contido em alguma outra norma constitucional, diferentemente do que fez, por exemplo, Maria Celina Bodin de Moraes. Preferi, ademais, definir os componentes a partir de categorias que, conquanto enraizadas na filosofia e nas ciências sociais, tivessem clara embocadura jurídica, diferentemente de Ingo Wolfgang Sarlet. As dimensões ontológica e intersubjetiva da dignidade que Sarlet propôs me parecem inobjetáveis do ponto de vista teórico-filosófico, mas carecem, para a sua aplicação jurídica, de mediações mais concretas, formuladas no plano do Direito. Já no campo substantivo, talvez as diferenças mais salientes entre a estrutura que apresentei e as demais digam respeito à minha recusa à importação da heteronomia para a seara da dignidade – diferentemente do que sustentam Oscar Vilhena Vieira, Luís Roberto Barroso e Vicente Barretto – bem como à incorporação do reconhecimento como componente básico da dignidade.[289] Tais distinções serão melhor desenvolvidas nos capítulos 3 e 6.

Nos capítulos 3 a 6, debruço-me sobre cada um dos componentes do princípio da dignidade humana listados acima. Antes disso, cumpre analisar questão das mais tormentosas: a proteção à dignidade humana é absoluta ou relativa na ordem jurídica brasileira? Será esse o tema do próximo item.

---

[289] O reconhecimento está claramente abarcado pela "dimensão intersubjetiva" da dignidade, nos termos em que foi formulada por Ingo Wolfgang Sarlet.

2.5 O princípio da dignidade humana não é absoluto

Em minha dissertação de mestrado defendida em 1999, sustentei a natureza absoluta do princípio da dignidade, consignando que "nenhuma ponderação pode implicar o amesquinhamento da dignidade da pessoa humana, uma vez que o homem não é apenas um dos interesses que a ordem constitucional protege, mas a matriz axiológica e o fim último desta ordem".[290] Essa orientação, que é sustentada por diversos autores brasileiros,[291] coincide com a abraçada pela filosofia kantiana, que erigiu a máxima que exprime a dignidade humana – tratar as pessoas como fins, e nunca como meros meios[292] – à condição de imperativo categórico, ou seja, de regra universal e incondicional, válida para toda e qualquer situação.

Tal entendimento vem sendo adotado pela jurisprudência constitucional alemã – pelo menos em seu discurso. O Tribunal Constitucional germânico, em diversas decisões, já afirmou que o princípio da dignidade da pessoa humana é absoluto e não se sujeita a ponderações ou restrições de qualquer natureza.[293] Porém, paga-se um preço por isso. Embora se compreenda na Alemanha que a dignidade humana é o fundamento da ordem jurídica e do Estado, só raramente o princípio é diretamente aplicado, em razão da limitação do seu âmbito de incidência. Essa limitação funciona como um contraponto necessário à atribuição do caráter absoluto à dignidade humana. É o que ressaltou Dieter Grimm:

> (...) a dignidade, se entendida como um direito absoluto, não pode ter um âmbito de incidência amplo. A Corte Constitucional alemã reconhece que todos os demais direitos fundamentais têm um campo de incidência bastante amplo. Isso pode ser feito facilmente, porque esses direitos se sujeitam a limitações. (...). No caso de um direito absoluto, a limitação é igual a uma violação. Como consequência, o âmbito de

---

[290] SARMENTO, Daniel. *A ponderação de interesses na Constituição Federal*. Rio de Janeiro: Lumen Juris, 1999. p. 76.

[291] Cf., *e.g.*, SANTOS, Fernando Ferreira dos. *O princípio constitucional da dignidade da pessoa humana*. São Paulo: Celso Bastos Editor, 1999. p. 94-96; MORAES, Maria Celina Bodin de. O princípio da dignidade da pessoa humana. *In*: MORAES, Maria Celina Bodin de. *Na medida da pessoa humana*: estudos de direito civil-constitucional. Rio de Janeiro: Renovar: 2010. p. 85.

[292] Cf. KANT, Immanuel. *Fundamentação da metafísica dos costumes*. (Trad. Pedro Quintela). Lisboa: Edições 70, 2011. p. 41-97.

[293] Cf, *e.g.*, Tribunal Constitucional Federal da Alemanha. BVerfGE 115, 118 (2006). Neste julgamento, que será comentado no próximo capítulo, a Corte germânica invalidou lei que autorizara o abatimento de aeronaves que estivessem sendo utilizadas para atentado terrorista.

> proteção de um direito absoluto deve ser definido de modo estreito, para evitar-se resultados inaceitáveis. O campo de incidência estreito é o preço pela elevação ao *status* absoluto. (...). Se uma medida politicamente desejável afeta a dignidade humana, não importa quão extrema seja a sua necessidade, não há chance de a medida ser empregada.[294]

No Direito Comparado, é mais usual o reconhecimento do caráter relativo da dignidade da pessoa humana. Assim ocorre, por exemplo, na África do Sul[295] e em Israel.[296] Nos Estados Unidos, há experiência interessante no campo da regulação, que envolve ponderações da dignidade e que bem evidencia o pragmatismo da cultura jurídica e política norte-americana.[297] Em 2011, o Presidente Barack Obama editou a *Executive Order* nº 13.563, determinando que as agências reguladoras levem em consideração, nas suas análises de custo e benefício, "valores que são difíceis ou impossíveis de quantificar, incluindo a equidade, *dignidade humana*, justiça e impactos distributivos". A diretriz foi empregada, por exemplo, em regulações referentes a políticas públicas voltadas a diminuir a violência sexual nas prisões e a assegurar a acessibilidade das pessoas com deficiência nos banheiros públicos. O uso da técnica envolve a atribuição de um peso – por vezes monetizado – à dignidade envolvida em cada caso, que é considerado em conjunto com os pesos de diversos outros elementos, para que se alcance a solução mais adequada sob o prisma da relação entre o custo e o benefício.

A posição de que o princípio da dignidade não é absoluto foi advogada na Alemanha, dentre outros autores, por Robert Alexy[298] e

---

294 GRIMM, Dieter. Dignity in a legal context: dignity as an absolute right. *In*: MCCRUDDEN, Christopher (Ed.). *Understanding human dignity*. Oxford: Oxford University Press, 2013. p. 389.

295 No caso julgado pela Corte Constitucional sul-africana *Ministers of Home Affairs v. NICRO*, 2005 (3) SA nº 280, decidiu-se: "Os direitos garantidos pelo *Bill of Rights* incluem a igualdade, dignidade e vários outros direitos humanos e liberdades. (...). Eles não são, porém, absolutos e em princípio estão sujeitos a limitações, nos termos da seção 36(1) da Constituição. (...) não há dúvidas de que existem circunstâncias em que o direito fundamental à dignidade, que protege os direitos dos cônjuges de coabitarem, pode ser limitado pela recusa ao cônjuge do direito de morar na África do Sul, mesmo na pendência de um requerimento de autorização para imigração".

296 Cf. BARAK, Aharon. *Human dignity*: the constitutional value and the constitutional right. Cambridge: Cambridge University Press, 2015. p. 281-283.

297 Veja-se, a propósito, SUNSTEIN, Cass. *Valuing life:* humanizing the regulatory state. Chicago: The University of Chicago Press, 2014; BAYEFSKY, Rachel. Dignity as a value in agency cost-benefit analysis. *Yale Law Journal*, n. 123, p. 1732-1782, 2014.

298 ALEXY, Robert. *Teoria dos direitos fundamentais*. (Trad. Virgílio Afonso da Silva). São Paulo: Malheiros, 2008. p. 111-114. Alexy afirma, inclusive, que a Corte Constitucional germânica,

Michael Kloepfer.[299] Na doutrina nacional, a tese é sustentada por Ingo Wolfgang Sarlet,[300] Luís Roberto Barroso[301] e Ricardo Lobo Torres,[302] dentre outros, e ela me parece acertada por várias razões.

Em primeiro lugar, porque não vejo como conciliar a ideia da dignidade humana como um princípio com amplo raio de incidência e capacidade para incidir diretamente em vastos domínios da vida social, com o seu caráter absoluto. A adoção simultânea das duas posições gera problemas insuperáveis do ponto de vista prático, como bem destacou Dieter Grimm. E, na perspectiva da própria proteção da dignidade humana, me parece preferível concebê-la como um princípio de amplo espectro de incidência, mas relativo, do que tratá-la como um comando absoluto, mas de abrangência restrita.

Por outro lado, a afirmação do caráter absoluto do princípio da dignidade, embora confortável do ponto de vista retórico, conduz, na prática, a resultados que poucos aceitariam. Veja-se a questão do sistema prisional brasileiro. No Brasil contemporâneo, a prisão importa quase sempre em grave violação à dignidade humana do preso, que tem de se sujeitar no mais das vezes ao encarceramento em condições desumanas e degradantes, que são generalizadas em nosso sistema carcerário. Não tenho dúvidas de que esse fator tem de ser considerado pelos juízes por ocasião da decisão sobre a decretação da prisão provisória e no momento de aplicação da pena – o que a maioria, infelizmente, não faz. Afinal, se nas democracias constitucionais a prisão tem de ser usada como *ultima ratio* em razão do valor da liberdade de ir e vir para a pessoa humana, no atual cenário de degradação generalizada dos cárceres, a medida só deveria ser empregada em situações realmente excepcionais. Também estou convencido de que o Poder Judiciário tem o dever de intervir em políticas públicas estatais para determinar

---

embora negue empreender qualquer ponderação do princípio da dignidade, na prática a realiza de modo escamoteado.

[299] KLOEPFER, Michael. Vida e dignidade humana. (Trad. Rita Dostal Zanini). *In*: SARLET, Ingo Wolfgang (Org.). *Dimensões da dignidade*: ensaios de filosofia do direito e direito constitucional. 2. ed. Porto Alegre: Livraria do Advogado, 2013. p. 163-165.

[300] SARLET, Ingo Wolfgang. *Dignidade da pessoa humana e direitos fundamentais na Constituição Federal de 1988*. Belo Horizonte: Livraria do Advogado, 2001. p. 124-141.

[301] BARROSO, Luís Roberto. *A dignidade da pessoa humana no direito constitucional contemporâneo*: a construção de um conceito jurídico à luz da jurisprudência mundial. Belo Horizonte: Fórum, 2013. p. 68.

[302] TORRES, Ricardo Lobo. O princípio fundamental da dignidade humana. *In*: VELLOSO, Carlos Mário da Silva; ROSAS, Roberto; AMARAL, Antonio Carlos Rodrigues do (Coords.). *Princípios constitucionais fundamentais*: estudos em homenagem ao professor Ives Gandra da Silva Martins. São Paulo: Lex Editora, 2005. p. 885-894.

a melhoria nas condições do sistema prisional, visando a ajustá-las aos imperativos da dignidade humana, mesmo quando isto importe em imposição de obrigações positivas custosas aos entes públicos, como reforma das prisões, criação de novas vagas etc. É que estes são gastos absolutamente prioritários, e a sua realização pelo Estado não é discricionária, mas constitucionalmente impositiva. Trata-se, aliás, do que reconheceu recentemente o STF, por unanimidade.[303]

Porém, conceber o princípio da dignidade humana como absoluto demandaria bem mais que isso nessa questão: exigiria que fossem soltos desde já todos aqueles que estivessem presos em condições degradantes, se não fosse possível transferi-los imediatamente para estabelecimentos em condições condignas, independentemente de sua periculosidade. Impediria, de modo cabal, a decretação de novas prisões, a não ser quando fosse possível assegurar que as condições de encarceramento dos novos detentos seriam dignas. Não o fazer é aceitar a ponderação da dignidade humana dos presos com o interesse social na preservação da segurança pública. Acho que muito poucas pessoas iriam tão longe, negando de modo absoluto qualquer possibilidade de ponderação nessa questão. Conquanto liberal e garantista em matéria penal, eu não vou tão longe.

Enfim, em uma sociedade hipercomplexa como a nossa, não me parece viável sustentar o caráter absoluto de um princípio que tem a pretensão de disciplinar tantas questões e dimensões das relações sociais. A tese soa bem, é politicamente correta, mas, se efetivamente observada, conduz a resultados práticos inviáveis. O Direito, como disciplina prática, não pode ser indiferente às consequências das concepções que adota, e a teoria jurídica não deve tentar "tapar o sol com a peneira", fingindo que é possível realizar o impraticável.

Nada obstante, afirmar que a dignidade humana é relativa não equivale a recusar a natureza absoluta de algumas das suas concretizações. A proibição da tortura, por exemplo, é absoluta. Nenhuma situação pode justificá-la, jamais. Mas não se pode dizer o mesmo de todas as múltiplas projeções e implicações da dignidade humana.

---

[303] Supremo Tribunal Federal, RE nº 592581, Tribunal Pleno, Rel. Min. Ricardo Lewandowski, julg. 13.08.2015. Na repercussão geral desse julgado, o STF firmou a seguinte tese: "É lícito ao Judiciário impor à Administração Pública obrigação de fazer, consistente na promoção de medidas ou na execução de obras emergenciais em estabelecimentos prisionais para dar efetividade ao postulado da dignidade da pessoa humana e assegurar aos detentos o respeito à sua integridade física e moral, nos termos do que preceitua o art. 5º, XLIX, da Constituição Federal, não sendo oponível o argumento da reserva do possível nem o princípio da separação de poderes".

Ademais, negar o caráter absoluto da dignidade humana não significa aceitar a banalização das restrições a esse princípio. Apesar de não ser absoluta em toda a sua extensão, a dignidade humana, pela sua estatura moral e relevância ímpar em nosso sistema constitucional, deve assumir um peso abstrato muito elevado na ponderação de interesses, de forma que, nos casos em que esteja efetivamente presente, ela quase sempre prevaleça no confronto com outros bens e princípios.[304]

2.6 Conclusão

A concepção de pessoa vigente em nossa ordem jurídica é a do ser humano como fim em si, dotado de razão e capaz de exercitar sua autonomia. Mas se trata de pessoa encarnada, que também tem corpo e sentimentos, que experimenta necessidades materiais e psíquicas e está enraizada numa cultura, imersa em relações intersubjetivas que são essenciais para o desenvolvimento da sua personalidade. Essa noção é importante para a definição do conteúdo do princípio da dignidade da pessoa humana, que, no sistema constitucional brasileiro, envolve quatro componentes fundamentais: valor intrínseco da pessoa, autonomia, mínimo existencial e reconhecimento intersubjetivo.

O princípio da dignidade, que tem campo de incidência extremamente amplo, vincula o Estado e os particulares e envolve prestações positivas e negativas. Ele desempenha múltiplas funções em nosso ordenamento: é fundamento moral do Estado e do Direito, diretriz hermenêutica de todo o sistema jurídico, norte para a ponderação de interesses, parâmetro de validade dos atos estatais e privados, limite para o exercício de direitos, critério para a identificação de direitos fundamentais e fonte de direitos não enumerados na Constituição. A dignidade humana é assegurada através dos direitos positivados na Constituição, mas também por meio da incidência direta do princípio em questão sobre a ordem jurídica e relações sociais.

Em que pese a sua relevância ímpar, o princípio da dignidade da pessoa humana não possui natureza absoluta, sujeitando-se também a eventuais restrições e ponderações. Há, porém, algumas concretizações da dignidade humana que são absolutas, como a vedação da tortura. De todo modo, quando efetivamente implicada em conflito principiológico,

[304] No mesmo sentido, BARROSO, Luís Roberto. *A dignidade da pessoa humana no direito constitucional contemporâneo*: a construção de um conceito jurídico à luz da jurisprudência mundial. Belo Horizonte: Fórum, 2013. p. 68.

a dignidade humana tende a assumir peso muito elevado, o que a leva a prevalecer quase sempre nos processos de ponderação.

O VALOR INTRÍNSECO DA PESSOA

Imagine que você está construindo o edifício do destino humano com o objetivo de fazer as pessoas felizes no final, de dar paz e tranquilidade a elas, mas que, para isso, você tenha inevitavelmente que torturar só uma pessoa, e erguer o seu edifício sobre a fundação das suas lágrimas. Você concordaria em ser o arquiteto sob estas condições?
(Fiodor Dostoiewsky)[305]

Contra a Pátria, não há direitos.
(Placa pendurada no saguão de delegacia de polícia em São Paulo durante o auge do regime militar)[306]

3.1 Introdução

Um vagão de trem voa nos trilhos, desgovernado e sem freio. Alguns metros à frente estão cinco pessoas inocentes, que foram amarradas sobre os trilhos por um malfeitor. Não há tempo suficiente

[305] DOSTOIEWSKY, Fiodor. *The Brothers Karamazov.* (Trad. R. Pevear e L. Volokhonsky). New York: Vintage Classics, 1991. p. 245-246.

[306] Cf. GASPARI, Elio. *A ditadura escancarada.* São Paulo: Companhia das Letras, 2002. p. 17.

para retirar essas pessoas da frente do vagão, nem de desviá-lo. Ao seu lado, atônito, um indivíduo também observa a cena. Num instante, você percebe que a única forma de salvar os cinco é empurrar esse observador inocente para a frente do trem, já que o impacto da colisão do seu corpo com o vagão evitaria o outro choque. Se o ato for praticado, cinco vidas serão salvas, mas uma terá de ser sacrificada. Seria justo dar o empurrão?

Esse experimento intelectual e inventivas variações em torno dele têm sido discutidos exaustivamente por filósofos morais.[307] O caso trata em última análise do valor intrínseco da pessoa. Aqueles que reconhecem que cada pessoa humana é um fim em si mesmo, que não pode ser instrumentalizado ainda que para servir a objetivos nobres e importantes, como o salvamento de várias outras vidas, responderão de forma contrária à moralidade do empurrão. Outros poderiam considerar que a solução mais adequada para o vagão desgovernado seria aquela que, no cômputo geral, gerasse os resultados menos desvantajosos para todos os envolvidos. Como a morte de cinco inocentes é pior do que a de um único, na ausência de alternativas que salvassem a todos, o empurrão estaria justificado.

O exemplo do vagão é artificial, mas há inúmeras hipóteses reais em que se discute – usando-se ou não esta expressão – o valor intrínseco da pessoa, posta à prova em casos de colisões entre os direitos fundamentais do indivíduo e os interesses da maioria ou de alguma entidade abstrata, como o Estado, a Nação, o povo ou a raça. Veja-se a questão da tortura contra terroristas, tão discutida depois dos atentados do 11 de setembro. Muitos afirmam que a tortura é inadmissível em qualquer situação. Essa é claramente a posição adotada pelo Direito Internacional dos Direitos Humanos.[308] Há, porém, quem justifique a tortura quando for o único meio para, por exemplo, salvar vidas de inocentes, que poderiam ser ceifadas por atos de terrorismo.[309]

---

[307] Veja-se, a propósito, EDMONDS, David. *Would you kill the fat man?*: the trolley problem and what your answer tells us about rights and wrongs. Princeton: Princeton University Press, 2014; e THOMPSON, Judith Jarvis. The trolley problem. *Yale Law Journal*, n. 94, 1985.

[308] Cf. Pacto dos Direitos Civis e Políticos da ONU, arts. 4º, item 2, e 7º; a Convenção da ONU contra a Tortura e outros Tratamentos ou Penas Cruéis, Desumanos ou Degradantes, art. 2º, item 2; e Convenção Interamericana para Prevenir e Punir a Tortura, art. 5º.

[309] Consulte-se, a propósito, a coletânea organizada por LEVINSON, Sanford (Ed.). *Torture*: a Collection. New York: Oxford University Press, 2004. Para uma defesa condicional do uso da tortura na "guerra ao terror", confronte-se DERSHOWITZ, Alan M. *Why terrorism works*: understanding the threat, responding the challenge. New Haven: Yale University Press, 2002.

Este capítulo busca explorar a ideia do valor intrínseco da pessoa. Inicialmente, discutem-se três sentidos diferentes atribuídos à "dignidade", associando um deles à noção de que as pessoas possuem um valor intrínseco. Em seguida, examina-se a mais conhecida formulação teórica sobre o tema: o imperativo categórico de Immanuel Kant. O capítulo segue, mostrando alguns exemplos práticos de emprego da ideia do valor intrínseco no Direito Comparado e na jurisdição constitucional brasileira. Depois, passa-se ao cotejo entre a formulação do valor intrínseco e duas concepções existentes na filosofia política que são com ela incompatíveis – o organicismo e o utilitarismo. Embora pouco discutidas entre nós, as ideias sustentadas por essas teorias perpassam, de forma nem sempre consciente, o pensamento e a *praxis* jurídicas brasileiras.

3.2 Três sentidos de "dignidade": *status*, virtude e valor intrínseco

A palavra "dignidade" tem múltiplos usos, mesmo quando referida aos seres humanos. Ao longo do tempo, ela tem sido usada, sobretudo, com três diferentes sentidos: dignidade como *status* superior de certas pessoas, pela sua posição social ou pela função que exercem; dignidade como *virtude* de alguns indivíduos, que agem e se portam de maneira altiva; e dignidade como o *valor intrínseco* atribuído a cada pessoa humana.[310]

Como visto no capítulo 1, a dignidade surgiu como uma ideia que exprimia o elevado *status* de indivíduos que ocupavam funções sociais proeminentes. Ela não tinha conotação universal, nem era associada aos direitos humanos, sendo atributo de poucos, no contexto de sociedades estamentais e profundamente hierarquizadas. Apesar das mudanças paradigmáticas relativas à compreensão sobre a pessoa humana e seus direitos, ocorridas desde o Iluminismo, a ideia da dignidade como *status* tem ainda hoje projeções relevantes, conscientes ou não, na cultura social, política e jurídica de muitas sociedades contemporâneas, especialmente nas que mantêm fortes traços desigualitários, como a brasileira. Ela se mantém, por exemplo, em nossa linguagem comum, em que a dignidade é por vezes associada ao exercício de funções tidas como nobres. É nesse sentido que se alude à dignidade de certos cargos públicos.

---

310 Cf. ROSEN, Michael. *Dignity*: its history and meaning. Cambridge: Harvard University Press, 2012. p. 2-54.

Outro significado corrente da dignidade se liga à "conduta digna". Fala-se em dignidade quando se considera louvável e altivo o comportamento de uma pessoa diante de circunstâncias em geral adversas. A dignidade, nesse sentido, consiste numa espécie de *virtude*,[311] que pode ser associada a certas pessoas não pelo seu *status* social, mas pelas suas ações e postura. Diz-se, por exemplo, que o réu se comportou com dignidade ao ser preso; que o doente terminal suportou com dignidade o sofrimento dos seus últimos dias. Em alguns discursos, essa dignidade contingente incorpora, ao lado da dimensão moral, também uma faceta *estética*.[312] Nessa linha, o filósofo e poeta romântico alemão Friedrich Schiller definiu a dignidade como "a expressão de uma nobre disposição mental",[313] que envolve o autocontrole de instintos naturais. A mais expressiva manifestação de dignidade, para Schiller, seria a "calma no sofrimento".[314] Nessa compreensão, a dignidade também não é um atributo universal dos seres humanos, pois muitos se portam de maneira indigna. Ela depende das atitudes dos indivíduos, das suas escolhas, do seu comportamento.[315]

No Direito contemporâneo, a palavra "dignidade" tem sido usada em um terceiro sentido, geralmente associado aos direitos humanos. A dignidade é empregada como qualidade *intrínseca* de *todos* os seres humanos, independentemente do seu *status* e da sua conduta. A dignidade é *ontológica*, e não contingente. Em outras palavras, todos os indivíduos que pertencem à espécie humana possuem dignidade apenas por serem pessoas. Não se admitem restrições relativas a fatores

---

[311] Cf. BEYLEVELD, Deryck; BROWNSWORD, Roger. *Human dignity in bioethics and biolaw*. Oxford: Oxford University Press, 2001. p. 58-63; MEYER, Michael J. Dignity as a (modern) virtue. *In*: KRETZMER, David; KLEIN, Eckhart (Eds.). *The concept of dignity in human rights discourse*. The Hague: Kluwer Law International, 2005. p. 195-207.

[312] Cf. ROSEN, Michael. *Dignity*: its history and meaning. Cambridge: Harvard University Press, 2012. p. 31 ss.

[313] O texto, publicado na Alemanha em 1793, encontra-se: (SCHILLER, Friedrich. On grace and dignity. (Trad. George Gregory). *In*: *Friedrich Schiller*: poet of freedom. p. 370. Disponível em: www.schillerinstitute.org/educ/aesthetics/Schiller_On_Grace_and_Dignity.pdf. Acesso em 15 mai. 2015).

[314] SCHILLER, Friedrich. On grace and dignity. (Trad. George Gregory). *In*: *Friedrich Schiller*: poet of freedom. p. 376. Disponível em: www.schillerinstitute.org/educ/aesthetics/Schiller_On_Grace_and_Dignity.pdf. Acesso em 15 mai. 2015.

[315] Como destacou Alan Gewirth, "o sentido de 'dignidade' no qual todos os humanos têm igual dignidade não é o mesmo daquele no qual se pode dizer que alguma pessoa não possui dignidade ou que se comporta sem dignidade (...) Este tipo de dignidade é o que os seres humanos podem exibir ou não, ou perder, enquanto a dignidade na qual todos são considerados iguais é uma característica que pertence permanentemente e inerentemente a cada ser humano como tal". (GEWIRTH, Alan. *Human rights*: essays on justification and applications. Chicago: Chicago University Press, 1982. p. 27-28).

como gênero, idade, cor, orientação sexual, nacionalidade, deficiência, capacidade intelectual ou quaisquer outros. E ninguém se despe da dignidade humana, ainda que cometa crimes gravíssimos, que pratique os atos mais abomináveis. O homicida e o torturador têm o mesmo valor intrínseco que o herói e que o santo. A dignidade humana, que não é concedida por ninguém, não pode ser retirada pelo Estado ou pela sociedade, em nenhuma situação. Ela é inerente à personalidade humana e, portanto, embora possa ser violada e ofendida pela ação do Estado ou de particulares, jamais será perdida pelo seu titular.[316]

É essa dignidade que impõe a não instrumentalização da pessoa humana. Dela resulta o imperativo de que cada indivíduo seja concebido sempre como um *sujeito*, e nunca como um *objeto*. Ela se concretiza na ideia kantiana de que as pessoas devem ser tratadas como fins em si, e nunca como simples meios para a realização de fins alheios ou de metas da coletividade. Cada ser humano, em síntese, possui um *valor intrínseco*.[317]

Pelo menos no âmbito do pensamento constitucional contemporâneo, poucos discordam dessa proibição de instrumentalização e de sua associação ao princípio da dignidade da pessoa humana.[318] Christopher

---

316 Em erro lógico evidente, o *Justice* Clarence Thomas, da Suprema Corte norte-americana, afirmou que nenhuma ação do Estado poderia violar a dignidade humana, tendo em vista que ela não é conferida, nem poderia ser retirada pelo governo. O argumento foi empregado no voto vencido proferido no caso *Obergefell et al. V. Hodges et al* para afastar a tese, acolhida pela maioria da Corte, de que a não aceitação do casamento entre pessoas do mesmo sexo afronta a dignidade das pessoas homossexuais. Nas palavras de Thomas, "a dignidade humana não pode ser retirada pelo Estado. Escravos não perdem a sua dignidade (...) porque o Estado permite que sejam escravizados. Os mantidos em campos de concentração não perdem a sua dignidade porque o Estado os confina. E aqueles a quem são negados benefícios governamentais certamente não perdem a sua dignidade porque o Estado nega estes benefícios". (567 U.S. (2015)).

317 Nessa linha, Ronald Dworkin sustentou que haveria duas dimensões da dignidade humana consensuais no contexto sociopolítico norte-americano: o valor intrínseco de cada vida humana e a responsabilidade individual das pessoas pelas suas próprias vidas. Em relação à primeira dimensão, ressaltou: "Cada vida humana tem um tipo especial de valor objetivo. Ela tem um valor como potencialidade; depois que uma vida humana começou, importa como ela caminha (...). Esta é uma questão de valor objetivo e não apenas subjetivo (...). O sucesso ou fracasso de cada vida humana é importante em si, algo que temos uma razão para querer ou deplorar". (DWORKIN, Ronald. *Is democracy possible here?*: principles for a political debate. Princeton: Princeton University Press, 2006. p. 9-10). A ideia do valor intrínseco de cada vida humana foi amplamente desenvolvida pelo mesmo autor em DWORKIN, Ronald. *Domínio da vida*: aborto, eutanásia e liberdades individuais. (Trad. Jefferson Luiz Camargo). São Paulo: Martins Fontes, 2003. p. 95-140.

318 Veja-se, dentre outros, BARROSO, Luís Roberto. *A dignidade da pessoa humana no direito constitucional contemporâneo*: a construção de um conceito jurídico à luz da jurisprudência mundial. Belo Horizonte: Fórum, 2013. p. 76-81; SARLET, Ingo Wolfgang. *Dignidade da pessoa humana e direitos fundamentais na Constituição Federal de 1988*. Belo Horizonte: Livraria do Advogado, 2001. p. 38-39; VIEIRA, Oscar Vilhena. *Direitos fundamentais*: uma leitura

McCrudden, em influente ensaio sobre a dignidade humana no discurso transnacional, identificou a existência de um "consenso sobreposto" (*overlapping consensus*) a respeito da dignidade humana, que repousaria exatamente na ideia do valor intrínseco da pessoa, a representar o núcleo básico (*minimum core*) do princípio. Para McCrudden, esse núcleo básico compreende as proposições de que "cada ser humano possui um valor intrínseco, simplesmente por ser humano"; que "este valor intrínseco deve ser reconhecido e respeitado pelos outros", sendo "algumas formas de tratamento (...) incompatíveis com o respeito a este valor intrínseco, e outras requeridas por ele"; e que "o reconhecimento do valor intrínseco do indivíduo impõe que o Estado seja visto como existente em razão dos seres humanos individuais e não o contrário".[319]

Esse reconhecimento, porém, não elimina a controvérsia sobre que ações ofendem o valor intrínseco. Como se verá adiante, diversos tribunais constitucionais reconheceram a inconstitucionalidade da pena de morte por tratar a pessoa como um objeto, e não como fim em si. Porém, Immanuel Kant, principal formulador na filosofia da noção de valor intrínseco, postulou que a aplicação de tal pena, mais do que possível, seria imperativa em casos de homicídio, por razões de justiça.[320] Feministas argumentam que a proibição do aborto viola o valor intrínseco da mulher, pois trata a gestante como um meio para condução de uma gravidez que não deseja.[321] Mas os opositores do aborto argumentam que é a sua legalização que trata o feto como se fosse mero objeto.[322] O valor intrínseco, portanto, está longe de ser um algoritmo matemático capaz de equacionar todas as questões atinentes à dignidade.

No plano teórico, enxergo três principais adversários para o reconhecimento do valor intrínseco das pessoas: as compreensões desigualitárias de dignidade, que tornam a sua proteção dependente do

---

da jurisprudência do STF. São Paulo: Malheiros, 2006. p. 67-68; e MORAES, Maria Celina Bodin de. O conceito de dignidade humana: substrato axiológico e conteúdo normativo. *In*: SARLET, Ingo Wolfgang (Org.). *Constituição, direitos fundamentais e direito privado*. Porto Alegre: Livraria do Advogado, 2003. p. 117.

[319] MCCRUDDEN, Christopher. Human dignity and judicial interpretation of human rights. *European Journal of international Law*, Firenze, v. 19, n. 4, p. 655-724, 2008. p. 23-24.

[320] Kant sustentou uma teoria retributivista da pena e defendeu que esta deveria ser aplicada de acordo com a lógica da lei de Talião, retribuindo-se sempre a morte com a morte. Para ele, tal aplicação correspondia a um imperativo categórico. Veja-se, a propósito. KANT, Immanuel. *La metafísica de las costumbres*. (Trad. Adela Cortina Orts e Jesús Conill Sancho). 4. ed. Madrid: Tecnos, 2005. p. 165-174.

[321] Cf. THOMPSON, Judith Jarvis. A defense of abortion. *In*: DWORKIN, Ronald (Ed.). *The philosophy of law*. Oxford: Oxford University Press, 1977. p. 112-128.

[322] Cf. MARQUIS, Don. An argument that abortion is wrong. *In*: LAFOULETTE, Hugh (Ed.). *Ethics in practice*. Malden: Blackwell Publishers, 2007. p. 137-147.

status de cada indivíduo ou das suas realizações pessoais; o organicismo, que vê a pessoa como apenas uma parte no todo social, que lhe é prioritário e superior; e o utilitarismo, que defende a maximização dos interesses da maioria, ainda quando isso implique o sacrifício de direitos dos indivíduos. Tratei extensamente da questão da desigualdade no capítulo 1. Por isso, neste capítulo, o estudo se concentra no exame e refutação do organicismo e utilitarismo (itens 3.5 e 3.6).

3.3 A "fórmula do fim em si mesmo" de Kant

A mais célebre formulação da ideia de valor intrínseco da pessoa é de Immanuel Kant. Como se sabe, Kant elaborou uma teoria moral deontológica, fundada em imperativos categóricos – normas passíveis de universalização, que são válidas incondicionalmente para todos e em todas as situações. A segunda versão do imperativo categórico kantiano consagra exatamente o valor intrínseco das pessoas. Trata-se da chamada "fórmula do fim em si mesmo": "Age de tal maneira que uses a humanidade, tanto na tua pessoa como na pessoa de qualquer outro, sempre e simultaneamente como um fim, e nunca simplesmente como um meio".[323]

Como destacou a filósofa kantiana Onora O'Neill, essa fórmula é "uma versão extremamente articulada da exigência de respeito às pessoas".[324] Para Kant, o ser humano, por ser dotado de razão e capaz de agir segundo a moral, é sempre um fim em si mesmo, que tem não "preço", mas "dignidade".[325] Daí porque jamais pode ser tratado como um mero objeto para a satisfação de propósitos alheios. A visão kantiana sobre a dignidade envolve uma série de complexidades que não pretendo discutir aqui.[326] Outros aspectos da sua teoria já foram e ainda serão objeto de atenção em outros capítulos desta obra. Desejo agora apenas chamar brevemente a atenção para três pontos fundamentais da fórmula.

Em primeiro lugar, deve-se notar que, para Kant, tratar uma pessoa como fim significa respeitá-la como um sujeito racional, capaz de

---

[323] KANT, Immanuel. *Fundamentação da metafísica dos costumes*. (Trad. Pedro Quintela). Lisboa: Edições 70, 2011. p. 73.

[324] O'NEILL, Onora. Kantian ethics. *In*: SINGER, Peter (Ed.). *A companion to ethics*. Malden: Blackwell Publishers, 2010. p. 178.

[325] Cf. FREITAG, Bárbara. *Itinerários de Antígona*: a questão da moralidade. São Paulo: Papiro Editora, 1992. p. 49-52.

[326] Sobre a fórmula, veja-se RAWLS, John. *História da filosofia moral*. (Trad. Ana Aguiar Contrim). São Paulo: Martins Fontes, 2005. p. 187-248; e HÖFFE, Otfried. *Immanuel Kant*. (Trad. Christian Viktor Hamm e Valério Rohdem). São Paulo: Martins Fontes, 2005. p. 197-228.

fazer escolhas e de se autodeterminar.[327] Assim, não é lícito constranger, manipular ou mentir para uma pessoa, ainda que se considere que o resultado da ação reverta em seu próprio benefício.[328] A teoria kantiana é essencialmente antipaternalista.

Em segundo lugar, há que se atentar para o fato de que a interdição contida no imperativo categórico é de que as pessoas sejam tratadas *apenas* como meios. Não se veda que, em alguma medida, uma pessoa se valha de outra para atingir os fins que persegue. Quando, por exemplo, um indivíduo contrata os serviços de um profissional para pintar as paredes de sua casa, ele se utiliza dessa pessoa para perseguir um fim que é seu, mas nada há de errado nisso. O pintor, por sua vez, também visa a obter um fim de quem o contratou ⊠ o recebimento do pagamento pelos seus serviços. As vontades das partes se ajustam e ninguém é tratado pelo outro como um *mero* objeto. Em regra, quando celebramos um contrato, não tratamos o outro contratante *apenas* como um instrumento para servir os nossos interesses, pois a celebração pressupõe o exercício da autonomia de ambas as partes. Ao exprimir o seu consentimento, cada contratante age como sujeito racional, e não como um simples objeto, não se cogitando *a priori*, portanto, em ofensa ao imperativo categórico.

Finalmente, para Kant, o indivíduo também não pode tratar a *si próprio* como um mero objeto. Ele deve tratar a *humanidade*, que carrega em si, sempre como um fim. Nas suas palavras, "em todas as suas ações, tanto nas que se dirigem a ele mesmo como nas que se dirigem a outros seres racionais, ele (o homem) tem sempre de ser considerado simultaneamente um fim".[329] Por isso, Kant considera imorais certas ações individuais que, embora não causem danos a terceiros, deixam de exprimir o necessário respeito à humanidade de quem as pratica. Com base nesta ideia, ele se opôs, por exemplo, ao suicídio[330] e, até mesmo, ao sexo casual, que, na sua ótica, degradaria

---

[327] Cf. RACHELS, James. *Elementos de filosofia moral.* (Trad. F. J. Azevedo Gonçalves). Lisboa: Gradiva, 2004. p. 192.

[328] Kant sustenta, aliás, que a mentira e o engano são inaceitáveis em *qualquer* situação (cf. KANT, Immanuel. On the Common Saying: 'This May be True in Theory, but it does not Apply in Practice'. *In*: KANT, Immanuel. *Political Writings.* (Trad. H. S. Nisbet). 1971. p. 61-92). Isso porque, como não podemos desejar a universalização desses comportamentos, eles não estão de acordo com o imperativo categórico na sua primeira formulação: "Age apenas segundo uma máxima tal que possas ao mesmo tempo querer que se torne lei universal".

[329] KANT, Immanuel. *Fundamentação da metafísica dos costumes.* (Trad. Pedro Quintela). Lisboa: Edições 70, 2011. p. 72.

[330] Nas palavras de Kant: "Uma pessoa, por uma série de desgraças, chegou ao desespero e sente tédio na vida, mas está ainda bastante em posse da razão para poder perguntar a si

quem o praticasse.[331] Como se verá no capítulo 4, esse aspecto da filosofia kantiana instaura certa ambiguidade na sua teoria, pois, apesar de erguida sobre a ideia de autonomia, a deontologia kantiana, de acordo com algumas interpretações, pode justificar intervenções heterônomas sobre a liberdade individual, em comportamentos autorreferentes.[332]

Kant é um autor extremamente complexo, cuja teoria moral é objeto de interpretações muito diferentes.[333] Como se viu no capítulo 1, a sua concepção da dignidade partiu de visão abstrata e irreal do ser humano, que enfatizou a racionalidade – entendida, de forma muito peculiar, como a sua capacidade de agir de acordo com lei moral que o sujeito dita para si mesmo – em detrimento dos sentimentos e da corporalidade, bem como dos seus vínculos sociais e culturais. Porém, não é preciso concordar com toda a teoria kantiana sobre dignidade para reconhecer a importância da sua máxima de jamais tratar as pessoas como simples meios, e sim como fins em si. Esse imperativo continua guiando boa parte dos debates sobre a dignidade da pessoa humana no campo constitucional e é um bom ponto de partida para exploração do tema.

---

mesma se não será talvez contrário ao dever para consigo mesma atentar contra a sua vida. E procura agora saber se a máxima de sua ação se poderia tornar em lei universal da natureza. A sua máxima, porém, é a seguinte: Por amor de mim mesmo, admito como princípio que, se a vida, prolongando-se, me ameaça mais com desgraças do que me promete alegrias, devo encurtá-la. Mas pergunta-se agora se este princípio do amor de si mesmo se pode tornar em lei universal da natureza. Vê-se então em breve que uma natureza cuja lei fosse destruir a vida em virtude do mesmo sentimento cujo objetivo é suscitar a sua conservação, se contradiria a si mesma e, portanto, não existiria como natureza. Por conseguinte, aquela máxima não poderia de forma alguma dar-se como lei universal da natureza, e, portanto, é absolutamente contrária ao princípio supremo de todo o dever". (KANT, Immanuel. *Fundamentação da metafísica dos costumes*. (Trad. Pedro Quintela). Lisboa: Edições 70, 2011. p. 63).

[331] Cf. KANT, Immanuel. *Letters on ethics*. (Trad. Louis Infield). Cambridge: Hackett Publishing, 1981. p. 164-167. Veja-se, a propósito, SANDEL, Michael. *Justiça*: o que é fazer a coisa certa. (Trad. Heloisa Matias e Maria Alice Máximo). Rio de Janeiro: Civilização Brasileira, 2012. p. 162-163.

[332] O tema foi explorado com proficiência na tese de doutorado de MARTEL, Letícia de Campos Velho. *Direitos fundamentais indisponíveis*: os limites e os padrões do consentimento para a autolimitação do direito fundamental à vida. Tese (Doutorado em Direito) – Faculdade de Direito, Universidade do Estado do Rio de Janeiro, Rio de Janeiro, 2010. p. 162-168.

[333] Veja-se, a propósito, KORSGAARD, Christine M. *Creating the kingdom of ends*. Cambridge: Cambridge University Press, 1996; O'NEILL, Onora. *Acting on principle*: an essay on kantian ethics. Cambridge: Cambridge University Press, 2013.

3.4 O valor intrínseco na prática

A ideia do valor intrínseco é usada frequentemente por cortes judiciais em casos envolvendo a dignidade da pessoa humana, em geral associada à fórmula kantiana do tratamento da pessoa como fim em si. No Direito Comparado, essa formulação foi empregada, por exemplo, para justificar o banimento da pena de morte em países cujas constituições não a proibiam expressamente. Afinal, não há como conciliar uma pena que importa na morte com a ideia do valor intrínseco da pessoa. Se a pessoa humana é um fim em si mesmo, nenhum objetivo inerente à pena – prevenção, retribuição etc. – pode justificar a eliminação proposital da sua vida, por mais grave que tenha sido o crime cometido.

Nesse sentido, a Suprema Corte norte-americana chegou a proibir a aplicação da pena de morte em 1972 no caso *Furman v. Georgia*,[334] aduzindo cuidar-se de pena cruel e degradante, dentre outras razões, porque, "pela sua própria natureza, envolve a negação da humanidade do acusado", tratando-o como objeto a ser eliminado pelo Estado. O Tribunal, porém, reviu tal orientação em 1976, em *Gregg v. Georgia*,[335] e até hoje a pena capital é empregada naquele país. Já na Hungria, a Corte Constitucional proferiu decisão em 1990 proibindo a pena de morte, invocando para tanto o *moto* kantiano de jamais se tratar a pessoa como objeto: "O direito à dignidade humana só desempenhará a sua função se for interpretado em conjunto com o direito à vida; se não consideramos isso, a dignidade abstrata vai permitir o tratamento de pessoas concretas como meros objetos".[336] Do mesmo modo, na África do Sul a pena de morte também foi banida por decisão judicial no caso *Makwanyane*,[337] julgado em 1995. Dentre os inúmeros argumentos então empregados, houve alusão ao valor intrínseco da pessoa, quando se afirmou o dever

---

[334] Suprema Corte dos Estados Unidos. 408 U.S. 238 (1972).

[335] Suprema Corte dos Estados Unidos. 428 U.S. 153 (1976). Contudo, nesse julgamento, o voto vencido do *Justice* Brennan – reconhecidamente o mais importante defensor da dignidade humana na história daquela Corte – aludiu à afronta ao valor intrínseco da pessoa na imposição da pena de morte: "A enfermidade fatal da pena de morte é que ela trata membros da raça humana como não humanos, como objetos para serem manipulados e descartados. Ela é por isso incompatível com a premissa fundamental da cláusula (*cruel and unusual punishment*) que mesmo o pior dos criminosos continua sendo um ser humano que possui dignidade humana".

[336] Corte Constitucional da Hungria. Caso nº 23/90. A transcrição em inglês consta em DUPRÉ, Catherine. *Importing the law in post-communist transitions*: the Hungarian Constitutional Court and the right to human dignity. Oxford: Hart Publishing, 2003. p. 73.

[337] Corte Constitucional da África do Sul. *S v. Makwanyame and Another*, 1995 (3) AS 391 (CC).

do Estado de colocar a vida e a dignidade humana acima de todos os interesses sociais, o que não ocorre quando "homicidas são tratados como objetos e condenados à morte para servirem de exemplo a outros, na expectativa de que isso possa detê-los".

Ainda na África do Sul, a Corte Constitucional, no caso *Dodo*,[338] afirmou que a imposição obrigatória de prisão perpétua para certas hipóteses de homicídio era inconstitucional por tratar o réu como mero meio para o atingimento do fim de prevenção de crimes. A decisão reproduziu com pequena variação o onipresente mantra kantiano ao salientar que "seres humanos não são mercadorias para as quais pode ser dado um preço; são criaturas com valor intrínseco e infinito; eles devem ser tratados como fins em si, nunca como meros meios para o atingimento de um fim".

Na Alemanha, a vertente do "valor intrínseco" da dignidade tem muito prestígio. A ideia foi acolhida pela influente "fórmula objeto", elaborada pelo jurista Günter Dürig[339] com clara inspiração na teoria kantiana, segundo a qual ocorre ofensa à dignidade da pessoa humana quando o indivíduo é tratado como um mero objeto, e não como um fim em si mesmo. Tal construção vem sendo invocada em reiterados julgados do Tribunal Constitucional Federal.[340] Porém, a própria Corte tem reconhecido mais recentemente que se trata de fórmula excessivamente vaga, que pode indicar uma direção, mas nem sempre é suficiente para a solução de todos os casos. De todo modo, a concepção do valor intrínseco é recorrente na riquíssima jurisprudência sobre dignidade daquele Tribunal. Ela foi empregada, por exemplo, no caso em que se afirmou a inconstitucionalidade da pena de prisão perpétua, sem possibilidade de soltura antecipada. Nesse importante julgamento, a Corte afirmou que o "Estado não pode transformar o condenado em objeto para a prevenção criminal, em detrimento do seu direito constitucionalmente protegido ao respeito e valorização

---

338 Corte Constitucional da África do Sul. *S v. Dodo*, 2001 (3) AS 382 (CC).

339 DÜRIG, Günter. Der Grundsatz der Menschenwürde. Entwurf eines praktikablen Wertsystems der Grundrechte aus Art. 1 Abs. I in Verbidung mit Art, 19 Abs. II des Grundgesetzes. *Archiv des Öffentlichen Rechts*, n. 81, 1956, *apud* SARLET, Ingo Wolfgang. *Dignidade da pessoa humana e direitos fundamentais na Constituição Federal de 1988*. Belo Horizonte: Livraria do Advogado, 2001. p. 148.

340 Cf. KLEIN, Eckart. Human dignity in german law. *In*: KRETZMER, David; KLEIN, Eckrart (eds.). *The concept of human dignity in human rights discourse*. The Hague: Kluwer Law International, 2002, p. 150-151.

social".[341] Por isso, seria inconstitucional a privação de liberdade, sem qualquer chance de futura libertação.

Outro emblemático julgamento da Corte Constitucional germânica que ilustra a ideia do valor intrínseco da pessoa deu-se em caso que envolveu o controle de constitucionalidade de lei que autorizara o abatimento de aeronaves usadas em ataques terroristas.[342] O Tribunal Constitucional entendeu que a lei era inconstitucional, por permitir que o Estado causasse a morte deliberada de passageiros e membros da tripulação inocentes, que seriam tratados como "meros objetos (...) para salvação de outras pessoas". Para a Corte alemã, não seria juridicamente relevante para equacionamento do caso o fato de que um número maior de pessoas também inocentes poderia morrer se o avião não fosse derrubado, nem mesmo a circunstância de que os tripulantes acabariam falecendo de todo modo pouco tempo depois, por força da colisão da aeronave provocada pelos terroristas.[343]

O valor intrínseco também tem sido invocado contra a legitimidade da tortura e de punições que recaiam sobre o corpo das pessoas. Em Israel, a Suprema Corte decidiu caso sobre a validade do uso de "meios físicos" no interrogatório de terroristas, que envolviam privação de sono, exposição à música em volume elevadíssimo, entre outras práticas.[344] Apesar da gravidade da questão de segurança no país, a Corte israelense denegou a permissão, recusando-se a ponderar naquele caso a proteção do Estado e da sociedade com a dignidade do suspeito.[345] A Corte Europeia de Direitos Humanos, por sua vez, no caso *Tyrer v. Reino Unido*, afirmou que ofendia a dignidade humana a imposição de pena corporal sobre um infrator juvenil, que fora condenado, na Ilha de Man, a receber três golpes de vara nas nádegas. O Tribunal aduziu que, embora a punição não tivesse efeitos físicos severos ou duradouros,

---

341 Tribunal Constitucional Federal da Alemanha. BVerfGE 45, 187 (1977).

342 Tribunal Constitucional Federal da Alemanha. BVerfGE 115, 118 (2006).

343 Contudo, o Tribunal considerou que, quando for possível afiançar que só há terroristas no avião, o abatimento seria constitucionalmente possível, pois a sua morte decorreria de um comportamento praticado por eles mesmos. Nessa hipótese, os terroristas não estariam sendo tratados como meros meios, mas sofrendo as consequências dos seus próprios atos.

344 SUPREMA CORTE DE ISRAEL. *Public Committee Against Torture in Israel, et al. v. The State of Israel, The General Security Service, et al.* H.C. nº 5.100/94, julg. 9.6.1999.

345 Entretanto, de modo compromissório, o Tribunal afirmou no julgamento que o Congresso poderia deliberar sobre a questão desde que a sua decisão fosse proporcional, o que me parece francamente contraditório com o restante da decisão, em que se afirmou o caráter absoluto da proibição da tortura.

ela era inválida, pois tratava o adolescente como "um objeto em poder das autoridades", além de ser especialmente degradante.[346]

O tema do valor intrínseco também aparece com frequência no debate bioético, que não é objeto deste estudo. Nada obstante, vale o registro de um caso emblemático, ocorrido nos Estados Unidos, que não chegou ao Poder Judiciário. Um casal homossexual de mulheres surdas teve, propositadamente, um bebê também surdo por inseminação artificial, visando a que a criança pudesse vir a "habitar o mesmo universo" que as mães. Diziam elas que não consideravam a surdez como uma deficiência, mas como "uma identidade cultural" – posição compartilhada por outros atores do movimento das pessoas surdas. Elas chegaram a buscar um doador surdo em bancos de esperma, mas não tiveram sucesso; por isso, uma delas realizou inseminação artificial a partir da doação do material de um conhecido, também surdo. A conduta suscitou muitos questionamentos éticos, e um deles – correto, em meu entendimento – é o de que o casal instrumentalizou a vida do filho ao submetê-lo a uma escolha alheia, que reduzia significativamente as suas potencialidades.[347] [348]

No Brasil, o valor intrínseco pode ser associado a diversas decisões judiciais atinentes à dignidade humana. É o caso do acórdão do STF que afirmou a tipicidade do crime de tortura contra criança e adolescente, mesmo antes da edição da Lei nº 9.455/97, salientando o caráter odioso e atentatório à dignidade humana da referida prática.[349] Também é a hipótese da decisão da Corte atinente à caracterização do trabalho escravo, em que se afirmou que este se materializa quando

---

346 Corte Europeia de Direitos Humanos. *Tyrer v. The United Kingdom*. Application nº 5856/72, julg. 25.4.1978.

347 Veja-se, a propósito, SPRIGGS, M. Current controversy: lesbian couple create a child who is deaf like them. *Journal of Medical Ethics*, n. 28, p. 283-289, 2002.

348 Nesse caso, a escolha genética deu-se em desfavor do filho. Mais complexa é a questão da legitimidade moral das escolhas no campo da tecnologia genética, que visam supostamente a "aprimorar" a criança para torná-la, por exemplo, mais inteligente, mais forte, mais alta etc. É praticamente consensual a legitimidade do diagnóstico pré-implantatório na fertilização *in vitro* quando se volta a evitar doenças, mas quando busca supostamente "aprimorar" a prole, a possibilidade é vista com muitas reservas, e um dos vários argumentos contrários à prática é de que ela instrumentaliza os filhos futuros em função dos desejos e expectativas dos pais. Veja-se, nesta linha, HABERMAS, Jürgen. *El futuro de la naturaleza humana*. (Trad. R. S. Carbó). Barcelona: Paidós, 2001.

349 Supremo Tribunal Federal, HC nº 70.389, Tribunal Pleno, Rel. Min. Sydney Sanches, Relator p/ ac. Min. Celso de Mello, julg. 23.06.1994. Na referida decisão, consignou-se: "A tortura constitui a negação arbitrária dos direitos humanos, pois reflete – enquanto prática ilegítima, imoral e abusiva – um inaceitável ensaio de atuação estatal tendente a asfixiar e, até mesmo, a suprimir a dignidade, a autonomia, a liberdade com que o indivíduo foi dotado, de maneira indisponível pelo ordenamento jurídico".

o trabalhador é tratado "como coisa e não como pessoa humana, o que pode ser feito não só mediante coação, mas também pela violação intensa e persistente de seus direitos básicos, inclusive do direito ao trabalho digno".[350]

Uma decisão bastante polêmica do STF que toca o valor intrínseco foi relativa à possibilidade de realização de exame de DNA contra a vontade do réu em ação de investigação de paternidade. O referido exame pressupõe o acesso a material genético do pai, o que demanda uma intervenção corporal, conquanto mínima, para obtenção de fios de cabelo ou extração de poucas gotas de sangue. O STF firmou a orientação no sentido do descabimento da extração compulsória do material para exame, invocando o princípio da dignidade da pessoa humana.[351] Não há dúvida de que uma intervenção corporal não consentida afeta a dignidade humana, nas suas dimensões de valor intrínseco e de autonomia.[352] A crítica que pode ser endereçada a essa decisão é a de que não se levou em conta que, do outro lado da balança, também figurava a dignidade humana: o direito personalíssimo da criança de conhecer a própria identidade, intimamente ligado a esse princípio, e que não é satisfeito pela mera presunção processual decorrente da recusa ao exame.[353] Numa ponderação, entendo que prevalece o direito ao conhecimento da identidade, especialmente pelo fato de que a intervenção corporal necessária para a realização do exame de DNA é inexpressiva.[354]

---

[350] Supremo Tribunal Federal, Inq. nº 3.412, Rel. Min. Marco Aurélio, Rel. p/ ac. Min. Rosa Weber, julg. 29.03.2012.

[351] Supremo Tribunal Federal, HC nº 71.373, Tribunal Pleno, Rel. Min. Francisco Rezek, Rel. p/ ac. Min. Marco Aurélio, julg. 10.11.1994. Na ementa do acórdão, lavrou-se: "Discrepa a mais não poder de garantias constitucionais implícitas e explícitas – preservação da dignidade humana, da intimidade, da intangibilidade do corpo humano, do império da lei e da inexecução específica e direta de obrigação de fazer – provimento judicial que, em ação civil de investigação de paternidade, implique determinação no sentido de o réu ser conduzido ao laboratório, 'debaixo de vara', para coleta do material indispensável à feitura de exame de DNA. A recusa resolve-se no plano jurídico instrumental, consideradas a dogmática, a doutrina e a jurisprudência, no que voltadas ao deslinde das questões ligadas à prova dos fatos".

[352] Veja-se, a propósito, TEIXEIRA, Ana Carolina Brochado. *Saúde, corpo e autonomia privada.* Rio de Janeiro: Renovar, 2010.

[353] A recusa leva à presunção relativa de paternidade, como assentou o STJ na Súmula nº 301: "Em ação investigatória, a recusa do suposto pai a submeter-se ao exame de DNA induz presunção *juris tantum* de paternidade". Considero que a presunção pode até ser suficiente para tutelar direitos patrimoniais que resultam da filiação – alimentos, direitos sucessórios etc. –, mas certamente não o é para satisfazer ao direito existencial, ligado à identidade pessoal, de se saber quem realmente é o próprio pai.

[354] Tratei do tema em SARMENTO, Daniel. *A ponderação de interesses na Constituição Federal.* Rio de Janeiro: Lumen Juris, 1999. p. 183-188. No mesmo sentido, cf. MORAES, Maria

Nossa Suprema Corte também proferiu uma série de decisões sobre matéria processual-penal, todas da relatoria do Ministro Gilmar Mendes, em que se valeu da ideia do valor intrínseco para ressaltar que a pessoa humana não pode ser tratada como mero objeto da ação estatal no âmbito da prestação jurisdicional. Nesse sentido, o Tribunal ligou o valor intrínseco ao direito de defesa,[355] à prerrogativa do acusado de se manter em silêncio para não se autoincriminar[356] e à necessidade de cautela para instauração de ações penais,[357] conectando as hipóteses ao princípio da dignidade da pessoa humana e ressaltando, em todos os casos, que "esse princípio, em sua acepção originária, proíbe a utilização ou a transformação do homem em objeto dos processos e ações estatais".

O tema da não instrumentalização veio igualmente à baila no julgamento sobre a legitimidade da interrupção de gestação de feto anencefálico.[358] No debate do caso, um dos argumentos que chegou a ser empregado contra o ato foi o de que o anencéfalo, apesar de jamais sobreviver por muito tempo depois do nascimento, seria um doador potencial de órgãos para outros bebês. Daí, alegou-se que, por força do princípio da solidariedade, a mulher poderia ser obrigada a levar a termo a gestação, viabilizando assim as futuras doações em favor de outras vidas. O argumento se assentava em premissa fática falsa, pois os anencéfalos padecem de diversas outras anomalias, o que inviabiliza a doação de órgãos. Porém, ainda que assim não fosse, a pretensão tratava a gestante como um simples objeto, exigindo que emprestasse o seu corpo durante nove meses para supostamente salvar vidas de outras crianças. Seria uma clara afronta ao valor intrínseco, bem apontada no belo voto proferido pelo Ministro Marco Aurélio:

> A mulher, portanto, deve ser tratada como um fim em si mesma, e não, sob uma perspectiva utilitarista, como instrumento para a geração de órgãos e posterior doação. Ainda que os órgãos de anencéfalos fossem necessários para salvar vidas alheias – premissa que não se confirma, como se verá –, não se poderia compeli-la, com fundamento

---

Celina Bodin de. Recusa à realização do exame de DNA na investigação de paternidade e os direitos da personalidade. *In*: BARRETTO, Vicente (Org.). *A nova família*: problemas e perspectivas. Rio de Janeiro: Renovar, 1997. p. 169-194.

355 Supremo Tribunal Federal, HC nº 118.344, 2ª Turma, Rel. Min. Gilmar Mendes, julg. 18.03.2014.

356 Supremo Tribunal Federal, Rec. Ord. em HC nº 122.279, 2ª Turma, Rel. Min. Gilmar Mendes, julg. 12.08.2014.

357 Supremo Tribunal Federal, Inq. nº 3.507, Tribunal Pleno, Rel. Min. Gilmar Mendes, julg. 08.05.2014.

358 Supremo Tribunal Federal, ADPF nº 54, Rel. Min. Marco Aurélio, julg. 12.04.2012.

na solidariedade, a levar adiante a gestação, impondo-lhe sofrimentos de toda ordem. Caso contrário, ela estaria sendo vista como simples objeto, em violação à condição humana.

Aliás, o valor intrínseco perpassava aquele caso sob outros ângulos também. Afinal, a imposição da manutenção de uma gravidez contra a vontade da gestante sempre envolve certa instrumentalização do seu corpo, que será usado em favor de um objetivo – viabilizar a futura vida do feto – com o qual a mulher não concorda. Contudo, a importância da tutela da vida potencial torna o problema complexo, tanto sob o prisma jurídico como moral,[359] já que há direitos e dignidade nos dois pratos da balança.[360] Mas quando não há essa vida potencial, como no caso do anencéfalo, o sacrifício se torna absolutamente injustificado.[361] Nesse cenário, a imposição do ônus da gestação torna-se especialmente degradante para a mulher, tratando-a como mero objeto para a satisfação de sentimentos religiosos ou preferências morais de terceiros, endossados coercitivamente pelo Estado. Foi por isso que o Ministro Marco Aurélio, no seu voto, consignou que "o ato de obrigar a mulher a manter a gestação, colocando-a em uma espécie de cárcere privado em seu próprio corpo, desprovida do mínimo essencial de autodeterminação e liberdade, assemelha-se à tortura ou a um sacrifício que não pode ser pedido a qualquer pessoa ou dela exigido".

O tema do valor intrínseco também foi suscitado no julgamento proferido pelo STF atinente às pesquisas com células-tronco embrionárias.[362] A Lei de Biossegurança autorizou tais pesquisas (Lei nº 11.105/2005, art. 5º) – que têm grande potencial para a ciência e para a busca de tratamento de doenças graves –, mas vedou a produção de embriões para essa utilidade. Pela lei, só podem ser empregados nas pesquisas os embriões excedentários, resultantes de tratamento de

---

359 Tratei amplamente do tema do aborto em SARMENTO, Daniel. Legalização do aborto e constituição. *In*: SARMENTO, Daniel. *Livres e iguais*: estudos de direito constitucional. Rio de Janeiro: Lumen Juris, 2006. p. 95-138.

360 Esta foi a posição adotada, por exemplo, pelo Tribunal Constitucional Federal alemão, que, na questão do aborto, reconheceu, de um lado, a presença dos direitos da mulher à autonomia e à saúde e, do outro, o dever de proteção estatal relativo à vida potencial do feto, que teriam de ser ponderados. Cf. Tribunal Constitucional Federal da Alemanha, BVerfGE 39, 1 (1975); e BVerfGE 88, 203 (1993).

361 Cf. BARROSO, Luís Roberto. Pesquisas com células-tronco embrionárias e interrupção de gestação de fetos anencefálicos: vida, dignidade e direito de escolha. *In*: SARMENTO, Daniel; SARLET, Ingo Wolfgang (Orgs.). *Direitos fundamentais no Supremo Tribunal Federal*: balanço e crítica. Rio de Janeiro: Lumen Juris, 2011. p. 255-288.

362 Supremo Tribunal Federal, ADI nº 3.510, Tribunal Pleno, Rel. Min. Ayres Britto, julg. 29.05.2008.

fertilização *in vitro*, que sejam inviáveis ou que estejam congelados há mais de três anos, exigindo-se sempre o consentimento dos genitores e a aprovação pelo comitê ético da instituição de pesquisa. Nada obstante, a lei foi impugnada pela Procuradoria-Geral da República, sob a alegação de que o legislador teria tratado o embrião – supostamente equiparado a uma pessoa – como um mero meio para pesquisa, e não como fim em si. O argumento foi corretamente rejeitado pela maioria do STF, porque os embriões, compostos de poucas células e que jamais seriam implantados em úteros humanos, não podiam ser equiparados a pessoas humanas. Daí porque se afigurava legítima a escolha legislativa de autorizar o seu uso, sob estritas condições, para um fim nobre, viabilizando pesquisas que poderiam salvar vidas. Tal fim se afigurava muito mais digno do que a permanência indefinida desses embriões nas geladeiras das clínicas de fertilização ou o seu descarte.[363]

Finalmente, o tema do valor intrínseco está presente em várias decisões do STF que tratam daquela que é provavelmente a mais grave violação à dignidade humana existente hoje no país: o quadro dramático do sistema prisional brasileiro. As prisões brasileiras são verdadeiros infernos dantescos, com celas superlotadas, imundas e insalubres, em que são frequentes os episódios mais bárbaros de tortura e violência sexual contra presos, praticados por outros detentos ou agentes do Estado. O déficit prisional existente no momento de finalização desta obra ultrapassa as 230 mil vagas, e não para de crescer. Os presos não têm acesso à justiça, à alimentação adequada, à saúde, à educação e ao trabalho, e a ressocialização não passa de quimera: os detentos normalmente saem do cárcere muito mais perigosos do que entraram. Como ressaltou o Relatório Final da CPI do Sistema Carcerário realizada pela Câmara dos Deputados, os presos "recebem tratamento pior do que o concedido aos animais: como lixo humano".[364] Esta realidade, que pode ser debitada aos três poderes estatais da União e dos Estados, tem sensibilizando o STF, que, nos últimos tempos, vem proferindo uma série de decisões importantes, apontando como o quadro viola o princípio da dignidade da pessoa humana.

---

[363] O ponto foi corretamente observado no voto da Ministra Carmen Lúcia: "A utilização das células-tronco embrionárias, não aproveitadas no procedimento de implantação (...) poderá ter o destino da indignidade, que é a sua remessa ao lixo. (...) O seu aproveitamento, guardado o respeito às condições afirmadas na legislação enfocada, permite a dignificação da célula-tronco embrionária, que não será então descartada, antes, será transformada em matéria dada à vida".

[364] CÂMARA DOS DEPUTADOS. *Relatório da CPI do Sistema Carcerário.* 2009, p. 172. Disponível em: http://bd.camara.gov.br/bd/handle/bdcamara/2701. Acesso em 20 mai. 2015.

Nessa trilha, no RE 592.581,[365] em que se reconheceu a possibilidade de o Poder Judiciário determinar reformas urgentes em estabelecimentos prisionais, o Ministro Ricardo Lewandowski salientou que o cenário das prisões brasileiras corresponde a "um verdadeiro processo de 'coisificação' de seres humanos presos, amontoados em verdadeiras 'masmorras medievais'". Em linha similar, no voto que o Ministro Marco Aurélio proferiu no julgamento da Medida Cautelar na ADPF nº 347,[366] ressaltou-se:

> A superlotação carcerária e a precariedade das instalações das delegacias e presídios (...) configuram tratamento degradante, ultrajante e indigno a pessoas que se encontram sob custódia. As penas privativas de liberdade aplicadas em nossos presídios convertem-se em penas cruéis e desumanas. Os presos tornam-se "lixo digno do pior tratamento possível", sendo-lhes negado todo e qualquer direito à existência minimamente segura e salubre. Daí o acerto do Ministro da Justiça, José Eduardo Cardozo, na comparação com as "masmorras medievais".

O tema também foi ventilado em julgamento do STF, ainda não finalizado,[367] sobre o cabimento de danos morais em favor de preso em razão das condições degradantes da sua prisão. O STJ denegara o pedido, sob o fundamento de que o pagamento da indenização não resolveria o problema dos cárceres brasileiros e drenaria recursos públicos que poderiam ser empregados para realizar as reformas necessárias nos presídios.[368] O voto-vista do Ministro Luís Roberto Barroso apontou corretamente a natureza utilitarista de tal argumento, incompatível com a ideia do valor intrínseco da pessoa:

> A solução de determinar aos presos que suportem, sem qualquer indenização, os danos causados pelo Estado, enquanto este supostamente adota providências para a solução do problema, equivale à adoção de

---

[365] Supremo Tribunal Federal, RE nº 592.581, Tribunal Pleno, Rel. Min. Ricardo Lewandowski, julg. 13.08.2015.

[366] Supremo Tribunal Federal, ADPF nº 347 ⊠ MC, Tribunal Pleno, Rel. Min. Marco Aurélio, julg. 27.08.2015.

[367] Supremo Tribunal Federal, RE nº 580.252, Tribunal Pleno, Rel. Min. Teori Zavascki.

[368] Superior Tribunal de Justiça, REsp. nº 962.934, Rel. Min. Herman Benjamin, DJe 04.05.2011. Na ementa do acórdão, consignou-se: "Em nada contribui para a melhoria do sistema prisional do Brasil a concessão, individualmente, de indenização por dano moral a detento submetido à superlotação e a outras agruras que permeiam (e envergonham) nossos estabelecimentos carcerários. A medida, quando muito, servirá tão-só a drenar e canalizar escassos recursos públicos, aplicando-os na simples mitigação de problema de um ou só de alguns presos, em vez de resolvê-lo, de uma vez por todas, em favor da coletividade dos prisioneiros".

uma concepção utilitarista, permitindo a instrumentalização do preso para a execução de políticas públicas, o que é incompatível com a dignidade humana.[369]

Enfim, são variados os casos práticos em que o valor intrínseco da pessoa vem à baila, e a ideia vem sendo mobilizada com frequência por cortes constitucionais nacionais e estrangeiras.

3.5 Valor intrínseco da pessoa *versus* organicismo

O organicismo é uma teoria que se baseia em um paralelo entre a comunidade política e um ser vivo, concebendo cada indivíduo como uma espécie de órgão desta entidade maior. Para o organicismo, as comunidades políticas – identificadas muitas vezes com o Estado – possuem fins próprios, que transcendem aqueles das pessoas que as integram.[370] Trata-se de concepção anti-individualista, que justifica o sacrifício dos direitos das pessoas em favor dos "interesses superiores" da comunidade. De acordo com a lógica organicista, da mesma forma que é razoável amputar um membro necrosado para salvar a vida de uma pessoa, é também legítimo suprimir os direitos de um indivíduo para proteger o "corpo social".

Se, para o individualismo, são as necessidades dos indivíduos que justificam a existência da comunidade política, para o organicismo dá-se o oposto. Daí porque se prioriza a comunidade em detrimento dos indivíduos, partindo-se muitas vezes da premissa de que a realização dos fins coletivos por meio da atuação do Estado pode e deve se sobrepor à garantia dos direitos das pessoas.

A disputa entre organicismo e individualismo não é nova. Para Norberto Bobbio, "toda a história do pensamento político está dominada por uma grande dicotomia: organicismo (holismo) e individualismo (atomismo)".[371] O organicismo, todavia, precede em muito o indivi-

[369] Até o momento, todos os votos proferidos – Ministros Teori Zavascki, Gilmar Mendes e Luís Roberto Barroso – reconheceram o direito do preso à indenização pelos danos morais suportados. Porém, os Ministros Teori e Gilmar concederam a indenização em espécie, enquanto o Ministro Barroso propôs engenhosa solução alternativa, determinando a conversão das perdas e danos, sempre que possível, em abatimento proporcional da pena do encarcerado. O julgamento está suspenso em razão de pedido de vista da Ministra Rosa Weber.

[370] ZIPPELIUS, Reinhold. *Teoria Geral do Estado*. (Trad. Karin Praefke-Aires Coutinho). Lisboa: Fundação Calouste Gulbenkian, 1997. p. 35.

[371] BOBBIO, Norberto. Individualismo e organicismo. *In*: BOBBIO, Norberto. *Liberalismo e democracia*. (Trad. Marco Aurélio Nogueira). 6. ed. São Paulo: Brasileira, 1994. p. 45.

dualismo, sendo absolutamente hegemônico na Antiguidade. Uma página clássica do organicismo se encontra na *Política*, de Aristóteles, que afirmou que o Estado é, "por natureza, claramente superior ao indivíduo e à família, uma vez que o todo é por necessidade superior às partes". Para Aristóteles, "as sociedades domésticas e os indivíduos não são senão partes integrantes da Cidade, todas subordinadas ao corpo inteiro (...) e todas inúteis quando desarticuladas, semelhantes às mãos e aos pés que, uma vez separados do corpo, só conservam o nome e a aparência".[372]

O organicismo antigo tinha como característica a afirmação da desigualdade intrínseca entre as pessoas. Do mesmo modo que órgãos diferentes exercem funções distintas no corpo humano – algumas mais, outras menos nobres, mas todas necessárias –, também aos indivíduos caberiam papéis distintos na vida social visando ao bom funcionamento do corpo coletivo. O bem comum fornecia a justificativa para tratamentos desiguais, dispensados a indivíduos pertencentes a estamentos sociais diversos.

Na Modernidade, todavia, o organicismo nem sempre está associado a cosmovisões desigualitárias. Ele pode até se despir desse traço, mas nunca se despoja da compreensão do indivíduo como "parte do todo", que só se realiza plenamente na comunidade política. É o que se dá, por exemplo, na teoria hegeliana sobre o Estado[373] e em certas elaborações dos filósofos e publicistas alemães do romantismo político que floresceu no século XIX.[374]

---

372 ARISTÓTELES. Politics. *In*: *The Works of Aristotle.* (Trad. Benjamin Jowett). Chicago: Encyclopaedia Britannica In, 1978. v. 2, 21. imp., p. 446.

373 Veja-se a seguinte passagem de Hegel: "O Estado, como realidade em ato da vontade substancial (...) é o racional em si e para si. Esta unidade substancial é um fim absoluto, imóvel, nele a liberdade obtém o seu valor supremo, e assim, este último fim possui um direito soberano perante os indivíduos que em serem membros do Estado têm o seu mais elevado ser. Quando se confunde o Estado com a sociedade civil, destinando-o à segurança e proteção da propriedade e das liberdades pessoais, o interesse dos indivíduos, enquanto tais, é o fim supremo para que se reúnem, do que resulta ser facultativo ser membro do Estado. Ora, é muito diferente a sua relação com o indivíduo. Se o Estado é o espírito objetivo, então só como membro é que o indivíduo tem objetividade, verdade e moralidade. A associação como tal é o verdadeiro fim, e o destino dos indivíduos está em participarem de uma vida coletiva; quaisquer outras satisfações, atividades e modalidades de comportamento têm o seu ponto de partida e o seu resultado neste ato universal e substancial". (HEGEL, Georg Wilhelm. *Princípios de filosofia do direito.* (Trad. Orlando Vitorino) São Paulo: Martins Fontes, 2003. p. 217).

374 Cf. STOLLEIS, Michael. *Public law in Germany, 1800-1914.* (Trad. Pamela Biel). New York: Bergham Books, 2001. p. 90-115; BÖCKENFÖRDE, Ernst-Wolfgang. L´État comme Organisme. *In*: BÖCKENFÖRDE, Ernst-Wolfgang. *Le Droit, l´État et la Constitution Democratique.* (Trad. Olivier Jouanjan). Paris: L. G. D. J., 2000. p. 119-126.

O organicismo parte, em geral, de supostas *descrições* da realidade social, mas delas extrai *prescrições* para o funcionamento da comunidade política, de viés autoritário. É o que se vê, por exemplo, no pensamento do sociólogo francês Émile Durkheim. Para Durkheim, "a sociedade não é uma simples soma de indivíduos, pois o sistema formado pela associação destes representa uma realidade específica que tem as suas características próprias. (...) Ao agregarem-se, ao penetrarem-se, ao fundirem-se, as almas individuais dão origem a um ser, psíquico, por assim dizer, mas que constitui uma individualidade psíquica de um estilo novo".[375] Desta "constatação", Durkheim extrai a conclusão da "superioridade intelectual e moral" da sociedade em face do indivíduo, que justificaria a "subordinação" do segundo a primeira.[376]

O organicismo também foi, ao lado do cientificismo, um dos componentes do positivismo de Augusto Comte, que tanta influência exerceu sobre o pensamento social brasileiro, especialmente nos primórdios da República.[377] O positivismo comteano não reconhecia direitos individuais, mas apenas deveres do cidadão frente à comunidade. De nítida inspiração organicista é, por exemplo, a proposta de Comte de eliminar o espírito individualista das pessoas para fazer de cada indivíduo um "funcionário social",[378] que atuaria em favor da "ordem" e do "progresso" da pátria.

O pensamento organicista mostrou a sua face mais hedionda nas concepções totalitárias de Estado surgidas no século XX.[379] A doutrina se exibiu, na sua forma mais extrema, em texto de Mussolini:

---

375 DURKHEIM, Émile. As regras do método sociológico. (Trad. Maria Garrido Esteves). *In*: *Os pensadores*: Durkheim. São Paulo: Abril Cultural, 1978. p. 139.

376 DURKHEIM, Émile. As regras do método sociológico. (Trad. Maria Garrido Esteves). *In*: *Os pensadores*: Durkheim. São Paulo: Abril Cultural, 1978. p. 148-149.

377 Sobre essa influência, presente até na bandeira nacional, veja-se CARVALHO, José Murilo de. *A formação das almas*: o imaginário da república no Brasil. Rio de Janeiro: Companhia das Letras, 1990.

378 COMTE, Auguste. *Catéchisme positiviste.* Paris: Editions du Sandre, 1852. p. 246.

379 O jusfilósofo espanhol Elias Díaz descreveu a forte conexão entre o organicismo e os totalitarismos do século XX: "O organicismo aparece assim como precedente, mais ou menos imediato, dos modernos totalitarismos nacionalistas (por exemplo, através da ideia de comunidade racial que dali se deriva) ainda que não exclusivamente sob o aspecto orgânico-biológico, mas sobretudo, como veremos em seguida, na sua dimensão mais depurada de organicismo ético e espiritualista. A sociedade se concebe então como um ente moral e um organismo espiritual dotado de fins substantivos próprios, transpersonalistas, diferentes dos fins dos homens que compõem esta sociedade, diferentes inclusive dos fins da maioria deles. A coletividade se substancializa, se entifica ética e espiritualmente, exigindo assim como instrumento dessa uniformidade o exercício de um poder e um Estado verdadeiramente totalitário". (DÍAZ, Elias. *Estado de derecho y sociedad democrática.* Madrid: Tecnos, 1979. p. 63).

> Anti-individualista, a concepção fascista da vida ressalta a importância do Estado e aceita o indivíduo apenas enquanto os seus interesses coincidem com os do Estado (...). O liberalismo negou o Estado em nome do indivíduo. O Fascismo reafirma os direitos do Estado como expressão da real essência do indivíduo. E se a liberdade é um atributo de homens vivos e não de imbecis abstratos inventados pelo liberalismo individualista, então o Fascismo é pela liberdade, pela única liberdade que vale a pena ter, a liberdade do Estado e do indivíduo dentro do Estado. A compreensão fascista de Estado abrange tudo; fora do Estado nenhum valor humano ou espiritual pode existir.[380]

Também na Alemanha nazista o organicismo imperou, agravado pelo ingrediente racista, que ali atingiu o paroxismo. Ao contrário do que por vezes se afirma, não vicejou durante o nazismo o positivismo jurídico, mas uma espécie de jusnaturalismo organicista, em que a afirmação da prevalência dos interesses da "comunidade" e da "raça" sobre os indivíduos suplantava as regras do direito positivo que ainda subsistiam e que, se observadas, ainda poderiam preservar alguns resquícios de proteção para os cidadãos.[381] Como assinalou Stolleis, a compreensão jurídico-filosófica de "pessoa" teve de se ajustar àquela ideologia totalitária. Para o pensamento jurídico nazista, "a ideia de pessoa não deveria ser entendida como um contraponto individualista à comunidade. Ao invés disso, a pessoa também deveria ser vista apenas como parte do todo, cujos direitos (...) estariam inerentemente limitados pelos interesses da comunidade".[382]

Compreensões organicistas pautam às vezes certos discursos contrários à projeção dos direitos humanos às sociedades não ocidentais. Aponta-se a inaplicabilidade do atomismo eurocêntrico a outros povos, postulando-se, em nome do relativismo cultural, a primazia da

---

380 MUSSOLINI, Benito. Fundamental ideas. *In*: BRONNER, Stephen Eric (Ed.). *Twentieth century political theory*: a reader. New York: Routledge, 1997. p. 192-193.

381 Cf. STOLLEIS, Michael. *The law under the swastika*: studies on legal history in Nazi Germany. (Trad. Thomas Dunlop). Chicago: The University of Chicago Press, 1998. p. 64-83.

382 STOLLEIS, Michael. *The law under the swastika*: studies on legal history in Nazi Germany. (Trad. Thomas Dunlop). Chicago: The University of Chicago Press, 1998. p. 81. Para corroborar a sua afirmação, Stolleis cita diversos trechos de juristas influentes da época, dentre os quais a seguinte passagem de Reinhard Höhn: "Na comunidade, o indivíduo deixa de lado a sua personalidade individual, ele não se sente mais como um indivíduo, fundindo-se com o espírito da comunidade e agindo de acordo com o espírito da comunidade. Ele se torna o portador deste espírito, pronto para fazer sacrifícios, mesmo se os seus interesses individuais forem gravemente prejudicados". (STOLLEIS, Michael. *The law under the swastika*: studies on legal history in Nazi Germany. (Trad. Thomas Dunlop). Chicago: The University of Chicago Press, 1998. p. 80).

coletividade sobre os indivíduos. Nesta linha, por exemplo, o ex-Primeiro Ministro de Cingapura, Lee Kwan Yew, que governou autoritariamente o país por mais de três décadas, notabilizou-se por sustentar que os direitos humanos e a democracia, tal como concebidos no Ocidente a partir de uma matriz cultural individualista, seriam incompatíveis com os "valores asiáticos", que enfatizam a autoridade e a comunidade.[383]

No campo da Antropologia, esse discurso por vezes é empregado em debates relacionados à defesa de direitos humanos de integrantes de povos indígenas e populações tradicionais diante de práticas culturais dos seus próprios grupos étnicos.[384] Há os que sustentam que, como nessas culturas tradicionais o coletivo tem prevalência sobre o individual, tais direitos não deveriam ser protegidos em respeito às tradições e ao direito à diferença do grupo. Note-se que, neste caso, não se cogita da prevalência dos interesses da comunidade política estatal sobre os do indivíduo – como preconiza o organicismo tradicional –, mas sim da supremacia dos valores e tradições do grupo étnico sobre os direitos dos seus integrantes.

Na trajetória nacional, o organicismo, com o seu desprezo pelos direitos dos indivíduos, já transparecia em textos dos mais importantes publicistas do Império, Pimenta Bueno[385] e Visconde do Uruguai.[386] Mais tarde, ele encontrou guarida entre juristas de linhagem autoritária,

---

383 Veja-se, a propósito, a ilustrativa entrevista concedida por Lee Kuan Yew ao jornalista Fareed Zakaria, intitulada "Culture is Destiny". *Foreign Affairs*, v. 73, n. 2, mar./abr. 1994, p. 109-126. Para uma crítica à ideia de que os "valores asiáticos" poderiam ser invocados contra os direitos humanos e a democracia, veja-se SEN, Amartya. Human rights and Asian values: what Lee Kuan Yew and Le Peng don't understand about Asia. *The New Republic*, v. 217, n. 2-3, p. 33-38.

384 Sobre o tema, veja-se, GOODALE, Mark. *Surrendering to utopia*: an anthropology of human rights. Stanford: Stanford University Press, 2008. Saliente-se que a Antropologia contemporânea caminha no sentido do abandono de concepções estritamente organicistas sobre as comunidades tradicionais. Como ressaltou Eduardo Viveiros de Castro, a "Antropologia contemporânea tende a recusar concepções essencialistas ou teleológicas da sociedade como agência transcendente aos indivíduos". (CASTRO, Eduardo Viveiros de. Sociedade. *In*: LIMA, Antônio Carlos de Souza (Org.). *Antropologia e direitos*: temas antropológicos para estudos jurídicos. Rio de Janeiro/Brasília: Contra-Capa, LACED, Associação Brasileira de Antropologia, 2012. p. 179).

385 Cf. BUENO, José Antônio Pimenta. Direito público brasileiro e análise da constituição do império. *In*: KUGELMAN, Eduardo (Org.). *Marquês de São Vicente*. São Paulo: Editora 34, 2002: "O Poder Executivo tem por missão a execução das leis da ordem pública ou administrativa, leis que regulam e protegem os interesses coletivos ou gerais da associação; sua índole é fazer com que nas relações do cidadão com o Estado esses interesses triunfem sempre, e, ainda com sacrifício dos interesses individuais". (BUENO, José Antônio Pimenta. Direito público brasileiro e análise da constituição do império. *In*: KUGELMAN, Eduardo (Org.). *Marquês de São Vicente*. São Paulo: Editora 34, 2002. p. 94).

386 Cf. SOUZA, Paulino José Soares de. Entre autoridade e liberdade. *In*: CARVALHO, José Murilo de. *Paulino José de Souza – Visconde do Uruguai*. São Paulo: Editora 34, 2002. p. 11-48.

como Francisco Campos[387] e Miguel Reale (em sua fase integralista),[388] cristalizando-se em instituições e práticas do Estado Novo. No governo militar, a doutrina de segurança nacional,[389] que exerceu enorme influência sobre as políticas estatais, tinha também aspectos nitidamente organicistas.[390]

O organicismo estava latente nas ideias de alguns dos mais prestigiados juristas do regime militar. Foi o caso do administrativista Hely Lopes Meirelles, que, em estudo clássico, intitulado "Poder de Polícia e Segurança Nacional",[391] defendeu a legitimidade de imposição de restrições aos direitos individuais em nome da "proteção do interesse público, no seu sentido mais amplo", que, para ele, envolveria também

---

[387] Veja-se a seguinte passagem: "O Estado faltaria ao seu dever social se (...) quisesse curvar-se ante o mito da intangibilidade das prerrogativas individuais, pois tais prerrogativas só são legítimas e dignas de proteção quando a sua defesa não contraria os interesses supremos da Nação. Na realidade o indivíduo é um membro da Nação e só merece o apoio do Estado quando o seu interesse não colide com o da comunhão nacional". (CAMPOS, Francisco. *O Estado Nacional.* Campinas: Ebookslibris, 2002. p. 153).

[388] Cf. REALE, Miguel. Fundamentos do Estado Integral. *In*: REALE, Miguel. *Obras Políticas (1ª fase – 1931-1937).* Brasília: Editora UnB, 1983. p. 126-168. Sobre o integralismo no pensamento de Miguel Reale, veja-se BARRETTO, Vicente; PAIM, Antonio. *Evolução do pensamento político brasileiro.* São Paulo: Editora da USP, 1989. p. 327-333.

[389] Como ressaltou Luís Roberto Barroso, "a doutrina de segurança nacional, embora tenha a sua origem associada à política francesa durante a guerra da Argélia, desenvolveu-se nas escolas militares dos Estados Unidos da América, no período posterior à Segunda Guerra Mundial. No Brasil, sua importação e adaptação se deveram especialmente à Escola Superior de Guerra, que foi o centro de difusão de ideias que deram suporte ao sistema de poder que se implantou no país após o movimento militar de 1964". (BARROSO, Luís Roberto. A superação da ideologia da segurança nacional e a tipificação dos crimes contra o Estado Democrático de Direito. *In*: BARROSO, Luís Roberto. *Temas de direito constitucional.* Rio de Janeiro: Renovar, 2003. t. II, p. 316.). Tal doutrina deu suporte no Brasil a ações autoritárias de repressão, censura e perseguição política, justificadas em nome da proteção da segurança nacional, que era compreendida de forma ampla e difusa, diante de uma suposta "ameaça comunista". Veja-se, a propósito, COIMBRA, Cecília Maria Bouças. Doutrinas de segurança nacional: banalizando a violência. *Psicologia em estudo*, v. 5, n. 2, p. 1-22, 2000. Para uma análise da doutrina da segurança nacional sob ótica convergente com a do regime militar, veja-se PESSOA, Mário. *O direito da segurança nacional.* São Paulo: Revista dos Tribunais, 1971.

[390] Edmundo Campos Coelho indicou, dentre outros, os seguintes elementos da doutrina da segurança nacional: "1- Os indivíduos só valem pelo que realizam em conjunto, em benefício do conjunto e sentindo em conjunto. 2- Uma comunidade em que o bem coletivo está acima dos interesses de indivíduos e grupos possui vida moral mais elevada (...) 3- O Estado é o instrumento da mobilização coletiva. E a lealdade para com o Estado deve ter precedência sobre as demais". (COELHO, Edmundo Campos. *Em busca da identidade. O Exército e a política na sociedade brasileira.* Rio de Janeiro: Record, 2000. p. 179).

[391] MEIRELLES, Hely Lopes. Poder de polícia e segurança nacional. *Revista dos Tribunais*, v. 61, n. 445, p. 287-298, 1972. O texto, que corresponde a uma palestra proferida na Escola Superior de Guerra em 1972, encontra-se disponível no "Panteão dos clássicos" da Presidência da República. Disponível em: http://www.planalto.gov.br/ccivil_03/revista/Rev_40/panteao.htm. Acesso em 23 set. 2015.

"o patrimônio moral e espiritual do povo, expresso na tradição, nas instituições e nas aspirações nacionais da maioria que sustenta o regime político adotado". Quando esses valores fossem atingidos ou ameaçados, o Estado teria o dever de agir "para conter os excessos da liberdade individual e aplicar as penalidades legais aos que atentem contra a Nação, a coletividade e o próprio indivíduo, como membro da comunidade estatal". Com base nessa ideia, Hely Lopes Meirelles sustentou, por exemplo, a necessidade de imposição de censura para a defesa do interesse público e da segurança nacional.

O organicismo ainda subsiste em algumas justificativas apresentadas para fundamentar o *princípio da supremacia do interesse público*.[392] Quando se afirma que os interesses da coletividade têm prevalência sobre os direitos dos indivíduos que a integram, adota-se um discurso organicista. Neste sentido, por exemplo, o próprio Hely Lopes Meirelles, em obra já posterior à Constituição de 88, aduziu que "sempre que entrarem em conflito o direito do indivíduo e o interesse da comunidade, há de prevalecer este, uma vez que o objetivo primacial da Administração é o bem comum".[393] Há, contudo, defesas do princípio da supremacia do interesse público que não padecem desse vezo organicista. É o caso da tese de Luís Roberto Barroso, que afirma que o interesse público que deve preponderar sobre os direitos individuais não é o interesse da coletividade, mas o resultado de uma ponderação proporcional, a ser feita em cada caso, entre o interesse individual e o coletivo, pautada pelo respeito à razão pública e à dignidade da pessoa humana.[394] Tenho objeções conceituais a esta formulação,[395] mas é certo que ela

[392] Há amplo debate teórico sobre a existência desse princípio no ordenamento jurídico brasileiro, que não pretendo revisitar nesta obra. A favor do princípio, veja-se BANDEIRA DE MELLO, Celso Antônio. *Curso de direito administrativo.* 30. ed. São Paulo: Malheiros, 2013. p. 59-70, 99-102; DI PIETRO, Maria Sylvia (Org.). *Supremacia do interesse público e outros temas relevantes do direito administrativo.* São Paulo: Atlas, 2010; HACHEM, Daniel Wunder. *Princípio constitucional da supremacia do interesse público.* Belo Horizonte: Fórum, 2011. Contra, vejam-se os textos de Alexandre dos Santos Aragão, Daniel Sarmento, Gustavo Binenbojm, Humberto Ávila e Paulo Schier que integram a coletânea de SARMENTO, Daniel (Org.). *Interesses públicos versus interesses privados*: desconstruindo o princípio da supremacia do interesse público. Rio de Janeiro: Lumen Juris, 2006.

[393] MEIRELLES, Hely Lopes. *Direito administrativo brasileiro.* São Paulo: Malheiros, 2001. p. 43.

[394] BARROSO, Luís Roberto. Prefácio. *In*: SARMENTO, Daniel (Org.). *Interesses públicos versus interesses privados*: desconstruindo o princípio da supremacia do interesse público. Rio de Janeiro: Lumen Juris, 2006. p. vii-xviii.

[395] Elas estão expostas no artigo SARMENTO, Daniel. Supremacia do interesse público?: as colisões entre direitos fundamentais e interesses da coletividade. *In*: ARAGÃO, Alexandre dos Santos; MARQUES NETO, Floriano de Azevedo (Orgs.). *Direito administrativo e seus novos paradigmas.* Belo Horizonte: Fórum, 2008. p. 97-146.

não guarda qualquer ranço organicista, não atentando contra a ideia de valor intrínseco da pessoa.

Como já salientado, o reconhecimento do valor intrínseco da pessoa importa em conceber o Estado como um meio e não como um fim, cuja existência se justifica, sobretudo, pela necessidade de proteger e promover os direitos e interesses dos seus cidadãos. O Estado não é um organismo[396] de que os indivíduos participam, mas um instrumento, cujos poderes devem ser limitados e condicionados pelo respeito aos direitos fundamentais. Em síntese, o Estado existe para as pessoas e não o contrário. Tal constatação, todavia, não é incompatível com o reconhecimento de que, nas relações entre Estado e cidadão, os indivíduos não são apenas titulares de direitos oponíveis contra os Poderes Públicos, estando também sujeitos a deveres cívicos, cujo respeito se afigura essencial para viabilizar a vida em comunidade. Se não houvesse, por exemplo, o dever fundamental de pagar tributos,[397] o Estado não teria como cumprir as suas funções de prestação de serviços públicos essenciais, garantia dos direitos fundamentais e promoção da justiça social, que são essenciais para a concretização do princípio da dignidade da pessoa humana, sobretudo em sociedades fortemente caracterizadas pela desigualdade material, como a brasileira.

O valor intrínseco da pessoa tampouco é compatível com percepções que enxerguem cada indivíduo *apenas* como um componente de qualquer entidade coletiva, seja ela o povo[398] de um Estado nacional, seja alguma comunidade étnica, cultural ou religiosa de natureza não estatal. Não se nega a importância dos vínculos culturais, políticos e sociais na constituição de cada sujeito. Como já salientado, a pessoa humana não é um ente abstrato e desenraizado, mas participa de grupos que são importantes para a formação da sua personalidade e para a sua realização existencial. Muitas vezes, preservar a existência e respeitar os modos de vida desses grupos é essencial para salvaguardar

---

[396] Cf. BÖCKENFÖRDE, Ernst-Wolfgang. *Le Droit, L'État e la Constitution Democratique*. (Trad. Olivier Jouanjan). Paris: L.G.D.J, 2000. p. 184.

[397] Cf. NABAIS, José Casalta. *O dever fundamental de pagar impostos*. Coimbra: Almedina, 2004.

[398] Como salientou Peter Häberle, o "povo não constitui uma grandeza mística, senão uma coordenação de muitos homens dotados, cada um, de dignidade própria (...). Uma tal compreensão contorna perigos que, por meio da excessiva ênfase na comunidade, não raras vezes levou a desenvolvimentos totalitários. Toda autoridade possui natureza derivada, não existindo uma 'dignidade' estatal; há apenas a dignidade do Homem". (HÄBERLE, Peter. A dignidade da pessoa humana como fundamento da comunidade estatal. (Trad. Ingo Wolfgang Sarlet e Pedro Scherer de Mello Aleixo). *In*: SARLET, Ingo Wolfgang (Org.). *Dimensões da dignidade*: ensaios de filosofia do direito e direito constitucional. Porto Alegre: Livraria do Advogado, 2005. p. 133).

os direitos e interesses daqueles que os compõem, que poderiam sofrer profundos abalos com a destruição ou descaracterização dos ambientes socioculturais em que estão imersos.[399] Nada obstante, o ser humano nunca é *apenas* o membro de um grupo e não pode ser tratado como se o fosse.

Em primeiro lugar, porque os indivíduos, de modo geral, pertencem a diferentes grupos, têm diferentes afiliações identitárias e nenhuma delas exaure a sua identidade.[400] Por outro lado, considerar cada pessoa como um *sujeito* é reconhecer o seu direito de decidir a importância relativa, na sua vida, de cada uma das suas múltiplas afiliações. Esse direito implica a possibilidade de enjeitar aspectos da cultura e do *modus vivendi* de grupos a que se pertença. Envolve também o reconhecimento da liberdade de cada indivíduo de se "reinventar", rompendo ou redefinindo os laços que mantém com qualquer comunidade. Não se trata de postular uma compreensão da identidade monológica e solipsista. Não se nega – ao contrário – que a construção da identidade individual se dá no contexto de uma cultura e em permanente diálogo com as outras pessoas.[401] Trata-se, isto sim, de reconhecer que as rupturas e reinvenções – muitas vezes difíceis, onerosas e sofridas para os que ousam empreendê-las –, além de possíveis, constituem um verdadeiro direito moral das pessoas.

Portanto, o valor intrínseco da pessoa humana veda que se conceba cada indivíduo como um órgão do Estado ou da comunidade política, ou mesmo como apenas um membro de alguma coletividade ou de um grupo identitário. Cada pessoa é e deve ser tratada como um fim em si, e não como uma *parte* de uma entidade maior, estatal ou não, cujos fins subordinem os seus direitos e a sua autonomia.

---

[399] O tema será aprofundado no capítulo 6.

[400] Veja-se, neste sentido, SEN, Amartya. *Identity and violence*: the illusion of destiny. New York: W. W. Norton & Company, 2006. p. 18-39; e APPIAH, Kwame Anthony. *The ethics of identity*. Princeton: Princeton University Press, 2005.

[401] Cf. MEAD, George Herbert. *Mind, self and society*. Chicago: Chicago University Press, 1934; e TAYLOR, Charles. *Ética da autenticidade*. (Trad. Talyta de Carvalho). São Paulo: Realizações Editora, 2011. p. 43: "Nós a definimos (nossa identidade) sempre em diálogo, por vezes em conflito, com as identidades que nossos outros significativos querem reconhecer em nós. E, mesmo quando superamos alguns dos últimos – nossos pais, por exemplo – e eles somem das nossas vidas, a conversa com eles continua em nós pelo tempo que vivemos".

3.6 Valor intrínseco da pessoa *versus* utilitarismo

Outro adversário da ideia de valor intrínseco da pessoa é o utilitarismo. O utilitarismo é uma das mais importantes teorias morais da Modernidade, que preconiza, em síntese, que a solução mais correta para os problemas humanos é a que maximiza a felicidade ou os interesses do maior número de pessoas.[402] Nas palavras de Stuart Mill, o utilitarismo é "a crença que aceita como fundamento da moral a utilidade, ou o princípio da maior felicidade", segundo o qual "as ações são corretas na medida em que tendem a promover a felicidade, e erradas quando tendem a produzir o inverso da felicidade".[403]

O utilitarismo é muito mais recente do que o organicismo. Suas principais formulações surgiram nos séculos XVIII e XIX, nas obras de autores como Hutcheson, David Hume, Jeremy Bentham, Adam Smith, Henry Sidgwick, James Mill e John Stuart Mill.[404] Quando apareceu no Reino Unido, o utilitarismo era uma teoria progressista, que assumia como agenda a luta por reformas sociais voltadas à promoção do bem-estar da população e à superação de regras e instituições anacrônicas, baseadas em tradições irracionais ou em preconceitos e hierarquias entrincheiradas. O utilitarismo chegou a se tornar a concepção moral hegemônica no âmbito da filosofia política anglo-saxã,[405] mas sofreu um refluxo nas últimas décadas do século XX, após as críticas que recebeu de liberais-igualitários, como John Rawls e Ronald Dworkin, que serão adiante examinadas. Há, porém, importantes pensadores adeptos do utilitarismo na contemporaneidade, como o filósofo australiano Peter Singer.[406] Mais importante que isso, o utilitarismo plantou fundas raízes no pensamento econômico, bem como na racionalidade que muitas vezes pauta, nem sempre de forma articulada, a ação dos governos e das instituições privadas, que, com frequência, tomam suas decisões

---

402 Para um aprofundamento sobre o utilitarismo, veja-se SEN, Amartya; WILLIAMS, Bernard (Eds.). *Utilitarianism and beyond*. Cambridge: Cambridge University Press, 1982.

403 MILL, John Stuart. Utilitarianism. *In*: *Great Books of the Western World*. American State Papers, the Federalist, Stuart Mill. Chicago: Encyclopaedia Britannica Inc., 1971. v. 43, p. 448.

404 Sobre a trajetória do utilitarismo, veja-se RYAN, Alan. *On politics – a history of political thought*: from Herodotus to the present. New York: Liveright Publishing Corporation, 2012. v. 2, p. 695-728.

405 Cf. RAWLS, John. *Conferências sobre a história da filosofia política*. (Trad. Fábio M. Said). São Paulo: Martins Fontes, 2012. p. 445.

406 Cf. SINGER, Peter. *Practical ethics*. Cambridge: Cambridge University Press, 1993.

com base em cálculos de custo e benefício livres de constrangimentos deontológicos, à moda utilitarista.[407]

Diferentemente do organicismo, o utilitarismo não supõe a existência de algum ente coletivo superior às partes que o compõem. A teoria utilitarista baseia-se nos interesses ou preferências de *indivíduos*, que tenta maximizar de forma racional. Dentre as qualidades do utilitarismo, está a sua dimensão igualitária, que se expressa na atribuição de igual importância aos interesses de todas as pessoas.[408] Outra virtude do utilitarismo está na sua natureza secular e não metafísica: as teorias utilitaristas não defendem que se deva promover uma certa concepção de justiça de origem religiosa, nem tampouco alguma compreensão polêmica sobre a "vida boa", mas os interesses que os próprios indivíduos possuem, sem valorá-los.

O utilitarismo adota uma moralidade consequencialista. Em outras palavras, ele julga o valor de uma ação ou regra pelas consequências que produz sobre a vida das pessoas, e não pela sua adequação a princípios morais universais, ou pela sua correspondência a algum modelo de comportamento tido como virtuoso.[409] Os utilitaristas partem da premissa de que os indivíduos têm, muitas vezes, interesses conflitantes. Diante desses conflitos, os interesses contrapostos devem ser sopesados, de forma a se buscar a solução que, no cômputo geral, promova mais intensamente o bem-estar ou as preferências de todos os integrantes da coletividade. Assim, justifica-se o sacrifício dos direitos de um membro da comunidade quando dele decorra um ganho superior nos interesses de outros indivíduos.

---

407 Para uma análise crítica dessa tendência do pensamento econômico, veja-se SEN, Amartya. *Sobre ética e economia.* (Trad. Laura Teixeira Mota). São Paulo: Companhia das Letras, 1999.

408 Isso não significa que, para o utilitarismo, as preferências de todos os indivíduos sobre determinada questão assumam sempre o mesmo peso, pois também entra em cena a questão da *intensidade* das preferências ou interesses individuais. Imagine-se o caso de três amigos que tenham de decidir o programa que farão naquela noite – teatro ou cinema. Dois têm ligeira preferência por ir ao cinema – digamos uma preferência de "peso 1". Já o terceiro tem forte preferência pela ida ao teatro, três vezes mais intensa do que a de cada um dos seus colegas, portanto, uma preferência "peso 3". Neste caso, o utilitarismo preconizaria como solução mais correta a ida ao teatro, e não ao cinema, apesar de duas pessoas preferirem o cinema e só uma o teatro.

409 No campo das filosofias morais, fala-se na existência de três grandes "famílias": as teorias que sustentam uma moral *deontológica*, como a teoria kantiana, as que preconizam uma moralidade baseada na *virtude*, como a doutrina aristotélica, e as que sustentam que a moralidade deve ser julgada pela avaliação das *consequências* (alguns autores aludem ainda à existência de uma "quarta família", a ética do *cuidado*, representada por certas correntes do pensamento moral feminista). O utilitarismo se insere nessa terceira família, sendo uma teoria tipicamente consequencialista. Veja-se, a propósito, PETTIT, Philip. Consequentialism. *In*: SINGER, Peter. *A companion to ethics.* Malden: Blackwell Publishers, 1991. p. 230-240.

Naturalmente, existem diversas correntes no âmbito do utilitarismo. Uma das controvérsias entre os utilitaristas diz respeito a que tipo de "utilidade" se deve maximizar. Jeremy Bentham, um dos precursores do utilitarismo, sustentava uma concepção hedonista, segundo a qual o que deveria ser maximizado é o prazer, e diminuído o sofrimento.[410] Depois dele, surgiram outras posições que defenderam a maximização de categorias, como o bem-estar, as preferências individuais ou as "preferências informadas" das pessoas.[411]

Outro embate importante no campo utilitarista separa os adeptos do "utilitarismo dos atos" (*act utilitarianism*) e do "utilitarismo das normas" (*rule utilitarianism*).[412] O primeiro, mais tradicional, sustenta que determinado comportamento é justo e adequado se dele resultar a maximização dos interesses dos membros da sociedade. Já o segundo – que é uma versão mais sofisticada do utilitarismo[413] – afirma que o foco principal da teoria não deve ser os atos individuais, mas as regras de conduta. Deve-se analisar se a universalização de determinada regra maximiza ou não os interesses das pessoas afetadas. Ilustre-se a distinção com um exemplo: há um bandido perigoso que, mesmo preso, continua a comandar ações criminosas da cadeia, causando graves danos a muitas pessoas e gerando uma sensação de temor e insegurança na sociedade. Um adepto do utilitarismo dos atos poderia considerar justa a ação do Estado de eliminar a vida daquele criminoso diante da constatação de que os interesses sacrificados com esta conduta seriam sobrepujados pelos que seriam promovidos, computando-se os pontos de vista de todos os integrantes da sociedade – inclusive os do criminoso e de seus parentes e amigos. Já um defensor do utilitarismo de normas poderia chegar à conclusão oposta. Ele teria que refletir sobre se a adoção de uma regra que permitisse ao Estado assassinar pessoas consideradas

---

410 Cf. BENTHAM, Jeremy. *Introduction to principles of morals and legislation.* Oxford: Oxford University Press, 1996. Nas palavras de Bentham, a "Natureza colocou a humanidade sob o governo de dois mestres soberanos, a dor e o prazer. São apenas eles que apontam o que temos de fazer, assim como determinam o que devemos fazer. De um lado, o padrão para o que é certo e errado, do outro, a cadeia de causas e efeitos (...). O princípio da utilidade reconhece esta sujeição e a assume como fundamento do sistema, que tem por objetivo elevar a felicidade através da razão e do Direito". (BENTHAM, Jeremy. *Introduction to principles of morals and legislation.* Oxford: Oxford University Press, 1996. p. 09).

411 Cf. GOODIN, Robert. E. Utility and the good. In: SINGER, Peter (Ed.). *A companion to ethics.* Malden: Blackwell Publishers, 2010. p. 241-248; KYMLICKA, Will. *Contemporary political philosophy.* New York: Oxford University Press, 2002. p. 13-20.

412 Cf. VALLENTYNE, Peter. Consequentialism. *In*: LAFOLLETTE, Hugh (Ed.). *Ethics in practice*: an anthology. 3. ed. Malden: Blackwell Publishing, 2007. p. 22-30.

413 Para uma defesa do utilitarismo de normas, veja-se HARE, Richard M. *Moral thinking.* Oxford: Claredon Press, 1981.

perigosas ou nocivas de fato maximizaria os interesses ou o bem-estar dos integrantes da sociedade. E provavelmente concluiria que a existência de uma norma dessa natureza geraria tanta insegurança e risco de arbítrio que, ao invés de maximizar os interesses dos membros da coletividade, tenderia a prejudicá-los.

Várias críticas foram dirigidas contra o utilitarismo. Uma das mais poderosas é de que os utilitaristas não consideram a qualidade moral das preferências ou do que dá prazer ou felicidade às pessoas, o que pode legitimar ações ou regras odiosas. Recorde-se o exemplo do circo romano, em que pessoas eram lançadas às feras para entreter a massa.[414] Para um utilitarista que tivesse que julgar a legitimidade moral do espetáculo, a satisfação obtida pelos indivíduos que assistiam à carnificina deveria ser computada da mesma forma que o sofrimento dos que eram sacrificados em prol da diversão pública. Se muitos apreciassem intensamente aquele tipo de massacre, ele poderia se justificar num cálculo de utilidade. Ou imagine-se uma sociedade impregnada pelo preconceito racial, em que uma expressiva maioria tivesse aversão a uma minoria étnica e quisesse instituir uma espécie de *apartheid*. O cálculo utilitário, ao se abster de julgar os gostos e preferências das pessoas, tem de computar a felicidade obtida pelos indivíduos racistas com a segregação, da mesma maneira que o sofrimento imposto aos membros da minoria perseguida, o que poderia legitimar a medida odiosa.

Outra objeção importante contra o utilitarismo é a de que a doutrina se preocupa com o aumento global do bem-estar na sociedade – com o incremento da soma agregada das utilidades individuais –, mas que é indiferente em relação à forma como o bem-estar se distribui entre as pessoas.[415] Na perspectiva do utilitarismo, em uma situação envolvendo três pessoas, a solução que gere satisfação equivalente a $5x$ para duas delas, e zero para a terceira, é superior à situação em que todas as três tenham a satisfação correspondente a $3x$, pois $10x$ é mais que $9x$.

Esta última crítica tem relação direta com outra objeção relevante ao utilitarismo: a de que ele não toma como premissa a *separação* das

---

[414] O exemplo está em SANDEL, Michael. *Justiça*: o que é fazer a coisa certa. (Trad. Heloísa Matias e Maria Alice Máximo). 2. ed. Rio de Janeiro: Civilização Brasileira, 2012. p. 51.

[415] Isto, porém, não significa que o utilitarismo seja cego à questão da justiça social, pois o que ele visa a maximizar não é a riqueza, e sim utilidades como o bem-estar, a felicidade, ou as preferências. Portanto, para o utilitarismo também entra em cena a questão da *utilidade marginal decrescente* dos bens sociais. É evidente, por exemplo, que destinar auxílios econômicos módicos para miseráveis gera muito mais bem-estar do que atribuir o mesmo valor às pessoas ricas, para as quais o ganho adicional tende a ser irrelevante para a sua qualidade de vida.

pessoas na sociedade e, com isso, permite o sacrifício dos direitos mais básicos do indivíduo sempre que a medida seja favorável ao bem-estar geral, compreendido como o somatório das preferências ou interesses de todos os membros da coletividade. Neste ponto, o utilitarismo acaba se aproximando do organicismo, ao tratar cada pessoa apenas como uma parte no todo e não como um fim em si mesmo, dotado de valor intrínseco. Como John Rawls demonstrou, para decidir se uma medida é moralmente correta, o utilitarismo agrega os interesses de todas as pessoas a fim de verificar se ela os maximiza. Com isso, trata a sociedade como se fosse um único indivíduo. Da mesma forma que um indivíduo deve sopesar racionalmente os seus interesses rivais para eventualmente sacrificar algum em proveito de outro que considere superior – *e.g.*, privar-se do prazer de degustar um alimento muito calórico para promover o desejo de se manter em boa forma –, também a sociedade, para o utilitarismo, deveria fazê-lo. Para a moral utilitarista, é plenamente justificado que se sacrifique um direito básico de uma pessoa se disso resultar um benefício superior para outros indivíduos. O cálculo utilitarista "estende para a sociedade o princípio de escolha de um único homem, e para fazer com que esta extensão funcione, funde todas as pessoas em uma só, através de atos imaginários de um expectador imparcial".[416] Em síntese, como advertiu Rawls, "o utilitarismo não leva a sério a separação entre as pessoas".[417] Este artifício intelectual do utilitarismo é incompatível com a ideia de valor intrínseco da pessoa e torna a teoria gravemente falha no que concerne à proteção dos direitos fundamentais.[418]

---

[416] RAWLS, John. *A theory of justice*. Cambridge: The Belknap Press of Harvard University Press, 1971. p. 27.

[417] RAWLS, John. *A theory of justice*. Cambridge: The Belknap Press of Harvard University Press, 1971. p. 27. Sobre a crítica de Rawls ao utilitarismo, veja-se também SCHEFFLER, Samuel. Rawls and utilitarianism. *In*: FREEMAN, Samuel (Ed.). *The Cambridge Companion to Rawls*. Cambridge: Cambridge University Press, 2003. p. 426-459; e GARGARELLA, Roberto. *Las teorias de justicia después de Rawls*. Barcelona: Paidós, 1999. p. 21-30.

[418] Alguns filósofos utilitaristas rechaçaram a ideia da existência de direitos humanos. Foi o caso de Jeremy Bentham, que, em texto clássico de crítica à Declaração dos Direitos do Homem e do Cidadão, chamou esses direitos de "*nonsense* de perna-de-pau" (*nonsense upon stilts*), afirmando que os únicos direitos realmente existentes seriam os criados pela lei. (BENTHAM, Jeremy. Anarchical fallacies: a critical examination of the declaration of rights. *In*: HAYDEN, Patrick (Ed.). *The philosophy of human rights*. Saint Paul: Paragon House, 2001. p. 118-125). Outros utilitaristas sustentaram a existência de direitos humanos, mas buscaram fundamentá-los não na dignidade humana, mas no bem-estar geral da sociedade. Stuart Mill, que se notabilizou pela defesa da liberdade, é o mais importante representante dessa posição. Veja-se, nesse sentido, a sua conhecida justificativa sobre a defesa liberdade de expressão. Para Mill, não é legítimo que o governo exerça a censura, proibindo qualquer um de divulgar posições polêmicas ou consideradas perigosas, não porque isto viole algum

Em passagem memorável, que sintetiza a sua concepção sobre a dignidade da pessoa humana,[419] Rawls salientou:

> Cada pessoa possui uma inviolabilidade fundada na justiça que nem o bem-estar da sociedade como um todo pode sobrepujar. Por esta razão, a justiça nega que a perda de liberdade para uns seja justificada por um bem maior obtido por outros. Ela não permite que o sacrifício imposto a poucos seja compensado por vantagens maiores gozadas por muitos. Por isso (...) os direitos protegidos pela justiça não se submetem a barganhas políticas ou a cálculos de interesse social.[420]

Na mesma direção aponta o pensamento de Ronald Dworkin, que elaborou uma influente teoria sobre "direitos como trunfos", de caráter marcadamente antiutilitarista.[421] Para Dworkin, os direitos, que têm fundamento na ideia moral de que todas as pessoas devem ser tratadas com o mesmo respeito e consideração, não se submetem a cálculos de utilidade social e se sobrepõem às metas coletivas, estabelecidas visando à promoção do bem-estar da sociedade como um todo.[422] É neste sentido que se diz que os direitos atuam como "trunfos". Em obra

---

direito moral deste indivíduo – o que ele considerou ser uma questão menor – nas suas palavras, *"a simply private injury"* – mas sim porque a censura compromete a possibilidade de a sociedade alcançar a verdade através do livre confronto de ideias. (MILL, John Stuart. On liberty. *In*: *Great Books of the Western World*. American State Papers, the Federalist, Stuart Mill. Chicago: Encyclopaedia Britannica Inc., 1971. v. 43, p. 267-323). A relação entre os direitos e o utilitarismo envolve nuances, que eu não teria como expor aqui. Veja-se, a propósito, LYONS, David. Utility and rights. *In*: WALDRON, Jeremy (Ed.). *Theories of rights*. New York: Oxford University Press, 1984. p. 110-136.

419 A afirmação é do próprio autor. Cf. RAWLS, John. *A theory of justice*. Cambridge: The Belknap Press of Harvard University Press, 1971. p. 586.

420 RAWLS, John. *A theory of justice*. Cambridge: The Belknap Press of Harvard University Press, 1971. p. 3-4.

421 Cf. DWORKIN, Ronald. *Taking rights seriously*. Cambridge: Harvard University Press, 1978; DWORKIN, Ronald. Rights as trumps. *In*: WALDRON, Jeremy (Ed.). *Theories of rights*. New York: Oxford University Press, 1984. p. 153-167. Na literatura em língua portuguesa, a ideia dos direitos como trunfos foi desenvolvida com inflexões nem sempre convergentes às de Dworkin, por NOVAIS, Jorge Reis. *Direitos fundamentais*: trunfos contra a maioria. Coimbra: Coimbra Editora, 2006.

422 Devo destacar que a minha posição pessoal não coincide completamente com a de Dworkin nesta questão. Em primeiro lugar, porque penso que, no contexto de um Estado Social, não há como traçar uma distinção rígida e absoluta entre direitos fundamentais e metas coletivas. E, em segundo lugar, porque entendo que, muito embora exista uma preferência *prima facie* dos direitos em face de metas coletivas, também é possível ponderá-los, e eventualmente os direitos podem ter que ceder nesse sopesamento, pautado pelo princípio da proporcionalidade. Veja-se, a propósito, SARMENTO, Daniel. Interesses públicos v. interesses privados na perspectiva da teoria e da filosofia constitucional. *In*: SARMENTO, Daniel. *Livres e iguais*: estudos de direito constitucional. Rio de Janeiro: Lumen Juris, 2007. p. 33-94. No que concerne a este segundo ponto, minha posição coincide com a de ALEXY,

recente, o jurista norte-americano exemplificou essa ideia, afirmando que a segurança na sociedade é uma meta coletiva importante, que pode justificar, por exemplo, que se elevem os tributos para que se possa custear o aumento do efetivo da polícia. Porém, não seria legítimo, em nome do reforço à segurança, proibir que pessoas fizessem discursos defendendo ideias políticas impopulares ou prender indefinidamente, sem julgamento, suspeitos da prática de terrorismo. A liberdade de expressão e o devido processo legal são direitos e estes, como trunfos, bloqueiam este tipo de *trade-off*,[423] mesmo se, hipoteticamente, fosse possível concluir que a solução de sacrifício dos direitos maximiza os interesses da sociedade.

O jusfilósofo argentino Carlos Santiago Nino também dedicou densas páginas à tensão entre os direitos da pessoa humana e os cálculos de utilidade social, e elaborou um princípio antiutilitarista, que denominou de *princípio da inviolabilidade da pessoa*.[424] Tal princípio impede que sejam impostos sacrifícios involuntários aos direitos de uma pessoa em proveito dos interesses de outros indivíduos ou da coletividade. Em outras palavras, o princípio veda "compensações interpessoais" na esfera dos direitos básicos. Nino sustenta que o raciocínio moral deve assumir sucessivamente as perspectivas de cada uma das pessoas que serão atingidas por uma determinada decisão. A adoção sucessiva do ponto de vista de cada interessado, ao invés da busca de uma perspectiva unitária e onicompreensiva, impede que se legitime a privação de direitos de uma pessoa com base nos interesses de outras.

Para Santiago Nino, o papel dos direitos é exatamente "entrincheirar determinados interesses dos indivíduos, de modo que eles não possam ser deixados de lado, contra a sua vontade, em atenção a interesses julgados mais importantes – seja intrinsecamente, seja pelo número dos seus titulares – de outros indivíduos".[425] Por isso, Nino considera um equívoco a afirmação frequente de que a proteção dos direitos básicos tem por limite o bem comum. Para ele, dá-se justamente o oposto: os direitos limitam a persecução de objetivos coletivos, voltados

---

Robert. Derechos individuales y bienes colectivos. *In*: ALEXY, Robert. *Concepto y validez del derecho*. (Trad. Jorge M. Seña). Barcelona: Gedisa, 1994. p. 179-208.

423 DWORKIN, Ronald. *Justice for hedgehogs*. Cambridge: The Belknap Press of Harvard University Press, 2011. p. 329.

424 NINO, Carlos Santiago. *Ética y derechos humanos*. 2. ed. Buenos Aires: Editoreal Astrea, 1989. p. 237-265.

425 NINO, Carlos Santiago. *Ética y derechos humanos*. 2. ed. Buenos Aires: Editoreal Astrea, 1989. p. 261.

ou não para a maximização do bem-estar agregado dos indivíduos que integram a sociedade. Nas suas palavras, "a ideia de direitos individuais foi introduzida no pensamento filosófico-político como um meio para impedir que se privem os indivíduos de certos bens com o argumento de que isso beneficia, talvez em maior grau, outros indivíduos, a sociedade em conjunto ou alguma entidade supraindividual".[426]

O artificioso exemplo com que comecei este capítulo – em que se discutia se uma pessoa deveria ou não empurrar uma outra em direção ao trilho do trem, com o objetivo de salvar a vida de outras cinco –, ilustra bem a diferença entre as posições morais utilitaristas e as deontológicas, presentes na teoria de pensadores como Kant, Rawls Dworkin e Santiago Nino. Se as pessoas são e devem ser tratadas como fins em si, como postula o princípio da dignidade da pessoa humana, seus direitos básicos não podem estar condicionados a cálculos de utilidade social ou a preferências majoritárias. Na perspectiva da dignidade humana, que reconhece o valor intrínseco de cada pessoa, direitos são trunfos que tendem a prevalecer sobre metas coletivas, ainda que inspiradas na promoção do bem-estar do maior número de pessoas.

3.7 Conclusões

Em síntese, o princípio da dignidade da pessoa humana veda a instrumentalização dos indivíduos em prol de metas coletivas ou dos interesses das maiorias. Ele se assenta no reconhecimento do valor intrínseco da pessoa, que é incompatível com compreensões desigualitárias das relações sociais e também com o organicismo e o utilitarismo. A dignidade impõe que se trate cada pessoa como um fim em si mesmo, e nunca como apenas um meio para a realização de fins que lhe são alheios. Ela demanda que se conceba o Estado com um instrumento a serviço das pessoas, e não o contrário.

Porém, o reconhecimento do valor intrínseco da pessoa não pode se transformar em discurso de legitimação do individualismo exacerbado. Ele tem de ser conciliado com a preocupação com a alteridade, e com a dimensão comunitária e relacional da pessoa humana. Em outras palavras, a dignidade humana não pode se converter em artifício retórico para legitimar invocações egocêntricas de direitos

[426] NINO, Carlos Santiago. *Ética y derechos humanos*. 2. ed. Buenos Aires: Editoreal Astrea, 1989. p. 262.

subjetivos, indiferentes em relação ao *outro*. Esse ponto será retomado e aprofundado nos próximos capítulos.

CAPÍTULO 4

AUTONOMIA

(...) o homem é uma aflição que repousa
Num corpo que ele de certo modo nega
Pois este corpo morre e se apaga
E assim o homem tenta
Livrar-se do fim que o atormenta
E se inventa.
(Ferreira Gullar)[427]

Ah, bruta flor do querer...
(Caetano Veloso)[428]

4.1 Introdução

A dignidade humana ampara o direito das pessoas adultas de se prostituírem, por decisão voluntária, ou impõe ao Estado que proíba e combata a prostituição, por se tratar de atividade intrinsecamente indigna? E quanto ao uso de drogas? Eutanásia e suicídio assistido? O que dizer da recusa à transfusão de sangue, mesmo quando importe em risco de vida para o paciente? E – maior dos tabus – pode o incesto ser vedado pelo Estado quando praticado por adultos?

Um dos temas mais controvertidos e delicados no estudo da dignidade da pessoa está por trás de todas essas questões: a relação

[427] GULLAR, Ferreira. Trecho do poema "Uma pedra é uma pedra".
[428] VELOSO, Caetano. Letra da música "O Quereres".

entre o princípio da dignidade e a autonomia. Por um lado, há sólido consenso no sentido de que tratar as pessoas como dignas importa em reconhecer o seu direito de realizar escolhas pessoais e de segui-las, quando isto não fira direitos alheios. Por outro, muitos sustentam que a dignidade humana se presta também à limitação da autonomia, para impedir que as pessoas se submetam a situações consideradas indignas, mesmo quando isso decorra da sua própria vontade.

A jurisprudência nacional e internacional emprega a dignidade em ambos os sentidos. O princípio, como se verá adiante, foi invocado como fundamento de decisões judiciais que protegeram a liberdade individual para a tomada de decisões fundamentais, atinentes, por exemplo, à união estável e ao casamento com pessoa do mesmo sexo, à realização de aborto pela mulher e à prática da eutanásia. Mas ele também foi empregado para limitar a autonomia: a dignidade já foi utilizada, por exemplo, para proibir espetáculos eróticos, batalhas recreativas com armas de brinquedo e atividades laborais consideradas degradantes, como a participação de portador de nanismo em show público de "lançamento de anão". Fala-se, assim, em *dignidade como autonomia* e em *dignidade como heteronomia*.[429]

Essas duas leituras da dignidade – não necessariamente excludentes – têm respeitável *pedigree* na história das ideias. Do lado da autonomia, Pico della Mirandola, no início do Renascimento, já ligava a dignidade à capacidade humana de autodeterminação, ao poder da pessoa de "se inventar".[430] Muito antes, porém, ao empregar pela primeira vez a noção de dignidade em sentido universalista, Cícero o fizera para postular a repressão aos instintos sexuais, que aproximariam o homem dos animais.[431] O papel de Kant nesta história é complexo. É certo que ele ergueu a dignidade a partir da autonomia da pessoa

---

[429] Cf. BARROSO, Luís Roberto; MARTEL, Letícia de Campos Velho. A morte como ela é: dignidade e autonomia individual no final da vida. *In*: PEREIRA, Tânia da Silva; MENEZES, Rachel Aisengart; BARBOZA, Heloisa Helena (Coord.). *Vida, morte e dignidade humana*. Rio de Janeiro: GZ Editora, 2010. p. 191-200; e MARTEL, Letícia de Campos Velho. *Direitos fundamentais indisponíveis*: os limites e os padrões do consentimento para a autolimitação do direito fundamental à vida. 2010. Tese (Doutorado em Direito) ⊠ Faculdade de Direito, Universidade do Estado do Rio de Janeiro, Rio de Janeiro, 2010. p. 172-187.

[430] CONDE DE MIRÂNDOLA E CONCÓRDIA, Giovanni Pico. *A dignidade do homem*. (Trad. Luiz Feracine). 2. ed. Campo Grande: Solivros, 1999.

[431] CÍCERO. *De officiis*. (Trad. Walter Miller). Cambridge: Harvard University Press, 1913. Disponível em: http://www.constitution.org/rom/de_officiis.htm. Acesso em 04 abr. 2015. A passagem é a seguinte: "É essencial recordar sempre como o homem é imensamente superior, por natureza, em relação ao gado e a outros animais: o único pensamento destes é para a satisfação de necessidades físicas, e à procura disto são impelidos pelos instintos, mas a mente do homem é alimentada pelo estudo e pela meditação, ele está sempre investigando

humana. Mas autonomia, para Kant, não era o direito do indivíduo de agir como quisesse, mas o seu dever de atuar de acordo com a lei moral que ditasse para si mesmo, e não movido por instintos, desejos ou sentimentos.[432] Como se viu no capítulo anterior, para Kant, a pessoa não podia tratar nem a si própria como um simples meio, razão pela qual o austero filósofo condenava como contrária à dignidade até a prática do sexo casual entre adultos capazes. Sem embargo, embora a teoria moral kantiana tenha esse viés heterônomo, a sua doutrina jurídica não o possui, como se verá no item 4.5 abaixo.

Certo é, de todo modo, que a preocupação com a autonomia das pessoas tem um papel central na modernidade. As três revoluções que marcaram o surgimento do constitucionalismo – inglesa, norte-americana e francesa – todas elas entoaram o mantra da liberdade. A maior parte dos movimentos sociais modernos formulou as suas reivindicações valendo-se da bandeira da liberdade,[433] dos opositores das ditaduras aos *hippies*, das feministas aos que lutaram pela descolonização. A autonomia do indivíduo é um dos valores mais encarecidos pela cultura moderna e um dos pilares centrais sobre os quais estão erigidos os ordenamentos jurídicos das democracias.

Existe um tema preliminar a este debate sobre autonomia que diz respeito à própria possibilidade de liberdade humana. A questão é objeto de acesas controvérsias filosóficas, teológicas e científicas travadas há muitos séculos entre os adeptos do livre arbítrio e os defensores do determinismo, que não terei como examinar aqui.[434] [435]

ou agindo, e é cativado pelo prazer de ver e ouvir (...) Daí nós vemos que o prazer sensual não está à altura da dignidade humana".

432 Cf. KANT, Immanuel. *Fundamentação da metafísica dos costumes*. (Trad. Pedro Quintela). Lisboa: Edições 70, 2011.

433 Cf. HONNETH. Axel. *Freedom's right*: the social foundations of democratic life. (Trad. Joseph Ganahl) New York: Columbia University Press, 2014. p. 16-17.

434 Os defensores do livre arbítrio afirmam, em síntese, que as pessoas fazem escolhas e são capazes de determinar seus próprios atos, devendo se responsabilizar por eles. Já os adeptos do determinismo negam a existência dessa liberdade, afirmando que o comportamento humano é completamente predeterminado por causas alheias à vontade do indivíduo. Existe ainda uma corrente que postula a compatibilidade entre o livre arbítrio e o determinismo, conhecida como compatibilismo. Cada uma dessas posições se desdobra em múltiplas vertentes. Os argumentos utilizados em abono a cada uma delas vão da teologia à neurociência, da física à metafísica. Veja-se, a propósito, os diversos artigos na obra FEINBERG, Joel; SHAFER-LANDAU, Russ (Eds.). *Reason & responsibility*. 11. ed. Belmont: Wadsworth/Thompson Learning, 2002. p. 455-537.

435 Uma objeção ao livre arbítrio que vem causando verdadeira comoção decorre de descobertas recentes no campo da neurociência. Nós temos a impressão que os nossos atos são causados por decisões conscientes que tomamos. Porém, comprovou-se empiricamente que os impulsos elétricos no cérebro que disparam as ações ocorrem cerca de meio segundo antes

Mas mesmo os que se alistam à primeira corrente devem reconhecer que existem constrangimentos relevantes à liberdade das pessoas que não são de ordem jurídica. Há, por exemplo, limitações econômicas e culturais que tornam certas escolhas impossíveis ou extremamente difíceis para indivíduos concretos. Nossos genes e criação – *nature and nurture* – também são decisivos nas escolhas que fazemos. Existem, ademais, obstáculos psicológicos, situados em nosso inconsciente, dos quais muitas vezes sequer nos damos conta.[436] Mas, em alguma medida, não somos totalmente "navegados pelo mar", ao contrário do que diz a música de Paulinho da Viola. Presentes certas condições, podemos assumir o leme de nossas vidas, fazendo escolhas sobre as quais devemos nos responsabilizar. A premissa deste estudo é a de que a liberdade humana é uma possibilidade real, e não uma ilusão, conquanto esteja sujeita a diversos tipos de embaraço que não podem ser desprezados. Em alguma medida, estamos "condenados à liberdade".[437] As consequências do contrário seriam tão intoleráveis para a compreensão de pessoa, de responsabilidade, de sociedade e de Direito, tão insuportáveis para as nossas próprias vidas, que a liberdade *tem* de ser postulada.

No Brasil, o tema da autonomia é discutido tendo como pano de fundo uma cultura social bastante ambígua. No imaginário social, os brasileiros são tidos – e gostam de se ver – como pessoas espontâneas, que prezam muito a sua liberdade. Mas, do outro lado, há sementes antiliberais fundamente plantadas em nosso solo, que se ligam à nossa colonização portuguesa impregnada pelos valores autoritários da Contrarreforma católica, bem como à tardia garantia das liberdades civis. Quanto ao último aspecto, no país, ao contrário do que ocorreu na maior parte das nações ocidentais, os direitos civis e políticos só foram efetivamente assegurados depois do surgimento dos direitos sociais, implantados em contexto autoritário.[438] Tais razões ajudam a

---

que haja a tomada consciente de qualquer decisão. Veja-se, a propósito, HARRIS, Sam. *Free will*. New York: Free Press, 2012. Para um belo ensaio filosófico e autobiográfico em torno desta questão, cf. GIANNETTI, Eduardo. *A ilusão da alma*: biografia de uma ideia fixa. São Paulo: Companhia das Letras, 2010.

436 Para um exame da questão sob a perspectiva filosófica, veja-se ROUANET, Sérgio Paulo. *A razão cativa*: as ilusões da consciência, de Platão a Freud. 3. ed. Brasília: Editora Brasiliense, 1990.

437 A conhecida expressão é de Sartre. Cf. SARTRE, Jean Paul. *O ser e o nada*: ensaio de ontologia existencial. (Trad. Paulo Perdigão). 12. ed. Petrópolis: Vozes, 2007.

438 Veja-se, a propósito, CARVALHO, José Murilo de. *Cidadania no Brasil*: o longo caminho. 5. ed. Rio de Janeiro: Civilização Brasileira, 2004. Ao comparar a trajetória da ideia de cidadania no Brasil com aquela que se desenvolveu na Inglaterra, em que primeiro vieram os direitos individuais, depois os políticos e finalmente os sociais, o historiador registrou: "Aqui não se aplica o modelo inglês. (...). Para dizer logo, houve no Brasil pelo menos duas diferenças

explicar por que, até hoje, as liberdades públicas não gozam entre nós do mesmo prestígio e enraizamento no sentimento coletivo de que dispõem os direitos sociais. Esse é um "passado que não passou", pois ainda vivemos sob a sua sombra. Neste cenário, o princípio da dignidade se deixa facilmente capturar por discursos paternalistas ou carolas.

Antes de aprofundar a discussão sobre o tema do capítulo, cabe um *disclaimer* importante: afirmar a centralidade da autonomia para a dignidade humana não implica negar a dignidade dos seres humanos que não sejam plenamente capazes de exercitá-la, como as crianças e as pessoas com deficiências mentais. A dignidade humana, como se viu no capítulo anterior, é atributo inerente a todas as pessoas, não pressupondo o gozo de capacidades e aptidões de qualquer natureza. Nada obstante, mesmo em relação a esses indivíduos vulneráveis, o princípio da autonomia não deixa de incidir, seja para impor que a vontade deles seja, na medida do possível, levada em consideração nos atos que lhes afetam, seja para demandar do Estado e da sociedade medidas e políticas voltadas à promoção da sua autonomia.[439]

Começo o capítulo tratando da autonomia pública e privada. Em seguida, cuido das ideias de liberdade negativa e positiva, associando a autonomia à segunda. Depois, abordo o tema da existência ou não de um direito geral de liberdade na ordem jurídica brasileira. Em seguida, discorro sobre os limites à autonomia privada, tratando brevemente do paternalismo, do perfeccionismo e do moralismo no âmbito jurídico, sob a perspectiva da dignidade humana. E finalizo o capítulo discutindo a pertinência do uso da dignidade humana como instrumento de heteronomia.

---

importantes. A primeira refere-se à maior ênfase em um dos direitos, o social, em relação aos outros. A segunda refere-se à alteração na sequência em que os direitos foram adquiridos: entre nós, o social precedeu os outros". (CARVALHO, José Murilo de. *Cidadania no Brasil*: o longo caminho. 5. ed. Rio de Janeiro: Civilização Brasileira, 2004. p. 11-12).

[439] Em relação à pessoa com deficiência mental, tanto a Convenção dos Direitos das Pessoas com Deficiência – incoporada à ordem jurídica brasileira com estatura constitucional, pela observância do procedimento previsto no art. 5º, §3º, CF – como a Lei nº 13.146/2015 (Estatuto da Pessoa com Deficiência) promoveram verdadeira mudança de paradigma, adotando tratamento normativo que impõe o respeito à autonomia desses sujeitos vulneráveis. O modelo anterior, em que a decisão do terceiro responsável era substitutiva da vontade da pessoa com deficiência, foi modificado para outro, em que se deve prover o necessário suporte para que cada indivíduo com deficiência mental tome as suas próprias decisões, dentre das respectivas possibilidades. Sobre a imperatividade dessa mudança, veja-se o Comentário Geral nº 1 do Comitê dos Direitos das Pessoas com Deficiência das Nações Unidas. Disponível em: https://documents-dds-ny.un.org/doc/UNDOC/GEN/G14/031/20/PDF/G1403120.pdf?OpenElement. Acesso em 07. ago. 2016.

4.2 Autonomias pública e privada

A palavra *autonomia* é de origem grega: *auto* designa a própria pessoa, e *nomos* é a lei. Etimologicamente, autonomia é a capacidade de ditar as normas que regem a própria conduta. Em outras palavras, trata-se da autodeterminação. A autonomia é atributo jurídico de instituições – como os entes federativos (CF, art. 18) e as universidades (CF, art. 207). Mas também é predicado das pessoas, especialmente em regimes constitucionais que consagrem a dignidade humana, como o brasileiro. Neste item, trato de importante e tradicional clivagem no âmbito da autonomia: a autonomia pública e a privada.

A *autonomia privada* diz respeito à faculdade da pessoa de se autodeterminar, de fazer as suas próprias escolhas de vida, e a *autonomia pública*, que se liga à democracia, consiste no poder do cidadão de tomar parte nas deliberações da sua comunidade política. Essas facetas da autonomia correspondem ao que Nelson Saldanha, em poética imagem, chamou de "liberdade no jardim" e "liberdade na praça".[440] Elas equivalem também ao que Benjamin Constant, em texto clássico, designou, respectivamente, como "liberdade dos modernos" e "liberdade dos antigos".[441] Estas últimas expressões vieram da tese de Constant de que, no mundo moderno, importaria muito mais a fruição das liberdades privadas pelos indivíduos do que a participação nas deliberações coletivas, valorizada na Antiguidade pelos gregos.

Este capítulo focará mais na autonomia privada do que na pública, mas não por força de qualquer tipo de hierarquização: ambas são igualmente vitais para a dignidade da pessoa humana, e a tese de Constant, um liberal conservador do começo do século XIX, não se sustenta. A ênfase dada no capítulo à autonomia privada decorre simplesmente do fato de que há mais polêmicas e controvérsias envolvendo a relação da dignidade com ela do que com a autonomia pública.

4.2.1 Autonomia privada

A autonomia privada corresponde à faculdade do indivíduo de fazer e implementar escolhas concernentes à sua própria vida. Ela expressa a autodeterminação individual e resulta do reconhecimento do

---

440 SALDANHA, Nelson. *O jardim e a praça*. Porto Alegre: Sergio Antonio Fabris, 1986.

441 CONSTANT, Benjamin. De la liberte des Anciens comparée a celles des modernes. *In*: CONSTANT, Benjamin. *Écrits Politiques*. Paris: Gallimard, 1997.

ser humano como um agente moral, capaz de decidir o que é bom ou ruim para si, e com o direito de seguir a sua decisão, desde que ela não viole direitos alheios. Na síntese de Joseph Raz, "o ideal da autonomia pessoal se constitui na visão das pessoas controlando, até certo ponto, seus próprios destinos".[442] Assim, autônoma é a pessoa que é "em parte autora de sua vida".[443]

A autonomia pressupõe que a pessoa humana seja capaz não apenas de ter desejos e preferências – o que alguns animais igualmente possuem –, mas também o que o filósofo Harry Frankfurt chamou de "desejos de 2ª ordem", que são desejos sobre desejos, preferências sobre preferências.[444] Um cachorro, por exemplo, pode preferir comer carne à ração ou ficar perto do dono do que de um estranho. Mas ele não tem a capacidade de refletir criticamente sobre os seus próprios desejos. Esta capacidade, que só as pessoas detêm, lhes permite decidir sobre quais as vontades que tentarão realizar e quais as que serão postergadas ou reprimidas, quais projetos serão perseguidos e quais serão preteridos ou abandonados. Uma pessoa pode ter desejos de primeira ordem – empanturrar-se com guloseimas, gastar todo o dinheiro comprando roupas, ter relações sexuais com alguém disponível e atraente – mas deixar de realizá-los em nome de desejos de segunda ordem, como os de emagrecer, economizar dinheiro para comprar a casa própria ou manter-se fiel no casamento.

A autonomia envolve, portanto, a capacidade de atuar como agente moral, fazendo escolhas relevantes. Não se trata, porém, da autonomia sobre a qual Kant erigiu a sua concepção de dignidade humana. Para Kant, a ação individual movida por uma paixão ou desejo não seria autônoma, mas heterônoma. Autônomas seriam apenas as condutas ditadas pela lei moral que a própria pessoa tem em si, não "conspurcadas" por outras influências externas ou internas, inclusive aquelas ditadas por sentimentos e inclinações pessoais. Porém, esse tipo

---

442 RAZ, Joseph. *A moralidade da liberdade*. (Trad. Carlos Henrique de Oliveira Blecher e Leandro Mafei Rabelo Queiroz). São Paulo: Elsevier Editora, 2011.

443 RAZ, Joseph. *A moralidade da liberdade*. (Trad. Carlos Henrique de Oliveira Blecher e Leandro Mafei Rabelo Queiroz). São Paulo: Elsevier Editora, 2011. p. 347.

444 FRANKFURT, Harry. Freedom of the will and the concept of a person. *The Journal of Philosophy*, n. 68, p. 5-20, 1971. Nas suas palavras, "pessoas são capazes de quererem ser diferentes, nas suas preferências e objetivos, do que elas são. Muitos animais parecem ter capacidade para (...) 'desejos de primeira ordem', que são simplesmente desejos de fazer ou não fazer alguma coisa. Nenhum outro animal além do homem, todavia, parece ter a capacidade para autoavaliação reflexiva, que se manifesta na formação de desejos de segunda ordem". (FRANKFURT, Harry. Freedom of the will and the concept of a person. *The Journal of Philosophy*, n. 68, p. 5-20, 1971. p. 7).

de ação simplesmente não existe no mundo real, composto por pessoas de carne e osso. A autonomia moral kantiana, ela sim, assume feições heterônomas, ao estabelecer com absoluta rigidez as motivações que podem legitimamente inspirar as ações humanas.

Embora a autonomia privada pressuponha a racionalidade do indivíduo, ela abrange o direito da pessoa de tomar decisões por quaisquer motivações: juízos morais, cálculos instrumentais, sentimentos, desejos e até idiossincrasias incompreensíveis para terceiros. Como na letra de Raul Seixas, ela abarca o direito de "tomar banho de chapéu ou esperar papai Noel".[445] Trata-se da autonomia da pessoa concreta, dotada de razão, mas também de sentimentos, corpo e raízes sociais. Ela pressupõe a vontade livre, mas não predetermina o que move esta vontade.

A autonomia privada não se confunde, por outro lado, com a autonomia da vontade, de que falavam os civilistas no passado. A autonomia da vontade, como visto no capítulo 1, é um conceito histórico superado, impregnado pelos valores do liberalismo-burguês que alicerçavam as codificações do século XIX e se refletiram tardiamente no Código Civil brasileiro de 1916.[446] Tratava-se, por um lado, de categoria própria ao Direito Obrigacional, que dizia respeito sobretudo a negócios jurídicos de conteúdo patrimonial – o que era, aliás, bastante natural no cenário de ordens jurídicas mais voltadas para o *ter* do que para o *ser*. Ademais, o pano de fundo era a compreensão formal da liberdade dos agentes, cega aos limites reais impostos às pessoas por uma realidade concreta de desigualdades materiais, carências e opressões privadas. Conquanto vazada em linguagem universal, a autonomia da vontade espelhava os interesses de um sujeito bastante concreto: o homem branco, burguês e proprietário.[447]

Tal concepção não se amolda à ideia de autonomia privada por várias razões. Em primeiro lugar, porque esta não se limita ao campo

---

445 SEIXAS, Raul. Letra de "Sociedade Alternativa".

446 Para uma densa análise histórica da autonomia da vontade no Direito Privado, veja-se RUZYK, Carlos Eduardo Pianovski. *Institutos fundamentais do direito civil e liberdade(s)*. Rio de Janeiro: GZ Editora, 2011. p. 79-141.

447 Como averbou Judith Martins-Costa, "a expressão 'autonomia da vontade' foi o signo, prenhe de significados, daquele 'grande artifício' pelo qual a burguesia assentou as vestes da naturalidade e da neutralidade em seu poder econômico, diluindo as concretas diferenças econômicas, sociais, existenciais, nas categorias de 'sujeito (capaz) de (ter titularidade) de direito". (MARTINS-COSTA, Judith. *Pessoa, personalidade, dignidade*. Tese (Livre-docência em Direito Civil) – Faculdade de Direito, Universidade de São Paulo, São Paulo, 2003. p. 87).

negocial.[448] Aliás, dita seara nem é o seu foco principal,[449] que se localiza na realização das escolhas existenciais de vida da pessoa, nos mais variados campos: afetivo, sexual, religioso, profissional etc. Embora a autonomia abarque também a esfera patrimonial, a sua proteção mais reforçada se dá no plano das decisões de cunho existencial.[450] Ademais, como será aprofundado mais à frente, a autonomia privada deve ser compreendida como uma liberdade positiva, que pressupõe a capacidade real de escolher, e não como a mera ausência de obstáculos externos à conduta. Ela, portanto, pode ser concebida em termos muito mais concretos e realistas do que a autonomia da vontade, tanto na versão do Direito Civil individualista como na vertente da filosofia kantiana.

O respeito à autonomia privada se baseia na ideia de que as pessoas têm o direito de formular os seus próprios planos de vida, os seus projetos existenciais, a partir das suas próprias compreensões sobre o que seja uma "vida boa".[451] Dworkin chamou de "independência ética"[452] essa prerrogativa do indivíduo, que envolve a possibilidade de realizar escolhas fundamentais e de, em alguma medida, estar ao

---

448 No mesmo sentido, cf. Pietro Perlingieri: "A autonomia privada não se identifica com a iniciativa econômica, nem com a autonomia contratual em sentido estrito (...). Ao contrário, (...) ela se exprime também em matérias onde diretamente são envolvidas situações subjetivas existenciais". (PERLINGIERI, Pietro. *Perfis do direito civil*: introdução ao direito civil constitucional. (Trad. Maria Cristina de Cicco). Rio de Janeiro: Renovar, 1999. p. 275-276). Em sentido oposto, a jurista portuguesa Ana Prata adotou concepção restrita de autonomia privada, confinando-a ao campo dos negócios patrimoniais. Nas suas palavras, "autonomia privada não designa toda a liberdade, nem sequer toda a liberdade jurídica privada, mas apenas um aspecto desta última: a liberdade negocial". (PRATA, Ana. *A tutela constitucional da autonomia privada*. Coimbra: Livraria Almedina, 1984. p. 13).

449 Não refuto, porém, a ideia de que a autonomia é um fundamento ético importante também no âmbito negocial. Como salientou Karl Larenz, deriva da autodeterminação da pessoa "a possibilidade de celebrar contratos e de regular mediante os mesmos as suas relações jurídicas", razão pela qual a liberdade contratual "é um princípio do Direito justo". (LARENZ, Karl. *Derecho justo*: fundamentos de etica juridica. (Trad. Luis Díes-Picazo). Madrid: Editorial Civitas, 1993. p. 74). Nada obstante, nessa seara são admitidas restrições mais profundas à autonomia, seja para a proteção da parte mais débil da relação jurídica, cuja autonomia às vezes não passa de fachada, seja para a promoção de outros objetivos da coletividade.

450 Tratei extensamente do tema em SARMENTO, Daniel. *Direitos fundamentais e relações privadas*. 2. ed. Rio de Janeiro: Lumen Juris, 2010. p. 162-182. No mesmo sentido, cf. TEIXEIRA, Ana Carolina Brochado. *Saúde, corpo e autonomia privada*. Rio de Janeiro: Renovar, 2010. p. 127-165; e MEIRELES, Rose Melo Venceslau. *Autonomia privada e dignidade humana*. Rio de Janeiro: Renovar, 2009. p. 63-150.

451 Nessa linha, Canotilho referiu-se ao fato de que o princípio da dignidade da pessoa humana se baseia no "princípio antrópico que acolhe a ideia pré-moderna e moderna da *dignitas hominis* (Pico della Mirandola), ou seja, do indivíduo conformador de si próprio e da sua vida segundo o seu próprio projeto espiritual". CANOTILHO, J. J. Gomes. *Direito constitucional e teoria da constituição*. Coimbra: Almedina, 1998. p. 219.

452 DWORKIN, Ronald. *Justice for hedgehogs*. Cambridge: The Belknap Press of Harvard University Press, 2011. p. 211-213 e 368-371.

leme da própria existência.[453] O autor relacionou essa independência à responsabilidade pessoal que cada pessoa tem sobre a sua própria vida, que, na sua concepção, é um dos componentes centrais da dignidade da pessoa humana.[454] Nessa perspectiva, nem o Estado, nem outros particulares ou instituições podem forçar qualquer um a ajustar as suas decisões de vida às compreensões de sucesso e de felicidade de que não comungue. As pessoas, diz Dworkin, não são átomos isolados, sendo naturalmente influenciadas por outros indivíduos e pela cultura em que estão inseridas. Elas podem se conformar espontaneamente ao *mainstream* das suas sociedades; podem seguir de forma obediente as orientações de alguma coletividade ou organização à qual se filiem, como uma igreja. Mas não podem jamais ser coagidas a fazê-lo ou punidas quando não se curvarem.

A ligação entre autonomia e dignidade é frequente na jurisdição constitucional em todo o mundo. A Suprema Corte norte-americana, por exemplo, em caso atinente ao direito da mulher de praticar o aborto antes do prazo de viabilidade fetal extrauterina,[455] mencionou que a proteção da dignidade e autonomia pessoal abrange a liberdade para realizar "as escolhas mais íntimas e pessoais que a pessoa pode fazer na vida", destacando que "no coração da liberdade está o direito da pessoa de definir o seu próprio conceito de existência, de sentido, do universo e dos mistérios da vida humana". No recente julgamento em que reconheceu o direito à realização de casamento entre pessoas do mesmo sexo,[456] o tribunal americano salientou que as liberdades fundamentais asseguradas pela Constituição do país "se estendem a certas escolhas pessoais centrais à dignidade individual e autonomia, que incluem as escolhas íntimas que definem a identidade e as crenças individuais". A Corte Constitucional da Colômbia, em decisão em que afirmou o direito à eutanásia voluntária de doentes terminais, ressaltou que "a Constituição se inspira na consideração da pessoa como sujeito moral, capaz de assumir, de forma responsável e autônoma, as decisões

[453] Na teoria dworkiniana, há uma distinção entre a ética, que diz respeito às decisões atinentes à "vida boa" do próprio indivíduo, e a moralidade, que concerne às suas obrigações e responsabilidades em relação ao outro. Para Dworkin, o Estado pode, evidentemente, limitar os atos individuais motivado por preocupações morais, mas não por razões estritamente éticas.

[454] DWORKIN, Ronald. *Is democracy possible here?*: principles for a new political debate. Princeton: Princeton University Press, 2006. p. 17-21 e 69-78.

[455] Suprema Corte dos Estados Unidos. *Planned Parenthood of Southeastern Pennsylvania et al. v. Casey*, 505 U.S. 833 (1992).

[456] Suprema Corte dos Estados Unidos. *Obergefeld et al. v. Hodges, Director, Ohio Department of Health et al.* 576 U.S. (2015).

sobre os seus assuntos próprios".[457] Já a Corte Constitucional sul-africana, ao afastar a proibição do uso de *piercing* nasal na escola por aluna de origem indiana que invocara as suas tradições culturais e religiosas para portar o adereço,[458] assentou que a dignidade humana supõe "o respeito aos fins particulares que os indivíduos perseguem" e que o fato de uma prática cultural ou religiosa ser seguida voluntariamente, e não em razão de um sentimento de obrigação, "apenas aumenta o sentido da prática para a nossa autonomia, a nossa identidade e a nossa dignidade".

Na Alemanha, diversos julgamentos sobre a transexualidade expressaram essa profunda ligação entre a dignidade humana e a autonomia.[459] No caso mais recente,[460] o Tribunal Constitucional tratou dos direitos de uma transexual de 62 anos de idade, originariamente do sexo masculino, que convivia conjugalmente com uma mulher e se considerava uma homossexual do sexo feminino. Porém, ela não tinha se submetido à cirurgia de redesignação sexual, que não pretendia fazer, por considerá-la perigosa em sua idade. Para fins da legislação alemã então em vigor, ela continuava pertencendo ao sexo masculino por não ter realizado a operação. A transexual postulou a oficialização de uma união entre pessoas do mesmo sexo com a sua companheira, mas seu pedido foi negado em todas as instâncias judiciais, porque se entendeu que o casal era composto por pessoas de sexo diferente, que até poderiam se casar, se quisessem, mas não formar uma união homoafetiva. O julgamento do Tribunal Constitucional reverteu a decisão, reconhecendo, com base na dignidade da pessoa humana e no direito ao livre desenvolvimento da personalidade, o direito da transexual de celebrar a união com a sua companheira, tomando como base o gênero correspondente à sua identidade.

Essa ligação entre autonomia e dignidade também está presente na jurisprudência das cortes internacionais de direitos humanos. Nessa

---

457 Corte Constitucional da Colômbia. Sentencia C-239 de 1997. Na mesma decisão, consignou-se ainda que deve "o Estado limitar-se a impor deveres, em princípio, em função de outros sujeitos morais" com que a pessoa convive. Por isso, não poderia o Estado forçar as pessoas "a continuar vivendo, quando, pelas circunstâncias extremas em que se encontram, não o consideram desejável nem compatível com a sua própria dignidade, com o argumento inadmissível que uma maioria o julga um imperativo moral ou religioso".

458 Corte Constitucional da África do Sul. Caso *MEC for Education: Kwazulu-Natal and Others v. Pillay*, 2008 (1) SA 474.

459 Um resumo deles se encontra em KOMMERS, Donald P.; MILLER, Russel A. *The Constitutional Jurisprudence of the Federal Republic of Germany*. 3. ed. Durham: Duke University Press, 2012. p. 419-426.

460 Tribunal Constitucional Federal da Alemanha, BVerfGE 128, 109 (2011).

linha, no caso *Christine Goodwin v. United Kingdom*,[461] que tratou do direito do transexual à alteração do gênero em seu registro civil, a Corte Europeia de Direitos Humanos destacou que "a própria essência da Convenção é o respeito à dignidade humana", e ligou-a à autonomia pessoal, "que inclui o direito de estabelecer os detalhes da própria identidade como ser humano". Em sentido similar, a Corte Interamericana de Direitos Humanos, ao decidir o caso *Artavia Murillo y otros v. Costa Rica*,[462] em que reconheceu que ofende a Convenção Interamericana a proibição de fertilização *in vitro*, afirmou a existência do direito de toda pessoa a "organizar a sua vida individual e social, com base nas suas próprias opções e convicções" e de "desenvolver a própria personalidade e aspirações, determinar a própria identidade e definir as próprias relações", relacionando-os à dignidade humana.

Também no Brasil, a proteção da autonomia privada como dimensão da dignidade humana vem sendo salientada em diversas decisões do STF. No julgamento que resultou do reconhecimento do direito à constituição de união estável homoafetiva, o relator, Ministro Carlos Ayres Britto, salientou "a proteção constitucional que faz da livre disposição da sexualidade do indivíduo um autonomizado instituto jurídico (...), dado elementar da criatura humana em sua intrínseca dignidade".[463] No mesmo julgado, o Ministro Luiz Fux registrou que "compete ao Estado assegurar (...) que cada um possa conduzir a sua vida autonomamente, segundo seus próprios desígnios e que a orientação sexual não constitua óbice à persecução dos objetivos pessoais", assentando ainda que "essa ordem de ideias remete à questão da autonomia privada dos indivíduos, concebida em uma perspectiva kantiana, como o centro da dignidade da pessoa humana".

A proteção à autonomia privada foi igualmente ressaltada em vários votos proferidos no julgamento do STF que reconheceu o direito fundamental da gestante à interrupção da gravidez de feto anencefálico.[464] O Ministro Marco Aurélio, relator do caso, afirmou que estava "em jogo o direito da mulher de autodeterminar-se, de escolher, de agir de acordo com a sua própria vontade". Na mesma trilha, o Ministro Joaquim Barbosa averbou que "a procriação, a gestação, enfim, os direitos

---

[461] Corte Europeia de Direitos Humanos. *Christine Goodwin v. United Kingdon*. Application nº 28957/95, julg. 11.06.2002.

[462] Corte Interamericana de Direitos Humanos. Caso *Artavia Murillo y outros vs. Costa Rica*, julg. 28.11.2012.

[463] Supremo Tribunal Federal, ADI nº 4277 e ADPF 132, Rel. Min. Ayres Britto, julg. 05.05.2011.

[464] Supremo Tribunal Federal, ADI nº 3510, Rel. Min. Ayres Britto, julg. 29.05.2008.

reprodutivos são componentes indissociáveis do direito fundamental à liberdade e do princípio da autodeterminação pessoal, particularmente da mulher". O mesmo ocorreu no acórdão em que se reconheceu a constitucionalidade da lei que autorizara a realização de pesquisa em células-tronco embrionárias. Na própria ementa desse precedente, frisou-se que "a decisão por uma descendência ou filiação exprime um tipo de autonomia de vontade individual que a própria Constituição rotula como 'direito ao planejamento familiar', fundamentado este nos princípios igualmente constitucionais da 'dignidade da pessoa humana' e da 'paternidade responsável'".

No julgamento ainda não concluído sobre a constitucionalidade da criminalização do consumo da maconha,[465] a necessidade de respeito à autonomia privada foi ponto central na argumentação dos três votos já proferidos, todos contrários à validade da norma penal incriminadora. O Ministro Gilmar Mendes, relator do feito, ressaltou que "o princípio da dignidade da pessoa humana pressupõe uma margem de autonomia do indivíduo, tão larga quanto possível, no quadro dos diversos valores constitucionais". O Ministro Edson Fachin, por sua vez, valeu-se de Santiago Nino para criticar o perfeccionismo e o paternalismo jurídicos, aduzindo que "a autodeterminação individual corresponde a uma esfera de privacidade, intimidade e liberdade imune à interferência do Estado, ressalvada a ocorrência de lesão a bem jurídico transindividual ou alheio". Nas suas palavras, as normas penais incriminadoras devem levar em conta a dignidade da pessoa humana, o que impede que "a tutela penal atue tendo por escopo a introjeção de valores morais individuais de condutas determinadas ou a imposição de comportamentos para além daqueles considerados concretamente lesivos a terceiros". Luís Roberto Barroso seguiu caminho convergente, ao destacar:

> Emanação da dignidade humana, a autonomia assegura ao indivíduo a sua autodeterminação, o direito de fazer as suas escolhas existenciais de acordo com as suas próprias concepções do bem e do bom. Cada um é feliz à sua maneira. A autonomia é parte da liberdade que não pode ser suprimida pelo Estado ou pela sociedade.

A premissa de todos esses julgados nacionais e estrangeiros, portanto, é de que não é papel do Estado ou da sociedade definir como as pessoas devem conduzir as suas próprias vidas. Desde que não lesem direitos de terceiros, os indivíduos devem poder seguir

---

[465] Supremo Tribunal Federal, RE nº 635.659, Tribunal Pleno, Rel. Min. Gilmar Mendes.

seus projetos, inclinações e preferências, por mais que estes desafiem tradições e costumes enraizados ou desagradem as maiorias sociais. Nesse mesmo sentido, Carlos Santiago Nino formulou o seu princípio de autonomia da pessoa, que prescreve que, "sendo valiosa a livre eleição individual de planos de vida e a adoção de ideais de excelência humanos, o Estado (e os demais indivíduos) não deve interferir nessa eleição ou adoção, limitando-se a desenhar instituições que facilitem a persecução individual desses planos de vida e a satisfação dos ideais de virtude que cada um sustente, e impedindo a interferência mútua no curso de tal persecução".[466]

A alusão aos "planos de vida", comum no léxico da filosofia política liberal, não deve, porém, conduzir a uma idealização equivocada da pessoa humana, nem tampouco a qualquer leitura limitativa da autonomia que dela poderia decorrer. Não se pode ignorar a natureza humana, imaginando que os indivíduos, como regra, tracem planos existenciais completos e que cada ato das suas vidas seja uma execução dos mesmos. Não é preciso conhecer muito da psicologia humana para saber que não é assim que as pessoas – pelo menos a grande maioria delas – funcionam. Os indivíduos têm, em geral, vários planos diferentes e, muitas vezes, mudam seus projetos no curso da vida. Ademais, pessoas comuns agem cotidianamente pelas mais variadas motivações, que, no mais das vezes, não se ligam a qualquer plano existencial: cortam o cabelo de uma forma e não de outra; escolhem comer frango e não peixe no jantar; decidem ir ao cinema e não ao teatro no sábado à noite. Construir uma teoria sobre autonomia a partir de uma idealização da pessoa humana tão distanciada da realidade seria incorrer em erro parecido ao de Kant. Pior ainda seria empregar tal idealização para estreitar a proteção constitucional da autonomia privada para que abarcasse apenas as grandes decisões existenciais, deixando de fora a maior parte dos atos da vida humana. Mesmo que a forma do corte de cabelo não seja uma decisão fundamental para a maior parte das pessoas, seria gravíssimo, da perspectiva da dignidade humana, se o Estado, à moda da Coréia do Norte ou do Irã, se arvorasse ao poder de ditar quais estilos de corte e de penteado são admissíveis.

---

466 NINO, Carlos Santiago. *Ética y derechos humanos*. 2. ed. Buenos Aires: Editorial Astrea, 1989. p. 204-205.

4.2.2 A autonomia pública

A autonomia pública tem importância *instrumental*, mas é também um *valor constitutivo* da dignidade humana. Do ponto de vista instrumental, a inclusão política tende a promover a melhoria das condições de vida daqueles que antes eram excluídos. Ela dá mais peso político às demandas dessas pessoas no espaço público, que ganham um canal relevante de acesso à agenda das instituições eletivas. Com isso, os direitos desses indivíduos e grupos tendem a ser mais protegidos. Em página clássica da sociologia política, T. H. Marshall associou o advento dos direitos sociais e a melhoria nas condições de vida dos pobres, no Reino Unido, à paulatina extensão do sufrágio às classes subalternas.[467] No Brasil, pode-se dizer que uma das causas da situação dramática dos presídios brasileiros é o fato de que os presos não votam.[468]

A dimensão constitutiva se liga ao reconhecimento da pessoa como um *agente*, tal como se dá também com a autonomia privada. No regime democrático, os cidadãos são idealmente concebidos não apenas como os destinatários das normas jurídicas e decisões estatais, mas também como os seus coautores, na medida em que lhes é assegurada a possibilidade de participação, ainda que indireta, no seu processo de elaboração.[469] A democracia é, portanto, antipaternalista, porque supõe que cada pessoa tem o direito de fazer as suas escolhas políticas e de levá-las à arena pública por meio do voto ou da sua participação direta.[470] Portanto, no regime democrático, os cidadãos não são tratados como ovelhas de um rebanho conduzido por algum "governante-pastor" que supostamente conheça os caminhos certos para a coletividade.

A democracia pressupõe, nas palavras de Eduardo Mendonça, a "autonomia moral reconhecida individualmente".[471] O foco no indivíduo

---

[467] MARSHALL, T. H. *Citizenship and social class*. London: Doubleday, 1963.

[468] A Constituição de 88 previu a suspensão dos direitos políticos daqueles que estiverem cumprindo pena (art. 15, inciso IV, CF). Não privou do gozo dos direitos políticos os presos provisórios. Porém, na prática, com raríssimas exceções, os presos provisórios não votam, porque a Justiça Eleitoral não adota as providências necessárias para a garantia dos seus direitos políticos. Tratei do tema em SARMENTO, Daniel. Representação sobre a violação ao direito de voto do preso provisório. *In*: SARMENTO, Daniel. *Por um constitucionalismo inclusivo*: história constitucional brasileira, teoria da constituição e direitos fundamentais. Rio de Janeiro: Lumen Juris, 2010. p. 311-334.

[469] Cf. HABERMAS, Jürgen. *Direito e democracia entre facticidade e validade*. (Trad. Flávio Beno Siebeneichler). Rio de Janeiro: Tempo Brasileiro, 1997. v. 1, p. 113-138.

[470] Cf. HELD, David. *Models of democracy*. Stanford: Stanford University Press, 1987. p. 268-299.

[471] MENDONÇA, Eduardo Bastos Furtado de. *A democracia das massas e a democracia das pessoas*: uma reflexão sobre a dificuldade contramajoritária. 2014. Tese (Doutorado em Direito) – Faculdade de Direito, Universidade do Estado do Rio de Janeiro, Rio de Janeiro, 2014. p. 59.

deve ser enfatizado, porque vital para a compreensão da relação entre a dignidade humana e o regime democrático.[472] A democracia não deve ser vista como o governo do "Povo", com "P" maiúsculo, que exprime a sua vontade como um corpo coletivo único. Essas metáforas e compreensões organicistas são perigosas, como se viu no capítulo 3, porque tendem a legitimar a asfixia das individualidades e liberdades. Na sua melhor leitura, a democracia se assenta no respeito a *cada* indivíduo como agente e, por isso, franqueia a cada um a possibilidade de participar, como sujeito livre e igual, dos processos de deliberação social.

A premissa da democracia também é profundamente igualitária, pois atribui a cada cidadão um igual direito de participação no autogoverno da sociedade. Inerente ao regime democrático, o princípio majoritário exprime esse viés isonômico ao postular que, diante do desacordo, prevaleça a vontade da maioria.[473] Subjacente a essa regra procedimental está a atribuição a cada indivíduo – não importa se rico ou pobre, sábio ou ignorante – de um voto, nunca mais e nunca menos do que um voto.[474] Portanto, a democracia enlaça a liberdade e a igualdade do cidadão. Ela concretiza a ideia da dignidade da pessoa humana no plano dos arranjos institucionais do Estado, pois se trata do único regime político que enxerga cada cidadão como autêntico *sujeito*, e não como mero *objeto* da política e da ação estatal.

Essa ligação entre a dignidade humana e a autonomia pública foi ressaltada por decisões da Suprema Corte do Canadá e da Corte Constitucional sul-africana em casos que envolveram a denegação de direitos políticos dos presos. A primeira, no caso *Sauvé v. Canada*,[475] decidido em 1973, consignou que a "legitimidade das leis e a obrigação de obedecê-las fluem diretamente do direito de cada cidadão votar (...).

---

472 Nessa linha, Frank Michelman: "A democracia serve ao autogoverno ao dar para cada indivíduo razões para identificar a sua 'agência' ou vontade política com a legislação e outros atos de instituições coletivas, reivindicando estes atos como seus. (...) A referência aos indivíduos é crucial (...), o que ao fim importa, em termos morais (...) só pode ser o autogoverno – a liberdade, a dignidade – das pessoas". (MICHELMAN, Frank. *Brennan and democracy*. Princeton: Princeton University Press, 1999. p. 12-13).

473 É certo que o majoritarianismo é uma técnica igualitária, mas que pode gerar resultados contrários à igualdade quando, por exemplo, impuser medidas opressivas em relação às minorias ou quando for negligente em relação aos seus direitos. Tais situações justificam o exercício da jurisdição constitucional, conferindo-lhe legitimidade democrática. Veja-se, a propósito, DWORKIN, Ronald. The moral reading of the majoritarian premise. *In*: DWORKIN, Ronald. *Freedom's law*: the moral reading of the American Constitution. Cambridge: Harvard University Press, 1996. p. 1-38.

474 Nessa linha, a Suprema Corte norte-americana formulou, em *Reynolds v. Sims* (377 U.S. 533 (1964)), o importante princípio do "*one person, one vote*" (uma pessoa, um voto).

475 Suprema Corte do Canadá. (2002) 3 S.C.R.519, 2002 SCC, 68.

A negação do direito ao voto que toma por base a falta de valor moral é incompatível com o respeito pela dignidade humana de cada pessoa, que está no coração da democracia canadense". Na mesma linha, a Corte Constitucional da África do Sul ressaltou:

> A universalidade do voto é importante não apenas para a nacionalidade e democracia. O voto concedido a cada cidadão é uma marca de dignidade e personalidade. Literalmente, ele significa que todo mundo conta (...); que os nossos destinos estão irmanados em uma mesma comunidade política.[476]

Na filosofia política e na teoria constitucional, um dos temas clássicos é a tensão entre as dimensões pública e privada da autonomia, que corresponde, grosso modo, à fricção entre a democracia e o constitucionalismo. É que, quando os direitos são entrincheirados constitucionalmente, a sua garantia representa a fixação de limites para as deliberações da coletividade. A proteção das liberdades perante as maiorias define o que Luigi Ferrajoli designou de "esfera do indecidível".[477] Pode-se dizer, numa primeira mirada, que, quanto mais extenso for o campo das liberdades garantidas, menos espaço sobra para o exercício da autonomia pública; quanto mais temas a coletividade puder decidir, menor a seara deixada às pessoas para o exercício da sua autonomia privada.[478]

Essa é, porém, uma visão simplista da relação entre as duas facetas da autonomia. Na realidade, as liberdades individuais e a democracia se entrelaçam e reforçam. A garantia das liberdades é pressuposto para o adequado funcionamento da democracia, e o governo democrático é o que mais salvaguarda os direitos civis. Tal conclusão é extraída não

---

[476] Corte Constitucional da África do Sul. CCT nº 8/99.

[477] FERRAJOLI, Luigi. Derechos fundamentales. *In*: FERRAJOLI, Luigi. *Los fundamentos de los derechos fundamentales*. Madrid: Editorial Trotta, 2001. p. 36.

[478] Foi nesse sentido que Robert Alexy afirmou que os direitos fundamentais são simultaneamente democráticos e contrários à democracia: "Direitos fundamentais são democráticos por isso, porque eles, com a garantia dos direitos de liberdade e igualdade, asseguram o desenvolvimento e existência de pessoas que, em geral, são capazes de manter o processo democrático na vida e (...) asseguram as condições funcionais do processo democrático. Ademocráticos são os direitos fundamentais, pelo contrário, porque eles desconfiam do processo democrático. Com a vinculação também do legislador eles subtraem da maioria parlamentar legitimada poderes de decisão". (ALEXY, Robert. Direitos fundamentais no estado constitucional democrático. (Trad. Luís Afonso Heck). *Revista de Direito Administrativo*, Rio de Janeiro, n. 217, p. 65, 1999).

apenas da melhor filosofia constitucional.[479] Ela também é comprovada empiricamente. A realidade evidencia que as liberdades e direitos só florescem onde o regime político é democrático, e que tal regime não se estabiliza quando inexistente a proteção efetiva dos direitos civis.

Isso, porém, não quer dizer que não haja tensões entre os dois polos da autonomia. Não há dúvida de que excessos em qualquer dos flancos podem comprometer o outro. Por exemplo, a castração do poder estatal de regulação da economia, em nome da proteção da livre de iniciativa, seria profundamente antidemocrática, instituindo limite exagerado para a autonomia pública do cidadão. Mas o reconhecimento do poder das maiorias de proibição de práticas sexuais consensuais entre adultos, tidas como "imorais" pela sociedade, feriria de morte a autonomia privada. Há sinergia e complementariedade, mas também tensão na relação entre autonomia pública e privada. Arbitrar essa tensão é tarefa das mais complexas, que não tem como prescindir de uma leitura moral da Constituição, que busque traçar limites entre o campo em que deve prevalecer a decisão pessoal dos indivíduos, independentemente da vontade política das maiorias, e a seara em que deve predominar a decisão coletiva do *demos* – formada por meio da participação igualitária de todos –, ainda que à revelia das preferências de algum afetado.

4.3 Liberdade negativa e liberdade positiva: capacidades, carência econômica e cultura

A distinção entre liberdade negativa e positiva, conquanto fundamental, é envolta em algumas controvérsias. O conceito de liberdade negativa não é objeto de maiores disputas. Trata-se da liberdade como ausência de constrangimentos externos à ação do agente. A definição canônica de liberdade negativa está no *Leviatã*, de Thomas Hobbes: "Liberdade significa, em sentido próprio, a ausência de oposição (entendendo por oposição os impedimentos externos do

---

[479] Veja-se, *e.g.*, HABERMAS, Jürgen. *Direito e democracia entre facticidade e validade*. (Trad. Flávio Beno Siebeneichler). Rio de Janeiro: Tempo Brasileiro, 1997. v. 2; MICHELMAN, Frank. *Brennan and democracy*. Princeton: Princeton University Press, 1999; NINO, Carlos Santiago. *La constitución de la democracia deliberativa*. (Trad. Roberto P. Saba). Barcelona: Gedisa, 1997; MELLO, Cláudio Ari. *Democracia constitucional e direitos fundamentais*. Porto Alegre: Livraria dos Advogados, 2004; SOUZA NETO, Cláudio Pereira de. *Teoria constitucional e democracia deliberativa*. Rio de Janeiro: Renovar, 2006.

movimento)".[480] Um exemplo do pensador libertário Friedrich von Hayek ilustra bem a ideia: disse ele que se um alpinista caísse em um buraco na neve do qual não tivesse como sair, estaria ainda assim livre, desde que não houvesse outra pessoa o impedindo de fazê-lo. O fato de o alpinista não ter as mínimas condições de sair do buraco seria irrelevante para a caracterização da sua liberdade.[481]

A liberdade negativa é concebida como um direito a uma abstenção. Normalmente, ela é observada sob o ângulo da relação entre o indivíduo e o Estado e, neste caso, vai se resolver na garantia de um direito à abstenção estatal. Porém, se pensarmos na perspectiva das relações privadas, mesmo a liberdade negativa pode envolver, do ponto de vista conceitual, o dever positivo do Estado de proteger a autonomia das pessoas, quando ela esteja sendo ameaçada ou limitada por outros particulares.[482] Contudo, em geral, aqueles que adotam a concepção negativa da liberdade são liberais-conservadores, que tendem a ver o Estado como o inimigo por excelência dos direitos humanos. Por isso, tal concepção é, em regra, voltada à limitação do arbítrio estatal e frequentemente vem associada à defesa de um Estado mínimo.[483]

Já não é tão seguro o conceito de liberdade positiva. Algumas vezes, a expressão é usada como sinônimo de autonomia pública.[484] Outros falam em liberdade positiva, como o poder de agir guiado

---

480 HOBBES, Thomas. *Leviatã*. (Trad. João Paulo Monteiro e Maria Beatriz Nizza Silva). 2. ed. São Paulo: Abril Cultural, 1979. p. 129. O autor complementa: "Um homem livre é aquele que, naquelas coisas que graças a sua força e engenho é capaz de fazer, não é impedido de fazer o que tem vontade de fazer". (HOBBES, Thomas. *Leviatã*. (Trad. João Paulo Monteiro e Maria Beatriz Nizza Silva). 2. ed. São Paulo: Abril Cultural, 1979. p. 129).

481 Cf. HAYEK, Friedrich von. Freedom and coercion. *In*: MILLER, David (Ed.). *The liberty reader*. Boulder: Paradigm Publishers, 2006. p. 81-82.

482 Nesse sentido, Charles Fried, jurista de simpatias libertárias e ardoroso defensor da ideia da liberdade negativa, consignou: "A nossa liberdade é desenhada pelos direitos que possuímos: direitos de uns contra os outros, que o governo deve proteger, e direitos contra o Estado, que ele deve respeitar. Nesse sentido, em um Estado moderno, o governo é um amigo indispensável da liberdade, e também a sua maior ameaça". (FRIED, Charles. *Modern liberty and the limits of government*. New York: W.W Norton & Company, 2007. p. 144). Sobre os deveres de proteção estatal na proteção dos direitos e liberdade diante de ameaças decorrentes de ações de particulares, veja-se CANARIS, Claus-Wilhelm. *Direitos fundamentais e direito privado*. (Trad. Ingo Wolfgang Sarlet e Paulo Mota Pinto). Coimbra: Livraria Almedina, 2003.

483 Nessa linha, cf. NOZICK, Robert. *Anarquia, Estado e utopia*. (Trad. Ruy Jungmann). Rio de Janeiro: Jorge Zahar, 1994; HAYEK, Friedrich von. *Law, legislation and liberty*. Chicago: University of Chicago Press, 1979. v. 3.

484 Nesse sentido, DWORKIN, Ronald. *Justice for hedgehogs*. Cambridge: The Belknap Press of Harvard University Press, 2011. p. 365.

pela razão,[485] na linha postulada por Kant.[486] Finalmente, pode-se pensar na liberdade positiva como a capacidade real do sujeito de se autodeterminar, que se caracteriza quando estão presentes as condições que viabilizam o efetivo exercício da liberdade. Trata-se do que Robert Alexy denominou de "liberdade fática".[487]

Há quem agrupe essas três noções diferentes sob o rótulo da liberdade positiva. Foi esse o caso de Isaiah Berlin, em texto canônico intitulado "Dois Conceitos de Liberdade", publicado pela primeira vez em 1959.[488] Berlin caracterizou a liberdade positiva como a que "provém do desejo do homem de ser o seu próprio senhor"[489] e aninhou sob o manto deste conceito cada uma das ideias acima referidas.[490] O filósofo inglês criticou duramente a noção de liberdade positiva, aduzindo a sua incompatibilidade com o pluralismo, e a sua propensão para justificar posturas estatais autoritárias. Para Berlin, a liberdade positiva abriria espaço para que autoridades impusessem seus ideais de bem comum ou suas compreensões de verdade aos indivíduos, à revelia da sua vontade, sob o pretexto de estarem assim promovendo, e não restringindo, a sua liberdade.

Diferentemente, não vislumbro qualquer autoritarismo na ideia de liberdade positiva. O conceito teria vezo autoritário se fosse concebido como exigência de comportamento humano pautado exclusivamente

---

485 Cf. VIEIRA, Oscar Vilhena. *Direitos fundamentais*: uma leitura da jurisprudência do STF. São Paulo: Malheiros, 2006. p. 142-144. O autor também alude à liberdade positiva como autonomia pública. (VIEIRA, Oscar Vilhena. *Direitos fundamentais*: uma leitura da jurisprudência do STF. São Paulo: Malheiros, 2006. p. 144-146).

486 Nas palavras de Kant: "O conceito de liberdade é um conceito puro da razão. (...). O uso prático da razão prova a sua realidade mediante princípios práticos que demonstram, como leis, uma causalidade da razão pura para determinar o arbítrio com independência de todos os condicionamentos empíricos (do mundo sensível em geral), e que demonstram em nós uma vontade pura, na qual têm origem os conceitos e leis morais. Nesse conceito de liberdade positiva (no sentido prático) se fundamentam leis práticas incondicionais, que se denominam morais". (KANT, Immanuel. *La metafísica de las costumbres*. (Trad. Adela Cortina Orts e Jesús Conill Sancho). 4. ed. Madrid: Tecnos, 2005. p. 26-27).

487 ALEXY, Robert. *Teoria dos direitos fundamentais*. (Trad. Virgílio Afonso da Silva). São Paulo: Malheiros, 2008. p. 503-504.

488 BERLIN, Isaiah. Dois conceitos de liberdade. *In*: BERLIN, Isaiah. *Estudos sobre a humanidade*: uma antologia de ensaios. (Trad. Rosaura Achenberg). São Paulo: Companhia das Letras, 2002. p. 226-298.

489 BERLIN, Isaiah. Dois conceitos de liberdade. *In*: BERLIN, Isaiah. *Estudos sobre a humanidade*: uma antologia de ensaios. (Trad. Rosaura Achenberg). São Paulo: Companhia das Letras, 2002. p. 236.

490 Nesse sentido, David Miller apontou a confusão instaurada por Berlin no tratamento dado à liberdade positiva por agrupar sob o manto do conceito três ideias muito diferentes, que também têm implicações muito distintas (MILLER, David. Introduction. *In*: MILLER, David (Ed.). *The liberty reader*. Boulder: Paradigm Publishers, 2006. p. 10).

pela razão. Nesse caso, ele poderia realmente se tornar veículo para a imposição de medidas heterônomas às pessoas. As autoridades de plantão poderiam definir o que consideram ou não racional a partir da sua cosmovisão ou mesmo dos seus interesses materiais, e compelir as pessoas a agirem de acordo com a sua ótica, sob o pretexto de estarem promovendo a sua autonomia. A liberdade, paradoxalmente, seria usada para cercear as escolhas individuais. Ademais, o foco estritamente racional, além de não se compadecer com a natureza da pessoa concreta, despreza indevidamente os sentimentos e os desejos do corpo, que são também profundamente humanos e merecedores de respeito, como visto no capítulo 2.

Em outro eixo, não me parece útil conceituar a liberdade positiva como sinônimo de autonomia pública. Nesse caso, ficaríamos com duas denominações diferentes para uma mesma ideia, sem qualquer ganho teórico. Assim, entendo que a liberdade positiva deve ser vista como a *capacidade real do agente de autodeterminar a sua conduta*. Trata-se da liberdade material, que não se esgota na ausência de constrangimentos externos à ação humana, pressupondo antes a presença das condições que possibilitam o efetivo exercício da autonomia individual. Esta ideia é, aliás, conceitualmente ligada à noção de autonomia por alguns autores, como Allan Gewirth, que, embora defina a liberdade como ausência de impedimento à ação do agente, associa a autonomia à capacidade concreta das pessoas de fazerem escolhas básicas de vida e de implementá-las no mundo real.[491]

A compreensão de que é necessário ir além da ausência de constrangimentos para que se tenha liberdade é intuitiva. Se é desejável que as pessoas sejam livres para que possam se autodeterminar e construir as suas próprias trajetórias, é preciso assegurar as condições para esta liberdade. Para isto, não basta a remoção dos obstáculos externos às suas escolhas e atos. É também indispensável assegurar os meios necessários para que a liberdade possa ser efetivamente fruída. Uma afirmação política importante dessa ideia foi o célebre discurso proferido pelo presidente norte-americano Franklin Roosevelt em 1941, em que aludiu à necessidade de garantia de duas novas liberdades: a liberdade perante a necessidade (*freedom from want*) e a liberdade perante o medo (*freedom from fear*).[492]

---

[491] GEWITH, Allan. *On human rights*. Oxford: Oxford University Press, 2008. p. 149-151.

[492] No discurso, Roosevelt se referiu a quatro liberdades: as tradicionais liberdades de expressão e religião, mas também à liberdade perante o medo (*freedom from fear*) e à liberdade perante a necessidade (*freedom from want*), que não eram reconhecidas pelo constitucionalismo

Essa concepção de liberdade, mais atenta às necessidades do sujeito concreto, especialmente das pessoas mais vulneráveis, pode ser associada às mutações que tal valor experimentou na passagem do Estado Liberal-burguês para o Estado Social. No novo cenário, cresceu a sensibilidade em relação ao impacto da carência econômica e da desigualdade material sobre o exercício da liberdade. Percebeu-se que o regime econômico do *laissez-faire* não proporcionava liberdade efetiva para a maior parte da população, que vivia em condições absolutamente precárias. Nas relações privadas, a liberdade da parte mais débil para contratar era muitas vezes uma fachada que permitia a sua submissão à vontade da mais poderosa. A ampliação da intervenção estatal nas relações sociais e na economia, voltada à garantia das condições básicas de vida para as pessoas carentes e à proteção dos mais fracos diante do arbítrio dos mais fortes, não foi, como algumas vezes se diz, uma opção pela igualdade em detrimento da liberdade. A mudança se orientou também por este último valor.[493] O objetivo, como assinalou Carl J. Friedrich, foi "liberar o homem das restrições e limitações que dificultam o seu pleno desenvolvimento como ser humano".[494]

Na filosofia política contemporânea, a ideia de liberdade positiva foi desenvolvida por Amartya Sen, embora sob outro rótulo. O filósofo e economista indiano destacou a centralidade das condições sociais para o exercício da liberdade pelas pessoas.[495] Ele elaborou sofisticada teoria da justiça centrada na ideia de capacidades humanas – o chamado

---

norte-americano. Em 1944, em outro discurso importante, ele propôs a adoção de uma segunda carta de direitos para os Estados Unidos, relativa aos direitos sociais, o que nunca ocorreu. Veja-se, a propósito, SUNSTEIN, Cass. *The second bill of rights*: FDR's unfinished revolution and why we need it more than ever. New York: Basic Books, 2004.

493 Não há como negar, todavia, que o Estado Social assumiu muitas vezes feições autoritárias, como se deu no Brasil na Era Vargas, ou mesmo totalitárias, como ocorreu na Itália fascista. Tampouco se pode refutar a crítica de que, mesmo onde isso não ocorreu, o Estado Social nem sempre valorizou como deveria a autonomia pública e privada das pessoas, tratando os indivíduos muitas vezes como clientes ou menores de idade. Veja-se, nessa linha, HABERMAS, Jürgen. Paradigms of law. *In*: ROSENFELD, Michel; ARATO, Andrew (Eds.). *Habermas on law and democracy*: critical exchanges. Berkeley: University of California Press, 1998. p. 13-25.

494 FRIEDRICH, Carl J. Derechos, independencia, libertad: una nueva evaluación. *In*: FRIEDRICH, Carl J. *La filosofía del derecho*. (Trad. Margarita Alvarez Franco). 6. reimp. México: Fondo de Cultura Económica, 1997. p. 379.

495 Nas suas palavras, "(...) a condição de agente de cada um é inescapavelmente restrita e limitada pelas oportunidades sociais, políticas e econômicas de que dispomos. Existe uma acentuada complementariedade entre a condição de agente individual e as disposições sociais: é importante o reconhecimento simultâneo da centralidade da liberdade individual e da força das influências sociais sobre o grau e alcance da liberdade individual". (SEN, Amartya. *Desenvolvimento como liberdade*. (Trad. Laura Teixeira Motta). São Paulo: Companhia das Letras, 1999. p. 17).

capability approach, que se projeta diretamente na questão da liberdade. Para Sen, a pessoa livre é aquela que tem realmente a capacidade de escolher e de agir de acordo com a sua escolha. De acordo com a sua definição, "liberdade é o poder de obter o resultado que alguém deseja após uma avaliação racional".[496] Nesse prisma, as condições materiais são fundamentais a fim de que as liberdades sejam reais, e não apenas meras formalidades jurídicas.

Martha Nussbaum, outra proeminente defensora do *capability approach* (ela prefere falar em *capabilities*, para realçar a sua pluralidade), chega a afirmar que a mais importante questão que se deve formular, ao se examinar o nível de justiça e de decência de uma sociedade, é "o que cada pessoa é capaz de ser e fazer" naquela sociedade.[497] Esta análise envolve a presença de diversos elementos: liberdades formais, condições materiais, mas, além disso, também capacidades internas, desenvolvidas por meio da educação e da interação com o meio social. A alusão às capacidades internas é absolutamente pertinente.

Afinal, sabe-se que as escolhas que as pessoas fazem são em boa parte condicionadas pela cultura em que elas estão inseridas.[498] Mais do que isso, os valores compartilhados participam da constituição da própria subjetividade. Como ressaltou a filósofa feminista Nancy J.

---

[496] SEN, Amartya. *The idea of justice*. Cambridge: The Belknap Press of Harvard University Press, 2009. p. 301. O pensador indiano ressalta, todavia, que a liberdade é um valor complexo e multifacetado, que também acomoda facetas, como a vedação à interferência externa (liberdade negativa) e à dependência em relação a terceiros (liberdade republicana, na visão de Philip Pettit). SEN, Amartya. *The idea of justice*. Cambridge: The Belknap Press of Harvard University Press, 2009. p. 309.

[497] NUSSBAUM, Martha. *Creating capabilities*: the human development approach. Cambridge: The Belknap Press of Harvard University Press, 2011. p. 18. Para Nussbaum, a melhor teoria da justiça, erigida a partir da ideia das capacidades, é aquela "focada na escolha e liberdade". Nessa perspectiva, importa, acima de tudo, que "as sociedades promovam um conjunto de oportunidades, ou liberdades substanciais, para os seus povos, que cada pessoa pode ou não exercitar na prática: a escolha é individual". (NUSSBAUM, Martha. *Creating capabilities*: the human development approach. Cambridge: The Belknap Press of Harvard University Press, 2011. p. 18). Cabe ressaltar que Martha Nussbaum formulou também uma teoria interessante e original sobre a dignidade da pessoa humana, cujo foco é exatamente o desenvolvimento das capacidades humanas. Veja-se, a propósito, NUSSBAUM, Martha. Human dignity and political entitlements. *In*: PELLEGRINO, Edmund D. *et al*. *Human dignity and bioethics*: essays commissioned by the President' Council on bioethics. Washington: The President's Council on Bioethics, 2008. p. 351-380.

[498] Karl Marx falaria não da cultura, mas da economia. O marxismo desenvolveu a ideia de "falsa consciência" – expressão, porém, nunca usada por Marx: as classes subordinadas representariam, de forma distorcida, a realidade, de uma maneira cega à opressão de classe decorrente das relações econômicas capitalistas. Isso comprometeria, naturalmente, o exercício da liberdade pelos proletários. Para um melhor desenvolvimento da ideia, veja-se LUKÁCS, György. *History and class consciousness*: studies in Marxist dialectics. Cambridge: MIT Press, 1971.

Hirshmann, "a construção de comportamentos e regras sociais tem vida própria e se torna constitutiva não só do que as mulheres podem fazer" – a afirmação também se aplica aos homens – "mas também do que a elas é permitido *ser*".[499] O que somos e queremos, os projetos e planos de vida que alentamos são, em boa medida, decorrência de valores que internalizamos no processo de socialização, ao qual somos submetidos desde o nascimento.[500] Há nisso certamente um componente da história individual de cada um: *e.g.*, crianças amadas e valorizadas pelos pais tendem a ser mais autoconfiantes e independentes na vida adulta do que as que se sentiram desprezadas em casa. Mas há também uma dimensão coletiva, ligada à cultura em que a pessoa está mergulhada.

Em ambiente social muito machista, por exemplo, é quase impossível que uma mulher chegue a formular o plano de vida de se tornar uma política influente ou de manter uma vida sexual com muitos parceiros e poucos compromissos. Em sociedades racistas, as pessoas negras nem chegam, no mais das vezes, a alimentar projetos profissionais muito ambiciosos, porque a socialização no ambiente preconceituoso lhes inculca a crença de que esse é um sonho impossível e ilegítimo, e de que devem se ajustar ao papel subalterno que sua sociedade lhes destinou. Em cultura homofóbica, um percentual maior de pessoas homossexuais tende a reprimir seus desejos e afetos, e estes indivíduos podem até alimentar a esperança de encontrar suposta "cura *gay*", para se livrarem de culpas e estigmas. As pessoas tendem a adaptar inconscientemente as suas escolhas e preferências ao ambiente,[501] por mais injusto que este seja. Os que se aventuram a ser *outsiders,* desafiando costumes e preconceitos enraizados, encontram, no mais das vezes, o desprezo e desrespeito na sociedade, o que torna o ônus de se insurgir contra o *ethos* dominante muito elevado. Esses são entraves para a liberdade tão graves como a pobreza econômica. Não há razão para o discurso progressista da liberdade positiva voltar-se contra a falta de condições econômicas para o seu exercício, mas ao mesmo tempo conformar-se com ambiências culturais que asfixiam igualmente a autonomia pessoal.

---

499 HIRSHMANN, Nancy J. *The subject of liberty*: toward a feminist theory of freedom. Princeton: Princeton University Press, 2003. p. 79.

500 Cf., *e.g.*, BOURDIEU, Pierre. *A distinção*: crítica social do julgamento. São Paulo: Edusp, 2006.

501 Fala-se na existência de "preferências adaptativas": as pessoas modificam inconscientemente as suas preferências para ajustá-las às possibilidades reais do ambiente – ou ao que imaginam que sejam estas possibilidades. Veja-se, a propósito, ELSTER, Jon. *Sour grapes*: studies in the subversion of rationality. Cambridge: Cambridge University Press, 1985.

Assim, as condições para o exercício da liberdade positiva não são apenas materiais, mas também culturais. A garantia da liberdade positiva demanda a atuação no âmbito sociocultural para fomentar o desenvolvimento de um *ethos* inclusivo e liberal. Nisso, a educação tem certamente um papel fundamental: uma educação voltada para o livre desenvolvimento do educando, na linha, aliás, do que prescreve a Constituição de 88 (art. 205, CF). Outras políticas públicas são também necessárias, focadas na construção de um ambiente social que empodere as pessoas a fazerem as suas próprias escolhas de vida e a segui-las.

A compreensão positiva de liberdade é adotada pelo Tribunal Constitucional alemão, que já reconheceu, por exemplo, que a liberdade profissional não é um direito apenas negativo, mas envolve também a necessidade de acesso à formação universitária exigida para o desempenho do trabalho desejado.[502] Como se consignou naquele julgamento, "o direito de liberdade não teria valor sem os pressupostos fáticos necessários para o seu exercício". Tais pressupostos são muitas vezes associados ao mínimo existencial. Como se verá no capítulo 5, um dos mais poderosos argumentos em favor da proteção do mínimo existencial é de que a sua garantia se afigura indispensável para a fruição da liberdade por pessoas concretas, em situação de penúria e vulnerabilidade.

A compreensão positiva de liberdade volta o seu olhar para as necessidades e vulnerabilidades do sujeito concreto. Um exemplo desta ótica se encontra em decisão da Corte Constitucional da Colômbia, que tratou do acesso de um indivíduo anão àquele próprio tribunal.[503] Os guichês em que ocorre o atendimento ao público tinham altura maior do que a do portador de nanismo, o que criava grave embaraço para que ele se dirigisse aos funcionários da corte. O Tribunal, como solução, determinou que todas as pessoas portadoras de nanismo passariam a ter um acesso diferenciado à corte, sendo atendidas não através do guichê, mas no interior da repartição, como já se fazia com outras pessoas com deficiência. No julgamento, abordou-se a necessidade de superação das barreiras físicas e culturais que comprometem o pleno exercício da autonomia por pessoas anãs:

> Como é lógico, todas estas barreiras obstaculizam o exercício dos seus direitos fundamentais e desestimulam a sua participação e integração

---

[502] Tribunal Constitucional Federal da Alemanha. Caso *Numerus Clausus I*, BverfGE 33, 303 (1972).

[503] Corte Constitucional da Colômbia. Sentencia T-1258 de 2008.

> social. Por fim, em consideração à sua dignidade, não se pode continuar requerendo das pessoas de baixa estatura, que no acesso à infraestrutura e no exercício dos seus direitos dependam da ajuda generosa de terceiros, para alcançar um telefone público, abrir uma porta, alcançar uma maçaneta, dentre outras restrições (...). Neste sentido, a necessidade de tratamento preferencial e concreto para as pessoas de baixa estatura se funda precisamente no compromisso constitucional de promover para eles uma maior autonomia e participação na vida comunitária, a fim de maximizar a sua independência e assegurar o gozo efetivo de seus direitos.

No Brasil, a ideia de liberdade positiva se deixa entrever em vários julgados do STF. Em discussão a propósito do crime de redução à condição análoga a de escravo, por exemplo, a Corte rechaçou a necessidade de caracterização de coação física contra a vítima. A redatora do acórdão, Ministra Rosa Weber, afirmou:

> Priva-se alguém de sua liberdade e de sua dignidade, tratando-o como coisa e não como pessoa humana, o que pode ser feito não só mediante coação, mas também pela violação intensa e persistente de seus direitos básicos, inclusive os trabalhistas. A violação do direito ao trabalho digno impacta a capacidade da vítima de realizar escolhas segundo a sua livre determinação. Isso também significa "reduzir alguém à condição análoga a de escravo".
> Exemplificando, não há o registro no caso presente de que algum dos trabalhadores tenha sido proibido de abandonar o seu trabalho, mas não tenho dúvidas de que eles não persistiriam trabalhando em condições degradantes ou exaustivas se dispusessem de alternativas. Ser escravo é não ter domínio sobre si mesmo.[504]

No julgamento do STF em que se afirmou a inconstitucionalidade da exigência, presente na Lei Maria da Penha, de representação da vítima para instauração de ação penal contra o agressor da mulher, em caso de lesão corporal leve, argumentação similar foi empregada. No voto do relator, Ministro Marco Aurélio, destacou-se como as relações familiares opressivas, o medo e a naturalização da violência de gênero tornam muitas vezes irreal a liberdade da mulher para fazer e manter a representação visando à propositura da ação penal:

---

[504] Supremo Tribunal Federal, Inq. nº 4.412, Tribunal Pleno, Rel. Min. Marco Aurélio, Red. do Ac. Min. Rosa Weber, DJe 12.11.2012.

> Deixar a cargo da mulher autora da representação a decisão sobre o início da persecução penal significa desconsiderar o temor, a pressão psicológica e econômica, as ameaças sofridas, bem como a assimetria de poder decorrente de relações histórico-culturais, tudo a contribuir para a diminuição de sua proteção e a prorrogação da situação de violência, discriminação e ofensa à dignidade humana. Implica relevar os graves impactos emocionais impostos pela violência de gênero à vítima, o que a impede de romper com o estado de submissão.[505]

Pode-se concluir, assim, que a autonomia perseguida pelo princípio da dignidade da pessoa humana não se resume à mera ausência de obstáculos externos à atuação estatal. Trata-se de uma liberdade positiva, que visa não só a impedir a imposição de barreiras às escolhas individuais, mas objetiva também empoderar as pessoas para que possam realmente exercer a plenitude da sua liberdade.

4.4 Direito geral de liberdade? A extensão da proteção da autonomia privada

Há um debate importante sobre a existência ou não de um direito geral de liberdade, que protegeria todo e qualquer comportamento humano. Para os que aceitam este direito,[506] qualquer restrição ou imposição de conduta a um particular consiste em restrição ao direito fundamental. Trata-se de um direito com suporte fático amplíssimo, já que, nas palavras de Pieroth e Schlink, "protege não um âmbito de vida determinado e delimitado, mas toda a atuação humana".[507] Essa liberdade geral abarca, inclusive, "actuações de qualquer espécie e valor, sem que tenha que reconhecer-se-lhes uma especial ligação com o desenvolvimento da personalidade".[508]

---

505 Supremo Tribunal Federal. ADI nº 4424, Rel. Min. Marco Aurélio, julg. 09.02.2012.

506 Cf., *e.g.*, ALEXY, Robert. *Teoria dos direitos fundamentais*. (Trad. Virgílio Afonso da Silva). São Paulo: Malheiros, 2008. p. 393-432; PINTO, Paulo Mota. Direito ao livre desenvolvimento da personalidade. *In*: *AA. VV. Portugal-Brasil Ano 2000*. Tema Direito. Coimbra: Coimbra Editora, 1999. p. 198-205; SARLET, Ingo Wolfgang; VALE, André Rufino do. Direito geral de liberdade. *In*: CANOTILHO, J. J. Gomes *et al*. *Comentários à Constituição do Brasil*. São Paulo: Saraiva, 2013. p. 216-222; PEREIRA, Jane Reis Gonçalves. *Interpretação constitucional e direitos fundamentais*. Rio de Janeiro: Renovar, 2006. p. 168-173.

507 PIEROTH, Bodo; SCHLINK, Bernhard. *Direitos fundamentais*. (Trad. António Francisco de Souza e António Franco). São Paulo: Saraiva, 2012. p. 175.

508 PINTO, Paulo Mota. Direito ao livre desenvolvimento da personalidade. *In*: *AA. VV. Portugal-Brasil Ano 2000*. Tema Direito. Coimbra: Coimbra Editora, 1999. p. 201.

Na Alemanha, o Tribunal Constitucional Federal reconheceu a existência de "um direito fundamental específico que garante às pessoas a liberdade geral de ação" no caso *Elfes*,[509] decidido em 1957, que tratou do direito à realização de viagem ao exterior. O direito geral de liberdade, para a Corte germânica, estaria encartado na cláusula do livre desenvolvimento da personalidade, consagrada no artigo 2 (1) da Lei Fundamental. O Tribunal alemão vem, desde então, reconhecendo esse direito em iterativa jurisprudência, inclusive em casos em que o comportamento restringido se afigura até banal, como a alimentação de pombos em praça pública[510] e a realização de cavalgadas por uma floresta.

Essa orientação foi objeto de crítica em importante voto vencido proferido pelo Juiz Dieter Grimm, em caso que versava sobre o direito a cavalgar em determinada floresta.[511] Grimm afirmou que os direitos fundamentais devem salvaguardar apenas bens jurídicos relevantes, e não a toda e qualquer conduta humana, já que visam a proporcionar uma proteção robusta, inclusive em face do legislador. Nas suas palavras, "o sentido dos direitos fundamentais não é, nem histórica nem funcionalmente falando, colocar todo e qualquer comportamento humano possível sob a sua proteção especial". Daí porque, no seu entendimento, o direito ao livre desenvolvimento da personalidade abarcaria apenas a liberdade atinente a comportamentos que tenham "uma relevância maior para o desenvolvimento da personalidade, uma relevância semelhante à do bem jurídico protegido pelos demais direitos fundamentais. Onde faltar essa relevância falta também o motivo para a proteção especial oferecida justamente pelos direitos fundamentais".

Ronald Dworkin também refutou a existência de um direito geral de liberdade, ironizando o absurdo que seria conceber como direito fundamental a possibilidade de trafegar pela contramão de uma avenida movimentada.[512] Para Dworkin, não existe um direito à liberdade, mas sim direitos fundamentais a determinadas liberdades. Essas liberdades especialmente protegidas seriam aquelas que decorrem do imperativo de tratar a todas as pessoas com o mesmo respeito e consideração. O tratamento respeitoso importa em reconhecer um direito igual para cada pessoa de fazer as suas escolhas de vida, que não pode ser tolhido

[509] Tribunal Constitucional Federal da Alemanha, BVerfGE 6, 32 (1957).

[510] Tribunal Constitucional Federal da Alemanha, BVerfGE 54, 143 (1980).

[511] Tribunal Constitucional Federal da Alemanha, BVerfGE 1, 921 (1985).

[512] Cf. DWORKIN, Ronald. What rights do we have? *In*: DWORKIN, Ronald. *Taking rights seriously*. Cambridge: Harvard University Press, 1977. p. 266-278.

apenas porque a sociedade discorda dessas escolhas. Apenas essas liberdades especialmente importantes podem ser concebidas como verdadeiros trunfos diante de metas coletivas.

A objeção contra a banalização dos direitos fundamentais é relevante. Fica realmente inviável estender a toda e qualquer ação humana uma proteção reforçada, de "trunfo" poderoso, diante de metas coletivas ou preferências comunitárias. Porém, do outro lado, um argumento importante em favor do reconhecimento de um direito geral de liberdade diz respeito à exigência de racionalização de toda e qualquer medida que vede ou imponha condutas às pessoas.[513] Em razão desse reconhecimento, as medidas restritivas devem não apenas estar previstas em lei (art. 5º, inciso II, CF). É preciso também que haja razões legítimas que justifiquem essa restrição, que passem no teste da proporcionalidade, na sua tríplice dimensão: persigam fim legítimo e contribuam para a sua realização (subprincípio da adequação); não haja meios alternativos mais brandos para alcançar o mesmo fim (subprincípio da necessidade); e a promoção do objetivo almejado compense o ônus imposto à liberdade (subprincípio da proporcionalidade em sentido estrito).[514] Tais parâmetros viabilizam o controle intersubjetivo de qualquer medida que afete a liberdade, demandando fundamentação suficiente para qualquer restrição.

Ademais, no Brasil parecer haver fundamento textual expresso para o direito geral de liberdade. Afinal o art. 5º, *caput*, da Constituição alude ao direito à liberdade sem precisar o seu âmbito de proteção, o que induz à conclusão de que se trata de um direito geral, que abarca todo tipo de comportamento humano. Nesse cenário – e revendo posicionamento anterior[515] – considero que existe um direito geral de liberdade na ordem jurídica brasileira. Trata-se de um direito residual, que incide quando não se aplicarem outras liberdades específicas consagradas na Constituição. Um direito cuja força varia muito. Nas

---

[513] Cf. ALEXY, Robert. *Teoria dos direitos fundamentais*. (Trad. Virgílio Afonso da Silva). São Paulo: Malheiros, 2008.

[514] Sobre o princípio da proporcionalidade, a bibliografia é extensa. Veja-se, *e.g.*, PULIDO, Carlos Bernal. *El principio de proporcionalidad y los derechos fundamentales*. 3. ed. Madrid: Centro de Estudios Constitucionales, 2007; BARAK, Aharon. *Proportionality*: constitutional rights and their limitations. Cambridge: Cambridge University Press, 2012; PEREIRA, Jane Reis Gonçalves. *Interpretação constitucional e direitos fundamentais*. Rio de Janeiro: Renovar, 2006.

[515] Cf. SARMENTO, Daniel. Interesses públicos vs. interesses privados na perspectiva da teoria e da filosofia constitucional. *In*: SARMENTO, Daniel (Org.). *Interesses públicos versus interesses privados*: desconstruindo o princípio da supremacia do interesse público. Rio de Janeiro: Lumen Juris, 2006.

hipóteses banais – alimentar pombos na praça, conduzir veículo automotor na velocidade desejada, jogar frescobol na praia etc. –, o seu peso é reduzido no processo ponderativo. Nesses casos, as razões que justificam as medidas restritivas não precisam ser fortes, e o eventual controle jurisdicional sobre as limitações deve ser autocontido. Já para as decisões básicas de vida, que envolvem escolhas importantes da pessoa, as razões precisam ser muito mais robustas, e o escrutínio judicial sobre as medidas restritivas deve ser significativamente rigoroso.

Essas últimas decisões, que se ligam às escolhas existenciais relevantes, são diretamente tocadas pelo princípio da dignidade da pessoa humana. Porém, seria baratear a dignidade humana enxergar em uma lei municipal que proíbe que as pessoas joguem frescobol na praia antes das 17h uma restrição ao princípio. Se a dignidade é um princípio muito forte – conquanto não absoluto –, que assume peso sempre elevado em colisões com outros princípios, ela não pode se estender a hipóteses banais, em que não haja justificativa para atribuição de tamanha força. Nesses casos, fundamentar diretamente na dignidade humana a proteção da autonomia privada, além de ser metodologicamente equivocado, como se verá no capítulo 7, poderia gerar uma dentre duas alternativas, ambas profundamente indesejáveis: (a) haveria o reconhecimento de que a dignidade tem por vezes um peso muito reduzido na ponderação, o que debilitaria o regime constitucional de proteção deste princípio; ou então (b) dar-se-ia a esses interesses triviais uma proteção reforçada, à altura do princípio da dignidade da pessoa humana, o que geraria comprometimento excessivo da autonomia pública do cidadão, bem como da possibilidade de regulação eficiente da vida social. Em outras palavras, ou a dignidade seria fragilizada, deixando de ser um princípio forte, ou se implantaria uma verdadeira "tirania da dignidade".

Isso, porém, não significa que a dignidade da pessoa humana não tenha pertinência nesses casos de decisões individuais menos importantes. Nessas hipóteses, ela gera uma *vedação ao uso de determinadas razões* para justificar as medidas restritivas, cujo emprego é, em si mesmo, atentatório à dignidade.[516] O princípio da dignidade humana, nesses casos, é mobilizado não pela natureza da liberdade

---

[516] No mesmo sentido, ressaltou Ronald Dworkin: "Outras leis violam a independência ética em virtude não do caráter fundacional das decisões que inibem, mas dos motivos do Estado ao editá-las. O Estado não pode restringir a liberdade quando a sua justificação se baseia na superioridade ou popularidade de valores éticos controvertidos na comunidade". (DWORKIN, Ronald. *Justice for hedgehogs*. Cambridge: The Belknap Press of Harvard University Press, 2011. p. 369). Recorde-se, a propósito, que valores éticos, para Dworkin, são aqueles que concernem a maneira como cada um deve viver a sua própria vida.

individual restringida, mas pelos fundamentos que lastreiam a restrição. Uma atividade humana que não seja tão importante sob o ângulo da dignidade humana pode ser limitada, de modo proporcional, se ela prejudica direitos e interesses de terceiros ou metas coletivas. Mas a mesma atividade não pode, em princípio, ser proibida em razão de o Estado considerar que ela é intrinsecamente imoral ou "pecaminosa" quando não causar dano a ninguém. Nem tampouco pode ser limitada, no afã de impor ao indivíduo algum modelo de virtude pessoal ou de "vida boa", mesmo quando os poderes públicos acreditem que, ao fazê-lo, estejam agindo para o bem da própria pessoa. Não há, por exemplo, problema constitucional em o Poder Público proibir que se jogue futebol em praias movimentadas durante o dia, para proteger os demais banhistas de indesejadas "boladas". Mas violaria a dignidade a mesma proibição se fosse motivada pela consideração de que, durante o dia, as pessoas devem se engajar em atividades produtivas – devem trabalhar ou estudar –, e não jogar "peladas" na praia. A restrição poderia ser exatamente a mesma, mas no primeiro caso não teríamos afronta à dignidade humana e no segundo sim.

Essa questão será aprofundada no próximo item, em que tratarei de um dos temas mais instigantes da filosofia jurídica, que tem despertado intensa controvérsia no campo da dignidade humana: os limites do paternalismo, do perfeccionismo e do moralismo no âmbito do Direito.

4.5 Restrições à autonomia: danos a terceiros, paternalismo, perfeccionismo e moralismo

Um dos mais importantes debates sobre a autonomia diz respeito aos fundamentos admissíveis para a imposição de restrições à liberdade individual. Uma resposta liberal clássica para a questão foi dada no século XIX pelo filósofo inglês John Stuart Mill: só o dano a outras pessoas pode justificar a restrição à liberdade. Nas suas palavras, "a única finalidade que pode justificar o exercício legítimo de autoridade sobre qualquer membro de uma comunidade civilizada, contra a sua vontade, é impedir que cause dano a outras pessoas".[517] A tese de Mill se

[517] MILL, John Stuart. On liberty. *In*: *Great books of the western world*: American State papers, the federalist, Stuart Mill. Chicago: Encyclopaedia Britannica, 1971. v. 43, p. 271. Na sequência, em passagem célebre, Mill acrescenta: "O seu próprio bem, físico ou moral, não é razão suficiente. Ele não pode ser compelido ou proibido de agir, porque fazê-lo seria melhor para ele mesmo, o tornaria mais feliz, ou porque na opinião dos outros seria mais sábio ou correto. Há boas razões para discutir com ele, dialogar, tentar persuadi-lo, mas não para

sustenta na distinção entre a conduta autorreferente e a heterorreferente: as limitações à liberdade só se justificariam no segundo caso. Para o filósofo, o Estado e a sociedade não poderiam, em hipótese alguma, restringir a liberdade de um indivíduo capaz para fazê-lo se comportar de modo virtuoso ou mesmo para protegê-lo de si mesmo. Essa mesma ideia foi consagrada no art. 4º da Declaração dos Direitos do Homem e do Cidadão, de 1789: "A liberdade consiste em poder fazer tudo o que não prejudique o próximo: assim, o exercício dos direitos naturais de cada homem não tem por limites senão aqueles que asseguram aos outros membros da sociedade o gozo dos mesmos direitos".

Stuart Mill foi um pensador utilitarista, que justificou o seu *princípio do dano* com base naquela filosofia. Para ele, a sociedade ganharia com a adoção do princípio, seja porque as pessoas em geral sabem melhor do que o Estado qual é o seu próprio bem, seja porque qualquer restrição à liberdade, ainda que bem-intencionada, impõe um dano a quem a sofre, que tende a sobrepujar o outro mal que se pretende evitar. Certo é, porém, que, além de argumentos utilitaristas, há também razões deontológicas em favor do referido princípio. Postula-se, em suma, que as pessoas devem ter a possibilidade de se autodeterminar, fazendo e seguindo as suas escolhas de vida, desde que não ofendam o igual direito de terceiros, pois isso decorre do reconhecimento de que são agentes morais, cuja liberdade tem de ser respeitada.

A teoria jurídica de Immanuel Kant, elaborada muito antes de Mill, seguiu esse caminho. A filosofia moral kantiana, como já visto, embora baseada numa certa concepção de autonomia, tem implicações fortemente heterônomas, ao prescrever rigorosos deveres da pessoa em relação a si mesma. Contudo, a sua teoria do Direito não apresenta o mesmo traço.[518] Kant concebe o Direito como uma esfera voltada à

---

compeli-lo ou lhe impor qualquer consequência negativa caso aja de modo diferente. (...) A única parte da conduta pela qual ele responde perante a sociedade é a que atinge aos outros. Na parte que apenas lhe interessa, a sua independência é, de direito, absoluta. Sobre ele mesmo, sobre o seu próprio corpo e mente, o indivíduo é soberano. (...) A única liberdade que merece o nome é a de perseguir o nosso próprio bem da nossa própria maneira". (MILL, John Stuart. On liberty. *In*: *Great books of the western world*: American State papers, the federalist, Stuart Mill. Chicago: Encyclopaedia Britannica, 1971. v. 43, p. 271 e 273).

518 Kant designa as normas que regem a conduta humana de "costumes", que ele divide em dois campos, a legalidade e a moralidade, como se observa em sua obra *Metafísica dos Costumes*. Os deveres do homem em relação a si mesmo situam-se no campo da moralidade, e não na esfera da legalidade. Como ressaltou o filósofo, "o conceito de direito afeta, em primeiro lugar, apenas a relação externa (...) entre uma pessoa e a outra". (KANT, Immanuel. *A metafisica dos costumes*. (Trad. Edson Bini). 2. ed. Bauru: Edipro, 2008. p. 38). Daí a sua definição de Direito como disciplina voltada às relações externas intersubjetivas: "O Direito é o conjunto de condições sob as quais o arbítrio de cada um pode se conciliar com o arbítrio do outro,

compatibilização das liberdades externas das pessoas, de acordo com leis universais. Na teoria kantiana, apenas as ações de indivíduos que repercutem sobre outros indivíduos podem ser limitadas pelo Direito, que não tem o papel de proteger as pessoas delas mesmas ou de impor modelos de virtude. Por isso, o filósofo condenou duramente o Estado paternalista, que trata os cidadãos como crianças:

> Ninguém pode me obrigar a ser feliz da sua maneira (...), mas cada um pode buscar a sua felicidade pelo caminho que prefira, sempre que não viole a liberdade dos demais para perseguirem um fim semelhante (...) Um governo que se estabelecesse segundo o princípio de benevolência para com o povo, como um pai para seus filhos, um governo paternalista (*imperium paternale*), em que os súditos, como crianças menores de idade, não pudessem distinguir o que é útil ou nocivo (...) este governo é o maior despotismo imaginável.[519]

De todo modo, o princípio do dano envolve diversas complexidades. Uma delas é a definição de "dano". O que deve contar como dano para justificar uma restrição à liberdade? Cumpre descartar, inicialmente, o desconforto de alguém com a escolha alheia que não afete a sua própria esfera subjetiva. Um indivíduo homofóbico pode se sentir extremamente incomodado, até enojado, com as demonstrações de afeto de um casal homossexual feitas na sua presença.[520] A ação deste casal, porém, não lhe causa qualquer "dano". Dano tampouco é toda frustração de um interesse pessoal, ainda que legítimo. A tristeza justificada de um noivo abandonado não é razão legítima para limitar a

---

segundo uma lei universal de liberdade" (*Ibidem*, p. 39). Como observou Otfried Höffe, para Kant, "o Direito não coincide, nem quanto ao seu conteúdo, nem quanto aos seus móbeis, com a razão do sujeito agente, *i.e.*, com a moralidade pessoal. Consequentemente, o primeiro grupo dos deveres específicos da moralidade pessoal, desenvolvidos na *Doutrina da Virtude*, que são os deveres de aperfeiçoamento próprio, não faz parte, de modo algum, dos deveres jurídicos. Por isso, Kant considerou, por exemplo, o suicídio como moralmente ilícito, mas criticou alguns juristas do seu tempo por suas tentativas de fazer da conservação da vida um dever jurídico. (...) Aos deveres do direito pertencem somente aquelas obrigações sociais cuja transgressão, como, por exemplo, a violação do contrato, o furto, ou o homicídio, impossibilita *a priori* a coexistência da liberdade externa". (HÖFFE, Otfried. *Immanuel Kant*. (Trad. Christian Viktor Hamm e Valério Rohden). São Paulo: Martins Fontes, 2005. p. 240).

519 KANT, Immanuel. On the common saying: "this may be tru in theory, but it does not apply in practice". (Trad. H. B. Nisbet). In: KANT, Immanuel. *Political writings*. Cambridge: Cambridge University Press, 2001. p. 74.

520 Martha Nussbaum mostrou, em precioso estudo, como a consideração do "nojo" (*disgust*) tende a produzir resultados extremamente conservadores no campo do Direito. (NUSSBAUM, Martha. *Hiding from humanity*: disgust, shame and the law. Princeton: Princeton University Press, 2004. p. 124-171).

liberdade existencial de sua noiva de desmanchar a relação. Na verdade, a ideia de dano tem um sentido normativo: o dano é uma violação a um direito.[521] [522] Nem o homofóbico, nem o noivo abandonado tinham um direito a que as suas preferências em relação à conduta alheia se realizassem. Mas uma pessoa tem o direito, por exemplo, de que outra não a agrida física ou moralmente, de que não ponha em risco a sua segurança ou saúde, de que não a prive dos seus bens.

O princípio do dano, porém, embora aponte em uma direção certa, peca tanto pela falta como pelo excesso. Pelo excesso, porque nem sempre o dano a terceiros justifica restrições à liberdade. Pela falta, porque há situações em que a limitação à liberdade se afigura admissível, embora não se volte a afastar ou a prevenir um dano a terceiro – *e.g.*, obrigação do uso do cinto de segurança nos automóveis.

Começo pelo excesso: se é verdade que os danos a terceiros podem eventualmente justificar uma restrição à liberdade, isso não significa que eles sempre tenham peso suficiente para fazê-lo.[523] Há hipóteses,

---

521 Joel Feinberg, que tratou extensamente do tema, afirmou que o dano tem um componente descritivo e um normativo. Para que um dano se caracterize, é necessário que, simultaneamente, os interesses do agente sejam negativamente afetados, e esta afetação configure a violação de um direito (cf. FEINBERG, Joel. *Harm to others*: the moral limits of criminal law. New York: Oxford University Press, 1985. p. 31-65). Em sentido similar, cf. VALDÉS, Ernesto Garzón. ¿Es éticamente justificable el paternalismo jurídico? *Doxa*: Cuadernos de Filosofía del Derecho, n. 5, p. 171, 1988; e MARTEL, Letícia de Campos Velho. *Direitos fundamentais indisponíveis*: os limites e os padrões do consentimento para a autolimitação do direito fundamental à vida. 2010. Tese (Doutorado em Direito) ⊠ Faculdade de Direito, Universidade do Estado do Rio de Janeiro, Rio de Janeiro, 2010. p. 119.

522 Feinberg agrega, à noção de dano, a ideia de "ofensa aos outros" (*offense to others*) como razão legítima, no marco liberal, para justificar restrições às liberdades. Para Feinberg, a "ofensa" é a ação que provoca no outro "estados mentais" indesejados e desagradáveis, ligados aos sentidos ou aos sentimentos. A ofensa pode, por exemplo, causar nojo, indignação, vergonha, ansiedade, medo, humilhação e raiva. Feinberg também acrescenta à ideia empírica de ofensa um componente normativo: só a ofensa injusta, que lesa os direitos do ofendido, deve contar. (FEINBERG, Joel. *Offense to others*: the moral limits of the criminal law. New York: Oxford University Press, 1985).

523 O tema veio à baila em hipótese curiosa, enfrentada pela Corte Europeia de Direitos Humanos em 2014. No caso *Gough v. United Kingdom* (Application nº 49327/11), o Tribunal discutiu a situação de Stephen Gough, conhecido como o "caminhante nu" (*naked rambler*), que fora preso 42 vezes na Escócia por andar permanentemente despido, inclusive quando comparecia às audiências judiciais nos seus processos. A cada vez que era solto, Gough retirava de novo as roupas e era preso novamente, passando mais de seis anos no cárcere por conta disso. Ele sustentou que as prisões tinham violado os seus direitos à privacidade e às liberdades de expressão e de consciência. A Corte, porém, refutou as alegações, e um dos argumentos empregados foi de que a conduta do requerente "causava alarme e ofensa moral ou de outra natureza a outros membros desavisados do público". Considero a decisão equivocada. Ainda que se reconheça algum dano a terceiros na hipótese – o constrangimento imposto pela nudez pública de um adulto – ele não parece forte o suficiente para compensar a limitação de uma liberdade existencial cujo exercício se afigurava tão essencial para Dough, como o seu comportamento evidenciava.

por exemplo, em que o exercício da liberdade de expressão do agente causa danos efetivos a direitos da personalidade de terceiros, e, nada obstante, aquela liberdade prevalece.[524] A validade das restrições a uma liberdade, mesmo quando o seu exercício afete direitos de terceiros, não é automática. A colisão entre liberdade de um indivíduo e direitos de outras pessoas se resolve, via de regra, por uma ponderação de interesses, que deve ser pautada pelo princípio da proporcionalidade, levando em conta tanto a relevância constitucional dos bens jurídicos em confronto, como também a intensidade com que cada um deles é afetado no caso concreto.[525]

Por outro lado, existem restrições legítimas à liberdade que não se ligam a danos a terceiros predeterminados. Neste sentido, há, em primeiro lugar, metas e objetivos sociais que podem justificar essas restrições. A preservação do patrimônio histórico, por exemplo, pode justificar a limitação à liberdade do morador de Ouro Preto de alterar a fachada de sua residência. A necessidade de promover eleições pode lastrear a convocação de pessoas para trabalharem como mesários nos pleitos, limitando a sua autonomia naquele dia. O conflito entre liberdades e interesses sociais também se resolve por uma ponderação pautada pelo princípio da proporcionalidade. Como destaquei no capítulo 3, não se deve afirmar a superioridade dos interesses da coletividade sobre os direitos das pessoas, mas tampouco é correto conceber a liberdade individual como um trunfo absoluto, ao abrigo de qualquer ponderação com os interesses e metas da comunidade.

Danos a animais não humanos também podem legitimar restrições proporcionais à autonomia individual.[526] A Constituição de 88 é explícita

---

[524] O tema da colisão entre a liberdade de expressão e os direitos da personalidade é complexo e sobre ele há ampla bibliografia. Veja-se, a propósito, FARIA, Edilson Pereira de. *Colisão de Direitos*: a honra, a intimidade, a vida privada e a imagem *versus* a liberdade de expressão e informação. 2. ed. Porto Alegre: Sergio Antonio Fabris Editor, 2000; WEINGARTER NETO, Jayme. *Honra, privacidade e liberdade de imprensa.* Porto Alegre: Livraria do Advogado, 2002; e BARROSO, Luís Roberto. Liberdade de expressão *versus* direitos da personalidade. *In*: BARROSO, Luís Roberto. *Temas de Direito Constitucional.* Rio de Janeiro: Renovar, 2005. t. III. p. 79-130.

[525] Cf., *e.g.*, ALEXY, Robert. *Teoria dos direitos fundamentais*. (Trad. Virgílio Afonso da Silva). São Paulo: Malheiros, 2008; e PEREIRA, Jane Reis Gonçalves. *Interpretação constitucional e direitos fundamentais.* Rio de Janeiro: Renovar, 2006.

[526] Não terei como enfrentar aqui o importante debate jurídico, que tem profundas implicações filosóficas, sobre se os interesses juridicamente tutelados dos animais se qualificam ou não como "direitos". Veja-se, a propósito, REGAN, Tom. *The case for animal rights*. Berkeley: University of California Press, 2004; NUSSBAUM, Martha C. *Frontiers of justice*: disability, nationality, species membership. Cambridge: The Belknapp Press of Harvard University Press, 2006. p. 325-407; LOURENÇO, Daniel Braga. *Direito dos animais*: fundamentação e novas perspectivas. Porto Alegre: Sérgio Antonio Fabris Editor, 2008; MOLINARO, Carlos

nesse sentido, ao vedar as práticas que "provoquem a extinção de espécies ou submetam animais a crueldade" (art. 225, §1°, VII), e o STF, com base nesse fundamento, já afirmou a inconstitucionalidade de leis que autorizavam a prática da "farra do boi" e da "briga de galo".[527] Também nessa linha, o Tribunal Constitucional alemão, em decisão recente e curiosa,[528] afirmou a validade de lei que tornara infração administrativa a prática de zoofilia, que tinha sido impugnada sob o argumento de que limitara a autodeterminação sexual das pessoas.[529]

Ademais, em hipóteses excepcionais, podem também haver restrições legítimas à liberdade que se voltem à proteção do próprio agente, como as motivadas por propósitos paternalistas e perfeccionistas, que serão examinadas no próximo subitem.

4.5.1 Paternalismo, perfeccionismo e neutralidade estatal

O paternalismo e o perfeccionismo têm em comum o fato de que envolvem limitações à liberdade que visam a tutelar os interesses do próprio agente. A diferença entre eles está em que o perfeccionismo se baseia no propósito de ajustar a vida e a conduta do indivíduo a modelos de virtude e vida boa, o que nem sempre ocorre com o paternalismo. O perfeccionismo, segundo definição de Carlos Santiago Nino, é a "concepção segundo a qual é uma missão legítima do Estado fazer com que os indivíduos aceitem e materializem ideais válidos de virtude pessoal".[530] Já o paternalismo se liga à interferência na liberdade

---

Alberto *et al*. (Orgs.). *A dignidade da vida e os direitos fundamentais para além dos humanos*: uma discussão necessária. Belo Horizonte: Fórum, 2008.

527 Supremo Tribunal Federal. RE nº 153.531, 2ª Turma, Rel. Min. Marco Aurélio, DJ 13. 03. 1998 (farra do boi); ADI nº 2.514, Tribunal Pleno, Rel. Min. Eros Grau, DJ 02.12.2005; ADI nº 1.856, Tribunal Pleno, Rel. Min. Celso de Mello, DJe 13.10.2011; ADI nº 3.776, Tribunal Pleno, Rel. Min. Cézar Peluso, DJe 28.06.2007 (as três ADIs versaram sobre briga de galo). No momento de finalização da 2ª edição dessa obra, encontra-se em julgamento no STF, na ADI nº 4.983, Rel. Min. Marco Aurélio, a validade de lei que autorizou e regulamentou a prática conhecida como "vaquejada". Já foram proferidos quatro votos contrários à lei e quatro voto favoráveis, estando suspenso o julgamento, por força de pedido de vista do Min. Dias Toffoli.

528 Tribunal Constitucional Federal da Alemanha. 1 BvR 1864/14, decisão proferida em 08.12.2015.

529 Para um comentário a essa decisão, veja-se SARLET, Ingo Wolfgang. *A proteção dos animais e a legitimidade jurídico-constitucional da zoofilia*. Disponível em: http://www.conjur.com.br/2016-mar-11/direitos-fundamentais-protecao-animais-legitimidade-juridico-constitucional-zoofilia. Acesso em 06 ago. 2016.

530 NINO, Carlos Santiago. *Ética y derechos humanos*. 2. ed. Buenos Aires: Editorial Astrea, 1989. p. 413.

pessoal voltada à proteção do próprio agente.[531] Além de restrições ao comportamento das pessoas, ele pode envolver, por exemplo, o bloqueio do acesso a informações[532] [533] ou a pontos de vista[534] a partir da premissa de que o indivíduo poderia utilizá-los mal, tomando decisões erradas. Embora normalmente associado às restrições à autonomia privada, o paternalismo pode também ser utilizado para restringir a autonomia pública do cidadão.[535] Um exemplo recente foi a aprovação da Lei Complementar nº 135/2010, que, nas palavras de Clèmerson Merlin Clève, teria operado a "expropriação da liberdade de escolha

---

[531] De acordo com a definição de Joel Feinberg, o paternalismo jurídico é a teoria que "justifica o uso da coerção estatal para proteger os indivíduos de danos autoinfligidos ou, na sua versão extrema, para guia-los, gostem eles ou não, em direção ao seu próprio bem". (FEINBERG, Joel. Legal paternalism. *In*: SARTORIUS, Rolf (Ed.). *Paternalism*. Minneapolis: University of Minnesota Press, 1983. p. 3). Gerald Dworkin, por sua vez, definiu o paternalismo como "a interferência na liberdade de ação de uma pessoa justificada por razões referentes exclusivamente ao bem-estar, ao bem, à felicidade, às necessidades, interesses ou valores da pessoa cuja liberdade é restringida". (DWORKIN, Gerald. Paternalism. *In*: SARTORIUS, Rolf (Ed.). *Paternalism*. Minneapolis: University of Minnesota Press, 1983. p. 20).

[532] Cf. DWORKIN, Gerald. Paternalism: some second thoughts. *In*: SARTORIUS, Rolf (Ed.). *Paternalism*. Minneapolis: University of Minnesota Press, 1983. p. 105.

[533] A Lei nº 11.300/2006 estabeleceu a proibição de divulgação do resultado de pesquisas eleitorais a menos de 15 dias do pleito visando a evitar "influências indevidas" sobre a vontade do eleitor. Tratava-se de um típico caso de paternalismo, pois se presumia a incapacidade do eleitor de formar o seu próprio juízo a partir de informações recebidas. O preceito foi invalidado pelo STF no julgamento da ADI nº 3.741, Rel. Min. Ricardo Lewandowski, julg. 06.08.2006. Sobre a ubiquidade do paternalismo na legislação eleitoral brasileira, veja-se OSÓRIO, Aline Rezende Peres. *O direito eleitoral e a liberdade de expressão*: política, palavra e paixão. 2015. Dissertação (Mestrado em Direito) ⊠ Faculdade de Direito, Universidade do Estado do Rio de Janeiro, 2015.

[534] O antipaternalismo é um dos principais fundamentos filosóficos da liberdade de expressão. O tema foi desenvolvido com densidade em SCANLON, Thomas. A theory of freedom of expression. *In*: DWORKIN, Ronald (Ed.). *Philosophy of law*. Oxford: Oxford University Press, 1977. p. 153-172. Dworkin também enfatizou o ponto: "O Estado insulta seus cidadãos e nega a eles a sua responsabilidade moral, quando decreta que não se pode confiar neles para ouvir opiniões que possam persuadi-los a adotar convicções perigosas ou ofensivas". (DWORKIN, Ronald. Why speech must be free. *In*: DWORKIN, Ronald. *Freedom's law*: the moral reading of the American Constitution. Cambridge: Harvard University Press, 1996. p. 200).

[535] A própria jurisdição constitucional – ou a maneira mais proativa como ela é exercida – já foi caracterizada como mecanismo paternalista de interferência na autonomia pública do cidadão, pela qual juízes ilustrados limitariam as capacidades do povo de se autogovernar. Nesta linha, *e.g.*, MAUS, Ingeborg. *O Judiciário como superego da sociedade*. (Trad. Geraldo de Campos Carvalho e Gercélia Batista de Oliveira Mendes). Rio de Janeiro: Lumen Juris, 2010. Não concordo com essa posição, que me parece muito simplificadora. Tratei extensamente do tema em SOUZA NETO, Cláudio Pereira de; SARMENTO, Daniel. Controle de constitucionalidade e democracia: algumas teorias e parâmetros de ativismo. *In*: SARMENTO, Daniel (Coord.). *Jurisdição constitucional e política*. Rio de Janeiro: Gen/Forense, 2015. p. 73-114.

do eleitor",[536] ao eliminar a possibilidade de voto nos candidatos considerados de "ficha suja".[537]

Pode-se dizer que o paternalismo corresponde a uma esfera maior, em cujo interior se situa o perfeccionismo. Todo perfeccionismo é paternalista, mas nem todo paternalismo é perfeccionista, já que o último pode se voltar para a proteção e promoção de interesses e concepções do bem que o próprio agente tem, e não à imposição de visões externas. Uma lei que obrigasse as pessoas a irem à igreja aos domingos, preocupada com a "salvação das suas almas", seria paternalista e perfeccionista. Já a obrigação imposta aos motociclistas de que utilizem capacete é paternalista, mas não perfeccionista. Os motociclistas, na sua esmagadora maioria, valorizam a própria vida e saúde. O não uso do capacete decorre, quase sempre, de displicência ou de avaliação incorreta dos riscos, e não de uma escolha ligada a um plano de vida – do tipo "quero viver perigosamente, não importa quais sejam as consequências".

Existem várias classificações relativas a tipos de paternalismo.[538] Como visto acima, há o *paternalismo perfeccionista* e o *não perfeccionista*. Outra distinção, bastante empregada distingue o *paternalismo forte*, que incide sobre a ação de pessoas capazes, do *paternalismo fraco*, que se aplica aos incapazes.[539] As objeções contra o paternalismo se centram quase sempre sobre a sua modalidade forte.[540] Há também o *paternalismo puro*, em que a liberdade cerceada é apenas a da pessoa ou grupo que

---

[536] CLÈVE, Clèmerson Merlin. Jurisdição constitucional e paternalismo: considerações sobre a Lei da Ficha Limpa. *In*: CLÈVE, Clèmerson Merlin. *Temas de direito constitucional*. 2. ed. Belo Horizonte: Fórum, 2014. p. 127. A constitucionalidade da referida lei complementar foi reconhecida pelo STF no julgamento das ADCs 19 e 20, Rel. Min. Luiz Fux, julg. 16.12.2012.

[537] Não pretendo, com isso, sustentar a inconstitucionalidade, neste ponto, da Lei da Ficha Limpa. A Lei Complementar nº 135/2010 resultou de iniciativa popular e contou, na sua elaboração, com grande engajamento da sociedade civil. Essa circunstância, em minha ótica, justifica uma forte deferência judicial no exame da validade do ato normativo. Daí porque não discordo do reconhecimento da validade do referido ato normativo realizado pelo STF, no julgamento das ADCs 19 e 20, Relator Min. Luiz Fux, julg. 16.12.2011.

[538] Cf. TRAVASSOS, Marcelo Zenni. *A legitimação jurídico-moral da regulação estatal à luz de uma premissa liberal republicana*: autonomia privada, igualdade e autonomia pública. Estudo de caso sobre argumentos paternalistas. Rio de Janeiro: Renovar, 2015. p. 344-357. Além das classificações citadas acima, o autor abordou outras atinente ao paternalismo jurídico.

[539] Cf. FEINBERG, Joel. Legal paternalism. *In*: SARTORIUS, Rolf (Ed). *Paternalism*. Minneapolis: University of Minnesota Press, 1983. p. 17.

[540] Nada obstante, existe uma tendência importante no Direito, que tem fundamento constitucional, de levar em consideração a vontade dos incapazes, sobretudo no campo das decisões existenciais, em respeito ao *quantum* de autonomia que eles têm condições de exercer. Seria inconcebível, por exemplo, realizar um procedimento de aborto por estupro em uma adolescente sem o seu consentimento informado.

se quer beneficiar, e o *paternalismo impuro*,[541] em que as limitações se projetam também sobre terceiros – *e.g.*, proibição da produção e comercialização de cigarros com sabor, que, além do direito de escolha do fumante, restringe também a atividade econômica das empresas do ramo. Finalmente, existe a categoria recentemente cunhada por Cass Sunstein e Richard Thaler do *paternalismo libertário*,[542] em que não há imposição de restrições à liberdade das pessoas, mas sim a adoção de medidas não coercitivas (*nudges* ou "empurrõezinhos") voltadas a que os indivíduos adotem decisões consideradas mais racionais – *e.g.*, o estabelecimento de regra *default* de contribuição do trabalhador a um fundo de previdência, invertendo as consequências da sua inércia.[543]

O paternalismo em sentido amplo – que abrange também o perfeccionismo – se baseia em uma analogia entre a relação do Estado com o indivíduo e aquela existente entre os pais e seus filhos. Essa analogia, que tem raízes longínquas no pensamento político, já foi utilizada, por exemplo, para justificar o dever dos súditos de obediência aos reis absolutos.[544] Os pais podem dar ordens aos filhos porque se presume que saibam melhor o que é bom para eles: fazer os deveres de casa ao invés de passar o dia inteiro jogando *videogames*; comer frutas e legumes e não apenas *junk food* etc. O paternalismo jurídico se assenta na ideia de que, pelo menos em algumas situações, o Estado também sabe melhor o que é bom para cada pessoa do que ela mesma. Nesse sentido, surge a maior crítica ao paternalismo: ele infantiliza os indivíduos, tratando-os como se não fossem capazes de tomar decisões apropriadas sobre as suas próprias vidas.[545] Daí a sua tensão potencial

---

541 Cf. DWORKIN, Gerald. Paternalism. *In*: SARTORIUS, Rolf (Ed.). *Paternalism*. Minneapolis: University of Minnesota Press, 1983. p. 22.

542 Cf. SUNSTEIN, Cass; THALER, Richard H. Libertarian paternalism. *American Economic Review*, n. 93, p. 175-179, 2003; SUNSTEIN, Cass; THALER, Richard H. *Nudge*: improving decisions about health, wealth, and happiness. New York: Penguin Books, 2008.

543 A ideia de promover mudanças no comportamento das pessoas através de *nudges* vem ganhando grande destaque em diversos países. No Reino Unido, por exemplo, foi criado, em 2010, um departamento estatal com essa exclusiva finalidade, chamado *Behavioral Insights Team*, também conhecido como *nudge unit*, e os resultados positivos das medidas que implementa vêm sendo amplamente reconhecidos. Veja-se, a propósito, RUTTER, Tamsim. The rise of nudge: the unit helping politicians to fathom human behaviour. *The Guardian*, 23 jul. 2015.

544 A tese foi sustentada por Robert Filmer, no século XVII, na obra *O Patriarca*, contra a qual se insurgiu John Locke, no seu *Primeiro Ensaio sobre o Governo*. Sobre a trajetória histórica do paternalismo jurídico, veja-se ALEMANY, Macário. *El paternalismo jurídico*. Madrid: Portal Derecho, 2006. p. 29-123.

545 Como consignou Marcelo Zenni Travassos, é "extremamente questionável, portanto, o Estado avocar para si a competência para determinar o que é do melhor interesse das pessoas, contrariando o que essas próprias pessoas afirmam expressamente entenderem ser o seu

com o princípio da dignidade da pessoa humana, que demanda que as pessoas sejam tratadas como sujeitos, e não como objetos da ação de terceiros, ainda que benevolente.

O tema do paternalismo é muito discutido no campo da Bioética. Tem-se enfatizado que a postura paternalista, ainda muito enraizada no *ethos* profissional do médico, que o leva "a considerar o enfermo como uma criança diante da qual é necessário ter uma atitude de desvelo beneficente",[546] deve ser substituída por outra concepção ética fundada no respeito à autonomia do paciente.[547] Essa autonomia é erigida à condição de princípio fundamental da Bioética,[548] passando a demandar o *consentimento livre e informado* do paciente em relação ao seu tratamento.[549] O paciente passa a ser concebido como autêntico sujeito, com direito ao acesso às informações sobre o seu estado de saúde, perspectivas e alternativas de tratamento, bem como à realização das próprias escolhas existenciais, atinentes à sua vida e corpo. Porém, é também no campo da Bioética que a dignidade humana vem sendo

---

melhor interesse. Extremamente questionável o Estado infantilizar seus cidadãos, já que o outro lado da moeda de o Poder Público assumir as funções de 'pai' significa o Estado simultaneamente considerar os indivíduos como crianças incapazes". (TRAVASSOS, Marcelo Zenni. *A legitimação jurídico-moral da regulação estatal à luz de uma premissa liberal republicana*: autonomia privada, igualdade e autonomia pública. Estudo de caso sobre argumentos paternalistas. Rio de Janeiro: Renovar, 2015. p. 360). No mesmo sentido, FEINBERG, Joel. Legal paternalism. *In*: SARTORIUS, Rolf (Ed). *Paternalism*. Minneapolis: University of Minnesota Press, 1983. p. 3.

546 JUNGES, José Roque. *Bioética*: perspectivas e desafios. São Leopoldo:Unisinos, 1999. p. 41.

547 Nas palavras de Roberto Andorno, a "valorização da autonomia do paciente constitui um dos grandes aportes da ética biomédica das últimas décadas, que contribuiu para superar a visão excessivamente paternalista da medicina tradicional segundo a qual o médico estava habilitado para decidir de forma unilateral o tratamento a seguir, sem ter em conta os desejos, temores e interesses do paciente". (ANDORNO, Roberto. Liberdade e dignidade da pessoa: dois paradigmas opostos ou complementares na Bioética? *In*: MARTINS-COSTA, Judith; MOLLER, Letícia Ludwig (Coord.). *Bioética e responsabilidade*. Rio de Janeiro: Forense, 2009. p. 76). Veja-se também, a propósito, BARBOZA, Heloísa Helena Gomes. A autonomia da vontade e a relação médico-paciente no Brasil. *Lex Medicinae* – Revista Portuguesa de Direito da Saúde, Coimbra, n. 2, p. 7, 2004.

548 Na obra canônica sobre os princípios da Bioética de Tom Beauchamp e James Childress, falou-se de quatro princípios básicos – autonomia, beneficência, não maleficência e justiça –, mas a autonomia parece figurar como um *primus inter pares* dentre eles. (Cf. BEAUCHAMP, Tom; CHILDRESS, James. *Principles of biomedical ethics*. 4. ed. New York: Oxford University Press, 1994). Veja-se, ainda, JENNINGS, Bruce. Autonomy. *In*: STEINBOCK, Bonnie (Ed.). *The Oxford Handbook of Bioethics*. Oxford: Oxford University Press, 2007. p. 73-89.

549 Veja-se, a propósito, CASABONA, Carlos Maria Romeo. O consentimento informado na relação entre médico e paciente. *In*: CASABONA, Carlos Maria Romeo; QUEIROZ, Juliana Fernandes (Coords.). *Biotecnologia e suas implicações ético-jurídicas*. Belo Horizonte: Del Rey, 2004; e TEIXEIRA, Ana Carolina Brochado. *Saúde, corpo e autonomia privada*. Rio de Janeiro: Renovar, 2010. p. 240-263.

invocada muitas vezes não para promover esta autonomia, mas para limitá-la.[550]

Apesar da tensão latente entre a dignidade humana e o paternalismo, seria um exagero afirmar a incompatibilidade com o princípio de toda e qualquer imposição estatal de caráter paternalista. Aliás, tais imposições são bastante frequentes e envolvem medidas cuja legitimidade poucas pessoas contestam, como a obrigação do uso de cinto de segurança nos automóveis. Não se pode ignorar que muitas vezes as pessoas agem no seu dia a dia sem maior cuidado e reflexão, expondo-se a riscos graves, que poderiam ser evitados por meio de restrições banais à sua liberdade. Nestas hipóteses, o dever estatal de proteção aos direitos fundamentais pode ser justificativa *prima facie* legítima para a adoção de medidas paternalistas suaves pelo legislador, cuja validade sempre dependerá de sua compatibilidade com o princípio da proporcionalidade: deve-se ponderar a restrição à liberdade com a tutela do bem jurídico protegido para ver se a medida se justifica constitucionalmente.

Há, por outro lado, medidas que fazem fronteira com o paternalismo, mas que com ele não se confundem, e que se ligam à proteção das partes mais fracas em relações sociais assimétricas. O Direito do Trabalho, por exemplo, é pródigo na consagração de normas de ordem pública, que impedem determinados acordos entre patrão e empregado, considerados lesivos ao segundo. Elas envolvem, é certo, limitações ao poder do trabalhador de celebrar determinados ajustes, erigidas em seu próprio proveito: o empregado não pode aceitar remuneração inferior ao salário mínimo, abrir mão contratualmente das férias ou do repouso semanal remunerado etc. Sem embargo, a ideia básica que nutre essas medidas é a de que, em regra, a intervenção estatal ocorre em favor da vontade do empregado, e não contra ela. O trabalhador deseja o que a lei lhe assegura, mas não consegue obtê-lo do patrão em um ambiente de "mercado livre", pois o seu poder de barganha é muito reduzido. É verdade, porém, que muitas vezes são nebulosas as fronteiras entre o empoderamento do mais fraco e o paternalismo, e que há cenários em que a proteção estatal pode atuar de modo efetivamente paternalista, à revelia da vontade da parte mais débil da relação social.

Ainda mais problemáticas são as medidas perfeccionistas. A não ser em hipóteses excepcionalíssimas, elas não constituem fundamento

550 Para um denso estudo sobre esta tensão, cf. BEYLEVELD, Deryck; BROWNSWORD, Roger. *Human dignity in bioethics and biolaw.* Oxford: Oxford University Press, 2001.

válido para restrições à autonomia individual de pessoas capazes. Impor restrições perfeccionistas à liberdade das pessoas é deixar de tratá-las como agentes morais, ignorando a sua independência ética, que se traduz no seu direito de eleger os seus próprios caminhos existenciais. O Estado não pode impedir escolhas e atos de natureza autorreferente, porque considera que isto fará as pessoas melhores, mais virtuosas ou mais felizes. Não pode, por exemplo, impedir que adultos se engajem livremente em práticas sexuais tidas como heterodoxas – *e.g.*, sadomasoquismo, troca de casais – por considerar que elas degradam a quem as realiza. Não pode proibir os jogos de azar – como se faz no Brasil – por considerar que este seja um hábito prejudicial para as pessoas, ligado a um estilo de vida que se deseja combater.[551]

A vedação à restrição da liberdade por motivos perfeccionistas se aplica mesmo quando os bens jurídicos em jogo são extremamente relevantes, como a própria vida. Afinal, é exatamente nas decisões existenciais mais importantes, como as que concernem à vida, que o princípio da dignidade humana impõe uma proteção mais robusta à autonomia pessoal.[552] Como ressaltou Diaulas Ribeiro, a autonomia pressupõe não só "o direito de viver a própria vida", como também o de "morrer a própria morte".[553] Isso justifica inclusive, em minha ótica, medidas polêmicas, que não terei como debater aqui, como a legalização da ortotanásia, da eutanásia e do suicídio assistido,[554] e o reconhecimento do direito de pacientes testemunhas de Jeová à recusa de transfusão de sangue, mesmo quando haja risco de vida.[555]

---

551 A exploração de jogos de azar é contravenção penal capitulada no art. 40 do Decreto-Lei nº 3.688/1941. Há, porém, argumentos não perfeccionistas contra a legalização dos jogos de azar, como o fato de que facilitaria a lavagem de dinheiro. Daí porque não considero inconstitucional a vedação hoje existente.

552 O argumento é desenvolvido com densidade em DWORKIN, Ronald. *Domínio da vida:* aborto, eutanásia e liberdades individuais. (Trad. Jefferson Luiz Camargo). São Paulo: Martins Fontes, 2003.

553 RIBEIRO, Diaulas. Autonomia: viver a própria vida e morrer a própria morte. *Cadernos de Saúde Pública,* n. 22, v. 8, p. 1749-1754, 2006.

554 Veja-se, a propósito, *e.g.*, MARTEL, Letícia de Campos Velho. *Direitos fundamentais indisponíveis*: os limites e os padrões do consentimento para a autolimitação do direito fundamental à vida. 2010. Tese (Doutorado em Direito) ⊠ Faculdade de Direito, Universidade do Estado do Rio de Janeiro, Rio de Janeiro, 2010; PEREIRA, Tânia da Silva; MENEZES, Rachel Aisengart; BARBOZA, Heloísa Helena (Coords.). *Vida, morte e dignidade humana*. Rio de Janeiro: GZ Editora, 2010; DIAS, Roberto. *O direito fundamental à morte digna*: uma visão constitucional da eutanásia. Belo Horizonte: Fórum, 2012.

555 Cf. BARROSO, Luís Roberto. *Legitimidade da recusa à transfusão de sangue por testemunhas de jeová*: dignidade humana, liberdade religiosa e escolhas existenciais. Disponível em: http://www.conjur.com.br/dl/testemunhas-jeova-sangue.pdf. Acesso em 25 set. 2015.

Defendo também a legalização do aborto,[556] mas o tema não tem como ser equacionado com base apenas na interdição do perfeccionismo, uma vez que a interrupção da gestação apresenta uma dimensão heterorreferente, já que o feto não se confunde com a pessoa da mãe. De todo modo, a proibição ao perfeccionismo exclui a legitimidade de alguns argumentos empregados contra a legalização do aborto, como o de que a prática deve ser proibida por corromper a própria mãe ou lhe causar futuros sofrimentos.[557]

Nada obstante, não compartilho, em toda a sua extensão, da premissa liberal subjacente à crítica ao perfeccionismo jurídico, de que o Estado teria a obrigação de observar uma postura de absoluta *neutralidade* em relação às diferentes concepções de vida boa presentes na sociedade.[558] Entendo que o dever existe em relação às compreensões religiosas e metafísicas, em que a neutralidade se liga à observância do princípio da laicidade estatal, interpretado de forma ampla. Essa neutralidade se expressa na exigência de que todas as ações estatais se motivem em *razões públicas*, que possam ser racionalmente aceitas pelas pessoas, independentemente de suas cosmovisões e orientações religiosas.[559] Contudo, a neutralidade em sentido mais amplo sequer é possível. Afinal, em múltiplas situações, os poderes públicos fazem escolhas que não têm como ser neutras em relação às concepções de vida boa, como, por exemplo, quando definem currículos escolares ou estabelecem as datas de feriados, associando-se à comemoração de certos eventos e personalidades, e não a outros. Por outro lado, não é desarrazoada a crítica de que, sob o argumento da manutenção da neutralidade, muitas vezes se esconde a defesa de um *status quo*, que é tudo, menos neutro.[560]

---

[556] Tratei extensamente do tema em SARMENTO, Daniel. Legalização do aborto e constituição. *In*: SARMENTO, Daniel. *Livres e iguais*: estudos de direito constitucional. Rio de Janeiro: Lumen Juris, 2006. p. 95-138.

[557] Sobre o uso de argumentos perfeccionistas e paternalistas contra o aborto, voltados à suposta proteção da mulher, veja-se, em tom fortemente crítico, SIEGEL, Reva B. Dignity and the politics of protection: abortion restrictions under Casey/Carhart. *Yale Law Journal*, n. 118, p. 1694 , 2008 ss.

[558] É uma posição clássica do liberalismo a defesa da neutralidade estatal em relação às diferentes compreensões sobre a "vida boa" presentes nas sociedades plurais. Veja-se, nesta linha, RAWLS, John. *Political liberalism*. New York: Columbia University Press, 1993. p. 191-200; ACKERMAN, Bruce. *Social justice in the liberal state*. New Haven: Yale University Press, 1980. p. 10-12 e 355-357; e LARMORE, Charles. *Patterns of moral complexity*. Cambridge: Cambridge University Press, 1987. p. 50-68.

[559] Retorno ao tema das razões públicas no capítulo 7.

[560] Nesse sentido, veja-se TAYLOR, Charles. La política del reconocimiento. *In*: TAYLOR, Charles. *El multiculturalismo y la política del reconocimiento*. (Trad. Mónica Utrilla de Neira). México: Fondo de Cultura Económica, 1993. p. 43-107.

Assim, não me parece que o Estado tenha o dever de se manter neutro em diversas questões atinentes às vidas dos seus cidadãos, apenas porque elas não afetam diretamente a terceiros. Os poderes públicos não só podem como devem, por exemplo, fomentar a adoção de hábitos de vida saudáveis pelas pessoas. Não é ilícito ou ilegítimo que o Estado formule políticas públicas visando a encorajar que as pessoas abandonem o tabagismo, pratiquem mais exercícios físicos e adotem uma alimentação melhor. A tutela da saúde constitui uma razão pública que justifica essas medidas. Contudo, ao lidar com atos autorreferentes, o Poder Público não deve se valer de proibições e de sanções, a não ser em hipóteses absolutamente excepcionais, mas sim de medidas de outra natureza – campanhas educacionais, fomento, tributação com finalidades extrafiscais etc.[561] Deve utilizar prioritariamente as técnicas do "paternalismo libertário" – os *nudges* – preconizados por Cass Sunstein e Richard Thaler.[562]

Ademais, a própria garantia da liberdade justifica que o Estado abandone a sua suposta neutralidade cosmovisiva para favorecer, em regra sem coerções, compreensões de "vida boa" cuja adoção pelas pessoas propicie um ambiente cultural mais hospitaleiro para o livre desenvolvimento da personalidade de cada integrante da sociedade.[563] Se o exercício efetivo da liberdade por pessoas concretas é fortemente condicionado pela atmosfera cultural em que elas estão inseridas, como se assentou acima, parece-me evidente que um Estado que valorize a autonomia individual não deve se manter indiferente em relação à cultura vigente. Pelo contrário, ele pode e deve fomentar o enraizamento social de cosmovisões baseadas na liberdade e igualdade em detrimento de outras, de teor mais autoritário e hierárquico. Um indivíduo não pode ser proibido de acreditar, por exemplo, que mulheres e homens têm papéis "naturalmente" diferentes na sociedade e de viver de acordo com esta crença. Desde que não pratique atos que configurem discriminação de gênero, esse indivíduo pode orientar a sua vida pessoal

---

[561] No mesmo sentido, cf. FEINBERG, Joel. *Harmless wrongdoing*: the moral limits of criminal law. New York: Oxford University Press, 1990. p. 278.

[562] SUNSTEIN, Cass; THALER, Richard H. *Nudge*: improving decisions about health, wealth, and happiness. New York: Penguin Books, 2008.

[563] Essa concepção, que desassocia a liberdade do dever de neutralidade estatal, embora minoritária no campo liberal, é sustentada também por pensadores dessa linhagem. Cf. RAZ, Joseph. *A moralidade da liberdade*. (Trad. Carlos Henrique de Oliveira Blecher e Leandro Mafei Rabelo Queiroz). São Paulo: Elsevier Editora, 2011. p. 109-123; e MACEDO, Stephen. *Liberal virtues*: citizenship, virtue and community in liberal constitutionalism. Oxford: Claredon Press, 1990. p. 256-263.

por essa convicção: procurar amigos que comunguem dos mesmos valores, evitar ambientes sociais mais arejados etc. Ele tem o direito moral de fazê-lo, de adotar essa compreensão pobre e deturpada, de errar feio em sua vida, desde que não lese direitos de terceiros. Mas o Estado não deve se manter neutro na disputa entre compreensões de mundo sexistas e igualitárias. Ele pode – deve – preferir as segundas e favorecê-las, por exemplo, na definição dos currículos escolares, nas suas políticas públicas, nos seus atos simbólicos. Deve fazê-lo para que a sociedade como um todo se torne um espaço mais propício para que pessoas reais e concretas possam vivenciar a sua liberdade, num ambiente cultural que não as oprima ou estigmatize.

4.5.2 Moralismo jurídico

A expressão "moralismo jurídico" é ambígua. Ela pode exprimir, por exemplo, uma posição antipositivista, de afirmação da conexão necessária entre o Direito e a moral.[564] Não é nesse sentido que emprego aqui a locução, mas em outro, mais restrito, que diz respeito aos fundamentos admissíveis para a limitação da liberdade individual. O moralismo jurídico, nessa perspectiva, é posição que preconiza a legitimidade de restrições à autonomia pessoal não apenas para proteger direitos de terceiros ou interesses do próprio indivíduo, mas também para assegurar a observância da moral.[565] Ele pode se voltar à defesa de valores socialmente compartilhados, de prescrições religiosas ou de princípios morais "objetivos". Quando, por exemplo, as Ordenações Filipinas, vigentes no país até 1830, puniam a sodomia,[566] determinando que os condenados pelo crime fossem queimados vivos, seus bens confiscados e seus filhos e netos considerados infames, elas não visavam

---

[564] Nessa linha, *e.g.*, DIMOULIS, Dimitri. Neoconstitucionalismo e moralismo jurídico. *In*: SARMENTO, Daniel. *Teoria e filosofia constitucional contemporânea*. Rio de Janeiro: Lumen Juris, 2010.

[565] Nesse sentido, Joel Feinberg define o moralismo jurídico como a posição que sustenta que "pode ser moralmente legítimo proibir uma conduta pelo fundamento de que ela é inerentemente imoral, mesmo quando não cause dano ou ofensa nenhuma ao seu autor nem a terceiros". (FEINBERG, Joel. *Harmless wrongdoing*: the moral limits of criminal law. New York: Oxford University Press, 1990. p. xix-xx).

[566] Art. 13 do Livro V das Ordenações Filipinas: "Toda pessoa, de qualquer qualidade que seja, que pecado de sodomia por qualquer natureza cometer, seja queimado e feito por fogo em pó, para que nunca de seu corpo e sepultura possa haver memória, e todos os seus bens sejam confiscados à Coroa de nossos reinos, posto que tenha descendentes; pelo mesmo caso seus filhos e netos ficarão infames, assim como os daqueles que cometerem lesa-majestade".

a proteger os interesses daqueles réus infelizes diante deles mesmos, nem tampouco a torná-los mais virtuosos – objetivos do paternalismo e do perfeccionismo, respectivamente –, mas, sim, a eliminá-los fisicamente, em nome da preservação das regras morais então em vigor.

No Reino Unido, travou-se um importante debate filosófico nos anos 50 e 60 do século passado em torno do moralismo jurídico, que colocou em campos opostos os juristas Lord Patrick Devlin e Herbert L. A. Hart. Em 1958, fora publicado no país o *Holfenden Report*, sugerindo a descriminalização das práticas homossexuais e da prostituição, por não causarem danos a terceiros. Devlin, que era juiz da Câmara dos Lordes, criticou duramente o documento, alegando que um dos papéis centrais do Direito seria proteger os valores morais mais encarecidos socialmente, cuja preservação manteria a sociedade unida. A violação a tais valores equivaleria a uma traição, que poderia pôr em risco a própria comunidade, o que justificaria o uso do Direito Penal para a sua repressão.[567]

Hart, por sua vez, respondeu afirmando que deve haver uma separação entre o Direito e a moralidade privada, atinente à forma com que as pessoas conduzem a sua vida. Aduziu também que ações contrárias aos valores dominantes não põem em risco a sociedade, mas buscam muitas vezes transformá-la, e que o Direito não pode se tornar o palco para a cristalização irrefletida da moralidade positiva, correspondente ao sentimento que as pessoas têm sobre o que é ou não admissível, sob pena de se tornar um veículo para as piores barbáries e injustiças.[568] O autor desenvolveu a ideia de que existe uma moral crítica, baseada em juízos racionais, que prescreve que são intrinsecamente ruins a miséria, a restrição às liberdades e o sofrimento. Ele defendeu que o Direito, nas sociedades democráticas, deve se orientar por essa moralidade crítica, e não pela visão de mundo das maiorias ou do

[567] Nas suas palavras, "a lei sobre traição se dirige contra os que ajudam os inimigos do rei, contra os que tentam a sedição. A justificativa para estas leis é a de que o estabelecimento do Estado é necessário para a existência da sociedade e, portanto, a sua segurança contra derrubadas violentas deve ser assegurada. Mas uma moralidade estabelecida é tão necessária como um bom governo para o bem-estar da sociedade. Sociedades desintegram por dentro mais frequentemente do que são destruídas por forças externas. Há desintegração quando nenhuma moralidade comum é observada e a história mostra que o afrouxamento dos laços morais é frequentemente o primeiro passo para a desintegração, de modo que a sociedade tem justificativas para dar os mesmos passos para preservar o seu código moral do que ela dá para preservar o Estado e outras instituições essenciais". (DEVLIN, Lord Patrick. Moral and the criminal law. *In*: DWORKIN, Ronald. *The philosophy of law*. Oxford: Oxford University Press, 1977. p. 76-77).

[568] HART, Herbert L. A. *Law, liberty and morality*. Stanford: Stanford University Press, 1963.

"homem comum". A manutenção dos valores sociais hegemônicos não é um fim em si que possa justificar o emprego da coerção estatal.

Hart estava certo naquele debate. No mais das vezes, o moralismo jurídico serve para a destilação de preconceitos contra *outsiders*, cujas preferências ou estilos de vida incomodam as maiorias sociais ou interpelam tradições e dogmatismos religiosos. Foi o moralismo que levou tantas pessoas à fogueira, que prendeu Oscar Wilde por amar alguém cujo nome não ousava dizer, que censurou incontáveis livros e obras artísticas. É o moralismo que enseja, ainda hoje, o apedrejamento de mulheres "adúlteras" em alguns países. Em geral, o moralismo jurídico – pelo menos este moralismo heterônomo e conservador, *à la* Devlin, dos "bons costumes" e do "bom pai de família" –, é profundamente imoral.[569]

Sob o ângulo descritivo, é verdade que o Direito funciona geralmente como um instrumento de salvaguarda dos valores hegemônicos da comunidade em que se aplica. Contudo, ainda sob o prisma descritivo, pode-se dizer que esse papel tradicional do Direito está hoje em xeque, em razão do "fato do pluralismo": as sociedades modernas são "desencantadas", e nelas convivem, disputando espaço, diferentes moralidades e cosmovisões. Isso compromete a possibilidade de ancorar o exercício do poder político sobre qualquer moralidade privada específica e estimula a busca de fundamentos imparciais para o Direito.

Sob uma mirada prescritiva, a teoria constitucional não pode abdicar da sua pretensão crítica, renunciando ao seu papel de garantir direitos e liberdades às pessoas, em rendição às pressões conformistas da sociedade. Fazê-lo seria trair o próprio ideário constitucionalista, de proteção de cada indivíduo contra as opressões das maiorias. Concordo com José Reinaldo de Lima Lopes quando afirma que "o sistema constitucional – que estatui o tratamento igualitário, o respeito à dignidade e a liberdade moral dos cidadãos – é um sistema jurídico com uma agenda moral crítica".[570] Para a moralidade crítica, as imposições heterônomas carecem sempre de justificação racional. Não basta o simples reconhecimento da circunstância fática de que os valores impostos são hegemônicos na sociedade.

---

569 No mesmo sentido, cf. DWORKIN, Ronald. Liberty and moralism. *In*: DWORKIN, Ronald. *Taking rights seriously*. Cambridge: Harvard University Press, 1977. p. 240-258.

570 LOPES, José Reinaldo de Lima. O direito ao reconhecimento para gays e lésbicas. *Sur – Revista Internacional de Direitos Humanos*, v. 2, n. 2, 2005. Disponível em: http://www.scielo.br/scielo.php?script=sci_arttext&pid=S1806-64452005000100004. Acesso em 31 jul. 2015.

Por tais razões, penso que o fato de um comportamento individual ofender valores compartilhados, por mais enraizados que sejam, não é razão suficiente para que seja restringido, quando não violar direitos de terceiros ou colidir com interesses coletivos – categoria que não abrange a manutenção do "código moral" da sociedade. O direito à autonomia postula, como regra geral, a impossibilidade de vedação de comportamentos que não causem nenhum tipo de dano, apenas porque o Estado os considere imorais. Todavia, apesar da liberalização do Direito nas sociedades contemporâneas, ainda é comum a restrição à liberdade motivada por razões moralistas.

A Câmara dos Lordes do Reino Unido – quando ainda era a última instância judicial do país – adotou argumentação claramente moralista em decisão em que condenou criminalmente pessoas envolvidas em práticas homossexuais sadomasoquistas, de natureza consensual, ocorridas em local privado e sem provocação de danos físicos permanentes aos envolvidos. Afirmou, nesse julgado, que "a sociedade está autorizada a se proteger de um culto de violência. O prazer derivado da inflição da dor é uma coisa má. A crueldade é incivilizada".[571] Tal decisão foi questionada perante a Corte Europeia de Direitos Humanos por afronta ao direito à vida privada, que a manteve por considerá-la inserida na margem de apreciação dos Estados.[572] Na mesma senda, em decisão em que afirmou a validade de lei estadual que proibira a nudez em espetáculos públicos, a Suprema Corte norte-americana afirmou que a desaprovação moral do povo seria razão suficiente para justificar a interdição. O voto do *Justice* Scalia foi claro no ponto: "A nossa sociedade proíbe, todas as sociedades têm proibido, algumas atividades não porque lesem os outros, mas porque são consideradas, na frase tradicional *contra bonos mores, i.e.*, imorais. (...) O propósito da lei de Indiana (...) é proteger a crença moral tradicional de que as pessoas não devem expor indiscriminadamente as suas partes íntimas".[573]

---

[571] Câmara dos Lordes do Reino Unido. *Regina v. Brown* (1993) 2 AII ER 75.

[572] Corte Europeia de Direitos Humanos. *Laskey, Jaggard and Brown v. the United Kingdom.* (Caso nº 09/1995/615/703-705). Na decisão, consignou-se: "A determinação sobre o nível de dano que deve ser tolerado pela lei em situações em que há o consentimento da vítima pertence a princípio ao Estado concernido, uma vez que o que está em jogo, de um lado, são considerações sobre a saúde pública e o efeito de prevenção geral do Direito Penal, e, do outro lado, a autonomia do indivíduo". Em um dos votos proferidos pela Corte Europeia – o do *Justice* Pettiti –, o moralismo se mostrou de modo mais evidente: "A proteção da vida privada significa a proteção da intimidade e da dignidade de uma pessoa, não a proteção da sua desonra ou a promoção da imoralidade criminosa".

[573] Suprema Corte dos Estados Unidos. *Barnes v. Glen Theatre Inc.* 501 U.S. 560 (1991).

O moralismo também é perceptível na orientação do Judiciário brasileiro relativa ao tema da prostituição. A prostituição é uma atividade legal no país,[574] mas não a sua exploração econômica, tipificada como crime.[575] Na contemporaneidade, há argumentos em favor da criminalização que apontam o profissional do sexo – aliás, quase sempre *a* profissional do sexo – como a vítima do delito, e que enfatizam os temas da subordinação da mulher e da igualdade de gênero.[576] Porém, nos discursos dos operadores do direito, o interdito continua se alicerçando muito mais no moralismo tradicional, como se observa, inclusive, em recente decisão do STF.[577] [578] Pessoalmente, não concordo com nenhum dos dois discursos proibitivos, seja por razões deontológicas – respeito à autonomia da pessoa para fazer as suas escolhas profissionais e para usar o próprio corpo como lhe aprouver –, seja por motivos consequencialistas – a criminalização agrava a situação material e a violência simbólica contra as profissionais do sexo.[579] O mesmo

---

574 A Classificação Brasileira de Ocupações – CBO, editada pelo Ministério do Trabalho e Emprego, prevê, desde 2002, a profissão de "profissional do sexo" (Código 5.198).

575 O art. 229 do Código Penal prevê o crime de exploração de "casa de prostituição", e o art. 230 tipifica a conduta de "rufianismo".

576 Para uma crítica à prostituição baseada na igualdade de gênero, veja-se PATEMAN, Carole. What's wrong with prostitution? *In*: SPECTOR, Jessica (Ed.). *Prostitution and pornography*: philosophical debate about the sex industry. Stanford: Stanford University Press, 2006. p. 50-79.

577 Supremo Tribunal Federal. HC nº 104.467, 1ª Turma, Rel. Min. Carmen Lúcia, julg. 08.02.2011: "No crime de manter casa de prostituição imputado aos Pacientes, os bens jurídicos protegidos são a moralidade sexual e os bons costumes, valores de elevada importância social a serem resguardados pelo Direito Penal".

578 Saliente-se, todavia, que o STJ proferiu recentemente decisão sobre o tema da prostituição com conteúdo e discurso mais liberal. Tratava-se de discussão sobre o ato de prostituta que, diante da recusa do cliente em pagar pelos seus serviços sexuais, subtraira do mesmo, mediante grave ameaça, o seu cordão folheado a ouro. A controvérsia era sobre se o ato em questão constituía crime de roubo, de pena mais elevada, ou exercício arbitrário das próprias razões, que, pela cominação de sanção mais branda, já estaria prescrito. Para definir o adequado enquadramento penal da conduta, era necessário estabelecer se a profissional do sexo tinha ou não direito subjetivo a receber o pagamento acordado pelos serviços que prestara, o que o STJ respondeu afirmativamente: "Não se pode negar proteção jurídica àquelas (e àqueles) que oferecem serviços de cunho sexual em troca de remuneração, desde que, evidentemente, essa troca de interesses não envolva incapazes, menores de 18 anos e pessoas de algum modo vulneráveis e que o ato sexual seja decorrente da livre disposição da vontade dos participantes e não implique violência (não consentida) ou grave ameaça". Superio Tribunal de Justiça. HC nº 211.888/TO, 6ª Turma, Rel. Min. Rogério Schietti Cruz, DJe 07.06.2016.

579 Sobre a matéria, veja-se FARIA, Márcio Senra. *A prostituição no Brasil no século XXI*: razões para a sua regulamentação. 2013. Dissertação (Mestrado em Direito) ⊠ Faculdade de Direito, Universidade do Estado do Rio de Janeiro, Rio de Janeiro, 2013; e GRECO, Luís. Casa de prostituição (art. 229) e direito penal liberal: reflexões por ocasião do recente julgado do STF (HC nº 104.467). *Revista Brasileira de Ciências Criminais*, n. 92, p. 431-456, 2011. Para uma sólida defesa moral da prostituição, cf. NUSSBAUM, Martha. Whether from reason

moralismo presente no campo penal, aliás, também se evidencia em nossa jurisprudência trabalhista, que não reconhece nenhum direito laboral à prostituta, tratando-a como se fosse verdadeira criminosa.[580] [581] Todas essas decisões nacionais e estrangeiras, alicerçadas no "código moral" da sociedade, me parecem gravemente equivocadas.

Não entendo, por outro lado, que o consenso social seja suficiente para lastrear o moralismo jurídico empregado para limitar a autonomia pessoal. Daí porque não concordo com o critério proposto por Luís Roberto Barroso para legitimação excepcional da heteronomia. Conquanto ardoroso defensor da autonomia individual, Barroso afirmou que o "valor comunitário" – um dos componentes, na sua concepção, do princípio da dignidade humana – daria amparo constitucional ao "papel do Estado e da comunidade no estabelecimento de metas coletivas e de restrições sobre direitos e liberdades individuais em nome de certa concepção de vida boa".[582] Para ele, "a limitação da autonomia pessoal fundada na moral pública exige um consenso social forte".[583] Barroso apontou como "sérios candidatos" a esse consenso "a proibição da pornografia infantil – mesmo no caso de representações gráficas sem uma criança real envolvida – e a interdição do incesto".[584]

or prejudice: taking money for bodily services. *In*: SPECTOR, Jessica (Ed.) *Prostitution and pornography*: philosophical debate about the sex industry. Stanford: Stanford University Press, 2006. p. 175-208.

580 Cf. Tribunal Superior do Trabalho. RR nº 132485-58.2007.5.06.0023, 3ª Turma, Rel. Min. Rosa Maria Weber Candiota da Rosa, julg. 17.10.2007: "Não existe qualquer óbice à configuração do contrato de trabalho entre o proprietário da casa de prostituição e a faxineira que, nessa qualidade, preste os seus serviços no local. Todavia, por ilícita a atividade concernente à mulher que lá se prostitua, inviável o reconhecimento da relação de emprego entre os 'supostos' contratantes".

581 Ressalte-se que, em linha mais progressista, a Corte Constitucional da Colômbia reconheceu que ofendia a Constituição e a dignidade da pessoa humana o não reconhecimento dos direitos trabalhistas das prostitutas (Corte Constitucional da Colômbia. Caso *Lais v. Pandemo*, Sentença T nº 629/2010). Na decisão, averbou-se: "(...) não é possível apelar aos bons costumes como fonte para declarar ilícita uma prestação relacionada com a prostituição, pois, como se viu, esta noção não atua como fonte paralela ao Direito positivo, mas em conformidade com ele. (...) A prostituição pode fazer parte do livre desenvolvimento da personalidade, do viver como se queira e do vivem bem (o ganhar a vida)".

582 BARROSO, Luís Roberto. *A dignidade da pessoa humana no direito constitucional contemporâneo*: a construção de um conceito jurídico à luz da jurisprudência mundial. Belo Horizonte: Fórum, 2013. p. 88.

583 BARROSO, Luís Roberto. *A dignidade da pessoa humana no direito constitucional contemporâneo*: a construção de um conceito jurídico à luz da jurisprudência mundial. Belo Horizonte: Fórum, 2013. p. 97.

584 BARROSO, Luís Roberto. *A dignidade da pessoa humana no direito constitucional contemporâneo*: a construção de um conceito jurídico à luz da jurisprudência mundial. Belo Horizonte: Fórum, 2013. p. 97.

Penso que o critério do consenso não é apropriado, pois muitas vezes as mais graves injustiças são naturalizadas e aceitas sem maiores controvérsias nas sociedades em que são praticadas.[585] Tornam-se por isso invisíveis e são objeto de consenso, que por vezes envolve até as suas próprias vítimas. Veja-se o caso do casamento entre pessoas do mesmo sexo, corretamente defendido por Barroso com fundamento na dignidade humana.[586] O tema é hoje polêmico na sociedade, e a ausência de consenso foi apontada pelo autor como argumento importante em favor da legitimidade do instituto: sem consenso contrário, deve prevalecer a liberdade do casal. Porém, até não muito tempo atrás, havia forte consenso social no Brasil repelindo essa possibilidade.[587] Isso, contudo, não tornava legítima a vedação ao casamento homossexual, nem muito menos permitia fundar a odiosa interdição no princípio da dignidade da pessoa humana.

No primeiro exemplo de consenso invocado por Barroso – vedação à pornografia infantil mesmo quando não haja menores reais envolvidos –, o fundamento mais adequado para a interdição da atividade, na minha compreensão, não é a ofensa a um valor socialmente compartilhado, mas o agravamento do risco de gravíssimos danos a terceiros vulneráveis.[588] Afinal, a pornografia infantil, mesmo quando não envolve crianças e adolescentes reais, estimula o abuso sexual contra menores. Já em relação ao incesto, embora o consenso social realmente exista em desfavor da prática – trata-se de um dos poucos tabus sexuais ainda subsistentes,

---

585 Veja-se, neste ponto, a pertinente observação de Axel Honneth no sentido de que existem formas de "miséria social e injustiça moral" que ainda não foram tematizadas e incorporadas à agenda de movimentos reivindicatórios com visibilidade pública, mas que nem por isso são menos relevantes. (cf. HONNETH, Axel. Redistribution as recognition: a response to Nancy Fraser. *In*: FRASER, Nancy; HONNETH, Axel. *Redistribution or recognition*: a political-philosophical exchange. (Trad. Joel Golb, James Ingram e Christine Eilke). London: Verso, 2003. p. 114-115).

586 BARROSO, Luís Roberto. *A dignidade da pessoa humana no direito constitucional contemporâneo*: a construção de um conceito jurídico à luz da jurisprudência mundial. Belo Horizonte: Fórum, 2013. p. 103-106.

587 Essa visão se percebe pela leitura de obras doutrinárias de Direito de Família editadas há mais de uma década. Veja-se, *e.g.*, o magistério de Orlando Gomes: "O casamento entre pessoas do mesmo sexo é inconcebível. A exigência da diversidade de sexo constitui, entretanto, uma condição natural, tendo-se em vista a conformação física de certas pessoas, dado que repugna cogitar hipótese de casamento entre dois homens ou entre duas mulheres, fato que pertence aos domínios da insânia". (GOMES, Orlando. *Direito de família*. 11. ed. Rio de Janeiro: Forense, 1999. p. 357).

588 Ressalte-se, porém, que a Suprema Corte norte-americana não aderiu a esse argumento e considerou inconstitucional a proibição de produção e distribuição de material relativo à pornografia infantil em que não haja crianças e adolescentes reais envolvidos (Caso *Ashcroft, Attorney General et al v. Free Speech Coalition et al*, 535 U.S. 234 (2002)).

que tem natureza praticamente universal –, não me parece legítimo proibir relações eróticas ou amorosas entre parentes próximos que sejam adultos e capazes.[589] No Brasil, aliás, elas não são legalmente proibidas. O amor romântico e o sexo voluntário entre adultos são esferas centrais da autonomia existencial da pessoa, que devem ser imunizadas diante de intervenções heterônomas do Estado motivadas por razões moralistas, mesmo nesse caso extremo.

E se a moral positiva – mesmo consensual – não pode fundamentar restrições à liberdade em atos autorreferentes, são ainda menos legítimas as razões religiosas ou metafísicas, como a de que certas condutas são "pecaminosas" ou "contrariam a natureza".[590] Tais argumentos não constituem razões públicas, sendo ilegítimo o seu emprego nas democracias seculares. Noutro giro, a moralidade crítica postula não a limitação da autonomia individual, mas o seu reconhecimento e reforço, para que cada pessoa possa fazer as suas próprias escolhas existenciais. Portanto, a moral crítica não bloqueia a autonomia privada dos indivíduos para a prática de atos que não causem danos, mas, ao contrário, impõe limites para as deliberações da coletividade, interditando intervenções injustificadas na esfera da liberdade individual.

Por outro lado, não é apenas o moralismo conservador que deve ser limitado em nome da proteção da autonomia individual. Isso também vale para o moralismo dito "progressista". Nessa linha, não me parece constitucionalmente viável, por exemplo, a proibição da

---

589 Em sentido contrário, o Tribunal Constitucional Federal alemão considerou constitucional a lei germânica que criminalizava as relações sexuais incestuosas entre adultos, em caso que envolvia dois irmãos que só se conheceram mais velhos – ele com 23, e ela com 16 anos. Para a Corte germânica, os fundamentos da legislação – proteger a família e evitar doenças genéticas – seriam suficientes para justificar a norma penal (BVerfGE 1, 120 (2008)). A hipótese foi levada à Corte Europeia de Direitos Humanos – caso *Stübing v. Germany*, Aplication nº 43547/08 –, que manteve a decisão, consignando: "Existe amplo consenso de que os relacionamentos entre irmãos não são aceitos pela ordem jurídica ou pela sociedade como um todo (...). A Corte considera também que o presente caso diz respeito a questão relativa a imposições da moral. Por isso, as autoridades domésticas gozam de ampla margem de apreciação para determinar como lidar com relações incestuosas entre adultos que consentem, apesar do fato de que a decisão diz respeito a um aspecto íntimo da vida privada de um indivíduo".

590 Os argumentos moralistas se valem, por vezes, da ideia de "natureza das coisas", empregada para constranger as liberdades individuais. Este tipo de argumentação tem sido usado por filósofos do Direito jusnaturalistas, filiados à linha aristotélico-tomista. É o caso de John Finnis, que afirmou que afrontaria a "natureza das coisas" a conduta homossexual, pois a atividade sexual seria dirigida "naturalmente" à procriação. Cf. FINNIS, John. Law, morality and sexual orientation. *In*: CORVINO, John (Ed.). *Same sex*: debating the ethics, science, and culture of homosexuality. Lanham: Rowman and Littlefield, 1997. p. 31-47. A filosofia do Direito de Finnis é exposta de maneira mais abrangente em FINNIS, John. *Lei natural e direitos naturais.* (Trad. Leila Mendes). São Leopoldo: Unisinos, 2006.

pornografia, como pretende certo setor do feminismo, sob o argumento de que a prática reifica a mulher, contribuindo para a opressão de gênero.[591] Em primeiro lugar, porque a pornografia está abarcada pela liberdade de expressão, não podendo ser objeto de uma censura prévia generalizada.[592] Em segundo, porque o campo empírico da pornografia é muito mais complexo e multifacetado, não correspondendo sempre ao "espantalho" descrito por algumas feministas radicais.[593] Ademais, deve haver um cuidado muito especial nas intervenções estatais em matérias relacionadas à sexualidade pelo risco de que, sob pretexto de proteção de grupos vulneráveis, termine-se impondo valores morais majoritários[594]ou concepções politicamente corretas aos indivíduos, asfixiando-se a liberdade numa seara tão preciosa e sensível da experiência humana.[595]

---

591 A jurista feminista Catharine Mackinnon expressou a ideia com veemência: "Na pornografia, lá estão, num só lugar, todos os abusos com os quais as mulheres tiveram que lutar por tanto tempo para começarem a articular todo o abuso indizível: o estupro, o espancamento, o assédio sexual, a prostituição e o abuso sexual de crianças. Só que na pornografia isso é chamado por outro nome: sexo, sexo, sexo, sexo e sexo, respectivamente. A pornografia sexualiza o estupro, o espancamento, o assédio sexual, a prostituição, e o abuso sexual de crianças. Ela assim os celebra, autoriza e legitima. Mais comumente, ela erotiza a dominação e submissão que é comum a todas elas. Ela torna a hierarquia sexy (...). Através deste processo, a pornografia constrói o que é a mulher como o que os homens querem do sexo. É isso o que a pornografia significa". (MACKINNON, Catharine. Pornography, civil rights and speech. *Harvard Civil Rights and Civil Liberties Law Review*, Cambridge, n. 20, p. 1, 1985). Na mesma linha, veja-se DWORKIN, Andrea. Against the male flood: censorship, pornography and equality. *Harvard Women's Law Journal*, n. 8, p. 1-17, 1985. A questão, contudo, está longe de ser pacífica nas fileiras do feminismo. Para uma defesa feminista da pornografia, veja-se STROSSEN, Nadine. *Defending pornography*: free speech, sex and the fight for women's rights. New York: Scribner, 1995.

592 Não é incontroversa a proteção da pornografia pela liberdade de expressão. Desenvolvi o tema em SARMENTO, Daniel. Art. 5º, IX. *In*: CANOTILHO, J. J. Gomes *et al. Comentários à Constituição do Brasil*. São Paulo: Saraiva/Almedina, 2013. p. 273-274. Na mesma linha, cf. DWORKIN, Ronald. Makinnon Words. *In*: DWORKIN, Ronald. *Freedom's law*: the moral reading of the American Constitution. Cambridge: Harvard University Press, 1996. p. 227-243.

593 Isso não significa, porém, que seja sempre inválida toda e qualquer restrição à pornografia, pois a liberdade de expressão não é um direito absoluto. De todo modo, a tarefa de regulação da pornografia é extremamente complexa, flertando muitas vezes com o moralismo e até com o ridículo. Veja-se, a título de curiosidade, a controversa lista de condutas sexuais proibidas na pornografia pelo Reino Unido, através do *Audiovisual Media Services Regulations*, de 2014, que, ao lado de práticas sadomasoqusitas, chegou a vedar até a "ejaculação feminina". Cf. Disponível em: https://www.unlockthelaw.co.uk/News/complete-guide-to-new-pornography-regulations-uk.html. Acesso em 21 dez. 2015.

594 Como ressaltou Robert Post, "a censura da obscenidade (...) é uma expressão paradigmática de um direito assimilacionista, em que a cultura dominante é liberada para impor *standards* comunitários e assim definir o "tom" e a "qualidade" da vida comunitária". (POST, Robert. Cultural heterogeneity and law: pornography, blasphemy and the first amendment. *In*: POST, Robert. *Constitutional domains*. Cambridge: Harvard University Press, 1995. p. 108).

595 As liberdades sexuais devem ser especialmente protegidas em um regime que "leva a sério" a autonomia das pessoas. Cf. BORRILO, Daniel; LOCHAK, Danièle. *La liberté sexuelle*. Paris: Presses Univeristaires de France, 2005; e LOPES, José Reinaldo de Lima. Liberdade e

4.6 Dignidade como heteronomia?

Uma das maiores críticas que se faz ao princípio da dignidade da pessoa humana é a de que ele se presta à justificação de intervenções autoritárias no âmbito das liberdades individuais.[596] Os críticos afirmam que a dignidade pode funcionar como verdadeiro "cavalo de Troia" para as liberdades públicas, penetrando no interior das suas muralhas para derrotá-las.[597] Trata-se, segundo eles, de uma espada de dois gumes:[598] o princípio é usado para fundamentar e reconhecer direitos, mas também como justificativa para a imposição de limites aos mesmos e de deveres aos indivíduos.[599] David Feldman, nessa linha, aduziu que "a noção de dignidade pode facilmente se tornar uma tela por trás da qual o paternalismo e o moralismo são elevados acima da liberdade".[600]

Essas críticas não são infundadas. A dignidade humana comporta diversas interpretações, e essa ambiguidade tem realmente permitido o emprego do princípio como instrumento em favor da heteronomia. Com isso, permite-se que alguns discursos antiquados e pré-modernos voltem à cena, mas agora sob uma roupagem mais atraente.

São muitos os exemplos desse uso na jurisprudência constitucional comparada. A Corte Constitucional da África do Sul adotou leitura heterônoma da dignidade ao julgar a constitucionalidade da criminalização da prostituição e da exploração de bordéis naquele país.[601] A decisão afirmou que seria papel da legislação combater "doenças

---

direitos sexuais: o problema a partir da moral moderna. *In*: RIOS, Roger Raupp. *Em defesa dos direitos sexuais*. Porto Alegre: Livraria dos Advogados, 2007. p. 41-72.

596 HENNETTE-VAUCHEZ, Stéphanie. A human dignitas?: the contemporary principle of human dignity as a mere reappraisal of an ancient concept. *European University Institute Working Papers*, Law 2008/18.

597 GIMENO-CABRERA, Véronique. *Le traitement jurisprudentiel du principe de dignité de la personne humaine dans la jurispudence du Conseil Constitutionnel Français et du Tribunal Constitutionnel Espagnol*. Paris: L.G.D.J., 2004. p. 160-178.

598 Cf. BEYLEVELD, Deryck; BROWNSWORD, Roger. *Human dignity in bioethics and biolaw*. Oxford: Oxford University Press, 2001. p. 25.

599 Christopher McCrudden alude a dois usos da dignidade: um reforça os direitos (*dignity as right supporting*) e outro os restringe (*dignity as rights-constraining*). MCCRUDDEN, Christopher. Human dignity and judicial interpretation of human rights. *European Journal of international Law*, Firenze, v. 19, n. 4, p. 655-724, 2008. p. 46-49. Na mesma linha, cf. WEIL, Laurence. La dignité de la personne humaine en Droit Administratif. *In*: PAVIA, Marie-Luce; REVET, Thierry (Eds.). *La dignité de la personne humaine*. Paris: Economica, 1999. p. 103-106.

600 FELDMAN, David. Human dignity as a legal value – part I. *Public Law*, p. 75, 2000.

601 Corte Constitucional da África do Sul. Caso *S. v. Jordan and Others* 2002 (6) SA 642. A constitucionalidade da criminalização da exploração dos bordéis foi afirmada por unanimidade. Já a legitimidade constitucional da criminalização dos atos de prostituição foi reconhecida por apertada maioria – 6 votos contra 5. A corrente vencida apontava na hipótese a ocorrência de afronta à igualdade de gênero.

sociais, utilizando, quando fosse apropriado, sanções criminais". Para rechaçar a alegação de ocorrência de discriminação de gênero na lei impugnada – decorrente do fato de que ela criara estigma para profissionais do sexo, que são quase sempre mulheres – o tribunal sul-africano aduziu que "o estigma que se prende às prostitutas decorre não do gênero, mas em virtude de sua conduta. (...) Ao engajarem-se no sexo comercial, as prostitutas sabidamente aceitam o risco de serem rebaixadas ao olhar da comunidade".

Outro conhecido exemplo no Direito Comparado envolveu o espetáculo do lançamento de anões (*lancer de nain*), que foi proibido na França por decisão proferida pelo prefeito da cidade de *Morsang-sur-Orge*, posteriormente mantida pelo Conselho de Estado do país.[602] Tratava-se de atração numa boate em que um anão, com equipamentos de proteção, era arremessado por pessoas sobre um colchão de ar para simples "divertimento" do público. Manuel Wackenheim – o portador de nanismo – impugnou a decisão administrativa e, após a derrota no âmbito interno francês, levou o caso até a Comissão de Direitos Humanos da ONU, mais uma vez sem sucesso.[603] Wackenhein alegava que o trabalho era muito importante para ele, não só pela renda que auferia, que lhe permitia prover com dignidade a própria subsistência – em contexto de desemprego que vitimava os anões franceses em geral –, como também por lhe proporcionar a possibilidade de fazer amigos e de levar uma rica vida social, que depois ele perdera.[604] Seus argumentos, porém, não prevaleceram.[605]

---

602 Conselho de Estado da França. Decision nº 136.727, julg. 25.10.1995. Na decisão, registrou-se: "A autoridade investida no poder de polícia pode, mesmo na ausência de circunstâncias locais particulares, interditar uma atração que atente, pelo seu próprio objeto, contra a dignidade da pessoa humana. Legalidade da interdição decretada pela autoridade de polícia municipal, apesar das medidas de proteção adotadas para assegurar a segurança da pessoa no caso, e do fato de que esta se prestava livremente a participar da exibição, mediante remuneração".

603 Comissão de Direitos Humanos das Nações Unidas. *Manuel Wackenheim v. France*, nº 854/1999, UN. Doc. CCPR/C/75/D/84/1999 (2002).

604 Em entrevista à revista *France Dimanche* concedida em 2014, Wackenhein chegou a dizer que, quando realizava o seu antigo trabalho, "era o homem mais feliz do mundo", e que a sua felicidade fora destruída pela decisão administrativa francesa. Disponível em: http://www.francedimanche.fr/interview-les-jornalistes-ont-la-parole/manuel-wackenhein-mimie-mathy-le-drame-de-ma-vie/. Acesso em 21 dez. 2015.

605 O caso, todavia, envolve complexidades adicionais, pois um dos principais argumentos favoráveis à referida decisão administrativa se liga não à tutela paternalística de Wackenhein – que, afinal, agiu aparentemente com liberdade ao desempenhar as atividades que lhe eram requeridas no emprego –, mas, sim, à proteção dos interesses da comunidade de anões. Aduz-se que a disseminação daquela "forma de entretenimento", impedida pela

Duas decisões do Supremo Tribunal Administrativo alemão também ilustram o emprego heterônomo da dignidade. A primeira, proferida em 1981, é atinente ao *peep show*.[606] Este consiste em *performance* remunerada em que uma mulher se exibe para o cliente, separada do mesmo por um vidro transparente, fazendo as poses eróticas que lhe são solicitadas. O Tribunal refutou a importância da voluntariedade da participação da mulher na análise da validade da atividade. Nas palavras da corte germânica, "a violação da dignidade humana não é eliminada ou justificada pelo fato de a mulher que participa do *peep show* fazê-lo voluntariamente. (...) Aqui, deve a dignidade humana, em razão do seu significado, que alcança além do indivíduo, também ser protegida contra a intenção do atingido, para superar as representações subjetivas que se distanciam do valor objetivo da dignidade humana". A segunda decisão, além de exemplo de heteronomia, ilustra também o problema da banalização da dignidade humana: trata-se do caso da proibição do *laserdrome*,[607] atividade recreativa em que pessoas tentam atingir umas às outras com pistolas que emitem raios inofensivos para marcarem pontos. É um jogo que se assemelha ao *paintball*, muito praticado no Brasil. O tribunal alemão vedou a atividade, aduzindo que "jogos recreativos também podem ferir a dignidade humana, se despertam ou agravam no participante do jogo uma configuração que nega a exigência de valorização e respeito que corresponde a cada pessoa", pois "ao lado da violência real, também a violência fictícia de atos de violência para fins de entretenimento pode ferir a exigência de respeito à dignidade humana". Essa decisão foi posteriormente impugnada no Tribunal de Justiça da União Europeia, que a manteve.[608]

Há leituras doutrinárias da dignidade humana que conduzem à heteronomia, como a que foi desenvolvida por Beatrice Maurer.[609] Valendo-se de categorias hegelianas, a professora francesa criticou a concepção, que designou de "dignidade para si", de que cada pessoa pode ter a sua própria compreensão sobre a vida digna. Sustentou que seria preferível a ideia de "dignidade para nós", em que há uma definição

jurisprudência francesa, contribuiria para reforçar na sociedade o estigma já existente contra os portadores de nanismo.

606 Tribunal Administrativo Federal da Alemanha. BVerwGE 64, 74 (1981).

607 Tribunal Administrativo Federal da Alemanha. BVerwGE 6 C 17.06 (2006).

608 Tribunal de Justiça da União Europeia. Caso *Omega*, processo C-36/02, decidido em 2004.

609 MAURER, Beatrice. Notas sobre o respeito da dignidade humana... ou uma pequena fuga incompleta em torno de um tema central. *In*: SARLET, Ingo Wolfgang (Org.). *Dimensões da dignidade*: ensaios de filosofia do direito e direito constitucional. Porto Alegre: Livraria do Advogado, 2005. p. 119-143.

coletiva da vida digna, imponível a cada indivíduo. Destacou, porém, que o objetivo final seria alcançar uma compreensão da "dignidade em si", que corresponderia a uma verdade objetiva e universal sobre a dignidade humana. O viés antiliberal da sua teoria se torna ainda mais evidente quando Maurer enfatiza que o maior perigo à dignidade na contemporaneidade repousaria em "uma certa compreensão da liberdade esquecida da dignidade".[610]

Também é heterônoma e equivocada a ligação traçada entre a dignidade e o suposto "direito à felicidade",[611] que pode resultar na legitimação de um Estado eudaimônico, com o poder de intervir em todos os domínios da vida pessoal, no afã de tornar as pessoas mais felizes, ainda que à sua revelia. Como ressaltou José Reinaldo de Lima Lopes, "não é responsabilidade do Estado fazer seus cidadãos felizes na vida privada": "as pessoas podem ser felizes como quiserem, desde que não causem dano e não impeçam outros de igualmente buscar a felicidade".[612] A dignidade da pessoa humana abarca, sim, o direito de cada pessoa de buscar a felicidade, perseguindo-a à sua maneira[613] [614] – ao fim e ao cabo, um direito à autonomia –, mas não justifica a coerção estatal para obrigar qualquer um a adotar um modelo de vida boa que supostamente o faça mais feliz.

Tampouco pode ser aceita a tese de que a dignidade da pessoa humana envolveria a "vedação de prazeres sádicos",[615] que parece estar

---

610 MAURER, Beatrice. Notas sobre o respeito da dignidade humana... ou uma pequena fuga incompleta em torno de um tema central. *In*: SARLET, Ingo Wolfgang (Org.). *Dimensões da dignidade*: ensaios de filosofia do direito e direito constitucional. Porto Alegre: Livraria do Advogado, 2005. p. 142.

611 Sobre o direito à felicidade, veja-se LEAL, Saul Tourinho. *Direito à felicidade*. Rio de Janeiro: Saul Tourinho Leal, 2014.

612 LOPES, José Reinaldo de Lima. O direito ao reconhecimento para gays e lésbicas. *Sur – Revista Internacional de Direitos Humanos*, v. 2, n. 2, 2005. Disponível em: http://www.scielo.br/scielo.php?script=sci_arttext&pid=S1806-64452005000100004. Acesso em 31 jul. 2015.

613 Nessa linha, a Declaração da Independência dos Estados Unidos não aludiu ao "direito à felicidade", mas, sim, ao direito à "busca da felicidade". No texto de 1776, redigido por Thomas Jefferson, consta: "Nós consideramos que são verdades autoevidentes, que todos os homens foram criados iguais, que são dotados pelo seu Criador de certos direitos inalienáveis, dentre os quais a Vida, a Liberdade e a busca da Felicidade".

614 Em diversas decisões, o Ministro Celso de Mello tem aludido ao direito à busca da felicidade, conectando-o à dignidade da pessoa humana, *e.g.*: "Direito à busca da felicidade, verdadeiro postulado constitucional implícito e expressão de uma ideia-força que deriva do princípio da essencial dignidade da pessoa humana". (Supremo Tribunal Federal, RE nº 477.554 AgReg, 2ª Turma, Rel. Min. Celso de Mello, julg. 16.08.2011).

615 A expressão é de Saul Tourinho Leal, que apontou a "conexão entre a vedação ao estímulo a prazeres sádicos e o princípio da dignidade da pessoa humana", anotando: "O princípio da dignidade da pessoa humana impede este tipo de prazer, seja pela vedação ao estímulo por parte do Estado, seja pelos particulares, ou, até mesmo, pelo particular isoladamente, que

subjacente ao voto proferido pelo Ministro Cezar Peluso em julgamento em que se afirmou a inconstitucionalidade de lei que autorizava a prática da "briga de galo".[616] O sofrimento injustificado infligido aos animais constitui razão mais do que suficiente para a invalidação da lei, sem que se faça necessário recorrer a ilegítimas razões perfeccionistas para tanto.

Enfim, a compreensão da dignidade como heteronomia é uma porta aberta para autoritarismos e moralismos desnecessários. Ela pode chegar a extremos perigosos, como na tese sustentada por Paulo Otero, de que o princípio da dignidade humana fundamentaria "o direito à implantação uterina e o subsequente direito à gestação" dos "embriões fecundados *in vitro*", independentemente da vontade materna.[617] Ou na posição defendida por Christopher Tollefsen, de que a dignidade humana implica a dignidade do casamento, que seria incompatível com a admissão do divórcio sem culpa.[618]

Não concordo, portanto, com a ideia de "dignidade como heteronomia" – embora a categoria me pareça adequada para descrever certas posições doutrinárias e jurisprudenciais sobre o princípio, que reputo equivocadas. Isso não significa dizer que a autonomia que deriva da dignidade humana seja absoluta, como se verificou ao longo deste capítulo. Significa, isto sim, que a heteronomia não é um componente da dignidade, que se volta ao empoderamento da pessoa, e não à moralização forçada do seu comportamento.

4.7 Conclusão

"Liberdade é uma palavra que o sonho humano alimenta, não há ninguém que explique e ninguém que não entenda". Este capítulo, ignorando a sábia advertência de Cecília Meirelles, tentou formular uma teoria sobre como deve ser lida, no Direito Constitucional brasileiro, a

---

não tem o direito de abrir mão da sua própria dignidade para, supondo estar desfrutando de felicidade, desfrutar de prazeres sádicos". (LEAL, Saul Tourinho. *Direito à felicidade*. Rio de Janeiro: Saul Tourinho Leal, 2014. p. 479).

616 Supremo Tribunal Federal. ADI nº 1.856, Rel. Min. Celso de Mello, julg. 26.05.2011. Em seu voto, o Ministro Peluso consignou: "A lei ofende também a dignidade da pessoa humana, porque, na verdade, implica, de certo modo, um estímulo às pulsões mais primitivas e irracionais do ser humano".

617 OTERO, Paulo. *Personalidade e identidade pessoal e genética do ser humano*: um perfil constitucional da bioética. Coimbra: Almedina, 1999. p. 50.

618 TOLLEFSEN, Christopher. The dignity of marriage. *In*: MCCRUDDEN, Christopher (Ed.). *Understanding human dignity*. Oxford: Oxford University Press, 2013. p. 483-492.

liberdade – ou autonomia –, conectando-a com a dignidade da pessoa humana.

Seria repetitivo sumariar aqui todas as teses sustentadas neste longo capítulo. O seu objetivo foi expor uma visão sobre a dignidade humana que, sem ignorar as complexidades do mundo real – que não cabem em fórmulas muito singelas, como o princípio do dano de Stuart Mill –, atribui grande importância à autonomia da pessoa. Pretendeu-se responder às inquietações daqueles que veem no princípio da dignidade humana um subterfúgio para a imposição de paternalismos, perfeccionismos e moralismos de toda cepa. Este indesejado uso realmente está presente em muitos discursos jurídicos, políticos, religiosos e sociais sobre a dignidade. Mas não é preciso desistir do princípio para não se render à heteronomia. É preferível definir um conteúdo para o princípio da dignidade da pessoa humana profundamente comprometido com a autonomia.

Enfim, a melhor leitura da dignidade humana se ergue sobre a compreensão das pessoas como agentes morais, que têm o direito de fazer as suas escolhas de vida e de participar na formação da vontade do Estado, livres de amarras não só legais, como também econômicas e culturais. Essa exegese, além de amparada na moralidade pública da democracia, tem sólido alicerce na ordem constitucional brasileira.

CAPÍTULO 5

O MÍNIMO EXISTENCIAL

No Brasi de Baxo eu vejo
Nas ponta das pobre rua
O descontente cortejo
De criança quage nua
Vai um grupo de garoto,
Faminto doente e roto
Mode caçá o que comê
Onde os carro põem lixo,
Como se eles fosse bicho
Sem direito de vivê
(Patativa do Assaré)[619]

5.1 Introdução

"Parece duro que, pela falta de habilidade que não consegue superar, apesar de todos os seus esforços, um artesão passe fome. Parece duro que um trabalhador, incapacitado pela doença de competir com os mais fortes, tenha que suportar privações. Parece duro que viúvas e órfãos sejam deixados à própria sorte, para que lutem pela sua vida ou morte. Mas, quando observados não de modo isolado, mas em conexão com os interesses universais da humanidade, essas duras fatalidades parecem ser da mais elevada benevolência".[620]

619 Trecho do poema "Brasi de cima e Brasi de baxo".

620 SPENCER, Herbert. Social Statics. *In*: SCHAPIRO, J. Salwin (Ed.). *Liberalism*: its meaning and history. New York: Van Nostrand Reinhold, 1958. p. 137.

O texto acima, que causa engulhos até em pessoas de coração menos sensível, é de Herbert Spencer, filósofo inglês do século XIX, criador do darwinismo social, que sustentava que qualquer tipo de intervenção do Estado ou da sociedade voltada para a proteção das pessoas mais vulneráveis deveria ser repelida, por atentar contra o interesse geral de que apenas os mais aptos sobrevivam. As ideias de Spencer exerceram grande influência na Economia, na Filosofia Política e até mesmo no Direito Constitucional. Em um dos mais conhecidos votos divergentes da história do constitucionalismo norte-americano, Oliver Wendell Holmes, no início do século passado, protestou contra a adesão dos juízes da Suprema Corte à filosofia de Spencer, que ele não conseguia entrever na Constituição do país.[621]

A garantia jurídica do mínimo existencial corresponde à absoluta rejeição dessa filosofia social-darwinista. Não é de todo nova a compreensão de que o Estado e a sociedade devem prover as condições materiais básicas para os necessitados, que não tenham condições de se sustentar. Gerardo Pisarello aludiu à existência, já na Antiguidade e na Idade Média, de "diferentes mecanismos institucionais, embora não necessariamente estatais, voltados a aliviar situações prolongadas de pobreza e a assistir aos grupos mais necessitados".[622] Há também quem localize a origem dessa noção nas *Poor Laws* inglesas, existentes desde o século XVI, especialmente a partir da *Speedhamland Law*, de 1795, que suprimiu o condicionamento ao trabalho obrigatório para a assistência social aos desamparados.[623] A Constituição francesa de 1793 já proclamava, em seu artigo 21,[624] o direito aos socorros públicos, e preceito similar foi reproduzido pela Carta brasileira de 1824 (art. 179, XXXI), o que levou Paulo Bonavides e Paes de Andrade a apontarem a "sensibilidade precursora para o social"[625] da nossa Constituição imperial. Foi, porém, a partir do constitucionalismo social, inaugurado pela Constituição mexicana de 1917 e pela Constituição de Weimar de

---

[621] Suprema Corte dos Estados Unidos. *Lochner v. New York*. 198 U.S. 45 (1905).

[622] PISARELLO, Gerardo. *Los derechos sociales y sus garantias*: elementos para una reconstrucción. Madrid: Editorial Trotta, 2007. p. 20.

[623] Cf. PEREIRA, Potyara A. *Necessidades humanas*: subsídios à crítica dos mínimos sociais. 6. ed. São Paulo: Cortez Editora, 2000. p. 103-106.

[624] Veja-se, a propósito, HERRERA, Carlos Miguel. Estado, constituição e direitos sociais. *In:* SOUZA NETO, Cláudio Pereira de; SARMENTO, Daniel (Orgs.). *Direitos sociais*: fundamentos, judicialização e direitos sociais em espécie. Rio de Janeiro: Lumen Juris, 2008. p. 8-9.

[625] BONAVIDES, Paulo; ANDRADE, Paes. *História Constitucional do Brasil*. 3. ed. São Paulo: Paz e Terra, 1991. p. 100.

1919, que a concepção de que cabe ao Estado garantir os direitos sociais ganhou contornos mais claros.

É provável que a primeira formulação jurídica do direito ao mínimo existencial se deva a um jurista brasileiro – e não a um alemão, como geralmente se afirma. Já em 1933, Pontes de Miranda se referiu à existência de um direito público subjetivo à subsistência[626] dentre o elenco dos "*novos direitos do homem*",[627] que compreenderia o que chamou de "*mínimo vital*". Nas suas palavras,

> Como direito público subjetivo, a subsistência realiza, no terreno da alimentação, das vestes e da habitação, o *standard of living* segundo três números, variáveis para maior *indefinidamente* e para menor *até o limite*, limite que é dado, respectivamente, pelo *indispensável* à vida quanto à nutrição, ao resguardo do corpo e à instalação.
> É o *mínimo vital absoluto*. Sempre, porém, que nos referirmos ao mínimo vital, deve-se entender o *mínimo vital relativo*, aquele que, atentando-se às circunstâncias de lugar e de tempo, se fixou para cada zona em determinado período (...). *O mínimo vital relativo tem de ser igual ou maior que o absoluto*.
> O direito à subsistência torna sem razão de ser a *caridade*, a *esmola*, a humilhação do homem ante o homem. (...) Não se peça a outrem, porque falte; exija-se do Estado, porque êste *deve*. Em vez da súplica, o direito.[628]

Sem embargo, é certamente marcante na trajetória do Direito Constitucional a formulação germânica do direito ao mínimo existencial, ocorrida no segundo pós-guerra, já sob a égide da Lei Fundamental de 1949. A ideia de que existe um direito fundamental ao mínimo existencial, proposta originariamente naquele país no início dos anos 50 por Otto Bachof,[629] foi reconhecida pelo Tribunal Administrativo Federal alemão

---

626 PONTES DE MIRANDA. *Direitos à subsistência e direito ao trabalho*. Rio de Janeiro: Alba Limitada, 1933.

627 Cf. PONTES DE MIRANDA. *Os novos direitos do homem*. Rio de Janeiro: Alba Limitada, 1933. Registre-se que, de acordo com o autor, os cinco "novos direitos do homem" seriam o direito à subsistência, o direito ao trabalho, o direito à educação, o direito à assistência e o direito ao "ideal". Pontes de Miranda também explorou o tema do mínimo existencial em *Democracia, igualdade e liberdade:* os três caminhos. Campinas: Bookseller, 2002. p. 630-640 (a primeira edição da obra é de 1945).

628 PONTES DE MIRANDA. *Direitos à subsistência e direito ao trabalho*. Rio de Janeiro: Alba Limitada, 1933. p. 28 e 30, grifos no original.

629 Nas palavras de Otto Bachof, "a dignidade humana positivada como ponto de partida dos direitos fundamentais não exige somente a liberdade, mas também um nível mínimo de segurança social. Por isso, me parece muito restrito que o Tribunal Constitucional Federal considere a inviolabilidade da dignidade humana somente como um 'resguardo contra ataques', que o dever de atenção e proteção da dignidade humana somente seja

em 1954[630] a partir da conjugação do princípio da dignidade da pessoa humana, da cláusula do Estado Social e dos direitos à liberdade e à vida. Em 1975, o direito foi afirmado em célebre decisão do Tribunal Constitucional germânico,[631] em jurisprudência que se mantém até hoje. Posteriormente, tribunais constitucionais ou supremas cortes de diversos outros países, como Portugal,[632] Israel,[633] Índia[634] e Colômbia[635]

---

entendido como 'proteção contra ataques por outros, como humilhação, estigmatização, perseguição, marginalização etc. (...) Finalmente, também é determinação do Estado Social, certamente de alcance restrito, observar o art. 2 II I (direito à vida e à integridade física). Penso ser inaceitável que se considere essa disposição somente como proibição da destruição da existência por meio de uma intervenção estatal. Deve-se também, em relação ao do art. I I, observar uma garantia positiva do *mínimo existencial*". (BACHOF, Otto. Der soziale Rechtsstaat in verwaltungsrechtlicher Sicht. *In*: *Veröffentlichungen der Vereinigung der Deutschen Staatsrechtslehrer*, Heft 12: Begriff und Wesen des sozialen Rechtsstaates; Die auswärtige Gewalt der Bundesrepublik. Berlin: Walter de Gruyter & Co, 1954. p. 42).

630 Tribunal Administrativo Federal da Alemanha. BVerwGE 1, 159 (1954).

631 Tribunal Constitucional Federal da Alemanha. BVerfGE 40, 121 (1975). Nessa importante decisão, a Corte alemã assentou: "Certamente a assistência aos desamparados integra as obrigações de um Estado Social (...). Isto inclui, necessariamente, a assistência social aos concidadãos, que, em virtude de sua precária condição física e mental, se encontram limitados nas suas atividades sociais, não apresentando condições de prover a própria subsistência. A comunidade estatal deve assegurar-lhes pelo menos as condições mínimas para uma existência digna e envidar os esforços necessários para integrar estas pessoas na comunidade, fomentando o seu acompanhamento e apoio na família ou por terceiros, bem como criando as indispensáveis instituições assistenciais" (colhi a tradução em SARLET, Ingo Wolfgang. Direitos fundamentais sociais, 'mínimo existencial' e direito privado: breves notas sobre alguns aspectos da possível eficácia horizontal dos direitos sociais nas relações entre particulares. *In*: SARMENTO, Daniel; GALDINO, Flávio (Orgs.). *Direitos fundamentais*: estudos em homenagem ao professor Ricardo Lobo Torres. Rio de Janeiro: Renovar, 2006. p. 565).

632 Em Portugal, a decisão paradigmática sobre o mínimo existencial foi a proferida pelo Tribunal Constitucional no Acórdão nº 509/02, que afirmou a inconstitucionalidade de norma que retirava o acesso ao chamado "rendimento social de inserção" das pessoas entre 18 e 25 anos de idade. Nesse julgado, proclamou-se que "o princípio do respeito da dignidade humana (...) implica o reconhecimento do direito ou da garantia a um mínimo de subsistência digna". Veja-se o comentário da referida decisão em NOVAIS, Jorge Reis. *Os princípios constitucionais estruturantes da República Portuguesa.* Coimbra: Coimbra Editora, 2004. p. 52-100.

633 Veja-se, a propósito, BARAK, Aharon. *Human dignity*: the constitutional value and the constitutional right. Cambridge: Cambridge University Press, 2015. p. 288-292.

634 A Constituição da Índia de 1950 prevê direitos sociais e econômicos como "princípios diretivos da política estatal", mas veda a sua garantia jurisdicional. A proibição vem sendo superada pela jurisprudência da Suprema Corte indiana por meio do recurso do direito à vida, que, na visão daquele tribunal, assegura também o direito à subsistência com dignidade, que equivale ao mínimo existencial. Cf. MURALIDHAR, R. India: The Expectations and Challenges of Judicial Enforcement of Social Rights. *In*: LANGFORD, Malcolm (Ed.). *Social rights jurisprudence*: emerging trends in international and comparative law. Cambridge: Cambridge University Press, 2008.

635 Sobre a riquíssima jurisprudência da Corte Constitucional colombiana em matéria de mínimo existencial (designado no país de *mínimo vital*), confronte-se ARANGO, Rodolfo;

recorreram, com algumas variações, ao mesmo conceito ou a construções similares.[636]

No Brasil, ideias como as de Spencer – descritas no início do capítulo – não conquistam praticamente nenhum apoio na sociedade.[637] Pelo menos no plano do discurso, parece existir certo consenso no sentido de que se deve assegurar a todos o acesso às condições materiais básicas para uma vida digna. Na atualidade, nenhum ator político relevante se insurge publicamente contra, por exemplo, o papel do Estado na prestação de serviços de saúde, educação, previdência e assistência social. Nada obstante, ainda não foi completamente extirpada a percepção, entranhada em nossa cultura,[638] de que tal atuação estatal não corresponde propriamente à concretização de um direito fundamental, mas sim a um suposto benefício, concedido de modo paternalista por algum governante ou autoridade, cuja efetiva fruição dependa de relações pouco republicanas de clientela e patronagem.

Esta última visão foi claramente enjeitada pela Constituição de 88, da qual se extrai a garantia do mínimo existencial como direito fundamental. Tal ideia provém não apenas da positivação dos direitos sociais no texto constitucional, como também da consagração do princípio da dignidade da pessoa humana como fundamento do Estado e da ordem jurídica brasileira. A literatura jurídica nacional[639] é

LEMAITRE, Julieta. *Jurisprudencia constitucional sobre el derecho al mínimo vital.* Bogotá: Ediciones Uniandes, 2002.

636 Veja-se a propósito, com casos e exemplos de outros países além desses, DALY, Erin. *Dignity rights*: courts, constitution and the worth of the human person. Philadelphia: University of Pennsylvania Press, 2013. p. 54-66.

637 Diferentemente do que ocorre nos Estados Unidos, por exemplo, em que há um expressivo segmento da opinião pública que recusa com virulência qualquer tipo de atuação do Estado em favor dos mais necessitados.

638 Para um amplo exame dessas raízes, veja-se CARVALHO, José Murilo de. *A cidadania no Brasil*: o longo caminho. 5. ed. Rio de Janeiro: Civilização Brasileira, 2004.

639 Veja-se, *e.g.*, TORRES, Ricardo Lobo. *O direito ao mínimo existencial.* Rio de Janeiro: Renovar, 2009; BARCELLOS, Ana Paula de. *A eficácia jurídica dos princípios*: o princípio da dignidade da pessoa humana. Rio de Janeiro: Renovar, 2002. p. 201-308; SARLET, Ingo Wolfgang. Direitos fundamentais sociais, 'mínimo existencial' e direito privado: breves notas sobre alguns aspectos da possível eficácia horizontal dos direitos sociais nas relações entre particulares. *In*: SARMENTO, Daniel; GALDINO, Flávio (Orgs.). *Direitos fundamentais*: estudos em homenagem ao professor Ricardo Lobo Torres. Rio de Janeiro: Renovar, 2006; SARLET, Ingo Wolfgang; FIGUEIREDO, Mariana Filchtiner. Reserva do possível, mínimo existencial e direito à saúde: algumas aproximações. *In*: SARLET Ingo Wolfgang; TIMM, Luciano Benetti (Orgs.). *Direitos fundamentais, orçamento e 'reserva do possível'*. Porto Alegre: Livraria do Advogado, 2008. p. 11-54; CLÈVE, Clemerson Merlin. A eficácia dos direitos fundamentais sociais. *Boletim Científico da Escola Superior do Ministério Público da União*, n. 8, 2003, p. 151-161; LEIVAS, Paulo Gilberto Cogo. *Teoria dos direitos fundamentais sociais.* Porto Alegre: Livraria do Advogado, 2006. p. 123-140; BITTENCOURT NETO, Eurico. *Direito ao*

praticamente unânime ao apontar o acolhimento do direito ao mínimo existencial, o mesmo ocorrendo com a nossa jurisprudência. Esta, porém, é relativamente recente, e vem se difundindo a partir de célebre decisão proferida pelo STF em 2004.[640] Como se verá adiante, tal como ocorre com o princípio da dignidade da pessoa humana, o mínimo existencial também tem sido usado algumas vezes de forma retórica e inflacionada pelo Judiciário brasileiro.

Apesar do seu reconhecimento normativo, o mínimo existencial não é de fato assegurado a parcelas expressivas da população brasileira, que não desfrutam de acesso efetivo a bens e direitos essenciais para uma vida digna. Legiões de pessoas ainda vivem na mais absoluta miséria, expostas à insegurança alimentar, sem acesso à moradia adequada, ao saneamento básico, à saúde e à educação de mínima qualidade. À margem das conquistas civilizatórias do Estado democrático de direito, ainda existe um "Brasil de baixo" – do qual nos falou Patativa do Assaré – em que a regra é a privação, e onde os direitos não são "para valer". Além de acarretar injusto sofrimento às suas vítimas, esse quadro acaba também comprometendo a capacidade de tais pessoas de exercerem, de forma plena e consciente, os seus direitos civis e políticos.

---

mínimo para uma existência digna. Porto Alegre: Livraria do Advogado, 2010; CORDEIRO, Karine da Silva. *Os direitos fundamentais sociais*: dignidade da pessoa humana e mínimo existencial. O papel do Poder Judiciário. Porto Alegre: Livraria dos Advogados, 2012; HONÓRIO, Cláudia. Olhares sobre o mínimo existencial em julgados brasileiros. 2009. Dissertação (Mestrado em Direito) – Faculdade de Direito, Universidade Federal do Paraná, Curitiba, 2009.

[640] Trata-se da ADPF nº 45 – MC, Rel. Min. Celso de Mello, julg. 29.04.2004. Cuidava-se de arguição de descumprimento de preceito fundamental ajuizada contra o veto presidencial a dispositivo da Lei de Diretrizes Orçamentárias que garantira recursos financeiros mínimos para a área de saúde. A ação foi julgada extinta, pela perda de objeto, em razão do encaminhamento ao Congresso Nacional de outro projeto de lei contendo o mesmo dispositivo anteriormente vetado. Nada obstante, o Ministro Celso de Mello teceu na ocasião considerações sobre o mínimo existencial, que, desde então, são sempre invocadas em casos em que se discute a tutela jurisdicional de direitos prestacionais. Na referida decisão, após consignar que os direitos a prestações materiais são de realização gradativa e se sujeitam à "reserva do possível", o Ministro Celso de Mello ressaltou: "Não se mostrará lícito, contudo, ao Poder Público, em tal hipótese, criar obstáculo artificial que revele – a partir de indevida manipulação de sua atividade financeira e/ou político administrativa – o ilegítimo, arbitrário e censurável propósito de fraudar, de frustrar e de inviabilizar o estabelecimento e a preservação, em favor da pessoa e dos cidadãos, de condições materiais mínimas de existência. Cumpre advertir, desse modo, que a cláusula da 'reserva do possível' – ressalvada a ocorrência de justo motivo objetivamente aferível – não pode ser invocada, pelo Estado, com a finalidade de exonerar-se do cumprimento de suas obrigações constitucionais, notadamente quando, dessa conduta governamental negativa, puder resultar nulificação ou, até mesmo, aniquilação de direitos constitucionais, impregnados de um sentido essencial de fundamentalidade".

Portanto, embora existam poucas dúvidas entre nós sobre a existência de uma garantia constitucional do mínimo existencial, a efetividade da Constituição, também neste particular, deixa muitíssimo a desejar. Há ainda um abismo entre as suas promessas generosas e a realidade da vida de vastos segmentos da população brasileira, que sobrevivem em condições francamente indignas.

Neste capítulo, inicio discutindo alguns *fundamentos filosóficos* para o mínimo existencial, bem como a *crítica* ao instituto, formulada a partir da esquerda, de que se trataria de artifício conservador que debilitaria os direitos sociais. O objetivo é demonstrar que se justifica o reconhecimento do direito ao mínimo existencial, que, na ordem jurídica brasileira, pode ser derivado do princípio da dignidade da pessoa humana. Passo, em seguida, ao exame do *conteúdo jurídico* do direito ao mínimo existencial e da extensão da sua *proteção judicial*.

5.2 Fundamentos filosóficos para o mínimo existencial

Ao longo da história, a garantia de condições básicas de vida para os setores mais vulneráveis da população decorreu, muitas vezes, não de preocupações morais com os seus direitos ou bem-estar, mas do medo de convulsões sociais que pudessem abalar o *status quo*. Foi assim, por exemplo, com a rede de proteção social construída pelo chanceler conservador Otto von Bismarck, na Alemanha do final do século XIX.[641] Nada obstante, neste momento o foco está centrado nos fundamentos que justificam o mínimo existencial, e não nas causas históricas que ensejaram o seu reconhecimento.

Na contemporaneidade, existe razoável convergência entre as mais variadas teorias políticas no sentido da necessidade de garantia das condições materiais básicas de vida para todos.[642] Há, contudo, significativas diferenças a propósito não só da justificativa para essa garantia, como também da sua extensão e forma de proteção.

---

641 Cf. ZAMBITTE, Fábio. *A previdência social no estado contemporâneo*. Niterói: Impetus, 2011. p. 72-77.

642 Veja-se a exposição de algumas fundamentações em ARANGO, Rodolfo. *El concepto de los derechos sociales*. Mexico: Legis, 2005. p. 238-296; BARCELLOS, Ana Paula. O mínimo existencial e algumas fundamentações: John Rawls, Michael Walzer e Robert Alexy. *In*: TORRES, Ricardo Lobo (Org.). *A legitimação dos direitos humanos*. Rio de Janeiro: Renovar, 2002. p. 11-49; HONÓRIO, Cláudia. *Olhares sobre o mínimo existencial em julgados brasileiros*. 2009. Dissertação (Mestrado em Direito) – Faculdade de Direito, Universidade Federal do Paraná, Curitiba, 2009. p. 12-40.

Na minha leitura, os fundamentos para reconhecimento do direito ao mínimo existencial podem ser *instrumentais* ou *independentes*. Os fundamentos instrumentais apontam que o mínimo existencial deve ser assegurado para que algum outro princípio ou objetivo seja promovido.[643] Os princípios mais frequentemente invocados são a *liberdade* e a *democracia*. Já os fundamentos independentes postulam que o mínimo existencial deve ser garantido porque a sua denegação representa, em si mesma, uma grave injustiça, independentemente dos efeitos que possa ter sobre outros valores. A seguir, passo a examinar as referidas linhas argumentativas.

5.2.1 Mínimo existencial e liberdade

Há uma leitura tradicional sobre a liberdade, que afirma que este valor é restringido a cada vez que o Estado atua para promover a igualdade ou garantir direitos positivos para os segmentos mais vulneráveis da população. Isso porque – diz o argumento – a atuação do Estado importa em intervenção heterônoma sobre as relações sociais ou, no mínimo, em tributação da atividade econômica privada, destinada à obtenção dos recursos necessários ao financiamento das prestações e serviços estatais. Com isso, haveria restrição à liberdade individual.[644] Nessa perspectiva, a garantia do mínimo existencial entraria em conflito com a liberdade.[645] [646]

---

[643] Vale registrar que, para além do plano da fundamentação, os argumentos instrumentais são também frequentemente empregados no Direito Comparado no âmbito da jurisprudência constitucional para justificar a exigibilidade judicial de direitos sociais a partir da tutela dos direitos civis e políticos, especialmente em contextos constitucionais em que não há positivação constitucional dos primeiros ou em que a sua justiciabilidade não é *a priori* reconhecida. Trata-se da chamada *exigibilidade indireta* dos direitos sociais. Veja-se, a propósito, ABRAMOVICH, Victor; COURTIS, Christian. *Los derechos sociales como derechos exigibles*. 2. ed. Madrid: Editorial Trotta, 2004. p. 200-220.

[644] Dentre os autores contemporâneos, veja-se, nessa linha, NOZICK, Robert. *Anarquia, estado e utopia*. (Trad. Ruy Jungmann). Rio de Janeiro: Zahar, 1994.

[645] Note-se, porém, que reconhecer a existência de tensão entre liberdade e garantia das condições básicas de vida não implica, necessariamente, priorizar a primeira em detrimento da segunda, nem mesmo no âmbito do liberalismo. Nesse sentido, o liberal inglês Isaiah Berlin, embora tenha dissociado a liberdade da proteção de mínimos sociais, ressaltou, em célebre passagem: "Oferecer direitos políticos ou salvaguardas contra o Estado a homens seminus, subnutridos, doentes, é zombar de sua condição: eles precisam de ajuda médica ou de educação antes de poderem compreender ou aproveitar um aumento em sua liberdade". (BERLIN, Isaiah. Dois conceitos de liberdade. *In*: BERLIN, Isaiah. *Estudos sobre a humanidade*. (Trad. Rosaura Eichenberg). Rio de Janeiro: Companhia das Letras, 2002. p. 231).

[646] Saliente-se, todavia, que, mesmo dentre autores libertários, defensores incondicionais do livre mercado e avessos à atuação estatal em favor da igualdade material, há quem reconheça a

Contudo, como já examinado no capítulo 4, esta é uma visão excessivamente formalista da liberdade, que ignora os constrangimentos reais que impedem que as pessoas realizem e implementem as suas escolhas de vida. A liberdade não deve ser concebida como a mera ausência de constrangimentos externos impostos pelo Estado à ação dos agentes, mas como a possibilidade real de cada pessoa concreta tomar decisões sobre a sua própria vida e de segui-las. Foi sob essa perspectiva que diversos filósofos e juristas contemporâneos justificaram a garantia do mínimo existencial, fortes no argumento de que, sem o atendimento de certas condições materiais básicas, se esvazia por completo a liberdade, pela inviabilidade do seu efetivo exercício no mundo real.[647] [648] O argumento também tem ressonância na jurisprudência constitucional comparada. A Suprema Corte de Israel, por exemplo, reconheceu um

necessidade de que o Estado assegure condições materiais mínimas de vida para os miseráveis. É o caso do austríaco Hayek, que, conquanto absolutamente crítico em relação à ideia de "justiça social", afirmou que "não há razão pela qual, em uma sociedade livre, o governo não possa garantir a todos uma proteção contra graves privações na forma de uma renda mínima garantida, um piso abaixo do qual ninguém tenha que descer. (...) Desde que essa renda mínima uniforme seja concedida fora do mercado para todos os que, por qualquer razão, não conseguem ganhar no mercado os meios para se manter adequadamente, isso não leva a restrições à liberdade ou conflita com o Estado de Direito". (HAYEK, Friedrich von. *Law, legislation and liberty*: the Mirage of Social Justice. Chicago: University of Chicago Press, 1976. v. 2, p. 87). Na mesma senda, o economista Milton Friedman, embora contrário à instituição de direitos sociais, propôs o pagamento de uma renda mínima aos mais pobres para garantir a sua subsistência por meio de um modelo de "imposto de renda negativo". (Cf. FRIEDMAN, Milton. *Capitalismo e liberdade.* (Trad. Luciana Carli). São Paulo: Artenova, 2000. p. 159-162). Tais autores, porém, não defendiam o reconhecimento de um *direito* ao mínimo existencial, mas, sim, que o Estado poderia agir para assegurar condições mínimas de vida para os miseráveis sem prejudicar a lógica do mercado.

647 Cf., *e.g.*, GEWIRTH, Alan. Duties to fulfill the human rights of the poor. *In*: POGGE, Thomas (Ed.). *Freedom from poverty as a human right.* Oxford: Oxford University Press, 2005. p. 219-236; NINO, Carlos Santiago. Derechos Sociales. *In*: CARBONELL, Miguel; CRUZ PARCERO, Juan Antonio; VÁSQUEZ, Rodolfo (Orgs.). *Derechos sociales y derechos de las minorias.* México: Editorial Porrúa, 2004. p. 211-220; MICHELMAN, Frank. *Brennan and democracy*. Princeton: Princeton University Press, 1999. p. 119-132; BÖCKENFÖRDE, Ernst-Wolfgang. Los derechos fundamentales sociales en la estructura de la Constituición. *In*: BÖCKENFÖRDE, Ernst-Wolfgang. *Escritos sobre derechos fundamentales.* (Trad. Juan Requejo Pagés e Ignacio Villaverde Menendez). Baden-Baden: Nomos, 1993. p. 74.

648 Ressalte-se, ademais, que, mesmo a partir de uma visão meramente negativa da liberdade, é possível invocá-la para a proteção de prestações ligadas ao mínimo existencial. Em texto instigante, Jeremy Waldron seguiu esse caminho para justificar o direito à moradia. É que, no mundo concreto – disse Waldron –, as liberdades são exercidas em algum espaço físico. Os sem-teto, por não terem direito de ficar em lugar algum, sofrem restrições externas ao exercício de quase todas as suas liberdades. Daí porque a sua liberdade negativa – o seu direito de não sofrerem constrangimentos externos às suas ações – impõe que se lhes conceda uma moradia. Veja-se, a propósito, WALDRON, Jeremy. Homelessness and the issue of freedom. *In*: GOODIN, Robert E.; PETTIT, Philip (Eds.). *Contemporary political philosophy*: an anthology. Oxford: Blackwell Publishers, 1997. p. 446-462.

direito à subsistência com dignidade, afirmando que, "sem condições materiais mínimas, uma pessoa não tem a capacidade de criar, de ter aspirações, de fazer escolhas e de exercitar as suas liberdades".[649]

Na filosofia política, o ponto foi elaborado com densidade por John Rawls. Como se sabe, Rawls foi o mais importante teórico do liberalismo igualitário,[650] corrente da filosofia política que se notabiliza pela tentativa de articular de modo coerente a mais ampla garantia das liberdades públicas e existenciais com a promoção da igualdade material e da justiça social.[651] As suas ideias vêm exercendo enorme influência não só no âmbito da filosofia, mas até mesmo no Direito Constitucional.[652] Pode-se dizer que elas redefiniram os próprios termos do debate contemporâneo sobre a filosofia política a partir dos anos 70 do século passado.[653]

---

649 Suprema Corte de Israel. *Hasan v. The Social Security Institution*, julg. 28.02.2012.

650 Sobre o pensamento de Rawls, veja-se FREEMAN, Samuel (Ed.). *The Cambridge Companion to Rawls*. Cambridge: Cambridge University Press, 2003. A propósito do liberalismo igualitário, confronte-se KYMLICKA, Will. *Contemporary political philosophy*: an introduction. 2. ed. Oxford: Oxford University Press, 2002. p. 53-101.

651 É curioso observar que Ronald Dworkin – o outro "gigante" do liberalismo igualitário –, apesar das suas posições progressistas no campo da justiça social e da sua teoria sobre a interpretação constitucional muito aberta aos influxos da moralidade política, sempre recusou o reconhecimento constitucional de direitos sociais, mesmo daqueles ligados à garantia do mínimo existencial. Nas palavras de Lawrence Sager, "sempre foi um tanto misteriosa a razão pela qual Dworkin, com a sua visão generosa sobre o conteúdo da Constituição, e o seu compromisso com um modelo de interpretação constitucional sempre aberto a diretrizes do mundo da justiça política, tenha se inclinado a deixar órfãos os direitos materiais". (SAGER, Lawrence. Material rights, underenforcement, and the adjudication thesis. *Boston University Law Review*, v. 90, p. 579, 2010). Sager concluiu que tal posição de Dworkin teria decorrido não da sua filosofia moral, mas da associação incindível que ele fazia entre direitos e adjudicação judicial, e da sua descrença na capacidade de os juízes se engajarem com proveito na tarefa de garantir os direitos sociais. Pude, aliás, presenciar e tomar parte de acalorados debates entre Dworkin e professores brasileiros a esse respeito, em evento realizado no ano de 2005, no auditório da Procuradoria do Município do Rio de Janeiro.

652 Sobre as implicações do pensamento de Rawls para a teoria constitucional, veja-se MICHELMAN, Frank. Rawls on constitutionalism and constitutional law. *In*: FREEMAN, Samuel (Ed.). *The Cambridge companion to Rawls*. Cambridge: Cambridge University Press, 2003. p. 394-425. Na literatura constitucional brasileira, a influência das ideias de Rawls se percebe em diversas obras, como, *e.g.*, VIEIRA, Oscar Vilhena. *A Constituição e sua reserva de justiça*: um ensaio sobre os limites materiais ao poder de reforma. São Paulo: Malheiros, 1999; CITTADINO, Gisele. *Pluralismo, direito e justiça distributiva*: elementos de filosofia constitucional contemporânea. Rio de Janeiro: Lumen Juris, 1999; e SOUZA NETO, Cláudio Pereira de. *Teoria constitucional e democracia deliberativa*. Rio de Janeiro: Renovar, 2006.

653 Para uma síntese dos principais debates que as teorias de Rawls suscitaram, confronte-se GARGARELLA, Roberto. *Las teorías de la justicia después de Rawls*. Barcelona: Paidós, 1999.

Em sua obra seminal *A Theory of Justice*,[654] Rawls formulou princípios que deveriam reger as instituições básicas de uma sociedade justa. Para justificar racionalmente os seus princípios, Rawls recorreu à ideia de contrato social: os princípios da justiça seriam aqueles que resultassem de um acordo hipotético entre pessoas recobertas por um "véu da ignorância", que as impediria de conhecer as suas próprias características, posição social e interesses. A observância desse procedimento asseguraria, segundo Rawls, um resultado imparcial, aceitável para todos.

De acordo com o autor, as partes do contrato chegariam a dois princípios de justiça. O primeiro princípio (*princípio da liberdade*), ao qual Rawls atribuiu prioridade absoluta (prioridade *léxica*, nas suas palavras), concede a cada pessoa o mais amplo conjunto de liberdades básicas que seja compatível com o reconhecimento dos mesmos direitos para todos os demais. Só depois de assegurado plenamente este primeiro princípio, passa-se ao segundo, que Rawls designou de *princípio da diferença*, segundo o qual as desigualdades econômicas e sociais devem ser ordenadas de modo a que (a) sejam sempre mantidas oportunidades abertas para todos, em condições equitativas; e (b) o arranjo traga o maior benefício possível às pessoas mais desfavorecidas.

Ocorre que, para Rawls, apenas o princípio da liberdade deve ser reconhecido no plano constitucional. Formulando a sua teoria a partir das pré-compreensões norte-americanas sobre o papel limitado das constituições, Rawls relegou a realização do princípio da diferença, que trata da justiça social, para o âmbito da legislação ordinária. Portanto, para ele, numa sociedade justa os recursos devem ser distribuídos de modo que cada pessoa tenha bens primários muito superiores ao mínimo existencial (que Rawls designava de *mínimo social*). Nada obstante, Rawls não cogitava, àquela altura, em um direito constitucional ao mínimo existencial, entrincheirado perante as deliberações políticas, já que a implementação do mínimo dependeria de decisões legislativas.

Essa sua posição suscitou diversas críticas, como a formulada pelo constitucionalista norte-americano Frank Michelman.[655] Este afirmou, dentre outros pontos, que a teoria de Rawls não se sustentaria em sociedades que não fossem "bem ordenadas" – como as que existem

---

654 RAWLS, John. *A theory of justice*. Cambridge: The Belknap Press of Harvard University Press, 1971.

655 MICHELMAN, Frank. Constitutional welfare rights and a theory of justice. *In*: DANIELS, Norman (Ed.). *Reading Rawls*: critical studies on Rawls' a theory of justice. Stanford: Stanford University Press, 1989. p. 345 ss.

em países pobres – e que ela se baseara em uma concepção incorpórea e irreal de pessoa, não atentando aos pressupostos indispensáveis para que indivíduos concretos exerçam de fato as suas liberdades básicas.

Como fez também em outras questões, John Rawls, em diálogo com seus críticos, reformulou parcialmente a sua teoria para afirmar que os mínimos sociais seriam um pressuposto para aplicação do primeiro princípio de justiça, que cuidou das liberdades básicas. Na sua obra *O Liberalismo Político*, publicada em 1993, ele afirmou:

> (...) o primeiro princípio, que trata dos direitos e liberdades fundamentais, pode sem muitos problemas ser precedido de um princípio lexicamente anterior que prescreva a satisfação das necessidades básicas dos cidadãos, ao menos na medida em que satisfazê-las seja necessário para que eles entendam e tenham condições de exercer estes direitos e liberdades de forma efetiva.[656]

Daí porque a garantia do mínimo existencial passou a se qualificar, para Rawls, como "conteúdo constitucional essencial" (*constitutional essential*), devendo ser diferenciada dos princípios sobre justiça social, que, segundo ele, continuariam relegados ao plano da legislação infraconstitucional.[657]

Outro autor que fundamentou a garantia do mínimo existencial na liberdade foi o alemão Robert Alexy. Ao contrário de Rawls, que construiu a sua teoria a partir da filosofia política, Alexy alicerçou a sua tese sobre o mínimo existencial no campo da dogmática constitucional, em diálogo com a jurisprudência da Corte Constitucional germânica.

Ao tratar da questão, Alexy partiu da compreensão, que desenvolveu longamente, de que os direitos fundamentais são princípios compreendidos como mandados de otimização, que devem ser realizados na medida das possibilidades fáticas e jurídicas existentes.[658] Na presença de conflitos entre princípios, deve-se recorrer, segundo Alexy, à técnica da ponderação de interesses, baseada na aplicação do princípio da proporcionalidade.

---

[656] RAWLS, John. *O liberalismo político*. (Trad. Álvaro de Vita). São Paulo: Martins Fontes, 2011. p. 8.

[657] RAWLS, John. *O liberalismo político*. (Trad. Álvaro de Vita). São Paulo: Martins Fontes, 2011. p. 270. Veja-se também, a propósito, ARANGO, Rodolfo. *El concepto de derechos sociales fundamentales*. Mexico: Legis, 2005. p. 248-251.

[658] ALEXY, Robert. *Teoria dos direitos fundamentais*. (Trad. Virgílio Afonso da Silva). São Paulo: Malheiros, 2008.

Diante da ausência de direitos fundamentais sociais na Constituição alemã, Alexy se vale da ideia de *liberdade fática* para justificar a sua proteção. Ele parte da premissa de que a liberdade fática tem importância extraordinária para o indivíduo, pois, sem ela, as liberdades jurídicas não passariam de "*fórmula vazia*".[659] Ademais, citando decisão do Tribunal Constitucional alemão, aduziu que o sistema de direitos fundamentais é "a expressão de um sistema de valores, em cujo centro se encontra o livre desenvolvimento da personalidade humana e de sua dignidade no seio da comunidade social".[660] Daí porque "os direitos fundamentais, se o seu escopo for o livre desenvolvimento da personalidade humana, também estão orientados para a liberdade fática, ou seja, também devem garantir os pressupostos para do exercício das liberdades jurídicas".[661]

Todavia, Alexy reconhece que a garantia da liberdade fática enseja diversos problemas. O primeiro vem do fato de que a sua proteção judicial conflita com a competência conferida ao legislador para a definição das políticas sociais e para a eleição de prioridades no campo dos gastos públicos, haja vista os custos financeiros dos direitos prestacionais. O segundo deriva do reconhecimento de que a proteção dos direitos sociais tende a colidir com outros direitos. Uma dessas colisões resulta da necessidade de elevação da carga tributária para financiamento dos direitos a prestações materiais, o que repercute sobre a propriedade privada.

Para resolver esses conflitos, Alexy recorre mais uma vez à técnica da ponderação, salientando:

> (...) a questão acerca de quais direitos fundamentais sociais o indivíduo definitivamente tem é uma questão de sopesamento entre princípios. De um lado está sobretudo o princípio da liberdade fática. Do outro lado estão os princípios formais, da liberdade decisória do legislador democraticamente legitimado e o princípio da separação de poderes, além de princípios materiais, que dizem respeito sobretudo à liberdade jurídica de terceiros, mas também a outros direitos fundamentais sociais e interesses coletivos.[662]

---

[659] ALEXY, Robert. *Teoria dos direitos fundamentais*. (Trad. Virgílio Afonso da Silva). São Paulo: Malheiros, 2008. p. 506.

[660] ALEXY, Robert. *Teoria dos direitos fundamentais*. (Trad. Virgílio Afonso da Silva). São Paulo: Malheiros, 2008. p. 506.

[661] ALEXY, Robert. *Teoria dos direitos fundamentais*. (Trad. Virgílio Afonso da Silva). São Paulo: Malheiros, 2008. p. 506.

[662] ALEXY, Robert. *Teoria dos direitos fundamentais*. (Trad. Virgílio Afonso da Silva). São Paulo: Malheiros, 2008. p. 512.

Alexy afirma que essa ponderação resulta no reconhecimento de um *direito fundamental definitivo* ao mínimo existencial.[663] Ou seja, para ele, o mínimo existencial é o resultado do sopesamento de princípios, não se submetendo a qualquer ponderação posterior.

No Brasil, o principal difusor da tese de que o mínimo existencial se assenta na garantia da liberdade é o Professor Ricardo Lobo Torres, precursor do estudo do assunto na doutrina nacional contemporânea.[664] Ricardo Lobo Torres, como pensador liberal, sempre se insurgiu contra a concepção amplamente majoritária no país de que os direitos sociais são dotados de fundamentalidade. Sua posição na matéria se liga a uma crítica veemente à ideia de Estado Social e ao modelo de constituição dirigente, que lhe é correlato. Nada obstante, Lobo Torres afirmou, nos muitos textos que escreveu sobre o assunto, que o mínimo existencial possui fundamentalidade em razão da sua ligação intrínseca com a liberdade[665] – embora ele também faça referência a outros princípios

---

[663] ALEXY, Robert. *Teoria dos direitos fundamentais*. (Trad. Virgílio Afonso da Silva). São Paulo: Malheiros, 2008. p. 512. Nas suas palavras: "Uma posição no âmbito dos direitos a prestações tem de ser vista como definitivamente garantida se (1) o princípio da liberdade fática a exigir de forma premente e se (2) o princípio da separação de poderes e o princípio democrático (que inclui a competência orçamentária do parlamento), bem como (3) os princípios materiais colidentes (especialmente aqueles que dizem respeito à liberdade jurídica de outrem), forem afetados em uma medida relativamente pequena pela garantia constitucional da posição prestacional e pelas decisões do tribunal constitucional que a levarem em consideração. Essas condições são necessariamente satisfeitas no caso dos direitos sociais mínimos, ou seja, por exemplo, o direito a um mínimo existencial, a uma moradia simples, à educação fundamental e média, à educação profissionalizante e a um patamar mínimo de assistência médica".

[664] O primeiro texto de Ricardo Lobo Torres sobre o tema foi um artigo publicado em 1989: TORRES, Ricardo Lobo. O mínimo existencial e os direitos fundamentais. *Revista de Direito Administrativo*, n. 177, p. 29-49, 1989. Depois disso, ele revisitou o tema em diversos artigos, como: A metamorfose dos direitos sociais em mínimo existencial. *In*: SARLET, Ingo Wolfgang (Org.). *Direitos fundamentais sociais*: estudos de direito constitucional, internacional e comparado. Rio de Janeiro: Renovar, 2003. p. 1-46; O mínimo existencial, os direitos sociais e a reserva do possível. *In*: NUNO, Antônio José Avelãs; COUTINHO, Jacinto Nelson de Miranda (Org.). *Diálogos constitucionais Brasil/Portugal*. Rio de Janeiro: Renovar, 2004. p. 447-471; O mínimo existencial, os direitos sociais e os desafios de natureza orçamentária. *In*: SARLET, Ingo Wolfgang; TIMM, Luciano Benetti (Orgs.). *Direitos fundamentais, orçamento e reserva do possível*. Porto Alegre: Livraria do Advogado, 2008. p. 69-86; O mínimo existencial como conteúdo essencial dos direitos fundamentais. *In*: SOUZA NETO, Cláudio Pereira de; SARMENTO, Daniel (Orgs.). *Direitos sociais*: fundamentos, judicialização e direitos sociais em espécie. Rio de Janeiro: Lumen Juris, 2008. p. 313-342. Finalmente, em 2009, o Professor Ricardo Lobo Torres publicou um livro sobre a matéria: *O direito ao mínimo existencial*. Rio de Janeiro: Renovar, 2009.

[665] De acordo com Lobo Torres, "sem o mínimo necessário à existência cessa a possibilidade de sobrevivência do homem e desaparecem as condições da liberdade. O fundamento do mínimo existencial, conseguintemente, está nas condições para o exercício da liberdade". (TORRES, Ricardo Lobo. A metamorfose dos direitos sociais em mínimo existencial. *In*:

para justificá-la, como a dignidade da pessoa humana e a cidadania. Para o autor,

> O direito às condições mínimas de existência digna constitui o conteúdo essencial dos direitos da liberdade, ou direitos humanos, ou direitos individuais, ou direitos naturais, formas diferentes de expressar a mesma realidade. (...) O mínimo existencial exibe as características básicas dos direitos da liberdade: é pré-constitucional, posto que inerente à pessoa humana; (...) é negativo, pois exibe o *status negativus* que protege o cidadão contra a constrição do Estado ou de terceiros; cria também o *status positivus libertatis*, que gera a obrigação de entrega de prestações estatais individuais para a garantia da liberdade e das suas condições essenciais; postula garantias institucionais e processuais que provocam custos para o Estado; é plenamente justiciável; independem de complementação legislativa, tendo eficácia imediata.[666]

O argumento da liberdade em favor do mínimo existencial é bastante persuasivo.[667] Afinal, parece incontroverso que o acesso a condições materiais básicas é realmente indispensável para capacitar as pessoas ao exercício das suas liberdades.[668] Um analfabeto encontrará dificuldades praticamente insuperáveis para se expressar e ter acesso à informação. Uma pessoa doente ou faminta não conseguirá realizar as suas escolhas existenciais mais importantes, pois a sua condição absorverá todas as suas forças e energias. Portanto, a liberdade para pessoas reais realmente pressupõe a garantia do mínimo existencial.

SARLET, Ingo Wolfgang (Org.). *Direitos fundamentais sociais*: estudos de direito constitucional, internacional e comparado. Rio de Janeiro: Renovar, 2003. p. 05-06).

666 TORRES, Ricardo Lobo. *O direito ao mínimo existencial*. Rio de Janeiro: Renovar, 2009. p. 39-40.

667 Outro autor nacional que adotou essa justificativa liberal para o mínimo existencial foi SCAFF, Fernando Facury. Reserva do possível, mínimo existencial e direitos humanos. *Verba Juris*, n. 4, p. 79-104, 2005. Scaff, porém, salientou em seu texto a insuficiência do modelo puramente liberal de direitos fundamentais em países do capitalismo periférico, como o Brasil.

668 Cf. NUSSBAUM, Martha. *Creating capabilities*: the human development approach. Cambridge: The Belknapp Press of Harvard University Press, 2011; SEN, Amartya. *O desenvolvimento como liberdade.* (Trad. Laura Teixeira Motta). São Paulo: Companhia das Letras, 1999.

5.2.2 Mínimo existencial e democracia

Existem infindáveis polêmicas a propósito do conceito de democracia.[669] Porém, é praticamente consensual na filosofia política contemporânea que a democracia não se resume à realização periódica de eleições com sufrágio universal. O regime democrático se assenta na compreensão de que os cidadãos devem ter a igual oportunidade de participar do processo de formação da vontade da comunidade política que integram.

Ocorre que, para que essa participação do cidadão possa ser efetiva, ele precisa ter condições materiais mínimas para exercê-la.[670] É evidente que o indivíduo com baixo nível de instrução deve ter plenos direitos políticos, com ampla possibilidade de participar do autogoverno popular. Contudo, o seu déficit de escolaridade tende a comprometer a sua capacidade de se informar adequadamente sobre os assuntos públicos e de participar, como um igual, nas deliberações sociais.[671] O mesmo ocorre com pessoas miseráveis, em situação de penúria.[672]

---

669 A bibliografia sobre a questão é inabarcável. Uma boa coletânea de textos canônicos é BLAUG, Ricardo; SCHWARZMANTEL, John. *Democracy*: a reader. Edinburg: Edinburg University Press, 2000.

670 A relação entre os direitos sociais e a democracia pode ser discutida também por meio de outra chave, que envolve o debate sobre a necessidade de democratização não apenas do Estado, mas também da própria sociedade, inclusive das suas relações de produção. Em lúcida passagem, Boaventura de Sousa Santos abordou o ponto: "Se, num exercício de imaginação, compararmos as relações sociais ao longo dos tempos, é no campo das relações políticas, as relações na esfera pública, que as sociedades capitalistas mais inequivocamente representam o progresso civilizacional. Pela primeira vez na história, o Estado tornou-se verdadeiramente público, isto é, deixou de constituir propriedade privada de qualquer grupo específico. A concessão de direitos cívicos e políticos e a consequente universalização da cidadania transformaram o Estado na consubstanciação teórica do ideal democrático de participação igualitária no domínio social. Se, pelo contrário, considerarmos as relações de produção nas sociedades capitalistas, sobretudo no período do capitalismo liberal, a imagem será quase um negativo da anterior (...). Creio que a dicotomia economia/política tornou estas duas imagens incompatíveis e incomensuráveis. Separou-as de tal forma que a configuração política das relações sociais, onde se condensava o progresso civilizacional, deixou de poder ser o modelo de configuração econômica das relações sociais. Confinado à esfera pública, o ideal democrático ficou neutralizado ou profundamente limitado no seu potencial emancipador". (SANTOS, Boaventura de Sousa. *Pela mão de Alice*: o social e o político na pós-modernidade. São Paulo: Cortez Editora, 1995. p. 122). Tratei do tema em SARMENTO, Daniel. *Direitos fundamentais e relações privadas*. 2. ed. Rio de Janeiro: Lumen Juris, 2010. p. 306-317.

671 Nas palavras de Canotilho, "abaixo de um certo nível de bem-estar material, social, de aprendizagem, as pessoas não podem fazer parte da sociedade como cidadãos, e muito menos como cidadãos iguais". (CANOTILHO, José Joaquim Gomes. *Direito constitucional e teoria da constituição*. Coimbra: Almedina, 1998. p. 432).

672 Como ressaltou Cecile Fabre, "se eu não sei como vou conseguir comer a próxima refeição e onde vou dormir, ou se estou gravemente doente, é improvável que eu pense sobre em

Estas, ademais, se inserem frequentemente em relações de dependência material com terceiros mais poderosos, o que pode afetar gravemente a sua liberdade na esfera política.[673] A democracia, portanto, só funciona adequadamente quando são asseguradas a todos as condições materiais básicas de vida,[674] que possibilitem a instauração na esfera pública de relações simétricas entre cidadãos tratados como livres e iguais.[675]

A relação entre democracia e garantia do mínimo existencial foi elaborada por vários autores,[676] cabendo destacar, pela sua importância, as ideias do filósofo alemão Jürgen Habermas.

Habermas é um pensador complexo, que deu diversas contribuições seminais para as mais diversas áreas do conhecimento, inclusive para o Direito Constitucional.[677] Não é este o espaço adequado para

---

quem vou votar na próxima eleição. Em outras palavras, as pessoas precisam estar livres da luta pela sobrevivência antes de dedicarem tempo e energia para pensar em como a sua sociedade deve ser governada". (FABRE, Cecile. *Social rights under the Constitution*. Oxford: Oxford University Press, 2000. p. 124).

673 Esse é um ponto fundamental na teoria política republicana, que associa liberdade à ausência de dominação. Veja-se, a propósito, PETTIT, Philip. *Republicanism*: a theory of freedom and government. Oxford: Oxford University Press, 1997. p. 51-79.

674 Veja-se, nesse sentido, MÜLLER, Friedrich. Que grau de exclusão social ainda pode ser tolerado por um regime democrático? *In*: PIOVESAN, Flávia (Coord.). *Direitos humanos, globalização econômica e integração regional*. São Paulo: Max Limonad, 2002. p. 567-607.

675 Nessa linha, o tema foi desenvolvido com profundidade e originalidade por Cláudio Pereira de Souza Neto, que, no entanto, ao invés de aludir ao "mínimo existencial" – cuja própria dicção remete a uma ideia minimalista – preferiu atribuir fundamentalidade material ao conteúdo dos direitos sociais que assegure as *condições para a cooperação numa deliberação democrática*. Veja-se, SOUZA NETO, Cláudio Pereira de. *Teoria constitucional e democracia deliberativa*. Rio de Janeiro: Renovar, 2006. p. 242-258. Nessa perspectiva alternativa – assinala o referido autor – "a fundamentalidade material dos direitos sociais engloba não só os 'meios de subsistência', mas também a 'igualdade de meios para agir'". (SOUZA NETO, Cláudio Pereira de. *Teoria constitucional e democracia deliberativa*. Rio de Janeiro: Renovar, 2006. p. 251).

676 Cf., *e.g.*, FABRE, Cecile. *Social rights under the Constitution*. Oxford: Oxford University Press, 2000. p. 110-151; OLIVEIRA, Fernando Fróes. *Direitos sociais, mínimo existencial e democracia deliberativa*. Rio de Janeiro: Lumen Juris, 2013; CRUZ, Álvaro Ricardo de Souza. Um olhar crítico-deliberativo sobre os direitos sociais no estado democrático de direito. *In*: SOUZA NETO, Cláudio Pereira de; SARMENTO, Daniel (Orgs.). *Direitos sociais*: fundamentos, judicialização e direitos sociais em espécie. Rio de Janeiro: Lumen Juris, 2008. p. 87-136; e GARGARELLA, Roberto. Democracia deliberativa e o papel dos juízes diante dos direitos sociais. *In*: SOUZA NETO, Cláudio Pereira de; SARMENTO, Daniel (Orgs.). *Direitos sociais*: fundamentos, judicialização e direitos sociais em espécie. Rio de Janeiro: Lumen Juris, 2008. p.207-229.

677 Há vasta bibliografia nacional sobre o pensamento habermasiano e sua projeção no Direito. Veja-se, *e.g.*, CITTADINO, Gisele. *Pluralismo, direito e justiça distributiva*: elementos de filosofia constitucional contemporânea. Rio de Janeiro: Lumen Juris, 1999; NASCIMENTO, Rogério Soares do. A ética do discurso como justificação dos direitos fundamentais na obra de Jürgen Habermas. *In*: TORRES, Ricardo Lobo (Org.). *Legitimação dos direitos humanos*. Rio de Janeiro: Renovar, 2003. p. 521-568; SOUZA NETO, Cláudio Pereira de. *Jurisdição constitucional, democracia e racionalidade prática*. Rio de Janeiro: Renovar, 2002; CRUZ, Álvaro

examinar as projeções do seu pensamento no campo da teoria constitucional, mas cabe assinalar, de modo muito superficial e conciso, que elas gravitam em torno da tentativa de conciliação da tradição constitucionalista liberal, que enfatiza a importância do respeito aos direitos individuais (autonomia privada), com a tradição democrática, que postula a defesa da soberania popular (autonomia pública).[678] A *démarche* constitucional habermasiana tem como norte a elaboração de um modelo em que as autonomias pública e privada se articulam e complementam, sendo concebidas como "co-originárias".[679]

Uma das premissas habermasianas é a de que a legitimidade do Direito, nas sociedades contemporâneas marcadas pelo pluralismo, não pode se fundar em qualquer concepção material de justiça. Para Habermas, tal contexto desloca a fonte de legitimidade do Direito para o processo democrático de produção das normas, que deve garantir a todos os cidadãos as condições necessárias para uma igual participação na deliberação pública.[680] O Direito legítimo, neste cenário, é aquele em que os cidadãos podem se enxergar não apenas como destinatários das normas, mas também como seus coautores. Daí a centralidade da democracia no edifício teórico habermasiano.

Para Habermas, a democracia não é apenas o governo das maiorias, nem resulta da simples agregação das preferências e interesses conflitantes dos cidadãos. A democracia habermasiana é *deliberativa* e se baseia no diálogo social entre pessoas livres e iguais, travado no espaço público. Nesse diálogo, deseja-se que o cidadão não atue como um agente econômico no mercado, procurando a maximização dos seus próprios interesses, mas como alguém disposto a aprender com o outro e engajado numa empreitada cooperativa de busca de soluções para problemas comuns, que sejam racionalmente aceitáveis para todos os afetados.[681] Na deliberação, todos devem poder expor seus

---

Ricardo de Souza. *Habermas e o direito brasileiro*. Rio de Janeiro: Lumen Juris, 2006; MAIA, Antonio Cavalcanti. *Jürgen Habermas*: filósofo do direito. Rio de Janeiro: Renovar, 2008.

678 Cf. HABERMAS, Jürgen. Sobre a coesão interna entre Estado de direito e democracia. *In*: HABERMAS, Jürgen. *A inclusão do outro*: estudos de teoria política. (Trad. George Sperber e Paulo Astor Soethe). São Paulo: Edições Loyola, 2002. p. 285-298.

679 Cf. HABERMAS, Jürgen. O Estado Democrático de Direito: uma amarração paradoxal de princípios contraditórios? *In*: HABERMAS, Jürgen. *Era das transições*. (Trad. Flávio Beno Siebeneichler). Rio de Janeiro: Tempo Brasileiro, 2003. p. 153-173.

680 Cf. HABERMAS, Jürgen. *Direito e democracia*: entre facticidade e validade. (Trad. Flávio Beno Siebeneichler). Rio de Janeiro: Tempo Brasileiro, 1997. v. 1, p. 190-210.

681 Cf. HABERMAS, Jürgen. Três modelos normativos de democracia. *In*: HABERMAS, Jürgen. *A inclusão do outro*: estudos de teoria política. (Trad. George Sperber e Paulo Astor Soethe). São Paulo: Loyola, 2002. p. 269-284.

argumentos e contra-argumentos, com liberdade e igualdade. O processo discursivo que se processa dessa forma não apenas racionaliza, como confere legitimidade às decisões tomadas. Mas, para que se instaure um ambiente propício a essas interações comunicativas, a garantia de direitos fundamentais se afigura indispensável.

A partir desse norte, Habermas elabora um catálogo desses direitos fundamentais, cuja observância configuraria pressuposto para a legitimidade do Direito estatal:

> 1) Direitos fundamentais que resultam da configuração politicamente autônoma do direito à maior medida possível de iguais liberdades subjetivas de ação. (...)
> 2) Direitos fundamentais que resultam da configuração politicamente autônoma do status de um membro numa associação voluntária de parceiros.
> 3) Direitos fundamentais que resultam imediatamente da possibilidade de postulação judicial de direitos e da configuração politicamente autônoma da proteção jurídica individual. (...)
> 4) Direitos fundamentais à participação, em igualdade de chances, em processos de formação de opinião e da vontade, nos quais os civis exercitam a sua autonomia pública e através dos quais eles criam direito legítimo. (...)
> 5) Direitos fundamentais a condições de vida garantidas social, técnica e ecologicamente, na medida em que isso for necessário para um aproveitamento, em igualdade de chances, dos direitos elencados em (1) até (4).[682]

Os direitos listados em (1) a (4) abrangem as liberdades civis, a cidadania, o acesso à justiça e o direito à participação política. Habermas considera-os "fundamentados absolutamente".[683] Já o direito arrolado em (5), que corresponde ao mínimo existencial – na sua dimensão não apenas social, como também ambiental – seria, segundo Habermas, fundamentado apenas de modo relativo. O seu papel é apenas instrumental: assegurar a possibilidade de efetiva fruição dos demais direitos, que, por sua vez, viabilizam o funcionamento da democracia deliberativa, conferindo legitimidade ao Direito.[684]

---

682 HABERMAS, Jürgen. *Direito e democracia*: entre facticidade e validade. (Trad. Flávio Beno Siebeneichler). Rio de Janeiro: Tempo Brasileiro, 1997. v. 1, p. 159-160.

683 HABERMAS, Jürgen. *Direito e democracia*: entre facticidade e validade. (Trad. Flávio Beno Siebeneichler). Rio de Janeiro: Tempo Brasileiro, 1997. v. 1, p. 160.

684 Habermas parece não atribuir o mesmo *status* aos direitos sociais do que aos civis e políticos em razão do seu profundo desconforto em relação ao Estado Social, que se funda na crença

A elaboração habermasiana soma-se a outras que apontam a necessidade de garantia de condições sociais mínimas para que cada indivíduo possa atuar na esfera pública como cidadão.[685] É difícil refutar essa conclusão. Porém, como se verá a seguir, os argumentos instrumentais em favor do mínimo existencial – fundados na liberdade ou na democracia –, conquanto *corretos* e *relevantes*, não são suficientes para fundamentá-lo em toda a sua extensão.

5.2.3 Mínimo existencial, necessidades básicas e justiça: fundamentação independente

Há justificativas não instrumentais para a proteção ao mínimo existencial que não concebem a sua garantia como um mero pressuposto para a fruição de outros direitos ou persecução de outras finalidades coletivas importantes. Elas partem da premissa de que a satisfação das necessidades materiais básicas de pessoas que não tenham condições de fazê-lo por si próprias é um componente central da ideia de justiça,[686] que

---

de que seu funcionamento induziria ao paternalismo e minaria as bases da autonomia pública e privada dos cidadãos (cf. ARANGO, Rodolfo. *El concepto de derechos sociales fundamentales*. Mexico: Legis, 2005. p. 266-267). Veja-se, nessa linha, a crítica habermasiana ao *Welfare State*: "Pode-se dizer que o Welfare State paga, pela atuação estatal, o preço do *status* autônomo dos atores individuais. O que é concedido ao Estado em capacidade para regulação social deve aparentemente ser retirado, na forma de autonomia privada, dos indivíduos, enredados em dependências sistêmicas. (...) O Estado Social provê serviços e oportunidades de vida, pela garantia de seguridade social, saúde, moradia, renda mínima, educação, lazer, e as bases naturais da vida, garantindo a cada pessoa as condições materiais para uma existência humana dignificada. Todavia, um Estado Social com tantas tarefas tende quase inevitavelmente a impor modelos de comportamento supostamente 'normais' à sua clientela. Evidentemente, essa pressão normalizadora incide no risco de prejudicar a autonomia individual, precisamente a autonomia que se supunha que ela promovesse, ao prover as condições fáticas necessárias à igual oportunidade para exercício das liberdades negativas". (HABERMAS, Jürgen. Paradigms of law. *In*: ROSENFELD, Michel; ARATO, Andrew. *Habermas on law and democracy*: critical exchanges. Berkeley: University of California Press, 1998. p. 17).

685 Na literatura brasileira, o tema foi tratado com profundidade por Fernando Fróes Oliveira, que assim resumiu a sua fundamentação democrática para o mínimo existencial, em linha muito próxima ao pensamento de Habermas: "O mínimo compõe o sistema de direitos como meio de garantir a proteção contra riscos básicos que afastem a integração do sujeito à comunidade, onde o próprio ordenamento é revalidado mediante trocas discursivas e pela possibilidade, sempre latente, de que sejam apresentados argumentos pró ou contra determinada pretensão de validade, principalmente quando esta almeja tornar um padrão de comportamento obrigatório, com conversão em lei". (OLIVEIRA, Fernando Fróes. *Direitos sociais, mínimo existencial e democracia deliberativa*. Rio de Janeiro: Lumen Juris, 2013. p. 206).

686 A obra canônica na exploração da teoria das necessidades humanas é DOYAL, Len; GOUGH, Ian. *A theory of human need*. New York: The Gilford Press, 1991. A referida teoria, porém, me parece francamente insatisfatória ao definir como necessidades básicas universais apenas a saúde física e a autonomia (DOYAL, Len; GOUGH, Ian. *A theory of human need*.

justifica a sua proteção jurídica, inclusive no plano constitucional.[687] Essas teorias não negam que a garantia do mínimo existencial seja vital para a promoção de outros direitos e valores, como a liberdade e democracia, mas tampouco condicionam tal garantia aos referidos objetivos. Por isso, chamo esta outra perspectiva sobre o mínimo existencial – à qual me filio – de *independente*.

Uma contribuição importante nessa linha é do filósofo alemão Ernst Tugendhat, em sua obra *Lições sobre Ética*.[688] Tugendhat baseia-se na ideia de que, ao contrário do que preconiza o liberalismo, o fundamento último dos direitos não é a garantia da liberdade, mas o atendimento das necessidades humanas. A liberdade, para ele, seria apenas mais uma necessidade humana, conquanto extremamente importante. Para Tugendhat, a obsessão com a liberdade tem viés ideológico e parte de premissas equivocadas, articuladas pelo contratualismo, que erigiu princípios supostamente universais a partir dos interesses dos indivíduos mais fortes. Nas suas palavras,

> No interior da discussão jurídico-constitucional sobre direitos humanos ou fundamentais o conceito de liberdade exerce tradicionalmente o papel fundamental. A ideologia que estava atrás disso era que o ser humano 'na condição natural' – sem Estado – seria em princípio livre; com a fundação de um Estado ele lhe deu parte de sua liberdade; a tarefa do Estado legítimo consiste em assegurar reciprocamente a liberdade dos indivíduos, conquanto que ela não prejudique a liberdade dos outros. (...) A orientação unilateral a partir da liberdade é, contudo, falsa até para a tradição liberal, porque sobretudo o direito à vida e à integridade física não é um direito de liberdade. Além disso, a ideia de uma condição natural é, visto do ponto de vista moral, um mito ruim, porque ela parte exclusivamente dos adultos que têm condições de providenciar por si

---

New York: The Gilford Press, 1991. p. 171-90). Os autores também apontam a existência de "necessidades intermediárias", que se voltam à satisfação das necessidades básicas e que seriam: acesso à alimentação adequada e à agua potável, moradia, meio ambiente de trabalho seguro, meio ambiente físico seguro, serviços de saúde, proteção à infância, relações primárias significativas, segurança física e econômica, planejamento familiar, gravidez e parto seguros (DOYAL, Len; GOUGH, Ian. *A theory of human need*. New York: The Gilford Press, 1991. p. 191-221). Sobre o tema das necessidades básicas, veja-se ainda, HELLER, Agnes. *Una revisión de la teoría de las necesidades*. (Trad. Ángel Rivero Rodriguez). Barcelona: Editora Paidós, 1996; e, na literatura brasileira, PEREIRA, Potyara A. *Necessidades humanas*: subsídios à crítica dos mínimos sociais. 6. ed. São Paulo: Cortez Editora, 2000.

687 Na literatura jurídica brasileira, esta foi a posição sustentada por LEIVAS, Paulo Gilberto Cogo. *Teoria dos direitos fundamentais sociais*. Porto Alegre: Livraria do Advogado, 2006. p. 123-140.

688 TUGENDHAT, Ernst. *Lições sobre ética*. (Trad. Róbson Ramos dos Reis *et al.*). 4. ed. Petrópolis: Editora Vozes, 2000.

> mesmos (...). Mas, fundamental para a pergunta pelos direitos que a gente tem somente pode ser o conceito da necessidade (ou interesse). O lugar da liberdade ficaria no ar se ela não fosse uma das necessidades fundamentais do indivíduo a ser reconhecida moralmente, da mesma forma que a necessidade da integridade física, mas também, p. ex., como a necessidade de ajuda, e de educação na fase da infância (...) bem como a necessidade da participação política.[689]

Tugendhat argumenta que fundamentar os direitos sociais apelando apenas à liberdade – e o mesmo, penso eu, vale para a democracia – acaba deixando de fora aquelas pessoas que, por características pessoais, não têm como exercê-la, não pela ausência de condições materiais, mas por suas próprias características.[690]

O autor está certo. A garantia do mínimo existencial é importante para a proteção e promoção da liberdade e da democracia, mas mesmo em hipóteses em que tais princípios não estejam em jogo, as condições materiais básicas de vida devem ser asseguradas. Não se deve cogitar, por exemplo, em privar do acesso ao mínimo existencial aqueles indivíduos especialmente vulneráveis, incapacitados para o exercício da autonomia pública ou privada, como crianças e pessoas com severa deficiência mental. A extrema vulnerabilidade desses sujeitos parece razão adicional para a proteção do mínimo existencial, e não o contrário. Isso mostra que o mínimo existencial não é só um instrumento para a consecução de outros fins, mas tem de receber proteção independente.

Nessa questão, uma consulta às nossas convicções morais mais profundas – à moda do procedimento do *equilíbrio reflexivo* de Rawls[691] – corrobora o argumento da independência. Quando nos deparamos com o sofrimento de uma pessoa faminta, sem-teto ou doente pela falta de acesso a tratamento de saúde, somos tomados pelo sentimento de injustiça, não porque percebemos ali alguma lesão à liberdade ou

---

689 TUGENDHAT, Ernst. *Lições sobre ética.* (Trad. Róbson Ramos dos Reis *et al.*). 4. ed. Petrópolis: Editora Vozes, 2000. p. 385-386.

690 TUGENDHAT, Ernst. *Lições sobre ética.* (Trad. Róbson Ramos dos Reis *et al.*). 4. ed. Petrópolis: Editora Vozes, 2000. p. 388. Nas suas palavras, "quem é novo ou idoso demais, ou doente ou deficiente, não pode ajudar-se a si mesmo, mesmo que tivesse recursos para tal. Por isso, parece estar excluído assegurar, em nome dos direitos humanos, uma existência digna para todas as pessoas exclusivamente através da ampliação do conceito de liberdade".

691 Para Rawls, no julgamento moral devemos buscar um equilíbrio reflexivo entre a reflexão abstrata, que busca a formulação de princípios universais, com os nossos sentimentos e intuições sobre a justiça, de modo que cada um "controle" o outro. Cf. RAWLS, John. *A theory of justice.* Cambridge: The Belknap Press of Harvard University Press, 1971. p. 46-53.

à democracia. É a própria privação de uma necessidade básica e o sofrimento injusto que ela enseja que nos causam a justa indignação.

A dependência do mínimo existencial em relação aos direitos civis e políticos parece derivar de uma indevida hierarquização entre esses direitos e os sociais. Mesmo autores situados no campo progressista, como Rawls e Habermas, ao tratarem dessa questão, parecem incorrer no velho cacoete do liberalismo-burguês de desvalorizar os direitos sociais em face dos individuais e políticos. Porém, além de não se sustentar sob o ângulo de uma moral crítica, no Brasil, essa concepção não encontra qualquer amparo, seja no ordenamento constitucional vigente, que não contempla hierarquia dessa natureza, seja em nossa cultura social. Nosso *ethos*, inclusive, parece apontar até no sentido oposto, da prioridade dos direitos sociais em face das liberdades, o que não deixa de ser igualmente problemático.

5.2.4 O mínimo existencial fragiliza os direitos sociais?

A teoria do mínimo existencial não é isenta de críticas. No Brasil, como consignado na introdução deste capítulo, não têm maior relevo social, político ou jurídico as críticas conservadoras, contrárias à proteção constitucional do mínimo existencial. Porém, parece-me importante a objeção proveniente do lado oposto do espectro político, que afirma que a teoria é conservadora e fica aquém da Constituição de 88 no que concerne à proteção dos direitos sociais.

A crítica afirma que uma ordem constitucional justa deveria aspirar à justiça social, e não se contentar com a garantia do mínimo para aplacar a miséria. Nessa perspectiva, há quem associe o mínimo existencial a uma visão elitista e excludente, própria do neoliberalismo, que busca limitar a atuação do Estado no campo social e preservar a essência das estruturas econômicas do capitalismo.[692] Ao invés de se contentar com migalhas – dizem esses críticos –, o jurista comprometido deveria usar as armas da Constituição para transformar o *status quo*, buscando muito mais do que a simples garantia das condições mínimas de subsistência para os miseráveis.

692 Nesse sentido, PEREIRA, Potyara A. *Necessidades humanas*: subsídios à crítica dos mínimos sociais. 6. ed. São Paulo: Cortez Editora, 2000. p. 15: "Fruto secular das sociedades divididas em classes – sejam elas escravistas, feudais ou capitalistas – a provisão de mínimos sociais, como sinônimo de mínimos de subsistência, sempre fez parte da pauta de regulações desses diferentes modos de produção, assumindo preponderantemente a forma de uma resposta isolada e emergencial aos efeitos da pobreza extrema".

O argumento é relevante e deve ser considerado, especialmente se levarmos em conta as características do nosso ordenamento constitucional. Na seara jurídica, como já ressaltado, o mínimo existencial é uma construção da dogmática e jurisprudência alemãs, que serviram à proteção de um conteúdo básico de direitos sociais, no marco de uma Constituição que não previra esses direitos.[693] Portanto, a garantia do mínimo representou um *plus* em relação ao texto constitucional germânico. Mas a Constituição brasileira, ao contrário, é pródiga na garantia de direitos sociais. Nesse contexto, será que a importação do conceito não acabaria operando aqui "com os sinais trocados", para restringir a eficácia dos direitos sociais e, com isso, limitar os potenciais transformadores da Constituição?

Só há como superar a crítica por meio da construção de uma teoria adequada sobre o mínimo existencial, que não a corrobore. O primeiro ponto que deve ser esclarecido é que o mínimo não pode se limitar às condições necessárias à sobrevivência física. Ele tem de ser mais amplo para abarcar as condições básicas para uma vida digna, abrangendo também o chamado "mínimo sociocultural".[694] Prestações materiais que não se afigurem indispensáveis para a sobrevivência física, mas sejam condições elementares para a vida digna, como, por exemplo, o acesso à educação básica, também devem estar abarcadas.

Por outro lado, é preciso compreender o papel do mínimo existencial na nossa ordem constitucional. Em primeiro lugar, ele *não* define as prestações materiais que devem ser asseguradas pelo Estado a cada indivíduo em condição de vulnerabilidade, mas apenas estabelece um *piso*, abaixo do qual não se pode descer. O legislador tem ampla liberdade para ir além do mínimo existencial, buscando concretizar pelos mais variados meios – prestação de serviços públicos, tributação, regulação das atividades econômicas etc. – uma realização mais plena da igualdade material.

Ademais, mesmo no plano constitucional, o mínimo existencial não pode ser empregado para justificar genericamente a denegação de prestações materiais previstas na própria Lei Fundamental, mas que nele não se insiram – *e.g.*, benefícios previdenciários superiores

---

693 Cf. KRELL, Andreas J. *Direitos sociais e controle judicial no Brasil e na Alemanha*: os (des) caminhos de um direito constitucional "comparado". Porto Alegre: Sergio Antonio Fabris, 2002. p. 60.

694 Nessa linha, cf. SARLET, Ingo Wolfgang; FIGUEIREDO, Mariana Filchtiner. Reserva do possível, mínimo existencial e direito à saúde: algumas aproximações. *In*: SARLET, Ingo Wolfgang; TIMM, Luciano Benetti (Orgs.). *Direitos fundamentais, orçamento e 'reserva do possível'*. Porto Alegre: Livraria do Advogado, 2008. p. 21-22.

ao salário mínimo, gratuidade das universidades públicas, 13º salário para trabalhadores e servidores públicos etc. Ele não permite que o intérprete se converta em uma espécie de censor conservador do poder constituinte, com a faculdade de reduzir a proteção social conferida expressamente pela própria Constituição, para descartar ou negar eficácia a tudo aquilo que não repute tão essencial.

Em minha opinião, o mínimo existencial desempenha dois papéis muito importantes, e nenhum deles fragiliza a dimensão social da Constituição. O primeiro papel é o de fundamentar pretensões positivas ou negativas que visem a assegurar as condições materiais essenciais para a vida digna e que não estejam abrigadas por outros direitos fundamentais expressamente positivados. O mínimo pode lastrear pretensões ligadas, por exemplo, ao acesso à agua, à energia elétrica, ao vestuário adequado etc. É evidente que esse emprego do mínimo existencial não debilita os direitos sociais, pois agrega prestações e garantias adicionais ao seu elenco.

O outro papel é o de servir de parâmetro para a ponderação que é travada entre, de um lado, o direito reivindicado e, do outro, os princípios que com ele colidirem. É que os direitos prestacionais, conquanto exigíveis, não são absolutos, configurando, em geral, direitos subjetivos garantidos *prima facie*.[695] Por envolverem custos, eles dependem da alocação de recursos escassos, e é competência do legislador, também *prima facie*, a realização das escolhas sobre o que deve ser priorizado. Daí porque a adjudicação de direitos a prestações materiais envolve, com frequência, uma ponderação entre, de um lado, o direito postulado e, do outro, a separação de poderes e democracia, que dão sustentação à competência legislativa em questão. Nesse cenário, o mínimo existencial atua para reforçar, na ponderação, a proteção das pretensões que abrange em detrimento dos princípios contrapostos. O tema, que diz respeito à relação entre o mínimo existencial e a chamada

[695] Desenvolvi o tópico em SARMENTO, Daniel. A proteção judicial dos direito sociais: alguns parâmetros ético-jurídicos. *In*: SOUZA NETO, Cláudio Pereira de; SARMENTO, Daniel (Orgs.). *Direitos sociais*: fundamentos, judicialização e direitos sociais em espécie. Rio de Janeiro: Lumen Juris, 2008. p. 565-563. No mesmo sentido, veja-se, *e.g.*, BOROWSKY, Martin. *La estructura de los derechos fundamentales*. (Trad. Carlos Bernal Pulido). Bogotá: Universidad Externado de Colombia, 2003. p. 148-186; SARLET, Ingo Wolfgang. Os direitos sociais na Constituição de 88. *In*: SARLET, Ingo Wolfgang (Org.). *O direito público em tempos de crise*: estudos em homenagem a Ruy Ruben Ruschel. Porto Alegre: Livraria do Advogado, 1999. p. 129-173; LEIVAS, Paulo Gilberto Cogo. *Teoria dos direitos fundamentais sociais*. Porto Alegre: Livraria do Advogado, 2006. p. 87-122. Sobre as diferentes concepções estruturais acerca dos direitos sociais prestacionais, veja-se PULIDO, Carlos Bernal. Fundamento, concepto y estrutura de los derechos sociales. *In*: PULIDO, Carlos Bernal. *El derecho de los derechos*. Bogotá: Universidad Externado de Colombia, 2005. p. 285-330.

"reserva do possível", será retomado e aprofundado em outro item. Aqui, importa apenas ressaltar que, na minha concepção, o mínimo existencial atua para fortalecer o "conteúdo em mínimo existencial" dos direitos no processo ponderativo, mas não para negar qualquer eficácia jurídica positiva aos direitos naquilo que excederem a esse mínimo. Esta é uma diferença importante entre a teoria sobre o mínimo existencial que sustento e a que foi elaborada por autores como Ricardo Lobo Torres[696] e Ana Paula de Barcellos.[697] O acolhimento da posição ora defendida afasta a crítica de que o mínimo existencial é incompatível com a busca da efetivação máxima dos direitos sociais prestacionais no quadro das possibilidades fáticas e jurídicas de cada sociedade.

Adotadas essas perspectivas, não creio que o mínimo existencial fragilize os direitos sociais ou dilua as pretensões emancipatórias da Constituição. Pelo contrário, a categoria fortalece e racionaliza o imperativo ético, constitucionalmente consagrado, de assegurar a todos as condições materiais básicas de vida. Talvez até fosse preferível falar não em mínimo existencial – pois a expressão denota efetivamente uma esfera minimalista de proteção –, mas em garantia de condições básicas para a vida digna. Porém, considerando que o uso da expressão já se disseminou, parece uma estratégia mais inteligente defini-la de modo mais generoso do que travar batalhas terminológicas com reduzida chance de êxito.

5.3 Sujeitos e conteúdo do direito ao mínimo existencial

Como afirmado acima, o mínimo existencial corresponde às condições materiais básicas para uma vida digna. Trata-se de um direito fundamental derivado diretamente do princípio da dignidade da pessoa humana, que também se manifesta em boa parte dos direitos fundamentais sociais positivados pela Constituição de 88, como saúde, educação, moradia, alimentação, previdência e assistência social etc., estando igualmente presente em alguns direitos individuais, como no acesso à justiça.[698]

---

[696] Cf. TORRES, Ricardo Lobo. *O direito ao mínimo existencial*. Rio de Janeiro: Renovar, 2009. p. 271-277.

[697] Cf. BARCELLOS, Ana Paula de. *A eficácia jurídica dos princípios*: o princípio da dignidade da pessoa humana. Rio de Janeiro: Renovar, 2002. p. 230 ss.

[698] Sobre o acesso à justiça como componente do mínimo existencial, veja-se BARCELLOS, Ana Paula de. *A eficácia jurídica dos princípios*: o princípio da dignidade da pessoa humana. Rio de Janeiro: Renovar, 2002. p. 293-301.

Como dimensão do princípio da dignidade da pessoa humana, o direito ao mínimo existencial possui caráter universal, sendo titularizado por todas as pessoas naturais, independentemente de qualquer outra condição. Os presos – não importa a gravidade do crime que tenham eventualmente cometido ou de que estejam sendo acusados – não perdem, evidentemente, o direito ao mínimo existencial, que, não obstante, vem-lhes sendo sistematicamente denegado em todo o país, pelas condições absolutamente degradantes do nosso sistema carcerário.[699] Os estrangeiros são também titulares do direito ao mínimo existencial. Daí porque se afigura patentemente inconstitucional o art. 7º do Decreto nº 6.214/07, que, regulando o benefício de um salário mínimo mensal para pessoas com deficiência ou idosas em condições de miserabilidade – prestação prevista na Constituição (art. 203, V), que se enquadra inequivocamente no mínimo existencial –, limitou-o aos brasileiros natos ou naturalizados.[700] [701] As pessoas jurídicas, todavia, não são titulares do direito ao mínimo existencial, pois não são "fins em si mesmas", não possuindo dignidade intrínseca, diferentemente das pessoas naturais. Assim, devem ser criticadas as decisões do STJ que aludiram ao mínimo existencial de pessoas jurídicas, desnaturando e inflacionando o conceito.[702]

Além do Estado, os particulares também estão vinculados ao direito ao mínimo existencial,[703] embora com os matizes e ponderações

---

699 O tema é objeto da ADPF nº 347, ajuizada pelo PSOL, em que se busca o reconhecimento do "*estado de coisas inconstitucional*" do sistema carcerário brasileiro e a adoção de uma série de medidas para remediá-lo. Coordenei a equipe da Clínica de Direitos Fundamentais da Faculdade de Direito da UERJ, que elaborou a petição inicial, e sou um dos advogados do processo, que está sob a relatoria do Min. Marco Aurélio.

700 O tema está na agenda do STF, pois é objeto do RE nº 587.970, relatado pelo Min. Marco Aurélio, cuja repercussão geral já foi reconhecida.

701 Ressalte-se que, julgando hipótese muito semelhante no chamado caso *Khosa*, o Tribunal Constitucional da África do Sul determinou a extensão de benefícios de assistência social aos estrangeiros residentes no país (*Khosa and others v. Minister of Social Development and others*, CCT nº 12/2003 e 13/2003).

702 Em pelo menos duas decisões, ambas da relatoria do Min. Castro Meira, o STJ aludiu *en passant* ao mínimo existencial de pessoas jurídicas. Tratava-se, em ambos os casos, de discussão sobre a penhora *on line*, em que a Corte afirmou que caberia "ao juízo da execução o conhecimento de hipóteses concretas, em que a execução se verifique extremada e altamente danosa a ponto de sonegar do devedor o mínimo existencial para a sua sobrevivência, como a paralização da atividade empresarial, no caso particular de pessoa jurídica" (o texto figura nas duas decisões). Superior Tribunal de Justiça, 2ª Turma, AgRg no REsp nº 1217839, Rel. Min. Castro Meira, julg. 18.11.2011; e 2ª Turma, AgRg no REsp nº 1182130, Rel. Min. Castro Meira, julg. 18.11.2010.

703 Veja-se, a propósito, SARLET, Ingo Wolfgang. Direitos fundamentais sociais, 'mínimo existencial' e direito privado: breves notas sobre alguns aspectos da possível eficácia horizontal dos direitos sociais nas relações entre particulares. *In*: SARMENTO, Daniel;

que caracterizam a eficácia horizontal dos direitos fundamentais.[704] A proteção ao mínimo existencial no contexto de relações privadas, afirmada em reiterados julgados da Corte Constitucional colombiana,[705] tem surgido com alguma frequência na jurisprudência brasileira, e a categoria já foi invocada, por exemplo, em casos envolvendo a impenhorabilidade da moradia[706] e de valores depositados em caderneta de poupança até 40 salários mínimos,[707] em hipóteses em que se discutia a limitação da margem de consignação de empréstimos em folha de pagamento[708] e em discussões atinentes aos alimentos do Direito de

GALDINO, Flávio (Orgs.). *Direitos fundamentais*: estudos em homenagem ao professor Ricardo Lobo Torres. Rio de Janeiro: Renovar, 2006.

[704] Desenvolvi o tema da eficácia horizontal dos direitos fundamentais em SARMENTO, Daniel. *Direitos fundamentais e relações privadas*. 2. ed. Rio de Janeiro: Lumen Juris, 2010. Na literatura jurídica brasileira, veja-se também, *e.g.*, SARLET, Ingo Wolfgang. Direitos fundamentais e direito privado: algumas considerações em torno da vinculação dos particulares aos direitos fundamentais. *In*: SARLET, Ingo Wolfgang (Org.). *A constituição concretizada*. Porto Alegre: Livraria do Advogado, 2000. p. 107-163; STEINMETZ, Wilson Antônio. *Vinculação dos particulares aos direitos fundamentais*. São Paulo: Malheiros, 2005; SILVA, Virgílio Afonso da. *A constitucionalização do direito*: os direitos fundamentais nas relações entre particulares. São Paulo: Malheiros, 2005.

[705] O *leading case* foi a Sentecia nº 125/94, em que se reconheceu a afronta ao mínimo existencial no ato de um filho que vendera o imóvel do seu pai, em que este habitava, sem a sua autorização e passara a dilapidar os recursos correspondentes decorrentes da venda, deixando o genitor em situação de penúria. A Corte emprega o mínimo existencial, inclusive, em casos trabalhistas, que envolvem o não pagamento de salário, na parte em que o mesmo abrange os recursos necessários à garantia da vida digna.

[706] A Lei nº 8.009/90 assegurou a impenhorabilidade do bem de família, e a jurisprudência vem interpretando ampliativamente esta garantia, invocando para tanto a proteção ao mínimo existencial, que certamente abrange o direito à moradia. Nesse sentido, por exemplo, a decisão do STJ, que afastou a penhora de imóvel em que não residia o devedor, mas a sua mãe idosa: "A Lei nº 8.009 institui a impenhorabilidade do bem de família como um dos instrumentos de tutela do direito constitucional fundamental à moradia e, portanto, indispensável à composição de um mínimo existencial para a vida digna, sendo certo que o princípio da dignidade da pessoa humana constitui-se em um dos baluartes da República Federativa do Brasil (art. 1º da CF/88), razão pela qual deve nortear a exegese das normas jurídicas, mormente aquelas relacionadas a direito fundamental". (Superior Tribunal de Justiça. 4ª Turma, REsp nº 950663, Rel. Min. Luis Felipe Salomão. Julg. 10.04.2012).

[707] *E.g.*, Superior Tribunal de Justiça, 3ª Turma, REsp nº 1191195, Rel. p. ac. Min. Ricardo Villa Boas Cuevas, julg. 12.03.2013. Destaque-se que a lei – art. 649, inciso X, CPC – prevê essa hipótese de impenhorabilidade.

[708] *E.g.*, Superior Tribunal de Justiça, 3ª Turma. Ag no REsp nº 1206956, Rel. Min. Paulo de Tarso Sanseverino, julg. 18.10.2012: "2. Validade de cláusula autorizadora do desconto em folha de pagamento das prestações do contrato de empréstimo, não configurando ofensa ao art. 649 do Código de Processo Civil. 3. Os descontos, todavia, não podem ultrapassar 30% (trinta por cento) da remuneração percebida pelo devedor. 4. Preservação do mínimo existencial, em consonância com o princípio da dignidade da pessoa humana".

Família.[709] Como se verá abaixo, entendo que alguns desses usos não foram corretos.

O tema do conteúdo do direito ao mínimo existencial é complexo. A primeira observação importante é no sentido de que existem variações socioculturais significativas em relação ao que se concebe como necessidades básicas. Sociedades diferentes tendem a valorar de modo muito distinto determinados bens, de modo que o acesso a eles pode se afigurar essencial para a vida digna das pessoas em algumas delas e não em outras.[710] O acesso à energia elétrica, que nos parece tão imprescindível no mundo moderno, pode não fazer sentido para algumas comunidades indígenas, cujos integrantes, no entanto, necessitam de muito mais espaço físico – o seu território tradicional – no qual consigam viver de acordo com as suas cosmovisões, que conformam a sua concepção própria de dignidade.[711]

Parece inquestionável a existência de necessidades materiais que decorrem da própria natureza humana, como o acesso à alimentação, à água, à moradia e à saúde. Todavia, até mesmo essas necessidades universais se sujeitam a importantes variações culturais: sabe-se, por exemplo, que o ser humano precisa diariamente de um determinado número de calorias para sobreviver com saúde, mas a concepção sobre qual é a alimentação adequada varia bastante entre, por exemplo, um hindu, um *inuit* e um norte-americano. Nesse sentido, a Comissão de Direitos Econômicos, Sociais e Culturais da ONU, ao definir, em

---

709 *E.g.*, Superior Tribunal de Justiça, 4ª Turma, Rel. Min. Luis Felipe Salomão, julg. 03.03.2015 (alimentos em união homoafetiva): "O direito a alimentos do companheiro que se encontra em situação precária e de vulnerabilidade assegura a máxima efetividade do interesse prevalente, a saber, o mínimo existencial, com a preservação da dignidade do indivíduo, conferindo a satisfação de necessidade humana básica. O projeto de vida advindo do afeto, nutrido pelo amor, solidariedade, companheirismo, sobeja obviamente no amparo material dos componentes da união, até porque os alimentos não podem ser negados a pretexto de uma preferência sexual diversa".

710 Nesse sentido, Michael Walzer observou: "Ninguém tem necessidades, porém ideias sobre as necessidades; são prioridades, graus de necessidade; e essas prioridades e esses graus têm relação não só com a natureza humana, mas também com a história e a cultura. (...) Os antigos atenienses, por exemplo, ofereciam banhos públicos e ginásio aos cidadãos, mas jamais ofereceram nada que tivesse a mais remota semelhança com seguro-desemprego ou previdência social. Tomaram uma decisão acerca de como gastar os fundos públicos, decisão provavelmente fundamentada no que entendiam que a vida em comum exigia. Não seria difícil provar que se enganaram. Presumo que existam conceitos de necessidade que produziriam tal conclusão, mas não seriam conceitos aceitáveis – talvez nem fossem compreensíveis – para os próprios atenienses". (WALZER, Michael. *Esferas da justiça*: uma defesa do pluralismo e da igualdade. (Trad. Jussara Simões). São Paulo: Martins Fontes, 2003. p. 88-89).

711 O tema da importância da terra para a sobrevivência digna dos povos indígenas e comunidades tradicionais será analisado no capítulo 6.

seu Comentário-Geral nº 12, qual é o conteúdo essencial do direito à alimentação adequada, afirmou que se trata da "disponibilidade de alimentação em quantidade e qualidade suficientes para a satisfação das necessidades de dieta dos indivíduos, livre de substâncias adversas e *aceitáveis dentro de cada cultura*" (parágrafo 8).[712]

Além das variações culturais, a análise do mínimo existencial tem de levar em consideração também as necessidades de cada pessoa concreta. O mínimo existencial é uma categoria universalista, mas não remete ao universalismo abstrato, característico do direito liberal-burguês, cego às diferenças e especificidades de cada sujeito. Assim, uma determinada prestação pode integrar o mínimo existencial para uma pessoa, mas não para outra, tendo em vista a variação das respectivas necessidades básicas. Veja-se o exemplo do direito à saúde: é certo que se trata de um direito universal (art. 196, CF), e que a gratuidade do SUS vale para todos, inclusive para os ricos (art. 43 da Lei nº 8.080/90). Porém, o não fornecimento de um medicamento indispensável para o tratamento de uma pessoa pobre, que não disponha dos recursos necessários para adquiri-lo por conta própria, pode significar um grave abalo à sua saúde ou até mesmo um sacrifício à sua vida. Já para outro indivíduo com a mesma patologia, que tenha, contudo, condições de custear o medicamento sem prejuízo da sua subsistência digna, a omissão estatal não terá efeitos similares: repercutirá no seu patrimônio, mas não ameaçará a sua saúde ou a sua vida. No primeiro caso, haverá violação do direito ao mínimo existencial, mas não no segundo.

Esses pontos – a sensibilidade em relação às necessidades de cada sujeito e o foco prioritário nos excluídos – são muito enfatizados na riquíssima jurisprudência sobre o mínimo existencial da Corte Constitucional colombiana.[713] No Brasil, porém, nem sempre esses aspectos são tomados em conta, o que pode levar o mínimo existencial a se desnaturar em mais um artifício retórico para a garantia de direitos – por vezes até de privilégios não universalizáveis – à classe média e aos abonados.[714]

---

[712] Sobre o direito à alimentação adequada e sua relação com o mínimo existencial, veja-se LEIVAS, Paulo Gilberto Cogo. O direito fundamental à alimentação: da teoria das necessidades ao mínimo existencial. *In*: PIOVESAN, Flávia; CONTI, Irio Luiz (Orgs.). *Direito humano à alimentação adequada*. Rio de Janeiro: Lumen Juris, 2007. p. 79-92.

[713] Cf. LEMAITRE, Julieta. El Coronel sí tiene quien le escriba: la tutela por mínimo vital en Colombia. *SELA Papers*, Yale Law School Legal Scolarship Repository, 2005.

[714] Há críticas importantes no sentido de que a judicialização excessiva na área da saúde no Brasil estaria gerando esse resultado. Veja-se, nesse sentido, FERRAZ, Octavio L. Mottta. Brazil: health inequalities, rights and courts: the social impact of the judicialization of health.

Essa preocupação com as especificidades de cada sujeito não infirma o foco no potencial de universalização do mínimo existencial[715] – corolário, aliás, do caráter igualitário do princípio da dignidade da pessoa humana. Em outras palavras, o mínimo deve possuir um conteúdo universalizável no sentido de que as suas prestações devem ser extensíveis a todos os que se encontrarem na mesma situação – aí considerados tanto os aspectos objetivos como também os subjetivos. Não há, por exemplo, como conceber como mínimo existencial o direito ao melhor tratamento de saúde oferecido para uma doença grave em qualquer hospital do mundo inteiro, por mais proibitivo que seja o seu custo, pois não seria viável, mesmo em um país rico, universalizar um direito desta natureza.

De todo modo, como já se consignou acima, a proteção do mínimo existencial não se esgota na garantia das necessidades humanas fisiológicas, sem as quais se inviabilizaria a própria sobrevivência física. O que se almeja assegurar não é apenas a sobrevivência física dos indivíduos, mas, muito além disso, a sua própria dignidade.[716] Por isso, é inequívoco que o mínimo existencial abrange aspectos como o acesso à educação, a vestimentas apropriadas (mesmo em climas quentes) etc. É o que vem entendendo a jurisprudência brasileira, que, em caso atinente ao direito ao atendimento em creche e pré-escola, deixou assentado:

> O mínimo existencial não se resume ao mínimo vital, ou seja, o mínimo para se viver. O conteúdo daquilo que seja o mínimo existencial abrange,

---

In: YAMIN, Alicia Ely; GLOPPEN, Siri (Eds.). *Litigating health rights*: can courts bring more justice to health? Cambridge: Harvard University Press, 2011. p. 76-102; SILVA, Virgílio Afonso da. O judiciário e as políticas públicas: entre transformação social e obstáculo. *In*: SOUZA NETO, Cláudio Pereira de; SARMENTO, Daniel (Orgs.). *Direitos sociais*: fundamentos, judicialização e direitos sociais em espécie. Rio de Janeiro: Lumen Juris, 2008. p. 587-599; e, em tom mais moderado, BARROSO, Luís Roberto. Da falta de efetividade à judicialização excessiva: direito à saúde, fornecimento gratuito de medicamentos e parâmetros para a atuação judicial. *In*: SOUZA NETO, Cláudio Pereira de; SARMENTO, Daniel (Orgs.). *Direitos sociais: fundamentos, judicialização e direitos sociais em espécie*. Rio de Janeiro: Lumen Juris, 2008. p. 875-904.

715 Nesse sentido, FONTE, Felipe de Melo. *Políticas públicas e direitos fundamentais*. São Paulo: Saraiva, 2013. p. 215-216.

716 Nessa linha, o Tribunal Constitucional alemão, no julgamento do caso *Hartz IV*, afirmou que o mínimo existencial compreende as condições necessárias "para a existência física e para uma mínima participação na vida social, cultural e política" (BVerfGE 125, 175 (2009)). No mesmo sentido, a Corte Constitucional da Colômbia esclareceu que o mínimo vital "incorpora um componente social que obriga o Estado a considerar a pessoa em sua plena dimensão, não só material como também espiritual, cuja subsistência não se esgota na simples sobrevivência, pelo fornecimento de alimentos, como também envolve todas as necessidades inerentes à sua condição de ser humano, inserido na família e na sociedade". (Sentencia nº T-011/98).

também, as condições socioculturais, que, para além da questão da mera sobrevivência, asseguram ao indivíduo um mínimo de inserção na vida social.[717]

Há quem afirme que o mínimo existencial corresponde ao núcleo essencial dos direitos sociais ou mesmo dos direitos fundamentais.[718] Existe, na atualidade, um esforço no sentido de definição do conteúdo essencial dos direitos sociais.[719] Na esfera internacional, a liderança nesse processo tem cabido ao Comitê de Direitos Econômicos, Sociais e Culturais da ONU, que, no seu Comentário-Geral nº 3, de 1990, afirmou o dever dos Estados de garantirem imediatamente o *minimum core* dos direitos sociais previstos no Pacto Internacional dos Direitos Econômicos, Sociais e Culturais, e vem editando diversos comentários-gerais sobre direitos específicos, buscando definir o que seria, em cada caso, esse núcleo mínimo.

Nada obstante, concordo com Ingo Wolfgang Sarlet e Mariana Filchtiner Figueiredo[720] no sentido de que tais categorias até possuem pontos importantes de contato, mas não se confundem. Em primeiro lugar, porque nem todos os direitos sociais constitucionalmente garantidos se voltam à garantia de condições materiais básicas sem as quais não há vida digna. Veja-se, por exemplo, o direito ao 13º salário, que, conquanto positivado na Constituição como direito social (art. 7º, VIII, CF) não guarda qualquer relação com as condições básicas para a vida com dignidade. Ademais, há prestações ligadas ao mínimo existencial que não foram contempladas em qualquer dos demais direitos positivados pela Constituição, não estando, portanto, garantidas pelos respectivos

---

717 Superior Tribunal de Justiça, 2ª Turma, REsp nº 1.185.474, Rel. Min. Humberto Martins, julg. 20.04.2010.

718 Cf. TORRES, Ricardo Lobo. O mínimo existencial como conteúdo essencial dos direitos fundamentais. *In*: SOUZA NETO, Cláudio Pereira de; SARMENTO, Daniel (Orgs.). *Direitos sociais*: fundamentos, judicialização e direitos sociais em espécie. Rio de Janeiro: Lumen Juris, 2008.

719 A ideia de conteúdo essencial dos direitos fundamentais foi elaborada no Direito Constitucional de alguns países europeus, como Alemanha, Espanha e Portugal, tendo em vista os direitos individuais, e não os sociais. Porém, ela vem sendo empregada também em relação a esses, não apenas no âmbito dos Estados, como também na esfera internacional. Veja-se, a propósito, ALMEIDA, Luiz Antônio Freitas de. *Direitos fundamentais sociais e ponderação*: ativismo irrefletido e controle jurídico racional. Porto Alegre: Sérgio Antonio Fabris Editor, 2014. p. 245-263; e YOUNG, Katherine G. The minimum core of economic and social rights: a concept in search of content. *Yale Law of International Journal*, v. 33, p. 113-175, 2008.

720 SARLET, Ingo Wolfgang; FIGUEIREDO, Mariana Filchtiner. Reserva do possível, mínimo existencial e direito à saúde: algumas aproximações. *In*: SARLET, Ingo Wolfgang; TIMM, Luciano Benetti (Orgs.). *Direitos fundamentais, orçamento e 'reserva do possível'*. Porto Alegre: Livraria do Advogado, 2008. p. 25-26.

núcleos essenciais – *e.g.*, direito ao vestuário adequado, mesmo onde o clima não torne o uso da roupa essencial para a proteção da saúde e da vida. Finalmente, a categoria do núcleo essencial se sujeita a muitas leituras e interpretações.[721] Uma delas, provavelmente hegemônica na literatura jurídica nacional – a chamada "teoria relativa" sobre o conteúdo essencial – o reduz ao que "sobra" do direito fundamental em cada caso concreto depois de uma ponderação com princípios eventualmente colidentes, pautada pelos critérios da proporcionalidade.[722] A construção do núcleo essencial, nessa perspectiva, rege-se por lógica muito distinta da que dirige o reconhecimento do mínimo existencial, pois esta não se liga ao sopesamento de princípios contrapostos, mas sim à identificação de necessidades materiais básicas para a vida com dignidade.

Na doutrina, há tentativas de definição dos direitos e prestações que compõem o mínimo existencial. No país, a mais conhecida delas foi formulada por Ana Paula de Barcellos,[723] com o meritório objetivo de fornecer parâmetros para a atuação judicial, ao preestabelecer quais seriam as prestações materiais que, independentemente de previsão legal e da existência de verbas orçamentárias correspondentes, poderiam ser asseguradas pelo Judiciário num cenário de escassez de recursos. A sua lista compreende a educação fundamental, a saúde básica – que abarcaria o saneamento, o atendimento materno-infantil, as ações de medicina preventiva e prevenção epidemiológica –, a assistência social aos desamparados e o acesso à justiça – este último visando à tutela dos demais direitos.

Entendo, porém, que o elenco de Barcellos é incompleto, por excluir completamente alguns direitos umbilicalmente ligados à

[721] Para uma análise do tema na literatura jurídica brasileira, veja-se SILVA, Virgílio Afonso da. *Direitos fundamentais*: conteúdo essencial, restrições e eficácia. São Paulo: Malheiros, 2009; PEREIRA, Jane Reis Gonçalves. *Interpretação constitucional e direitos fundamentais*. Rio de Janeiro: Renovar, 2006. p. 365-384.

[722] De forma muito simplificada, pode-se dizer que a *teoria absoluta* do conteúdo essencial do direito fundamental o identifica como um último reduto inexpugnável do direito, o seu "coração", que não pode ser atingido em nenhuma hipótese. Já a *teoria relativa*, partindo da constatação de que há hipóteses de colisão em que os "corações" dos dois direitos contrapostos são simultaneamente tocados, sustenta que a definição do núcleo tem que ser, por isso, móvel e dinâmica, dependendo de uma ponderação. Assim, como ressaltou Robert Alexy, a teoria relativa, por ele defendida, "é reduzida à máxima da proporcionalidade". (ALEXY, Robert. *Teoria dos direitos fundamentais*. (Trad. Virgílio Afonso da Silva). São Paulo: Malheiros, 2008. p. 298).

[723] BARCELLOS, Ana Paula de. *A eficácia jurídica dos princípios*: o princípio da dignidade da pessoa humana. Rio de Janeiro: Renovar, 2002. p. 247-301.

dignidade humana, como a moradia.[724] Além disso, ele é insuficiente em alguns direitos que contempla, como na saúde, cuja faceta curativa foi quase integralmente afastada, ou na educação, em que não se abarcou a creche e pré-escola,[725] nem tampouco o ensino médio.[726] Ademais, a lista esvazia uma das mais importantes funções do mínimo existencial, que é a de lastrear demandas que, conquanto ligadas à dignidade humana, não estão inseridas em qualquer outro direito fundamental expressamente positivado na Constituição. Afinal, educação, saúde, assistência aos desamparados e acesso à justiça já estão devidamente contemplados em direitos específicos inseridos no catálogo da Carta de 88.

Não vejo como definir um elenco fechado de direitos ou prestações componentes do mínimo existencial. Parece-me preferível preservar a abertura inerente à categoria, inclusive para que ela possa se estender a necessidades básicas cujo reconhecimento resulte de evoluções sociais no plano material ou cultural-valorativo.

Nessa senda, é interessante observar que a jurisprudência vem reconhecendo prestações ligadas ao mínimo existencial que não estão expressamente positivadas na Constituição. O STF, por exemplo, já se valeu do mínimo existencial para proteger o direito de acesso à água no semiárido nordestino,[727] e o STJ já o invocou para afirmar a obrigação do Estado de instalar rede de tratamento de esgoto.[728] Aliás, em relação

---

[724] Vale registrar que há diversas decisões do STF relativas ao chamado "aluguel social" que traçaram a ligação entre o direito à moradia e o mínimo existencial, *e.g.*, 1ª Turma, Ag. No RE nº 887232, Rel. Min. Rosa Weber, julg. 11.05.2015; 2ª Turma, Ag. RE nº 886.045, Rel. Min. Gilmar Mendes, julg. 17.05.2015.

[725] Saliente-se que o STF vem, em diversos julgados, invocando exatamente o mínimo existencial para reconhecer o direito de crianças pequenas à matrícula em creches e pré-escolas. Neste sentido, *e.g.*, 2ª Turma, Ag. Reg. no RE nº 639.337, Rel. Min. Celso de Mello, julg. 23.08.2011.

[726] Em relação ao ensino médio, compartilho integralmente da visão de Cláudio Pereira de Souza Neto ⊠ muito embora o autor critique a ideia de mínimo existencial, preferindo falar em "condições para cooperação numa democracia deliberativa": "Negar o direito à educação a quem, por razões econômicas, não pode, ainda na adolescência, custear os seus estudos, não é tratar a todos como 'dignos de igual respeito', não é atribuir a todos 'oportunidades' minimamente equivalentes: é impedir que os indivíduos situados nas camadas mais pobres de nossa população possam realizar seus projetos de vida mais razoáveis, tais quais o de escolher a profissão (...). Sem a garantia de acesso ao ensino médio, o que determina o ingresso das pessoas no nível universitário não é a 'capacidade', o 'esforço', o 'mérito' de cada um, mas, parafraseando Nozick, o 'maná que caiu do céu', *i.e.*, o lugar que cada um teve a 'sorte' de ocupar, sobretudo por nascimento, no estrato social". (SOUZA NETO, Cláudio Pereira de. *Teoria constitucional e democracia deliberativa*. Rio de Janeiro: Renovar, 2006. p. 254).

[727] Supremo Tribunal Federal. 1ª Turma, AgReg no RE nº 658171, Rel. Min. Dias Toffoli, julg. 01.04.2014.

[728] Superior Tribunal de Justiça. 2ª Turma, REsp nº 1366331, Rel. Min. Humberto Martins, julg. 16.12.2014.

ao direito à água, a Corte Constitucional colombiana tem riquíssima jurisprudência baseada no mínimo vital.[729]

Outro ponto muito importante diz respeito à competência para a definição das prestações ligadas ao mínimo existencial. Não há dúvida, por um lado, que, sendo o mínimo existencial um direito fundamental, a sua proteção não pode ser deixada ao alcance das maiorias legislativas de ocasião. Na hipótese, além da supremacia da Constituição em face das decisões dos poderes constituídos, pode-se invocar também o argumento substantivo ligado à democracia: a liberdade de conformação legislativa no que concerne à definição das políticas públicas tem o seu principal fundamento no princípio democrático, e, como se viu acima, a democracia depende de pressupostos materiais, dentre os quais a garantia do mínimo existencial para a população carente. Daí porque não há como reconhecer uma plena liberdade para o legislador nessa área.

Nada obstante, não há dúvida de que existe um campo legítimo para deliberação política em relação também ao mínimo existencial.[730] Pense-se no exemplo do direito à alimentação adequada, que certamente compõe o mínimo existencial. Existem diversas formas igualmente legítimas para se buscar a sua garantia, *e.g.*, fornecimento de cestas básicas à população miserável, pagamento de subvenções e auxílios em espécie para esta finalidade, criação de programas como os "restaurantes populares", em que as refeições são fornecidas gratuitamente ou por preços próximos a zero etc. Os poderes públicos têm diversas possibilidades de atuação nessa seara, que podem ser inclusive combinadas. Eles devem se valer da criatividade e do experimentalismo democrático para testar soluções, descartando as que se revelarem pouco eficientes e aprimorando as que puderem ser melhoradas. Ao desenhar as medidas voltadas à garantia do mínimo existencial, as instâncias políticas têm, certamente, que considerar as necessidades básicas das pessoas, mas também devem tomar em conta uma série de aspectos técnicos, além da disponibilidade dos recursos existentes, o que se liga ao nível de riqueza da sociedade.

---

[729] *E.g.*, Corte Constitucional da Colômbia, T-888/08, T-418/10, T-028/14.

[730] Como observou o Tribunal Constitucional português no Acórdão nº 509/02, "o legislador goza da margem de autonomia necessária para escolher os instrumentos adequados para garantir o direito a um mínimo de existência condigna, podendo modelá-los em função das circunstâncias e dos seus critérios políticos próprios". Esse poder, de acordo com a Corte portuguesa, "é uma decorrência do princípio democrático, que supõe a possibilidade de escolhas e de opções que dê significado ao pluralismo e à alternância democráticas". Há, porém, limites para essa liberdade política, já que o pressuposto é que "as suas (do legislador) escolhas assegurem, com um mínimo de eficácia jurídica, a garantia do direito a um mínimo de existência condigna para todos os casos".

Por isso, deve caber *prima facie* ao legislador a competência para a definição das prestações ligadas ao mínimo existencial – a não ser naqueles casos em que elas já estejam especificamente definidas pelo próprio texto constitucional, como na hipótese do pagamento de um salário mínimo para pessoas idosas ou portadoras de deficiência em condições de miserabilidade (art. 203, inciso V, CF). Tal afirmação se funda não apenas no princípio democrático, como também no reconhecimento de que o legislador tem, *a priori*, uma *capacidade institucional*[731] superior à do Poder Judiciário para avaliar quais políticas públicas voltadas à concretização do mínimo existencial são mais eficientes, considerando a relação entre o seu custo – não apenas no sentido econômico, mas também de geração de externalidades negativas – e o seu benefício.

Essa prioridade, como dito, é apenas *prima facie*. Em outras palavras, o Judiciário tem a missão de controlar os demais poderes estatais nessa seara, sendo legítima a intervenção jurisdicional voltada à garantia do mínimo existencial. Tal intervenção, todavia, nem sempre deve se dar por meio da imposição da entrega de prestações específicas. Ela pode, eventualmente, envolver técnicas mais flexíveis e dialógicas, como se verá no próximo item.

Entendo, por outro lado, que o mínimo existencial, além da sua faceta social, possui também um componente ecológico,[732] que envolve a garantia de condições ambientais sem as quais não há vida digna.[733] Isto porque, independentemente do debate sobre a existência de possíveis sujeitos

---

[731] A consideração das capacidades institucionais é um elemento importante na interpretação da Constituição, que recomenda que se evitem posturas excessivamente otimistas em relação ao desempenho dos agentes estatais nessa área. No Brasil, a advertência é pertinente, pois há uma tendência, própria do neoconstitucionalismo, de apostar todas as fichas na proteção judicial dos direitos sociais, e o Poder Judiciário nem sempre tem condições de fazê-lo. Tratei do tema em SARMENTO, Daniel. A proteção judicial dos direito sociais: alguns parâmetros ético-jurídicos. *In*: SOUZA NETO, Cláudio Pereira de; SARMENTO, Daniel (Orgs.). *Direitos sociais*: fundamentos, judicialização e direitos sociais em espécie. Rio de Janeiro: Lumen Juris, 2008. Sobre o tema das capacidades institucionais no Direito, veja-se SUNSTEIN, Cass; VERMEULLE, Adrian. Interpretation and institutions. *John M. Olin Law & Economics Working Paper*, n. 156, 2002. Disponível em: http://www.law.uchicago.edu/Lawecon/index.htlm; e VERMEULLE, Adrian. *Judging under uncertainty:* an institutional theory of legal interpretation. Cambridge: Harvard University Press, 2006.

[732] Nesse sentido, cf. SARLET, Ingo Wolfgang; FENSTERSEIFER, Tiago. Estado socioambiental e mínimo existencial (ecológico?): algumas aproximações. *In*: SARLET, Ingo Wolfgang (Org.). *Estado socioambiental e direitos fundamentais*. Porto Alegre: Livraria do Advogado, 2010. p. 11-38.

[733] A dimensão ecológica do mínimo existencial já foi, inclusive, reconhecida por decisão do STJ, atinente à obrigação estatal de criar rede de tratamento de esgoto, 2ª Turma, REsp nº 1.366.331, Rel. Min. Humberto Martins, julg. 16.12.2014.

não humanos dos direitos fundamentais e da própria dignidade[734] – como os animais ou a Terra (a *Pachamama* do constitucionalismo da Bolívia e do Equador, ou a *Gaia* dos ambientalistas da *deep Ecology*) –, é certo que a deterioração do meio ambiente pode gerar gravíssimos impactos sobre a qualidade de vida das pessoas, das presentes e futuras gerações, chegando às vezes ao ponto de comprometer o seu direito à vida digna. Esses impactos negativos, aliás, tendem a se concentrar nos segmentos mais carentes da sociedade, exatamente os mesmos que sofrem as privações sociais mais sérias que caracterizam as violações "clássicas" ao mínimo existencial. A proteção ao mínimo existencial ecológico ou ambiental deve se preocupar não só com as lesões presentes ao meio ambiente e seu impacto sobre a vida das pessoas, como também com os *riscos* ambientais que se projetam para o futuro, sobretudo no cenário de um desenvolvimento tecnológico, por vezes imprudente, que exacerba estes riscos,[735] colocando em jogo a vida de populações inteiras e até mesmo a própria sobrevivência da humanidade.[736]

O direito ao mínimo existencial apresenta tanto uma dimensão prestacional como uma faceta negativa.[737] A dimensão negativa do mínimo existencial protege as condições materiais básicas de vida de intervenções restritivas provenientes do Estado, e mesmo de particulares – haja vista a eficácia horizontal do referido direito fundamental. Ela fundamenta, por exemplo, uma imunidade tributária implícita: o Estado não pode privar a pessoa, pela via da tributação, dos bens e

---

[734] Cf. REGAN, Tom. *The case for animal rights*. Berkeley: University of California Press, 2004; NUSSBAUM, Martha C. *Frontiers of justice*: disability, nationality, species membership. Cambridge: The Belknapp Press of Harvard University Press, 2006. p. 325-407; LOURENÇO, Daniel Braga. *Direito dos animais*: fundamentação e novas perspectivas. Porto Alegre: Sérgio Antonio Fabris Editor, 2008; MOLINARO, Carlos Alberto *et al.* (Orgs.). *A dignidade da vida e os direitos fundamentais para além dos humanos*: uma discussão necessária. Belo Horizonte: Fórum, 2008.

[735] Fala-se, na contemporaneidade, na existência de uma verdadeira "sociedade de risco", em que a justiça deve lidar não apenas com a administração da escassez, como também com a partilha equitativa dos riscos, que foram exponenciados pela evolução (?) tecnológica. Sobre a ideia de "sociedade de riscos", veja-se BECK, Ulrich. *La sociedad del riesgo.* (Trad. Navarro, Jiménez e Borra). Barcelona: Paidós, 1986; e GIDDENS, Anthony. *O mundo em descontrole.* (Trad. Maria Luiza de A. Borges). São Paulo: Record, 2000.

[736] Veja-se, a propósito, o belo ensaio antropológico de DANOWSKI, Déborah; CASTRO, Eduardo Viveiros de. *Há mundo por vir?*: ensaio sobre os medos e os fins. Florianópolis: Cultura e Barbárie Editora, 2014.

[737] Nesse sentido, cf. TORRES, Ricardo Lobo. *O direito ao mínimo existencial*. Rio de Janeiro: Renovar, 2009. p. 37-38; SARLET, Ingo Wolfgang; MARINONI, Luiz Guilherme; MITIDIERO, Daniel. *Curso de direito constitucional.* 3. ed. São Paulo: Revista dos Tribunais, 2015. p. 588.

recursos indispensáveis para que tenha uma vida digna.[738] É certo que, até para financiar as suas atividades voltadas à satisfação dos direitos fundamentais, o Estado tem de arrecadar tributos. Porém, um dos mais importantes limites ético-jurídicos para a sua atividade fiscal é a necessidade de não subtrair das pessoas aqueles recursos sem os quais elas não conseguem subsistir com dignidade.

Seguindo aparentemente a mesma trilha, o STJ empregou o mínimo existencial para reconhecer a não incidência de imposto de renda sobre os valores percebidos em razão de adesão do contribuinte a programa de demissão voluntária.[739] Penso, porém, que, independentemente do juízo que se faça a propósito da incidência ou não do imposto na hipótese, não foi adequada a justificativa baseada no mínimo existencial, pois os valores, muitas vezes expressivos, recebidos por ocasião da adesão a esses planos não guardam correlação necessária com as condições materiais indispensáveis para uma vida digna. Um uso mais apropriado do mínimo existencial no campo tributário ocorreu em decisão do Tribunal Constitucional colombiano, que afastou a incidência de imposto indireto – o IVA – sobre produtos da cesta básica, a partir da consideração dos efeitos concretos que aquela tributação teria sobre as condições básicas de vida da população carente do país.[740] Na referida decisão, a Corte Constitucional da Colômbia consignou:

> (...) em relação à dimensão negativa, o direito fundamental ao mínimo vital se constitui em um limite ou cota inferior que não pode ser violado pelo Estado, em matéria de disposição dos recursos materiais de que a pessoa necessita para levar uma vida digna (...).
> O Estado não pode, ao exercer o seu poder de tributar, ignorar se está criando tributos que de modo indiscutível e manifesto impliquem violação ao limite inferior constitucionalmente estabelecido para garantir a sobrevivência digna da pessoa, dadas as políticas sociais existentes e os efeitos das mesmas. Este limitador se tem expressado tradicionalmente

---

[738] Nessa linha, a lição de Ricardo Lobo Torres: "O *status negativus* do mínimo existencial se afirma, no campo tributário, através das imunidades fiscais: o poder de imposição do Estado não pode invadir a esfera de liberdade mínima do cidadão representada pelo direito à subsistência". (TORRES, Ricardo Lobo. *Os direitos humanos e a tributação*: imunidades e isonomia. Rio de Janeiro: Renovar, 1995. p. 139). Veja-se, também, ÁVILA, Humberto. *Sistema constitucional tributário*. São Paulo: Saraiva, 2004. p. 318-319; e FERNANDES, Javier Martín (Coord.). *El mínimo personal y familiar en el impuesto de la renta de las personas físicas*. Madrid: Marcial Pons, 2000.

[739] Superior Tribunal de Justiça, 1ª Seção, Ag. Reg no REsp. nº 889.010, Rel. Min Luiz Fux, julg. 20.10.2009; Ag Reg. nos Emb. Div. no REsp nº 881.879, 1ª Seção, Rel. Min. Luiz Fux, julg. 25.11.2009.

[740] Corte Constitucional da Colômbia. Sentencia C-776/2003.

na proibição de impostos confiscatórios (art. 34 da Constituição). Mas também é especialmente relevante para o caso de um direito ao mínimo vital, em particular o das pessoas que contem apenas com o indispensável para sobreviver (art. 13 da Constituição).

A dimensão negativa do mínimo existencial também lastreia institutos que visam a proteger a renda e o patrimônio mínimo das pessoas, ligados à vida digna, inclusive diante dos seus credores particulares.[741] A ideia central é de que o interesse patrimonial na satisfação do crédito não deve preponderar sobre a proteção da dignidade humana do devedor. O ponto foi destacado com clareza em decisão do Tribunal Constitucional português, que afirmou a impenhorabilidade do valor das pensões, aposentadorias e benefícios sociais *até o valor do salário mínimo*, assentando que, no conflito entre os direitos patrimoniais do credor e o direito à subsistência do devedor, o segundo tem primazia, que deve ser assegurada pelo Poder Judiciário.[742] Em linha geral, concordo com a ideia, mas acho que ela comporta alguns temperamentos.

Em primeiro lugar, é preciso cuidado para não inflacionar o mínimo existencial, empregando-o em hipóteses que não tratam das condições materiais básicas para a vida digna – cuidado que teve a Corte Constitucional portuguesa, mas que o Judiciário brasileiro não vem observando. Veja-se o caso do limite do desconto do crédito consignado em folha de pagamento. O legislador estabeleceu um limite máximo de desconto, que correspondia, inicialmente, a 30% dos valores do salário, vencimentos ou pensão do devedor, e que foi posteriormente aumentado

---

[741] Nesse sentido, o magistério precursor no país de Luiz Edson Fachin: "A pessoa natural, ao lado de atributos inerentes à condição humana, inalienáveis e insuscetíveis de apropriação, pode ser, também, à luz do Direito Civil brasileiro contemporâneo, dotada de uma garantia patrimonial que integra sua esfera jurídica. Trata-se de um patrimônio mínimo mensurado consoante parâmetros elementares de uma vida digna e do qual não pode ser expropriada ou desapossada. Por força desse princípio, independente de previsão legislativa especifica instituidora dessa figura jurídica, e, para além de mera impenhorabilidade como abonação, ou inalienabilidade como gravame, sustenta-se existir essa imunidade juridicamente inata ao ser humano, superior aos interesses dos credores". (FACHIN, Luiz Edson. *Estatuto jurídico do patrimônio mínimo.* Rio de Janeiro: Renovar, 2001. p. 1).

[742] Tribunal Constitucional de Portugal. Acórdão nº 318/99, Relator Conselheiro Vitor Nunes de Almeida. Consta da decisão: "Pode, assim, configurar-se um conflito entre o direito do credor à realização rápida do pagamento do seu crédito e o direito do devedor e pensionista da Segurança Social ou do Estado à percepção de uma pensão que lhe garanta o mínimo de subsistência condigna com a sua dignidade de pessoa. Existindo o referido conflito, o legislador não pode deixar de garantir a tutela do valor supremo da dignidade da pessoa humana – sacrificando o direito do credor na parte que for absolutamente necessária – e que pode ir até a totalidade desse direito – por forma a não deixar que do pagamento ao credor decorra o aniquilamento da mera subsistência do devedor".

para 35% (art. 1º, §1º, Lei nº 10.820/2003). A solução legislativa, que ponderou a autonomia privada do devedor com a sua proteção como consumidor, não me parece desarrazoada. Porém, não se justifica a invocação do mínimo existencial para justificar a limitação. Se um empregado receber, por exemplo, um salário líquido de vinte mil reais, um desconto de 50%, que lhe assegure uma sobra de dez mil reais por mês, passará longe da garantia das condições básicas de vida. A limitação a 30 ou 35% de desconto decorre, portanto, de válida decisão legislativa, mas não da proteção ao mínimo existencial, subtraída do alcance das maiorias políticas. Na mesma linha, parece-me forçada a ligação, traçada pelo STJ, entre a garantia do mínimo existencial e a impenhorabilidade de valores de até 40 salários mínimos mantidas em cadernetas de poupança,[743] prevista no art. 649, inciso X, do CPC – valor que a imensa maioria dos brasileiros, mesmo da classe média, não possui em suas economias.

É preciso recordar, ademais, que a impenhorabilidade de certos bens frustra a possibilidade de satisfação de créditos que também podem ser essenciais para a garantia das condições básicas de vida do credor. E, mesmo quando isso não ocorre, a garantia do efetivo pagamento das dívidas é relevante para o adequado funcionamento da economia, cujas crises tendem a afetar sobretudo os mais pobres. Por isso, discursos muito ampliativos dessa dimensão negativa do mínimo existencial, ainda que aparentemente progressistas, podem, ao final, prejudicar exatamente os mais necessitados.

Assim, considero acertada a orientação do STJ de estabelecer limite jurisprudencial para a impenhorabilidade das verbas salariais, prevista no art. 649, IV, do CPC (no novo CPC, este limite foi fixado em valor correspondente a 50 salários mínimos – art. 833, §2º). O STJ, além de assentar que os valores impenhoráveis são apenas os correspondentes ao último salário, não abrangendo os montantes pretéritos que tenham sido economizados pelo devedor, fixou dito limite na importância correspondente ao valor dos subsídios de Ministro do STF – o que me

---

[743] Cf. Superior Tribunal de Justiça, REsp nº 1231123, 3ª Turma, Rel. Min. Nancy Andrighi, julg. 02.08.2012: "O objetivo do novo sistema de impenhorabilidade de depósito em caderneta de poupança é, claramente, o de garantir um mínimo existencial ao devedor, como corolário do princípio da dignidade da pessoa humana. Se o legislador estabeleceu um valor determinado como expressão desse mínimo existencial, a proteção da impenhorabilidade deve atingir todo esse valor, independentemente do número de contas-poupança mantidas pelo devedor".

parece até excessivo.[744] Na mesma linha, concordo com a posição adotada, por maioria, pelo STF, de não invalidar a exceção à impenhorabilidade do imóvel bem de família no caso do fiador de contrato de locação, que fora postulada perante a Corte com base na tutela do direito fundamental à moradia.[745] Com efeito, é muito provável que o afastamento dessa escolha legislativa diminuísse a oferta de imóveis para aluguel ou aumentasse o custo da locação, o que prejudicaria o direito à moradia dos que não possuem casa própria, em geral, mais necessitados do que os fiadores, que se beneficiariam com a medida. De todo modo, entendo que o legislador, pelas suas capacidades institucionais, detém melhores condições para examinar tal problema sob um ângulo sistêmico do que o Poder Judiciário, razão pela qual as suas escolhas nessa área merecem uma certa deferência judicial.[746]

A dimensão negativa do mínimo existencial também pode ser invocada em inúmeros outros contextos e situações que não terei como explorar aqui, e que suscitam diferentes e complexas controvérsias: *e.g.*, na defesa da posse utilizada para moradia de pessoas sem teto, em litígio contra proprietários públicos ou privados; na proteção contra cassação de benefícios previdenciários ou assistenciais por motivos insuficientes; na vedação ao corte de serviços públicos essenciais em razão do não pagamento da tarifa, quando o usuário deixa de quitá-la pela falta de recursos.

Em síntese, sempre que uma intervenção do Estado ou de um particular comprometer as condições materiais básicas para a vida digna de uma pessoa, entra em jogo a dimensão negativa do direito ao mínimo existencial. Isso, porém, não significa que o mínimo existencial prevaleça

---

744 Cf. Superior Tribunal de Justiça, Segunda Seção, REsp nº 1230060, Rel. Min. Maria Isabel Gallotti, julg. 13.08.2014.

745 A Lei nº 8.009/90 prevê a impenhorabilidade do bem de família, estabelecendo que o imóvel residencial próprio em que resida a família é impenhorável. A Lei nº 8.245/91 instituiu uma exceção a essa regra, permitindo a penhora quando se trate de imóvel do fiador em contratos de locação. O Plenário do STF, no julgamento do RE nº 407.688, Rel. Min. Cezar Peluso, DJ de 08.02.2006, afirmou a validade da exceção, vencidos os Ministros Eros Grau, Celso de Mello e Carlos Ayres Britto.

746 Para uma defesa da mesma posição, veja-se BINENBOJM, Gustavo; CYRINO, André Rodrigues. O direito à moradia e a penhorabilidade do bem único do fiador nos contratos de locação: limites à revisão judicial de diagnósticos e prognósticos legislativos. *In*: SOUZA NETO, Cláudio Pereira de; SARMENTO, Daniel (Orgs.). *Direitos sociais*: fundamentos, judicialização e direitos sociais em espécie. Rio de Janeiro: Lumen Juris, 2008. p. 997-1.018. Em sentido contrário, veja-se SARLET, Ingo Wolfgang. Notas a respeito do direito fundamental à moradia na jurisprudência do Supremo Tribunal Federal. *In*: SARMENTO, Daniel; SARLET, Ingo Wolfgang (Coords.). *Direitos fundamentais no Supremo Tribunal Federal*: balanço e crítica. Rio de Janeiro: Lumen Juris, 2011. p. 709-719.

sempre no confronto com os direitos ou interesses contrapostos. Como já destaquei no capítulo 2, sustento que a dignidade da pessoa humana não é absoluta e também pode ser ponderada com outros princípios constitucionais, assumindo, contudo, um peso muito elevado nesse sopesamento. Tal raciocínio, em minha opinião, também se aplica ao mínimo existencial.

No próximo item, desenvolvo melhor esse ponto, ao tratar da proteção judicial do mínimo existencial, que envolve a sua discutida relação com a chamada "reserva do possível".

5.4 A proteção judicial ao mínimo existencial

Como se viu acima, o mínimo existencial abrange tanto uma dimensão defensiva como uma faceta prestacional. É sobretudo a última que tem provocado debates acesos relacionados à sua proteção judicial,[747] que se imbrica com a discussão acerca da justiciabilidade dos direitos sociais.[748]

No Brasil, já se superou a visão, que ainda prevalece em muitos países,[749] no sentido de que os direitos prestacionais não seriam judicialmente exigíveis. Pode-se falar que a cultura jurídica brasileira, especialmente nos últimos quinze anos, "leva a sério" os direitos sociais. O reconhecimento da proteção judicial desses direitos envolveu a superação da ideia, que prevaleceu entre nós por muito tempo, de que eles seriam tutelados por "normas programáticas", que não gerariam direitos subjetivos positivos.[750] Passou-se a reconhecer que também os

[747] Nada obstante, entendo que as reflexões sobre a matéria também são pertinentes à dimensão negativa do mínimo existencial, uma vez que a sua garantia, apesar de não gerar gastos, frustra receitas, o que tem resultado prático semelhante.

[748] Tratei do tema da justiciabilidade dos direitos sociais em SARMENTO, Daniel. A proteção judicial dos direito sociais: alguns parâmetros ético-jurídicos. *In*: SOUZA NETO, Cláudio Pereira de; SARMENTO, Daniel (Orgs.). *Direitos sociais*: fundamentos, judicialização e direitos sociais em espécie. Rio de Janeiro: Lumen Juris, 2008. p. 553-586.

[749] Sobre esse debate no Direito Comparado, veja-se, *e.g.*, LANGFORD, Malcolm (Ed.). *Social rights jurisprudence*: emerging trends in international and comparative law. Cambridge: Cambridge University Press, 2008; TUSHNET, Mark. *Weak courts, strong rights*: judicial review and social welfare rights in comparative constitutional law. Princeton: Princeton University Press, 2008; e SARLET, Ingo Wolfgang (Org.). *Direitos fundamentais sociais*: estudos de direito constitucional, internacional e comparado. Rio de Janeiro: Renovar, 2003.

[750] Exemplo dessa orientação, hoje superada, é o acórdão proferido em 23.05.1996 pela 1ª Turma do STJ, Rel. Min. Demócrito Reinaldo, de cuja ementa consta: "Normas constitucionais meramente programáticas – *ad exemplum*, o direito à saúde – protegem um interesse geral, todavia, não conferem aos beneficiários deste interesse o poder de exigir sua satisfação".

direitos sociais desfrutam da aplicabilidade imediata, prevista no art. 5º, §1º, da Constituição.[751]

A doutrina dominante e a jurisprudência brasileira contemporânea enfatizam que a *vagueza* com que muitos desses direitos estão consagrados não impede a sua concretização judicial, como também não é obstáculo para a garantia jurisdicional de diversos direitos individuais igualmente vagos – igualdade, privacidade, liberdade de expressão etc. Na mesma linha, também se reconhece que o fato de os direitos sociais envolverem *custos* tampouco impede a sua proteção judicial, inclusive porque os direitos individuais e políticos, cuja tutela jurisdicional se afigura inquestionável, também dependem de recursos.[752] Afinal, para que se possa votar, é necessário que ocorram eleições, cuja realização envolve gastos expressivos; para proteger a propriedade, é preciso contar com a polícia e com o aparato judiciário, que demandam recursos etc. E nos últimos tempos, em que o Direito Constitucional brasileiro deu uma guinada pós-positivista, aproximando-se da filosofia política e moral, outro argumento importante que vem sendo frequentemente ventilado em favor da proteção jurisdicional dos direitos sociais é o de que a sua garantia é um imperativo de justiça, que não pode ser deixado ao sabor das escolhas políticas ou tecnocráticas das autoridades.

Nada obstante, o reconhecimento da possibilidade de tutela jurisdicional dos direitos sociais prestacionais não afastou três importantes críticas, que, no país, vêm sendo endereçadas menos à possibilidade dessa proteção, e mais à forma, nem sempre racional, como ela vem ocorrendo.[753] São elas: (a) a *crítica democrática*, de que competiria primariamente ao legislador e ao governo, eleitos e responsivos perante a população, a prerrogativa de definição das prioridades sobre os gastos públicos, e não ao Judiciário; (b) a *crítica sobre a eficiência*, no sentido de que os juízes não teriam capacidade técnica para decidir na área, que envolve políticas públicas complexas, e de que o processo judicial, pelas

---

[751] Sobre o tema, a obra clássica na literatura jurídica brasileira é SARLET, Ingo Wolfgang. *A eficácia dos direitos fundamentais*: uma teoria geral dos direitos fundamentais na perspectiva constitucional. 9. ed. Porto Alegre: Livraria do Advogado, 2009.

[752] Cf. SUNSTEIN, Cass; HOLMES, Stephen. *The cost of rights*: why liberty depends on taxes. New York: W.W. Norton and Company, 1999.

[753] O debate sobre a matéria é intenso na literatura brasileira. Três obras importantes sobre a matéria, elaboradas no âmbito do Programa de Pós-Graduação em Direito da UERJ, além do livro já citado da Prof.ª Ana Paula de Barcellos, são: AMARAL, Gustavo. *Direito, escassez e escolha*. Rio de Janeiro: Renovar, 2001; GOUVÊA, Marco Maselli. *O controle judicial das omissões administrativas*: novas perspectivas de implementação dos direitos prestacionais. Rio de Janeiro: Forense, 2003; e GALDINO, Flávio. *Introdução à teoria dos custos dos direitos*: direitos não nascem em árvores. Rio de Janeiro: Lumen Juris, 2005.

suas limitações, não seria o ambiente adequado para intervenções nessa seara, de modo que as decisões jurisdicionais, ainda quando muito bem intencionadas, podem prejudicar, ao invés de promover, a efetivação dos direitos sociais; (c) e a *crítica sobre a equidade*, que sustenta que, pela assimetria no acesso à justiça em desfavor dos pobres, a proteção jurisdicional dos direitos sociais resultaria na canalização de recursos escassos para o atendimento de demandas da classe média, agravando a injustiça social ao invés de minorá-la.

Apesar dessas críticas, existe atualmente no Brasil certo consenso no sentido da possibilidade de proteção judicial do mínimo existencial. Porém, algumas controvérsias importantes subsistem na matéria. Em primeiro lugar, indaga-se se essa proteção é ou não absoluta, ou seja, se ela está ou não sujeita à "reserva do possível". Em segundo lugar, debate-se sobre se o mínimo existencial atua também como limite máximo para a sindicabilidade dos direitos prestacionais fundamentada na Constituição, ou se é possível a concessão de prestações não previstas em lei que excedam ao mínimo. Esses dois temas vêm sendo bastante debatidos pela doutrina nacional.[754] Nesse momento, além desses temas, quero também abordar um terceiro, que não é tão discutido, que diz respeito à possibilidade do emprego de técnicas mais flexíveis, baseadas no diálogo institucional, para a proteção judicial do mínimo existencial.[755] Tratarei dos dois primeiros temas no próximo subitem, e do terceiro no subsequente.

5.4.1 Mínimo existencial, direitos sociais e reserva do possível

A garantia dos direitos fundamentais depende de recursos escassos, o que também vale para a proteção do mínimo existencial. A escassez obriga o Estado, em alguns casos, a se confrontar com verdadeiras "escolhas trágicas",[756] pois, diante da limitação de recursos

---

[754] Cf, *e.g.*, SARLET, Ingo Wolfgang; TIMM, Luciano Benetti (Orgs.). *Direitos fundamentais, orçamento e "reserva do possível"*. Porto Alegre: Livraria do Advogado, 2008.

[755] Sobre o emprego de técnicas mais flexíveis, baseadas no diálogo institucional, para a proteção de direitos sociais, veja-se: TUSHNET. Mark. *Weak courts, strong rights*: judicial review and social Welfare Rights in comparative constitutional law. Princeton: Princeton University Press, 2008; e, na literatura jurídica nacional, SOUZA, Jorge Munhós de. *Diálogo institucional e direito à saúde*. Salvador: Juspodium, 2013.

[756] A expressão é de Guido Calabresi e Philip Bobbit, em obra que tratou de escolhas alocativas moralmente complexas. Cf. CALABRESI, Guido; BOBBIT, Philip. *Tragic choices*. New York: Norton, 1978.

para atender a múltiplas demandas, ele é forçado a eleger prioridades dentre diversas necessidades e exigências legítimas. As escolhas alocativas acabam sendo também desalocativas, pois subtraem "fatias do bolo" dos recursos existentes, mesmo quando isso não seja explicitado. Para lidar com esse fenômeno econômico, elaborou-se o conceito da "reserva do possível".

A expressão "reserva do possível" (*Vorbehalt des Möglichen*) foi difundida a partir de célebre decisão do Tribunal Constitucional alemão, proferida em 1972, em caso conhecido como *Numerus Clausus*,[757] que tratou da validade da limitação do número de vagas em universidades públicas, tendo em vista a pretensão de ingresso de um número maior de candidatos.[758] Não há, na Constituição alemã, a garantia do direito à educação, mas o Tribunal Constitucional entendeu que a liberdade profissional demandava, em alguma medida, o direito de acesso ao ensino superior. Todavia, frisou que tal direito "se encontra sob a reserva do possível, no sentido de estabelecer o que o indivíduo pode razoavelmente exigir da sociedade". Segundo a Corte germânica, tal decisão cabe primariamente ao legislador, que deve "atender, na administração do seu orçamento, também a outros interesses da coletividade". Trata-se de conceito também empregado em outras ordens jurídicas,[759] até porque decorre de uma realidade econômica – a escassez – que é universal.

No Brasil, a jurisprudência alude com frequência à ideia de reserva de possível desde que o Min. Celso de Mello proferiu a já mencionada decisão monocrática na ADPF 45, que se referiu ao instituto, embora relativizando, já de partida, a sua relevância.[760] A maior parte dos julgados subsequentes sobre o assunto reproduz trechos dessa decisão, que passou a ser a formulação canônica sobre a matéria na jurisprudência brasileira. Recentemente, o STF proferiu importante decisão assentando que a reserva do possível não pode ser invocada como obstáculo para

---

757 Tribunal Constitucional Federal da Alemanha. BVerfGE 33, 303 (1972).

758 É, todavia, muito mais antiga a ideia, de resto evidente, de que o mundo real impõe limites às obrigações jurídicas, inclusive às que pesam sobre o Estado. Um brocardo do Direito Romano já o afirmava: *Ad impossibilia nemo tenetur* (ninguém é obrigado a fazer o impossível). Veja-se, a propósito, LOPES, José Reinaldo de Lima. Em torno da 'reserva do possível'. *In*: SARLET, Ingo Wolfgang; TIMM, Luciano Benetti (Orgs.). *Direitos fundamentais, orçamento e "reserva do possível"*. Porto Alegre: Livraria do Advogado, 2008. p. 173-193.

759 A reserva do possível em Portugal é examinada por CANOTILHO, J. J. Gomes. Metodologia Fuzzy e 'camaleões normativos' na problemática atual dos direitos sociais, econômicos e culturais. *In*: CANOTILHO, J. J. Gomes. *Estudos sobre direitos fundamentais*. Coimbra: Coimbra Editora, 2004. p. 108.

760 Supremo Tribunal Federal. ADPF nº 45 MC, Rel. Min. Celso de Mello, julg. 29.04.2004.

imposição de obrigações de fazer pelo Poder Judiciário, concernentes a obras emergenciais em estabelecimentos prisionais, voltadas à garantia da dignidade humana dos presos.[761]

A reserva do possível pode ser desdobrada em três componentes: o componente *fático*, que diz respeito à efetiva existência de recursos necessários à satisfação do direito prestacional em jogo; o componente *jurídico*, que se liga à existência de autorização legal – especialmente na lei orçamentária – para a realização da despesa exigida pela efetivação do direito; e a *razoabilidade* da prestação, considerando os recursos existentes e todos os demais encargos que pesam sobre o Estado.[762]

Começando pelo mais simples, entendo que o componente jurídico é realmente inoponível às prestações compreendidas pelo mínimo existencial. Não se trata de negar a importância do princípio da legalidade orçamentária, vital para democratizar e racionalizar a atividade financeira do Estado.[763] Contudo, por todas as razões já expostas, a garantia do mínimo existencial, que é pressuposto da democracia, não pode ficar à mercê das decisões do legislador infraconstitucional. Assim, o fato de inexistir previsão no orçamento para a realização de despesa necessária à satisfação do mínimo existencial não deve obstar a sua concessão em

---

761 Supremo Tribunal Federal, RE nº 592.581, Rel. Min. Ricardo Lewandowski, julg. 13.08.2015. No referido julgamento, o STF firmou a seguinte tese, em sede de repercussão geral: "É lícito ao Judiciário impor à Administração Pública obrigação de fazer, consistente na promoção de medidas ou na execução de obras emergenciais em estabelecimentos prisionais para dar efetividade ao postulado da dignidade da pessoa humana e assegurar aos detentos o respeito à sua integridade física e moral, nos termos do que preceitua o art. 5º, XLIX, da Constituição Federal, não sendo oponível à decisão o argumento da reserva do possível nem o princípio da separação dos poderes".

762 Cf. SARLET, Ingo Wolfgang; FIGUEIREDO, Mariana Filchtiner. Reserva do possível, mínimo existencial e direito à saúde: algumas aproximações. *In*: SARLET, Ingo Wolfgang; TIMM, Luciano Benetti (Orgs.). *Direitos fundamentais, orçamento e 'reserva do possível'*. Porto Alegre: Livraria do Advogado, 2008. p. 30. Em texto anterior – SARMENTO, Daniel. A proteção judicial dos direito sociais: alguns parâmetros ético-jurídicos. *In*: SOUZA NETO, Cláudio Pereira de; SARMENTO, Daniel (Orgs.). *Direitos sociais*: fundamentos, judicialização e direitos sociais em espécie. Rio de Janeiro: Lumen Juris, 2008 –, aludi apenas a dois componentes, a reserva do possível fática e a jurídica, situando a questão da razoabilidade no âmbito do elemento fático. Considero, porém, mais didática a segmentação em três componentes, o que não implica qualquer mudança substantiva em relação à posição antes sustentada.

763 Veja-se, a propósito, TORRES, Ricardo Lobo. *Tratado de direito constitucional financeiro e tributário*: o orçamento na Constituição. Rio de Janeiro: Renovar, 2000. v. 5, p. 243-277; e MENDONÇA, Eduardo Bastos Furtado de. *A constitucionalização das finanças públicas no Brasil*: devido processo orçamentário e democracia. Rio de Janeiro: Renovar, 2010.

sede judicial. Este é o posicionamento majoritário na doutrina,[764] que é acolhido também pela nossa jurisprudência.[765]

O componente da razoabilidade da reserva do possível tampouco me parece oponível ao mínimo existencial, sobretudo se este for definido de forma prudente, compatível com o imperativo de universalização do mínimo, anteriormente referido. Afinal, não se pode negar a razoabilidade da pretensão de uma pessoa de ter acesso às condições materiais básicas para uma vida digna. Se a pretensão não for razoável, é simplesmente porque ela não está inserida no mínimo existencial.

A questão, contudo, é mais complexa em relação ao componente fático da reserva do possível, pois aqui o obstáculo não é jurídico ou ético, mas decorre da realidade econômica. Assinale-se, em primeiro lugar, que a reserva do possível fática não pode ser vista tomando em conta apenas a pretensão individual demandada em juízo. Fosse esse o caso, o conceito seria praticamente irrelevante, pois é altamente implausível que o atendimento ao direito de uma única pessoa tenha algum impacto significativo no universo dos recursos disponíveis de um ente público. É uma exigência inexorável do princípio da igualdade que o Estado só conceda a uma pessoa aquilo que tenha condições de dar às outras que estiverem em idêntica situação. Por isso, a reserva do possível fática deve ser compreendida como a capacidade financeira do Estado de arcar com a *universalização* da prestação material postulada, para todas as pessoas que estiverem nas mesmas condições daquele que a requereu.

A doutrina majoritária afirma que a reserva do possível fática tampouco é oponível ao mínimo existencial.[766] Esta posição vem sendo

---

764 Cf., *e.g.*, TORRES, Ricardo Lobo. *O direito ao mínimo existencial*. Rio de Janeiro: Renovar, 2009. p. 40; SARLET, Ingo Wolfgang; FIGUEIREDO, Mariana Filchtiner. Reserva do possível, mínimo existencial e direito à saúde: algumas aproximações. *In*: SARLET, Ingo Wolfgang; TIMM, Luciano Benetti (Orgs.). *Direitos fundamentais, orçamento e 'reserva do possível'*. Porto Alegre: Livraria do Advogado, 2008. p. 34-35.

765 Nesse sentido, decidiu o STF no RE nº 273.834, Rel. Min. Celso de Mello, D.J. 18.09.2000: "A falta de previsão orçamentária não deve preocupar ao juiz (...) entre proteger a inviolabilidade do direito à vida e à saúde e fazer prevalecer, contra esta prerrogativa fundamental um interesse financeiro e secundário do Estado (...) razões de ordem ético-jurídica impõem ao julgador uma só e possível opção". Destaco apenas que não concordo com a ideia de que o respeito à legalidade orçamentária corresponda a um mero *interesse secundário* do Estado. Embora considere que o mínimo existencial se sobrepõe à legalidade orçamentária, penso que esta também deve ser "levada a sério", o que nem sempre faz a jurisprudência brasileira.

766 Cf., por todos, SARLET, Ingo Wolfgang; FIGUEIREDO, Mariana Filchtiner. Reserva do possível, mínimo existencial e direito à saúde: algumas aproximações. *In*: SARLET, Ingo Wolfgang; TIMM, Luciano Benetti (Orgs.). *Direitos fundamentais, orçamento e 'reserva do possível'*. Porto Alegre: Livraria do Advogado, 2008. p. 37.

externada inclusive pelo STF.[767] Considero, todavia, que a tese, conquanto sedutora, não procede. Afinal, a relevância de uma pretensão sob o prisma jurídico ou moral não tem o condão de revogar a lei econômica da escassez. A escassez é um fato e, se não existirem na sociedade os recursos necessários para a garantia de prestações ligadas ao mínimo existencial, simplesmente não haverá alquimia jurídica que possa contornar o limite, que não é imposto pelo Direito, mas pela própria realidade.[768] E, como advertiu há muito tempo o jurista francês Georges Ripert, "quando o Direito ignora a realidade, a realidade se vinga ignorando o Direito".

Note-se, porém, que a existência de recursos na sociedade não equivale à sua presença nos cofres estatais em um dado momento. É que o Estado não pode, por exemplo, cortar ou abster-se de cobrar tributos que onerem os ricos quando isso o prive dos recursos que seriam essenciais para a garantia das condições básicas de vida para os miseráveis. No limite, para assegurar a proteção ao mínimo existencial, o Judiciário pode até reconhecer a obrigação estatal de alterar a sua política fiscal com vistas à obtenção de recursos adicionais.[769] A possibilidade, porém, tem de ser vista com muita cautela, como *ultima ratio*, não só por conta do princípio da legalidade tributária – e dos valores de segurança jurídica e democracia que o lastreiam –, como também em razão dos déficits de capacidade institucional do Poder Judiciário para aquilatar os efeitos econômicos sistêmicos de alterações na legislação tributária.

De todo modo, ainda que não se reconheça a absoluta inoponibilidade do mínimo existencial à reserva do possível fática, pode-se afirmar pelo menos a *forte prioridade* das prestações concernentes ao mínimo existencial em relação a todas as demais despesas estatais, suscetível inclusive de controle judicial. O Estado, nessa perspectiva, não poderá denegar prestações voltadas ao atendimento de necessidades

---

767 *E.g.*, Supremo Tribunal Federal. 2ª Turma, AgReg no RE nº 639.337, Rel. Min. Celso de Mello, julg. 23.08.2011: "A cláusula da reserva do possível – que não pode ser invocada pelo Poder Público, com o propósito de fraudar, de frustrar, de inviabilizar a implementação de políticas públicas definidas na própria Constituição – encontra insuperável limitação na garantia constitucional do mínimo existencial, que representa, no contexto de nosso ordenamento positivo, emanação direta do postulado da essencial dignidade da pessoa humana".

768 Como salientou Susan Rose-Ackerman: "Se os recursos são realmente escassos, teríamos algum benefício em ignorar a verdade?". (ROSE-ACKERMAN, Susan. Análise econômica progressista do direito: e o novo direito administrativo. *In*: MATTOS, Paulo; PRADO, Mariana Mota; ROCHA, Jean Paul Cabral Veiga (Orgs.). *Regulação econômica e democracia*: o debate norte-americano. São Paulo: Editora 34, 2004. p. 243).

769 Veja-se, a propósito, TORRES, Ricardo Lobo. O mandado de injunção e a legalidade financeira. *Revista de Direito Administrativo*, n. 177, p. 29-49, 1992.

básicas das pessoas, sob a invocação de ausência de recursos, se estiver realizando despesas supérfluas – obras de embelezamento, publicidade, promoção de festas e eventos etc. Daí porque se pode dizer que, pelo menos em países não miseráveis, como o Brasil, o mínimo existencial deve ser quase sempre assegurado em sede judicial, quando não o seja na esfera da política majoritária.

Existem, todavia, hipóteses em que isso não é possível. Um bom exemplo diz respeito ao salário mínimo, que, por definição constitucional, se volta à garantia "das necessidades vitais básicas" do trabalhador e da sua família – ou seja, do mínimo existencial. De acordo com o art. 7º, IV, da Constituição, o salário mínimo deve ser suficiente para os gastos familiares com "moradia, alimentação, educação, saúde, lazer, higiene, transporte e previdência social". Mesmo considerando a gratuidade da saúde e da educação públicas, parece evidente que o salário mínimo vigente no país não satisfaz a exigência constitucional, especialmente nos grandes centros urbanos, em que vive a maior parte dos brasileiros. Nesse quadro, seria possível para o Judiciário impor aumento imediato no salário mínimo até um montante suficiente para a satisfação do mínimo existencial – o que talvez equivalesse a algo como dobrá-lo? Teria a economia brasileira como suportar o impacto de uma majoração imediata dessa magnitude? Será que decisão dessa natureza não poderia "quebrar" a Previdência Social e muitas empresas privadas, além de aumentar o desemprego e a informalidade no mercado de trabalho? E teria o Poder Judiciário a capacidade institucional necessária para tomar essa decisão, que certamente acarretaria um verdadeiro terremoto macroeconômico no país?

No passado, o STF chegou a reconhecer a inconstitucionalidade por omissão parcial do legislador, pela fixação do salário mínimo em valor insuficiente.[770] A Corte, porém, absteve-se de tomar qualquer medida adicional, além da mera notificação do Congresso, até em razão do posicionamento então vigente sobre o seu papel estrito de legislador negativo no controle das omissões constitucionais. Na atualidade, contudo, diante da nova orientação jurisprudencial a propósito do mandado de injunção,[771] seria até possível para a Corte, sob o prisma

[770] Supremo Tribunal Federal. Plenário, ADI nº 1.442, Rel. Min. Celso de Mello, julg. 3.11.2004.

[771] No passado, o STF entendia que, diante de uma inconstitucionalidade por omissão, só lhe cabia notificar o órgão legislativo em mora para a adoção das providências cabíveis. Contudo, a partir de 2006, a Corte passou a considerar possível, em sede de mandado de injunção, o suprimento da omissão, de modo a viabilizar a fruição do direito fundamental obstado pela inércia total ou parcial do legislador, como fez em relação ao direito de greve

estritamente processual, proferir decisão aditiva, fixando um novo valor para o salário mínimo que fosse compatível com o art. 7º, IV, da Constituição e com a garantia do mínimo existencial, tendo em vista a inequívoca existência da inconstitucionalidade por omissão parcial na matéria.

Estou convicto, porém, que uma decisão que ajustasse imediatamente o salário mínimo às exigências do mínimo existencial não seria factível na prática: não haveria como cumpri-la sem levar o país à bancarrota. E os efeitos práticos da tentativa de cumprimento tenderiam a ser desastrosos, especialmente para os mais pobres. Enfim, um excesso ativista nessa área, ainda que muito bem-intencionado, poderia, ao final, destruir a economia nacional e, nestas crises, as maiores vítimas costumam ser exatamente os segmentos sociais mais vulneráveis.

Daí porque, embora reconheça uma forte prioridade estatal na realização dos gastos atinentes ao mínimo existencial, não concordo com a tese de que, em relação a ele, seja absolutamente inoponível a reserva do possível. De todo modo, estando em jogo o mínimo existencial, justifica-se um escrutínio muito mais rigoroso do Poder Judiciário sobre as escolhas alocativas e desalocativas dos poderes públicos, para que se verifique a sua compatibilidade com prioridades que derivam da própria Constituição.

Por outro lado, não me parece correta a tese de que o mínimo existencial seja um teto intransponível para a proteção dos direitos sociais fundada diretamente na Constituição,[772] por várias razões. Em primeiro lugar, porque o texto constitucional é expresso ao positivar, por meio de regras claras, direitos sociais que vão além do mínimo – *e.g.*, benefícios previdenciários para servidores públicos e gratuidade do ensino público, inclusive no nível superior e pós-graduação. Ademais, não me parece adequado afirmar, por um lado, que em relação aos direitos individuais se deve perseguir a máxima efetividade, mas em relação aos direitos sociais prestacionais não se pode ultrapassar o mínimo. A adoção dessa lógica de "dois pesos e duas medidas" não é compatível com a nossa ordem constitucional, que não contempla hierarquias ou preferências entre as diferentes "gerações" de direitos. A extensão da proteção jurisdicional dos direitos sociais prestacionais

---

dos servidores públicos. Veja-se, a propósito, MENDES, Gilmar Ferreira; BRANCO, Paulo Gonet. *Curso de direito constitucional*. São Paulo: Saraiva, 2012. p. 1365-1375.

772 Nesse sentido, cf. TORRES, Ricardo Lobo. *O direito ao mínimo existencial*. Rio de Janeiro: Renovar, 2009. p. 130-132; e BARCELLOS, Ana Paula de. *A eficácia jurídica dos princípios*: o princípio da dignidade da pessoa humana. Rio de Janeiro: Renovar, 2002. p. 233-234.

depende também de outros fatores, como a maneira como eles estão positivados na Constituição e a intensidade da tutela, em cada caso, de princípios e bens jurídicos concorrentes.

Nesse modelo, o mínimo existencial constitui um elemento relevante na adjudicação dos direitos sociais, mas não representa algum tipo de algoritmo mágico, cujo manejo tenha o condão de resolver todos os problemas ligados à sua proteção jurisdicional.

5.4.2 Proteção judicial do mínimo existencial e técnicas processuais dialógicas e flexíveis

Muito embora o mínimo existencial seja juridicamente exigível, nem sempre a forma mais adequada de assegurá-lo em juízo consiste na tutela jurisdicional tradicional, com a concessão da prestação reivindicada. Especialmente nos casos em que a lesão ao mínimo existencial decorra de problemas estruturais, cujo enfrentamento demande a correção ou formulação de políticas públicas complexas, a atuação solitária do Poder Judiciário pode não ser a solução ideal.[773] Dois fatores importantes recomendam que, especialmente em casos dessa natureza, se dê preferência ao emprego de técnicas processuais mais flexíveis,[774] permeadas pelo diálogo interinstitucional:[775] (a) a existência, já destacada acima, de um espaço de *livre conformação legislativa* atinente à definição das políticas públicas voltadas à concretização do mínimo existencial; e (b) o reconhecimento de que a atuação judicial concertada com outros poderes e órgãos estatais pode gerar *resultados mais eficientes*

---

[773] Cf. GARGARELLA, Roberto. Dialogic justice in the enforcement of social rights: some initial arguments. *In*: YAMIN, Alicia Ely; GLOPPEN, Siri. *Litigating health rights*: can courts bring more justice to health? Cambridge: Harvard University Press, 2011. p. 232-245.

[774] Sobre o emprego de técnicas judiciais flexíveis para enfrentamento de violações maciças aos direitos humanos, veja-se SABEL, Charles F. S; SIMON, William H. Destabilization rights: how public law litigation succeeds. *Harvard Law Review*, v. 117, p. 1015-1101, 2004. Os autores, tratando da experiência norte-americana com litígios estruturais no campo dos direitos fundamentais, narram a tendência à adoção de decisões que traduzem *intervenções experimentalistas* no lugar de remédios mais rígidos e tradicionais, do tipo *command-and-control*, e a defendem como mais eficaz. No Brasil, veja-se SOUZA, Jorge Munhós de. *Diálogo institucional e direito à saúde*. Salvador: Juspodium, 2013; bem como CAMPOS, Carlos Alexandre de Azevedo. *Da inconstitucionalidade por omissão ao estado de coisas inconstitucional*. 2015. Tese (Doutorado em Direito) ⊠ Faculdade de Direito, Universidade do Estado do Rio de Janeiro, Rio de Janeiro, 2015.

[775] Sobre os diálogos institucionais no Direito Constitucional, veja-se MENDES, Conrado Hübner. *Direitos fundamentais, separação de poderes e deliberação*. São Paulo: Saraiva, 2011; e BRANDÃO, Rodrigo. *Supremacia judicial versus diálogos constitucionais*: a quem cabe a última palavra sobre o sentido da Constituição? Rio de Janeiro: Lumen, 2011.

para a garantia do mínimo existencial do que a adoção da postura mais tradicional, tendo em vista, especialmente, os déficits de capacidade institucional do Poder Judiciário para definição e controle de políticas públicas em comparação com as demais agências estatais.

O uso de técnicas dessa natureza para garantia do mínimo existencial ocorreu no conhecido caso *Grootboom*,[776] julgado pela Corte Constitucional sul-africana em 2000. Na hipótese, discutia-se o direito de centenas de indivíduos miseráveis, que estavam vivendo em condições precaríssimas, em barracas de plástico, depois de terem sido despejados da área particular, e que reivindicavam do Estado o acesso à moradia adequada. A Corte Constitucional entendeu que não seria possível assegurar imediatamente o direito à moradia a cada um.[777] Porém, o Tribunal não se esquivou de controlar as políticas públicas habitacionais promovidas pelo Estado e concluiu que as então existentes falhavam gravemente por não incluírem medidas emergenciais, focadas nas pessoas em situação de carência desesperadora (*desperate need*). Diante disso, determinou a reformulação da política estatal sobre moradia pelo governo para que contemplasse medidas de alívio imediato para pessoas miseráveis, sem, no entanto, precisar quais providências deveriam ser adotadas. Para permitir uma fiscalização mais adequada da execução da sua decisão, a Corte atribuiu a um órgão técnico independente – a *Human Rights Commission* –, de reconhecida *expertise* e prestígio na África do Sul em matéria de direitos fundamentais, a tarefa de supervisionar a elaboração e implementação do novo programa, reportando-se ao tribunal. Esse modelo sul-africano foi muito elogiado pela doutrina comparativista[778] por ensejar a proteção de direitos sociais por meio de técnica do diálogo institucional, que minimiza o problema do déficit de *expertise* do Poder Judiciário para lidar com políticas públicas.

---

[776] Corte Constitucional da África do Sul. *Government of the Republic of South Africa and Others v. Grootboom and Others* (CCT11/00) [2000] ZACC 19; 2001 (1) SA 46; 2000 (11) BCLR 1169 (4 October 2000). Ressalte-se que a argumentação da Corte Constitucional sul-africana não se valeu da categoria do mínimo existencial, mas era isso, evidentemente, que estava em jogo no caso – acesso à moradia para a população miserável.

[777] A Corte Constitucional sul-africana negou, no julgamento, a dimensão subjetiva do direito à moradia, mesmo no seu núcleo essencial (*minimum core*). Discordo dessa orientação, que nega a dimensão subjetiva dos direitos sociais prestacionais. Tratei do tema em SARMENTO, Daniel. A proteção judicial dos direito sociais: alguns parâmetros ético-jurídicos. *In*: SOUZA NETO, Cláudio Pereira de; SARMENTO, Daniel (Orgs.). *Direitos sociais*: fundamentos, judicialização e direitos sociais em espécie. Rio de Janeiro: Lumen Juris, 2008. p. 565-568.

[778] Cf. ABRAMOVICH, Víctor; COURTIS Christian. *Los derechos sociales como derechos exigibles*. 2. ed. Madrid: Editorial Trotta, 2004. p. 160-168; SUNSTEIN, Cass R. Social and economic rights?: lessons from South Africa. *Chicago John M. Olin Law & Economics Working Papers*, n. 124, 2001.

Na Alemanha, o equacionamento do conhecido caso *Hartz IV*[779] também se pautou pelo diálogo institucional. Discutiu-se, naquele julgamento, a constitucionalidade de lei que tratava de benefício de assistência social, percebido à época por cerca de 6,7 milhões de pessoas.[780] A Corte reconheceu que não era possível extrair diretamente da Lei Fundamental um valor predeterminado para o benefício social em questão, mas considerou que o procedimento para cálculo da referida importância deveria se pautar por determinados elementos, que o legislador não seguira, como, por exemplo, certas considerações de natureza estatística. Assim, manteve provisoriamente a lei questionada, mas determinou ao legislador que a reformasse e que estipulasse um novo valor para o benefício a partir de procedimento que deveria necessariamente sopesar uma série de variáveis que indicou. A Corte Constitucional, portanto, definiu marcos para o cálculo do benefício em atenção à proteção do mínimo existencial, mas preservou um espaço razoável para a valoração legislativa na matéria.

Outro exemplo riquíssimo de diálogo institucional na proteção de direitos ligados ao mínimo existencial vem da jurisdição constitucional colombiana e se liga ao reconhecimento do chamado *estado de coisas inconstitucional*.[781] Essa técnica, que não está expressamente prevista na Constituição ou em qualquer outro instrumento normativo permite à Corte Constitucional atuar visando à superação de violações graves e massivas de direitos fundamentais.[782] Para reconhecer o estado de coisas inconstitucional, a Corte Constitucional da Colômbia exige que estejam presentes as seguintes condições: *(i)* vulneração massiva e generalizada de direitos fundamentais de um número significativo de pessoas; *(ii)* prolongada omissão das autoridades no cumprimento de suas obrigações para garantia e promoção dos direitos; *(iii)* a necessidade, para a

---

779 Tribunal Constitucional Federal da Alemanha. BVerfGE 125, 175 (2010).

780 Cf. EGIDY, Stefanie. *Casenote*: the fundamental right to guarantee of a subsistence minimum in the Hartz IV Decision of the German Federal Constitutional Court. Disponível em: http://www.germanlawjournal.com. Acesso em 13 ago. 2015.

781 Veja-se, a propósito, GARAVITO, César Rodríguez. Más Allá del desplazamiento, o cómo superar un estado de cosas inconstitucional. *In*: GARAVITO, César Rodríguez (Coord.). *Más Allá del desplazamiento*: políticas, derechos y superación del desplazamiento forzado en Colombia. Bogotá: Ediciones Uniandes, 2010; CAMPOS, Carlos Alexandre de Azevedo. *Da inconstitucionalidade por omissão ao estado de coisas inconstitucional*. 2015. Tese (Doutorado em Direito) ⊠ Faculdade de Direito, Universidade do Estado do Rio de Janeiro, Rio de Janeiro, 2015.

782 Cf. ARIZA, Libardo José. The economic and social rights of prisoners and constitutional court intervention in the penitentiary system in Colombia. *In*: MALDONADO, Daniel Bonilla (Ed.). *Constitutionalism of the global south*. Cambridge: Cambridge University Press, 2013. p. 129.

superação das violações de direitos, de adoção de medidas complexas por uma pluralidade de órgãos, envolvendo mudanças estruturais, que podem depender da alocação de recursos públicos, correção de políticas públicas existentes ou formulação de novas políticas, dentre outras medidas; e *(iv)* potencialidade de congestionamento da justiça se todos os que tiverem os seus direitos violados acorrerem individualmente ao Poder Judiciário.[783]

Tal técnica já foi utilizada para diversos casos ligados ao mínimo existencial, como o concernente ao calamitoso estado do sistema carcerário colombiano,[784] o não pagamento generalizado de pensões e aposentadorias numa região administrativa do país (Departamento del Chocó),[785] e a dramática situação da população deslocada internamente por força da guerrilha que o país vivenciou – os chamados *desplazados*.[786] Para equacionar situações que caracterizam o estado de coisas inconstitucional, o Tribunal colombiano normalmente determina aos entes estatais competentes que formulem planos de ação para resolução do problema, examina e aprova estes planos e depois monitora a sua implementação, em processo público, com a participação da sociedade civil.[787]

O uso dessas técnicas dialógicas na proteção de direitos sociais não é de todo estranha à jurisdição brasileira. Em recente decisão proferida em ação civil pública, em que se discutia a falta de vagas em creches no Município de São Paulo – tema também afeto ao mínimo existencial – o Tribunal de Justiça do Estado de São Paulo obrigou o ente federativo a criar, no mínimo, 150.000 vagas novas até 2016 e a incluir em seu orçamento recursos suficientes para tal providência.[788] Mas, diante da falta de *expertise* da Corte para definir o modo de cumprimento da obrigação, condenou também o referido município a formular, em 60 dias, um plano para ampliação de vagas e construção de novas unidades de educação infantil, e a apresentar semestralmente relatórios sobre as medidas adotadas em cumprimento do plano. O Tribunal

---

783 A síntese é de CAMPOS, Carlos Alexandre de Azevedo. *Da inconstitucionalidade por omissão ao estado de coisas inconstitucional*. 2015. Tese (Doutorado em Direito) ⊠ Faculdade de Direito, Universidade do Estado do Rio de Janeiro, Rio de Janeiro, 2015. p. 134-138.

784 Corte Constitucional da Colômbia, Sentencia T-153/1998.

785 Corte Constitucional da Colômbia, Sentencia SU 090/2000.

786 Corte Constitucional da Colombia, Sentencia T-025/2014.

787 Cf. HUAROTO. Beatriz May Ling Ramírez. *Estado de cosas inconstitucional y sus posibilidades como herramienta para el litigio estratégico de derecho público*: una mirada en la jurisprudencia colombiana y peruana. 2013. Dissertação (Mestrado em Direito) – Pontifícia Universidade Católica do Peru, Lima, 2013.

788 Tribunal de Justiça do Estado de São Paulo. Apelação nº 0150735-64.2008.8.26.0002, Câmara Especial, Rel. Des. Walter de Almeida Guilherme, julg. 16.12.2013.

determinou, ainda, que a execução do julgado fosse monitorada com o auxílio da Coordenadoria de Infância e Juventude daquela corte, em articulação com a sociedade civil, a Defensoria Pública e o Ministério Público. Esse tipo de solução está sendo postulada na ADPF 347, em curso no Supremo Tribunal Federal, em que se busca a construção de soluções interinstitucionais para o quadro dramático do sistema prisional brasileiro, que certamente envolve múltiplas violações ao mínimo existencial da população encarcerada. Nossa Suprema Corte, ao apreciar o pedido de medida cautelar, reconheceu, por unanimidade, a existência da categoria do estado de coisas inconstitucional na ordem jurídica brasileira.[789]

Essas técnicas decisórias podem ser empregadas no Brasil tanto no âmbito de ações coletivas[790] como no contexto da jurisdição constitucional concentrada. Elas viabilizam intervenções jurisdicionais mais inteligentes, inclusive para o enfrentamento de lesões sistemáticas ao mínimo existencial, que frequentemente ocorrem em países subdesenvolvidos e que não teriam como ser equacionadas de forma satisfatória pelo Poder Judiciário. Veja-se, no Brasil contemporâneo, as questões atinentes à péssima qualidade do ensino público – em que estudantes pobres muitas vezes concluem o nível médio e permanecem analfabetos funcionais, incapazes de escrever textos inteligíveis e de compreender o que leem –, bem como a deficiência das políticas públicas de universalização do saneamento básico, que "mata" anualmente milhares de pessoas carentes. O mínimo existencial está diretamente

---

[789] Supremo Tribunal Federal. ADPF nº 347 ⊠ MC, Rel. Min. Marco Aurélio, julg. 09.09.2015. Veja-se, a propósito, o voto do relator: "O requerente diz estar configurado o denominado, pela Corte Constitucional da Colômbia, de 'estado de coisas inconstitucional'. Segundo as decisões desse Tribunal, há três pressupostos principais: situação de violação generalizada de direitos fundamentais; inércia ou incapacidade reiterada e persistente das autoridades públicas em modificar a situação; a superação das transgressões exigir a atuação não apenas de um órgão, e sim de uma pluralidade de autoridades (...). Todavia, as dificuldades em se definir o alcance maior do termo não impedem, tendo em conta o quadro relatado, seja consignada uma zona de certeza positiva: o sistema carcerário brasileiro enquadra-se na denominação de 'estado de coisas inconstitucional'".

[790] Aliás, compartilho da compreensão de que a tutela coletiva deve ser vista como a via preferencial para a tutela jurisdicional dos direitos prestacionais – inclusive no que concerne ao mínimo existencial – seja por minimizar os riscos de partilha não equitativa de recursos escassos em favor de quem tem maior acesso à justiça, seja por descortinar para o órgão julgador um panorama mais amplo sobre os impactos da universalização da medida postulada, possibilitando uma decisão mais justa e bem informada. Desenvolvi o tema em SARMENTO, Daniel. A proteção judicial dos direito sociais: alguns parâmetros ético-jurídicos. *In*: SOUZA NETO, Cláudio Pereira de; SARMENTO, Daniel (Orgs.). *Direitos sociais*: fundamentos, judicialização e direitos sociais em espécie. Rio de Janeiro: Lumen Juris, 2008. p. 583-585. Isso, porém, não importa em negar o acesso à tutela jurisdicional individual para os titulares do direito ao mínimo existencial que tenham sido lesados.

implicado nesses casos e, nada obstante, não parece que o Judiciário tenha a menor condição de equacioná-los sozinho.

É que a importância dos direitos envolvidos, sob o ângulo jurídico ou moral, não é suficiente para eliminar a dificuldade prática que o Judiciário enfrenta para lidar com eles de modo eficaz. A variável institucional não pode ser ignorada no plano da efetivação dos direitos, pois, do contrário, as intervenções jurisdicionais, mais do que ineficazes, podem se revelar até contraproducentes, sob a perspectiva dos próprios objetivos que visam a promover.

Nesse cenário, o recurso a técnicas jurisdicionais flexíveis e dialógicas constitui alternativa importante, preferível tanto à omissão judicial quanto a um ativismo de resultados duvidosos. O Judiciário pode destravar bloqueios políticos e sociais existentes no equacionamento de certos temas, conferindo visibilidade a questões importantes ligadas ao mínimo existencial e forçando os demais poderes a agir, sem, no entanto, apresentar soluções prontas para problemas altamente complexos, que muitas vezes ele não teria condições de elaborar a contento.

5.5 Conclusão

O princípio da dignidade da pessoa humana compreende o direito de acesso às necessidades materiais básicas de vida – o direito ao mínimo existencial –, que, na nossa ordem constitucional, constitui um piso para a justiça social, mas não um teto para a atuação estatal voltada à promoção da igualdade material e dos direitos sociais. A garantia do mínimo existencial é pressuposto para o pleno exercício das liberdades civis e da democracia, mas se justifica por razões autônomas, que independem desses objetivos.

O Poder Judiciário tem plena legitimidade para atuar nessa seara, garantindo o mínimo existencial mesmo quando isso envolva eventual interferência nas escolhas alocativas e desalocativas adotadas pelo Estado, que não se coadunem com a prioridade constitucional de atendimento às necessidades básicas das pessoas. Mas os déficits de capacidade institucional do Judiciário não permitem que ele assuma qualquer tipo de protagonismo na matéria. Esse déficit, aliado ao princípio democrático, recomenda que, quando for necessário criar ou alterar políticas públicas para garantir o mínimo existencial, a atuação jurisdicional se dê preferencialmente por meio de técnicas flexíveis, baseadas no diálogo interinstitucional.

O mínimo existencial deve ser garantido pelo Estado e pela sociedade para todos, mas o foco prioritário tem de recair sobre os segmentos mais vulneráveis da população. A categoria, erigida para proteção de grupos subalternos, não pode se converter em mais um belo rótulo para a proteção dos interesses da classe média e da elite.

CAPÍTULO 6

O RECONHECIMENTO

Uma pessoa é uma pessoa através de outras pessoas.
(*Umuntu ngubuntu ngabantu*, ditado tradicional na África subsaariana associado ao *ubuntu*)[791]

6.1 Introdução

O olhar do outro nos constitui. O que somos, o que fazemos, a forma como nos sentimos, nosso bem-estar ou sofrimento, a nossa autonomia ou subordinação, tudo isso depende profundamente da maneira como somos enxergados nas relações que travamos com os outros. Quando a sociedade nos trata sistematicamente como inferiores, internalizamos uma imagem negativa de nós mesmos e passamos a moldar as nossas escolhas e ações a partir dela.[792] Tendemos a não desenvolver a autoestima,[793] que mesmo Rawls, por vezes criticado pela sua concepção excessivamente abstrata de pessoa, considerava o "mais importante bem primário" na sociedade.[794]

---

791 Cf. CORNELL, Drucilla; MUVANGUA, Nyoko. *Ubuntu and the law*: African ideals and postapartheid jurisprudence. New York: Fordham University Press, 2012. p. 5.

792 Como ressaltou Erving Goffman, em relação à vida de uma pessoa estigmatizada "aqueles que se relacionam com ela não lhe mostram o devido respeito (...); ela ecoa esta negação, considerando que algum dos seus atributos justifica isso". (GOFFMAN, Erving. *Stigma*: notes on the management of spoiled identities. New York: Simon & Schuster, 1963. p. 8-9).

793 Cf. HONNETH, Axel. *Luta por reconhecimento*: A gramática moral dos conflitos sociais. (Trad. Luiz Repa). São Paulo: Editora 34, 2003. p. 217-218.

794 Cf. RAWLS, John. *A theory of justice*. Cambridge: The Belknap Press of Harvard University Press, 1971. p.440.

Para que as pessoas possam se realizar e desenvolver livremente as suas personalidades, o adequado reconhecimento pelo outro é vital. O ser humano é ser de relação, e não um átomo isolado, e por isso "o reconhecimento marca, mais do que qualquer outra ação, a entrada do indivíduo na existência especificamente humana".[795] A falta de reconhecimento oprime, instaura hierarquias, frustra a autonomia e causa sofrimento. Vícios no reconhecimento têm também reflexos diretos nas relações econômicas e de poder presentes na sociedade, pois "fecham portas", criando embaraços ao acesso a posições importantes na sociedade para as pessoas estigmatizadas. Daí porque uma dimensão importantíssima do princípio da dignidade da pessoa humana é o reconhecimento intersubjetivo.

Nos debates contemporâneos travados no campo da Filosofia e das Ciências Sociais, a palavra "reconhecimento" não denota a mera identificação do outro. O reconhecimento é associado à valorização da pessoa reconhecida, em atitude que lhe expressa o devido respeito.[796] Já a falta de reconhecimento ou o reconhecimento deturpado (*misrecognition)* importa em diminuição do sujeito, em adoção de postura desrespeitosa, que o degrada e compromete a sua possibilidade de participar, como um igual, nas interações sociais.[797]

Com muita frequência, o não reconhecimento decorre da desvalorização de algum grupo identitário não hegemônico, ao qual são arbitrariamente atribuídos traços negativos, que se projetam sobre todos os indivíduos que o integram. Ele se liga a fatores como etnia, gênero, orientação sexual, religião, deficiência, nacionalidade, profissão etc.[798] Por isso, as demandas políticas por reconhecimento são, via de

---

795 TODOROV, Tzvetan. *A vida em comum*: ensaio de antropologia geral. (Trad. Maria Angélica e Norma Wimmer). São Paulo: Unesp, 2013. p. 115.

796 Cf. ASSY, Bethânia; FERES JUNIOR, João. Reconhecimento. *In*: BARRETTO, Vicente de Paulo (Coord.). *Dicionário de filosofia do direito.* São Leopoldo: Unisinos, 2006. p. 705.

797 Cf. FRASER, Nancy. From redistribution to recognition?: dilemmas of justice in a "postsocialist" age. *In*: FRASER, Nancy. *Justice interruptus*: critical reflections on the "postsocialist" condition. New York: Routledge, 1997. p. 11-40.

798 Em um estudo clássico da sociologia, Norbert Elias e John L. Scotson mostraram a absoluta arbitrariedade dos critérios empregados para discernir os "estabelecidos" dos *outsiders* nas sociedades. Eles estudaram as relações sociais na comunidade de Winston Parva, no interior da Inglaterra, em que havia dois grupos, cujos integrantes tinham basicamente a mesma raça, classe social, nível cultural e ocupação. A única diferença entre os dois grupos vinha do fato de que as famílias do primeiro estavam instaladas na região há duas ou três gerações, e os membros do segundo tinham chegado mais recentemente à localidade. Não obstante, era generalizado o estigma contra os integrantes do segundo grupo, que perpassavam todas as relações sociais lá existentes. (ELIAS, Norbert; SCOTSON, John L. *Os estabelecidos e os outsiders*: sociologia das relações de poder a partir de uma pequena comunidade. (Trad. Vera Ribeiro). São Paulo: Zahar, 2000).

regra, articuladas em termos coletivos,[799] muito embora, na gramática jurídica, possam ser eventualmente vertidas para a fôrma dos direitos individuais. Nessa área, existem tanto pretensões de cunho universalista, ligadas à não discriminação, como demandas específicas, voltadas à concessão de algum tipo de proteção especial aos grupos estigmatizados, que não são extensivas aos demais componentes da população. Uma das ideias-chave das políticas do reconhecimento é a de se buscar a construção de "um mundo sensível à diferença, em que a assimilação às normas culturais majoritárias ou dominantes não seja mais o preço para o igual respeito".[800]

O tema do reconhecimento vem sendo objeto de intenso debate no campo da Filosofia Política. Suscitado no começo do século XIX, nos escritos de juventude de Hegel, o assunto ganhou enorme projeção a partir das últimas décadas do século passado, em discussões em que despontam pensadores como Charles Taylor, Axel Honneth e Nancy Fraser. Essa importância renovada do debate sobre o reconhecimento se liga à emergência de uma série de movimentos sociais, especialmente a partir dos anos 60 do século passado, que veiculam reivindicações ligadas ao respeito e valorização de identidades coletivas não hegemônicas: mulheres, negros, LGBT, povos indígenas, pessoas com deficiência etc. Tais movimentos passaram a questionar formas de opressão cultural que, no passado, não eram tematizadas com a mesma frequência e radicalidade, e agregaram novos componentes à agenda da emancipação social, até então muito centrada nas injustiças econômicas.[801]

Essas reivindicações, cada vez mais presentes na arena pública, suscitam questões delicadas e importantes. Em um país marcado por assimetrias socioeconômicas tão abissais como o Brasil, cuja cultura sequer internalizou devidamente a lógica da igualdade formal, como visto no capítulo 1, faria sentido dedicar esforços para o combate à opressão no campo do reconhecimento? Essa guinada culturalista não configuraria uma injustificada "americanização" da luta por

---

[799] Cf. HABERMAS, Jürgen. A luta por reconhecimento no Estado Democrático de Direito. *In*: HABERMAS, Jürgen. *A inclusão do outro*: estudos de teoria política. (Trad. George Sperber e Paulo Astor Soethe). São Paulo: Edições Loyola, 2002. p. 230.

[800] FRASER, Nancy. Social justice in the age of identity politics: redistribution, recognition and participation. *In*: FRASER, Nancy; HONNETH, Axel. *Redistribution or recognition*: a political-philosophical exchange. London: Verso, 2003. p. 7.

[801] Cf. SOUZA, Jessé. Uma teoria crítica do reconhecimento. *Lua Nova*: *Revista de Cultura e de Política*, n. 50, 2000. Disponível em: http://dx.doi.org/10.1590/S0102-64452000000200008. Acesso em 10 set. 2015.

direitos humanos no país?[802] Não afrontaria a igualdade conceder proteções especiais para determinados grupos?[803] Tais medidas não seriam privilégios ilegítimos? Por outro lado, que papel pode o Direito desempenhar nessa seara sem se tornar profundamente autoritário? Afinal, se é o olhar do outro que estigmatiza, como interferir nesse processo sem danificar o nervo das liberdades individuais mais básicas?

O propósito deste capítulo é discutir o reconhecimento na ordem jurídica brasileira, e não o de formular uma teoria filosófica sobre a matéria. Daí porque apresentarei uma ligeira e despretensiosa síntese de algumas posições presentes neste debate, mas apenas para fins instrumentais. Depois disso, defenderei a existência de um direito ao reconhecimento, fundado no princípio da dignidade da pessoa humana, definindo os seus contornos. Discutirei, em seguida, duas configurações diferentes em que o direito ao reconhecimento vem à baila: o acesso não discriminatório a direitos universais, e a garantia de direitos específicos, talhados em razão das singularidades de determinados grupos estigmatizados. Ao final do capítulo, debaterei ainda o tema dos direitos culturais dos povos tradicionais, analisando a delicada questão da tensão entre o respeito à cultura e a proteção de direitos universais.

6.2 A teoria do reconhecimento

Na Filosofia, associa-se a emergência do tema do reconhecimento ao pensamento de Hegel nos anos de juventude que passou em Jena. Em seu famoso texto sobre a dialética do amo e escravo, presente na obra *A Fenomenologia do Espírito*,[804] Hegel abordou, ainda que de modo um tanto obscuro, o caráter dialógico da construção da identidade. Nessa matéria, a filosofia de Hegel é vista como contraponto ao atomismo dos iluministas liberais, ao apontar não apenas o caráter histórico do sujeito, como também a dinâmica intersubjetiva de formação da personalidade.

No debate contemporâneo, o tema do reconhecimento foi retomado pelo filósofo canadense Charles Taylor em importante ensaio

---

802 Veja-se, a propósito, ALVES, José Augusto Lindgren. Excessos do culturalismo: pós-modernidade ou americanização da esquerda? *In*: ALVES, José Augusto Lindgren. *Os direitos humanos na pós-modernidade*. São Paulo: Editora Perspectiva, 2005. p. 89-112.

803 A tese da incompatibilidade das políticas do reconhecimento com a igualdade foi amplamente desenvolvida em BARRY, Brian. *Culture and equality*. Cambridge: Harvard University Press, 2001.

804 HEGEL, George Wilhelm Friedrich. *A fenomenologia do espírito*. (Trad. Paulo Meneses). 6. ed. São Paulo: Vozes, 2011.

sobre as políticas do reconhecimento.[805] Taylor é um autor que se filia à linha teórica do comunitarismo,[806] sendo um dos mais importantes vocalizadores da crítica comunitária ao liberalismo,[807] que impugna aspectos desta corrente, como a sua visão desenraizada de pessoa, a compreensão muito frouxa dos laços sociais e o desprezo às tradições e valores compartilhados. O seu texto sobre políticas do reconhecimento se insere no contexto dessa sua crítica mais ampla. Em seu influente ensaio, o autor canadense buscou enlaçar o reconhecimento com a defesa do multiculturalismo.[808]

Charles Taylor reconhece a importância do surgimento do Estado constitucional-liberal, que envolveu a superação do mundo pré-moderno estamental e a afirmação de direitos universais, baseados na igualdade.[809] Destaca, porém, que este modelo não dá conta da proteção da identidade das pessoas. A sua premissa é de que, a partir do século XVIII, embalado pelo romantismo, surgiu o ideal de *autenticidade* humana, segundo o qual cada pessoa tem um modo próprio de ser.[810] Este modo de ser, porém, não é definido monologicamente pelo indivíduo. Ele é o resultado de diálogos travados com os "outros significantes" e

---

805 TAYLOR, Charles. La política del reconocimiento. *In*: TAYLOR, Charles. *El multiculturalismo y la política del reconocimiento.* (Trad. Mónica Utrilla de Neira). México: Fondo de Cultura Económica, 1993. p. 43-107. Ressalte-se, porém, que a ideia do reconhecimento já estava presente em obras anteriores de Taylor, que apresentam a sua antropologia filosófica. Veja-se, a propósito, MATTOS, Patrícia. O reconhecimento social e a sua refundação filosófica em Charles Taylor. *In*: SOUZA, Jessé de; MATTOS, Patrícia (Orgs.). *Teoria crítica no século XXI.* São Paulo: Annablume, 2007. p. 41-53.

806 Cf. TAYLOR, Charles. Propósitos entrelaçados: o debate liberal-comunitário. *In*: TAYLOR, Charles. *Argumentos filosóficos.* São Paulo: Loyola, 1995. p. 187-220.

807 Há extensa bibliografia sobre o debate entre liberais e comunitaristas na Filosofia Política contemporânea. Veja-se, *e.g.*, SANDEL, Michael (Ed.). *Liberalism and its critics.* New York Press: New York, 1984; MULHALL, Stephen; SWIFT, Adam. *Liberals and communitarians.* 2. ed. Oxford: Blackwell Publishers, 1996; e CITTADINO, Gisele. *Pluralismo, direito e justiça distributiva*: elementos de filosofia constitucional contemporânea. Rio de Janeiro: Lumen Juris, 1999.

808 Trata-se de uma relação que não é isenta de tensões, já que o multiculturalismo preconiza o respeito às diferenças culturais, e há culturas que não primam pelo reconhecimento e valorização das identidades de determinados grupos que as compõem. É conhecido, por exemplo, o debate entre defensores do multiculturalismo e as feministas a respeito dos direitos das mulheres em países islâmicos. Sobre essas tensões, veja-se SHACHAR, Ayelet. *Multicultural jurisdictions*: cultural differences and women's rights. Cambridge: Cambridge University Press, 2001. O tema será aprofundado abaixo.

809 TAYLOR, Charles. La política del reconocimiento. *In*: TAYLOR, Charles. *El multiculturalismo y la política del reconocimiento.* (Trad. Mónica Utrilla de Neira). México: Fondo de Cultura Económica, 1993. p. 45-46.

810 Cf. TAYLOR, Charles. *A ética da autenticidade.* (Trad. Talyta Carvalho). São Paulo: Realizações, 2010.

mediados pela linguagem – compreendida em sentido amplo.[811] Assim, a nossa identidade é em grande parte nutrida pela cultura social em que estamos imersos.

Por isso, Taylor sustenta a legitimidade de que o Estado atue em favor da preservação dessa cultura, especialmente em situações que envolvam grupos cujo modo de vida esteja ameaçado pelas forças desagregadoras da sociedade envolvente. O pensador canadense propõe que, ao lado dos direitos universais, haja também uma "política da diferença", voltada ao reconhecimento e valorização de culturas particulares. A base dessa política, contudo, não deixa de ser universalista, ligando-se à compreensão de que é necessário assegurar a cada pessoa o igual direito à própria identidade, o que pressupõe a preservação da cultura em que está inserida, pois esta constitui o pano de fundo em que se forma e desenvolve a sua personalidade. Porém, a política da diferença vai além dos direitos liberais universais, demandando proteções particulares.[812]

Taylor critica a ideia de um liberalismo cego às diferenças, afirmando que ele não é neutro, como se autointitula, mas representa um determinado *modus vivendi*, que por vezes entra em choque com outros.[813] Ele propõe que o Estado persiga metas coletivas para proteger certas formas de vida, especialmente as ameaçadas pelas pressões homogeneizadoras da sociedade, ainda quando isto possa envolver alguma restrição às liberdades individuais. Nesse sentido, defendeu polêmicas medidas adotadas na província de Quebec, voltadas à proteção da cultura francófona da região, ameaçada pela força expansiva do inglês. Uma lei provincial proibira que as famílias francófonas matriculassem seus filhos em escolas de língua inglesa, que as empresas com mais de 50 empregados mantivessem sua comunicação escrita em inglês e que a publicidade comercial na região fosse feita apenas naquele idioma. Taylor justificou a medida sob o argumento de que bens socialmente

---

811 Nas suas palavras, "o traço decisivo da vida humana é seu caráter fundamentalmente dialógico. Nos transformamos em agentes humanos plenos, capazes de compreendermonos e a definir as nossas próprias identidades por meio da nossa aquisição de linguagens humanas enriquecedoras para que nos expressemos". (TAYLOR, Charles. La política del reconocimiento. *In*: TAYLOR, Charles. *El multiculturalismo y la política del reconocimiento.* (Trad. Mónica Utrilla de Neira). México: Fondo de Cultura Económica, 1993. p. 52).

812 TAYLOR, Charles. La política del reconocimiento. *In*: TAYLOR, Charles. *El multiculturalismo y la política del reconocimiento.* (Trad. Mónica Utrilla de Neira). México: Fondo de Cultura Económica, 1993. p. 60-61.

813 TAYLOR, Charles. La política del reconocimiento. *In*: TAYLOR, Charles. *El multiculturalismo y la política del reconocimiento.* (Trad. Mónica Utrilla de Neira). México: Fondo de Cultura Económica, 1993. p. 67-68.

importantes para os *québécoises* – a língua e cultura francófonas – somente poderiam ser protegidos por meio de restrições estatais à liberdade, sem o que tenderiam a perecer pela prevalência do inglês no resto do país e no âmbito empresarial. A proteção cultural, supostamente necessária à garantia da identidade coletiva dos canadenses francófonos, compensaria as restrições à liberdade.

Essa concepção de Taylor suscitou várias críticas importantes, mesmo entre pensadores que reconhecem a legitimidade das políticas de reconhecimento. Uma das mais convincentes foi formulada por Jürgen Habermas, que comparou o modelo de políticas da diferença de Taylor à luta ecológica para a preservação das espécies, o que, para ele, seria equivocado.[814] Para Habermas, o Estado deve possibilitar a coexistência equitativa das culturas, mas não atuar visando a assegurar a sobrevivência de qualquer delas, "pois uma garantia de sobrevivência iria justamente privar os integrantes da liberdade de dizer sim ou não, hoje tão necessária à apropriação e manutenção de uma herança cultural". Para ele, o projeto de preservar culturas não seria normativamente adequado, nem empiricamente factível.

Argumento similar foi empregado por Seyla Benhabib[815] e por Kwame Anthony Appiah,[816] que criticaram Taylor por situar a preocupação com a autenticidade no plano coletivo, e não naquele do indivíduo singular. A cultura é fundamental para a identidade humana, mas o objetivo de preservação cultural não pode retirar das pessoas o poder de contestar os termos da cultura em que estão imersas, de disputar o seu sentido e até de renegá-la. Inclusive porque culturas não são "todos totalizantes", mas, ao contrário, campos fluidos, dinâmicos e permeados por conflitos.

Pode-se complementar o argumento, aduzindo que não apenas as *culturas*, mas também as *pessoas* são complexas, e a sua personalidade nunca se resume à qualidade de integrante de um determinado grupo identitário, como foi destacado no capítulo 3. Essa absoluta identificação entre pessoas e coletividades, presumida por Taylor e por outros defensores das políticas do reconhecimento, essencializa a

---

814 HABERMAS, Jürgen. A luta por reconhecimento no estado democrático de direito. *In*: HABERMAS, Jürgen. *A inclusão do outro*: estudos de teoria política. (Trad. George Sperber e Paulo Astor Soethe). São Paulo: Edições Loyola, 2002. p. 248.

815 BENHABIB, Seyla. From distribution to recognition?: the paradigm change of contemporary politics. *In*: BENHABIB, Seyla. *The claims of culture*: equality and diversity in the global era. Princeton: Princeton University Press, 2002. p. 49-81.

816 APPIAH, Kwame Anthony. *The ethics of identity*. Princeton: Princeton University Press, 2005. p. 99-105.

personalidade humana. Como destacou Martha Minow, esse tipo de essencialismo "produz uma equivocada redução do indivíduo a uma única característica".[817] Contudo, os indivíduos têm, em geral, múltiplas afiliações e pertencimentos, e há aspectos de suas subjetividades que não se enquadram em nenhum deles. As pessoas "são grandes e contêm multidões", como disse o poeta Walt Whitman.[818] Portanto, é inconsistente a tentativa de Taylor de extrair da natureza intersubjetiva da formação da identidade individual uma razão suficiente para a preservação da cultura – concebida em termos estáticos e essencialistas –, obtida ao preço de restrições à liberdade dos seus integrantes.

A concepção de Taylor sobre o reconhecimento tem pontos de convergência com a desenvolvida pelo filósofo alemão Axel Honneth, que é um dos herdeiros da Escola de Frankfurt, berço do desenvolvimento da teoria crítica. Honneth, tal como Taylor, é um autor fortemente influenciado pelo pensamento hegeliano e mantém uma posição crítica em relação ao liberalismo político. O autor escreveu obra fundamental sobre o tema do reconhecimento, *Luta por Reconhecimento: a gramática moral dos conflitos sociais*,[819] e se engajou em profícuo debate com a filósofa norte-americana Nancy Fraser sobre a questão,[820] além de ter publicado vários outros textos aflorando o tema,[821] que é central no seu pensamento.

Honneth adota uma compreensão muito ampla de reconhecimento e enquadra na categoria demandas e reivindicações que vão muito além das políticas da identidade, vocalizadas pelos movimentos sociais contemporâneos.[822] Para Honneth, até as disputas em torno dos conflitos distributivos constituiriam, em última análise, lutas por reconhecimento.[823] Além da filosofia hegeliana, a sua teoria se

---

817 MINOW, Martha. *Not only for myself*: identity, politics and the law. New York: The New York Press, 1997.

818 Em trecho do seu mais famoso poema, *Song for Myself*, Whitman adverte: "*Do I contradict myself? Very well, then I contradict myself; I am large – I contain multitudes*" (Se eu me contradigo? Muito bem, então eu me contradigo; eu sou grande – eu contenho multidões).

819 HONNETH, Axel. *Luta por reconhecimento*: a gramática moral dos conflitos sociais. (Trad. Luiz Repa). São Paulo: Editora 34, 2003.

820 FRASER, Nancy; HONNETH, Axel. *Redistribution or recognition*: a political-philosophical exchange. (Trad. Joel Golb, James Ingram e Christine Eilke). London: Verso, 2003. A obra consiste em um diálogo crítico entre os dois autores, com dois artigos de cada um.

821 *E.g.*, HONNETH, Axel. *La Societé du Mépris*. (Trad. Olivier Voirol *et al.*). Paris: Éditions la Découverte, 2006.

822 Cf. FERES JÚNIOR, João; POGREBINSCHI, Thamy. *Teoria política contemporânea*: uma introdução. Rio de Janeiro: Elsevier, 2011. p. 129.

823 HONNETH, Axel. Redistribution as recognition: a response to Nancy Fraser. *In*: FRASER, Nancy; HONNETH, Axel. *Redistribution or recognition*: a political-philosophical exchange. (Trad. Joel Golb, James Ingram e Christine Eilke). London: Verso, 2003. p. 110-197.

aproveita da psicologia social de George Herbert Mead, que confirma empiricamente a especulação idealista de Hegel a propósito da formação intersubjetiva da identidade humana.

Para Honneth, a negação de reconhecimento equivale ao desrespeito. Trata-se de comportamento que não apenas insulta as pessoas ou lhes inflige dano, como também degrada a sua autoimagem.[824] O autor desdobrou o reconhecimento em três esferas: amor, direito e solidariedade. E aludiu, por outro lado, a três formas básicas de violação ao reconhecimento, que correspondem, respectivamente, a cada uma daquelas esferas: violação, privação de direitos e degradação.

Por amor, Honneth compreende não apenas as relações românticas entre casais, como também aquelas que se estabelecem entre pais e filhos, parentes e amigos próximos. O reconhecimento na esfera do amor, especialmente durante a primeira infância, funciona como um pressuposto psicológico para o desenvolvimento da autoconfiança, que, por sua vez, é base indispensável para a atuação autônoma do indivíduo em toda a sua vida. O autor associa a esfera do amor à integridade corporal, e entende a violação como a forma mais grave de desrespeito, que recai sobre o próprio corpo da pessoa, e que ocorre em situações como o estupro e a tortura.[825] A violação não se resume à dor física, envolvendo também a submissão à vontade do outro, com a perda da autonomia.

Já o Direito representa, para Honneth, uma forma de reconhecimento que independe da estima pelo outro e de uma avaliação positiva das suas características e realizações. Nas sociedades modernas, o Direito torna-se a expressão de interesses universalizáveis, e a concessão de direitos subjetivos se desvincula do *status* social. Atribuir à pessoa direitos é reconhecê-la como um sujeito autônomo, capaz de se engajar em relações de reciprocidade, baseadas na igualdade e liberdade dos participantes. Esse reconhecimento, por outro lado, propicia o desenvolvimento do autorrespeito.[826] Daí porque a privação de direitos

---

824 Cf. HONNETH, Axel. *Luta por reconhecimento*: a gramática moral dos conflitos sociais. (Trad. Luiz Repa). São Paulo: Editora 34, 2003. p. 213.

825 Como destacou Honneth, "os maus tratos físicos de um sujeito representam um tipo de desrespeito que fere duradouramente a confiança, aprendida através do amor, na capacidade de coordenação autônoma do próprio corpo; daí a consequência ser também, com efeito, uma perda de confiança em si e no mundo, que se estende até as camadas corporais do relacionamento prático com outros sujeitos, emparelhada por uma espécie de vergonha social". (HONNETH, Axel. *Luta por reconhecimento*: a gramática moral dos conflitos sociais. (Trad. Luiz Repa). São Paulo: Editora 34, 2003. p. 215).

826 HONNETH, Axel. *Luta por reconhecimento*: a gramática moral dos conflitos sociais. (Trad. Luiz Repa). São Paulo: Editora 34, 2003. p. 197.

acarreta também um rebaixamento da pessoa, que pode deixar de se enxergar como um sujeito capaz de formular juízos morais, merecedor de igual respeito na vida social.[827]

A terceira esfera de reconhecimento, para Honneth, é a da estima social. Nesta seara, o indivíduo é valorizado pelas suas particularidades, pelo seu estilo de vida, pelos seus atos, e não como um simples sujeito abstrato de direitos. Trata-se da esfera da reputação e do prestígio, que, nas sociedades modernas, se desvinculam do *status* estamental e passam a ser associados às realizações individuais convergentes com valores e objetivos socialmente compartilhados. A estima social engendra, naturalmente, a autoestima das pessoas, que percebem a sua valorização pelo olhar dos outros. Na grade conceitual de Axel Honneth, a forma de desrespeito que lhe é correlata é a degradação. Esta, ao proporcionar a desvalorização social do indivíduo, produz abalo em sua autoestima.[828]

De acordo com Honneth, os sentimentos negativos que o desrespeito – nas suas três vertentes de violação, privação de direitos e degradação – provoca nas pessoas são os principais combustíveis para as lutas por reconhecimento.[829] Porém, a emergência dessas lutas depende também de fatores políticos e sociais, que nem sempre estão presentes.

A teoria do reconhecimento de Axel Honneth é rica e complexa, mas se sujeita a críticas importantes. Uma delas é a de que inflaciona a ideia de reconhecimento, confundindo-a com a própria noção de justiça, que tem outros componentes.[830] É inviável, por outro lado, traduzir a concepção de Honneth em categoria jurídica – como um direito ou princípio do reconhecimento, por exemplo –, pelo fato de que ela abarca tudo, inclusive todas as experiências de privação de direitos. É certo que o pensador frankfurtiano não pretendeu que a sua grade conceitual fosse objeto de apropriação pela teoria jurídica, mas, de todo modo, a empreitada não parece factível. Inclusive porque afigurar-se-ia altamente problemático para ordens jurídicas que prezam a autonomia individual, a plena juridicização das esferas do "amor" e da "estima social".

---

[827] HONNETH, Axel. *Luta por reconhecimento*: a gramática moral dos conflitos sociais. (Trad. Luiz Repa). São Paulo: Editora 34, 2003. p. 217.

[828] HONNETH, Axel. *Luta por reconhecimento*: a gramática moral dos conflitos sociais. (Trad. Luiz Repa). São Paulo: Editora 34, 2003. p. 218.

[829] HONNETH, Axel. *Luta por reconhecimento*: a gramática moral dos conflitos sociais. (Trad. Luiz Repa). São Paulo: Editora 34, 2003. p. 224.

[830] Cf. FRASER, Nancy. Distorted beyond recognition: a rejoinder to axel honneth. *In*: FRASER, Nancy; HONNETH, Axel. *Redistribution or recognition*: a political-philosophical exchange. London: Verso, 2003. p. 211-222.

Ademais, como observou Nancy Fraser, o *approach* de Honneth é excessivamente "psicologizante",[831] já que centrado, acima de tudo, nos reflexos dos processos de desrespeito sobre a autoimagem das pessoas. Penso que este até deve ser um elemento adicional a ser considerado na formulação de uma teoria sobre o reconhecimento, mas não pode ser o seu eixo principal, que tem de ser deslocado para o campo da legitimidade moral das práticas sociais e institucionais. Pelo menos para o Direito, se não for assim, a categoria do reconhecimento perde quase todo o seu potencial explicativo e regulatório.

Nessa linha alternativa, situa-se a teoria do reconhecimento formulada pela filósofa feminista Nancy Fraser. Tal como Honneth, Fraser também se filia à chamada "teoria crítica", caracterizada pelo forte compromisso com a emancipação social. Contudo, diferentemente dele, a filósofa não elaborou a sua teoria a partir das ideias hegelianas. A primeira intervenção de Nancy Fraser no tema do reconhecimento foi um importante artigo, intitulado *From distribution to recognition? Dilemmas of justice in a "postsocialist" age*, publicado em 1997.[832] Desde então, a pensadora norte-americana elaborou diversos outros textos sobre o assunto, sem, todavia, modificar substancialmente a sua compreensão sobre o tema.

Fraser critica a hegemonia das reivindicações identitárias nos movimentos sociais "pós-socialistas", o que considera injustificado em razão da subsistência – e até do aprofundamento, no contexto neoliberal – de profundas desigualdades econômicas nas sociedades contemporâneas.[833] Porém, ao invés de descartar as demandas por reconhecimento, ela busca integrá-las em uma concepção mais ampla e bifocal de justiça, que as articula com políticas de redistribuição econômica.[834]

---

831 FRASER, Nancy. Distorted beyond recognition: a rejoinder to axel honneth. *In*: FRASER, Nancy; HONNETH, Axel. *Redistribution or recognition*: a political-philosophical exchange. London: Verso, 2003. p. 201-211.

832 FRASER, Nancy. From redistribution to recognition?: dilemmas of justice in a "postsocialist" age. *In*: FRASER, Nancy. *Justice interruptus*: critical reflections on the "postsocialist" condition. New York: Routledge, 1997. p. 11-40.

833 FRASER, Nancy. From redistribution to recognition?: dilemmas of justice in a "postsocialist" age. *In*: FRASER, Nancy. *Justice interruptus*: critical reflections on the "postsocialist" condition. New York: Routledge, 1997. p. 12.

834 Destaque-se, porém, que, mais recentemente, Nancy Fraser incorporou uma terceira dimensão, de natureza política, à sua teoria sobre a justiça. A autora passou a conceber a justiça como composta de três dimensões, e não apenas duas: redistribuição, reconhecimento e *representação*. Veja-se, a propósito, FRASER, Nancy. Reframing justice in a globalizing world. *In*: OLSON, Kevin (Ed.). *Adding insult to injury*: Nancy Fraser debates her critics. London: Verso, 2008. p. 273-291.

Nancy Fraser destaca que existem na sociedade injustiças ligadas à economia política, que são há muito tempo tematizadas pela esquerda, desde Marx até os liberais igualitários contemporâneos. Mas, além delas, há também a injustiça cultural ou simbólica, "cujas raízes são padrões sociais de representação, interpretação e comunicação", que levam à dominação cultural, ao não reconhecimento e ao desrespeito.[835] As injustiças econômicas e culturais se imbricam e reforçam: práticas culturais estigmatizantes normalmente acarretam efeitos econômicos desvantajosos para as suas vítimas, e assimetrias econômicas tendem a gerar efeitos culturais negativos para os excluídos. Apesar disso, a filósofa norte-americana sustenta que é possível, para fins analíticos, distinguir os dois tipos de injustiça, bem como os remédios empregados para combatê-las. Os remédios para as injustiças econômicas são medidas redistributivas em sentido amplo, enquanto os que se voltam ao combate das injustiças culturais são políticas dirigidas ao reconhecimento.[836]

Segundo Fraser, certos grupos vulneráveis estão na sociedade mais sujeitos às injustiças ligadas a uma dessas dimensões.[837] A injustiça que afeta os trabalhadores explorados, por exemplo, se liga à seara da redistribuição, tendo origem na economia política.[838] Já a injustiça que recai sobre homossexuais se localiza no campo do reconhecimento, situando-se nas normas culturais vigentes na sociedade. Gays e lésbicas sofrem injustiça em razão de valores culturais que privilegiam a heterossexualidade e desvalorizam a sua identidade sexual, dos quais resultam a discriminação, o assédio, a violência que sofrem, muitas vezes com amparo em normas jurídicas. Homossexuais também tendem a sofrer efeitos negativos no campo da distribuição – quando, por exemplo, são discriminados no acesso ao mercado de trabalho ou na percepção de algum benefício social –, mas a lesão é uma decorrência do

835 FRASER, Nancy. From redistribution to recognition?: dilemmas of justice in a "postsocialist" age. *In*: FRASER, Nancy. *Justice interruptus*: critical reflections on the "postsocialist" condition. New York: Routledge, 1997. p. 14.

836 Esse ponto foi criticado por Iris Marion Young, que sustentou a impossibilidade de dissociação entre distribuição e reconhecimento, defendendo as políticas da identidade. (YOUNG, Iris Marion. Unruly categories: a critique of Nancy Fraser's dual systems theory. *In*: WILLET, Cynthia (ed.). *Theorizing multiculturalism*: a guide to current debate. Malden: Blackwell Publishers, 1998. p. 50-67).

837 FRASER, Nancy. From redistribution to recognition?: dilemmas of justice in a "postsocialist" age. *In*: FRASER, Nancy. *Justice interruptus*: critical reflections on the "postsocialist" condition. New York: Routledge, 1997. p. 18-19.

838 É certo, porém, que a cultura social tende a valorizar o estilo de vida e os gostos das elites, o que também provoca injustiças culturais em relação às classes subalternas. Este tema foi explorado com sensibilidade em BOURDIEU, Pierre. *A distinção*: crítica social do julgamento. São Paulo: Edusp, 2006.

não reconhecimento, que lhe é anterior. Há, porém, grupos que sofrem injustiças bivalentes, que se processam tanto no campo da distribuição como na esfera do reconhecimento. É o que ocorre, segundo Fraser, com o gênero e com a raça,[839] pois a opressão e subordinação dos negros e das mulheres se radicam tanto na estrutura econômica da sociedade, que, por exemplo, os relega a papéis subalternos no mercado de trabalho, como na cultura social, em que persistem traços racistas e androcêntricos que desvalorizam as suas identidades.

Um dos problemas no enfrentamento da injustiça, segundo Fraser, está no fato de que os remédios para combate no campo da redistribuição e do reconhecimento operam de acordo com lógicas divergentes, que podem entrar em conflito. Afinal, as políticas que visam à distribuição objetivam diminuir as diferenças, que, em geral, as políticas do reconhecimento procuram enaltecer. Este é, segunda a filósofa, o "dilema redistribuição-reconhecimento",[840] que não pode ser evitado em sociedades que enfrentam simultaneamente injustiças econômicas e culturais.

Nancy Fraser busca refinar os termos do referido dilema, ao destacar que, tanto no campo da distribuição como no do reconhecimento, existem remédios para injustiças que ela designa de "afirmativos", e outros que chama de "transformativos".[841] Os primeiros buscam corrigir resultados não equitativos dos arranjos sociais, mas não se voltam à radical alteração de tais arranjos. Os segundos não miram os resultados, mas buscam subverter as estruturas econômicas e sociais que os engendram. No campo da redistribuição, políticas sociais de combate à miséria são afirmativas, mas o socialismo, que se propõe a alterar a titularidade dos meios de produção, é transformativo. Na seara do reconhecimento, movimentos que visam a valorizar a identidade de grupos vulneráveis, como as correntes hegemônicas do feminismo e do movimento LGBT, são afirmativas. Já estratégias que procuram desestabilizar e subverter a lógica que diferencia os homossexuais dos heterossexuais, e os homens das mulheres, como

---

[839] FRASER, Nancy. From redistribution to recognition?: dilemmas of justice in a "postsocialist" age. *In*: FRASER, Nancy. *Justice interruptus*: critical reflections on the "postsocialist" condition. New York: Routledge, 1997. p. 19-23.

[840] FRASER, Nancy. From redistribution to recognition?: dilemmas of justice in a "postsocialist" age. *In*: FRASER, Nancy. *Justice interruptus*: critical reflections on the "postsocialist" condition. New York: Routledge, 1997. p. 16.

[841] FRASER, Nancy. From redistribution to recognition?: dilemmas of justice in a "postsocialist" age. *In*: FRASER, Nancy. *Justice interruptus*: critical reflections on the "postsocialist" condition. New York: Routledge, 1997. p. 23-33.

as defendidas, respectivamente, pela *queer theory*[842] e pelo feminismo desconstrucionista,[843] são transformativas. Das múltiplas combinações possíveis entre políticas de redistribuição e reconhecimento, a mais promissora para Fraser é a que associa medidas transformativas dos dois lados. A autora reconhece, todavia, a enorme dificuldade da sua implementação no mundo real.

Uma das maiores contribuições de Fraser ao debate sobre o reconhecimento foi a formulação de um critério normativo para avaliação da legitimidade das demandas identitárias. Afinal, nem toda pretensão ao reconhecimento é moralmente válida. A desvalorização social do *modus vivendi* de determinados grupos muitas vezes é absolutamente legítima: basta pensar em comunidades neonazistas ou de membros da *Ku Klux Klan*, cujas identidades têm como eixo o racismo. O critério que a autora propõe é o da *paridade da participação*, também aplicável no campo da redistribuição. Nas suas palavras,

> a justiça requer que os arranjos sociais permitam a todos os membros (adultos) da sociedade que interajam como pares. Para que a participação paritária seja possível, é necessário que pelo menos duas condições sejam satisfeitas. Primeiro, a distribuição dos recursos materiais deve assegurar aos participantes independência e 'voz' (...) A segunda condição requer que os padrões institucionalizados de valor cultural expressem igual respeito para todos os participantes da sociedade e lhes garanta oportunidades iguais para conquistarem a estima social.[844]

Outra característica importante da teoria de Fraser, quando comparada às formulações de Taylor e Honneth, é que ela situa o problema do reconhecimento no plano das instituições e práticas sociais, e não na esfera das subjetividades, o que torna a sua proposta mais consentânea com o discurso jurídico do Estado de Direito. O seu projeto central, no tema do reconhecimento, não é assegurar a autoestima das

---

842 A teoria *queer*, por vezes identificada com setores radicais do movimento homossexual, aponta a natureza arbitrária de distinções ligadas a sexo, gênero e sexualidade, e busca desafiar estas categorias mostrando como elas enclausuram as pessoas e geram opressão. Veja-se nesta linha, *e.g.*, BUTLER, Judith. *Undoing gender.* New York: Routledge, 2004.

843 O feminismo desconstrucionista, que tem íntimo parentesco com a *queer theory*, elabora o discurso feminista a partir da filosofia pós-moderna da desconstrução, de pensadores como Derrida e Foucault. A linha contesta a existência de uma essência feminina distinta da masculina. Veja-se, *e.g.*, CORNELL, Drucilla. *Beyond accommodation*: ethical feminism, deconstruction and the law. Boston: Rowman & Littlefield Publishers, 1999.

844 FRASER, Nancy. Social justice in the age of identity politics: redistribution, recognition and participation. *In*: FRASER, Nancy; HONNETH, Axel. *Redistribution or recognition*: a political-philosophical exchange. London: Verso, 2003. p. 36.

pessoas, evitando o sofrimento psicológico. O objetivo é combater as hierarquias de *status* incrustradas na cultura social, que constituem obstáculo à paridade de participação de certas pessoas e grupos, e, dessa forma, caracterizam injustiças.

Essa distinção se liga a outra, muito importante. Enquanto Taylor e Honneth, na linha da tradição hegeliana, enfocam o tema do reconhecimento sob a perspectiva da "vida boa" e da autorrealização das pessoas, Fraser, ao inverso, filia-se neste particular à tradição kantiana, endossada pelo liberalismo político contemporâneo, centrando-se na questão deontológica sobre o que é "justo". Em um dos pontos focais do debate travado há séculos na filosofia moral – a prioridade do "justo" sobre o "bem" ou vice-versa –, Fraser está no lado oposto ao dos dois filósofos.[845]

A concepção de Nancy Fraser sobre o reconhecimento me parece mais promissora do que as de Charles Taylor e Axel Honneth, pelo menos para o enquadramento do tema sob o ângulo jurídico. Tenho, porém, algumas discordâncias em relação à sua formulação sobre justiça, que não terei como explorar aqui, mas apenas apontar muito rapidamente. Penso, em primeiro lugar, que, conquanto mais liberal do que a dos filósofos neohegelianos, a sua teoria não dá o devido peso à liberdade, ignorando a importância deste valor para a justiça e a sua centralidade na agenda da emancipação social. A autora poderia ter dado um lugar de maior destaque à autonomia pessoal no seu edifício teórico, ao lado da redistribuição e do reconhecimento – e, mais recentemente, da representação, mas preferiu não fazê-lo, ao contrário do que ocorre nas formulações sobre a justiça de outros filósofos políticos contemporâneos da sua estatura, como John Rawls, Ronald Dworkin, Jürgen Habermas, Amartya Sen e Martha Nussbaum. Isso teria conferido maior visibilidade a outro dilema que Fraser não enfrentou e que é tão ou mais delicado do que o referente à compatibilização das agendas do reconhecimento

---

[845] João Feres Junior e Thamy Pogrebinschi explicaram didaticamente essa diferença de perspectivas: "Tradicionalmente, no vocabulário filosófico, a palavra justiça está associada ao problema do correto, que pertence ao terreno da moral, enquanto a autorrealização demanda a consideração do fim, de um modelo de vida boa que fundamenta a ética (p. ex., a teoria ética de Aristóteles). Por um lado, a *Moralität* de Kant, que propõe uma obrigação universal independentemente de valores específicos. Por outro, a *Sittlichkeit*, de Hegel, que se baseia em horizontes valorativos cultural e historicamente informados, que, portanto, não podem ser universalizados. Como bons neo-hegelianos, Taylor e Honneth concebem a falta de reconhecimento como um impedimento para que o sujeito alcance uma boa vida, uma vez que ele não pode atingir a autorrealização. Fraser propõe reinterpretar a questão do reconhecimento em termos de justiça". (FERES JÚNIOR, João; POGREBINSCHI, Thamy. *Teoria política contemporânea*: uma introdução. Rio de Janeiro, Elsevier, 2011. p. 132).

e da redistribuição: a tensão entre as demandas de reconhecimento e o respeito à liberdade.

Por outro lado, tenho dúvidas sobre a preferência de Fraser por remédios transformativos em relação aos afirmativos. De todo modo, o contexto de interpretação e aplicação do Direito Constitucional se concilia muito mais com os remédios afirmativos do que com os transformativos, que demandam verdadeiras revoluções na economia política ou na cultura social.

No que concerne ao reconhecimento – tema do capítulo – concordo que o foco nas práticas sociais e instituições é preferível ao que se concentra no psiquismo das vítimas. Nada obstante, não me parece que o sofrimento dos sujeitos vulneráveis estigmatizados ou o prejuízo à formação da sua subjetividade sejam aspectos pouco relevantes para a formulação de uma teoria sobre o reconhecimento. Nancy Fraser, em minha opinião, quis elaborar uma teoria elegante em sua simplicidade, alicerçada sobre um único critério: a paridade de participação. A simplicidade pagou um preço alto: a teoria é realmente elegante, mas padece de incompletude.

De todo modo, como afirmado na introdução deste capítulo, não se almeja aqui formular uma teoria sobre o reconhecimento, mas tão somente trazer à baila alguns subsídios filosóficos para o enfrentamento de questões jurídico-constitucionais que a categoria traz à superfície.

6.3 O reconhecimento na Constituição brasileira

Como visto acima, não há dúvida de que o reconhecimento intersubjetivo é essencial para as pessoas. Todavia, não há na Constituição brasileira a previsão de um direito ao reconhecimento. Existem, é certo, preceitos que revelam a preocupação com injustiças praticadas na esfera cultural – *e.g.*, criminalização do racismo (art. 5º, XLII, CF), proteção estatal às culturas indígenas e afro-brasileiras (art. 215, §1º, CF) –, mas não há uma cláusula mais geral tutelando o reconhecimento. Seria esse um empecilho para a admissão do reconhecimento intersubjetivo como categoria constitucional?

A resposta é negativa. O princípio da dignidade, como consignado no capítulo 2, é uma cláusula geral de tutela da pessoa humana.[846] Por

---

[846] Cf. MORAES, Maria Celina Bodin de. O princípio da dignidade da pessoa humana. *In*: MORAES, Maria Celina Bodin de. *Na medida da pessoa humana*: estudos de direito civil-constitucional. Rio de Janeiro: Renovar: 2010.

isso, se o reconhecimento é essencial à integridade moral da pessoa, ele é amparado pelo referido princípio. Nesta linha, a Suprema Corte do Canadá traçou com clareza a ligação entre o reconhecimento e a dignidade humana no julgamento do caso *Law v. Canada*,[847] nos seguintes termos:

> A dignidade humana significa que cada indivíduo ou grupo deve sentir autorrespeito e autoestima. Ela se preocupa com a integridade física e psicológica e com o empoderamento. A dignidade humana é atingida pelo tratamento injusto baseado em traços pessoais e circunstâncias que não sejam relacionadas às necessidades, capacidades e méritos do indivíduo. (...) A dignidade humana é atingida quando indivíduos ou grupos são marginalizados, ignorados ou desvalorizados, e é promovida quando as leis reconhecem o espaço pleno de todos os indivíduos e grupos dentro da sociedade canadense.

O reconhecimento é também associado pela doutrina aos princípios da igualdade[848] e da solidariedade,[849] o que não é desacertado. A ideia de reconhecimento intersubjetivo situa-se na zona de confluência desses três princípios, que devem ser interpretados de forma harmônica e reciprocamente iluminada. No que concerne ao reconhecimento, tais princípios não entram em tensão, mas se reforçam mutuamente.

Não me parece convincente o argumento de que, diante das desigualdades econômicas, se deva ignorar as demandas ligadas à justiça cultural, situadas no plano do reconhecimento.[850] Seria um grave equívoco, bem apontado por Nancy Fraser, priorizar as lutas por reconhecimento em detrimento dos embates travados na esfera da distribuição, especialmente em país marcado por tamanha desigualdade social, como o Brasil. Porém, não há necessidade de fazer qualquer

---

847 Suprema Corte do Canadá. *Law v. Canada*. (*Minister of Employment and Immigration*) (1999) 1 SCR 497.

848 Cf. PIOVESAN, Flávia. Igualdade, diferença e direitos humanos: perspectivas global e regional. *In*: SARMENTO, Daniel; IKAWA, Daniela; PIOVESAN, Flávia (Orgs.). *Igualdade, diferença e direitos humanos*. Rio de Janeiro: Lumen Juris, 2008. p. 49-50; BARROSO, Luís Roberto; OSÓRIO, Aline Rezende Peres. "Sabe com quem está falando?" Algumas notas sobre o princípio da igualdade no Brasil contemporâneo. Disponível em: http://www.luisrobertobarroso.com.br/wp-content/themes/LRB/pdf /SELA_Yale_palestra_igualdade_versao_fina.pdf. Acesso em 15 ago. 2015.

849 Cf. SOUZA, Bruno Stigert. *Constitucionalismo solidário na era dos deveres*: democracia, diferença e inclusão. Dissertação (Mestrado em Direito) – Faculdade de Direito, Universidade do Estado do Rio de Janeiro, 2008. p. 150-214.

850 No debate filosófico, Richard Rorty e Slavoj Zizek, entre outros, empregaram o argumento. Cf. RORTY, Richard. Is cultural recognition a useful notion for leftist politics? *In*: OLSON, Kevin (Ed.). *Adding insult to injury*: Nancy Fraser debates her critics. London: Verso, 2008. p. 69-81; ZIZEK, Slavoj. A leftist plea for "eurocentrism". *Critical Inquiry*, n. 24, 1998.

"escolha de Sofia" nessa área. Inclusive porque promover o reconhecimento dos grupos estigmatizados não enfraquece as lutas por justiça social, mas, ao contrário, tende a reforçá-las, pois os mesmos estereótipos negativos que degradam e humilham suas vítimas corroboram as assimetrias econômicas presentes na sociedade. Há muito mais sinergia e complementariedade do que tensão entre as agendas de reconhecimento intersubjetivo e redistribuição econômica, e ambas encontram sólido amparo em uma ordem constitucional como a brasileira, que se preocupa com a proteção integral da pessoa e não confere ao intérprete o poder de escolher entre uma ou outra.

Assentada essa premissa, cumpre definir um conteúdo normativo para o reconhecimento. Como visto no item anterior, nem toda reivindicação identitária deve ser acolhida. O critério legitimador não pode ser a simples lesão à autoestima de alguém, pois esta pode ser afetada por medidas absolutamente legítimas. Políticas igualitárias, que eliminem privilégios odiosos, podem ter esse efeito sobre os seus antigos beneficiários. No Brasil, mudanças culturais e econômicas que subvertessem a perversa relação servil que caracteriza o trabalho doméstico talvez atingissem a autoestima de muitos patrões e patroas, mas nem por isso deveriam ser bloqueadas. É preciso estabelecer parâmetros normativos, e penso que eles passam pela ideia de *igual respeito à identidade*.

Em síntese, violam o reconhecimento as práticas estatais ou privadas, conscientes ou não, que desrespeitam a identidade das suas vítimas, impondo estigmas ou humilhações. É possível falar em um *direito fundamental ao reconhecimento*, que é um *direito ao igual respeito da identidade pessoal*. Trata-se de um direito que tem tanto uma faceta negativa como outra positiva. Em sua faceta negativa, ele veda as práticas que desrespeitam as pessoas em sua identidade, estigmatizando-as. Na dimensão positiva, ele impõe ao Estado a adoção de medidas voltadas ao combate dessas práticas e à superação dos estigmas existentes. Como destacou José Reinaldo de Lima Lopes, "o direito ao reconhecimento pede que sejam levantadas, do ponto de vista social e jurídico, as valorações negativas dadas historicamente a certa identidade".[851]

O direito ao reconhecimento liga-se, assim, à dimensão intersubjetiva da dignidade, que expressa a ideia de que a ordem jurídica "deve zelar para que todos recebam igual (...) consideração e respeito por parte do Estado e da comunidade".[852] Do ponto de vista filosófico, trata-se de evitar solipsismos em que os discursos focados apenas no

---

[851] LOPES, José Reinaldo de Lima. O direito ao reconhecimento para gays e lésbicas. *Sur – Revista Internacional de Direitos Humanos*, v. 2, n. 2, 2005. Disponível em: http://www.scielo.br/scielo.php?script=sci_arttext&pid=S1806-64452005000100004. Acesso em 31 jul. 2015.

[852] SARLET, Ingo Wolfgang. As dimensões da dignidade da pessoa humana: construindo uma compreensão jurídico-constitucional necessária e possível. *In*: SARLET, Ingo Wolfgang

aspecto ontológico da dignidade por vezes incorrem. Cuida-se de admitir, nas palavras de Habermas, que "é só na malha de relações de reconhecimento" que "podem os seres humanos desenvolver e manter a sua identidade pessoal".[853]

O tema do respeito à identidade vem claramente à baila, por exemplo, na questão do direito à mudança de nome e de sexo no registro civil por pessoas transexuais.[854] Em importante decisão, o STJ associou tal direito à dignidade da pessoa humana.[855] No STF, discute-se, no momento, a possibilidade de alteração do registro civil independentemente da realização de operação de transgenitalização,[856] o que já admitido por alguns tribunais estaduais,[857] bem como pela Corte Constitucional da Alemanha.[858]

Em geral, o estigma combatido pelo direito ao reconhecimento resulta do pertencimento da vítima a alguma coletividade desvalorizada pela cultura hegemônica – *e.g.*, negros, índios, homossexuais, mulheres,

---

(Org.). *Dimensões da dignidade*: ensaios de filosofia do direito e direito constitucional. Porto Alegre: Livraria do Advogado, 2005. p. 25.

853 HABERMAS, Jürgen. *El futuro de la naturaleza humana*. (Trad. R. S. Carbó). Barcelona: Paidós, 2001. p. 52.

854 A relação entre o respeito à identidade sexual e a dignidade humana foi destacada pela Corte Constitucional da Colômbia: "A proteção à identidade e à opção sexual é corolário do princípio da dignidade humana. (...) é difícil encontrar um aspecto mais relacionado com a definição ontológica da pessoa que o gênero e a orientação sexual. Por isso toda interferência ou direcionamento nesse sentido é um grave atentado contra sua dignidade, pois estar-se-ia privando-a da competência para definir assuntos que só a ela concernem". (Corte Constitucional da Colômbia. Sentencia T-062/11).

855 Superior Tribunal de Justiça. REsp nº 1008398, 3ª Turma, Rel. Min. Nancy Andrighi, julg. 15.10.2009. No referido acórdão, consignou-se: "A afirmação da identidade sexual, compreendida pela identidade humana, encerra a realização da dignidade, no que tange à possibilidade de expressar todos os atributos e características do gênero imanente a cada pessoa. Para o transexual, ter uma vida digna importa em ver reconhecida a sua identidade sexual, sob a ótica psicossocial, a refletir a verdade real por ele vivenciada e que se reflete na sociedade".

856 Supremo Tribunal Federal. RE nº 670.422, Rel. Min. Dias Toffoli, repercussão geral reconhecida em 12.09.2014. Também sobre a questão da identidade de gênero, o RE nº 845.779, de relatoria do ministro Luís Roberto Barroso, trata do direito de que cada pessoa seja tratada socialmente de forma correspondente à sua identificação de gênero. No caso concreto, debate-se o cabimento de indenização por danos morais em razão do constrangimento sofrido por uma mulher transexual, que teve negado o acesso a banheiro feminino. Supremo Tribunal Federal. RE nº 845.779, Rel. Min. Luís Roberto Barroso. No momento de finalização desta obra, o julgamento encontra-se suspenso, por pedido de vista do Min. Luiz Fux, após os votos que reconheceram o direito à indenização proferidos pelos Min. Barroso e Fachin.

857 Cf. Tribunal de Justiça de São Paulo, Ap. Civ. nº 0013934-31.2011.8.26.0037, 10ª Câmara de Direito Privado, Rel. Carlos Alberto Garbi, julg. 23.09.2014; Tribunal de Justiça do Rio Grande do Sul. Ag. Inst. nº 70060459930, 8ª Câmara Cível, Rel. Des. Rui Portanova, julg. 21.08.2014; Tribunal de Justiça de Minas Gerais, 6ª Câmara Cível, Ap. Civ. nº 1.0231.11.012679-5.001, Rel. Des. Edilson Fernandes, julg. 13.08.2013.

858 Tribunal Constitucional Federal da Alemanha. Caso *Transexual V*, BVerfGE 121, 175 (2008).

pessoas com deficiência e trabalhadores que exercem certos ofícios socialmente desqualificados, como prostitutas, lixeiros e empregadas domésticas. O direito ao reconhecimento busca não apenas combater os efeitos negativos dessa desvalorização identitária – violências materiais e simbólicas contra os grupos estigmatizados, invisibilidade, discriminações diretas e indiretas etc. – como também interferir no plano cultural para "cortar o mal pela raiz", eliminando a sua causa: os padrões culturais responsáveis por tal desvalorização.

Há, contudo, condutas ofensivas ao direito ao reconhecimento que não se baseiam na identidade coletiva da vítima. Veja-se o caso da realização de prova pública de alfabetização para candidatos a cargos eletivos, que foi vedada pelo TSE sob o argumento de que se tratava de prática vexatória, humilhante para os que a ela se submetiam.[859] Penso que o direito ao reconhecimento também pode ser associado à Súmula Vinculante nº 11, que estabeleceu importantes restrições para o uso de algemas e que tampouco se volta apenas à proteção de grupos vulneráveis.[860] A ideia que parece subjacente à referida súmula é de que a imposição das algemas, quando não relacionada ao objetivo de evitar a fuga e proteger a segurança, presta-se, acima de tudo, ao papel de degradar a pessoa algemada.[861] Nos dois casos, os atos configuram desrespeito à identidade dos indivíduos atingidos, pois envolvem humilhação social e imposição de estigma, embora não se liguem à identidade coletiva.

Um ponto delicado no tema do reconhecimento é a sua tensão com a liberdade. É verdade que o não reconhecimento embota a liberdade das suas vítimas, comprometendo a sua capacidade de formular e seguir planos de vida que discrepem de um *script* de subordinação

---

859 Tribunal Superior Eleitoral. Reclamação nº 318, Rel. Min. Carlos Madeira, julg. 17.08.2004. No julgamento, registrou-se: "Exame elementar de alfabetização ou teste de escolaridade, em audiência pública, pode comprometer a reputação dos pré-candidatos, que acabam expostos a situação degradante. Ritual constrangedor, quando não vexatório, que afronta a dignidade dos pretendentes, o que não se coaduna com um dos fundamentos da República, como previsto no inciso III do art. 1º da Constituição Federal". No mesmo sentido, Recurso Especial Eleitoral nº 21.707, Rel. Min. Humberto Gomes de Barros, julg, 17.08.2004; e Recurso Especial Eleitoral nº 21.920, Rel. Min. Caput Bastos, julg. 21.08.2004.

860 A Súmula nº 11 tem o seguinte teor: "Só é lícito o uso de algemas em casos de resistência e de fundado receio de fuga ou de perigo à integridade física própria ou alheia, por parte do preso ou de terceiros, justificada a excepcionalidade por escrito, sob pena de responsabilidade disciplinar, civil e penal do agente e da autoridade e de nulidade da prisão ou ato processual a que se refere, sem prejuízo da responsabilidade do Estado".

861 No principal precedente que ensejou a edição da Súmula 11, o STF aludiu à degradação do preso que ela enseja. Supremo Tribunal Federal. HC nº 91952, Tribunal Pleno, Rel. Min. Marco Aurélio, julg. 07.08.2008.

previamente definido pela cultura hegemônica. Uma sociedade cujas práticas sociais, por exemplo, estigmatizem os gays cria obstáculos internos e externos para que muitas pessoas exerçam com plenitude as suas liberdades sexuais e afetivas. Contudo, o Direito pode se tornar perigosamente autoritário se pretender regular todas as interações humanas com o fito de promover o reconhecimento intersubjetivo, asfixiando e roubando a espontaneidade das relações sociais.[862] É uma lástima, por exemplo, que algumas pessoas ainda façam expressões faciais de desagrado quando se deparam com um casal gay que se comporte de modo carinhoso em público. Essas expressões, mesmo quando sutis, podem ferir profundamente. Mas seria também lamentável se o Estado, em nome do reconhecimento das minorias vulneráveis, se arvorasse à condição de polícia das expressões faciais que as pessoas fazem nas suas interações cotidianas.

Isso não quer dizer que as "caretas" chauvinistas sejam irrelevantes para a justiça ou para o Estado. Porém, o enfrentamento do não reconhecimento não deve se dar necessariamente com medidas proibitivas e coercitivas. O Estado pode e deve atuar, por exemplo, no campo educacional e simbólico para alterar a cultura social vigente, tornando-a mais inclusiva, de modo que episódios dessa natureza se tornem cada vez mais incomuns. Ele não deve ser neutro nessas questões; deve ter um lado. Mas o remédio adotado para combater o não reconhecimento não pode ser autoritário.

Essa constatação, porém, não exclui a afirmação de um direito ao reconhecimento. Apenas nos alerta para o fato de que a sua proteção não pode ignorar a autonomia – outro componente fundamental do princípio da dignidade da pessoa humana. O direito ao reconhecimento tem, é claro, eficácia horizontal, o que pode justificar a proibição de práticas de pessoas e instituições privadas que estigmatizem os integrantes de certos grupos. Mas deve sempre haver uma preocupação com a preservação de um espaço de autonomia dos particulares, especialmente no campo existencial, para que a proteção ao reconhecimento não se converta em

---

862 Marcelo Neves expressou ideia parecida em tom irônico: "Se em uma festa ninguém entrar em interação comigo (ninguém me vê, 'porque você não olha para mim?'), seja qual for o motivo, essa situação, em princípio, não poderá ser considerada a negação de um direito ou de uma pretensão política (...) Ela deve ser primariamente ser enquadrada no campo da psicologia, do sistema educacional ou da educação informal na socialização familiar, seja para quem é vítima do desprezo ou para quem despreza. (...) O contrário levaria a uma juridicização abrangente da sociedade (...) em detrimento dos direitos humanos". (NEVES, Marcelo. Direitos humanos: inclusão ou reconhecimento? *In*: FERRAZ, Carolina Valença; LEITE, Glauber Salomão (Coord.). *Direito à diversidade*. São Paulo: Atlas, 2015. p. 11).

mote para uma espécie de totalitarismo dos direitos fundamentais. Em alguns casos, o adequado equacionamento de tensões entre a autonomia e o reconhecimento demanda uma ponderação de interesses, pautada pelo princípio da proporcionalidade.[863]

Esse tema vem à tona no debate sobre o *hate speech*[864] – discurso que se volta à estigmatização do seu alvo, em decorrência do seu pertencimento a algum grupo social desprezado pelo autor da manifestação: negros, índios, homossexuais, integrantes de certas religiões etc. O assunto é delicadíssimo, pois, por um lado, parece evidente que manifestações públicas voltadas à diminuição e degradação de certos grupos – especialmente os mais vulneráveis – estão longe de ser inofensivas, causando profundos danos aos integrantes das coletividades alvejadas.[865] Mas, por outro, a liberdade de expressão constitui direito extremamente importante nas ordens jurídicas democráticas, que também deflui diretamente do princípio da dignidade humana.[866] Há uma ideia básica em matéria de liberdade de expressão, de que mesmo as manifestações mais odiosas são protegidas por esse direito. A premissa é a de que o melhor remédio para combater ideias erradas é o debate público, que possa evidenciar os seus equívocos, e não a sua censura.[867] E restrições à comunicação de ideias baseadas no seu conteúdo – sustentam alguns – subtraem a legitimidade da democracia,

---

863 Tratei extensamente do tema da vinculação aos particulares aos direitos fundamentais em SARMENTO, Daniel. *Direitos fundamentais e relações privadas*. 2. ed. Rio de Janeiro: Lumen Juris, 2010. Na referida obra, desenvolvi alguns parâmetros para essa ponderação, e dois deles têm relevo especial nessa questão: a autonomia tem peso maior nas questões existenciais do que nas econômicas e negociais; e a desigualdade entre as partes justifica uma incidência mais forte dos direitos fundamentais em detrimento da proteção da autonomia.

864 Tratei mais profundamente do tema em SARMENTO, Daniel. A liberdade de expressão e o problema do 'hate speech'. *In*: SARMENTO, Daniel. *Livres e iguais*: estudos de direito constitucional. Rio de Janeiro: Lumen Juris, 2007. p. 207-262.

865 Nessa linha, veja-se WALDRON, Jeremy. *The harm in hate speech*. Cambridge: Harvard University Press, 2012.

866 Cf. DWORKIN, Ronald. Why speech must be free. *In*: DWORKIN, Ronald. *Freedom's law*: the moral reading of the American Constitution. Cambridge: Harvard University Press, 1996. p. 195-213; HEYMAN, Steven J. *Free speech and human dignity*. New Haven: Yale University Press, 2008.

867 Trata-se da aplicação da ideia de que a garantia da liberdade de expressão representa o meio mais eficaz para a busca da verdade, defendida, na filosofia, em obra clássica de Stuart Mill. (MILL, John Stuart. On liberty. *In*: *Great books of the western world*: American State papers, the federalist, Stuart Mill. Chicago: Encyclopaedia Britannica, 1971. v. 43, p. 275-276). Tal compreensão foi sustentada em célebre voto do *Justice* Oliver Wendell Holmes, em que se ligou a liberdade de expressão ao modelo do "mercado de ideias" (*market place of ideas*): "O melhor teste para a verdade é o poder do pensamento de se fazer aceito na competição do mercado" (Suprema Corte dos Estados Unidos. *Abraham vs. United States*, 250 U.S. 616 (1919)).

que pressupõe liberdade nas interações discursivas realizadas no espaço público.[868]

A questão é objeto de controvérsia em todo o mundo, mas, com a singular exceção norte-americana,[869] tem prevalecido no Direito Constitucional Comparado e no Direito Internacional dos Direitos Humanos a tese de que é legítima a restrição ao *hate speech*.[870] Nessa linha, por exemplo, tanto o Tribunal Constitucional alemão[871] como a Corte Europeia de Direitos Humanos[872] reconheceram a validade da proibição de manifestações que negavam a ocorrência do Holocausto. Diversos argumentos são aduzidos em favor da vedação do "discurso do ódio": o fato de que tais manifestações em nada contribuem para a esfera discursiva das democracias, que pressupõem um respeito mínimo entre os seus participantes; o efeito "silenciador" que o *hate speech* exerce sobre as suas vítimas ao intimidá-las e constrangê-las em detrimento da própria liberdade de expressão;[873] e, sobretudo, os danos

---

868 Tal argumento foi desenvolvido com densidade por POST, Robert C. Racist speech, democracy and the first amendment. *In*: GATES JR., Henry Louis *et al*. *Speaking of race, speaking of sex*: hate speech, civil rights and civil liberties. New York: New York University Press, 1994. p. 115-180.

869 A jurisprudência da Suprema Corte norte-americana é firme na proteção às manifestações de ódio e desprezo aos grupos vulneráveis, valendo breve menção a alguns casos notáveis. Em *Brandenburg v. Ohio* (395 U.S. 444, (1969)), a Corte invalidou decisão que condenara integrante da Ku Klux Klan por transmitir ao público imagem em que, encapuzado, dizia que "crioulos (*niggers*) deveriam ser devolvidos para a África e os judeus para Israel", e afirmava que se o Congresso e a Suprema Corte continuassem prejudicando a raça caucasiana, a Ku Klux Klan se vingaria. Em *Smith v. Collin* (436 U.S. 953 (1978)), manteve decisão que autorizara a realização de passeata de grupo neonazista em localidade habitada por comunidade de judeus, com muitos sobreviventes do Holocausto. Em *R.A.V v. City of Saint Paul* (505 U.S. 377 (1992)), invalidou condenação, por racismo, de pessoas que tinham invadido a casa de uma família negra para colocar uma cruz em chamas (símbolo da Ku Klux Klan) em seu quintal – a condenação foi mantida apenas pela invasão do domicílio. Em *Snyder vs. Phelps* (562 U.S. 443 (2011)), reformou decisão que condenara em danos morais os integrantes de uma igreja evangélica que, em protesto contra a presença de homossexuais nas forças armadas, promoveram manifestação próxima ao enterro de um soldado norte-americano morto na guerra do Iraque, portando cartazes com dizeres como "Tropa de bichas (*fags*)" e "Você vai para o inferno".

870 Cf. ROSENFELD. Michael. Hate speech in constitutional jurisprudence: a comparative analysis. *Cardozo Law School Working Paper Series*, n. 41, 2001; e COLIVER, Sandra (Ed.). *Striking a balance:* hate speech, freedom of expression and non-discrimination. Essex: Human Rights Centre of the University of Essex, 1992.

871 Tribunal Constitucional Federal da Alemanha. 90 BVerfGE 241 (1994). Sobre o tratamento do *hate speech* na Alemanha, veja-se BRUGGER, Winfried. The treatment of hate speech in German Constitutional Law. *In*: *AA.VV. Acts of the 16th Congress of the International Academy of Comparative Law.* Brisbane, 2002. p. 1-52.

872 Corte Europeia de Direitos Humanos. *Roger Garaudy vs. France.* Application nº 65831/01, julg. 24.06.2003.

873 Nessa linha, cf. FISS, Owen. The Supreme Court and the problem of hate speech. *Capitol University Law Review*, n. 24, p. 287-288, 1995; MINOW, Martha. *Breaking the cycles of hatred*: memory, law and repair. Princeton: Princeton University Press, 2002. p. 37.

que impõe à personalidade dos seus alvos, causando humilhação, dor, medo, ansiedade e abalos à autoestima, e disseminando e naturalizando a discriminação na sociedade.[874] A Suprema Corte do Canadá ressaltou este último ponto no julgamento do caso *Regina vs. Keegstra*,[875] que tratou da condenação criminal de um professor por defender e difundir entre os seus alunos ideias antissemitas:

> Essencialmente, há dois tipos de dano causados pela propaganda do ódio. Primeiro, há o dano causado aos membros do grupo alvejado. É indiscutível que o dano emocional causado por palavras pode gerar graves consequências psicológicas e sociais. (...) O senso de dignidade e de pertencimento à comunidade de uma pessoa está diretamente ligado ao respeito e consideração dados aos grupos aos quais ela pertence. (...) O desprezo, hostilidade e abuso encorajados pela propaganda do ódio têm um impacto negativo severo no senso individual de autoestima e aceitação.
>
> Um segundo efeito danoso da propaganda do ódio que levanta preocupações relevantes é a sua influência sobre a sociedade como um todo. (...) Não é implausível que a disseminação ativa da propaganda do ódio possa atrair mais pessoas para a sua causa e neste processo criar grave discórdia entre os vários grupos culturais presentes na sociedade.

No Brasil, a orientação quanto à validade da criminalização do discurso do ódio foi adotada pelo STF no julgamento do caso *Ellwanger*,[876] que tratou da condenação, por crime de racismo, de editor de livros que se especializara na divulgação de obras de teor antissemita. A Corte, na ocasião, afirmou que a liberdade de expressão deveria ceder espaço na ponderação à tutela da igualdade e da dignidade humana. Um argumento adicional, empregado no voto do Ministro Celso de Mello, diz respeito à eficácia horizontal da dignidade da pessoa humana: não é só o Estado que deve respeitar a dignidade, mas também os particulares, e o discurso do ódio ofende seriamente a integridade moral daqueles que vilipendia.

Não discordo da solução do STF. Porém, parece-me necessário circunscrevê-la a hipóteses de inequívoco discurso do ódio, sem banalizações, porque a liberdade de expressão não se limita apenas à proteção de mensagens anódinas ou politicamente corretas. A categoria

---

[874] Cf. MATSUDA, Mari J. *et al. Words that wound*: critical race theory, assaultive speech and the first amendment. Boulder: Westview, 1993.

[875] Suprema Corte do Canadá. *Regina vs. Keegstra.* (1990) 3 S.C.R. 697.

[876] Supremo Tribunal Federal. HC nº 82.424, Rel. Min. Maurício Corrêa, julg. 19.09.2003.

do *hate speech* não deve ser elastecida para não asfixiar os debates sociais, que, numa democracia, devem ser dinâmicos e robustos, sem censuras ou tabus. É preciso que exista um amplo "espaço de respiração" para a liberdade de expressão, que abranja inclusive a difusão de ideias profundamente erradas e altamente impopulares, bem como manifestações em tom agressivo ou zombeteiro. Até porque a generalização das restrições à liberdade de expressão tenderia a ser prejudicial para as próprias minorias vulneráveis, pelo enfraquecimento de um instrumento importante de que dispõem para questionar o *status quo*.[877] Afinal, as liberdades comunicativas são armas fundamentais na luta dos excluídos. A mobilização do movimento LGBT no campo expressivo, por exemplo, tem sido essencial em sua atuação, que envolve a disputa pelos corações e mentes da população em geral. Por isso, enfraquecer o regime protetivo da liberdade de expressão debilitaria os movimentos sociais contestatórios. E não é difícil imaginar, por outro lado, o emprego de um conceito ampliado do *hate speech* para impedir minorias estigmatizadas de criticarem, de modo mais veemente, as instituições e grupos hegemônicos que as oprimem.

Enfim, o direito ao reconhecimento vem à baila nos mais diferentes contextos fático-normativos e assume múltiplas configurações. A seguir, trato de três situações distintas em que ele vem à tona: na proteção de direitos universais, que muitas vezes são denegados aos membros de grupos estigmatizados; na garantia de direitos especiais, concedidos aos integrantes desses grupos em razão das suas necessidades particulares; e na proteção à cultura dos povos tradicionais.

6.4 Direitos universais e reconhecimento

Não é incomum que os integrantes de grupos estigmatizados sejam excluídos, de modo explícito ou não, do acesso equitativo a direitos atribuídos aos demais membros da sociedade. A exclusão não apenas os priva de bens materiais importantes, mas é em si mesma um sinal de desrespeito, que corresponde à imposição de um selo oficial de inferioridade. Pelo menos sob o ângulo moral, esses são os casos mais "fáceis" que envolvem o direito ao reconhecimento.

---

877 Esse argumento foi empregado contra a restrição ao *hate speech* em GATES JR., Henry Louis. War of words: critical race studies and the first amendment. *In*: GATES JR., Henry Louis *et al*. *Speaking of race, speaking of sex*: hate speech, civil rights and civil liberties. New York: NYU Press, 1995. p. 17-58.

A história nacional é repleta dessas exclusões, a começar pela mais grave, que vitimou os escravos, cujas profundas cicatrizes o país ainda carrega. As mulheres também foram gravemente atingidas por práticas dessa natureza. Recorde-se que, até a edição da Lei nº 4.121/62, a mulher casada era relativamente incapaz, carecendo da autorização do cônjuge para a prática de atos da vida civil, e que, até o advento da Constituição de 88, o marido ostentava a condição de "chefe da família", nos termos do art. 233 do Código Civil de 1916.[878] Além da restrição à autonomia, tais regras, que reproduziam uma cultura machista, ajudaram a entrincheirá-la ainda mais, em detrimento do reconhecimento das mulheres.

Por incrível que pareça, discriminações de natureza similar persistem até hoje na legislação infraconstitucional brasileira relativa aos índios. A Lei nº 6.001/73 (Estatuto do Índio), formalmente em vigor, denega a plena capacidade civil para os índios que não se "integraram à comunhão nacional", estabelecendo um modelo paternalista de tutela, em que a manutenção da identidade cultural impõe uma *capitis diminutio* para o indígena. Esse modelo legal assenta-se em visão integracionista, que concebe os grupos indígenas como coletividades em estado inferior de desenvolvimento, que devem ser paulatinamente "integradas" à cultura dos brancos. A premissa é a de que, com o tempo, os índios serão "civilizados" e absorvidos pela sociedade envolvente. Até que isso ocorra, o Estado lhes garante alguns direitos e exerce sobre eles uma tutela paternalista.[879]

Tal regime, além de violar tratados internacionais de que o Brasil é signatário – notadamente a Convenção 169 da OIT –, é francamente inconstitucional,[880] não só porque inconciliável com o discurso da

---

[878] Sobre a ideologia sexista que permeou a elaboração do Código Civil de 1916, veja-se MONTEIRO, Geraldo Tadeu Moreira. *Construção jurídica das relações de gênero*: o processo de codificação civil na instauração da ordem liberal conservadora do Brasil. Rio de Janeiro: Renovar, 2003.

[879] Nesse sentido, destacou Manuela Carneiro da Cunha: "Instalou-se no senso comum a ideia de que os índios gozam de privilégios (e não de direitos) porque e enquanto – não chegaram (ainda) à civilização. Até lá, outorga-se-lhes uma proteção paternalista, que concede ou reprime conforme as circunstâncias, mas que tenta se substituir à vontade dos índios, a quem não ouve, ou, se ouve, não respeita. (...) Dentro destas premissas, a tutela passa, portanto, a ser o instrumento da missão civilizadora, uma proteção concedida a estas 'grandes crianças', até que elas cresçam e venham a ser 'como nós'". (CUNHA, Manuela Carneiro. Três peças de circunstância sobre direitos do índio. *In*: CUNHA, Manuela Carneiro. *Cultura com aspas*. São Paulo: Cosac Naify, 2009. p. 254 e 256).

[880] Nessa linha, cf. BECKHAUSEN, Marcelo. Etnocidadania, direitos originários e inconstitucionalidade do poder tutelar. *In*: SARMENTO, Daniel; IKAWA, Daniela; PIOVESAN, Flávia (Orgs). *Igualdade, diferença e direitos humanos*. Rio de Janeiro: Lumen

Constituição de valorização das culturas indígenas e de empoderamento dos índios e de suas comunidades (CF, art. 231, *caput* e 232), como também pela sua ostensiva incompatibilidade com o princípio da dignidade da pessoa humana, seja na dimensão da autonomia, seja naquela do reconhecimento.[881] Quanto à última, parece desnecessário enfatizar o quanto é desrespeitoso e degradante tratar alguém como incapaz em razão de estar inserido em cultura diferente do *mainstream*. Pela legislação vigente, um índio que não tenha sido "incorporado à comunhão nacional" não pode sequer tomar um chope (!): vender bebida alcoólica a índio "não integrado" é crime (art. 58, inciso III, Lei nº 6.001/73).

A lesão ao reconhecimento foi apontada pela Suprema Corte norte-americana no importantíssimo caso *Brown v. Board of Education*,[882] que afirmou a inconstitucionalidade da política oficial de segregação racial nas escolas naquele país. Até então, prevalecia a doutrina do *equal but separate*, segundo a qual não haveria ofensa à igualdade quando existisse segregação, desde que fossem disponibilizados aos integrantes de diferentes raças o acesso a serviços substancialmente iguais. Porém, ao dar a histórica guinada jurisprudencial, a Corte assentou que isso não seria suficiente: "separar crianças negras de outras com a mesma idade e qualificações, apenas em razão da sua raça gera um sentimento de inferioridade em relação ao seu *status* na comunidade que pode afetar os seus corações e mentes de modo irreversível".

Na mesma trilha, apontam diversas decisões que trataram do tema da união estável e do casamento entre pessoas do mesmo sexo no Direito Constitucional Comparado. A ideia fundamental é de que, ao reconhecer a possibilidade de formação de família entre pessoas de sexo diferente, mas não entre casais homossexuais, o Estado, além de denegar

---

Juris, 2008. p. 525-558; ANJOS FILHO, Robério Nunes dos. Arts. 231 e 232. *In*: BONAVIDES, Paulo; MIRANDA, Jorge; AGRA, Walber Moura (Coords.). *Comentários à Constituição Federal de 1988*. Rio de Janeiro: Forense, 2009. p. 2403.

881 Lamentavelmente, esse discurso tem eco inclusive no STF, como se percebe na manifestação do Ministro Cezar Peluso no julgamento do caso "Raposa Serra do Sol": "Reconheço que a demarcação dessas terras não implica, não pode implicar e, mais que isso, não tolera nenhuma restrição às atividades das Forças Armadas e consistentes – só para exemplificar – em (...) fiscalizar, intervir, assentar-se, reprimir, integrar, aculturar e apoiar todo o processo de aculturação e de subsistência das populações indígenas", já que "há algumas populações que ainda estão em estágios primitivos". Quando interpelado pelo Ministro Carlos Britto pelo uso do verbo "aculturar", o Ministro Peluso insistiu, dizendo que a "aculturação" dos índios "é serviço inigualável de integração nacional que as Forças Armadas desempenham e, bem por isso, tem de ser prestigiado por esta Corte". (Supremo Tribunal Federal. Pet. nº 3.388, Pleno, Rel. Min. Ayres Britto, julg. 19.03.2009).

882 Suprema Corte dos Estados Unidos. 347 U.S. 483 (1954).

diversos benefícios materiais aos segundos, proclama que as relações afetivas tradicionais merecem respeito, mas não aquelas mantidas por parceiros do mesmo sexo. Com isso, ele desmerece a identidade do homossexual e lhe inflige uma séria lesão moral, passando à sociedade o claro recado de que existe uma orientação sexual que é "certa e outra que é "errada"; uma que deve ser publicamente apoiada, e outra que deve ficar confinada à solitária escuridão dos armários.[883] No histórico julgamento em que o STF afirmou o direito à união homoafetiva,[884] o Ministro Fux ressaltou a questão do reconhecimento: "A aplicação da política do reconhecimento dos direitos dos parceiros homoafetivos é imperiosa, por admitir a diferença entre os indivíduos e trazer para a luz relações pessoais básicas de um segmento da sociedade que vive parte importante de sua vida na sombra".

O tema do reconhecimento vem à tona de modo ainda mais claro na discussão sobre se é ou não necessário abrir aos casais homossexuais a possibilidade de se casarem civilmente.[885] Não seria suficiente a admissão de outro tipo de relação familiar, como a união estável? E se este instituto alternativo atribuísse aos parceiros exatamente os mesmos direitos materiais conferidos pelo casamento, isso bastaria? A resposta mais convincente a essas questões é negativa, pois o nome – "casamento" – importa. Afinal, o casamento é uma instituição que possui uma forte carga simbólica, representando, no imaginário social, o vínculo amoroso mais sólido que duas pessoas podem manter. Portanto, não se trata apenas de assegurar aos homossexuais o acesso aos benefícios econômicos que advêm do matrimônio, mas também de abrir as portas do universo simbólico associado à instituição, que,

---

883 Como consignou Luís Roberto Barroso, tal discriminação "equivale a não atribuir igual respeito a uma identidade individual, a se afirmar que determinado estilo de vida não merece ser tratado com a mesma dignidade e consideração atribuída aos demais. A ideia de igual respeito e consideração se traduz no conceito de reconhecimento. As identidades particulares, ainda que minoritárias, são dignas de reconhecimento". (BARROSO, Luís Roberto. Diferentes, mas iguais: o reconhecimento jurídico das relações homoafetivas no Brasil. *In*: SARMENTO, Daniel; IKAWA, Daniela; PIOVESAN, Flávia (Orgs.). *Igualdade, diferença e direitos humanos*. Rio de Janeiro: Lumen Juris, 2008. p. 681-682).

884 Supremo Tribunal Federal. ADI nº 4277 e ADPF nº 132, Rel. Min. Ayres Britto, julgamento conjunto em 05.05.2011.

885 O casamento entre pessoas do mesmo sexo foi regulado no Brasil pela Resolução nº 175 do CNJ, de 14 de maio de 2013. O fundamento do ato normativo foi a decisão do STF proferida na ADI nº 4.277 e ADPF nº 132. Como a Corte equiparou a união homoafetiva à união estável tradicional, e como a segunda pode ser convertida em casamento, ela implicitamente reconheceu o direito ao casamento *gay*. Contra essa Resolução, o Partido Social Cristão ajuizou a ADI nº 4.966, distribuída à relatoria do Ministro Gilmar Mendes e ainda não julgada.

para muitos, denota, em seu grau máximo, a respeitabilidade de um vínculo afetivo.[886] Daí porque não basta a garantia da união estável para os homossexuais, nem tampouco de qualquer outra figura jurídica que se queira criar, mesmo que eventualmente confira os mesmos benefícios materiais que o casamento.[887]

Essa orientação foi adotada pela Corte Constitucional da África do Sul[888] e, mais recentemente, pela Suprema Corte norte-americana no julgamento do caso *Obergefell v. Hodges*.[889] Neste último julgado, para afirmar o direito ao casamento entre casais do mesmo sexo, a Corte dos Estados Unidos abordou, dentre outros argumentos, a questão do reconhecimento. Ela assentou que, quando se denega o casamento aos homossexuais, o dano não é só material: "A exclusão do *status* de casado tem o efeito de sinalizar que *gays* e lésbicas são desiguais em questões importantes. O Estado inferioriza os *gays* e lésbicas quando os deixa fora de uma instituição central da sociedade nacional".

A questão do reconhecimento de pessoas homossexuais também está em jogo na discussão sobre a possibilidade de adoção de crianças por casais formados por pessoas do mesmo sexo. Afinal, negar tal possibilidade significa inferiorizar os casais homoafetivos, tratando-os como menos confiáveis para o desempenho dos deveres da parentalidade. No STJ, firmou-se a jurisprudência no sentido do cabimento da adoção,

---

886 Cf. SARMENTO, Daniel. Casamento e união estável entre pessoas do mesmo sexo: perspectivas constitucionais. *In*: SARMENTO, Daniel; IKAWA, Daniela; PIOVESAN, Flávia (Orgs.). *Igualdade, diferença e direitos humanos*. Rio de Janeiro: Lumen Juris, 2008. p. 619-659; ESKRIDGE JR., William N. *The case for same-sex marriage*: from sexual liberty to civilized commitment. New York: The Free Press, 1996; NUSSBAUM, Martha. *From disgust to humanity*: sexual orientation and constitutional law. New York: Oxford University Press, 2010. p. 126-166.

887 Porém, não é pacífico no movimento LGBT a defesa do casamento homossexual. Há um segmento que considera que a extensão aos homossexuais de uma instituição tida como conservadora e opressiva seria medida assimilacionista. Sob esta ótica, ao invés de submeterem as suas relações afetivas aos padrões "caretas" da cultura dominante, *gays* e lésbicas deveriam afirmar a sua identidade própria, contestando aqueles padrões. Veja-se, neste sentido, WARNER, Michael. Beyond gay marriage. *In*: BROWN, Wendy; HALLEY, Janet (Eds.). *Left legalism, left critique*. Durham: Duke University Press, 2002. p. 259-289; e BUTLER, Judith. *Undoing gender*. New York: Routledge, 2004. p. 105-112.

888 Corte Constitucional da África do Sul. *Minister of Home Affairs and Another v. Marie Adriaana Fourie and Another*. Caso CCT nº 60/04 (2005). Na decisão, a Corte destacou: "A exclusão dos casais do mesmo sexo dos benefícios e responsabilidades do casamento não é uma pequena e tangencial inconveniência (...). Ela representa a afirmação dura, ainda que oblíqua, de que os casais do mesmo sexo são *outsiders* (...) que a sua capacidade para o amor, compromisso e aceitação da responsabilidade é por definição menos merecedora de consideração que a dos casais heterossexuais".

889 Suprema Corte dos Estados Unidos. *Obergefell et al. V. Hodges et al.*, 576 U.S. (2015).

tendo em vista, sobretudo, o princípio do melhor interesse da criança.[890] No STF, a mesma orientação foi perfilhada, em decisão monocrática da lavra da Ministra Cármen Lúcia.[891]

Outra hipótese de afronta ao reconhecimento se dá quando uma característica ou prática associada à identidade de determinado grupo é convertida em fator impeditivo para a fruição de algum direito. Um exemplo foi a proibição do uso véu islâmico nas escolas públicas francesas em nome da suposta proteção ao princípio da laicidade estatal.[892] A vedação, prevista em lei, baseou-se também na premissa de que o véu envolveria uma opressão de gênero, em que as famílias ou comunidades religiosas imporiam o uso do traje às meninas e jovens muçulmanas.

Os equívocos dessa política são muitos, a começar pelo emprego distorcido da ideia de laicidade estatal. A laicidade impõe a neutralidade do *Estado* em matéria de religião, mas não legitima a interdição de manifestações religiosas das *pessoas* nos espaços públicos. O princípio da laicidade deve ser compreendido como uma garantia institucional da liberdade de religião, que visa a protegê-la e a robustecê-la, e não como uma força oposta, que a debilita.[893] A distorção é especialmente séria nesse caso, porque voltada contra a liberdade de um grupo socialmente impopular, quando a proteção das minorias religiosas

---

890 Superior Tribunal de Justiça. REsp. nº 889.852, 4ª Turma, Rel. Min. Luis Felipe Salomão. Na ementa do acórdão, destacou-se: "5. A matéria relativa à possibilidade de adoção de menores por casais homossexuais vincula-se obrigatoriamente à necessidade de verificar qual é a melhor solução a ser dada para a proteção dos direitos das crianças, pois são questões indissociáveis entre si. 6. Os diversos e respeitados estudos especializados sobre o tema, fundados em fortes bases científicas (...) 'não indicam qualquer inconveniente em que as crianças sejam adotadas por casais homossexuais, mais importando a qualidade do vínculo e do afeto que permeia o meio familiar em que serão inseridas e que as liga a seus cuidadores".

891 Supremo Tribunal Federal. RE nº 846.102, Rel. Min. Cármen Lúcia, julg. 05.03.2015.

892 O debate do tema na França iniciou-se em 1989 com a exclusão de algumas alunas islâmicas de escolas públicas em razão da sua recusa em retirarem o véu que portavam. Em 2003, uma comissão nomeada pelo Presidente da República francês elaborou um relatório sobre a matéria – o Relatório Stasi – sugerindo a proibição do uso do véu, dentre outras medidas. Em 2004, a França publicou a Lei nº 2004-228, que vedou o uso de "símbolos religiosos ostensivos" nas escolas públicas. Sobre este tema, bem como sobre a compreensão particular de laicidade do Estado adotada na França, veja-se BIRNBAUM, Jean; VIGUIER, Fréderic. *La Laicité, une question au présent*. Paris: Éditions Cécile Defaut, 2005.

893 Veja-se, a propósito, LOREA, Roberto Arriada (Org.). *Em defesa das liberdades laicas*. Porto Alegre: Livraria do Advogado, 2008; MACHADO, Jónatas Eduardo Mendes. *Liberdade religiosa numa comunidade constitucional inclusiva*: dos direitos da verdade aos direitos do cidadão. Coimbra: Coimbra Editora, 1996. p. 305-398; WEINGARTNER NETO, Jayme. *Liberdade religiosa na Constituição*: fundamentalismo, pluralismo, crenças, cultos. Porto Alegre: Livraria do Advogado, 2007. p. 144-186.

diante do risco de abuso das maiorias instaladas nos governos é um dos objetivos mais importantes da laicidade. Tratou-se, como destacou Martha Nussbaum, de uma tentativa de "assimilação coercitiva"[894] das adolescentes muçulmanas aos valores dominantes da sociedade francesa.

Outra grave incorreção perpetrada pelo Estado francês foi a presunção absoluta de que o uso do véu significaria violação à liberdade das adolescentes muçulmanas – que, aliás, não tiveram qualquer voz na definição da política pública. Não se discute que o uso da peça pode ser, em muitos casos, uma imposição das famílias e comunidades. Porém, em outros tantos, as jovens usam o véu porque comungam dos valores religiosos e culturais professados pela sua família ou grupo social, e não porque foram obrigadas a fazê-lo. Ademais, o véu por vezes traduz uma demonstração pública de orgulho identitário, simbolizando uma contestação aos "valores ocidentais" e à opressão da sociedade francesa, que discrimina a comunidade muçulmana.[895] Não bastasse, o efeito prático da medida foi afastar muitas meninas pobres da escola, aprofundando a desigualdade de gênero ao invés de combatê-la.

De todo modo, além da grave restrição à liberdade religiosa e ao acesso à educação, a medida também impactou seriamente o direito ao reconhecimento. Afinal, a mensagem transmitida pelo Estado foi de direta associação entre o islamismo e a opressão. Ela alimentou a islamofobia, aprofundando o preconceito e abalando a reputação e a autoestima das pessoas muçulmanas na sociedade francesa. Nada obstante, a Corte Europeia de Direitos Humanos, que já se manifestara anteriormente sobre questão similar admitindo a proibição do uso de véu islâmico em universidades turcas,[896] absteve-se de reconhecer tão grave afronta aos direitos fundamentais na França.[897] Tal país, aliás, deu posteriormente outro passo ainda mais equivocado em questão parecida, ao editar lei proibindo o uso de trajes muçulmanos femininos que escondem o rosto, como a *burkha* e o *niqab*, em todos os espaços

---

[894] NUSSBAUM, Martha C. *Liberty of conscience*: in defense of America's tradition of religious equality. New York: Basic Books, 2008. p. 14.

[895] Sobre os vários sentidos subjacentes ao uso do véu, cf. BENHABIB, Seyla. The return of political theology: the scarf affair in comparative constitutional perspective in France, Germany and Turkey. *In*: BENHABIB, Seyla. *Dignity in adversity*: human rights in troubled times. Cambridge: Polity Press, 2011. p. 166-183; e HIRSHMANN, Nancy J. *The subject of liberty*: toward a feminist theory of freedom. Princeton: Princeton University, 2003. p. 170-198.

[896] Corte Europeia de Direitos Humanos. *Sahin v. Turkey.* Application nº 44774/98, julg. 10.11.2005.

[897] Corte Europeia de Direitos Humanos. *Dogru v. France.* Application nº 27058/05, julg. 04.12.2008.

públicos, inclusive nas ruas. Essa lei foi questionada no Conselho Constitucional, que confirmou a sua validade.[898]

Enfim, esses são exemplos pontuais de um fenômeno, infelizmente comum, de denegação de direitos universais a integrantes de grupos estigmatizados. Tal denegação aprofunda o estigma em um círculo vicioso e, por vezes, ela nem é percebida como tal pela sociedade, que naturaliza a exclusão.

6.5 Direitos específicos e reconhecimento

Além da garantia igualitária de direitos universais aos grupos estigmatizados, a promoção do reconhecimento demanda também medidas específicas, ligadas às suas necessidades particulares. Tais medidas são mais controversas do ponto de vista filosófico, pois há quem sustente que violam o princípio jurídico e moral da igualdade entre as pessoas.[899]

Contudo, a objeção não procede. Afinal, o que a igualdade postula não é o tratamento igual de todas as pessoas, mas sim o respeito a cada um *como um igual*. E tratar as pessoas como iguais implica reconhecer e respeitar as suas diferenças identitárias, que muitas vezes demandam proteções jurídicas diferenciadas. Já se tornou canônica a afirmação de Boaventura de Sousa Santos de que "temos o direito a ser iguais quando a diferença nos diminui; temos o direito a ser diferentes quando a igualdade nos descaracteriza".[900] O ponto foi ressaltado em bela decisão do Tribunal Constitucional da África do Sul:

> A igualdade não importa no nivelamento ou homogeneização do comportamento. (...) No mínimo, ela afirma que a diferença não deve ser a base da exclusão, marginalização e estigma. Mais ainda, ela celebra a vitalidade que a diferença traz para qualquer sociedade. (...) A Constituição assim reconhece a variabilidade dos seres humanos

[898] Conselho Constitucional da França. Décision nº 2010-613, julg. 07.10.2010. Na decisão, consignou-se: "Mulheres que escondem o rosto, voluntariamente ou não, são postas em situação de inferioridade patentemente incompatível com os princípios da liberdade e igualdade".

[899] Cf., *e.g.*, BARRY, Brian. *Culture and equality.* Cambridge: Harvard University Press, 2001.

[900] SANTOS, Boaventura de Sousa. Por uma concepção multicultural de direitos humanos. *In*: SANTOS, Boaventura de Sousa. *Reconhecer para libertar*: os caminhos do cosmopolitismo multicultural. Rio de Janeiro: Civilização Brasileira, 2003. p. 458.

(genética e sociocultural), afirma o direito à diferença e celebra a diversidade da nação.[901]

A atribuição de direitos específicos a determinados grupos pode decorrer de razões legítimas ou ilegítimas. Como se viu no capítulo 1, no passado, os direitos eram dependentes da inserção estamental da pessoa: os integrantes dos estamentos superiores tinham muito mais direitos do que as pessoas de menor *status*. A diferença decorria de uma concepção social hierárquica, pela qual se concebia que algumas pessoas valeriam muito mais do que outras. A modernidade representou uma ruptura em relação a esse paradigma ao reconhecer os direitos em termos universais.

Contudo, é preciso demarcar algumas diferenças importantes entre os privilégios e os direitos diferenciados lastreados no reconhecimento. Os primeiros foram tradicionalmente concedidos às elites, aos grupos hegemônicos: são direitos dos *insiders*. Os segundos são atribuídos a integrantes de grupos estigmatizados e excluídos: são direitos dos *outsiders*. Mas não é só. Os privilégios, como destacado, ligam-se a uma visão não universalista da dignidade, calcada na hierarquização entre as pessoas. Já os direitos diferenciados, na sua melhor leitura, fundam-se em compreensão universalista e igualitária. Direitos especiais são conferidos não porque seus titulares sejam melhores ou piores do que as outras pessoas, mas no afã de promover a igualdade, tratando-os com o mesmo respeito que é devido a todos os demais indivíduos.

Ocorre que tratar com o mesmo respeito as pessoas impõe, muitas vezes, a atribuição de direitos diferenciados a elas. As razões podem ser as mais diversas: corrigir injustiças estruturais e históricas; adequar as normas e práticas vigentes, moldadas a partir dos interesses dos grupos hegemônicos, às especificidades de determinados sujeitos que são onerados por elas de modo desproporcional; possibilitar a sobrevivência de culturas e modos de vida tradicionais que são constitutivos da identidade dos seus integrantes etc. A legitimidade dessas medidas depende sempre da sua harmonização, em cada caso, com a ideia de igual dignidade de todas as pessoas.[902]

---

901 Corte Constitucional da África do Sul. *Lesbian and Gay Equality Project v. Minister of Home Affairs*. Case CCT nº 60/04, julg. 01.12.2005.

902 Nessa linha, cf. HABERMAS, Jürgen. Direitos culturais iguais e os limites do liberalismo pós-moderno. *In*: HABERMAS, Jürgen. *Entre naturalismo e religião*: estudos filosóficos. (Trad. Flávio Beno Siebeneichler). Rio de Janeiro: Tempo Brasileiro, 2007. p. 301-347.

É por isso que o melhor critério para diagnosticar uma discriminação ilegítima contra um grupo estigmatizado não se prende à existência de uma diferença de tratamento, mas à presença de subordinação na prática analisada. O tema é objeto de intensa controvérsia nos Estados Unidos, em que disputam espaço duas correntes do direito antidiscriminação:[903] a que defende a perspectiva da *antidiferenciação* (ou anticlassificação), que reprova tratamentos heterogêneos baseados em critérios considerados "suspeitos", como raça, sexo, religião etc., ainda que favoráveis aos grupos estigmatizados; e a que sustenta a perspectiva da *antisubordinação*,[904] que condena os tratamentos que promovam ou mantenham situações de hierarquização. Esta última linha aceita diferenciações jurídicas que se voltem a combater desigualdades entrincheiradas ao mesmo tempo em que critica os tratamentos aparentemente neutros, que se omitem diante de quadros materiais e culturais de subordinação dos grupos vulneráveis.

Nos Estados Unidos, o tema é controvertido, e a jurisprudência conservadora da Suprema Corte vem se inclinando nos últimos tempos para a perspectiva antidiferenciação, empregando o rigoroso critério do escrutínio estrito (*sctrict scrutiny*) para aferir a validade das normas que estabelecem distinções para favorecer minorias estigmatizadas. No Brasil, contudo, não há espaço para essa perspectiva. A Constituição de 88 é clara ao adotar um projeto de transformação social, no sentido da construção de uma sociedade mais inclusiva. Isso se verifica claramente, por exemplo, na análise dos objetivos fundamentais da República, estatuídos no seu art. 3º. A igualdade, na ordem jurídica brasileira, não se resume à proibição de exclusão: igualdade é também a obrigação de inclusão. E, para incluir os excluídos, não basta abster-se de instituir diferenciações que os estigmatizem. Mais que isso, é essencial atuar para remediar as injustiças presentes não só no plano socioeconômico, como também na esfera da cultura.

O advento do Estado Social provocou uma importante mudança na compreensão do princípio da igualdade, que já se incorporou à nossa mentalidade jurídica. Na atualidade, praticamente ninguém questiona a necessidade de tratamento diferenciado em favor das pessoas

---

903 Veja-se, a propósito do debate, BALKIN, Jack; SIEGEL, Reva. The American Civil Rights tradition: anticlassification or antisubordination? *University of Miami Law Review*, n. 59, p. 9-32, 2003; RIOS, Roger Raupp. *Direito da discriminação*: discriminação direta, indireta e ações afirmativas. Porto Alegre: Livraria do Advogado, 2002. p. 31-50.

904 O texto canônico da perspectiva antisubordinação é de FISS, Owen. Groups and the equal protection clause. *Journal of Philosophy and Public Affairs*, n. 107, 1976.

economicamente mais vulneráveis nas mais diversas áreas – direitos sociais, tributação etc. É praticamente consensual que esse tratamento não se choca com a igualdade, mas antes a promove. Pois bem, a ideia do reconhecimento transplanta essa mesma lógica para o plano cultural. A desigualdade que opera nesta seara e estigmatiza os integrantes de determinados grupos também legitima medidas específicas voltadas a promover o igual respeito à identidade dessas pessoas.

O fundamento dessas medidas não precisa ser qualquer tipo de coletivismo, que ponha o grupo ou a cultura na frente dos indivíduos – o que seria, na minha ótica, incompatível com o "valor intrínseco da pessoa", como visto no capítulo 3. Tais políticas podem ser justificadas em nome da proteção da pessoa – de cada pessoa, no singular.[905] Partindo-se de uma premissa antropológica realista, sabe-se que a cultura e o grupo são indispensáveis para a personalidade dos indivíduos. Daí tem-se o melhor fundamento para a proteção das culturas e grupos – a garantia da dignidade humana das pessoas reais, encarnadas e enraizadas, que os integram.[906] Da mesma forma que os direitos sociais não visam à proteção da "classe", mas das pessoas humildes que compõem os extratos sociais subalternos, os direitos culturais, ligados ao reconhecimento, não têm como objetivo central a tutela da "cultura" ou do "grupo identitário", mas a defesa da dignidade dos indivíduos que pertencem às coletividades não hegemônicas. Trata-se do que Habermas designou de "inclusão com sensibilidade para as diferenças".[907]

Uma das hipóteses de atribuição de direitos diferenciados, bastante discutida no país, envolve as políticas de ação afirmativa de natureza racial para acesso ao ensino superior e a cargos públicos. Essas medidas se alicerçam em vários fundamentos legítimos e convergentes, como a promoção da igualdade material no campo da redistribuição, a compensação da discriminação passada e a garantia do pluralismo nas instituições, em favor de todos os seus integrantes e da qualidade do

---

905 Nesse ponto, concordo com a teoria liberal sobre os direitos das minorias culturais sustentada por Will Kymlicka, que faz *a pessoa*, e não *o grupo*, o centro das preocupações. Como disse Kymlicka: "É o indivíduo o ser sensível cuja vida pode melhorar ou piorar, que sofre ou se realiza, então é o seu bem-estar a matéria-prima da moralidade". (KYMLICKA, Will. *Liberalism, community and culture.* Oxford: Oxford University Press, 1989. p. 242).

906 Nesse mesmo sentido, veja-se RAZ, Joseph. Multiculturalismo: una concepción liberal. *In*: RAZ, Joseph. *La ética en el ámbito público.* (Trad. Maria Luz Melón). Barcelona: Gedisa, 2001. p. 184-207.

907 HABERMAS, Jürgen. Inserção: inclusão ou confinamento?: Da relação entre nação, estado de direito e democracia. *In*: HABERMAS, Jürgen. *A inclusão do outro*: estudos de teoria política. (Trad. George Sperber e Paulo Astor Soethe). São Paulo: Edições Loyola, 1996. p. 164-167.

serviço que prestam para a sociedade. Dentre esses objetivos, também figura o propósito de romper com a visão cristalizada na sociedade de que negros estão irreversivelmente destinados ao desempenho de funções subalternas.[908] Afinal, as políticas de ação afirmativa ampliam o acesso dos afrodescendentes a posições de prestígio, fornecendo exemplos inspiradores para crianças e jovens negros, que favorecem a sua identidade e autoestima. É que, como salientou Luís Roberto Barroso, "a desigualdade de fato produz uma sub-representação de determinados segmentos nas posições de maior prestígio e visibilidade sociais, o que pode acabar perpetuando ou retroalimentando um estigma de inferioridade".[909] No voto proferido pelo Ministro Ricardo Lewandowski no julgamento da ADPF nº 186,[910] que tratou das cotas raciais no vestibular da UnB, o ponto foi destacado:

> (...) justiça social, hoje, mais do que simplesmente redistribuir riquezas criadas pelo esforço coletivo, significa distinguir, reconhecer e incorporar à sociedade mais ampla valores culturais diversificados, muitas vezes considerados inferiores àqueles reputados dominantes. (...).
> As ações afirmativas, portanto, encerram também um relevante papel simbólico. Uma criança negra que vê um negro ocupar um lugar de evidência na sociedade projeta-se naquela liderança e alarga o âmbito de possibilidades de seus planos de vida. Há, assim, importante componente psicológico multiplicador da inclusão social nessas políticas.
> A histórica discriminação dos negros e pardos, em contrapartida, revela igualmente um componente multiplicador, mas às avessas, pois a sua convivência multissecular com a exclusão social gera a perpetuação de uma consciência de inferioridade e de conformidade com a falta de perspectiva, lançando milhares deles, sobretudo as gerações mais jovens, no trajeto sem volta da marginalidade social.

---

908 Sobre os fundamentos das políticas de ação afirmativa, veja-se, *e.g.*, ROSENFELD, Michel. *Affirmative action and justice*: a philosophical and constitutional inquiry. New Haven: Yale University Press, 1991; IKAWA, Daniela. *Ações afirmativas em universidades*. Rio de Janeiro: Lumen Juris, 2011; e SARMENTO, Daniel. Igualdade étnico-racial no direito constitucional brasileiro: discriminação "de facto", teoria do impacto desproporcional e ação afirmativa. *In*: SARMENTO, Daniel. *Livres e iguais*: estudos de direito constitucional. Rio de Janeiro: Lumen Juris, 2007. p. 139-166. Para uma descrição das políticas de ação afirmativa no Direito Comparado, veja-se SABBAGH, Daniel. Affirmative action. *In*: ROSENFELD, Michel; SAJÓ, András (Eds.). *The Oxford handbook of comparative constitutional law*. Oxford: Oxford University Press, 2012. p. 1.124-1.141.

909 BARROSO, Luís Roberto. *Cotas raciais são legítimas com parâmetros razoáveis*. 2012. Parecer. Disponível em: http://www.conjur.com.br/2012-abr-25/politica-cotas-raciais-legitima-parametros-razoaveis. Acesso em 15 ago. 2015.

910 Supremo Tribunal Federal. ADPF nº 186, Rel. Min. Ricardo Lewandowski, julg. 26.04.2012.

Outra hipótese relevante envolve *o direito à adaptação razoável* (ou acomodação razoável), que demanda o ajuste de políticas públicas, ambientes e práticas sociais às necessidades e demandas de determinados grupos vulneráveis e minoritários, que sofrem um impacto adverso desproporcional em decorrência delas.[911] O direito à adaptação razoável está expressamente previsto no art. 5.3 da Convenção sobre os Direitos das Pessoas com Deficiência,[912] incorporada ao bloco de constitucionalidade brasileiro, em razão da sua aprovação de acordo com o procedimento previsto no art. 5º, §3º, da CF. Na minha ótica, ele também se estende a outros grupos sociais vulneráveis, como minorias religiosas e povos indígenas.

A ideia subjacente a tal direito é de que normas jurídicas, políticas públicas e práticas sociais, ainda quando válidas, podem ter um impacto desproporcional sobre determinada pessoas em razão das suas características identitárias. Dentre outras razões, isso decorre do fato de que os grupos não hegemônicos não têm, na maior parte dos casos, a voz e o poder suficientes para influenciar na definição das referidas medidas. Por isso, com frequência, os seus interesses são ignorados ou atropelados na formulação e implementação das mesmas, ainda quando tais ações persigam objetivos legítimos e não tenham sido confeccionadas com qualquer intenção discriminatória. Nessas hipóteses, deve-se buscar, sempre que possível, uma acomodação razoável entre os interesses do grupo desproporcionalmente afetado pela medida e o objetivo público, social ou empresarial que ensejou a sua adoção.

A adoção dessa perspectiva envolve a rejeição a uma compreensão homogeneizadora de igualdade, que se satisfaz com a concessão do mesmo tratamento a todas as pessoas, ignorando que os indivíduos podem ter necessidades especiais. A igualdade, nessa ótica mais generosa, não se resume à mera integração das pessoas nas esferas

---

911 Para um denso estudo do tópico, com foco no direito das pessoas com deficiência, veja-se MARTEL, Letícia Velho Campos. Adaptação razoável: o novo conceito sob as lentes de uma gramática constitucional inclusiva. *SUR – Revista Internacional de Direitos Humanos*, v. 8, n. 14, p. 89-114, 2011.

912 A Convenção sobre os Direitos das Pessoas com Deficiência, promulgada pelo Decreto nº 6.949/2009, no seu artigo 2º, estabeleceu a seguinte definição: "Adaptação razoável, significa as modificações e os ajustes necessários e adequados, que não acarretem ônus desproporcional ou indevido, quando requeridos em cada caso, a fim de assegurar que as pessoas com deficiência possam gozar ou exercer, em igualdade de oportunidades com as demais pessoas, todos os direitos humanos e liberdades fundamentais". O art. 5.3 da Convenção, por sua vez, determinou: "A fim de promover a igualdade e eliminar a discriminação, os Estados Partes adotarão todas as medidas apropriadas para garantir que a adaptação razoável seja oferecida".

sociais, sem a oposição de obstáculos ao seu ingresso. Mais que isso, a igualdade é a inclusão, que demanda que a sociedade e as instituições públicas e privadas busquem, na medida do possível, acomodar, em suas políticas e práticas, as necessidades específicas de pessoas que integram grupos vulneráveis. É certo, porém, que nem toda pretensão tem como ser acomodada. Torna-se necessário realizar uma avaliação, em cada caso, que considere não apenas a importância da adaptação pretendida para os direitos das pessoas atingidas, como também os ônus que decorreriam da promoção do ajuste, tanto sob a perspectiva financeira como sob o ângulo do seu impacto adverso sobre outros direitos e interesses.

Nos Estados Unidos, o direito à adaptação razoável foi previsto na *Equal Employment Opportunity Act* de 1972, com foco nas minorias religiosas, e posteriormente no *Americans with Disabilities Act* de 1990. Naquele país, já foram proferidas decisões bastante significativas na matéria. No campo religioso, por exemplo, no caso *Sherbert v. Verner*,[913] julgado em 1963, a Suprema Corte norte-americana decidiu que a denegação de seguro desemprego a uma pessoa, que, por razões religiosas, não aceitava trabalhos em que tivesse que laborar no sábado, violava a sua liberdade de religião, muito embora a recusa de emprego constituísse motivo previsto em lei para a não concessão do benefício. A Corte adaptou a legislação às necessidades religiosas de um grupo minoritário – os adventistas de sétimo dia. Já no caso *PGA Tour, Inc. v. Martin*,[914] a Suprema Corte assegurou, em competição profissional de golfe, que um atleta com deficiência pudesse se locomover pelas longas distâncias do campo em um carrinho elétrico, e não a pé, como os demais competidores. Contudo, tem havido um grave refluxo no país nessa questão. Em matéria religiosa, a Suprema Corte passou a entender que não haveria um direito constitucional à acomodação razoável, que dependeria de decisão estatal em cada caso.[915] E no campo da deficiência,

---

[913] Suprema Corte dos Estados Unidos. *Sherbert v. Verner*, 374 U.S. 398 (1963).

[914] Suprema Corte dos Estados Unidos. *PGA Tour, Inc. v. Martin*, 532 U.S. 661 (2001).

[915] A guinada da jurisprudência ocorreu no caso *Employment Division Department of Human Resources of Ohio v. Smith*, 494 U.S. 872 (1990). Houve uma tentativa de reversão legislativa da orientação da Suprema Corte por meio de lei que restabeleceu o direito à adaptação razoável em matéria religiosa. Porém, no julgamento do caso *City of Boerne v. Flores* (521 U.S. 507 (1997)), a Suprema Corte decidiu que a referida lei federal não poderia ser aplicada aos Estados, mas apenas à União, sob o argumento de que não caberia ao legislador adotar interpretação da Constituição que discrepasse da sua orientação. A lei poderia, contudo, estabelecer orientação sobre a matéria, mas apenas para a própria União.

a jurisprudência norte-americana vem adotando nos últimos tempos uma interpretação extremamente restritiva do instituto.[916]

Na Alemanha, no Canadá e na Colômbia, há decisões emblemáticas, que realizaram adaptações razoáveis de normas e práticas estatais, de modo a ajustá-las a demandas de grupos minoritários. Na Alemanha, uma lei de proteção aos animais prescrevia a forma do abate do gado, visando a proteger os animais do sofrimento, mas o Tribunal Constitucional alemão reconheceu uma isenção para um açougueiro sunita para que pudesse vender carne que se ajustasse às regras dietéticas observadas pelos adeptos daquela religião.[917] No Canadá, a Suprema Corte reconheceu o direito de aluno, praticante ortodoxo da religião *sikh*, de portar na escola um *kirpan* – uma faca ritualística – sob a sua roupa, com base no argumento de que essa era uma exigência da referida religião, e que os riscos à segurança de outros alunos não seriam superiores aos decorrentes da possibilidade de qualquer estudante levar uma tesoura para o colégio.[918] O Canadá decidiu acomodar outra demanda religiosa dos *sikhs*, isentando-os do uso do tradicional chapéu que integra o uniforme da polícia montada, para que pudessem envergar os seus turbantes, utilizados por motivação religiosa.[919] A Corte Constitucional da Colômbia, por sua vez, em decisão já comentada no capítulo 4,[920] determinou que fosse proporcionado o acesso direto das pessoas portadoras de nanismo às suas dependências internas, em razão de a altura do balcão de atendimento dificultar que indivíduos de baixa estatura se comunicassem com os funcionários da instituição, o que expunha os primeiros a situação vexatória e reduzia a sua autonomia.

No Brasil, o tema praticamente não é discutido, mas há casos interessantes já decididos pela jurisprudência, que podem ser enquadrados na categoria da adaptação razoável. Em matéria religiosa, por exemplo, há decisões permitindo a candidatos adventistas de sétimo dia a realização de prova de concurso público agendada para o sábado,

---

916 Cf. MINOW, Martha. Accommodating integration. *University of Pennsylvania Law Review*, v. 157, p. 1-10, 2008; e SUNSTEIN, Cass R. Caste and disability: the moral foundations of the ADA. *University of Pennsylvania Law Review*, v. 157, p. 21-27, 2008.

917 Tribunal Constitucional Federal da Alemanha. BVerfGE 104, 337 (2002).

918 Suprema Corte do Canadá. *Multani v. Commission Scolaire Marguerite-Bourgeoys*, (2006) 1 S.C.R. 256, 2006 SCC 6.

919 Cf. GUTMANN, Amy. *Identity in democracy*. Princeton: Princeton University Press, 2003. p. 5-6. O caso teve grande repercussão, pois a polícia montada é um dos mais importantes símbolos nacionais do Canadá, que, com isso, foi tornado mais inclusivo.

920 Corte Constitucional da Colômbia, Sentencia nº T-1258/2008.

depois do final do horário de guarda, assegurando-se, até então, o sigilo da avaliação.[921] Com tal medida, possibilita-se que tais pessoas participem do concurso, sem terem de violar os comandos da sua religião e sem que haja quebra da isonomia em relação aos demais candidatos – pois todos fazem a mesma prova –, nem tampouco a imposição de ônus excessivo ao Estado, já que medida adaptativa envolve providências singelas e pouco custosas. No campo da deficiência, ressalte-se a decisão do CNJ, que recomendou a todos os tribunais brasileiros que adaptassem a sua tribuna para viabilizar a sustentação oral por advogados cadeirantes.[922] Outra decisão muito interessante foi proferida pelo STF a propósito da intimação de liderança indígena para depor em Comissão Parlamentar de Inquérito. De um lado, a Constituição assegura às CPIs o poder de investigação próprio das autoridades judiciais (art. 58, §3º), o que lhes permite convocar testemunhas. Do outro, há o direito do indígena de permanecer em suas terras, vivendo na sua própria cultura (arts. 215, 216 e 231, CF). O depoimento de um indígena numa CPI, fora do seu *habitat* e sem qualquer assistência, poderia lhe causar graves abalos e constrangimentos. Neste cenário, o STF adotou solução engenhosa para o caso,[923] adaptando, de forma razoável, a atuação da CPI às singularidades da identidade indígena: permitiu o depoimento, mas apenas no interior das terras indígenas e com a presença da FUNAI e de antropólogo com conhecimento da comunidade étnica em questão.

Finalmente, cabe salientar que nem sempre a concessão de vantagens específicas ou de proteções jurídicas adicionais a grupos vulneráveis promove o seu direito ao reconhecimento. Existem situações em que essas são diretamente associadas a algum estereótipo negativo e, nesses casos, podem lesar o reconhecimento ao invés de promovê-lo.[924]

---

921 *E.g.*, Tribunal Regional Federal da 1ª Região. Apelação Cível nº 20.2012.4.01.3813/MG, 5ª Turma, Rel. Des. Souza Prudente, julg. 31.07.2013. Destaque-se, porém, que o tema não é pacífico e existem outras decisões no sentido diametralmente oposto.

922 Decisão tomada em 11.03.2012, cf. Disponível em: http://www.cnj.jus.br/noticias/cnj/58992-tribunais-serao-orientados-a-adaptar-tribunas-para-cadeirantes. Acesso em 31 dez. 2015.

923 Supremo Tribunal Federal. HC nº 80.240, 1ª Turma, Rel. Min. Sepúlveda Pertence, julg. 20.06.2001.

924 Nessa linha, a Suprema Corte norte-americana invalidou diversas leis e medidas que supostamente favoreciam as mulheres por se basearem em visões estereotipadas. Em *Weinberger v. Weisenfeld*, por exemplo, reconheceu a inconstitucionalidade de lei que concedia pensão automática à viúva, mas não ao viúvo, afirmando que ela se baseara no estereótipo de que "a renda dos homens é vital para o sustento das famílias, enquanto a das mulheres não contribui significativamente para tal sustento" (420 U.S. 636 (1975)). Em *Mississippi University for Women v. Hogan*, afirmou a invalidade da política de exclusão de homens de uma universidade pública de enfermagem. Na decisão, consignou-se que, "ao invés de compensar as barreiras discriminatórias enfrentadas por mulheres, a política da

A Constituição brasileira de 1969, por exemplo, proibia o trabalho em "indústrias insalubres" para a mulher (art. 165, inciso X). Tratava-se de medida protetiva que, todavia, endossava um estereótipo negativo de gênero, da mulher como "sexo frágil", que lhe retirava o poder de agência e legitimava a reprodução de um modelo androcêntrico de relações sociais. Fenômeno semelhante se dá na proibição de venda de bebidas alcoólicas aos indígenas "não aculturados", prevista na Lei nº 6.001/73, acima referida.

Há, ademais, vantagens que, conquanto legítimas em si, são por vezes justificadas com base em discurso que lança mão desses estereótipos, naturalizando-os. Um exemplo emblemático ocorreu em decisão do TST, da lavra do Ministro Ives Gandra Filho, em que se reconheceu a recepção de preceito da CLT que prevê intervalo de pelo menos 15 minutos para as empregadas mulheres, no caso de prorrogação da jornada normal de trabalho, não extensivo aos trabalhadores do gênero masculino.[925] O voto do relator contém a seguinte – e impressionante – argumentação:

> A igualdade jurídica e intelectual entre homens e mulheres não afasta a natural diferenciação fisiológica e física entre homens e mulheres (...) como pode se verificar na Encíclica "*Rerum Novarum*", do Papa Leão XIII (15 de maio de 1891: "(...) Trabalhos há também que se não adaptam tanto à mulher, a qual a natureza destina de preferência aos arranjos domésticos que, por outro lado, salvaguardam admiravelmente a honestidade do sexo, e correspondem melhor, pela sua natureza, ao que pede a boa educação dos filhos e a prosperidade da família" (...) Para Edith Stein (1891-1942) "(...) a vocação primária do homem seria o domínio sobre a terra e a da mulher a geração e educação dos filhos. (...) Por isso, a mulher deve encontrar, na sociedade, a profissão adequada que não a impeça de cumprir a sua vocação primária, de ser 'o coração da família e a alma da casa'".

---

universidade tende a perpetuar a visão estereotipada de que a enfermagem é um trabalho exclusivamente feminino" (458 U.S. 718 (1982)). Na mesma trilha, o Tribunal Constitucional Federal da Alemanha declarou a inconstitucionalidade de norma que proibia no trabalho noturno da mulher (BVerfGE 85, 191 (1992)).

925 Tribunal Superior do Trabalho, Tribunal Pleno. II em RR – nº 154000-83.2005.5.12.0046, Rel. Min. Ives Gandra Martins Filho, julg. 17.11.2008. Esse trecho foi reproduzido, sem críticas, no voto proferido pela Ministra Rosa Weber no STF, no julgamento do RE nº 658.312, Rel. Min. Dias Toffoli, julg. 27.11.2014.

6.6 O direito à diferença cultural das populações tradicionais

6.6.1 Proteção à identidade cultural, reconhecimento e dignidade humana

A cultura é essencial para a vida das pessoas.[926] Somos seres enraizados e não vivemos em um vazio cultural. Quando fazemos escolhas e agimos, não é a partir de uma "tábula rasa", mas do universo linguístico-cultural que habitamos. A cultura fornece um "contexto de escolha" para os indivíduos.[927] Isso não quer dizer que as culturas sejam estáticas, nem que os indivíduos não passem de "membros" de uma coletividade cultural, mas, sim, que os valores compartilhados, modos de vida e tradições são fatores importantíssimos para a identidade de cada um.

Essa proteção é ainda mais essencial para as comunidades tradicionais – como os povos indígenas, comunidades quilombolas etc.[928] – por diversas razões. Em primeiro lugar, porque os laços comunitários e valores compartilhados, importantes para todos os seres humanos, tendem a assumir um peso ainda maior na conformação da identidade das pessoas que integram esses grupos tradicionais. Isso não se deve, evidentemente, a qualquer diferença ontológica entre as pessoas supostamente "civilizadas" e os "selvagens", mas decorre de aprendizados distintos nos processos de socialização. Os grupos tradicionais se regem por gramáticas sociais menos individualistas e mais coletivistas, e estes padrões tendem a ser internalizados pelas pessoas que os integram no

---

926 A Declaração Universal sobre a Diversidade Cultural definiu a cultura como "o conjunto de traços distintivos espirituais e materiais, intelectuais e afetivos que caracterizam uma sociedade ou um grupo social e que abrange, além das artes e das letras, os modos de vida, as maneiras de viver juntos, os sistemas de valores, as tradições e as crenças".

927 Cf. KYMLICKA, Will. *Multicultural citizenship*: a liberal theory of minority rights. Oxford: Claredon University Press, 1996. p. 82-84.

928 O Decreto nº 6.040/2007, que instituiu a Política Nacional de Desenvolvimento Sustentável dos Povos e Comunidades Tradicionais, definiu "povos e comunidades tradicionais" como "grupos culturalmente diferenciados e que se reconhecem como tais, que possuem formas próprias de organização social, que ocupam e usam territórios e recursos naturais como condição para sua reprodução cultural, social, religiosa, ancestral e econômica, utilizando conhecimentos, inovações e práticas gerados e transmitidos pela tradição" (art. 3º, inciso I). Muitas dessas comunidades, embora envolvam contingentes populacionais expressivos, são ainda invisíveis para a sociedade. Dentre elas, há grupos como os caiçaras, seringueiros, quebradeiras de coco, comunidades de terreiro, fundos de pasto, ciganos, faxinais, geraizeiros e pomeranos, cada um com as suas singularidades. Veja-se, a propósito, SILVA, Maria Osmarina. Saindo da invisibilidade: a política nacional de povos e comunidades tradicionais. *Inclusão Social*, v. 2, n. 2, p. 7-9, 2007.

processo de construção intersubjetiva das suas identidades. Por isso, as fraturas na identidade cultural tendem a ser ainda mais penosas para os membros desses grupos, gerando intenso sofrimento e a sensação de absoluto desamparo e desorientação.

Ademais, o risco de destruição a que estão expostas as culturas tradicionais é muito elevado pelas pressões decorrentes da sua relação sempre tensa com a sociedade envolvente. Os grupos tradicionais têm, em geral, a sua identidade cultural estreitamente ligada a um território específico, e a disputa com terceiros – quase sempre muito mais poderosos –, pela posse deste espaço físico representa provavelmente a maior ameaça à sua cultura, pelo menos no Brasil. O risco à sobrevivência cultural advém também do preconceito que essas coletividades enfrentam na sociedade, que normalmente desvaloriza o seu modo de vida, estigmatizando aqueles que o praticam. São muito fortes, por outro lado, as pressões assimilacionistas e desagregadoras que se originam da sociedade capitalista de massas, que, por vezes, operam como um verdadeiro "liquidificador cultural", triturando as culturas tradicionais.

Outro argumento empregado em favor desses direitos é histórico.[929] Os povos tradicionais sujeitaram-se, em geral, a graves injustiças em sua trajetória, às quais pode ser em parte debitada a situação de exclusão em que se encontram no presente, não só do ponto de vista de inferioridade socioeconômica, como também na perspectiva de subordinação cultural. Veja-se o caso dos nossos povos indígenas. Os índios brasileiros foram, ao longo do tempo, dizimados pela violência dos brancos e pelas doenças que estes trouxeram, expulsos da maior parte das suas terras, expostos a práticas etnocidas, de invisibilização[930] e assimilação forçada.[931] É necessário reajustar para bases mais equitativas as relações entre os povos indígenas e "os brancos", e não há como fazê-lo ignorando o passado de tamanha injustiça intergrupal. Esse reequilíbrio das relações intergrupais não envolve apenas redistribuição, mas também reconhecimento, pois as injustiças históricas deixaram profundas cicatrizes no universo simbólico-cultural. Argumento similar pode ser formulado para outras comunidades tradicionais, como os

---

929 O argumento histórico foi desenvolvido com densidade em TULLY, James. *Strange multiplicity*: constitutionalism in the age of diversity. Cambridge: Cambridge University Press, 1995.

930 Um dos exemplos mais escandalosos de invisibilização e estigmatização dos índios é a narrativa histórica oficial do Brasil, compartilhada por todos e reproduzida inclusive nas escolas, que, de forma ofensiva, fala em "descoberta" do país no ano de 1500, como se só o que os brancos fizeram depois da *invasão* portuguesa tivesse alguma importância e valor.

931 Veja-se, a propósito, GOMES, Mércio Pereira. *Os índios e o Brasil*: passado, presente e futuro. São Paulo: Contexto, 2012.

quilombolas brasileiros, cuja identidade étnico-cultural foi forjada na resistência à opressão racial.

Todas essas razões convergem para a necessidade de proteção ativa dessas culturas não hegemônicas. Uma proteção que se volte não para a sua preservação forçada, o que seria, além de inviável, francamente ilegítimo. Afinal, as culturas são dinâmicas, evoluem e se adaptam, e os seus integrantes têm o direito de contestar as suas práticas, e até de renegá-las, deixando-se absorver pela sociedade envolvente, se assim preferirem. Mas é preciso que sejam asseguradas as condições para que a cultura possa existir e se reproduzir. Essa proteção volta-se, antes de tudo, para a defesa da dignidade de pessoas concretas, cuja identidade seria atingida pelo desaparecimento ou deterioração do ambiente cultural em que estão inseridas.[932] Mas, adicionalmente, ela também favorece a sociedade como um todo, nas suas presentes e futuras gerações, que se beneficia com a riqueza proporcionada pela diversidade cultural.[933] Como destacou Richard Falk, "a diversidade promove a qualidade de vida, ao enriquecer a nossa experiência, expandindo as nossas fontes culturais". Por isso, a garantia à proteção e promoção da diversidade cultural pode também ser vista, nas suas palavras, como "expressão geral de um autointeresse ilustrado" da sociedade.[934]

Uma postura de simples omissão estatal diante das diferenças culturais, como que confiando na "mão invisível" de um suposto mercado, não é suficiente.[935] Os grupos não hegemônicos são injustamente

---

932 Em sentido contrário, Carlos Frederico Marés de Souza Filho sustenta, com foco centrado na questão indígena, que o fundamento adequado para essa proteção deve ser coletivista, e não focado em indivíduos concretos. (cf. SOUZA FILHO, Carlos Frederico Marés. O direito de ser povo. *In*: SARMENTO, Daniel Sarmento; IKAWA, Daniela Ikawa; PIOVESAN, Flávia (Orgs.). *Igualdade, diferença e direitos humanos.* Rio de Janeiro: Lumen Juris, 2008. p. 475-495).

933 Nesse sentido, a Convenção sobre a Proteção e Promoção da Diversidade das Expressões Culturais, promulgada no Brasil pelo Decreto nº 6.177/2007, afirmou, em seus *consideranda*, que a "diversidade cultural constitui patrimônio comum da humanidade, a ser valorizado e cultivado em benefício de todos" já que ela "cria um mundo rico e variado que aumenta a gama de possibilidades e nutre as capacidades e valores humanos, constituindo, assim, um dos principais motores do desenvolvimento sustentável das comunidades, povos e nações".

934 FALK, Richard. The rights of peoples (in particular indigenous peoples). *In*: CRAWFORD, James (Ed.). *The rights of peoples.* Oxford: Oxford University Press, 1988. p. 32.

935 Essa "indiferença" é defendida, por exemplo, por Chandran Kukathas, que sustenta que a diversidade só pode ser legitimamente assegurada por meio da tolerância liberal e da garantia de direitos individuais em bases não discriminatórias para todos – especialmente a liberdade de associação. Kukathas critica o discurso dos direitos culturais das minorias, que, na sua ótica, se presta muitas vezes para justificar a criação de enclaves autoritários, em que ocorre a opressão daqueles que são "minorias dentro das minorias". (cf. KUKATHAS, Chandran. Are there any cultural rights? *In*: KYMLICKA, Will (Ed.). *The rights of minority cultures.* Oxford: Oxford University Press, 1995. p. 228-256).

prejudicados nesse "mercado" pelas práticas cotidianas de pessoas, empresas e instituições, que tendem a refletir o *ethos* dominante. Isso pode comprometer gravemente a viabilidade da reprodução da cultura social dessas comunidades. Daí a necessidade de proteção de direitos diferenciados dos povos tradicionais.

São diversos esses direitos, como o de titularidade do seu território tradicional, de autonomia, de viver de acordo com os próprios costumes e tradições, de ser consultado sobre as decisões da sociedade que os afetam, dentre vários outros. No plano internacional,[936] o principal diploma que estatui tais direitos é a Convenção nº 169 da OIT, que trata dos povos indígenas e tribais, estes últimos definidos como aqueles "cujas condições sociais, culturais e econômicos os distingam de outros setores da coletividade nacional, e que estejam regidos, total ou parcialmente, por seus próprios costumes e tradições ou por legislação especial". Esta convenção, internalizada pelo Brasil pelo Decreto nº 5.051/2004, é extremamente avançada, voltando-se ao empoderamento e ao respeito à identidade dos povos tradicionais. Ela substituiu na matéria a Convenção 107 da OIT, que adotava uma condenável ótica integracionista.

O território é, para os povos tradicionais, o primeiro dos direitos, pois se trata de condição indispensável para a preservação de todos os demais. Ao contrário do que alguns ministros do STF afirmaram no julgamento do caso *Raposa Serra do Sol*, a palavra "território" é a mais apropriada para exprimir as áreas tradicionalmente ocupadas por tais coletividades,[937] pois ela denota, além do espaço físico, também a autonomia política que, em alguma medida, eles devem desfrutar no interior das suas áreas.[938] Essa ideia de autonomia sobre o espaço físico –

---

[936] Veja-se, a propósito, ANAYA, James. *Indigenous peoples in international law.* Oxford: Oxford University Press, 2004; WOLFRUM, Rüdger. A proteção dos povos indígenas no direito internacional. *In*: SARMENTO, Daniel; IKAWA, Daniela; PIOVESAN, Flávia (Orgs.). *Igualdade, diferença e direitos humanos.* Rio de Janeiro: Lumen Juris, 2008. p. 599-615.

[937] O Decreto nº 6.040/2007, que instituiu a Política Nacional de Desenvolvimento Sustentável dos Povos e Comunidades Tradicionais, empregou a expressão "territórios tradicionais", e estes foram assim definidos: "Espaços necessários a reprodução cultural, social e econômica dos povos e comunidades tradicionais, sejam eles utilizados de forma permanente ou temporária, observado, no que diz respeito aos povos indígenas e quilombolas, respectivamente, o que dispõem os arts. 231 da Constituição e 68 do Ato das Disposições Constitucionais Transitórias, e demais regulamentações" (art. 1º, inciso III).

[938] De acordo com Daniel Bonilla Maldonado, a autonomia territorial visa a promover dois objetivos: "Permite aos grupos aborígenes determinar autonomamente as suas necessidades e a maneira como devem ser satisfeitas e permite a consolidação e a reprodução da forma de vida dos grupos". (MALDONADO, Daniel Bonilla. *La constitución multicultural.* Bogotá: Siglo de Hombre Editores, 2006. p. 201).

que não se confunde com aquela desfrutada pelos entes federados – percebe-se, por exemplo, em trecho do voto do Ministro Luís Roberto Barroso, proferido nos embargos de declaração do próprio caso *Raposa Serra do Sol*, ao tratar da possibilidade da presença de autoridades religiosas não indígenas naquela reserva. Ressaltou o voto, com inteira razão, que "deve caber às comunidades indígenas, e apenas a elas, o direito de decidir se, como e em que circunstâncias se admitirá a presença dos missionários e seus templos".[939]

A importância do território é sempre destacada pelos estudiosos da questão indígena. Como salientou Darcy Ribeiro, "a posse de um território tribal é condição essencial à sobrevivência dos índios".[940] No âmbito da jurisdição internacional dos direitos humanos, a importância do direito à terra para os povos indígenas tem sido sempre enfatizada. A Corte Interamericana de Direito Humanos, por exemplo, no histórico caso *Comunidad Mayagna (Sumo) Awas Tingni vs. Nicaragua*,[941] ao reconhecer aos indígenas o direito à propriedade comunal das terras que tradicionalmente ocupavam, ressaltou que, "para as comunidades indígenas, a relação com a terra não é meramente uma questão de posse e produção, mas um elemento material e espiritual de que devem gozar plenamente, inclusive para preservar o seu legado cultural e transmiti-lo para gerações futuras". Na mesma linha, o STF assentou, no julgamento do caso *Raposa Serra do Sol*:

> Não há índio sem terra. A relação com o solo é marca característica da essência indígena, pois tudo o que ele é, é na terra e com a terra. (...). É nela e por meio dela que eles se organizam. É pisando o chão e explorando seus limites que desenvolvem suas crenças e enriquecem sua linguagem, intimamente referenciada à terra. Nada é mais importante

---

[939] Supremo Tribunal Federal. Emb. Decl na Pet. nº 3.388, Plenário, Rel. Min. Luís Roberto Barroso, julg. 23.10.2013. No mesmo voto, em bela passagem, o Ministro Barroso consignou: "Nem por isso deve se supor (...) que a Constituição tenha o papel de proteger os índios contra suas próprias escolhas, transformando o direito de preservarem a sua cultura em um dever de isolamento incondicional. Nessa matéria, o maior erro é imaginar que caberia a alguém, senão aos próprios índios, decidir sobre o seu presente e o seu futuro (...). Por certo, a ideia não é assimilar nem aculturar os índios, mas tampouco se pode impedir que os mesmos decidam entrar em contato com outros grupos humanos e ideias".

[940] RIBEIRO, Darcy. *A política indigenista brasileira*. Rio de Janeiro: Ministério da Agricultura, 1962. p. 143.

[941] Corte Interamericana de Direitos Humanos. *Caso de la Comunidad Mayagna (Sumo) Awas Tingni vs. Nicaragua*. Sentencia de 31.07.2001.

para eles. (...). Por isso, de nada adianta reconhecer-lhes os direitos sem assegurar-lhes as terras, identificando-as e demarcando-as.[942]

A Constituição consagra expressamente o direito às terras tradicionalmente ocupadas para os indígenas (art. 231) e quilombolas (art. 68, ADCT). Contudo, a garantia da dignidade humana e da cultura justifica que também se assegure a proteção do território para outras comunidades tradicionais. Se esta proteção é pressuposto para a tutela da cultura do grupo e da identidade dos seus integrantes, o Poder Público tem o dever de efetivá-la pelos meios de que dispuser. Tratando-se de áreas que recaiam em propriedades particulares, o Estado deve promover a desapropriação competente, cuja realização deixa de ser discricionária, convertendo-se em dever judicialmente sindicável, haja vista tratar-se da garantia de direito fundamental de grupo minoritário.

Will Kymlicka formulou uma distinção importante em matéria de proteção a minorias culturais, distinguindo as *proteções externas* das *restrições internas*. As primeiras salvaguardam os grupos diante de pressões e decisões da sociedade envolvente que podem prejudicá-los; as segundas impõem limitações aos direitos dos membros do grupo, no afã de manter intactas a sua cultura e tradições.[943] O direito ao território tradicional, acima referido, é exemplo de proteção externa. Muito mais delicadas, sob a perspectiva jurídica e filosófica, são as restrições internas, que envolvem a relação entre o multiculturalismo e a proteção de direitos fundamentais. Esta questão será discutida no próximo subitem.

6.6.2 Multiculturalismo e proteção de direitos humanos nas comunidades tradicionais: diálogos, tensões e "universalismo de chegada"

Heródoto, historiador da antiguidade grega, narrou que Dario, rei da Pérsia no século V A.C., teria indagado a gregos presentes na sua corte, que tinham o hábito de cremar seus mortos, por quanto aceitariam comer os cadáveres dos seus pais.[944] Os gregos lhe responderam, ofendidos, que não cometeriam tamanha atrocidade por nenhum dinheiro no

942 Supremo Tribunal Federal, Pet. nº 3.388/RR, Rel. Min. Carlos Britto, DJe 25.09.2009. O trecho citado integra o voto do Ministro Carlos Alberto Menezes Direito.

943 Cf. KYMLICKA, Will. *Multicultural citizenship*: a liberal theory of minority rights. Oxford: Claredon University Press, 1996. p. 35-44.

944 HERÓDOTO. *The histories*. (Trad. Aubrey de Sélincourt). Londres: Penguin, 1996. p. 169.

mundo. Mais tarde, Dario teria perguntado a integrantes da tribo dos calatinos, que seguiam a tradição de comer os corpos de seus parentes falecidos, por que quantia topariam cremar aqueles cadáveres. Foi a vez de os calatinos responderem com indignação, clamando ao rei Dario que nunca mais repetisse aquela proposta tão ofensiva e abominável. Diante daquele quadro, Heródoto concluiu que o costume seria o "rei de tudo".

Já naquela época, Heródoto apercebeu-se da amplitude da diversidade cultural. Sociedades diferentes têm percepções divergentes sobre o que é certo e errado, belo e feio, justo e injusto. E os indivíduos tendem, naturalmente, a considerar como injustas, imorais ou absurdas as práticas e condutas adotadas por sociedades diferentes das suas, quando se chocam com os valores e tradições da cultura em que foram socializados.[945]

Dessa constatação empírica acerca das enormes variações culturais existentes na humanidade, há quem extraia uma conclusão no plano normativo em favor do relativismo cultural.[946] Para os relativistas, não existem respostas universalmente válidas sobre o que é justo ou injusto, pois tudo depende do contexto sociocultural. O que há são valores, tradições e moralidades não só diferentes, como também reciprocamente incomensuráveis. Como seres enraizados, não conseguimos julgar as práticas alheias senão através das lentes da nossa própria cultura. Por isso, deveríamos suspender qualquer juízo de valor sobre as práticas

---

945 Como disse Ruth Benedict em obra clássica da Antropologia, "nenhum ser humano olha para o mundo com olhos puros, mas o vê modificado por um determinado conjunto de costumes, instituições e maneiras de pensar. Mesmo em suas sondagens filosóficas, ele não pode ir além destes estereótipos; até os seus conceitos do verdadeiro e do falso ainda terão como referência seus costumes tradicionais específicos". (BENEDICT, Ruth. *Padrões de cultura.* (Trad. Ricardo A. Rosenbusch). Petrópolis: Vozes, 2012. p. 13-14).

946 O filósofo moral James Rachels sintetizou o credo do relativismo cultural, por ele não endossado, em seis proposições: "1. Sociedades diferentes têm códigos morais diferentes. 2. O código moral de uma sociedade determina o que é correto no seio dessa sociedade, isto é, se o código moral de uma sociedade afirma que certa acção é correcta, então essa acção é correta, pelo menos nessa sociedade. 3. Não há qualquer padrão objectivo que se possa usar para ajuizar um código social como melhor do que o outro. 4. O código moral da nossa própria sociedade não tem um estatuto especial, é apenas um dentre muitos. 5. Não há uma 'verdade universal' em ética, isto é, não há verdades morais aceites por todos os povos em todos os tempos. 6. É mera arrogância nossa tentar julgar a conduta de outros povos. Deveríamos adoptar uma atitude de tolerância face às práticas de outras culturas". (RACHELS, James. *Elementos de filosofia moral.* (Trad. F. J. Azevedo Gonçalves). Lisboa: Gradiva, 2004. p. 36-37).

existentes em sociedades diferentes, pois nossas avaliações estão sempre comprometidas pela nossa própria inserção cultural, que vicia o olhar.[947]

Nessa perspectiva, compartilhada por muitos antropólogos,[948] os direitos humanos são vistos como construções ocidentais, cuja imposição sobre outras culturas seria intrinsecamente ilegítima. O discurso dos direitos fundamentais e da dignidade humana, de acordo com esta leitura, surgiu no cenário norte-atlântico em decorrência de processos históricos que não se reproduziram em outros quadrantes. Tal discurso se alicerçaria sobre bases individualistas, ligadas a certas premissas culturais que não estão presentes em diversas sociedades não ocidentais, nem tampouco em comunidades tradicionais existentes em países do Ocidente, que dão ênfase à coletividade, e não ao indivíduo. Por isso, impor o respeito aos direitos humanos a grupos inseridos nessas culturas não ocidentais seria medida etnocêntrica – uma espécie de imperialismo cultural com trajes mais atraentes –, que poderia aniquilar os modos de vida peculiares desses povos.

---

947 Em texto canônico, Claude Lévi-Strauss defendeu que essa deveria ser a postura profissional dos antropólogos: "O antropólogo se declara impotente para fazer um julgamento de ordem intelectual ou moral sobre os valores respectivos deste ou daquele sistema de crenças ou desta ou daquela forma de organização social. Para o antropólogo, de fato, os critérios de moralidade são, por hipótese, uma função da sociedade particular que os adotou. É por respeito aos povos que eles estudam que os antropólogos se proíbem de formular julgamentos sobre o valor comparado da cultura de uns e de outros. Cada cultura, dizem eles, é por essência impotente para fazer um julgamento verdadeiro sobre outra cultura, já que uma cultura não pode se evadir de si mesma, e, portanto, sua apreciação permanece prisioneira de um relativismo contra o qual não há recurso". (Cf. LÉVI-STRAUSS, Claude. *A antropologia diante dos problemas do mundo moderno.* (Trad. Rosa Freire D'Aguiar). São Paulo: Companhia das Letras, 2011. p. 90).

948 O discurso hegemônico na antropologia vem se modificando no que concerne aos direitos humanos. Em 1947, a American Anthropological Association divulgou uma conhecida manifestação dirigida às Nações Unidas, contrária à aprovação da Declaração Universal dos Direitos Humanos, que era sintetizada em três proposições: "1. O indivíduo realiza a sua personalidade através da sua cultura, e por isso o respeito às diferenças individuais impõe o respeito às diferenças culturais"; "2. O respeito à diferença entre as culturas é validado pelo fato científico de que nenhuma técnica de avaliação qualitativa das culturas foi descoberta"; "3. Os *standards* e valores são relativos às culturas de que derivam, de modo que qualquer tentativa de formulação de postulados provenientes das crenças e códigos morais de uma cultura devem, nesta medida, impedir a aplicabilidade de qualquer Declaração de Direitos Humanos para toda a humanidade". (Cf. GOODALE, Mark (Ed.). *Human rights*: an anthropological reader. Oxford: Wiley-Blackwell, 2009. p. 23-27). Porém, no ano de 1999, a mesma American Anthropological Association aprovou nova manifestação, desta vez apoiando a normativa internacional de direitos humanos, embora postulando a sua abertura para novas demandas ligadas ao respeito à diferença. (GOODALE, Mark (Ed.). *Human rights*: an anthropological reader. Oxford: Wiley-Blackwell, 2009. p. 101-103).

No outro extremo do espectro teórico[949] há o universalismo moral absoluto, que sustenta a aplicação universal dos direitos humanos, independentemente de considerações sobre as tradições e particularidades culturais dos grupos sobre quais eles incidem. Para os adeptos desta orientação, é possível distinguir no campo moral o que é certo do que é errado, com base em juízos racionais objetivos. A justiça ou injustiça de uma ação humana não depende da sua aceitação social no âmbito do grupo em que ocorre. Assim, para os universalistas, é legítima a imposição dos direitos humanos a comunidades cuja cultura não os endosse.

Essa tensão entre relativismo e universalismo é tema relevante na discussão jurídica e moral contemporânea. A importância do debate tem se intensificado nos últimos tempos por vários fatores: o fortalecimento do Direito Internacional dos Direitos Humanos, que lida com povos de tradições muito diferentes; a intensificação do fluxo migratório entre os Estados, que aumenta a convivência de pessoas oriundas de culturas muito díspares; e a maior visibilidade que vêm ganhando as reivindicações de respeito à diferença veiculadas por comunidades tradicionais. O presente subitem enfocará especialmente este terceiro fenômeno.

Um caso emblemático nesta questão, julgado pela a Suprema Corte norte-americana, envolveu a tensão entre igualdade de gênero e respeito à cultura indígena. Entre os índios *Pueblos*, existe regra tradicional de que a mulher que tiver filhos com alguém de fora da comunidade perde o direito à residência na reserva indígena, bem como todas as demais prerrogativas ligadas ao pertencimento ao grupo, mas o mesmo não ocorre com os homens. Uma indígena questionou a aplicação dessa regra sob alegação de violação à igualdade, mas, em nome da autonomia da tribo, a Corte, no caso *Santa Clara Pueblos et al v. Martinez et al*,[950] absteve-se de afastar a prática discriminatória.[951] Neste caso, portanto,

---

949 Jack Donnelly observou, com pertinência, que a distinção entre relativismo e universalismo em matéria de direitos humanos não é binária, mas corresponde a um *continuum*, em que se situam diferentes posições que atribuam mais ou menos importância à cultura para a fundamentação da validade de uma regra ou valor. (Cf. DONNELLY, Jack. *Universal human rights in theory and practice*. 2. ed. Ithaca: Cornell University Press, 2003. p. 91-92).

950 Suprema Corte dos Estados Unidos. 436 U.S. 49 (1978).

951 A decisão foi duramente criticada pela filósofa Amy Gutmann: "O respeito à cultura não pode significar a deferência a tudo o que as autoridades estabelecidas daquela cultura considerem certo. (...) No caso Martinez, a deferência às autoridades tribais dos *Pueblos* significou não respeitar o direito das mulheres *Pueblos* à igualdade cívica e a sua identificação como iguais cívicos dos homens *Pueblos*. (...) Se a autoridade política tem limites, então a promoção da igualdade política das mulheres é uma razão de princípio para limitar esta

prevaleceu a diferença cultural sobre o direito individual à igualdade. Já na África do Sul, discutiu-se também a tensão entre o direito indígena e a igualdade de gênero no caso *Bhe*,[952] mas com resultado oposto. Naquele país, as comunidades negras rurais tradicionais eram regidas por regra costumeira que, na sucessão, atribuía todos os bens da pessoa falecida ao filho primogênito do sexo masculino. Invocando a dignidade humana e a igualdade, a Corte Constitucional do país afastou essa regra e determinou que, até que o tema fosse devidamente disciplinado, se aplicasse à sucessão indígena as regras do direito oficial, com as adaptações decorrentes da admissão da poligamia.

No Canadá, no caso *Thomas v. Norris*,[953] julgado pela Suprema Corte da província de British Columbia, os direitos universais também preponderaram sobre a proteção à diferença cultural. Tratava-se de ação de perdas e danos proposta por um indígena que se recusara a tomar parte de uma cerimônia de iniciação religiosa em sua tribo – uma "dança espiritual" – e que fora, por isso, castigado fisicamente e mantido em cárcere por alguns dias. O Tribunal canadense acolheu seu pedido, afirmando que a autonomia dos povos indígenas não chegava ao ponto de lhes permitir a violação da liberdade e a agressão física a uma pessoa apenas por não querer se engajar em atividade religiosa tradicional. Outra decisão interessante nesta matéria foi proferida pela Corte Constitucional da Colômbia no caso *Tambo*.[954] Cuidava-se de discussão concernente à expulsão de um índio e de sua família de uma reserva, em razão da suposta prática de roubo pelo primeiro. A Corte considerou que a pena de degredo era válida em tese e poderia ser aplicada pelas autoridades indígenas, mas apenas a quem tivesse cometido a infração – e não aos seus familiares. Entendeu também que a aplicação das sanções deveria respeitar o devido processo legal, que corresponderia às regras procedimentais costumeiras do próprio grupo étnico, o que não tinha ocorrido na hipótese.

Na jurisprudência brasileira, o tema foi detidamente analisado em recente decisão do Tribunal Superior Eleitoral, da lavra do Ministro Luiz Fux.[955] Tratava-se de discussão sobre a possível prática de abuso

---

autoridade, não importando se a mesma representa a cultura majoritária ou minoritária". (GUTMANN, Amy. *Identity in democracy*. Princeton: Princeton University Press, 2003. p, 47).

952 Corte Constitucional da África do Sul. *Bhe and Others v. Magistrate, Khayelitsha, and Others*, 2005 (1) SA 580 (CC).

953 Suprema Corte de British Columbia. *Thomas v. Norris*, julg. 05.02.1992.

954 Corte Constitucional da Colômbia. Sentencia T- 254/94.

955 Tribunal Superior Eleitoral. REsp Eleitoral nº 287-84.2012.6.16.0196, Rel. Min. Henrique Neves, Redator p. ac. Ministro Luiz Fux, julg. 15.12.2015.

de autoridade, no âmbito eleitoral, supostamente cometida por cacique, que teria orientado os integrantes da sua tribo a votarem nele em pleito para vereador. Para afastar a condenação, o TSE assentou a necessidade de respeito, pela jurisdição estatal, da cultura tradicional dos povos indígenas, que se pauta pela admissão do papel do cacique de direção dos rumos políticos da comunidade étnica.[956]

Sob o mesmo pano de fundo do multiculturalismo e seus limites, discute-se no Brasil a delicadíssima questão do "infanticídio" indígena. Há etnias brasileiras que aceitam e, em alguns casos, até prescrevem a eliminação de determinadas crianças recém-nascidas.[957] As mulheres da etnia *Yanomami*, por exemplo, dão à luz na floresta e, em seguida ao parto, decidem se recolhem ou não o neném do solo, só o considerando efetivamente nascido quando isto acontece.[958] Quando ocorre o abandono e óbito do recém-nascido, o fato não é percebido como um homicídio, pois, pela cultura do grupo, o nascimento não chegou a ocorrer. Em um contexto como este, surge a questão sobre a legitimidade da intervenção estatal para evitar a morte do recém-nascido em face do dever de respeito à diferença cultural.[959]

---

956 No belo voto do Ministro Fux, lavrou-se: "A análise dos fatos imputados ao cacique da aldeia indígena não justifica, em minha linha de raciocínio, a caracterização da prática de abuso de poder ou autoridade ou político. É que, quando examinada sob a ótica do direito à diferença, o direcionamento de votos da população indígena feito pelo cacique, então candidato a vereador, em hipótese alguma pode ser qualificado juridicamente como abuso de poder de autoridade ou político. A excludente da ilicitude eleitoral encontra lastro no reconhecimento do direito à diferença da tribo indígena, à observância dos seus hábitos, costumes e tradições. (...) De fato, diversamente da cultura em que estamos inseridos, dentro da qual os vínculos sociais intersubjetivos são mais amplos e há maior autonomia e encorajamento à elaboração de projetos existenciais, é próprio das comunidades tradicionais, como é o caso dos grupos indígenas, que os caminhos a serem trilhados pela aldeia e pelos seus membros sejam ditados pela capacidade de avaliação e escolha de sua liderança".

957 De acordo com o relato da antropóloga Rita Segato "dentro da categoria 'infanticídio' reúnem-se práticas que, quando submetidas a um escrutínio mais rigoroso, mostram-se muito diversas (...). Por exemplo, em algumas sociedades, seria uma regra emanada da cosmologia e que determinaria a eliminação dos recém-nascidos quando se trata de gêmeos. Em outras, a comunidade, a família ou a mãe, tem a seu cargo a decisão, sujeita a considerações sobre a saúde do infante, sobre as condições materiais da mãe ou do grupo para poder garantir-lhe a vida a curto ou médio prazo, ou sobre a ausência de figura paterna para colaborar com seu cuidado, num ambiente no qual recursos para subsistência são estreitos e não existe excedente". (SEGATO, Rita. Que cada povo teça os fios de sua história: o pluralismo jurídico em diálogo didático com legisladores. *Direito UnB*, v. 1, n. 1, p. 75, 2014).

958 SEGATO, Rita. Que cada povo teça os fios de sua história: o pluralismo jurídico em diálogo didático com legisladores. *Direito UnB*, v. 1, n. 1, p. 76, 2014.

959 Deborah Duprat parece entender que não. Em texto acadêmico, após descrever esta prática Yanomami, registra: "São visões que, goste-se ou não, não podem ser descartadas, sob pena de, em afronta à Constituição e a outros tantos documentos internacionais, se negar qualquer valor às asserções de verdade do outro". (DUPRAT, Deborah. O direito sob o marco da

Alguns desses casos trazem à baila um aspecto delicado do tema do multiculturalismo. Com frequência, a pretensão de não incidência de direitos fundamentais sobre populações tradicionais, em nome do respeito à diferença, atinge justamente as pessoas mais vulneráveis desses grupos, despojando-as de proteção contra a opressão interna. Tem-se então um paradoxo: em nome da proteção de minorias, prejudicam-se exatamente aqueles que são as "minorias dentre as minorias".[960]

O tema deste subitem é complexo e interdisciplinar, e não será viável examiná-lo aqui em toda a sua extensão e profundidade. De todo modo, parece-me que o seu enfrentamento não pode ignorar duas premissas importantes, que já foram debatidas ao longo do capítulo. Em primeiro lugar, as culturas – inclusive as tradicionais – não são estáticas ou homogêneas, mas campos dinâmicos, em que se entrecruzam visões diferentes, muitas vezes em disputa.[961] Em segundo, as pessoas não são apenas membros de uma coletividade cultural. O pertencimento a qualquer grupo está longe de esgotar a identidade individual. A afiliação identitária é muito importante, especialmente para os membros de comunidades tradicionais, mas tais indivíduos não deixam de ser *agentes*;[962] não deixam de ser *fins em si*, como pessoas humanas. A partir dessas premissas, parece-me mais correta a postura de um universalismo moral, que seja, porém, muito sensível às diferenças culturais.

Sob o ângulo filosófico, o relativismo moral assenta-se sobre uma típica *falácia naturalista*, pois, a partir de um dado do mundo do ser – a diversidade cultural –, extrai uma conclusão para o mundo do dever-ser – a ausência de critérios morais universais –, o que é logicamente impróprio.[963] O fato inegável de que existem diversas concepções diferentes sobre o que é justo nada prova sobre a impossibilidade

---

plurietnicidade/multiculturalidade. In: RAMOS, Alcida Rita. *Constituições nacionais e povos indígenas*. Belo Horizonte: Editora UFMG, 2012. p. 236).

960 Veja-se, a propósito, GREEN, Leslie. Internal minorities and their rights. *In*: KYMLICKA, Will (Ed.). *The rights of minority cultures*. Oxford: Oxford University Press, 1995. p. 256-273.

961 Cf. BENHABIB, Seyla. Nous et les Autres (we and the others): is universalism etnocentric? *In*: BENHABIB, Seyla. *The claims of culture*: equality and diversity in the global era. Princeton: Princeton University Press, 2002. p. 24-48.

962 Iris Marion Young resumiu com perfeição a questão: "Processos sociais e interações posicionam os indivíduos em relações e estruturas, e este posicionamento condiciona quem nós somos. Mas o posicionamento não determina nem define a identidade individual. Indivíduos são agentes: nós constituímos nossas próprias identidades e cada pessoa é única". (YOUNG, Iris Marion. Social difference as a political resource. *In*: YOUNG, Iris Marion. *Inclusion and democracy*. Oxford: Oxford University Press, 2000. p. 101).

963 O princípio lógico de que não é possível derivar diretamente do mundo do ser proposições para o mundo do dever ser foi formulado originariamente por David Hume no século XVIII e, por isso, é conhecido também como "a guilhotina de Hume".

de se justificar racionalmente a justiça ou injustiça de determinada prática humana.[964] Ademais, ao condenar a "exportação" dos direitos humanos, o relativismo incorre em uma contradição interna – ele se torna *self-defeating*. Com efeito, se o fundamento da justiça é apenas a cultura, que não pode ser julgada por parâmetros externos – como sustentam os relativistas –, como condenar a prática, também ela culturalmente fundada, de impor direitos humanos a grupos que têm outros valores? Afinal, não é essa uma prática validada pela cultura de quem a pratica – a ocidental?

Uma premissa importante da presente obra é que a moralidade crítica fundamenta a ideia de que todas as pessoas são dignas e devem ser tratadas com o mesmo respeito e consideração. Trata-se de premissa inequivocamente universalista. Porém, ainda que não se aceite, no plano filosófico, a validade universal dessa ideia, sob o ângulo jurídico, não há como endossar as consequências extraídas do relativismo radical sem trair a Constituição. Afinal, a Carta de 88 confere direitos fundamentais a *todas* as pessoas, mesmo àquelas que integram grupos tradicionais. Assim, pelo menos do ponto de vista constitucional, não há como sustentar que alguém, por ser índio ou quilombola, por exemplo, não possui direito à vida, à integridade física ou à liberdade de religião. O mesmo raciocínio vale para o Direito Internacional. A Convenção 169 da OIT, tão celebrada pela proteção das diferenças culturais, é expressa ao dispor que a garantia da diversidade não afasta a tutela dos direitos humanos universais de cada integrante de povo indígena ou comunidade tradicional (arts. 3.1, 4.3, 8.2 e 9.1).

Sem embargo, é preciso não converter a dignidade humana e os direitos fundamentais em instrumentos de imposição forçada de paroquialismos morais dos grupos culturalmente hegemônicos. Em outras palavras, a sua interpretação deve evitar os etnocentrismos e se abrir às visões de mundo do outro. Ademais, é necessário aceitar que, em determinadas situações, a proteção de direitos fundamentais pode ceder espaço para a garantia da diferença cultural a fim de evitar o perecimento de modos tradicionais de vida, que poderia causar graves lesões à identidade das pessoas concretas que os compartilham. Examinarei, na sequência, cada uma dessas questões.

Para evitar o etnocentrismo e enriquecer o conteúdo dos direitos, o melhor remédio é o emprego de *diálogos interculturais* na sua interpretação

[964] No mesmo sentido, cf. RACHELS, James. *Elementos de filosofia moral*. (Trad. F. J. Azevedo Gonçalves). Lisboa: Gradiva, 2004. p. 38-40.

e aplicação. É verdade que este diálogo enfrenta limitações práticas pelas graves assimetrias que marcam as relações entre a sociedade envolvente e as comunidades tradicionais.[965] Porém, trata-se de uma necessidade que, "do lado de cá", deve ser perseguida por meio da adoção de uma postura empática dos operadores do direito diante das tradições e cosmovisões das populações tradicionais. É preciso, em primeiro lugar, tentar compreender as razões que estão por trás das práticas tidas como violadoras dos direitos humanos. É indispensável o engajamento do julgador, em um genuíno esforço de alteridade, para ouvir o outro e tentar se colocar no seu lugar, suspendendo as condenações apressadas. Tais condenações muitas vezes decorrem de particularismos da cultura hegemônica, travestidos de universalidade. Cumpre não esquecer, neste ponto, a observação de Tzvetan Todorov de que "o medo dos bárbaros é o que ameaça converter-nos em bárbaros".[966]

Um exemplo interessante ocorreu em decisão da Corte Constitucional da Colômbia, proferida em caso que envolveu a aplicação de pena corporal pela comunidade indígena *Paez*, imposta a um membro em razão da prática de homicídio.[967] A pena era o *fuete*, que consiste em chicotadas desferidas na parte inferior das pernas do condenado. A Corte definiu, como premissa, que o reconhecimento constitucional da diversidade étnica e cultural na Colômbia demandava, em questões envolvendo povos indígenas, o recurso a "um diálogo intercultural que seja capaz de traçar *standards* mínimos de tolerância que cubram os diferentes sistemas de valores". Esta orientação implicava em máximo respeito às decisões das autoridades indígenas na aplicação de sanções, atendidos alguns limites que poderiam ser inferidos do diálogo intercultural, dentre os quais a vedação das penas de morte, de tortura e de trabalho escravo. Assentada essa premissa, a questão era saber se o *fuete* consistia ou não em tortura. A Corte ressaltou, inicialmente, que, na cultura *Paez*, a finalidade da sanção era purificar o autor do crime, e o castigo corporal afigurava-se necessário para a purificação, o que tinha de ser levado em consideração. Destacou, por outro lado, que, "embora indiscutivelmente produza aflição", o sofrimento que o *fuete* causa "não

---

965 Sobre essas dificuldades, veja-se EBERHARD, Christoph. Direitos humanos e diálogo intercultural: uma perspectiva antropológica. *In*: BALDI, César Augusto (Org.). *Direitos humanos na sociedade cosmopolita*. Rio de Janeiro: Renovar, 2004. p. 159-204.

966 TODOROV, Tzvetan. *O medo dos Bárbaros*: para além do choque das civilizações. (Trad. Guilherme João de Freitas Teixeira). Rio de Janeiro: Vozes, 2010. p. 15.

967 Corte Constitucional da Colômbia, Sentencia nº T- 523/97.

se reveste dos níveis de gravidade requeridos para se considerar como tortura, pois os danos corporais que produz são mínimos".

A aceitação de uma pena corporal choca as sensibilidades jurídicas ocidentais. Porém, a Corte Constitucional da Colômbia logrou manter em suspenso os seus "pré-conceitos" para investigar a natureza da pena de *fuete*, em atitude que expressou deferência em relação a uma cosmovisão radicalmente diferente da sua. A razão crítica parece endossar a posição da Corte, especialmente se pensarmos no caráter muito mais aflitivo da pena de prisão, aplicada cotidianamente pelos juízes ocidentais, notadamente em contextos, como o colombiano e o brasileiro, de absoluta degradação das condições carcerárias.

O diálogo intercultural parte da premissa de que existem nas culturas diferentes correntes interpretativas, algumas mais favoráveis à emancipação do que outras. Explorar as vertentes culturais progressistas é uma estratégia mais produtiva para a defesa da dignidade humana em contextos não ocidentais, por conferir maior legitimidade social aos direitos, ampliando as chances de que conquistem a adesão genuína das pessoas.[968] Afinal, tal adesão é fundamental para viabilizar as lutas sociais, que são indispensáveis para a eficácia prática dos direitos.[969] Muitas culturas não possuem o conceito de direitos humanos, mas contam com o que Raimundo Panikkar designou de "equivalentes homeomórficos",[970] que são ideias que desempenham um papel funcional similar – no caso dos direitos humanos, o papel de proteger e promover a dignidade da pessoa. Tais equivalentes funcionais devem ser mobilizados, pois são muito mais legítimos e eficazes socialmente do que o discurso ocidentalizado, que muitas vezes não frutifica na cultura e no coração dos sujeitos envolvidos. Esse modelo para diálogos interculturais foi designado de *hermenêutica diatópica*.[971]

---

[968] Cf. AN-NA'IM, Abdullahi Ahmed. Toward a cross-cultural approach to defining international standards of human rights: the meaning of cruel, inhuman and degrading treatment or punishment. *In*: GOODALE, Mark (Ed.). *Human rights*: an anthropological reader. Oxford: Wiley-Blackwell, 2009. p. 68-85.

[969] Cf. SANTOS, Boaventura de Sousa. Por uma concepção multicultural de direitos humanos. *In*: SANTOS, Boaventura de Sousa. *Reconhecer para libertar*: os caminhos do cosmopolitismo multicultural. Rio de Janeiro: Civilização Brasileira, 2003. p. 443-444.

[970] PANIKKAR, Raimundo. Seria a noção de direitos humanos um conceito ocidental? (Trad. Roberto Cataldo de Costa). *In*: BALDI, César Augusto (Org.). *Direitos humanos na sociedade cosmopolita*. Rio de Janeiro: Renovar, 2004. p. 209-210.

[971] PANIKKAR, Raimundo. Seria a noção de direitos humanos um conceito ocidental? (Trad. Roberto Cataldo de Costa). *In*: BALDI, César Augusto (Org.). *Direitos humanos na sociedade cosmopolita*. Rio de Janeiro: Renovar, 2004. p. 207-208. Veja-se, também, SANTOS, Boaventura de Sousa. Por uma concepção multicultural de direitos humanos. *In*: SANTOS, Boaventura

O diálogo intercultural não serve apenas para equacionar problemas jurídicos e morais atinentes a grupos culturais diferentes. Ele deve ser também uma fonte de *aprendizado* para a sociedade envolvente, que lhe permite tomar contato com valores e experiências alternativas, que podem, eventualmente, desnudar as incompletudes e incoerências do seu discurso e das suas práticas sobre direitos humanos. É que, como observou Marcelo Neves, "o outro vê o ponto cego".[972] Imersos nos valores culturais que compartilhamos, tendemos a naturalizar injustiças graves que o olhar do outro pode nos revelar. No mínimo, o diálogo intercultural amplia os nossos horizontes e repertório moral, tornando-nos menos provincianos e mais autocríticos. O diálogo, portanto, não é só um método para lidar com problemas de "estranhos morais". Mais que isso, ele permite que uma sociedade se conheça melhor, provendo *insights* para que possa refletir sobre os seus próprios problemas. O resultado do diálogo corresponde ao que Joaquín Herrera Flores designou como "universalismo de chegada", muito mais legítimo do que o "universalismo de partida", que acaba consistindo na mera reafirmação etnocêntrica dos valores ocidentais iluministas.[973]

Uma das melhores páginas do constitucionalismo comparado na contemporaneidade refere-se a processo desta natureza: o desenvolvimento do conceito de *ubuntu* no Direito Constitucional da África do Sul[974] e a sua profunda influência na interpretação do princípio da dignidade da pessoa humana na jurisdição do país.[975] A noção de *ubuntu* origina-se das tradições indígenas da África subsaariana e ajuda a moldar o conteúdo do princípio da dignidade da pessoa humana, conferindo-lhe um teor mais comunitário e intersubjetivo. O ideal ético do *ubuntu* é associado ao ditado tradicional africano de que "uma pessoa é uma pessoa através de outra pessoa" (*umuntu ngumuntu ngabantu*).[976] Ele evoca as ideias de interdependência humana, solidariedade, respeito

---

de Sousa. *Reconhecer para libertar*: os caminhos do cosmopolitismo multicultural. Rio de Janeiro: Civilização Brasileira, 2003. p. 443-451.

972 NEVES, Marcelo. *Transconstitucionalismo*. São Paulo: Martins Fontes, 2012.

973 HERRERA FLORES, Joaquín. *La reinvención de los derechos humanos*. Madrid: Atrapasueños, 2005. p. 144-157.

974 Cf. CORNELL, Drucilla; MUVANGUA, Nyoko. *Ubuntu and the law*: African ideals and postapartheid jurisprudence. New York: Fordham University Press, 2012.

975 Cf. ACKERMANN, Laurie. *Human dignity*: lodestar for equality in South Africa. Cape Town: Juta & Co., 2014. p. 111-115; METZ, Thaddeus. Dignity and the Ubuntu tradition. *In*: DÜWELL, Marcus *et al.* (Eds.) *Human dignity*: interdisciplinary perspectives. Cambridge: Cambridge University Press, 2014. p. 310-318.

976 CORNELL, Drucilla; MUVANGUA, Nyoko. *Ubuntu and the law*: African ideals and postapartheid jurisprudence. New York: Fordham University Press, 2012. p. 5.

mútuo e compaixão. A primeira referência ao *ubuntu* na jurisprudência constitucional sul-africana ocorreu no julgamento do caso *Makwanyane*, em 1995, em que a Corte considerou inconstitucional a aplicação da pena de morte.[977] No julgamento, o *Justice* Langa assim caracterizou o conceito:

> É uma cultura que enfatiza a comunalidade e a interdependência dos membros da comunidade. Ele reconhece o *status* da pessoa como ser humano, merecedor de respeito incondicional, dignidade, valor e aceitação pelos membros da comunidade de que a pessoa participe. Mas também envolve o contrário. A pessoa tem o dever correspondente de dar o mesmo respeito, dignidade, valor e aceitação para cada membro da comunidade. Mais importante, ele regula o exercício de direitos pela ênfase que põe na distribuição, corresponsabilidade e fruição recíproca de direitos por todos.

Desde então, a ideia de *ubuntu* tem sido empregada em muitos casos. Em *AZAPO*,[978] o *ubuntu* foi invocado como argumento para justificar a constitucionalidade da anistia condicional, concedida aos que cometeram graves violações de direitos humanos no período do *apartheid*, mas revelaram seus atos à comissão de reconciliação e verdade sul-africana. Enfatizou-se, na decisão, que o *ubuntu*, no campo criminal, implicava que a ênfase deveria recair na reconciliação e restauração, e não na punição dos culpados. Em *Port Elizabeth Municipality*,[979] por sua vez, a Corte Constitucional apelou ao *ubuntu* para afirmar que, nos casos que envolvessem conflitos entre propriedade e direito à moradia, dever-se-ia buscar solução baseada no respeito mútuo, compaixão e consideração pelas necessidades alheias. Como o município, que pretendia se reintegrar na posse de área ilegalmente ocupada por famílias pobres, não tinha procurado implementar medidas conciliatórias, como a busca de moradias alternativas para as pessoas carentes, a reintegração foi denegada. Em *Pillay*, em que a Corte reconheceu o direito de uma estudante indiana usar na escola um *piercing* de ouro nasal – expressão da sua identidade étnica –, o conceito foi empregado em sentido que evoca toda a teoria do reconhecimento, exposta ao longo deste capítulo:

[977] Corte Constitucional da África do Sul, *S. v. Makwanyane and Another*, 1995 (3) AS 391 (CC).

[978] Corte Constitucional da África do Sul, *Azanian Peoples Organization (AZAPO) and Others v. President of the Republic of South Africa and Others*, 1996 (4) SA 672.

[979] Corte Constitucional da África do Sul, *Port Elizabeth Municipality v. Various Occupiers*, 2005 (1) AS 217.

> A noção de que não somos ilhas em nós mesmos é central para a compreensão do indivíduo no pensamento africano. Com frequência é expressada na frase *umuntu ngumuntu nhabantu*, que enfatiza a comunalidade e a interdependência entre os membros da comunidade, e que todo indivíduo é uma extensão dos outros. (...) Esse pensamento ressalta a importância da comunidade para a identidade individual, e, portanto, para a dignidade. Dignidade e identidade estão inseparavelmente ligadas, uma vez que o sentimento de valor próprio é definido pela identidade. A identidade cultural é uma das partes mais importantes da identidade pessoal de cada um, precisamente porque advém do pertencimento à comunidade, não de uma escolha ou realização pessoal.[980]

O exemplo do *ubuntu* é importante, porque mostra como o diálogo intercultural pode enriquecer também a sociedade envolvente, já que a ideia não foi empregada para tratar apenas de casos que lidavam com populações tradicionais sul-africanas, mas também para equacionar graves questões da sociedade envolvente.

No Brasil, a cultura de direitos também seria enriquecida por um diálogo intercultural com as populações tradicionais, que poderia contribuir, por exemplo, com um condimento de solidariedade para as compreensões, por vezes excessivamente egocêntricas, presentes em nossa cultura jurídica. Em matéria ambiental, o aprendizado também poderia ser significativo, haja vista o profundo enraizamento nas comunidades tradicionais da valorização da natureza e dos animais não humanos.[981] Tal fenômeno, aliás, já ocorreu no Equador e na Bolívia, que recepcionaram em suas novas constituições conceitos mais holísticos sobre o meio ambiente, de proveniência indígena.[982]

---

980 Corte Constitucional da África do Sul. Caso *MEC for Education: Kwazulu-Natal and Others v. Pillay*, 2008 (1) SA 474.

981 O relato do xamã Yanomami Davi Kopenawa bem ilustra a valorização da natureza entre povos indígenas: "Na floresta, a ecologia somos nós, os humanos. Mas são também, tanto quanto nós, os *xapiri*, os animais, as árvores, os rios, os peixes, o céu, a chuva, o vento e o sol! É tudo o que veio à existência na floresta longe dos brancos; tudo o que ainda não tem cerca. As palavras da ecologia são as nossas antigas palavras, as que *Omama* deu aos nossos ancestrais. (...) Os brancos, que antigamente ignoravam estas coisas, estão agora começando a entender. (...) Agora dizem que são gente da ecologia porque estão preocupados, porque sua terra está ficando cada vez mais quente. (...) Somos habitantes da floresta. Nascemos no centro da ecologia e lá crescemos". (KOPENAWA, Davi; ALBERT, Bruce. *A queda do céu*: palavras de um Xamã Yanomami. (Trad. Beatriz Perrone-Moisés). São Paulo: Companhia das Letras, 2015. p. 479-480).

982 Veja-se, a propósito, BRANDÃO, Pedro Augusto Domingues Miranda. *O novo constitucionalismo pluralista latino-americano*: participação popular e cosmovisões indígenas (Pachamama e Sumak Kawsay). Dissertação (Mestrado em Direito) ⊠ Faculdade de Direito, Universidade Federal de Pernambuco, 2013.

Finalmente, há hipóteses de conflito real entre direitos fundamentais e a pretensão das culturas minoritárias de respeito às suas práticas e tradições, que não têm como ser resolvidas apenas pelo recurso aos diálogos interculturais, pois nem sempre há como reinterpretar os direitos ou a cultura de forma a acomodá-los harmoniosamente. A resposta universalista tradicional para esses casos é a priorização dos direitos em detrimento da cultura. Já a solução multiculturalista radical consiste no oposto: afastam-se os direitos em nome do respeito à cultura. Entendo, contudo, que a solução é mais complexa.

Em primeiro lugar, não me parece *a priori* ilegítima a tentativa de se interferir numa cultura minoritária para torná-la mais respeitosa em relação aos direitos básicos dos que a integram. Mais do que legítima, é muitas vezes necessária a atuação da sociedade envolvente e do Estado para a proteção das "minorias dentro das minorias". Veja-se o caso real ocorrido nos Estados Unidos nos anos 90, em que imigrantes de uma comunidade da Somália queriam praticar operações de mutilação genital em suas filhas adolescentes, para que estas vivessem de acordo com as tradições étnicas e religiosas do grupo.[983] Deveria o Estado permitir tal conduta? Estou convicto de que não. A mutilação sexual é uma prática odiosa, que causa gravíssimos danos físicos e morais às mulheres e que se volta contra adolescentes indefesas, incapazes de exercer a sua autonomia e resistir à pressão das suas famílias e comunidades.[984] A prática, apesar de culturalmente enraizada, deve ser combatida e não tolerada em nome do respeito à diferença cultural.

Comunidades tradicionais de qualquer natureza não devem ser vistas como enclaves impenetráveis no interior dos Estados, em que os direitos fundamentais não são bem-vindos.[985] Porém, é necessário cuidado na definição da forma da intervenção que visa a defender e promover tais direitos. No caso dos "infanticídios" indígenas, acima referidos, apresentou-se no Congresso Nacional um projeto de lei, sob o patrocínio da bancada evangélica, buscando tratar a questão por meio

---

983 Cf. GUTMANN, Amy. *Identity in democracy*. Princeton: Princeton University Press, 2003. p. 69-73.

984 Cf. NUSSBAUM, Martha. Judging other cultures: the case of genital mutilations. *In*: NUSSBAUM, Martha. *Sex and social justice*. New York: Oxford University Press, 1999. p. 118-129.

985 O modelo teórico dos "enclaves" é frequentemente comparado ao dos *Millets*, empregado pelo Império Otomano, que tolerava a existência de comunidades religiosas cristãs e judaicas, regidas pelas suas próprias normas e que tinham a sua própria jurisdição na maior parte dos temas. Veja-se, a propósito, PAREKH, Bhikhu C. *Rethinking multiculturalism*: cultural diversity and political theory. Cambridge: Harvard University Press, 2000. p. 205-206.

do Direito Penal, criminalizando duramente a conduta das mães e dos componentes das comunidades indígenas envolvidas.[986] Tratou-se, sem dúvida, de uma ideia desastrosa, que, além de provavelmente contraproducente na perspectiva da proteção à vida dos nenéns, geraria, se implementada, graves injustiças e sérios danos às comunidades étnicas. Entendo, porém, que o Estado pode intervir de formas mais inteligentes para que essas comunidades, com as quais ele já interage, abandonem tais práticas. E, diante de casos concretos, deve agir para salvar as vidas em perigo. Afinal, bebês indígenas também são fins em si mesmos, e suas vidas não podem ser olvidadas nem mesmo em nome do importante objetivo de defesa de uma valiosa cultura tradicional. Até porque as culturas não são estáticas, e é comum que evoluam nas relações com outras culturas. A alteração de um dos elementos de uma cultura tradicional não importa no seu desaparecimento.

Há, porém, situações mais complexas, em que as restrições a direitos não são tão radicais, como a morte, e em que a sua proibição poderia efetivamente representar um risco gravíssimo para a cultura tradicional. Cumpre não esquecer que o perecimento de uma cultura, além de muito grave em si mesmo, atinge profundamente às pessoas concretas que nela estão inseridas, abalando a sua identidade e personalidade. Portanto, a caracterização dessas tensões como um conflito entre "cultura" e direitos da pessoa não é plenamente adequada, uma vez que os direitos figuram dos dois lados da equação.

A Corte Constitucional da Colômbia enfrentou questão dessa natureza no caso *Arhuaco*,[987] que tratou de hipótese que se reproduz no Brasil com frequência: a atuação de missão evangélica no interior de reserva indígena. A atuação missionária estava rompendo a unidade e harmonia de comunidade da etnia *Ika*, e corroendo a sua cultura, muito centrada na religião ancestral do grupo. Diante disso, as autoridades indígenas tomaram uma série de medidas, como a expulsão dos religiosos brancos, a proibição de celebração de cultos evangélicos na reserva e a punição dos membros da comunidade que tinham se convertido. A Corte manteve as decisões de expulsão dos pastores e de vedação dos cultos – apesar de muitos indígenas participarem deles. Mas afastou a punição infligida pela simples conversão religiosa dos membros da comunidade, assentando que ela violava o núcleo essencial da liberdade de consciência. Afirmou, todavia, que, embora a comunidade étnica

[986] Cf. SEGATO, Rita. Que cada povo teça os fios de sua história: o pluralismo jurídico em diálogo didático com legisladores. *Direito UnB*, 2014.

[987] Corte Constitucional da Colômbia, Sentencia SU-510/98.

não pudesse sancionar seus integrantes apenas em razão da sua nova religião, podia fazê-lo se estes não observassem normas e tradições comunitárias, mesmo que sob a alegação de que elas seriam vedadas pela sua crença religiosa. Todavia, a Corte assegurou aos dissidentes religiosos indígenas o direito de deixarem a reserva para participar de cultos fora dela, que não poderia ser obstado pelas autoridades do grupo.

Como se percebe, o caso envolveu uma delicada ponderação, em que restrições significativas à liberdade religiosa de alguns indígenas foram aceitas. Porém, sem estas restrições, havia realmente o risco de destruição da cultura *Ika*, em prejuízo da identidade de todos os seus integrantes. A decisão colombiana parece-me bastante equilibrada, pois levou a sério tanto a identidade étnico-cultural indígena como a proteção individual da liberdade religiosa dos índios dissidentes.

Quando a solução do conflito não for possível pela via do diálogo intercultural, o equacionamento da tensão entre a proteção da cultura minoritária e os direitos fundamentais terá de passar pelo emprego da técnica da ponderação de interesses constitucionais. Nessa ponderação, será necessário aferir, de um lado, a importância dos interesses em disputa para a preservação da cultura minoritária, considerando-se os seus efeitos sobre a identidade dos seus integrantes. Do outro, deve-se sopesar a intensidade da restrição aos direitos fundamentais impostas às pessoas afetadas. Naturalmente, o procedimento também deve se pautar por uma abertura comunicativa às visões do outro, até para que os "pesos" possam ser corretamente atribuídos no processo ponderativo.

Enfim, o equacionamento da complexa tensão entre respeito às diferenças culturais e proteção dos direitos humanos não se afasta das premissas que regem o direito ao reconhecimento e o princípio da dignidade da pessoa humana. É preciso atribuir igual respeito à identidade das pessoas, o que justifica a deferência em relação aos costumes e tradições das comunidades tradicionais. Mas o foco principal deve ser a pessoa, e não o grupo ou a cultura. A pessoa, porém, deve ser concebida sempre como ser culturalmente enraizado, enredado em vínculos e relações constitutivas de sua identidade, e não como um átomo isolado.

6.7 Conclusão

Ser gente é precisar do outro. Somos bípedes implumes que usam a razão, mas que, acima de tudo, precisam uns dos outros. Carecemos não só do suporte material que a vida em sociedade proporciona, mas também de relações intersubjetivas que se pautem pelo respeito recíproco. Por isso, se o princípio da dignidade humana se volta a proteger e promover a pessoa, ele tem de abarcar a dimensão do reconhecimento, que é tão indispensável para o ser humano – disse Umberto Eco –, como a comida e o sono.[988]

O reconhecimento completa o conteúdo material do princípio da dignidade da pessoa humana, colorindo-o com as tintas da intersubjetividade. Ele demanda que as instituições e práticas sociais tratem com igual respeito a identidade de todas as pessoas. Exige a inclusão dos que são diferentes do *mainstream*, dos que pertencem a grupos estigmatizados, que não podem ser humilhados pela sua identidade, invisibilizados por conta dela, nem assimilados à sociedade, mas devem ser respeitados e valorizados em sua diferença.

Nada obstante, o direito ao reconhecimento tem de se conciliar com as outras dimensões substantivas da dignidade, anteriormente exploradas. Ele não se compatibiliza com políticas que tratem as pessoas como simples membros de grupos culturais, e não como agentes; não se compadece com imposições heterônomas de condutas politicamente corretas; não se harmoniza com práticas indiferentes diante das desigualdades econômicas e das carências materiais que vitimizam as classes subalternas. O reconhecimento, em outras palavras, deve se articular com o valor intrínseco da pessoa, com a autonomia e com a proteção do mínimo existencial, de modo a proporcionar uma robusta proteção aos aspectos mais caros à personalidade humana. Ele é indispensável porque ser gente não é só viver, mas conviver; gente pensa, mas também sente; e não floresce sem o respeito do outro.

---

988 Nas belas palavras de Eco, "(...) é o outro, é o seu olhar que nos define e nos forma. Nós (assim como não conseguimos viver sem comer e sem dormir) não conseguimos compreender quem somos sem o olhar e a resposta do outro. (...) Na falta deste reconhecimento, o recém-nascido abandonado na floresta não se humaniza (ou, como Tarzan, busca o outro a qualquer custo no rosto de uma macaca), e poderíamos morrer ou enlouquecer se vivêssemos em uma comunidade na qual sistematicamente todos tivessem decidido não nos olhar ou comportar-se como se não existíssemos". (ECO, Umberto. Quando o outro entra em cena. *In*: ECO, Umberto. *Cinco escritos morais*. (Trad. Eliana Aguiar). Rio de Janeiro: Record, 1998. p. 95).

CAPÍTULO 7

A METODOLOGIA DA DIGNIDADE

> *Quando eu uso uma palavra, disse Humpty Dumpty em tom de desdém, ela significa o que eu quero que signifique – nem mais nem menos.*
> *A questão é, disse Alice, se você pode fazer as palavras significarem tantas coisas diferentes.*
> *A questão é, disse Humpty Dumpty, quem deve ser o mestre – isso é tudo.*
> (Lewis Carrol, *Through the Looking Glass*)[989]

7.1 Introdução: paradoxos da dignidade

Há um certo modismo na invocação do princípio da dignidade da pessoa humana. O fenômeno não é, em si, de se lamentar. Muito pelo contrário, é altamente positivo que se reconheça que as pessoas devem ser tratadas como intrinsecamente dignas. Deve ser festejada a penetração da dignidade no discurso reivindicatório da sociedade civil, nos debates políticos e sociais, nas mobilizações da cidadania. Também é louvável que o princípio da dignidade humana se incorpore ao cotidiano da *praxis* jurídica e que seja concebido como norma central

---

[989] CARROL, Lewis. Through the looking glass. *In*: CARROL, Lewis. *The complete illustrated works*. London: Leopard Books, 1995. p. 136.

do ordenamento, com aptidão para incidir diretamente sobre as relações sociais e para pautar a interpretação e aplicação de todo o Direito.

Contudo, o fenômeno também suscita preocupações. A vagueza da dignidade permite que ela seja invocada para quase tudo. Às vezes, o princípio é empregado no equacionamento de dilemas morais complexos para sustentar posições diametralmente opostas: para defender e refutar a legalização do aborto, da prostituição, das drogas. Em outros casos, a dignidade é usada na discussão de temas que aparentemente não têm qualquer relação com o conceito. Ela foi empregada no Brasil em julgados sobre a proibição de briga-de-galo,[990] a compensação de tributos recolhidos por pessoas jurídicas[991] e a incorporação ao salário de gratificações percebidas pelo empregado.[992] Já foi usada até para justificar a hierarquia nas Forças Armadas.[993]

Há, inclusive, decisões judiciais em que a dignidade humana é citada, mas nada acrescenta à cadeia argumentativa que suporta o resultado alcançado. Ela funciona como mero ornamento, usado na tentativa de "embelezar" a decisão; uma pátina para lhe dar um colorido supostamente mais humanista ou grandiloquente.

Esses problemas não são singularidades nacionais. A crítica ao arbítrio e à ausência de critério na invocação da dignidade é praticamente

---

990 Supremo Tribunal Federal. ADI nº 1856, Rel. Min. Celso de Mello, julg. 26.05.2011. A fundamentação baseada na dignidade encontra-se no voto do Ministro Cezar Peluso: "(...) acho que a lei ofende também a dignidade da pessoa humana, porque, na verdade, implica, de certo modo, um estímulo às pulsões mais primitivas e irracionais do ser humano".

991 Superior Tribunal de Justiça. REsp nº 503990, 1ª Turma, Rel. Min. José Delgado, julg. 23.09.2003. Consta do acórdão: "1. A compensação tributária, conforme prevista no art. 66 da Lei nº 8.383/91, é um direito do contribuinte. 2. Odiosa é qualquer pretensão de impor limites temporais e percentuais à referida compensação quando ela for utilizada para reaver quantias que foram pagas a título de tributo cuja exigência foi considerada inconstitucional. 3. Os princípios fundamentais do contribuinte nascem do texto constitucional que exige respeito à dignidade da pessoa humana, proibindo empréstimo forçado sem autorização de lei ou de forma disfarçada".

992 Tribunal Superior do Trabalho. Recurso de Revista nº 392441-61.1997.5.06.5555, 5ª Turma, Rel. Juiz Convocado Walmir Oliveira da Costa, julg. 07.03.2001. A decisão está assim fundamentada: "Em razão dos princípios constitucionais que resguardam a estabilidade econômica do contrato de trabalho (CF, art. 7º, VI) e a dignidade da pessoa humana (CF, art. 1º, III), faz jus à manutenção da gratificação a empregada que deixa o exercício da função de confiança, depois de 10 (dez) anos, e reverte ao cargo efetivo".

993 Superior Tribunal Militar. Apelação nº 0000022-11.2007.7.07.0007, Rel. Min. Flávio Flores da Cunha Bierrenbach, julg. 18.12.2009: "A hierarquia e a disciplina militares são princípios constitucionais de caráter fundamentalista, na medida em que constituem a base das organizações militares. Condenam, por isso, os valores militares, como o respeito à dignidade da pessoa humana, o patriotismo, o civismo, o profissionalismo, a lealdade, a constância, a verdade real, a honra, a honestidade e a coragem".

universal. Na Alemanha, fala-se em "tirania da dignidade".[994] Na África do Sul, afirmou-se que a dignidade funcionaria como "uma peça de Lego jurisprudencial – para ser usada de acordo com o modo e formato desejado pelo *designer* judicial".[995] E não é só no Direito que o problema se apresenta. No campo da Bioética, por exemplo, ocorre o mesmo, não faltando críticos a apontarem os perigos envolvidos na elevação da dignidade humana à qualidade de princípio fundamental da área.[996]

No Brasil, o fenômeno é agravado pela tendência atual ao recurso pouco fundamentado a princípios constitucionais abertos, impregnados de forte conteúdo moral – verdadeira perversão do neoconstitucionalismo. É o uso do "princípio como preguiça":[997] o princípio serve de fórmula mágica meio vazia, que mascara a falta de critério da decisão e substitui o ônus do julgador de elaborar uma fundamentação mais consistente. Na "carnavalização" dos princípios que nós vivenciamos, a dignidade humana tem certamente um lugar de destaque.[998]

Esse cenário é problemático por diversas razões. Em primeiro lugar, pela questão da insegurança jurídica, pois fica muito difícil para as pessoas preverem o que será considerado contrário à dignidade humana e programarem seu comportamento com base nisso. E, se a dignidade é usada para tudo, a insegurança também se torna ubíqua. Cria-se assim um paradoxo: a dignidade, por um lado, é um canal para a juridicização de imperativos da moralidade pública. Por outro, a sua vagueza compromete o que Lon Fuller denominou de "moralidade interna" do Direito,[999] que envolve a certeza e a inteligibilidade das normas jurídicas. Mais que isso, a aplicação sem parâmetros da dignidade

---

[994] FRANKENBERG, Günter. Tirania da dignidade?: paradoxos e paródias de um valor supremo. *In*: FRANKENBERG, Günter. *A gramática da constituição e do direito*. Belo Horizonte: Del Rey, 2007. p. 307-320.

[995] DAVIS, D. M. Equality: the majesty of Legoland jurisprudence. *South African Law Journal*, n. 116, p. 413, 1999.

[996] Cf., *e.g.*, KUHSE, Helga. Is there a tension between autonomy and dignity? *In*: KEMP, Peter; RENDTORFF, Jacob; JOHANSEN, Niels Matton (Eds.). *Bioethics and biolaw*, v. II, Four Ethical Principles. Copenhagen: Rhodos International Science & Art Publishers/Centre for Ethics and Law, 2000; MACKLIN, Ruth. Dignity is a useless concept. *British Medical Journal*, n. 327, 2003; PINKER, Steven. The stupidity of dignity. *The New Republic*, 28 mai. 2008. Disponível em: http://www.newrepublic.com/article/the-stupidity-dignity. Acesso em 28 set. 2015.

[997] Cf. SUNDFELD, Carlos Ari. Princípio é preguiça? *In*: SUNDFELD, Carlos Ari. *Direito administrativo para céticos*. 2. ed. São Paulo: Malheiros, 2014. p. 205-229.

[998] Veja-se, a propósito, COSTA NETO, João. *Dignidade humana*: visão do Tribunal Constitucional Federal Alemão, do STF e do Tribunal Europeu. São Paulo: Saraiva, 2014. Tratei da carnavalização dos princípios em SARMENTO, Daniel. Ubiquidade constitucional: os dois lados da moeda. *In*: SARMENTO, Daniel. *Livres e iguais*: estudos de direito constitucional. Rio de Janeiro: Lumen Juris, 2006.

[999] FULLER, Lon. *The morality of law*. New Haven: Yale University Press, 1964.

humana acaba ofendendo a própria dignidade, que, afinal, tem relação íntima com a garantia da segurança jurídica.[1000]

Ademais, a dignidade humana, pela sua plasticidade e pela amplitude do seu campo de incidência, fornece aos juízes, que não são eleitos, um instrumento poderoso para a imposição das suas visões de mundo, às vezes em detrimento das deliberações tomadas pelos representantes do povo. Assim, o uso inflacionado e sem critério do princípio da dignidade agrava a "dificuldade contramajoritária"[1001] da jurisdição constitucional, entrando em tensão com a democracia. Eis aqui mais um paradoxo: muito embora a dignidade, como visto anteriormente, tenha ligação profunda e visceral com a democracia, o abuso do princípio no discurso judicial pode significar menos autonomia pública para as pessoas ⊠ logo, menos dignidade, em uma das suas facetas.

Esse problema não afeta apenas a autonomia pública do cidadão. Como discutido no capítulo 4, ele pode também comprometer a autonomia privada do indivíduo, já que não é incomum a invocação da dignidade humana para a imposição de limites à liberdade individual, inclusive em áreas delicadíssimas, como as que concernem à sexualidade. Nessas situações, a dignidade pode se tornar um canal para imposição aos indivíduos de valores morais que não professam. Tem-se então outro paradoxo: a dignidade demanda o reconhecimento da autonomia da pessoa, mas, dependendo do sentido que lhe dê o intérprete, pode se converter em instrumento a serviço da heteronomia, do paternalismo, do moralismo mais conservador.

Além disso, há a questão da trivialização. Se a dignidade é invocada de maneira inflacionada, em hipóteses banais, o princípio tende a se desvalorizar. Ocorre uma "fadiga" da dignidade:[1002] apela-se

---

1000 Como observou Humberto Ávila, "sem um ordenamento minimamente inteligível, estável e previsível, o homem não tem como se autodeterminar, plasmando o seu presente e planejando o seu futuro com liberdade e autonomia. Sem estas condições, portanto, o homem não tem como se definir como um sujeito autônomo e digno. A segurança jurídica constitui, assim, o pressuposto jurídico para a realização da dignidade humana". (ÁVILA, Humberto. *A segurança jurídica*: entre permanência, mudança e realização no direito tributário. São Paulo: Malheiros, 2011. p. 225).

1001 A expressão "dificuldade contramajoritária", como se sabe, foi cunhada pelo constitucionalista norte-americano Alexander Bickel, e exprime o problema da justificação democrática do controle de constitucionalidade, que envolve a possibilidade de juízes não eleitos invalidarem decisões de órgãos representativos, com base na sua interpretação de normas constitucionais muitas vezes vagas e plurissignificativas. Veja-se BICKEL, Alexander. *The least dangerous branch*: the Supreme Court at the bar of politicis. 2. ed. New Haven: Yale University Press, 1986.

1002 Tomei de empréstimo a expressão de MAHLMANN, Mathias. The good sense of dignity: six antidotes do dignity fatigue in ethics and law. *In*: MCCRUDDEN, Christopher (Ed.). *Understanding human dignity*. Oxford: Oxford University Press, 2013. p. 593-614.

tanto ao princípio que ele perde a sua força. De trunfo poderoso na argumentação jurídica, política e moral, a dignidade humana torna-se um adereço retórico de gosto duvidoso; um bacharelismo *kitsh*, ao qual se deixa de prestar muita atenção. Aí, nos casos de lesão real e grave à dignidade humana, o recurso ao elevado princípio pode não impressionar ninguém. Tem-se então um paradoxo adicional: no discurso jurídico, mais pode ser menos dignidade.

Finalmente, existe um risco de perversão que não pode ser menosprezado. A vagueza da dignidade, que comporta tantas leituras e interpretações, pode ser usada como manto para encobrir propósitos menos nobres do que a emancipação e empoderamento das pessoas. O princípio pode ser empregado, por exemplo, para defender privilégios não universais da elite ou de corporações poderosas, conferindo-lhes maior respeitabilidade.[1003] Diante do *ethos* desigualitário das nossas relações sociais – que fatalmente contamina o processo de interpretação e aplicação do Direito –, esse é um problema particularmente importante no Brasil, como visto no capítulo 1. Nesse cenário, a mudança prometida pela dignidade humana pode acabar se assemelhando à tática para evitar o advento da república na Itália, recomendada pelo astuto Tancredi, no livro *O Leopardo*,[1004] de Giuseppe Lampedusa: "Se queremos que tudo permaneça como está, é preciso mudar tudo". Eis aí o último paradoxo: a dignidade humana, que deveria servir à inclusão dos excluídos, pode se converter em mais um instrumento de defesa dos interesses dos poderosos.

Esses problemas e paradoxos são reais e graves. Por isso, tem razão o Ministro Dias Toffoli quando adverte que "é necessário salvar a dignidade de si mesma (...) sob pena de condená-la a ser (...) um tropo oratório que tende à flacidez absoluta".[1005] Cabe, porém, o cuidado de não se jogar fora o neném junto com a água suja do banho. A solução para os abusos não é descartar o emprego do princípio da dignidade, voltando-se a concebê-lo como não mais do que uma proclamação retórica despida de efeitos concretos. Como visto ao longo desta obra,

---

1003 Cf. NEVES, Marcelo. Abuso de princípios no Supremo Tribunal Federal. *Revista Consultor Jurídico* (CONJUR), 27 out. 2012. Disponível em: http://www.conjur.com.br/2012-out-27/observatorio-constitucional-abuso-principios-supremo-tribunal. Acesso em 14 out. 2015.

1004 LAMPEDUSA, Giuseppe. *O Leopardo*. (Trad. Rui Cabeçadas). São Paulo: Abril, 1979.

1005 Supremo Tribunal Federal. RE nº 363889, Rel. Min. Dias Toffoli, julg. 02.04.2011. Ressalto, contudo, que, conquanto compartilhe das preocupações do Ministro Toffoli, considero que, no caso concreto então examinado, em que se discutiu a colisão entre a coisa julgada e o direito ao conhecimento da identidade genética, a invocação da dignidade humana estava longe de configurar um excesso. O voto proferido pelo Ministro Luiz Fux no referido julgamento utilizou amplamente a dignidade humana, de forma que considero apropriada.

a dignidade tem um conteúdo riquíssimo e pode desempenhar funções extremamente relevantes na ordem jurídica.

Nos capítulos anteriores, busquei precisar os contornos normativos do princípio da dignidade da pessoa humana, atribuindo-lhe um conteúdo material, a partir de uma leitura da Constituição de 88 aberta aos influxos da moralidade política. A definição desse conteúdo já contribui para o equacionamento dos problemas mencionados acima. É que a geleia conceitual certamente alimenta cada uma das patologias a que aludi. A definição do conteúdo é um avanço importantíssimo para remediá-las, mas é necessário dar um passo adicional: é preciso também definir a *metodologia* de aplicação da dignidade.

Neste capítulo, apresento quatro propostas metodológicas singelas referentes à aplicação do princípio da dignidade humana. A primeira é concebê-lo como um princípio que atua como norte hermenêutico, mas que não atropela, em sua incidência, direitos fundamentais mais específicos. Trata-se de uma aplicação do *critério da especialidade*, empregado para lidar com o fenômeno da *concorrência* de direitos fundamentais. A segunda ideia é exigir maior *rigor na fundamentação* do uso da dignidade em cada caso. O intérprete, quando invoca um princípio tão vago e aberto, deve ter o ônus de fundamentar a ligação entre o caso concreto e a dignidade, bem como a diretriz que o princípio proporciona para equacionamento do problema. A terceira é exigir que esses fundamentos se conformem às exigências convergentes da *laicidade estatal* e do uso de *razões públicas* para o exercício do poder político. A dignidade não pode se tornar disfarce para a imposição heterônoma de valores religiosos ou cosmovisões particulares às pessoas. A quarta diz respeito à defesa de um relativo *minimalismo judicial* no emprego do princípio da dignidade da pessoa humana. O intérprete judicial não deve enveredar na busca dos "fundamentos últimos" para a dignidade, penetrando em querelas filosóficas difíceis e divisivas, a não ser quando isso seja realmente necessário para o equacionamento do caso que tem de resolver. Vejamos.

7.2 Dignidade humana e concorrência de direitos fundamentais

A concorrência ou concurso de direitos fundamentais se dá quando dois direitos diferentes amparam uma mesma situação, mas eles têm regimes distintos, e se torna necessário precisar qual deles se aplica.[1006] A hipótese não se confunde com a colisão, em que as normas constitucionais são contrapostas. Na concorrência, elas não são antagônicas no caso concreto, mas convergentes. Quando há esta convergência, os direitos por vezes se reforçam mutuamente, sem que haja necessidade de realizar qualquer escolha sobre qual deles incidirá. Porém, há hipóteses em que existe diferença entre os respectivos contornos normativos, o que demanda uma decisão sobre qual dos direitos será aplicado. Veja-se o caso de uma passeata de protesto contra o governo. A hipótese enquadra-se, simultaneamente, no âmbito de incidência da liberdade de expressão (art. 5º, IV e IX, CF) e da liberdade de reunião (art. 5º, XVI, CF). O exercício da liberdade de reunião pressupõe a comunicação prévia do ato à autoridade competente, o que não ocorre com a liberdade de expressão. Nesse contexto, o exercício regular do direito à realização da passeata de protesto exige ou não o aviso prévio?

O aviso prévio é, sim, exigível, porque a relação entre a liberdade de expressão e o direito de reunião se resolve pelo critério da especialidade, já que o segundo é uma manifestação específica, de natureza coletiva, da primeira.[1007] Na concorrência entre direitos fundamentais, há, basicamente, duas situações distintas. Há casos em que as normas constitucionais concorrentes mantêm uma relação de especialidade, e hipóteses em que isto não ocorre. Nos primeiros, em que se enquadra o exemplo acima, emprega-se o critério da especialidade para o equacionamento do concurso normativo. Nos segundos, mais complexos, há dois critérios relevantes e nem sempre convergentes: a preferência da norma mais protetiva para o titular do direito fundamental ou a aplicação do direito que tenha mais pertinência em relação ao caso, consideradas todas as suas especificidades.

Como visto no capítulo 2, a dignidade da pessoa humana não é propriamente um direito fundamental, mas a fonte e fundamento de todos os direitos materialmente fundamentais. Os direitos materialmente fundamentais são concretizações da dignidade humana, o que torna

---

[1006] Veja-se, a propósito, PIEROTH, Bodo; SCHLINK, Bernhard. *Direitos fundamentais*. (Trad. António Francisco de Souza e António Franco). São Paulo: Saraiva, 2012. p. 156-159; CANOTILHO, J. J. Gomes. *Direito constitucional*. Coimbra: Almedina, 1992, p. 654-657; DIMOULIS, Dimitri; MARTINS, Leonardo. *Teoria geral dos direitos fundamentais*. São Paulo: Revista dos Tribunais, 2006. p. 172-176.

[1007] Não é todo agrupamento de pessoas que traduz exercício da liberdade de reunião. As reuniões protegidas pelo preceito constitucional têm uma dimensão expressiva, configurando, em essência, "um direito à liberdade de expressão exercido de forma coletiva". (BRANCO, Paulo Gustavo Gonet. Art. 5º, XVI. *In*: CANOTILHO, J. J. Gomes *et al*. *Comentários à Constituição do Brasil*. São Paulo: Saraiva, 2013. p. 305). Veja-se também, a propósito, MELLO FILHO, José Celso de. O direito constitucional de reunião. *Justitia*, n. 98, 1997.

possível o uso do critério da especialidade nos casos que envolvam ofensas a direitos fundamentais específicos e lesões à dignidade humana *que decorram de tais afrontas*.

É verdade que os direitos fundamentais também são muitas vezes enunciados em linguagem abstrata e indeterminada; que também há, com frequência, controvérsias sobre o seu conteúdo e limites. Nada obstante, do ponto de vista comparativo, eles são menos vagos do que a dignidade humana. Os seus contornos e regime de proteção, embora nem sempre precisos, são, em geral, menos nebulosos do que os que caracterizam o princípio da dignidade. Por isso, o emprego desse critério de especialidade proporciona significativos ganhos em matéria de previsibilidade e contenção do arbítrio do intérprete.

A ideia de que, dentre vários comandos jurídicos incidentes sobre o mesmo caso, deve-se aplicar o mais específico, é tradicional no Direito. Como já destacado, ela está por trás do critério da especialidade, empregado para resolução de antinomias jurídicas.[1008] Tal noção pode ser associada também ao reconhecimento da precedência *prima facie* das regras sobre os princípios em hipóteses de colisão.[1009]

Veja-se um exemplo de aplicação desse parâmetro. Uma escuta telefônica de conversa privada atinge, sem dúvida, a dignidade da pessoa humana, que pressupõe o respeito à intimidade para o livre desenvolvimento da personalidade. Há, porém, norma constitucional específica que trata do sigilo das comunicações telefônicas (art. 5º, inciso XII, CF), com contornos mais precisos, e que foi regulamentada pelo legislador (Lei nº 9.296/96). Portanto, não se justifica a invocação direta da dignidade da pessoa humana para tratar de caso atinente a uma quebra do sigilo telefônico, passando por cima da norma constitucional mais densa e específica, bem como da sua concretização legislativa. Com esse tipo de "salto" hermenêutico, perde-se muito em previsibilidade e em possibilidade de controle intersubjetivo da decisão judicial.[1010]

[1008] Sobre o critério da especialidade, veja-se, BOBBIO, Norberto. *Teoria do ordenamento jurídico*. 7. ed. (Trad. Maria Celeste Cordeiro dos Santos). Brasília: UnB, 1996. p. 95 ss.

[1009] Cf., *e.g.*, BARCELLOS, Ana Paula de. *Ponderação, racionalidade e atividade jurisdicional*. Rio de Janeiro: Renovar, 2005. p. 165-234; ÁVILA, Humberto. *Teoria dos princípios*: da definição à aplicação dos princípios jurídicos. 10. ed. São Paulo: Malheiros, 2009. p. 103-108.

[1010] Nesse sentido, Ingo Wolfgang Sarlet ressaltou que se afigura "em princípio conveniente que se busque inicialmente sondar a existência de uma ofensa a determinado direito fundamental em espécie no caso concreto objeto de exame. Isto não apenas pelo fato de tal caminho se mostrar o mais simples, mas acima de tudo por viabilizar a redução de margem de arbítrio do intérprete". (SARLET, Ingo Wolfgang. Art. 1º, III. *In*: CANOTILHO, J. J. Gomes *et al*. *Comentários à Constituição do Brasil*. São Paulo: Saraiva/Almedina, 2013. p. 128-129). Porém, em sentido aparentemente diverso do aqui sustentado, afirmou no mesmo texto: "Ainda

Isso não quer dizer, porém, que a dignidade seja desimportante nesse tipo de situação. Ela continua no "pano de fundo", atuando como vetor hermenêutico, a influenciar a interpretação, aplicação e integração do direito fundamental mais específico e da sua legislação concretizadora. Mas não se pode, de modo algum, ignorar o plano normativo mais concreto e próximo do caso para buscar diretamente na dignidade da pessoa humana a solução para problema jurídico. Fazê-lo implica aumentar desnecessariamente a insegurança jurídica e os riscos de arbítrio e de erro do intérprete. E importa em demandar esforço argumentativo desnecessário do julgador – em cenário de grave congestionamento da justiça e de atrasos na prestação jurisdicional –, já que existe caminho muito mais simples para o correto equacionamento do problema jurídico.

Essa orientação, seguida pela Corte Constitucional sul-africana em sua riquíssima jurisprudência sobre a dignidade humana,[1011] foi criticada por Aharon Barak.[1012] Para o jurista israelense, tal posição concebe a dignidade humana como um direito residual, o que não se compadece com a sua estatura central nas constituições. Ademais – sustentou Barak –, se há uma restrição que atinge simultaneamente tanto a dignidade como algum direito específico, o correto, do ponto de vista metodológico, seria aplicar os dois parâmetros para o controle da medida restritiva, e não apenas o outro direito, olvidando o princípio da dignidade.

De modo diverso, considero que quando se afronta a dignidade *porque* se violou o direito que a concretiza, basta para o equacionamento da questão o emprego desse direito mais específico. Usá-lo como parâmetro exclusivo em nada apequena a dignidade, apenas confere mais consistência e rigor à argumentação jurídica, gerando maior previsibilidade e economizando o esforço e o tempo do intérprete. A dignidade humana, nessas hipóteses, até pode ser citada como um

---

que se pudesse argumentar a prescindibilidade do recurso à dignidade humana quando atingido um direito fundamental (já impregnado de dignidade), não se poderia defender uma aplicação meramente subsidiária daquele princípio, pois se trata de uma relação caracterizada por uma substancial fundamentalidade assumida pela dignidade em face dos demais direitos fundamentais". (SARLET, Ingo Wolfgang. Art. 1º, III. *In*: CANOTILHO, J. J. Gomes *et al*. *Comentários à Constituição do Brasil*. São Paulo: Saraiva / Almedina, 2013. p. 128).

1011 Nas palavras do constitucionalista sul-africano Stuart Woolman, a "primeira regra na jurisprudência sul-africana sobre dignidade é que onde a Corte puder identificar a violação de um direito mais específico, a Seção 10 da Constituição" – que consagra a dignidade – "não será adicionalmente empregada". (WOOLMAN, Stuart. Dignity. *In*: WOOLMAN, Stu; BISHOP, Michael (Eds.). *Constitutional Law of South Africa*. 2. ed. Cape Town: Juta & Co. Ltd., 2013. v. 3, p. 19).

1012 BARAK, Aharon. *Human dignity*: the constitutional value and the constitutional right. Cambridge: Cambridge University Press, 2015. p. 181-182.

reforço argumentativo, mas sem jamais substituir o parâmetro mais denso, representado pelo direito fundamental. Porém, concordo que há situações de afronta simultânea ao princípio da dignidade humana e a algum – ou alguns – direito(s) específico(s), em que o recurso direto à dignidade se justifica plenamente.

Isso ocorre quando a violação à dignidade não se resume à restrição ou ao descumprimento do direito específico que a concretiza, envolvendo também algum aspecto autônomo do princípio da dignidade. Imagine-se a situação hipotética de uma lei que, para resolver o problema do desabastecimento dos hemocentros, obrigasse os presos em boas condições de saúde a realizarem doações periódicas de sangue. Haveria clara afronta ao direito fundamental dos presos ao respeito à sua integridade física e moral, previsto no art. 5º, inciso XLIX, da Constituição. Mas, além disso, haveria também uma violação independente à dignidade humana, porque os presos não estariam sendo tratados como fins em si, mas como meros meios ⊠ como um verdadeiro estoque vivo de sangue à disposição da sociedade. A violação à dignidade humana não seria apenas indireta, decorrente da ofensa a outro direito fundamental específico que a concretiza, mas também direta, em razão da clara afronta a dois dos seus componentes nucleares – o valor intrínseco da pessoa e a autonomia. Em um caso como esse, seria absolutamente pertinente o recurso direto à dignidade humana para equacionamento do problema – sem prejuízo, é claro, do emprego também do direito mais específico ao respeito da integridade física e moral do preso.

Finalmente, é certo que o princípio constitucional da dignidade da pessoa humana tem um conteúdo que excede os direitos fundamentais enumerados na Constituição. Tal conteúdo, na minha ótica, pode ser condensado nos quatro componentes, explorados nos capítulos 3 a 6 – valor intrínseco da pessoa, autonomia, mínimo existencial e reconhecimento. Como visto, cada um desses componentes tem projeções em direitos positivados na Constituição, que, contudo, não os exaurem. Portanto, há hipóteses que são abarcadas pelo princípio da dignidade da pessoa humana, mas não por qualquer outro direito fundamental. Nessas hipóteses, em que não existe concorrência entre direitos fundamentais, é indiscutível que a dignidade humana se aplica diretamente. Uma lei sobre o poder de polícia, que autorizasse restrições cabais a direitos sempre que necessárias à preservação do "bem-estar da coletividade", por exemplo, afrontaria diretamente a dignidade humana, por incidir em organicismo, claramente incompatível com tal princípio, como visto no capítulo 3. A ofensa não seria a qualquer direito específico, mas à própria ideia da pessoa como fim em si, com direitos que prevalecem como trunfos diante dos interesses da maioria. Apesar do caráter analítico da Constituição de 88, há inúmeras situações dessa natureza, e nelas a abertura da dignidade serve para assegurar uma proteção integral à pessoa.

7.3 Dignidade humana e fundamentação

Uma das patologias do uso da dignidade humana nos tribunais brasileiros é a falta de fundamentação na sua aplicação. Invoca-se a dignidade sem nenhuma explicitação das razões que justificariam a incidência do princípio, nem tampouco dos motivos que levariam tal aplicação a produzir o resultado alcançado pelo intérprete. Nesse cenário, a dignidade humana torna-se uma espécie de coringa hermenêutico, que serve para tudo e empresta – ou tenta emprestar – uma entonação humanista às preferências do julgador. O Recurso Especial nº 503.990,[1013] decidido pelo STJ em 2003, é ilustrativo desse tipo de desvio. A decisão, que trata de limites à compensação tributária, não diz mais do que isso: estabelecer limites temporais e percentuais para a compensação de tributos seria "odioso", uma espécie de empréstimo forçado, incompatível, por isso, com a dignidade da pessoa humana.

Para combater esse desvio, é preciso insistir na necessidade de fundamentação criteriosa do emprego da dignidade humana. Não é demais lembrar que a fundamentação – ou motivação – não é apenas um requisito formal para a validade dos atos judiciais e administrativos. Mais do que isso, trata-se de um direito fundamental (art. 93, IX, CF) e de uma exigência impostergável do princípio do Estado de Direito,[1014] que visa a impedir a atuação arbitrária das autoridades e a assegurar a possibilidade de controle das decisões não só pelas partes e instâncias superiores (controle endoprocessual), como também pela sociedade em geral (controle extraprocessual). A fundamentação proporciona

[1013] Superior Tribunal de Justiça. REsp nº 503.990, 1ª Turma, Rel. Min. José Delgado, julg. 23.09.2003.

[1014] Cf. MOREIRA, José Carlos Barbosa. A motivação das decisões judiciais como garantia inerente ao Estado de Direito. *In*: MOREIRA, José Carlos Barbosa. *Temas de direito processual*: segunda série. São Paulo: Saraiva, 1980. p. 83-95; TARUFFO, Michele. Il significato costituzionale dell'obligo di motivazione. *In*: GRINOVER, Ada Pellegrini, DINAMARCO, Cândido Rangel; WATANABE, Kazuo (Orgs.). *Participação e processo*. São Paulo: RT, 1988.

accountability às decisões e é pressuposto da sua legitimidade em uma democracia.[1015]

A fundamentação é sempre relevante, mas se torna ainda mais essencial naquelas decisões que envolvem parâmetros normativos vagos – como a dignidade –, em que existe uma latitude maior para as valorações pessoais do julgador.[1016] Nesses casos, é fundamental o acesso às razões subjacentes à decisão, para que se possa avaliar a sua consistência jurídica e adequação social. Aliás, pode-se afirmar que a fundamentação das decisões guarda forte conexão com a dignidade humana. Tratar as pessoas como dignas implica no dever das autoridades de fornecer as razões que justificam os atos que lhes digam respeito como indivíduos, ou mesmo como membros da comunidade política.[1017] O constitucionalismo democrático, diz Cláudio Pereira de Souza Neto, é o "governo das razões".[1018] Portanto, é também paradoxal o descuido com a motivação das decisões que aplicam o princípio da dignidade da pessoa humana.

A fundamentação deve, no mínimo, explicitar por que a situação concreta se enquadra no princípio da dignidade da pessoa humana e qual a derivação jurídica que resulta deste enquadramento. O intérprete deve exteriorizar esses elementos, permitindo o controle intersubjetivo sobre tais passos argumentativos. No afã de fazê-lo, o intérprete bem-intencionado poderá também se beneficiar da oportunidade de exercer um controle racional sobre a sua "intuição de decisão", que pode ter se baseado em impulso emotivo que não sobreviva a um esforço genuíno de racionalização.

O reconhecimento dessa exigência independe da aceitação da teoria sobre o conteúdo material da dignidade da pessoa humana, desenvolvida nos capítulos precedentes. Mas, se adotada a minha teoria, para aplicar diretamente o princípio da dignidade da pessoa humana a um caso concreto o intérprete terá o dever de demonstrar a presença de uma conexão direta e relevante entre a hipótese analisada e pelo

---

1015 Cf. MENDES, Gilmar Ferreira; STRECK, Lênio Luiz. Art. 93. *In*: CANOTILHO, J. J. Gomes *et al*. *Comentários à Constituição do Brasil*. São Paulo: Saraiva / Almedina, 2013. p. 1.324-1.325.

1016 Nesse sentido, LEAL, Fernando. Argumentando com o sobreprincípio da dignidade da pessoa humana. *Arquivos de Direitos Humanos*, v. 7, p. 41-67, 2005.

1017 O filósofo Rainer Forst chega a afirmar que a essência da dignidade humana é o direito da pessoa de receber justificações legítimas dos atos que a afetem, Cf. FORST. Rainer. The ground of critique: on the concept of human dignity in social orders of justification. *Philosophy and Social Criticism*, n. 37, p. 965-976, 2011.

1018 SOUZA NETO, Cláudio Pereira de. *Constitucionalismo democrático e governo das razões*. Rio de Janeiro: Lumen Juris, 2011. Na mesma linha, cf. SEN, Amartya. *The idea of justice*. Cambridge: The Belknap Press of Harvard University Press, 2009. p. 321-337.

menos um dos quatro elementos da dignidade anteriormente expostos: valor intrínseco, autonomia, mínimo existencial e reconhecimento. Além disso, terá também o ônus de justificar porque a solução concreta adotada deriva racionalmente do componente da dignidade humana tido como pertinente no caso. Invocações genéricas não serão suficientes em nenhum dos dois passos.

Ademais, não é toda fundamentação decisória que satisfaz os pressupostos normativos de aplicação da dignidade humana. Não basta que exista motivação, sendo indispensável que ela observe algumas exigências normativas, como se verá abaixo.

7.4 Laicidade estatal e razões públicas

Uma decisão judicial que invocasse a dignidade humana para, por exemplo, proibir o fornecimento pelo Estado de pílulas anticoncepcionais a mulheres pobres, a partir de uma compreensão católica de dignidade seria manifestadamente inadequada.[1019] É que a interpretação e aplicação da dignidade por autoridades estatais deve respeitar o princípio da *laicidade estatal* e se orientar por *razões públicas*, vale dizer, por razões que sejam independentes de compreensões religiosas ou metafísicas particulares, e que possam ser racionalmente aceitas por pessoas das mais diferentes crenças. Essa é uma preocupação importante em matéria de dignidade humana, já que o discurso religioso se infiltra frequentemente na sua interpretação e aplicação.

Uma das características mais marcantes das sociedades modernas é o pluralismo. Na mesma sociedade, convivem pessoas com as mais diferentes religiões e cosmovisões. Nesse cenário, o respeito à laicidade estatal e às razões públicas se justifica tanto por preocupações morais normativas – de respeito à autonomia pessoal e à igualdade – como pela necessidade prática de manutenção da paz social, que seria permanentemente ameaçada por conflitos intermináveis caso o Estado passasse a exercer a autoridade a partir, por exemplo, de dogmas religiosos.

A laicidade estatal, consagrada no art. 19, inciso I, da Constituição, não proscreve apenas o endosso oficial de qualquer religião. Mais que isso, ela afirma a neutralidade estatal na esfera religiosa, exigindo uma postura equidistante do Estado em relação às diferentes crenças –

1019 Recorde-se que a Encíclica católica *Envangelium Vitae* (1995), do Papa João Paulo II, invocou a dignidade humana para condenar os métodos contraceptivos.

o que envolve inclusive as posições dos ateus e agnósticos. Não se trata de qualquer tipo de má vontade ou animosidade diante da expressão de religiosidade pelos particulares – típica do laicismo,[1020] que não se confunde com a laicidade. Muito pelo contrário, a religiosidade dos indivíduos é profundamente respeitada pela ordem constitucional por meio da reforçada garantia da liberdade de religião e de consciência (art. 5º, inciso VI, CF). O que o princípio da laicidade exprime é "a radical hostilidade constitucional para com a coerção e discriminação em matéria religiosa, ao mesmo tempo em que afirma o princípio da igual dignidade e liberdade de todos os cidadãos".[1021] O Estado laico não é um Estado ateu, ele é simplesmente neutro no campo religioso.

A laicidade estatal é garantia que robustece a liberdade religiosa, afastando as coerções simbólicas ou indiretas que o Estado poderia exercer sobre os indivíduos, ao endossar concepções religiosas e agir com base nelas.[1022] Ademais, ela protege a igual dignidade das pessoas. É que, no contexto de pluralismo, a adesão estatal a dogmas e posições religiosas implica tratamento desfavorecido aos que não abraçam o credo privilegiado, que são tratados como "cidadãos de segunda classe".[1023] Para a laicidade, o fato de uma religião ser ou não majoritária não é relevante. A predominância de uma religião na sociedade não é fator que justifica o endosso das suas crenças pelo Estado. Pelo contrário, o princípio da laicidade está impregnado pela preocupação constitucionalista e contramajoritária de defesa dos direitos das minorias.[1024]

[1020] Como ressaltou Marco Huaco, o laicismo "propõe a hostilidade ou indiferença perante o fenômeno religioso coletivo que pode acabar radicalizando a laicidade, sobrepondo-se aos direitos fundamentais básicos como a liberdade religiosa e suas diversas formas de expressão. Poderia se dizer que consiste em uma forma de radicalização da laicidade que, por isso, acaba por negá-la". (HUACO, Marcos. A laicidade como princípio constitucional do Estado de Direito. *In*: LOREA, Roberto Arriada (Org.). *Em defesa das liberdades laicas*. Porto Alegre: Livraria do Advogado, 2008. p. 47).

[1021] Cf. MACHADO, Jonatas Eduardo Mendes. *Liberdade religiosa numa comunidade constitucional inclusiva*. Coimbra: Coimbra Editora, 1996. p. 347.

[1022] MACHADO, Jonatas Eduardo Mendes. *Liberdade religiosa numa comunidade constitucional inclusiva*. Coimbra: Coimbra Editora, 1996. p. 348-349.

[1023] A Suprema Corte norte-americana, no caso *Lynch v. Donnelly*, destacou o ponto, ao sublinhar que qualquer comportamento estatal que favoreça alguma religião ou grupo de religiões "envia uma mensagem aos não aderentes de que eles são *outsiders*, e não plenos membros da comunidade política" (465 U.S., 668 (1984)).

[1024] Nesse sentido, o Tribunal Constitucional alemão, em histórica decisão em que proibiu a afixação de crucifixos em salas de aula de escolas públicas, assentou: "O Estado no qual convivem seguidores de convicções religiosas e ideológicas diferentes ou mesmo opostas, apenas pode assegurar suas coexistências pacíficas quando ele mesmo se mantém neutro em questões religiosas. (...) Isto não se dá em razão da representatividade numérica ou da relevância social de uma crença. O Estado tem que, pelo contrário, observar um tal

A laicidade possui uma *dimensão argumentativa*. Ao Estado, não é vedada apenas a adesão formal a uma religião ou o seu favorecimento material. Mais que isso, os poderes públicos não podem se fundar em motivações religiosas para tomar qualquer tipo de decisão. Essa dimensão da laicidade guarda estrita conexão com a ideia de *razões públicas*, muito debatida na filosofia política contemporânea.

O conceito de "razão pública" tem origem remota em texto de Kant, de 1784,[1025] em que o filósofo procurou definir o que seria o Iluminismo, associando-o ao uso da razão, que acarretaria o fim da "imaturidade humana". No ensaio, o filósofo aludiu ao "uso público da razão", que é aquele que "qualquer um pode fazer como homem de conhecimento, ao se dirigir ao público letrado inteiro".[1026]

Na contemporaneidade, a ideia de razões públicas foi desenvolvida pelo filósofo político John Rawls,[1027] que sustentou que na esfera política, ao se lidar com temas essenciais como os que concernem aos direitos humanos, só seriam admissíveis argumentos independentes de doutrinas religiosas ou metafísicas a que cada cidadão adira. Em espaços privados, como as famílias, entidades religiosas, grupos de amigos etc., esse limite não se aplica. Mas, na discussão pública, as pessoas devem apresentar argumentos também públicos, que possam ser racionalmente aceitos pelos seus interlocutores, independentemente das respectivas crenças e cosmovisões.[1028] Argumentos religiosos, por exemplo, não poderiam penetrar nesse debate a não ser que fossem "traduzidos" para razões públicas.[1029] Um político cristão não poderia

tratamento das diferentes comunidades religiosas e ideológicas que seja representado pelo princípio da igualdade" (BVerfGe 93, 1 (1995)).

1025 KANT, Immanuel. An answer to the question: 'what is enlightenment?' In: KANT, Immanuel. *Political writings*. (Trad. H. B. Nisbet). Cambridge: Cambridge University Press, 1991. p. 54-60.

1026 KANT, Immanuel. An answer to the question: 'what is enlightenment?' In: KANT, Immanuel. *Political writings*. (Trad. H. B. Nisbet). Cambridge: Cambridge University Press, 1991. p. 55.

1027 RAWLS, John. *O liberalismo político*. (Trad. Álvaro de Vita). São Paulo: Martins Fontes, 2011. p. 250-304.

1028 Nas palavras de Rawls, "ao discutir sobre elementos constitucionais essenciais e questões de justiça básica, não devemos apelar para doutrinas religiosas ou filosóficas abrangentes – para aquilo que, enquanto indivíduos ou membros de associações, entendemos ser a verdade toda. (...) Tanto quanto possível, o conhecimento e as formas de argumentação que fundamentam nossa aceitação dos princípios de justiça e sua aplicação a elementos constitucionais essenciais devem repousar sobre verdades claras, hoje amplamente aceitas pelos cidadãos em geral e acessíveis a eles". (RAWLS, John. *O liberalismo político*. (Trad. Álvaro de Vita). São Paulo: Martins Fontes, 2011. p. 274).

1029 Como consignou Luís Roberto Barroso, "nas democracias maduras, um equilíbrio implícito e justo é normalmente atingido: os dogmas religiosos – como milagres, pecado e fé na vida depois da morte – são deixados de lado na esfera pública, mas isso não significa que valores

se opor a um projeto de lei que legalizasse a eutanásia invocando a Bíblia e dizendo que a vida não pertence ao homem, e sim a Deus, mas ele poderia sustentar a indisponibilidade do direito à vida, apelando para a relevância especial desse bem jurídico no sistema constitucional. O seu argumento, neste último caso, pode ser considerado correto ou incorreto – para mim, é incorreto –, mas não estará fora do campo das razões públicas.

Para Rawls, o emprego das razões públicas pelo cidadão é um dever moral, mas não um imperativo jurídico. Isso porque seria impossível obrigá-lo a invocar apenas razões públicas ao deliberar sobre temas essenciais na arena social, sem afrontar a sua liberdade de expressão. Contudo, para agentes públicos e, especialmente, para membros do Poder Judiciário, o respeito às razões públicas é exigência juridicamente vinculante.

A concepção ralwsiana, atinente ao dever moral do cidadão de respeitar as razões públicas, deve ser problematizada. Habermas, por exemplo, sustenta que ela importa em ônus excessivo para a pessoa religiosa, que não consegue cindir em duas a sua personalidade, ao participar dos debates travados na esfera pública.[1030] Iris Marion Young, por sua vez, afirma que a exigência de discurso racional para tratar dos temas públicos é elitista e aliena grupos que empregam outras formas de comunicação, mais "quentes" e emocionais.[1031] Tal modelo impõe uma forma de discussão que é típica do homem branco, culto e ocidental, e que pode ser profundamente excludente para membros de grupos vulneráveis, que se exprimem habitualmente de outro modo. A *Critical Race Theory* norte-americana, por exemplo, enfatiza a importância do discurso emotivo e da narrativa pessoal (*storytelling*) para defesa política do direito dos negros.[1032] Seria impossível estabelecer um diálogo intercultural sobre a dignidade, como foi defendido no capítulo 6, esperando que minorias culturais, como os índios e comunidades

---

de inspiração religiosa – como a santidade da vida ou o dever de respeitar os outros – não possam ser traduzidos em argumentos políticos válidos". (BARROSO, Luís Roberto. *A dignidade da pessoa humana no direito constitucional contemporâneo*: a construção de um conceito jurídico à luz da jurisprudência mundial. Belo Horizonte: Fórum, 2013. p. 73).

1030 Cf. HABERMAS, Jürgen. Religião na esfera pública: pressuposições cognitivas para o "uso público da razão" de cidadãos seculares e religiosos. *In*: HABERMAS, Jürgen. *Entre naturalismo e religião*: estudos filosóficos. Rio de Janeiro: Tempo Brasileiro, 2007. p. 129-168.

1031 YOUNG, Iris Marion. *Inclusion and democracy*. Oxford: Oxford University Press, 2000. p. 52-80.

1032 Cf. LAWRENCE III, Charles *et al*. Introduction. *In*: MATSUDA, Mari J. *et al*. *Words that wound*: critical race theory, assaultive speech and the first amendment. Boulder: Westview, 1993. p. 1-15.

tradicionais, se expressassem apenas de forma neutra e racional, pondo entre parênteses o seu modo de ser e suas cosmovisões. A exigência das razões públicas, se posta nesses termos, significaria a exclusão comunicativa de parcelas expressivas da sociedade, empobrecendo os debates sociais e deslegitimando as decisões tomadas na arena pública sem a efetiva participação dos excluídos. Fazê-lo na discussão sobre a dignidade humana – que se volta especialmente à proteção dos *outsiders* – seria, além de tudo, profundamente contraditório.

O ponto também se aplica às pessoas e instituições religiosas, que não podem ser excluídas dos movimentos e debates que envolvem a dignidade humana na esfera pública. Tentar afastá-las seria não apenas uma discriminação odiosa, como também uma medida profundamente contraproducente, já que desperdiçaria uma poderosa energia transformadora que pode se voltar para a promoção dos direitos humanos e da emancipação social.[1033] Não é demais lembrar que a religiosidade, se já alimentou muitos atos opressivos e violações à dignidade – Cruzadas, Inquisição etc –, também marcou alguns dos mais importantes movimentos em favor da dignidade humana na história, como se deu na Índia, na resistência pacífica de Mahatma Gandhi, e nos Estados Unidos, na luta pelos direitos civis dos negros, que teve no pastor Martin Luther King a sua principal liderança.

Contudo, se não é possível restringir ou desprezar a participação nas deliberações sociais das pessoas e grupos que se exprimem de acordo com as suas particularidades identitárias ou religiosas – que, muitas vezes, não se conformam com o padrão das razões públicas –, não há dúvida de que as decisões do Estado só podem se lastrear em razões públicas. Isso não significa, porém, que os agentes estatais devam ignorar as "razões não públicas" ofertadas na arena social. Pelo contrário, cabe a eles examinar a conversibilidade desses argumentos em razões públicas, fazendo a necessária tradução, sempre que possível. A defesa da igualdade racial feita por Martin Luther King e seus seguidores, por exemplo, alimentava-se da religião, mas podia ser igualmente justificada a partir da moralidade laica dos direitos humanos e dos valores e princípios presentes na própria Constituição norte-americana. Nesse esforço de tradução, convém, inclusive, que se adote uma postura

[1033] Sobre o tema, veja-se SANTOS, Boaventura de Sousa. *Se Deus fosse um ativista dos direitos humanos*. São Paulo: Cortez, 2013. Na obra, o autor português sustenta que as teologias progressistas têm um papel importante nas lutas contra-hegemônicas em favor dos direitos humanos.

especialmente empática diante das manifestações provenientes de grupos vulneráveis, de modo a viabilizar a mais ampla inclusão comunicativa.

A imposição jurídica ⊠ não apenas moral ⊠ de respeito às razões públicas nas decisões estatais exprime a exigência de tratamento de todas as pessoas como sujeitos morais, merecedores do mesmo respeito e consideração.[1034] Em outras palavras, trata-se de uma exigência que também deriva do princípio da dignidade humana. Numa democracia, é natural que as opiniões e vontades de cada cidadão nem sempre prevaleçam nos processos decisórios. Contudo, quando isso se dá por motivações que não sejam racionalmente aceitáveis pelos afetados, mais do que derrota, há também desrespeito.

O princípio das razões públicas dirige-se a todos os poderes estatais, mas a imposição é ainda mais severa para o Poder Judiciário. Afinal, os juízes não são eleitos, o que torna ainda mais ilegítima a possibilidade de que imponham os seus valores pessoais sobre os jurisdicionados, ou que os invoquem para derrubar decisões tomadas pelos representantes do povo. Ademais, diferentemente dos cidadãos e dos parlamentares, que não estão juridicamente obrigados a enunciar publicamente as razões que motivam seus atos e votos, os juízes têm sempre que justificar as respectivas decisões. Não podem, nessa tarefa, guiar suas decisões pelas orientações axiológicas cultivadas no interior das doutrinas religiosas ou metafísicas a que se filiem.

É certo que a realização integral desse dever de imparcialidade cosmovisiva é muito difícil. A pré-compreensão e as visões particulares de mundo do intérprete – inclusive de natureza religiosa – tendem a exercer influência, ainda que inconsciente, no processo de tomada de decisões.[1035] Afinal, intérpretes são seres humanos e não máquinas. Nada obstante, a imposição de observância das razões públicas deve atuar como *ideia regulativa* e como *dever constitucional*, a ser perseguido pelos agentes e instituições estatais, sujeitos, neste particular, ao controle jurídico e à fiscalização da crítica social.

O critério das razões públicas afigura-se especialmente importante no tema da interpretação da dignidade humana, diante dos riscos de captura do princípio por correntes religiosas ou metafísicas, como meio de imposição das suas doutrinas particulares, sob o disfarce de aplicação

---

[1034] Cf. MENDONÇA, José Vicente Santos de. *Direito constitucional econômico*: a intervenção do Estado na economia à luz da razão pública e do pragmatismo. Belo Horizonte: Fórum, 2014. p. 152.

[1035] Sobre essas influências, veja-se, na literatura jurídica brasileira. MELLO, Patrícia Perrone Campos. *Nos bastidores do STF*. Rio de Janeiro: Forense, 2015. p. 57-146.

de um princípio constitucional. Um exemplo enviesado de emprego da dignidade humana ocorreu no voto do Ministro Cezar Peluso no julgamento do caso da interrupção de gestação de feto anencefálico.[1036] Confrontado com o argumento de que a imposição de manutenção da gravidez de um feto sabidamente inviável causaria grave sofrimento à mulher, violando a sua dignidade, Peluso redarguiu:

> A integridade física e biológica da vida intra-uterina também está em jogo. Depois, o sofrimento, em si, não é alguma coisa que degrade a dignidade humana; é elemento inerente à vida humana. O remorso também é forma de sofrimento. (...) Nem quero discorrer sobre o aspecto moral e ético – não me interessa – de como o sofrimento pode, em certas circunstâncias, engrandecer as pessoas.

A ideia de que a imposição heterônoma de um sofrimento grave não afronta a dignidade humana, porque a dor pode ser até dignificante para quem a experimenta, é própria à teologia cristã e não se conforma com o padrão das razões públicas. A inflição de dor profunda e evitável às pessoas por ato estatal é, sim, uma violação gravíssima à dignidade humana daqueles que a sofrem.

O exemplo revela também que o princípio das razões públicas não é violado apenas quando são invocados explicitamente argumentos religiosos nas decisões. Juristas com um mínimo de sofisticação dificilmente fazem isso. Ele também é afrontado quando as razões fornecidas em suporte à decisão são estritamente religiosas ou metafísicas, mesmo quando se omita qualquer referência à sua fonte.

Por outro lado, a observância da laicidade e das razões públicas não significa uma interdição cabal à citação de documentos ou textos religiosos em decisões estatais sobre a dignidade humana – ou sobre qualquer outro tema. Essa invocação pode ocorrer legitimamente para, por exemplo, aludir às origens históricas de certos valores, mostrar a presença de consensos sociais sobre determinados assuntos ou chamar a atenção sobre algum argumento ou ponto de vista importante, dando o devido crédito às suas fontes. Mas os argumentos religiosos não se revestem de qualquer tipo de autoridade especial no âmbito jurídico. De todo modo, o que eventualmente descredencia esses argumentos não é propriamente a sua origem religiosa, mas o seu conteúdo: se não forem conversíveis em *razões públicas*, não podem fundamentar explicitamente os atos do Estado, nem tampouco motivá-los de forma sub-reptícia.

[1036] Supremo Tribunal Federal. ADPF nº 54, Rel. Min. Marco Aurélio, julg. 12.04.2012.

7.5 Minimalismo, acordos incompletamente teorizados e exibicionismo judicial

Assentou-se acima que deve ser devidamente fundamentado o emprego do princípio da dignidade da pessoa humana. Isso, contudo, não quer dizer que, em cada caso que envolva a aplicação do princípio, o intérprete deva mergulhar nos debates complexos, intermináveis e profundamente divisivos que o cercam. Pelo contrário, fazê-lo seria um equívoco, por várias razões: haveria desperdício de tempo e de energia, aumento dos riscos de erro e criação de tensões e controvérsias dispensáveis não só no âmbito do próprio processo decisório – *e.g.*, disputas desnecessárias entre magistrados de um órgão colegiado –, como também na sociedade de modo geral.

Quanto ao último aspecto, a pretensão do intérprete de ser muito profundo, e de atingir "verdades últimas", poderia alienar e até ofender segmentos da sociedade, fragilizando a legitimação social da decisão e, dependendo da saliência política do caso, até do seu órgão prolator. Como já destacado no capítulo 1, um dos motivos que levou à consagração da dignidade da pessoa como fundamento dos direitos humanos em tratados e declarações internacionais foi exatamente o fato de se tratar de categoria palatável para as mais diferentes cosmovisões, religiões e ideologias, com a aptidão de cristalizar um certo consenso. Esta questão também se manifesta no âmbito interno, em sociedades plurais como a brasileira. Por isso, buscar, no momento de aplicação do princípio, o fundamento último que está por trás da dignidade poderia estilhaçar esse consenso, cuja subsistência pressupõe certo compromisso com o abandono da pretensão de se alcançar, na disciplina das relações intersubjetivas, algum suposto "Santo Graal" da moralidade política.

Mas não é só. O "excesso de profundidade" na interpretação da dignidade humana pode colocar em risco a implementação da ideia exposta acima, de que as decisões estatais devem se fundar em razões públicas, que independam de compreensões religiosas ou metafísicas particulares. Mergulhos hermenêuticos abissais tendem a atrair o intérprete para os espaços obscuros e insondáveis da especulação metafísica ou teológica. E não surpreenderia se ele retornasse desse mergulho exatamente com mesma resposta dada pela *sua* religião ou pela *sua* cosmovisão particular. Defendo, assim, certo *minimalismo judicial* na interpretação da dignidade humana, especialmente quando realizada no âmbito do processo judicial.

O minimalismo judicial, que tem como principal referência o jurista norte-americano Cass Sunstein,[1037] propõe, como regra geral, que o Poder Judiciário não vá além do necessário para a resolução do caso que lhe é apresentado, seja sob o ângulo da *extensão* daquilo sobre o que se pronuncia, seja sob a perspectiva da *profundidade* das razões empregadas. A postura minimalista, para Sunstein, reduz o risco de erros judiciais e diminui os impactos decorrentes dos equívocos eventualmente cometidos.[1038] Além disso, facilita a tomada de decisões, poupando energia e tempo dos magistrados. O minimalismo, segundo Sunstein, também impede que temas em demasia sejam subtraídos pelo Judiciário da esfera da deliberação das instâncias políticas que representam o povo. Não bastasse, ainda diminui a probabilidade e a intensidade de reações e resistências sociais às decisões jurisdicionais. É que julgamentos sobre temas polêmicos, vazados em argumentação muito ambiciosa, tendem a aumentar a polarização social e o radicalismo,[1039] dificultando a construção de consensos que são necessários para a vida em comum nas sociedades plurais.

Para os fins deste estudo, interessa mais a questão da profundidade dos argumentos do que da sua extensão. Nesse primeiro ponto, Sunstein defende o "uso construtivo do silêncio" para a formação de "acordos incompletamente teorizados".[1040] Nas suas palavras,

> Quando as pessoas discordam ou estão incertas sobre uma questão abstrata – é a igualdade mais importante que a liberdade?; existe o livre arbítrio?; o utilitarismo é correto?; a pena tem funções retributivas? – elas podem fazer progressos movendo-se para um nível de maior particularidade. (...) O fenômeno possui uma feição especialmente notável: ele usa o silêncio, sobre certas questões básicas, como um instrumento para produzir convergência apesar do desacordo, da incerteza, dos limites de tempo e de capacidade, da heterogeneidade. Em suma, o silêncio pode ser uma força construtiva. Acordos incompletamente teorizados são uma importante fonte de constitucionalismo bem-sucedido e de estabilidade

---

1037 A obra de referência é SUNSTEIN, Cass. *One case at a time*: judicial minimalism on the Supreme Court. Cambridge: Harvard University Press, 1989.

1038 SUNSTEIN, Cass. *One case at a time*: judicial minimalism on the Supreme Court. Cambridge: Harvard University Press, 1989. p. 46-50.

1039 O argumento é desenvolvido em SUNSTEIN, Cass. *Radicals in robes*: why extreme right-wing justices are wrong for America. New York: Books, 2005.

1040 Cf. SUNSTEIN, Cass. Incompletely theorized agreements in Constitutional Law. *Chicago Public Law and Legal Theory Working Paper*, n. 47, 2007. Disponível em: http://www.law.uchicago.edu/academics/publiclaw/index.html. Acesso em 30 set. 2015.

social. Eles também são um meio para as pessoas demonstrarem respeito mútuo.[1041]

Há críticas importantes ao minimalismo, e uma delas é a de que a interpretação constitucional não tem como se desconectar da moral. É o que sustentou Dworkin, para quem não haveria como escapar da filosofia moral na tarefa de, por exemplo, definir os direitos que as pessoas têm.[1042] Penso, porém, que a questão não comporta uma resposta binária e polarizada, do tipo "minimalismo *v.* interpretação orientada pela moral, escolha o seu lado". Concordo que a interpretação constitucional, especialmente de um princípio como a dignidade da pessoa humana é – e deve ser –, aberta aos influxos da moral, como sustentado no capítulo 2. O que advogo aqui não é, de modo algum, o abandono da reflexão moral-filosófica na interpretação judicial da dignidade. É tão somente que não se deve ir à caça dos fundamentos últimos, das raízes filosóficas mais profundas da dignidade, quando isso não seja necessário para o equacionamento do problema que se tem em mira. Porém, algumas vezes não haverá escapatória e será preciso fôlego para o mergulho moral.

Em caso em que se discuta, por exemplo, a violação à dignidade humana pelas condições degradantes das prisões ou pela prática de trabalho escravo, não há necessidade de discutir se a teoria mais correta é a kantiana, a liberal igualitária, a que deriva da doutrina católica ou a suportada por qualquer outra corrente. Todas as teorias minimamente razoáveis sobre a dignidade estarão de acordo sobre a incompatibilidade dessas situações e práticas com o princípio constitucional, e o esforço adicional não se justificará, podendo gerar consequências negativas, sem nada acrescentar para a solução da controvérsia. Se, porém, a discussão for sobre a eutanásia, o cenário será diferente, e aí tornar-se-á indispensável elevar o grau de abstração do raciocínio para dar conta do problema enfrentado.

Sem embargo, existem casos em que uma maior profundidade ou extensão da fundamentação decisória pode se justificar, mesmo quando não seja estritamente necessária para a resolução do caso concreto. Em certas áreas do Direito, o ganho em segurança jurídica e previsibilidade

---

[1041] SUNSTEIN, Cass. Incompletely theorized agreements in Constitutional Law. *Chicago Public Law and Legal Theory Working Paper*, n. 47, 2007. p. 2. Disponível em: http://www.law.uchicago.edu/academics/publiclaw/index.html. Acesso em 30 set. 2015.

[1042] Cf. DWORKIN, Ronald. In praise of theory. *In*: DWORKIN, Ronald. *Justice in robes*. Cambridge: Harvard University Press, 2006. p. 49-74.

gerado por precedentes de maior amplitude ou profundidade pode compensar os respectivos riscos e desvantagens. Ademais, no que toca à dignidade humana, decisões maximalistas podem eventualmente se justificar pelo fortalecimento da sua dimensão simbólica, quando seja especialmente relevante o seu papel pedagógico na sociedade. Um bom exemplo foi a decisão do STF no caso da união homoafetiva.[1043] A Corte poderia, na ocasião, ter proferido uma decisão minimalista, afirmando o direito postulado, mas abstendo de se pronunciar sobre a existência de estrita igualdade entre aquele tipo de relação familiar e a união estável tradicional. Foi essa a linha adotada nos votos proferidos pelos Ministros Gilmar Mendes, Ricardo Lewandowski e Cezar Peluso. Já a maioria do Tribunal, seguindo o voto condutor do Ministro Ayres Britto, optou pelo maximalismo, ao assentar a plena igualdade entre os dois tipos de família. Naquele caso, era tão importante transmitir para a sociedade brasileira, pela voz autorizada do STF, a clara mensagem da igual dignidade na seara da orientação sexual, que o maximalismo decisório certamente se legitimava.

De todo modo, a advertência contra possíveis excessos na fundamentação das decisões que empregam a dignidade da pessoa humana é importante em razão de algumas características da cultura jurídica brasileira. É verdade que, com mais frequência, a dignidade humana tem sido invocada sem a mínima fundamentação. Porém, tampouco pode ser negligenciado o risco oposto, de exageros maximalistas injustificados na motivação decisória.[1044] Afinal, não são incomuns no país as decisões enormes, repletas de considerações pouco relevantes para solução do caso, pontilhadas de infindáveis citações filosóficas e literárias, tudo isso visando à demonstração da erudição do seu prolator. A nossa cultura jurídica aplaude essas demonstrações de cultura, o que estimula a elaboração de decisões desnecessariamente longas,[1045] que

[1043] Supremo Tribunal Federal. ADI nº 4277 e ADPF nº 132, Rel. Min. Ayres Britto, julgamento conjunto em 05.05.2011.

[1044] O STF tem pecado, com alguma frequência, pelo maximalismo decisório. Um exemplo claro foi a decisão proferida no caso sobre pesquisa em células-tronco embrionárias, em que, sem necessidade, a Corte adentrou na questão da proteção constitucional do nascituro. Vide Supremo Tribunal Federal. ADI nº 3.510, Rel. Min. Ayres Britto, julg. 29.05.2008. Com o mesmo diagnóstico, veja-se SILVA, Alexandre Garrido da. Minimalismo, democracia e *expertise*: o Supremo Tribunal Federal diante de questões políticas e científicas complexas. *Revista de Direito do Estado*, n. 12, p. 107-142, 2008; e MELLO, Patrícia Perrone Campos. *Nos bastidores do STF.* Rio de Janeiro: Forense, 2015. p. 192-196.

[1045] Nesse sentido, Luís Roberto Barroso sugeriu que se fizesse uma "revolução da brevidade" no direito brasileiro, que envolveria o compromisso com maior concisão nas decisões judiciais (cf. BARROSO, Luís Roberto. A revolução da brevidade. *Migalhas*, 29 ago. 2009. Disponível em: http://www.migalhas.com.br/dePeso/16,MI65100,4104. Acesso em 10 set. 2015).

muitas vezes arriscam "palpites filosóficos" sobre as questões mais delicadas, sem a necessária reflexão.

Fazê-lo em relação à dignidade humana é um equívoco, que, por todas as razões acima aduzidas, não serve bem ao propósito de proteger e promover este princípio. Não se deve corrigir um erro – a deficiência das fundamentações que aplicam a dignidade – incorrendo no equívoco contrário. Em síntese, é fundamental que as decisões que aplicam o princípio da dignidade da pessoa humana sejam bem fundamentadas. Mas a motivação não deve se elevar a um plano mais elevado e abstrato do que aquele necessário para a resolução do caso. Afinal, quanto mais alto o voo, maior pode ser a queda.

7.6 Conclusão

A ideia da dignidade da pessoa humana é muito inspiradora. Mas o princípio, tão vago e plástico, já foi usado até para fundamentar o Ato Institucional nº 5[1046] – o mais autoritário instrumento jurídico da ditadura militar. A dignidade é, indiscutivelmente, um pilar central da Constituição de 88. Porém, para que não se torne fórmula retórica oca, ou pior, disfarce para a imposição das preferências nem sempre tão nobres do intérprete, é necessário não apenas precisar o seu conteúdo, como também definir a forma adequada para o seu emprego.

Utilizado de modo criterioso, de acordo com as indicações sugeridas acima, o princípio da dignidade até pode perder um pouco em maleabilidade. Mas os ganhos em termos de segurança jurídica, democracia e contenção do arbítrio judicial certamente compensam essa perda. Afinal – seja escusada a tautologia –, é preciso respeitar a dignidade humana na aplicação do princípio da dignidade da pessoa humana. E isso pressupõe, dentre outras coisas, previsibilidade, moderação do poder estatal – inclusive o judicial –, uso exclusivo de razões públicas para o exercício da autoridade política e respeito às deliberações democráticas.

[1046] No primeiro dos *consideranda* do AI nº 5, lê-se: "Considerando que a Revolução Brasileira de 31 de março de 1964 teve, como decorre dos Atos com os quais se institucionalizou, fundamentos e propósitos que visavam a dar ao País um regime que, atendendo às exigências de um regime jurídico e político, assegurasse autêntica ordem democrática, baseada na liberdade, *no respeito à dignidade da pessoa humana*, no combate à subversão e às ideologias contrárias às tradições de nosso povo, na luta contra a corrupção, buscando, desse modo, 'os meios indispensáveis à obra de reconstrução econômica, financeira, política e moral do Brasil, de maneira a poder enfrentar de modo direto e imediato, os graves e urgentes problemas de que depende a restauração da ordem interna e do prestígio internacional da nossa pátria' (Preâmbulo do Ato Institucional nº 1, de 9 de abril de 1964)".

CONCLUSÕES

So many roads, so much
at stake (...)
Sometimes I wonder what
it's gonna take
To find dignity
(Bob Dylan)[1047]

1 Proposições objetivas

Seria enfadonho reproduzir aqui tudo o que foi dito ao longo da obra de modo mais resumido. Contudo, é conveniente sintetizar, em breves proposições, os principais pontos do trabalho. É o que se passa a fazer.

Introdução

1. Existe amplo reconhecimento no Direito Internacional, no Direito Constitucional Comparado e na ordem constitucional brasileira a propósito da importância capital do princípio da dignidade da pessoa humana. No Brasil, essa relevância já se vislumbra no tratamento dado pelo constituinte à dignidade humana, caracterizada como fundamento da República (art. 1º, inciso III, CF). Ela pode ser detectada não só em manifestações convergentes da doutrina, como também em incotáveis decisões judiciais, inclusive do Supremo Tribunal Federal. Apesar disso, há um grave déficit de efetividade do

[1047] DYLAN, Bob. Letra da música "Dignity".

princípio, haja vista a subsistência de inúmeras situações gravemente afrontosas à dignidade humana, que vitimam especialmente os integrantes de grupos vulneráveis.

2. Além desse déficit, outro problema relevante se liga à elevada indeterminação inerente ao princípio da dignidade da pessoa humana, que comporta leituras radicalmente divergentes, sendo às vezes invocado pelos lados opostos em uma mesma controvérsia. Trata-se de uma dificuldade universal, mas que vem se manifestando com intensidade em nosso país. Essa maleabilidade da dignidade gera insegurança jurídica e aumenta os riscos de arbítrio judicial.
3. No âmbito jurisdicional, tem também ocorrido no Brasil certa banalização do princípio da dignidade da pessoa humana, utilizado por vezes de modo forçado e sem fundamentação suficiente. A dignidade figura com frequência nas decisões de forma meramente retórica e ornamental, como que buscando lhes conferir um tom supostamente mais humanista ou politicamente correto.
4. A indeterminação da dignidade tem dado espaço a tentativas de apropriação do princípio por visões conservadoras, que o empregam para justificar a imposição de restrições às liberdades individuais em nome de compreensões religiosas ou comunitárias sobre a "vida boa", ou mesmo para fundamentar a manutenção de privilégios e hierarquias sociais.
5. Tais fatos são invocados por alguns autores contra o uso do princípio da dignidade da pessoa humana. Porém, essa é uma visão equivocada. O princípio da dignidade tem grande potencial para proteger e promover os interesses mais importantes da pessoa, e para tornar mais humanas e inclusivas as relações sociais. Ao invés de descartar o princípio, deve-se fazer um esforço para definir o seu conteúdo e metodologia de aplicação.

Capítulo 1

6. A trajetória da dignidade humana na cultura ocidental pode ser decomposta em três processos: (a) de privilégio de poucos a direito universal; (b) do foco no indivíduo abstrato à preocupação com a pessoa concreta e enraizada; (c) de valor moral e religioso a princípio jurídico vinculante (sem perda das suas dimensões extrajurídicas).

7. É muito antiga a ideia da dignidade da espécie humana, que, na Antiguidade, levava à exaltação do "Homem" e dos seus feitos. Contudo, não se reconhecia então um valor intrínseco e igual a todas as pessoas. O valor de cada um decorria da posição ocupada nos estamentos sociais. A dignidade era privilégio de poucos, associado à nobreza, como se dava, por exemplo, na *dignitas* da Roma antiga. Foi a partir do Iluminismo que a ideia de dignidade universal aos poucos se afirmou, apesar da persistência de práticas absolutamente incoerentes com esta concepção, como a escravidão e a subordinação da mulher ao homem, dentre outras formas de discriminação.
8. Porém, o conceito de dignidade presente no discurso iluminista – muito claro na filosofia kantiana – e subjacente também ao Direito do liberalismo individualista, partia de uma ideia abstrata, desencarnada e insular de pessoa. Apesar da sua aparente abstração e universalidade, tal discurso correspondia aos interesses de um determinado tipo de sujeito: o homem burguês, ocidental, branco, cristão e heterossexual.
9. Na contemporaneidade, amplia-se a preocupação com a proteção dos direitos da pessoa concreta e situada. A ideia de dignidade passa a incorporar a atenção às condições materiais básicas de vida dos pobres e à necessidade de proteção dos mais débeis diante do arbítrio dos mais fortes nas relações sociais. Nos últimos tempos, a dignidade absorve igualmente as demandas por reconhecimento de pessoas pertencentes a grupos cuja identidade é estigmatizada pela cultura hegemônica.
10. A dignidade era inicialmente concebida tão somente como um valor religioso ou como doutrina filosófica. As constituições e declarações de direito dos séculos XVIII e XIX não aludiam expressamente à dignidade humana. Nada obstante, pode-se dizer que a ideia já estava de alguma forma presente, manifestando-se sob outras roupagens. De todo modo, foi a partir do final da Segunda Guerra Mundial, como reação à barbárie nazista, que se deu um intenso processo de juridicização da dignidade humana, com a sua explícita consagração em inúmeras declarações e tratados internacionais de direitos humanos, bem como na maior parte das constituições. O princípio passou a ser cada vez mais invocado não só nos debates sociais e políticos, como também

em decisões jurisdicionais. Sem embargo, a juridicização da dignidade da pessoa humana não subtraiu o conteúdo moral do princípio. Pelo contrário, a dignidade opera nos ordenamentos contemporâneos como um importante canal de comunicação entre as exigências da moralidade pública e as ordens jurídico-positivas.

11. No Brasil, o fenômeno mais problemático dentre os três acima referidos – universalização da dignidade, especificação do seu sujeito e positivação – é o primeiro. Embora o nosso ordenamento jurídico-constitucional seja profundamente igualitário, persistem na cultura social brasileira fortes traços de hierarquia, herdados de um passado escravocrata, cujas cicatrizes ainda ostentamos. Essa cultura penetra nos processos de interpretação e aplicação do Direito, inclusive do próprio princípio da dignidade da pessoa humana. Como resultado, a dignidade é por vezes usada de forma invertida para justificar privilégios não universalizáveis ou afirmar assimetrias sociais ilegítimas. Em outros casos, graves afrontas ao princípio não são percebidas e problematizadas, porque naturalizadas, dentro de uma cultura que invisibiliza as violações de direitos dos integrantes de grupos subalternos.

Capítulo 2

12. O sentido dado ao princípio da dignidade humana liga-se a certa compreensão de "pessoa". Essa compreensão deve ser realista e se alicerçar tanto na ordem constitucional positiva como na moralidade crítica. A compreensão de pessoa subjacente à Constituição de 1988 é do ser humano concreto, enraizado, que não é só racional, mas também emocional, corporal e social. Trata-se da pessoa que é um fim em si, razão de ser do Estado e da ordem jurídica, e não um mero órgão da comunidade. Mas não se cuida do indivíduo insular de Kant e do liberalismo-burguês, e sim do ser imerso em relações intersubjetivas, que aspira à liberdade, mas tem necessidades materiais e emocionais cujo atendimento pressupõe a vida relacional em sociedade. Tal compreensão concilia-se com a moralidade crítica das democracias que levam os direitos a sério.

13. O princípio da dignidade da pessoa humana desempenha múltiplas funções na ordem jurídica brasileira. Trata-se, em primeiro lugar, de fundamento da legitimidade do Estado e

do ordenamento jurídico. Tal princípio é, ainda, critério para interpretação e integração das normas jurídicas constitucionais e infraconstitucionais em todos os ramos do Direito. A dignidade funciona também como parâmetro para a ponderação entre interesses constitucionais conflitantes, atribuindo um peso *prima facie* superior aos direitos e interesses que lhe sejam mais próximos. E o princípio opera, ainda, como limite para direitos fundamentais, justificando restrições a direitos voltadas à inibição de atos atentatórios à dignidade de terceiros.

14. O princípio da dignidade humana configura parâmetro que permite o controle da validade de atos dos três poderes estatais. Tal parâmetro aplica-se inclusive às decisões do poder constituinte derivado, já que a dignidade representa cláusula pétrea na ordem constitucional brasileira. Ele incide, ainda, sobre atos de particulares, haja vista a eficácia horizontal da dignidade da pessoa humana.
15. A dignidade é também empregada para a identificação de direitos fundamentais. Ela se presta indiscutivelmente para o reconhecimento de direitos fundamentais inseridos fora do catálogo constitucional (art. 5º a 17, CF). O princípio também pode ser usado para negar a fundamentalidade de direitos positivados no catálogo, mas que não configurem concretizações da dignidade humana. Esse último uso, porém, é muito mais controvertido.
16. O princípio da dignidade da pessoa humana é, ademais, fonte de direitos fundamentais não enumerados no texto constitucional. Com isso, a dignidade proporciona proteção mais cabal à pessoa humana, completando possíveis lacunas e omissões do poder constituinte. A dignidade humana não é propriamente um direito fundamental, mas a matriz de onde brotam direitos mais específicos.
17. A dignidade humana pode incidir diretamente sobre as relações sociais, independentemente da mediação de outras normas constitucionais ou infraconstitucionais. O princípio penetra nas relações jurídicas públicas e privadas e pode gerar pretensões positivas e negativas diante dos poderes públicos e de particulares.
18. A definição do conteúdo do princípio da dignidade da pessoa humana deve corresponder à concepção de pessoa subjacente à ordem constitucional de 88. Por outro lado, esse conteúdo

não deve absorver o que já esteja integralmente contemplado por algum outro princípio ou direito constitucionalmente positivado. À luz da compreensão de pessoa presente na Constituição de 88, detectam-se cinco componentes básicos da dignidade: valor intrínseco, autonomia (privada e pública), igualdade, mínimo existencial e reconhecimento. A igualdade, porém, já é completamente abarcada pelo princípio da isonomia (art. 5º, *caput*, CF). Assim, o conteúdo fundamental do princípio da dignidade da pessoa humana na ordem jurídica brasileira abrange quatro componentes: *valor intrínseco da pessoa*, *autonomia*, *mínimo existencial* e *reconhecimento*.

19. No Direito brasileiro, o princípio da dignidade da pessoa humana não é absoluto. Ele tem amplíssimo raio de incidência, e não há como compatibilizar tal amplitude com o caráter absoluto sem criar problemas práticos insolúveis. Contudo, quando a dignidade humana está realmente implicada em um caso, ela assume peso extremamente elevado em eventuais ponderações com interesses conflitantes.

Capítulo 3

20. A ideia de valor intrínseco da pessoa, que se origina do imperativo categórico kantiano, postula que o ser humano nunca pode ser tratado como apenas um meio, mas sempre como um fim em si. Ela implica também que a dignidade é ontológica, e não contingente, pois não depende das características pessoais ou dos atos que cada indivíduo tenha praticado: todos possuem a mesma dignidade. O valor intrínseco é incompatível com a instrumentalização do ser humano para fins do Estado, de coletividades ou de terceiros. Ele fundamenta a noção de que o Estado existe para proteger e promover os direitos das pessoas, e não o contrário. Por força do valor intrínseco, a pessoa humana jamais pode ser tratada como simples objeto da ação estatal.

21. O valor intrínseco é incompatível com o organicismo, que tem longa história no pensamento político e concebe cada indivíduo como não mais do que um órgão de um corpo social que lhe é superior. O organicismo tende a justificar posições totalitárias ou autoritárias, que legitimam o atropelo dos direitos das pessoas em nome dos interesses do Estado, da sociedade ou de grupos sociais específicos, o que não

se compatibiliza com o princípio da dignidade da pessoa humana.

22. O valor intrínseco também não se concilia com o utilitarismo, corrente da filosofia que postula que devem ser sempre adotadas as ações que maximizem os interesses, bem-estar ou felicidade da maior parte das pessoas, mesmo que ao custo do sacrifício de direitos dos indivíduos. Os direitos não devem estar sujeitos a cálculos de utilidade social. Direitos fundamentais configuram trunfos que, a não ser em hipóteses muito excepcionais, devem prevalecer sobre tais cálculos, ainda quando seus resultados sejam apresentados sob rótulos como o de "bem comum" ou de "interesse público".

Capítulo 4

23. A dignidade da pessoa humana envolve o reconhecimento do direito à autonomia das pessoas. A autonomia consiste no direito dos indivíduos de fazerem as suas escolhas de vida e de agirem de acordo com elas (autonomia privada), bem como de participarem da formação da vontade coletiva da sua comunidade política (autonomia pública). A premissa básica, em ambos os casos, é a de que as pessoas devem ser tratadas como agentes, capazes de tomar decisões e com o direito de fazê-lo. Essas duas dimensões da autonomia se complementam e reforçam, numa relação sinérgica, embora possam surgir eventuais fricções entre elas.
24. A autonomia deve ser compreendida como liberdade positiva, e não apenas negativa. A liberdade negativa consiste na ausência de impedimento externo à ação do agente. Já a liberdade positiva, em sua melhor leitura, corresponde à possibilidade real de o agente decidir e agir em conformidade com a sua escolha. A liberdade positiva pressupõe que, além da ausência de constrangimentos, existam também as condições materiais e culturais apropriadas para que cada pessoa possa se autodeterminar.
25. No ordenamento constitucional brasileiro, existe um direito geral de liberdade, que exige que qualquer restrição à autonomia individual, mesmo para a prática de atos menos importantes, tenha não apenas fundamento legal, como também se ampare em razões substantivas suficientes. A força exigível para essas razões varia de acordo com a relevância da liberdade salvaguardada para a dignidade humana. Ela é

maior para as dimensões existenciais da autonomia privada, relacionadas às escolhas básicas de vida da pessoa.

26. A dignidade da pessoa humana, além de impor proteção extremamente reforçada em relação à liberdade nas escolhas básicas de vida, importa também na vedação ao uso de determinadas razões para justificar restrições a aspectos menos importantes da autonomia. Tais razões não podem ser incompatíveis com a ideia de independência ética da pessoa, que pressupõe a liberdade de cada um para adotar uma concepção própria de "vida boa" e de excelência pessoal.
27. Naturalmente, a liberdade individual pode ser restringida, de modo proporcional, no afã de se evitar a imposição de danos a terceiros. Nesta categoria, devem ser compreendidos também os danos que ofendem a bens transindividuais, como o meio ambiente.
28. Devem ser vistas com muitas reservas as restrições à liberdade de pessoas adultas e capazes, motivadas por razões paternalistas. O paternalismo visa a proteger a pessoa de si mesma e, no âmbito político, parte da premissa de que a relação entre o Estado e o cidadão se assemelha àquela existente entre o pai e seu filho. Ele infantiliza as pessoas, tratando-as como se não fossem capazes de tomar decisões sobre as suas próprias vidas. Excessos paternalistas afrontam a dignidade da pessoa humana. Há, porém, situações em que o paternalismo pode justificar restrições pontuais à autonomia, especialmente quando as limitações sejam banais, se destinem a evitar danos significativos e seja possível presumir que os comportamentos restringidos decorram da falta de informação ou reflexão do agente, e não das suas escolhas existenciais. Um exemplo claro é a imposição do uso de cinto de segurança nos automóveis.
29. Ainda mais problemáticas são as restrições à liberdade fundamentadas em razões perfeccionistas. O perfeccionismo é uma modalidade do paternalismo que visa a compelir as pessoas a adotarem modelos de "vida boa" e virtude de que não comungam. A não ser em hipóteses excepcionalíssimas, motivações perfeccionistas não podem legitimar restrições à liberdade individual, pois não tratam as pessoas como agentes morais, com o direito de eleger os seus próprios caminhos existenciais.
30. Isso não significa, todavia, que o Estado tenha de manter sempre uma posição de absoluta equidistância e neutralidade

em relação às diferentes concepções sobre a "vida boa" presentes na sociedade, como preconizam alguns filósofos liberais. Essa neutralidade é imperativa em certas áreas, como na esfera religiosa, por força do princípio da laicidade. Mas o Estado, em suas políticas públicas e ações simbólicas, pode favorecer, por exemplo, hábitos e estilos de vida saudáveis. Pode também atuar visando a promover na sociedade cosmovisões mais inclusivas e solidárias. Neste último caso, a sua interferência na cultura social deve ser vista como um instrumento de promoção da liberdade positiva, já que as condições para o real exercício da autonomia se ligam também à presença de um ambiente sociocultural hospitaleiro em relação à diversidade. De todo modo, a atuação do Estado em favor de modelos de "vida boa" que se conformem aos objetivos constitucionais deve se dar por meio de medidas não coercitivas, como os *nudges*, a não ser em hipóteses excepcionalíssimas.

31. O moralismo jurídico visa a limitar a autonomia individual no afã de salvaguardar o "código moral" da sociedade. Porém, a moral positiva, correspondente aos valores sociais hegemônicos, não é razão suficiente para justificar restrições à autonomia. Com frequência, o moralismo jurídico atua perseguindo os *outsiders* e ditando comportamentos a partir de preconceitos irracionais ou de valores religiosos. A moral que deve penetrar na interpretação e aplicação dos direitos fundamentais é a que corresponde à moralidade crítica, que interpela os valores e tradições da sociedade a partir de perspectiva inclusiva e sensível à diferença. O consenso social não basta para legitimar o emprego do moralismo jurídico, pois, com frequência, as sociedades naturalizam as piores injustiças, cristalizando consensos opressivos.
32. Embora a proteção da autonomia não seja absoluta, não se deve interpretar a dignidade humana como veículo para a heteronomia. Dignidade é liberdade e empoderamento da pessoa e não heteronomia. Esta é a leitura moral mais adequada da dignidade humana, que se concilia plenamente com a Constituição de 1988.

Capítulo 5

33. O mínimo existencial é outro componente essencial do princípio da dignidade da pessoa humana, que visa a

assegurar a todos as condições materiais básicas para a vida digna. A sua proteção corresponde a um "piso" para a atuação do Estado na seara da justiça social e não a um "teto".

34. Há diversas fundamentações filosóficas para o mínimo existencial. O argumento liberal afirma que a sua garantia é pressuposto para a fruição efetiva das liberdades individuais. O fundamento democrático sustenta que ele é indispensável para viabilizar a participação do cidadão, como igual, nas deliberações políticas. O argumento independente, por sua vez, postula que o não atendimento das necessidades matérias básicas das pessoas é, em si mesmo, uma grave injustiça, independentemente de outros efeitos negativos que provoque. O fundamento independente é superior, pois não condiciona o mínimo existencial à possibilidade de exercício das liberdades civis e políticas, que são inacessíveis para muitas pessoas vulneráveis, como crianças e pessoas com deficiências mentais severas. Sem embargo, não há dúvida de que a falta de acesso às condições materiais básicas de vida realmente afeta tanto o gozo das liberdades individuais como a possibilidade de participação paritária na vida democrática, e estas são razões adicionais para a proteção do mínimo existencial.

35. O direito ao mínimo existencial é titularizado por todas as pessoas naturais, inclusive estrangeiros. Ele não se estende, contudo, às pessoas jurídicas, ao contrário do que já afirmou o STJ. Tal direito é dotado de eficácia horizontal, vinculando em alguma medida os particulares.

36. O direito ao mínimo existencial não se limita à garantia das condições necessárias para a sobrevivência física. Ele abrange também prestações de natureza sociocultural ligadas à dignidade, como, por exemplo, o acesso ao ensino básico. Envolve, ademais, uma faceta ecológica, atinente às condições ambientais sem as quais não há vida digna.

37. O mínimo existencial possui dimensões negativa e positiva. A dimensão negativa impede os atos tendentes a privar os indivíduos de bens e valores essenciais para uma vida digna. Já a dimensão positiva lastreia a exigibilidade de direitos prestacionais básicos. O mínimo, por outro lado, não se esgota nas prestações expressamente previstas pelo texto constitucional. Pelo contrário, um dos seus papéis mais relevantes é assegurar o acesso a outros bens e serviços

essenciais à vida digna que não foram explicitamente garantidos pela Constituição, como energia elétrica, saneamento básico e vestuário adequado. De todo modo, não é viável a elaboração de uma lista exaustiva de prestações materiais correspondentes ao mínimo existencial.

38. A proteção do mínimo existencial não depende da vontade das maiorias políticas. Contudo, há um campo legítimo de deliberação democrática a seu propósito, ligado especialmente à forma de atendimento das necessidades básicas. Existem, em geral, diversas maneiras de se assegurar a satisfação dessas necessidades, e, tanto por razões democráticas como por considerações de capacidade institucional, deve caber *prima facie* aos poderes eleitos a competência para a realização das escolhas pertinentes, o que não exclui o seu controle posterior pelo Poder Judiciário.
39. O mínimo existencial é judicialmente exigível. Quando está em jogo o atendimento de necessidades materiais básicas, a proteção à dignidade humana sobrepuja a tutela dos princípios contrapostos da separação dos poderes e da democracia, justificando plenamente a intervenção jurisdicional.
40. A doutrina e jurisprudência dominantes afirmam que as prestações ligadas ao mínimo não se sujeitam sequer à "reserva do possível". A chamada reserva do possível jurídica, relacionada à autorização orçamentária para a realização de gastos públicos, é realmente inoponível ao mínimo existencial pelo caráter contramajoritário deste último. Contudo, não parece viável também excluir, nesta questão, qualquer consideração sobre a reserva do possível fática, que diz respeito à efetiva existência dos recursos necessários à universalização do direito reivindicado. Infelizmente, a importância moral de um direito não tem o poder de revogar a lei econômica da escassez.
41. De todo modo, na imensa maioria dos casos, as prestações ligadas ao mínimo existencial, quando reivindicadas judicialmente, devem ser asseguradas, pois se revestem de elevado peso nas ponderações subjacentes à adjudicação dos direitos positivos. Até porque os gastos voltados ao atendimento das necessidades básicas das pessoas gozam de forte prioridade diante de outras despesas estatais, que deve ser suscetível inclusive de controle jurisdicional.

42. O mínimo existencial não deve ser invocado para denegar direitos sociais claramente positivados na Constituição, que eventualmente o excedam. A categoria não pode ser usada pelo intérprete para censurar as decisões do poder constituinte, desprezando a proteção social adicional que ele conferiu. Assim, a garantia jurisdicional dos direitos sociais no Brasil não se limita à proteção ao mínimo existencial.
43. O Judiciário também deve se valer de técnicas processuais flexíveis e dialógicas para a garantia do mínimo existencial. Com isso, a instituição pode atuar de modo mais eficiente, superando o seu déficit de *expertise* no equacionamento de questões envolvendo políticas públicas. Dessa forma, preserva-se, ademais, o espaço de livre conformação dos poderes políticos na definição das medidas voltadas à satisfação do mínimo existencial, que tem ligação com a democracia. Essa maneira diferenciada de atuação jurisdicional, frequente no Direito Comparado, é especialmente importante quando a falha na garantia do mínimo existencial decorrer de algum problema sistêmico, cujo equacionamento demande amplas mudanças nas políticas públicas promovidas pelo Estado.

Capítulo 6

44. A falta de reconhecimento gera danos à personalidade da vítima, atinge a sua autoestima e compromete a sua capacidade de participar, como igual, nas interações sociais. As injustiças ligadas ao reconhecimento localizam-se na esfera da cultura em sentido amplo. Contudo, as suas consequências frequentemente atingem outras searas, como a economia e o acesso ao poder político. Em geral, a falta de reconhecimento liga-se ao pertencimento do indivíduo a grupos sociais estigmatizados por razões como raça, gênero, orientação sexual, religião, deficiência etc.
45. Nas últimas décadas, as lutas por reconhecimento ganharam grande visibilidade em todo o mundo, pela emergência de movimentos de contestação ao *status quo*, voltados não ao combate da exploração econômica, mas à luta contra a opressão que se dá no plano sociocultural, ligada à desvalorização das identidades de grupos não hegemônicos. Tais demandas ampliaram a agenda da emancipação social. Porém, não se deve, por conta dessas legítimas reivindicações, negligenciar as questões extremamente graves de injustiça

socioeconômica, que são especialmente urgentes nos países em desenvolvimento, como o Brasil.

46. Na Filosofia contemporânea, existem diversas elaborações importantes sobre o reconhecimento, dentre as quais se destacam as formulações de Charles Taylor, Axel Honneth e Nancy Fraser. Seria impossível resumi-las aqui em poucas linhas sem desnaturá-las completamente, mas pode-se dizer que Taylor e Honneth põem mais ênfase nos problemas que a falta de reconhecimento gera para a formação da subjetividade, enquanto Fraser enfatiza o seu impacto sobre a paridade de participação dos agentes nas relações sociais. Os três autores convergem para a necessidade de promoção do reconhecimento e de respeito à identidade dos integrantes dos grupos não hegemônicos, embora percorram trajetórias argumentativas diferentes. Nancy Fraser, em especial, sustenta a necessidade de articulação entre as medidas voltadas à promoção do reconhecimento e aquelas ligadas à redistribuição econômica, para que não se prejudiquem reciprocamente.
47. É possível extrair do princípio da dignidade da pessoa humana um direito fundamental ao reconhecimento, que também tem fortes conexões com a igualdade e com a solidariedade. Trata-se de um direito "ao igual respeito da identidade pessoal". Ele não apenas veda as políticas públicas e práticas sociais que estigmatizam as pessoas por conta das suas identidades, como também impõe que o Estado interfira sobre as relações sociais, buscando eliminar as valorações negativas conferidas pela cultura hegemônica a certos grupos.
48. O direito ao reconhecimento envolve a vedação à imposição de barreiras que prejudiquem o efetivo desfrute de direitos universais pelos membros de grupos estigmatizados, como ocorre quando não se permite o casamento entre pessoas do mesmo sexo ou quando se impede que adolescentes trajando véu islâmico frequentem escolas públicas (caso ocorrido na França).
49. O direito ao reconhecimento também abarca medidas específicas, de natureza não universal, que visam a atender necessidades particulares dos integrantes dos grupos estigmatizados. Tais medidas, baseadas no respeito e valorização da diferença, não ofendem a igualdade, mas antes visam a garanti-la no mundo real. Nesse sentido, um dos fundamentos

das políticas de ação afirmativa é a promoção do reconhecimento dos membros dos grupos beneficiados.

50. O respeito à diferença, demandado pelo direito ao reconhecimento, impõe também que se busque, sempre que possível, uma adaptação razoável das medidas estatais e privadas que impactem de modo desproporcional os membros de grupos vulneráveis. Este direito está expressamente positivado na Convenção sobre os Direitos das Pessoas com Deficiência (arts. 2º e 5.3), incorporada à ordem jurídica brasileira com estatura constitucional, e pode ser estendido a outras minorias estigmatizadas.

51. Nem todo favorecimento jurídico promove o reconhecimento de integrantes de grupos vulneráveis. Por vezes, as supostas vantagens são cristalizações legais de estereótipos negativos, que podem inferiorizar os seus beneficiários. No caso do gênero, isso eventualmente ocorre quando são concedidos direitos diferenciados às mulheres sob o argumento de que seriam o "sexo frágil" ou de que teriam um determinado papel a desempenhar, associado aos cuidados com a casa e a família.

52. Um direito importante que se liga ao reconhecimento é a proteção da cultura dos povos e comunidades tradicionais. A cultura é fundamental para a identidade dos integrantes desses grupos, e, sem a proteção estatal, ela pode perecer, em razão das pressões e da força gravitacional da sociedade envolvente.

53. Contudo, a proteção cultural das comunidades tradicionais não pode ser confundida com a ideia de congelamento forçado. Afinal, as culturas não são blocos homogêneos e estáticos, mas realidades dinâmicas, que evoluem e que são entrecortadas por conflitos. O Estado não pode condenar as comunidades tradicionais à petrificação, nem impedir que as suas práticas sejam contestadas pelos seus integrantes. Ademais, o Poder Público não pode tratar cada membro de uma comunidade tradicional como se fosse apenas o partícipe de uma cultura, ignorando que se trata de uma pessoa – logo, um fim em si mesmo –, que muitas vezes tem múltiplas afiliações identitárias e o direito de fazer escolhas sobre elas.

54. Para a proteção da cultura das comunidades tradicionais, é essencial a garantia do território ocupado pelos grupos. A

terra, para tais comunidades, assume um valor primordial na medida em que se trata de pressuposto material para a reprodução da sua cultura. Cuida-se, por outro lado, de um espaço em que as comunidades podem tomar decisões sobre a sua própria vida coletiva. O direito ao território das comunidades tradicionais é previsto expressamente pela Constituição para os povos indígenas (art. 231, CF) e quilombolas (art. 68, ADCT). Porém, o direito fundamental ao reconhecimento, bem como as prescrições da Convenção nº 169 da OIT permitem a extensão do direito à terra a outras comunidades tradicionais não contempladas expressamente pela Constituição.

55. As comunidades tradicionais têm também o direito de viver de acordo com os seus costumes, valores e tradições. Esse direito suscita, contudo, a questão complexa do multiculturalismo e de seus limites. Afinal, os valores e tradições dos grupos podem entrar em tensão com os direitos humanos. Nessas hipóteses, é necessário definir a forma de equacionar eventuais conflitos entre a proteção à diferença cultural e o respeito aos direitos fundamentais dos integrantes das comunidades tradicionais.

56. O relativismo ético sustenta a impossibilidade de aplicação dos direitos fundamentais a coletividades que não compartilhem da cultura ocidental em que eles brotaram. Ele parte da premissa de que os julgamentos morais sobre o certo e o errado são absolutamente dependentes das culturas, o que valeria também para os direitos humanos. Já o universalismo sustenta o inverso, advogando a legitimidade da garantia dos direitos fundamentais em todos os contextos culturais. Um dos seus argumentos mais fortes é de que essa garantia é essencial para proteger as minorias dentro das minorias, impedindo que os membros mais poderosos das comunidades tradicionais oprimam os seus integrantes mais vulneráveis.

57. O relativismo absoluto padece de inconsistências teóricas. Por diversas razões, é preferível a adoção de um universalismo que seja, todavia, profundamente sensível à diferença cultural – cujo respeito, aliás, também configura um direito universal. De todo modo, do ponto de vista jurídico, não há como aceitar as conclusões do relativismo radical no sentido da não incidência dos direitos fundamentais sobre as práticas culturais das comunidades tradicionais. Afinal,

os integrantes desses grupos não deixam de ser titulares de dignidade humana e de direitos fundamentais, nos termos da Constituição e dos tratados internacionais sobre direitos humanos.

58. Contudo, a definição da interpretação adequada dos direitos fundamentais deve se abrir a um diálogo intercultural para evitar que, sob o pretexto de proteção destes direitos, ocorra uma imposição etnocêntrica dos paroquialismos da cultura hegemônica sobre coletividades minoritárias. Nesse diálogo, é necessário um esforço de compreensão e empatia diante das práticas e visões adotadas pelas culturais tradicionais. Ademais, nessas interações, a cultura hegemônica também tem muito que aprender, e pode enriquecer a sua compreensão sobre os direitos fundamentais a partir dos *inputs* de outras tradições. O exemplo da África do Sul de emprego do conceito africano tradicional do *ubuntu* na interpretação da dignidade humana ilustra bem essa possibilidade.

59. Porém, há situações em que o diálogo não é suficiente para equacionar a tensão entre a proteção à diferença cultural e os direitos fundamentais. Nessas hipóteses, deve-se recorrer a uma ponderação, que leve em consideração a intensidade da violação à dignidade humana pela prática contestada, bem como a importância desta para a cultura do grupo tradicional e para a identidade dos seus integrantes. Por outro lado, é preciso definir com cuidado a forma da intervenção estatal voltada a promover os direitos fundamentais perante os povos tradicionais. Há medidas profundamente contraproducentes, e outras que podem gerar lesões a direitos ainda mais graves do que aquelas que se propõem a combater.

Capítulo 7

60. Para minorar os problemas ligados ao emprego judicial da dignidade da pessoa humana no Brasil, além da definição do conteúdo do princípio, afigura-se também fundamental o traçado de uma metodologia adequada.

61. É possível, em primeiro lugar, recorrer à técnica de resolução das concorrências entre direitos fundamentais. Tal técnica preconiza a aplicação do regime próprio ao direito mais específico quando este incida conjuntamente com outro mais geral. Assim, quando a violação à dignidade da pessoa humana decorrer de afronta a outro direito mais específico

que a concretize, deve-se aplicar o regime inerente a este segundo. Dessa forma, haverá a delimitação de balizas mais claras para a decisão judicial, o que aumenta a sua previsibilidade e reduz o risco de arbítrio. A dignidade, nesses casos, permanece no "pano de fundo", servindo como critério para interpretação e aplicação do direito mais específico, mas ela não é aplicada diretamente à hipótese. Com isso, evita-se o salto hermenêutico, que ignora as normas mais concretas de regência do caso e se dirige diretamente à dignidade – prática que tende a aumentar a insegurança para os jurisdicionados e as chances de decisionismo judicial. Contudo, há situações em que ocorre afronta autônoma à dignidade da pessoa humana, e aí o princípio deve ser aplicado diretamente.

62. Deve-se cobrar maior rigor na fundamentação das decisões judiciais que invocam o princípio da dignidade da pessoa humana. Quanto mais vago e abstrato for o princípio empregado, maior deve ser o esforço argumentativo de quem o aplica, e a dignidade possui essas características no mais elevado grau. Trata-se de exigência extraída da lógica do Estado de Direito, que pode minimizar os abusos na invocação do princípio da dignidade da pessoa humana.
63. A fundamentação deve se conformar com os princípios da laicidade estatal e das razões públicas. A dignidade não pode ser interpretada a partir de dogmas religiosos, nem compreensões metafísicas particulares. As razões invocadas pelo Judiciário devem ser racionalmente aceitáveis para pessoas das mais diferentes religiões e cosmovisões.
64. Tal exigência não importa, contudo, no afastamento das pessoas e organizações religiosas da esfera pública em que se discutem os direitos fundamentais e a dignidade humana. Ela tampouco deve implicar a exclusão comunicativa das pessoas e grupos que se valem de outras formas e estilos argumentativos, que não se conformem aos padrões racionalizados e neutros associados às razões públicas. Ao contrário do que afirmou John Rawls, sequer se deve exigir dessas pessoas e grupos que se desincumbam do ônus de tradução dos seus argumentos para razões públicas, pois se trata de encargo pesado demais, que muitos não conseguiriam cumprir, e que tenderia a redundar na sua alienação da arena deliberativa. Porém, cabe ao Judiciário verificar em cada caso a viabilidade

da conversão dos argumentos particularistas para a gramática das razões públicas, realizando-a sempre que possível.

65. A exigência de fundamentação deve se adequar também ao minimalismo judicial, sempre que possível. Em regra, as decisões que aplicam o princípio da dignidade da pessoa humana não devem ser mais profundas do que seja necessário para equacionamento do caso. Elas não precisam mergulhar em busca dos "fundamentos últimos" das questões morais a serem decididas, quando isso não for indispensável para o caso, podendo se basear em "acordos incompletamente teorizados". A tentativa de proferir decisões muito "profundas" aumenta as chances de erro judicial e importa em gasto desnecessário de tempo e energia escassos. Ademais, decisões muito ambiciosas quanto à fundamentação tendem a gerar divisões sociais e reações negativas ao julgamento, que poderiam ser facilmente evitadas. Existem, porém, exceções a esta regra, como em casos em que seja especialmente importante proferir decisões com forte papel pedagógico, no afã de interferir em aspectos da cultura social refratários à dignidade.

66. No Brasil, a cultura beletrista, que valoriza a exibição de erudição nas decisões judiciais, é fator de risco para excessos maximalistas nas decisões que aplicam o princípio da dignidade da pessoa humana. Porém, até o momento, o Judiciário brasileiro tem pecado muito mais pela falta do que por excessos na fundamentação que acompanha a aplicação do referido princípio.

2 Encerramento

Gente espelho de estrelas
Reflexo do esplendor, (...)
Gente espelho da vida,
Doce mistério
(Caetano Veloso)[1048]

[1048] VELOSO, Caetano. Letra da música "Gente".

A dignidade da pessoa humana é um princípio constitucional fundamental, que tem enorme potencial para a proteção da personalidade humana, em todas as suas dimensões. Porém, o princípio não pode continuar sendo usado como fórmula retórica flácida, maleável de acordo com as preferências do intérprete, nem tampouco como artifício para a imposição de modelos de "vida boa" às pessoas, ou para a preservação de privilégios e hierarquias entrincheiradas. Daí as preocupações centrais da obra com a definição de um conteúdo básico – igualitário, liberal e sensível à diferença – e de uma metodologia própria para o princípio da dignidade humana.

Tal princípio, corretamente compreendido e aplicado, converte-se em um poderoso instrumento em favor da inclusão e do respeito a todas as pessoas nas estruturas sociais e nas relações intersubjetivas. Porém, seria inocente supor que a correta interpretação do princípio constitucional seja por si só capaz de equacionar todos os gravíssimos problemas que afetam a dignidade humana no Brasil. Afinal, tais problemas não são apenas jurídicos, pois estão profundamente enraizados em nossa cultura e nas estruturas sociais, econômicas e políticas do país.

Contudo, se o Direito Constitucional não é onipotente, ele tampouco é desprovido de força, inclusive para interferir na cultura e nas estruturas. O seu poder maior não vem da coerção jurídica, mas da capacidade de inspirar os sonhos individuais e coletivos. A dignidade humana é uma ideia poderosa, que fala aos corações e à imaginação moral. Ela pode fazer as pessoas sonharem e eventualmente até marcharem juntas. Isso pode mover montanhas.[1049]

Já se disse que o sonho que a dignidade inspira é o de uma sociedade em que todos são tratados como nobres.[1050] Aqui e agora, porém, temos um desafio aparentemente mais singelo: construir uma sociedade em que todos sejam tratados como *gente*. Pode parecer pouco, mas, pelo menos no Brasil, é uma enormidade.

[1049] Em bela passagem, Eduardo Giannetti destacou: "A capacidade de sonho e o desejo de mudar fertilizam o real, expandem as fronteiras do possível e reembaralham as cartas do provável.(...) No universo das relações humanas, o futuro responde à força e a ousadia do nosso querer. O desejo move". (GIANNETTI, Eduardo. *Trópicos utópicos*. São Paulo: Companhia das Letras, 2016. p. 136-138).

[1050] Cf. WALDRON, Jeremy. *Dignity, rank and rights*. New York: Oxford University Press, 2012.

A DIGNIDADE HUMANA EM TEMPOS DE CRISE DEMOCRÁTICA

> *"Aqui, tudo parece*
> *que era ainda construção*
> *e já é ruína"*
> (Caetano Veloso, letra da música "Fora da Ordem")

1 Introdução e panorama geral

Este livro foi escrito em 2015 e atualizado em 2016, para a sua segunda edição. O tom da obra já era então fortemente crítico, diante do grave e sistemático desrespeito à dignidade da pessoa humana no Brasil, sobretudo em relação aos integrantes de grupos excluídos e marginalizados. Porém, o texto reconhecia que, desde a promulgação da Constituição de 1988, tinham ocorrido avanços importantes – embora ainda absolutamente insuficientes – no sentido da inclusão no pacto civilizatório de camadas historicamente oprimidas da população brasileira. Sem negar a enorme gravidade dos problemas ligados à violação à dignidade humana no país – decorrentes, sobretudo, do *ethos* desigualitário e autoritário presente entre nós –, a obra lançava um olhar para o futuro em que não faltava esperança.

Um dos *leitmotivs* do livro é a ideia de que o efetivo resgate da promessa constitucional de igual dignidade para todos depende não apenas da correta interpretação do princípio e da sua adequada aplicação jurisdicional. Mais importante é que o ideário da dignidade humana penetre a gramática das relações sociais, inspirando sonhos e ações individuais e coletivas. A aposta da obra era de que, empurrado pelas lutas emancipatórias por justiça, distribuição e reconhecimento, esse ideário poderia se incorporar mais profundamente à imaginação moral da nação, passando a pautar as ações do Estado e da sociedade. Com isso, como na bela imagem invocada por Martin Luther King, o longo arco do universo moral se dobraria na direção da justiça.

Dramaticamente, o que aconteceu desde a publicação do livro foi o oposto: o arco do universo moral se curvou, mas na direção da barbárie. Os retrocessos na garantia da dignidade humana, que já tinham se iniciado na gestão do Presidente Michel Temer, atingiram novo e impensável patamar no governo de Jair Bolsonaro, eleito em 2018.

No governo Bolsonaro, têm sido sistemáticos, gravíssimos e cotidianos os ataques aos direitos fundamentais, à democracia, aos negros, aos povos indígenas e quilombolas, às mulheres e minorias sexuais, às liberdades de expressão e de imprensa, à vida e à saúde da população, à educação e às universidades, ao meio ambiente, à cultura. Políticas importantes de promoção de direitos humanos estão sendo deliberadamente desmontadas, e os órgãos e instituições encarregados de implementá-las e monitorá-las vêm sendo destruídos ou aparelhados, com nomeações de pessoas que atuam abertamente contra esses direitos. Críticos do governo passaram a ser assediados, investigados pela polícia ou pelo serviço de inteligência, e até enquadrados na Lei de Segurança Nacional do regime militar. Nas palavras de Jason Stanley – um dos maiores especialistas globais no fascismo – "Bolsonaro *é* hoje o mais radical dos líderes da extrema direita".[1] Ou, como afirmou Perry Anderson, "a teratologia da imaginação política contemporânea adquiriu um novo monstro".[2]

Com sua retórica virulenta e uso intenso das redes sociais, Bolsonaro estimula agressões e atos ilícitos perpetrados por seus apoiadores. Com isso, por exemplo, aumentaram as invasões às terras indígenas, as execuções extrajudiciais cometidas pela polícia, a violência doméstica contra a mulher, os episódios de racismo, homofobia e transfobia, o desmatamento, os ataques a jornalistas e artistas. O ódio a quem é diferente – o que inclui todos os que não professam a ideologia de extrema-direita do bolsonarismo –, a intolerância e o preconceito se viram socialmente legitimados. O autoritarismo violento do macho branco e cristão – que gosta de armas e detesta livros –, antes

---

[1] STANLEY, Jason. A democracia brasileira. *Quatro Cinco Um*, n. 33, 2020.

[2] ANDERSON, Perry. *Brazil Apart 1964-2019*. London: Verso, 2019, p. 139.

na defensiva, voltou a orgulhar-se da sua estupidez. A Amazônia, o Pantanal e outros ecossistemas estão sendo devastados, lesando-se os interesses das presentes e futuras gerações, com o decisivo apoio do Ministério do Meio Ambiente e sistemática perseguição a fiscais, a ONGs e a lideranças ambientalistas.

Na seara internacional, afora a constrangedora subserviência aos Estados Unidos de Trump, o Brasil passou a se aliar a teocracias e a estados autoritários no combate à agenda dos direitos humanos. Está se tornando um pária mundial, pelo desmatamento ambiental e por suas posições retrógradas em temas como direitos humanos e gênero. A laicidade estatal, que sempre suscitou problemas no país, é cada vez mais peça de ficção, violada não só por meio do discurso público governamental – "Brasil acima de tudo, Deus acima de todos"; "o Brasil é um país cristão" etc. – como também pela adoção de políticas de confessada inspiração religiosa, que oprimem mulheres e populações LGBTQI+. O governo se engajou em agenda de dirigismo cultural – que já resvalou até em citações ao nazista Goebbels –,[3] voltada a combater manifestações artísticas com viés progressista, e a disseminar compreensões profundamente reacionárias de família, da sexualidade, dos valores político-sociais, da história e da identidade nacionais.

O desprezo à vida e aos direitos humanos se exibiu de modo cruel durante a pandemia do Coronavírus, em que a atitude negacionista, irresponsável e despida de qualquer empatia do Presidente custou dezenas de milhares de vidas, atingindo de forma desproporcional os setores mais vulneráveis da sociedade. O discurso governamental em favor da "liberdade" – liberdade de não respeitar a quarentena e de não usar máscara durante a pandemia, de não se vacinar, de destruir o meio ambiente, de discriminar negros, indígenas, mulheres e minorias sexuais, de andar armado e reagir "à bala", de não observar limites de velocidade nas estradas – ecoa uma compreensão pré-hobbesiana e violenta das relações sociais, despida de limites voltados ao respeito dos direitos alheios e de qualquer preocupação com a solidariedade.[4] Esse individualismo exacerbado e egoístico – com traços de verdadeiro darwinismo social – também se revela em decisões e políticas na área econômica, com a sistemática priorização dos interesses dos ricos e das

---

3 GÓES, Bruno; ARAGÃO, Helena; SOARES, Jussara. Roberto Alvim copia discurso do nazista Joseph Goebbels e causa onda de indignação. *O Globo*, 16 jan. 2020. Disponível em: https://oglobo.globo.com/cultura/roberto-alvim-copia-discurso-do-nazista-joseph-goebbels-causa-onda-de-indignacao-24195523. Acesso em 15 set. 2020.

4 Cf. LESSA, Renato. Homo bolsonarus. *Serrote*, (edição especial), p. 46-67, jul. 2020.

grandes empresas, e indiferença em face dos direitos e do sofrimento dos pobres e excluídos.

Os militares passaram a ocupar percentual elevadíssimo de cargos nos primeiros escalões, aumentando a politização das Forças Armadas e tornando difícil separar a instituição – que deveria ser apolítica, por imposição constitucional – dos interesses do governo de ocasião. Tudo se militariza no país, mas sem nenhuma disciplina – um dos princípios constitucionais de regência das Forças Armadas (art. 142, CF). O que não é surpresa, afinal, Bolsonaro era, nas palavras do ex-presidente Ernesto Geisel, um "mau militar",[5] preso e processado pelo Exército por indisciplina.[6] Seus heróis pessoais pertenciam à turma do porão, que resistiu à redemocratização, inclusive com ataques terroristas. Não espanta, portanto, que tenha se mostrado quimérica a esperança de alguns, de que a tutela militar sobre o Presidente radical e despreparado traria moderação e competência ao governo. Não há tutela, muito menos moderação e competência.

Pelo contrário, o governo atua quase sempre de modo caótico, eis que mais voltado a inflamar uma plateia polarizada nas redes sociais, obcecada com guerras culturais, do que a efetivamente governar o país, enfrentando seus gravíssimos problemas. Mas o caos não resulta apenas de incompetência e de delírios ideológicos. Parafraseando Polônio, de *Hamlet*, a ação do Presidente, "apesar da loucura, revela método". Há método no caos bolsonarista e ele se direciona à destruição.[7]

É que, para além da reeleição e da preservação da família diante de investigações criminais, o objetivo central de Bolsonaro parece ser a destruição de todo o edifício civilizatório que, desde a Constituição de 1988, vinha sendo lentamente erigido – com falhas e imperfeições, é verdade. Isso o próprio Presidente já deixou claro, como, por exemplo, quando disse, em jantar nos Estados Unidos com personalidades de extrema-direita: "O Brasil não *é* um terreno aberto onde nós pretendemos construir coisas para o nosso povo. Nós temos *é* de desconstruir muita

---

[5] FOLHAPRESS. Em entrevista de 1993, Geisel diz que Bolsonaro era mau militar que pedia volta da ditadura. *Folha de Pernambuco*, 26 out. 2018. Disponível em: https://www.folhape.com.br/noticias/em-entrevista-de-1993-geisel-diz-que-bolsonaro-era-mau-militar-que-ped/85694/. Acesso em 15 set. 2020.

[6] VALENTE, Rubens. Bolsonaro admitiu atos de indisciplina e deslealdade no Exército. *Folha de São Paulo*, 15 mai. 2017. Disponível em: https://www1.folha.uol.com.br/poder/2017/05/1884033-bolsonaro-admitiu-atos-de-indisciplina-e-deslealdade-no-exercito.shtml. Acesso em 15 set. 2020.

[7] Nesse sentido: NOBRE, Marcos. *Ponto final*: a guerra de Bolsonaro contra a democracia. São Paulo: Todavia, 2020.

coisa. Desfazer muita coisa. Para depois começarmos a fazer".[8] Para o atual governante do país e seus apoiadores, parece que devem ser "desconstruídos" os direitos fundamentais, para eles puro "mimimi", "tirania do politicamente correto", "marxismo cultural". Em 2017, Bolsonaro mandou fazer uma camiseta para protestar contra a redação do ENEM, que tratara dos direitos humanos. Seus dizeres bem expressam a cosmovisão do atual Presidente: "Direitos humanos: esterco da vagabundagem".[9]

É verdade, porém, que muito do que hoje se vê não foi inventado no país pelo bolsonarismo. Patologias crônicas estão aparecendo com clareza ainda maior, mas elas estão longe de ser novidades. É o caso do racismo – que permeia grande parte das mais graves violações à dignidade humana, narradas neste posfácio. O racismo, que se atualiza e reformula para manter hierarquias e opressões herdadas da escravidão, talvez corresponda à maior permanência na história brasileira. Muito mais do que fenômeno individual – presente apenas em "pessoas más" –, o racismo brasileiro é estrutural,[10] sendo produzido e reproduzido pelo funcionamento habitual das dinâmicas sociais e instituições. Nos tempos de Bolsonaro, porém, perdeu-se a vergonha de ostentá-lo publicamente.

Muito grave, por outro lado, é perceber a ressonância em nossa sociedade das ideias autoritárias, francamente contrárias à dignidade humana, representadas pelo bolsonarismo. Afinal, ao menos em matéria de direitos humanos e valores civilizatórios, Bolsonaro não iludiu seus eleitores – isso ele fez em outras questões, como na promessa de combate à corrupção. Ninguém comprou gato por lebre, pelo menos não nesse ponto tão fundamental. Durante sua campanha eleitoral, o candidato da extrema-direita não moderou seu discurso, favorável à ditadura militar e à tortura, pelo qual se notabilizara durante toda a sua vida política de parlamentar do baixo clero.[11] Pelo contrário, sua campanha se alicerçou

---

8 VALOR ECONÔMICO. *Nós temos e que desconstruir muita coisa, diz Bolsonaro durante jantar*. 18 mar. 2019. Disponível em: https://valor.globo.com/brasil/noticia/2019/03/18/nos-temos-e-que-desconstruir-muita-coisa-diz-bolsonaro-durante-jantar.ghtml. Acesso em 18 set. 2020.

9 POLÍTICA AO MINUTO. *Enem*: Bolsonaro chama direitos humanos de esterco e vagabundagem. 05 nov. 2017. Disponível em: https://www.noticiasaominuto.com.br/politica/471652/enem-bolsonaro-chama-direitos-humanos-de-esterco-e-vagabundagem. Acesso em 18 set. 2020.

10 Cf. ALMEIDA, Sílvio. *O que é racismo estrutural?* Belo Horizonte: Letramento, 2018.

11 Os episódios de defesa da ditadura e tortura na vida política de Jair Bolsonaro são incontáveis. Um dos mais hediondos ocorreu na votação do *impeachment* de Dilma Rousseff, com a homenagem nauseabunda ao Coronel Brilhante Ustra, o mais conhecido torturador do regime militar: "Pela memória do Coronel Carlos Alberto Brilhante Ustra, o pavor de Dilma Rousseff".

nessa retórica raivosa – temperada com o neoliberalismo exacerbado de Paulo Guedes e com o lavajatismo – para conquistar o eleitorado e ascender ao poder, com o decisivo apoio das elites econômicas do país e do "mercado". Basta recordar a ilustrativa fala de Bolsonaro, em comício no Acre: "Vamos fuzilar a petralhada aqui do Acre, hein?", proferida enquanto o então candidato erguia um tripé, simulando atirar com ele.[12] Ou a ameaça, enunciada várias vezes, de que o destino de opositores esquerdistas, depois da sua eleição, seria a "ponta da praia" – expressão usada no regime militar para designar local em que eram assassinadas as pessoas vítimas da repressão.[13]

Assim, se a força da Constituição depende da adesão da sociedade aos seus valores, a Carta de 88 mostrou debilidade na eleição de 2018.[14] Ao votar em candidato com ideias e projetos tão radicalmente incompatíveis com a democracia e com os direitos fundamentais, a maioria do eleitorado brasileiro mostrou não se importar muito com eles. Alguns escolheram Bolsonaro exatamente por conta dessas suas ideias autoritárias e reacionárias. Outros fizeram a escolha eleitoral por razões diferentes, como o antipetismo, a revolta contra o *establishment* político ou a crença, algo pueril, de que o candidato, que nunca em sua vida pública se engajara nessa causa, lutaria contra a corrupção. Todos esses, porém, ao aderirem à candidatura que festejava abertamente a tortura e se excedia em manifestações de ódio e preconceito, no mínimo mostraram que a defesa da dignidade humana, dos direitos fundamentais e da democracia não figurava entre as suas prioridades políticas.

Independentemente dos resultados materiais das ações do governo – que já se mostram terríveis –, a ascensão do bolsonarismo ao poder representou, em si mesma, grave retrocesso em nossa democracia constitucional, por conferir protagonismo a visões e comportamentos radicalmente contrários aos valores civilizatórios mais básicos, e que já pareciam superados em nossa sociedade. Foi como se a roda do tempo girasse várias décadas para trás. Caíram os interditos e as posições mais violentas e anti-humanistas voltaram a ter uma aceitabilidade social que já pareciam ter perdido. A barbárie perdeu a vergonha. A eleição

---

[12] RIBEIRO, Janaína. Vamos fuzilar a petralhada, diz Bolsonaro em campanha no Acre. *Exame*, 03 set. 2018. Disponível em: https://exame.com/brasil/vamos-fuzilar-a-petralhada-diz-bolsonaro-em-campanha-no-acre/. Acesso em 24 ago. 2020.

[13] VEJA. *Esses marginais vermelhos serão banidos da nossa pátria*. 22 out. 2018. Disponível em: https://www.google.com.br/amp/s/veja.abril.com.br/brasil/esses-marginais-vermelhos-serao-banidos-de-nossa-patria-diz-bolsonaro/amp/. Acesso em 24 ago. 2020.

[14] Nesse sentido, PONTES, João Gabriel Madeira. *Democracia Militante em tempos de crise*. Rio de Janeiro: Lumen Juris, 2020. p. 58.

do "mito" destampou o ralo e o que dele emergiu – saído não só do Brasil profundo, como também das "Faria Limas" e dos "Leblons" –, não cheira nada bem.

A eleição em 2018 de uma figura folclórica da extrema-direita para a presidência da República assustou e deprimiu a muitos – como a mim. Mas o fenômeno da eleição de políticos extremistas e autoritários, que no poder põem em risco a democracia, está longe de ser singularidade nacional.

Pelo contrário, vive-se hoje uma onda de crises democráticas, que atingiu muitos países – como Hungria, Polônia, Filipinas, Turquia, Índia e até mesmo os Estados Unidos de Donald Trump – decorrente da ascensão aos governos, pela via eleitoral, de líderes populistas autoritários. Estes, uma vez instalados no poder, passam a atacar ou a aparelhar as instituições, a violar gravemente os direitos fundamentais, a tratar opositores como inimigos a serem eliminados.[15] A democracia não cai abruptamente, com uma quartelada ou golpe de estado, mas vai sendo corroída paulatinamente em suas bases, até ver-se completamente desfigurada. Não há um colapso, em um momento claramente demarcado, mas erosão progressiva dos valores e instituições democráticas. Na sugestiva imagem de Tom Ginsburg e Aziz Huq,[16] a democracia morre como um sapo, que vai sendo lentamente cozido numa panela de água quente: como a temperatura aumenta aos poucos, o sapo não pula da panela, mas vai tentando se ajustar, até que chega um momento irreversível em que ele morre na água fervente.

É verdade que, com Jair Bolsonaro, o risco de colapso da ordem democrática nunca pode ser descartado. Afinal, Bolsonaro – que no passado chegara a dizer em entrevista que, se eleito Presidente, daria golpe no primeiro dia de governo, fechando o Congresso e matando umas 30 mil pessoas, inclusive o então Presidente da República,

---

15 Vejam-se, *e.g.*, LEVITSKY, Steven; ZIBLATT, Daniel. *Como as Democracias morrem*. Rio de Janeiro: Zahar, 2018; MOUNK, Yascha. *O povo contra a Democracia*: por que nossa liberdade corre perigo e como salvá-la. Rio de Janeiro: Companhia das Letras, 2019; CASTELLS, Manuel. *Ruptura*: a crise da democracia. Rio de Janeiro: Zahar, 2018; PRZEWORSKI, Adam. *Crises of Democracy*. Cambridge: Cambridge University Press, 2019; GRABER, Mark A.; LEVINSON, Sanford; TUSHNET, Mark (Eds.). *Constitutional Democracy in Crisis?* Oxford: Oxford University Press, 2018; SOUZA NETO, Cláudio Pereira de. *Democracia em crise no Brasil*: valores constitucionais, antagonismo político e dinâmica institucional. São Paulo: Contracorrente, 2020.

16 GINSBURG, Tom; HUQ, Aziz Z. *How to Save a Constitutional Democracy*. Chicago: The University of Chicago Press, 2018. p. 77.

Fernando Henrique Cardoso –,[17] vem flertando abertamente com a adoção de medidas de exceção em vários momentos de seu mandato, tendo estimulado e comparecido a manifestações que clamavam pelo fechamento do STF e do Congresso, com a decretação de "novo AI-5".

No momento em que escrevo este posfácio, porém, o risco de golpe parece ter diminuído. É que o Presidente, eleito com discurso de rejeição à "velha política", sentindo-se ameaçado por pedidos de *impeachment* e por investigações criminais que atingem a sua família, mudou de estratégia. Aproximou-se do "Centrão" e de alguns ministros do STF e parou de atacar abertamente as instituições, passando a cortejar alguns dos seus integrantes. A mudança, contudo, não significou inflexão nas políticas e atitudes contrárias aos direitos humanos, que resultam na progressiva erosão da nossa democracia constitucional, pelo contrário. E o medo agora é de que, se o Presidente conseguir amansar ou capturar instituições que vinham, ao menos em parte, conseguindo controlá-lo, ele poderá atuar até com mais eficiência no seu propósito de destruir as conquistas civilizatórias da Constituição de 1988.

De todo modo, apesar da reiteração e virulência dos ataques que vem sofrendo, a democracia brasileira ainda não morreu. Já antes combalida por mazelas crônicas – como a desigualdade econômica abissal, o racismo estrutural e o autoritarismo –, ela tem resistido, aos trancos e barrancos, pela atuação de setores da sociedade, da imprensa e de instituições públicas como o STF e o Congresso. Nossa democracia está mais frágil, os direitos fundamentais estão menos efetivos, as relações sociais ainda mais violentas e assimétricas. Mas o sapo ainda não morreu cozido na panela. Ainda é possível salvar e aperfeiçoar a democracia brasileira, com as armas da Constituição. Uma dessas armas é justamente o princípio da dignidade da pessoa humana.

É difícil tratar de um tema em pleno desenvolvimento, sem qualquer distanciamento histórico. É também difícil para mim não ser passional nesta escrita, vendo o tamanho do mal e da ameaça que nos espreitam. Mas, diante dos graves impactos da eleição e do governo de Jair Bolsonaro sobre a força normativa do princípio da dignidade da pessoa humana no Brasil, a tarefa me pareceu urgente e inevitável. Ao invés de revistar toda a obra, para reescrevê-la à luz dessa nova realidade nacional, preferi o formato do posfácio.

---

17 Vide: RANIER, Bragon. Nos anos 90, Bolsonaro defendeu novo golpe militar e guerra. *Folha de São Paulo*, 3 jun. 2018. Disponível em: https://www1.folha.uol.com.br/poder/2018/06/nos-anos-90-bolsonaro-defendeu-novo-golpe-militar-e-guerra.shtml. Acesso em 20 abr. 2020.

Ao longo do livro, decompus o princípio da dignidade da pessoa humana em quatro elementos principais: (i) valor intrínseco da pessoa; (ii) autonomia; (ii) mínimo existencial e (iv) reconhecimento intersubjetivo. Entendo que a crise da democracia constitucional que atravessamos impacta negativamente a eficácia social de todos esses quatro componentes da dignidade, cada um ao seu modo. Por isso, o restante deste posfácio seguirá essa organização: dedicarei um item para os efeitos da crise sobre cada um desses quatro elementos da dignidade, apresentando, ao final, uma breve conclusão.

Não tratarei no texto das causas do fenômeno do bolsonarismo – que engloba mas não se esgota na eleição e na gestão de Jair Bolsonaro.[18] Assim, foram deixados de lado, ou apenas comentados de forma ligeira, aspectos como: as nossas raízes históricas escravocratas e autoritárias; a crise global do capitalismo financeiro e sua influência para a ascensão do populismo autoritário; a desmoralização da política no Brasil, com a busca de um suposto *outsider*, na esteira do lavajatismo; o *backlash* cultural anti-igualitário; a hiperpolarização da política, causada pela lógica das redes sociais, algoritmos e *fake news*; o crescimento do conservadorismo moral no país, decorrente do fortalecimento demográfico de denominações evangélicas pentecostais e neopentecostais; as contingências de um processo eleitoral atípico, em que o candidato vencedor foi poupado de críticas e da exposição de suas fragilidades em debates, por conta de atentado que sofreu. O texto seguirá um estilo mais ensaístico, sem a preocupação de descrever em detalhes, muito menos de documentar, as múltiplas e gravíssimas violações à dignidade humana que têm ocorrido no país, nestes últimos dois anos de "cólera".

2 O valor intrínseco da pessoa

Como foi longamente discutido no capítulo 3 deste livro, o valor intrínseco representa a ideia de que cada pessoa é um fim em si mesmo, que nunca pode ser tratado como apenas um meio para consecução de outros objetivos, por mais relevantes que eles sejam, de acordo com a conhecido imperativo categórico kantiano.[19] Esse valor de cada pessoa é ontológico e não contingente. Por isso, todas as pessoas têm

---

[18] Sobre essas causas, veja-se, *e.g.*: SOUZA NETO, Cláudio Pereira de. *Democracia em crise no Brasil*: valores constitucionais, antagonismo político e dinâmica institucional. São Paulo: Contracorrente, 2020. p. 11-144.

[19] Cf. KANT, Immanuel. *Fundamentação da Metafísica dos costumes*. (Trad. Pedro Quintela). Lisboa: Edições 70, 2011.

a mesma dignidade, sendo irrelevantes fatores como raça, condição econômica, religião, sexo, orientação sexual, capacidade, idade, ideologia, nacionalidade ou qualquer outro. A dignidade humana também não depende da conduta do agente: ninguém perde sua dignidade ainda que cometa crimes gravíssimos ou pratique atos abomináveis. Em outras palavras, o valor intrínseco implica no reconhecimento da *igual dignidade* entre as pessoas, bem como da impossibilidade de *instrumentalização* do ser humano.

Existem – é certo – profundos desacordos morais sobre o que significa respeitar o valor intrínseco da pessoa. Temas como aborto, eutanásia, legalização de drogas e outros suscitam controvérsias em praticamente todos os lugares em que são debatidos, e o princípio da dignidade humana é frequentemente invocado nessas discussões, por vezes pelos lados opostos da contenda. Há, contudo, um sentido mínimo e consensual dessa ideia de valor intrínseco. Negar esse sentido não é disputar o significado e conteúdo do princípio da dignidade da pessoa humana. É rejeitar a essência do próprio princípio. E o Brasil, em tempos de Bolsonaro, vem avançando claramente nessa linha.

Com efeito, não se compatibiliza com o valor intrínseco a negação da humanidade e dos direitos básicos do outro – seja ele o adversário político, o portador de uma identidade coletiva não hegemônica ou o indivíduo que segue estilo de vida rejeitado pela moralidade conservadora. Essa, porém, é a conduta padrão do governo federal, que a estimula entre seus apoiadores. Os exemplos de desumanização não faltam, como a celebração daqueles que torturaram esquerdistas, o estímulo à retórica do "bandido bom é bandido morto" – com o consequente aumento da violência policial – e os ataques virulentos contra povos indígenas e quilombolas.

Uma das características do populismo autoritário, em que o bolsonarismo se enquadra, é exatamente essa recusa à alteridade, com o tratamento do oponente não como adversário político com o qual se deve conviver pacificamente, mas como inimigo a ser eliminado. Trata-se do antipluralismo.[20] O populismo autoritário se baseia na construção de uma ideia de *demos* excludente, em que ficam de fora todos os que não se encaixem na ideologia e no modelo de vida preconizado. A esses, os direitos são denegados, enquanto a violência contra eles é admitida – ela é perpetrada, incentivada ou, no mínimo, tolerada pelo

---

[20] Cf. GALSTON, Willian A. *Anti-pluralism*: the populist threat to liberal democracy. New Haven: Yale University Press, 2018.

Estado. Aliás, essa é uma das facetas do próprio fascismo – do qual o bolsonarismo em muitos aspectos se aproxima –, que foi sintetizado por Jason Stanley, no próprio título do seu livro sobre o tema, como "a política do nós e eles".[21] Como afirmou Umberto Eco, para além das diferenças históricas, políticas e culturais, existe uma espécie de "*fascismo eterno*", por ele também chamado de "*Ur-fascimo*", que tem como uma das suas características fundamentais exatamente a negação e o combate à diversidade. No Ur-fascismo – diz Eco –, "desacordo é traição", e o regime se nutre "exacerbando o medo natural da diferença".[22]

Essa desumanização do outro liga-se à construção de uma "comunidade moral" bolsonarista, em guerra permanente contra quem não a integra.[23] Se, em outros países que também atravessam crises democráticas, a energia negativa é mobilizada contra um suposto inimigo externo – como o imigrante muçulmano na Europa ou os originários da América Latina nos Estados Unidos de Trump – no Brasil, ele é interno.[24] De um lado, tem-se a comunidade moral composta pelas "pessoas de bem", os "bons cristãos". Do outro, os "bandidos", os "comunistas", os "petralhas corruptos", os que atentam contra a "família" e promovem a "ideologia de gênero", os "macumbeiros", os "maconheiros" que povoam as universidades públicas. Curiosamente, cabem até milicianos nessa comunidade moral bolsonarista. Um dos seus principais símbolos evoca a violência autorizada contra quem não integra a comunidade: a "arminha" feita com a mão.

A negação ao valor intrínseco da pessoa se evidenciou na postura governamental diante do Coronavírus.[25] A oposição e o boicote do Presidente às medidas de quarentena e de restrição às atividades econômicas impostas pelos estados e municípios; sua insistência, contra todas as recomendações científicas, em retomar essas atividades no auge da maior crise sanitária do século, apesar dos inequívocos riscos que isso representava para a vida – especialmente das pessoas

---

21 STANLEY, Jason. *Como funciona o fascismo*: a política do "nós" e "eles". Porto Alegre: LPM, 2018.

22 ECO, Umberto. O fascismo eterno. *In*: *Cinco Escritos Morais*. São Paulo: Record, 1997. p. 45-46.

23 Cf. ALONSO, Ângela. A comunidade moral bolsonarista. *In*: ABRANCHES, Sérgio *et al*. *Democracia em Risco?* 22 ensaios sobre o Brasil hoje. São Paulo: Companhia das Letras, 2019. p. 52-70.

24 Cf. PINHEIRO-MACHADO, Rosana. *Amanhã vai ser maior. O que aconteceu com o Brasil e possíveis rotas de fuga para a crise atual*. São Paulo: Planeta do Brasil, 2019. p. 141.

25 Veja-se, a propósito: POSSAS, Mariana Thorstensen; ALMEIDA, Andrija Oliveira; MATIAS, Carla. E daí?: respostas à pandemia e gestão de mortes no Brasil. *Dilemas. Revista de Estudos de Conflito e Controle Social*, Reflexões na Pandemia, p. 1-10, 2020.

mais vulneráveis à doença –, mostraram seu desrespeito à dignidade humana. No afã de reduzir os danos à economia – logo, às suas chances de reeleição –, o Presidente mostrou-se plenamente disposto a sacrificar vidas humanas, sabendo que as principais vítimas seriam fatalmente os integrantes de grupos mais frágeis sob os pontos de vista sanitário e econômico. Como disse Cláudio Pereira de Souza Neto, tratou-se da "opção pelos negócios em detrimento das vidas".[26] Essa postura de indiferença é bem representada por resposta dada certa vez pelo Presidente Jair Messias Bolsonaro, quando indagado sobre o número crescente de mortes no país: "E daí? Lamento, quer que eu faça o que? Sou Messias, mas não faço milagre".[27]

Nessa questão, houve sensata resistência da parte de outras autoridades e instâncias públicas, como diversos governadores e prefeitos – que impuseram medidas de quarentena e distanciamento social, à revelia da União –, bem como o STF. Este último, não se curvando às ilegítimas pressões do Executivo Federal, reconheceu o poder dos entes subnacionais de editar essas medidas de proteção à saúde sem o respaldo federal, quando afinadas com o consenso científico internacional.[28] O número de mortos na pandemia é astronômico no Brasil – mais de 160 mil, no momento em que finalizo este posfácio. Em matéria de letalidade pelo Covid-19, ficamos atrás apenas dos Estados Unidos de Trump, que foi igualmente irresponsável e anticientífico no enfrentamento da pandemia. Mas essa cifra terrível que alcançamos, que muito se deve à conduta do governo federal, seria provavelmente ainda maior, não fosse a moderação institucional decorrente do federalismo e do sistema constitucional de freios e contrapesos. O funcionamento desses arranjos constitucionais é evidência de que, conquanto em crise, nossa democracia ainda não pereceu.

Infelizmente, esse papel de moderação e de proteção de direitos não foi exercido pelo Judiciário – inclusive pelo STF – em relação a todos os sujeitos de direito no contexto da pandemia. A história não perdoará a omissão do Supremo na proteção dos presos diante do Coronavírus – dentre todos, o grupo social mais desprezado e odiado

---

[26] SOUZA NETO, Cláudio Pereira de. *Democracia em crise no Brasil*: valores constitucionais, antagonismo político e dinâmica institucional. São Paulo: Contracorrente, 2020. p. 185.

[27] O GLOBO. *Da 'gripezinha' ao 'e daí?', confira as reações de Bolsonaro enquanto aumentavam as mortes pela pandemia no Brasil*. 30 abr. 2020. Disponível em: https//oglobo.globo.com/brasil/da-gripezinha-ao-dai-confira-as-reacoes-de-boslonaro-enquanto-aumentavam-as-mortes-no-brasil-24402593. Acesso em 24 ago. 2020.

[28] STF. ADI nº 6341, Tribunal Pleno, Rel. Min. Marco Aurélio, j. em 15.04.2020; ADPF nº 672, Tribunal Pleno, Rel. Min. Alexandre de Moraes, DJe 15.04.2020.

no país. No mundo inteiro, houve a compreensão de que o ambiente prisional, com a sua insalubridade, superpopulação, falta de espaço e déficit de atenção médica, seria um foco perigosíssimo de propagação do vírus, que atingiria dura e desproporcionalmente as populações carcerárias. Por isso, medidas de desencarceramento voltadas aos presos em grupos de risco e de menor periculosidade foram adotadas em inúmeros países.[29] Nessa linha, a Organização Mundial da Saúde e diversas agências da ONU emitiram "declaração conjunta sobre o COVID-19 em prisões e outros ambientes fechados",[30] em que, diante da vulnerabilidade da população prisional à doença, instaram os Estados a adotar urgentemente medidas de proteção à sua saúde, notadamente ligadas ao desencarceramento de presos provisórios, idosos, pessoas com doenças pré-existentes e indivíduos cuja liberdade não comprometesse a segurança pública.

No Brasil, sensível à questão, o CNJ editou a Recomendação nº 62, de 17 de março de 2020, que previa uma série de medidas importantes de desencarceramento voltadas à proteção da saúde dos presos. A recomendação – fortemente combatida pelo então Ministro da Justiça Sérgio Moro – teve, contudo, baixíssima efetividade. Ela não possui caráter vinculante, e os magistrados praticamente não a aplicaram, ou o fizeram de modo constrangedoramente seletivo – como se deu na concessão de prisão domiciliar a Fabrício Queiroz (investigado junto com Flávio Bolsonaro pelo escândalo das "rachadinhas") e a sua mulher, por ministro do STJ que sistematicamente negava o mesmo benefício a outros detentos em condições similares.[31]

Nesse cenário, o STF – que já reconhecera, no julgamento da medida cautelar na ADPF nº 347, o "estado de coisas inconstitucional"

---

[29] Cf. LONDOÑO, Ernesto, ANDREONI, Manuela; CASADO, Letícia. As coronavirus strikes prisons, hundreds of thousands are released. *New York Times*, 26 abr. 2020. Disponível em: https://www.nytimes.com/2020/04/26/world/americas/coronavirus-brazil-prisons.html. Acesso em 24 ago. 2020.

[30] WORLD HEALTH ORGANIZATION. *UNODC, WHO, UNAIDS and OHCR joint statement on COVID-19 in prisons and other closed settings*. 13 mai. 2020. Disponível em: https://www.who.int/news/item/13-05-2020-unodc-who-unaids-and-ohchr-joint-statement-on-covid-19-in-prisons-and-other-closed-settings. Acesso em 24 set. 2020.

[31] STJ. HC nº 594.360, decisão do Min. João Otávio Noronha em regime de plantão judicial, 09.07.2020. Fabrício Queiroz padece de câncer, razão pela qual considero correta a concessão de prisão domiciliar a ele, embora não concorde com a sua extensão à esposa, jovem e saudável – que não se enquadra nos parâmetros da Recomendação nº 62/2020 do CNJ –, deferida sob o pretexto de que a medida seria necessária para que ela pudesse "cuidar do marido". O problema maior está na postura do magistrado de denegar sistematicamente o mesmo benefício a outros presos em condições semelhantes, só que pobres e sem amigos tão importantes.

do sistema prisional brasileiro, ressaltando problemas de gravíssima superlotação e insalubridade, dentre outros – foi provocado pelo menos três vezes, em sede de controle concentrado de constitucionalidade para atuar na questão, mas recusou-se a agir em todas elas.

Na primeira vez, tratou-se de cautelar incidental na ADPF nº 347, proposta pelo Instituto de Defesa do Direito de Defesa (IDDD), que figura como *amicus curiae* naquela arguição, ajuizada pelo PSOL. O relator do pedido, Ministro Marco Aurélio, conquanto não tenha reconhecido a legitimidade ativa do *amicus curiae* para requerer a cautelar incidental, conclamou juízes e tribunais de todo o país a adotar as medidas de desencarceramento postuladas pelo requerente,[32] submetendo a decisão ao Plenário. Este, porém, mantendo a decisão na parte do reconhecimento da ilegitimidade ativa do IDDD, desautorizou a exortação feita pelo relator.[33] Embora a Corte não tenha chegado a apreciar o mérito dos pedidos cautelares, restou evidente, na discussão então travada, o incômodo da maioria dos ministros diante de qualquer medida de desencarceramento durante a pandemia. De todo modo, como o fundamento decisório fora a ilegitimidade do *amicus curiae* para requerer a cautelar, novo pedido foi feito, dessa vez pelo próprio PSOL – autor da ADPF –, coadjuvado por diversas instituições da sociedade civil e defensorias públicas (sou um dos subscritores do pedido, representando o arguente). Em decisão monocrática absolutamente lacônica, o Ministro Marco Aurélio indeferiu o pedido,[34] afirmando que ele extrapolaria o objeto da pretensão veiculada na petição inicial da ADPF nº 347. Diante desse argumento, o partido político ajuizou nova ADPF, desta vez tendo como objeto apenas as medidas voltadas à proteção da saúde dos presos durante a pandemia do Coronavírus. Trata-se da ADPF nº 684, distribuída à relatoria do Ministro Celso de Mello em 11 de maio de 2020. Porém, lamentavelmente a ação não chegou sequer a ser despachada pelo relator, antes de sua recente aposentadoria. Celso de Mello, um defensor intransigente dos direitos

---

32 STF. Pedido de Tutela Provisória Incidental na ADPF nº 347, Rel. Min. Marco Aurélio, decisão monocrática publicada em 20.03.2020.

33 CORDEIRO, Francisco. O risco concreto de propagação do COVID-19 no falido sistema prisional brasileiro. *Canal Ciências Criminais*, 14 abr. 2020. Disponível em: https://canalcienciascriminais.com.br/o-risco-concreto-de-propagacao-do-covid-19-no-falido-sistema-prisional/. Acesso em 04 set. 2020.

34 STF. Segunda Medida Cautelar na ADPF nº 347, Rel. Min. Marco Aurélio, decisão de 02.04.2020. Afora o relatório, a decisão limitou-se ao seguinte: "[...] O Pleno firmou óptica, em relação a qual guardo reservas, no sentido da inadequação das providências de urgência, assentando ampliado o objeto da pretensão formulada na peça primeira. 3. Nego seguimento ao pedido".

das minorias, crítico vocal e corajoso dos retrocessos democráticos do país, neste caso também se omitiu.

Com a indesculpável omissão do STF, a COVID se instalou no sistema penitenciário brasileiro. Não há dados e testagem adequados, mas sabe-se que os casos montam a dezenas de milhares, com muitas mortes que poderiam ter sido evitadas. A atuação do sistema de justiça, diante da pandemia entre os presos, parece exemplo perfeito daquilo que o filósofo camaronês Achille Mbembe chamou de "*necropolítica*", que se expressa "no poder [...] de ditar quem pode viver e quem deve morrer", "[n]a capacidade de definir quem importa e quem não importa, quem *é* 'descartável' e quem não *é*".[35]

Outra grave violação à ideia de valor intrínseco ocorrida no campo da segurança pública liga-se à atuação cada vez mais violenta das forças policiais dirigida contra pessoas pobres – quase sempre, negras. O tema tem suscitado discussões acaloradas no mundo inteiro, especialmente depois de recentes episódios de violência policial contra pessoas negras ocorridos nos Estados Unidos, que despertaram forte e legítima reação nas ruas, com protestos e manifestações capitaneados pelo movimento *Black Lives Matter*. No Brasil, o quadro é ainda mais grave do que o verificado nos Estados Unidos, e o epicentro da violência policial brasileira se localiza no Estado do Rio de Janeiro.

A polícia fluminense sempre foi extremamente violenta, sobretudo contra a população pobre, que vive em favelas e comunidades, de raça predominantemente negra. Sua forma de atuação no combate às drogas, baseada em operações de penetração em comunidades territorialmente controladas por traficantes, suscita há muito tempo severas e justificadas críticas.[36] Afinal, essas operações, que quase sempre envolvem tiroteios, além de pouco eficientes no enfrentamento da criminalidade organizada, frequentemente resultam em mortes, feridos e em outros atentados a direitos humanos que atingem essas populações, compostas em sua imensa maioria por pessoas inocentes. São comuns as chacinas, as balas perdidas atingindo até crianças, as violações de domicílio, as interrupções de aulas escolares, as agressões, arbitrariedades e humilhações impingidas aos moradores de favelas. E essas violações a direitos básicos quase sempre ficam impunes, porque não são investigadas adequadamente; são toleradas pelo sistema de

---

35 MBEMBE, Achille. *Necropolítica*: biopoder, soberania, estado de exceção, política da morte. São Paulo: n-1 edições, 2018. p. 05 e 41.

36 Cf. HIRATA, Daniel Veloso; GRILLO, Carolina Cristoph. *Operações policiais no Rio de Janeiro*. Rio de Janeiro: Fundação Heinrich Böll, 2019.

justiça – aliás, pela própria sociedade – que não dá o mesmo valor às vidas negras e pobres. Portanto, essa não é uma questão nova.

Contudo, esse gravíssimo problema ganhou outro patamar a partir de 2019, não apenas em razão da retórica de Bolsonaro – que sempre defendeu a violência policial no Rio de Janeiro, e tem conhecidas e antigas relações com milicianos.[37] A novidade foi também a eleição do governador Wilson Witzel[38] – até então, um juiz federal desconhecido, que se sagrou nas urnas na onda eleitoral da extrema-direita que varreu o país –, e a postura que ele adotou na área da segurança pública. Witzel assumiu o poder com um discurso de aberta apologia à execução extrajudicial: chegou a instruir policiais a "*mirar na cabecinha*" de criminosos.[39] O recado estava dado e, depois disso, o número de mortos decorrentes de intervenção policial no Estado do Rio de Janeiro, que já era elevadíssimo, escalou ainda mais: em 2019, foram mais de 1800 mortos, quase o dobro do número de vítimas da polícia em todo os EUA. Pior, no início da pandemia do Coronavírus, o número de operações policiais e de mortes aumentou significativamente, penalizando ainda mais a população vulnerável das favelas, em momento já tão sofrido e delicado.

Nesse caso, contudo, houve uma boa notícia. Foi ajuizada a ADPF nº 635 contra as graves violações a direitos humanos na segurança pública do Estado do Rio de Janeiro – tenho a honra de ser o advogado da causa, representando o PSB (autor da ação), em processo em que figuram, como *amici curiae*, diversas entidades da sociedade civil, inclusive coletivos de moradores das favelas. Algumas medidas cautelares importantes foram concedidas pelo Ministro Edson Fachin, e depois referendadas pelo Plenário do STF.[40] Uma delas estabeleceu limites significativos para a realização de operações policiais em comunidades enquanto perdurasse a pandemia. Dados oficiais do Instituto de Segurança Pública – entidade vinculada ao próprio Estado do Rio de Janeiro – indicam que, com a medida, houve redução drástica do número de vítimas das operações

---

[37] Veja-se, a propósito: MANSO, Bruno Paes. *A República das milícias*: dos esquadrões da morte à era Bolsonaro. São Paulo: Todavia, 2020.

[38] No momento, Witzel – que posteriormente se desentendeu com o Presidente Bolsonaro – se encontra afastado do cargo, tanto em razão da concessão de medida cautelar em ação penal ajuizada contra ele perante o STJ, como em decorrência de instauração de processo de *impeachment*, na Assembleia Legislativa do Estado do Rio de Janeiro. As chances de retorno ao cargo parecem mínimas.

[39] VEJA. *Wilson Witzel*: a polícia vai mirar na cabecinha e… fogo. 01 nov. 2018. Disponível em: https://veja.abril.com.br/politica/wilson-witzel-a-policia-vai-mirar-na-cabecinha-e-fogo/. Acesso em 10 abr. 2020.

[40] STF. Medida Cautelar na ADPF nº 635, Tribunal Pleno, Rel. Min. Edson Fachin, DJe 21.10.2020.

policiais, sem que ocorresse, por outro lado, aumento da prática de outros crimes no Estado. Os números destes delitos, ao contrário, também caíram.

A violência policial jamais se justificaria, ainda que favorecesse o combate à criminalidade. Afinal, o princípio da dignidade da pessoa humana não é compatível com a instrumentalização da pessoa, mesmo que para persecução de finalidades relevantes, como a garantia da segurança pública. Porém, o exemplo fluminense evidencia que a brutalidade da polícia nas favelas não reduz a criminalidade. Até sob ângulo estritamente utilitarista, ela é absolutamente injustificável.

Esse caso mostra também que a luta contra violações à dignidade humana é possível e pode gerar bons resultados, mesmo em cenário de crise democrática. Diante da barbárie, não se deve desistir, mas resistir. Porém, seria de otimismo pueril supor que a atuação jurisdicional, mesmo do STF, seja capaz de frear inteiramente os retrocessos em matéria de direitos fundamentais hoje vivenciados no país. Ela não é. Inclusive porque, como visto no caso da COVID entre os presos, em alguns casos o Judiciário não é parte da solução, mas do problema.

3 A autonomia

Na sua obra-prima *1984*, George Orwell aborda ficcionalmente a estratégia de mudança do sentido das palavras como instrumento de poder. A *novilíngua* (*newspeak)* era o idioma oficial da distópica e totalitária Oceania. Na novilíngua, o sentido das palavras era frequentemente alterado, distorcido, transformado no seu oposto. Na fachada do Ministério da Verdade – que se ocupava da disseminação de mentiras –, o slogan do partido no poder bem exprimia a ideia da novilíngua: "guerra *é* paz, liberdade *é* escravidão, ignorância *é* força".[41] A novilíngua parece ter sido adotada no Brasil dos dias atuais para tratar da *liberdade*, conceito intercambiável com o de autonomia.

Com efeito, o bolsonarismo não nega a ideia de autonomia ou liberdade. Mas a emprega de maneira singularíssima, absolutamente dissonante do sentido que ela possui no senso-comum ou na gramática constitucional. A ditadura militar é apontada como regime de defesa da liberdade. O ensino mais plural e inclusivo, que não reproduz acriticamente preconceitos e hierarquias na formação de crianças e adolescentes, é combatido em nome da liberdade. Paulo Freire, o

---

41 ORWELL, George. *Nineteen Eighty-Four.* London: Penguin Books, 1989. p. 5-6.

mais importante educador brasileiro, proponente de uma pedagogia da autonomia,[42] é execrado por gente que sequer conhece sua obra e pensamento – internacionalmente celebrados –, sob a falsa invocação de defesa da liberdade. Combatem-se as artes, a cultura, a imprensa, sempre invocando a liberdade. Em reunião ministerial, Bolsonaro chegou ao cúmulo de evocar a liberdade para justificar seu propósito de armar a população, a fim de que pudesse resistir contra medidas sanitárias impostas pelos estados, no contexto da pandemia do Coronavírus:

> Olha como *é* fácil impor uma ditadura no Brasil. Por isso eu quero que o povo se arme, a garantia de que não vai aparecer um filho da puta (sic) e impor uma ditadura aqui. A bosta (sic) de um decreto, algema e bota todo mundo dentro de casa. Se ele tivesse armado ia para rua. Se eu fosse ditador, eu desarmava como fizeram todos no passado (...) Quem não aceitar as minhas bandeiras, família, Brasil, armamento, liberdade de expressão, livre mercado, quem não aceita isso está no governo errado.[43]

Outra subversão no sentido de autonomia dá-se na priorização das liberdades econômicas em detrimento das liberdades existenciais e políticas. Os adeptos dessa linha afirmam-se "liberais na economia e conservadores nos costumes" – muito embora o bolsonarismo não seja verdadeiramente conservador, mas reacionário no campo dos costumes e dos valores democráticos.

Na perspectiva da dignidade humana, essa compreensão de autonomia é duplamente problemática. No seu "conservadorismo" nos costumes, ela legitima a heteronomia no que concerne às decisões existenciais mais relevantes da pessoa, sobre temas como sexualidade, família, estilo de vida, reprodução, religiosidade etc. Como visto no capítulo 4, a autonomia abarca o direito do indivíduo de fazer escolhas não convencionais ou impopulares sobre como conduzir a própria vida. Escolhas que podem desagradar as maiorias, ou desafiar tradições e crenças religiosas, mas que devem ainda assim ser respeitadas. A liberdade constitucional, porém, não acoberta a possibilidade de causar danos a terceiros ou à coletividade. É por isso que a autonomia abarca a prerrogativa do indivíduo de, por exemplo, fumar maconha ou praticar sexo grupal, mas não a de desmatar florestas, discriminar

---

42 FREIRE, Paulo. *Pedagogia da autonomia.* São Paulo: Paz e Terra, 1996.

43 G1. *Veja as principais frases do Presidente Jair Bolsonaro durante reunião ministerial que teve gravação divulgada pelo STF.* 22 mai. 2020. Disponível em: https://g1.globo.com/politica/noticia/2020/05/22/veja-as-principais-frases-do-presidente-jair-bolsonaro-durante-reuniao-ministerial-que-teve-gravacao-divulgada-pelo-stf.ghtml. Acesso em 24 set. 2020.

homossexuais ou se recusar a usar máscara em público, no contexto da pandemia do Coronavírus. Essa faceta da autonomia – que resguarda a liberdade de perseguir planos de vida e escolhas individuais que não firam direitos alheios –, é ameaçada pelo conservadorismo moral, que busca silenciar, desestimular ou discriminar as escolhas e orientações que desafiem a moralidade tradicional.

O agravamento de agressões à autonomia se expressa de múltiplas formas no Brasil dos últimos anos. Há, por exemplo, restrições cada vez mais frequentes e insidiosas à liberdade de expressão, que atingem tanto a autonomia dos que se comunicam, como também a do seu público. Os ataques a jornalistas – especialmente do sexo feminino – e a veículos críticos de imprensa se banalizaram, impondo por vezes riscos graves aos profissionais e às suas fontes.[44] O governo se engajou em forte dirigismo cultural, através de instrumentos como a discriminação ideológica na distribuição de verbas de fomento e a proibição a determinados espetáculos e exposições em espaços mantidos por entes públicos. Com isso, o Estado busca abafar as vozes críticas e as que não se alinham à sua pauta moral reacionária. De acordo com a respeitada ONG internacional *Artigo 19*, o Brasil foi o país que mais decaiu no mundo inteiro nos rankings sobre proteção à liberdade de expressão nos últimos dez anos, o que ocorreu sobretudo no biênio da gestão de Jair Bolsonaro.[45]

Objetivo similar de asfixia à autonomia é perseguido pelo governo no campo educacional. Tenta-se desmontar um modelo mais crítico de educação, que vinha aos poucos sendo erigido, voltado a formar os estudantes para que possam fazer mais conscientemente suas próprias escolhas em questões pessoais e políticas, como indivíduos e cidadãos, nos moldes do que preconiza o art. 205 da Constituição Federal. Tal modelo tinha, entre seus objetivos, a criação de sujeitos mais livres, não aprisionados por hierarquias e papéis sociais impostos por tradições opressivas. Porém, essa agenda de emancipação colide frontalmente com os valores do bolsonarismo. Felizmente, essa tentativa de destruição, promovida com recurso à intimidação de professores e à difusão de *fake news* – como a relativa à distribuição do "kit gay" nas escolas – tem encontrado forte resistência em setores da sociedade civil e no próprio

---

44 Cf. MELLO, Patrícia Campos. *A máquina do ódio*: notas de uma repórter sobre fake news e violência digital. São Paulo: Companhia das Letras, 2020.

45 Cf. Article 19. *The Global Expression Report 2019/2020*. Disponível em: https://artigo19.org/wp-content/blogs.dir/24/files/2020/10/GxR_Final_DigitalVersion_19Oct2020.pdf. Acesso em 24 set. 2020.

STF. Nossa Suprema Corte, em decisões importantes, reconheceu, por exemplo, a inconstitucionalidade de leis estaduais e municipais inspiradas no movimento "Escola sem Partido" – apoiado pelo governo federal –, que buscavam censurar professores e interditar o debate escolar sobre temas como orientação sexual, gênero e ditadura militar.[46]

Os ataques aos direitos sexuais e reprodutivos das mulheres – profundamente ligados à sua autonomia – tornaram-se também extremamente violentos. A própria categoria é recusada pelas autoridades governamentais, e seu uso tem sido combatido pelo país na esfera internacional. O governo abole campanhas educacionais importantes, e passa a defender que o controle de natalidade e o combate à disseminação de doenças sexualmente transmissíveis devem se dar por meio do estímulo à abstinência sexual –[47] tese retrógrada, de inspiração religiosa francamente incompatível com a laicidade estatal, além de absolutamente ineficiente como política pública. Criam-se dificuldades adicionais para a realização do aborto legal, em detrimento dos direitos da gestante e de sua saúde reprodutiva. O fanatismo nessa questão chegou ao ponto de ensejar ataques virulentos a uma criança de 10 (dez) anos, que interrompera gestação, decorrente de estupro, que lhe causava risco de vida.[48]

A lógica do "liberal na economia e conservador nos costumes" incorre também em outro grave erro, na perspectiva da dignidade humana. Na seara econômica, ela busca ressuscitar o antigo lema fisiocrata do *laissez-faire, laissez passer,* atualizado na contemporaneidade por economistas neoliberais da direita. Em resumo, defende-se menos Estado, menos gasto público, menos direitos sociais e trabalhistas, menos

---

[46] Veja-se, nessa linha, a decisão do STF proferida conjuntamente nas ADIs nºs 5.537, 5.580 e 6038, Rel. Min. Roberto Barroso, julg. 24.08.2020, em cuja ementa se registrou: "5. Violação do direito à educação com o alcance pleno e emancipatório que lhe confere a Constituição. Supressão de domínios inteiros do saber do universo escolar. Incompatibilidade entre o suposto dever de neutralidade, previsto na lei, e os princípios constitucionais da liberdade de ensinar, de aprender e do pluralismo de ideias (CF/1988, arts. 205, 206 e 214). 6. Vedações genéricas de conduta que, a pretexto de evitarem a doutrinação de alunos, podem gerar a perseguição de professores que não compartilhem das visões dominantes. Risco de aplicação seletiva da lei, para fins persecutórios. Violação ao princípio da proporcionalidade (CF/1988, art. 5º, LIV, c/c art. 1º). 7. Ação direta de inconstitucionalidade julgada procedente".

[47] Cf. GULLINO, Daniel. Bolsonaro defende proposta de abstinência sexual e vê cenário de depravação total. *O Globo,* 05 fev. 2020. Disponível em: https://oglobo.globo.com/sociedade/bolsonaro-defende-proposta-de-abstinencia-sexual-ve-cenario-de-depravacao-total-2-24230440. Acesso em 14 ago. 2020.

[48] Vide: JIMÉNEZ, Carla. Menina de 10 anos violentada faz aborto legal, sob alarde de conservadores à porta do hospital. *El País,* São Paulo, 18 ago. 2020. Disponível em: https://brasil.elpais.com/brasil/2020-08-16/menina-de-10-anos-violentada-fara-aborto-legal-sob-alarde-de-conservadores-a-porta-do-hospital.html. Acesso em 25 set. 2020.

regulação da economia: o Estado é visto como o problema e o mercado como a solução. A ideia foi capturada em mote que o Presidente da República tem repetido, inclusive para justificar o desmonte de políticas ambientais e da legislação trabalhista: há que se "tirar o Estado do cangote das empresas".[49]

Na verdade, o neoliberalismo econômico e a agenda conservadora contrária aos direitos humanos têm fortes pontos de contato – e essa é uma constante histórica, não uma singularidade do bolsonarismo.[50] Em comum, existe compreensão que legitima e naturaliza as desigualdades e opressões, e que vê como intrinsecamente injusta qualquer atuação voltada para a limitação dos poderes dos mais fortes em nome de valores civilizatórios. No bolsonarismo, isso vale para a polícia, "perseguida pela turma dos direitos humanos" quando mata negros e pobres; para os homens que assediam sexualmente as mulheres, acossados pelo feminismo; para as empresas forçadas a respeitar a legislação ambiental; para os empregadores que têm de arcar com direitos trabalhistas dos seus empregados. Essas seriam as "vítimas". O princípio é o mesmo: justa seria a "lei da selva", a lei dos mais forte, que não deve ser perturbada pela proteção dos direitos humanos ou pela intervenção estatal na economia.[51]

É verdade que a Carta de 88 consagra o princípio da livre iniciativa – que também tem relação com a dignidade humana. Porém, a Constituição é clara ao afirmar que toda a ordem econômica se dirige à finalidade maior de "assegurar a todos uma existência digna, conforme os ditames da justiça social" (art. 170, *caput*). Nossa Lei Fundamental consagrou um regime constitucional capitalista, mas se trata de capitalismo fortemente temperado por preocupações sociais. Não *é* o capitalismo selvagem, do Estado absenteísta, que se ausenta das relações econômicas, com indiferença diante das desigualdades e da exploração dos mais fracos pelos poderosos.

---

[49] Veja-se CARNEIRO, Mariana; FERNANDES, Talita; URIBE, Gustavo. Governo emite nova lei na tentativa de destravar burocracia. *Folha de São Paulo*, 30 abr. 2019. Disponível em: https://www1.folha.uol.com.br/mercado/2019/04/orgaos-regulatorios-terao-que-analisar-impacto-economico-antes-de-baixar-normas.shtml. Acesso em 11 ago. 2020.

[50] Ninguém ignora que os próceres do neoliberalismo, como Friedrich Hayek e Milton Friedman, mostraram-se dispostos a sacrificar a democracia e os direitos humanos mais básicos se este fosse o preço para a instauração de suas políticas econômicas preferidas. Veja-se, a propósito, BROWN, Wendy. *Nas ruínas do neoliberalismo*: a ascensão da política antidemocrática no Ocidente. (Trad. Mário Antunes Marino e Eduardo Altheman C. Santos). São Paulo: Editora Filosófica Politeia, 2019.

[51] Cf. SOUZA NETO, Cláudio Pereira de. *Democracia em crise no Brasil*: valores constitucionais, antagonismo político e dinâmica institucional. São Paulo: Contracorrente, 2020. p. 145-154.

É certo que não se infere da Constituição um modelo exato predefinido sobre a extensão e profundidade da intervenção estatal na economia. Escolhas relevantes sobre o tema são tomadas nas urnas, nas eleições periódicas em que o povo pode escolher entre orientações econômicas mais ou menos intervencionistas.[52] É a democracia. Contudo, em ordem jurídica tão preocupada com a dignidade humana, nem todas as escolhas econômicas são possíveis. O Estado mínimo, por exemplo, encontra-se fora do cardápio de opções.

E essa não é uma restrição à liberdade, que se tolera em nome da igualdade ou de qualquer outro valor. Ela também decorre da própria ideia de liberdade ou autonomia. É que, como visto no capítulo 4, a liberdade não se confunde com a mera ausência de obstáculo estatal para atuação do particular – a chamada "liberdade negativa". No nosso sistema constitucional, ter liberdade *é* contar com a possibilidade real de fazer escolhas e de segui-las na vida concreta, desde que elas não violem direitos de terceiros. Para isso, é muitas vezes necessário que o Estado atue para garantir a liberdade real, seja assegurando as condições materiais necessárias para que os mais pobres e vulneráveis possam de fato exercer as suas liberdades individuais, seja protegendo as partes mais débeis das relações sociais, diante da exploração e da opressão exercidas pelas mais fortes. Para fazê-lo, o Estado não pode ser mínimo. Ele precisa regular mercados, prestar serviços públicos, assegurar direitos prestacionais e trabalhistas, redistribuir renda e riqueza pela via da tributação e dos gastos sociais.

De todo modo, a dimensão econômica libertária do governo – bem representada pela figura de Paulo Guedes –, não tem vingado tanto como gostaria o "mercado". Com as importantes exceções da fragilização dos direitos trabalhistas e da reforma da previdência, a agenda de liberalismo econômico não avançou muito no país. Fatores como a pandemia do Coronavírus e a aproximação com o Centrão – sempre ávido por recursos públicos –, parecem, pelo menos por ora, ter arrefecido o ímpeto neoliberal. Na verdade, é o "conservador nos costumes" – leia-se, reacionário – mais do que o "liberal na economia" que tem ditado os (des)caminhos do bolsonarismo.

---

[52] Veja-se, a propósito: SOUSA NETO, Cláudio Pereira de; MENDONÇA, José Vicente dos Santos. Fundamentalização e fundamentalismo na interpretação do princípio constitucional da livre iniciativa. *In*: SOUSA NETO, Cláudio Pereira de. *Constitucionalismo Democrático e Governo das razões*. Rio de Janeiro: Lumen Juris, 2011. p. 157-189.

4 Mínimo existencial

Como foi longamente desenvolvido no capítulo 5, o princípio da dignidade humana engloba também, como elemento fundamental, a garantia do mínimo existencial, que corresponde às condições materiais básicas, sem as quais não existe vida digna. A sua proteção representa um "piso" para a atuação do Estado no plano da justiça social, e não o seu "teto". Ao lado da sua dimensão social mais discutida, o mínimo existencial abarca ainda uma faceta ambiental ou ecológica: ele salvaguarda também a existência de condições ambientais sem as quais não existe vida digna, para as presentes ou futuras gerações.

Não há dúvida de que experimentamos graves retrocessos na proteção ao mínimo existencial desde a última edição deste livro. Tais retrocessos, inclusive, antecedem ao governo Bolsonaro, já se verificando no desmonte de políticas de concretização de direitos fundamentais realizada no governo Temer, como as que envolveram a eliminação de direitos trabalhistas, a fragilização dos sindicatos e, especialmente, as medidas radicais voltadas à promoção da austeridade fiscal. Com o agravante, naquele cenário, da falta de legitimidade democrática de Temer para liderar reformas inspiradas por ideologia que fora derrotada nas urnas.

Merece destaque, no particular, a limitação de gastos públicos ("teto de gastos") imposta pela Emenda Constitucional nº 95/2016. A EC nº 95 congelou o total dos gastos públicos no Brasil pelo prazo de 20 anos, permitindo apenas a sua correção monetária no período. Esse congelamento, em contexto de crescimento populacional e de aumento vegetativo de despesas obrigatórias com folha de salários e previdência, gerou forte redução de gastos sociais, impactando gravemente políticas públicas diretamente ligadas à garantia do mínimo existencial, como as referentes à assistência social, saneamento básico e moradia. Como bem ressaltou a ONG Oxfam, "ao estabelecer um limite geral e indiscriminado, o Teto de Gastos limitou também os gastos sociais que chegam a quem mais precisa. [...] O risco maior dessa medida – que foi pensada para o longo prazo, restringindo prioridades a diferentes governos e em desconhecidos contextos – recai sobre a base da pirâmide social, pela dependência da saúde, assistência e educação pública entre outros".[53] [54]

Bolsonaro deu continuidade aos retrocessos no campo do mínimo existencial, agindo de acordo com ideias que defende desde sempre. Não *é* demais lembrar que, ao longo de sua vida pública, o atual Presidente sempre se posicionou contra medidas de inclusão social. Foi, por exemplo, o único parlamentar a votar contrariamente *à* "PEC das domésticas", que reconheceu direitos trabalhistas básicos para empregados domésticos – até então denegados pela nossa ordem jurídica. Antes de disputar a eleição presidencial, sempre se manifestara contra o programa Bolsa Família, como em discurso proferido na Câmara dos Deputados em 2011, em que afirmou que o benefício "é um projeto para tirar dinheiro de quem produz e dá-lo a quem se acomoda, para que use seu título de eleitor e mantenha quem está no poder".[55]

Nessa linha, Bolsonaro mostrou grande insensibilidade social em seu mandato presidencial, ao propor, por exemplo, a taxação do seguro-desemprego, pago a trabalhadores desempregados, cujo teto é inferior a dois salários mínimos;[56] ao tentar por diversas vezes dificultar o acesso ou reduzir o valor do benefício de prestação continuada (BPC),

---

[53] OXFAM Brasil. *País estagnado*: um retrato das desigualdades brasileiras. 2018. p. 51. Nessa linha, vale também recordar o registro, feito em nota pública, do então Relator da ONU para Pobreza e Direitos Humanos, Philip Alston: "*Essa é uma medida radical, desprovida de toda a nuance e compaixão*", que "*vai atingir com mais força os brasileiros mais pobres e mais vulneráveis, aumentando os níveis de desigualdade em uma sociedade já extremamente desigual, e, definitivamente, assinala que para o Brasil os direitos sociais terão muito baixa prioridade nos próximos anos*". Disponível em: https://www.ohchr.org/EN/NewsEvents/Pages/DisplayNews.aspx?NewsID=21006&LangID=E. Acesso em 14 ago. 2020).

[54] Com a pandemia do Coronavírus – e o aumento de gastos públicos necessários ao seu enfrentamento – foi promulgada a EC nº 106/2020, criando o chamado "orçamento de guerra", que excluiu as despesas extraordinárias incorridas pelo governo do teto de gasto de 2020. No momento em que escrevo este posfácio, discute-se na esfera pública e no governo o que fazer diante da necessidade de aumento de gastos, em razão do aprofundamento da crise social e econômica gerada pela pandemia, tendo em vista a proibição contida na EC nº 95/2016. Na minha opinião, a manutenção do teto de gastos, que já é gravemente incompatível com o mínimo existencial em cenário de normalidade, torna-se uma verdadeira monstruosidade no contexto em que o país vivencia. Se mantido o teto – como desejam a equipe econômica e o mercado –, será à custa de muitas vidas adicionais e do sofrimento das pessoas mais vulneráveis.

[55] Cf. DINIZ, Iara. De crítico a defensor do Bolsa Família: veja as frases de Bolsonaro. *A Gazeta*, 27 ago. 2020. Disponível em: https://www.agazeta.com.br/es/politica/de-critico-a-defensor-do-bolsa-familia-veja-frases-de-bolsonaro-0820. Acesso em 14 set. 2020.

[56] RODRIGUES, Eduardo; RODRIGUES, Lorenna. Governo vai taxar seguro-desemprego para bancar empregos de mais jovens. *UOL*, Brasília, 12 nov. 2019. Disponível em: https://economia.uol.com.br/noticias/estadao-conteudo/2019/11/12/governo-vai-taxar-seguro-desemprego-para-bancar-empregos-de-mais-jovens.htm. Acesso em 14 ago. 2020.

pago a pessoas idosas e com deficiência em situação de miserabilidade;[57] ao buscar, no seu projeto de reforma da previdência, emplacar modelo de capitalização, que retiraria qualquer componente de solidariedade da nossa previdência social, aproximando-a do modelo neoliberal, baseado exclusivamente na poupança individual, e que aumentou a miséria nos países em que foi implantado.[58] Nesses e em outros casos, porém, o Congresso Nacional atuou como instância moderadora, barrando iniciativas mais escandalosas e impopulares em detrimento do mínimo existencial.

No contexto da pandemia do Coronavírus, seguiram-se novas agressões ao mínimo existencial, o qual, evidentemente, compreende a proteção da vida e da saúde. É claro que não se pode culpar o governo pela eclosão da pandemia. Mas cabe, sim, avaliar a sua atuação para enfrentá-la. E, como já se disse, tratou-se de atuação absolutamente irresponsável, caótica, que contrariou consensos científicos globais, como no boicote à quarentena e às medidas de distanciamento social e no estímulo ao uso de cloroquina – medicamento que, segundo a ciência, não apenas é ineficaz no tratamento do Coronavírus, como também pode gerar graves efeitos colaterais. Ao invés de focar na proteção da saúde da população, o Presidente preferiu se engajar em batalhas políticas e egóicas com governadores e até com ministros da saúde que ele mesmo nomeara. Assim, não exagerou a revista *The Lancet* – uma das mais importantes e prestigiosas publicações na área médica em todo o mundo –, ao afirmar, em editorial, que "a maior ameaça para a resposta do Brasil ao COVID-19 é seu presidente, Jair Bolsonaro".[59]

Esse comportamento lastimável atingiu preponderantemente os grupos populacionais mais pobres e vulneráveis, por diversas razões: não tiveram condições de fazer a quarentena adequadamente sem prejuízo da subsistência; vivem em habitações mais precárias, o que dificulta o isolamento e facilita o contágio; têm, em geral, mais comorbidades etc.

---

[57] PUPO, Fábio; RESENDE, Thiago. Governo quer corte de R$10 bi ao ano em benefício para pessoas com deficiência e idosos. *Folha de São Paulo*, 14 set. 2020. Disponível em: https://www1.folha.uol.com.br/mercado/2020/09/governo-quer-corte-de-r-10-bi-ao-ano-em-beneficio-para-deficientes-e-idosos.shtml. Acesso em 24 set. 2020.

[58] BOULOS, Guilherme. Previdência de Bolsonaro colocará a maioria na miséria absoluta. *Carta Capital*, 10 mar. 2019. Disponível em: https://www.cartacapital.com.br/opiniao/previdencia-de-bolsonaro-colocara-a-maioria-na-miseria-absoluta/. Acesso em 14 ago. 2020.

[59] THE LANCET. COVID-19 in Brazil: so what? *The Lancet*, v. 395, issue 10.235, p. 1461. Disponível em: https://www.thelancet.com/journals/lancet/article/PIIS0140-6736(20)31095-3/fulltext. Acesso em 14 ago. 2020.

Por isso, os pobres têm sido mais atingidos do que os ricos e a classe média; os negros vêm sendo mais afetados do que os brancos.[60]

Dentre esses grupos desproporcionalmente atingidos, merece destaque especial o caso dos povos indígenas, que, por diversas razões epidemiológicas e culturais, são mais vulneráveis *às* doenças dos "brancos" do que o restante da população. Com o anterior sucateamento das políticas indigenistas, inclusive no campo da saúde, e o aumento de invas*ões* de terras indígenas durante o governo Bolsonaro – estimulado pelo discurso governamental –, nossos povos originários ficaram muito mais expostos ao vírus. Em relação a algumas etnias – especialmente povos isolados e de recente contato –, não *é* exagero falar em risco de etnocídio; vale dizer, de extermínio de todo o grupo social, como já ocorreu no passado, por ocasião do contato de indígenas com outras doenças.

Nesse cenário, os povos indígenas brasileiros, através da Articulação dos Povos Indígenas do Brasil – APIB, com apoio de diversos partidos de oposição, provocaram o STF, por meio da ADPF nº 709, em que diversos pedidos importantes foram formulados para equacionamento da questão (tenho a honra de ser um dos advogados da causa). Até aqui, obteve-se vitória importante no reconhecimento da legitimidade ativa da APIB para provocar a jurisdição constitucional concentrada em defesa de direitos indígenas.[61] Porém, no que concerne propriamente ao combate *à* pandemia entre povos indígenas, pouco se avançou. O STF não deferiu medidas fundamentais requeridas pela APIB, como a retirada dos invasores das terras indígenas – garimpeiros e madeireiros –, que são os vetores principais de transmissão do vírus nas *áreas* que criminosamente ocuparam; e o governo não conseguiu sequer apresentar ao STF um plano minimamente razoável para enfrentamento da COVID-19 entre povos indígenas: o documento, apresentado por determinação da Corte, foi considerado falho e incompleto pelo relator, Ministro Luís Roberto Barroso, com inteira razão.[62] A ação foi proposta em junho, e chegado o início de novembro, quando encerro este texto, nem mesmo um plano para combate *à* pandemia se tem.

---

[60] Veja-se a propósito, *e.g.*: PIRES, Luiza Nassif; CARVALHO, Laura; XAVIER, Laura de Lima. *Covid-19 e desigualdade*: a distribuição dos fatores de risco no Brasil. 2020. Disponível em: https://www.researchgate.net/publication/340452851_COVID-19_e_Desigualdade_no_Brasil. Acesso em 14 ago. 2020.

[61] STF. Medida Cautelar referendada na ADPF nº 709, Tribunal Pleno, Rel. Min. Roberto Barroso, DJe 07.10.2020.

[62] STF. ADPF nº 709, Rel. Min. Roberto Barroso, decisão monocrática proferida em 21.10.2020 e ainda não publicada.

Têm sido também gravíssimos os ataques *à* dimensão ambiental do mínimo existencial durante o governo Bolsonaro. Aliás, o Presidente nem tenta disfarçar suas intenções e cosmovisão sobre o meio ambiente: já afirmou, por exemplo, que "só para os veganos, que comem só vegetais", seria importante a questão ambiental.[63] Com base nessa "filosofia" – que é a do meio ambiente como estorvo –,[64] o Presidente escolheu como Ministro do Meio Ambiente o advogado Ricardo Salles, um dos fundadores do grupo "Endireita Brasil", já condenado por improbidade administrativa em 1ª instância em razão de atos praticados como Secretário de Estado em São Paulo, por atuar contra a proteção ambiental, favorecendo empresas de mineração. Desde sua nomeação, Salles vem agindo de modo persistente, sistemático e calculista para sabotar a defesa do meio ambiente no país. Dentre as medidas adotadas, destacam-se o aparelhamento e o desmonte de órgãos ambientais como o Ibama, o Instituto Chico Mendes e o Conama; as perseguições a fiscais que cumprem o seu dever e as alterações normativas que debilitam a proteção jurídica ao meio ambiente. Não há como esquecer a sugestão, dada em reunião ministerial, para o governo se aproveitar da oportunidade da pandemia, em que a atenção da mídia e da sociedade estariam voltadas para o Coronavírus, para "passar a boiada", fragilizando as normas de proteção ambiental.[65]

Nesse contexto, o desmatamento e as queimadas explodiram, especialmente de *áreas* como a Amazônia e o Pantanal. A atuação do governo brasileiro põe em risco não apenas o futuro do país, mas até do planeta, tendo em vista a importância central da Amazônia para o aquecimento global. Como disse Eliane Brum, "se a Amazônia chegar a um ponto de não retorno, o que pode acontecer em alguns anos, caso o bolsonarismo siga destruindo o bioma e seus povos, a floresta será convertida em savana e nossa espécie terá que aprender a viver num

---

[63] GARCIA, Diego. Questão ambiental é para veganos, que só comem vegetais, diz Bolsonaro. *Folha de São Paulo*, 21 jul. 2019. Disponível em: https://www1.folha.uol.com.br/cotidiano/2019/07/questao-ambiental-e-para-veganos-que-so-comem-vegetais-diz-bolsonaro.shtml. Acesso em 14 ago. 2020.

[64] ESTEVES, Bernardo. O Meio Ambiente como estorvo. *Piauí*, edição de junho de 2019. Disponível em: https://piaui.folha.uol.com.br/materia/o-meio-ambiente-como-estorvo/. Acesso em 14 ago. 2020.

[65] G1. Ministro do Meio Ambiente defende passar 'a boiada' e 'mudar' regras enquanto atenção da mídia está voltada para a Covid-19. *O Globo*, 22 mai. 2020. Disponível em: https://g1.globo.com/politica/noticia/2020/05/22/ministro-do-meio-ambiente-defende-passar-a-boiada-e-mudar-regramento-e-simplificar-normas.ghtml. Acesso em 14 ago. 2020.

planeta hostil".[66] Embora essa postura antiambiental atinja a todos, ela prejudica com maior severidade os grupos mais vulneráveis, sempre os mais atingidos pela devastação do meio ambiente, como ocorre com povos indígenas e populações tradicionais. O governo, porém, além de negar-se a reconhecer a gravidade do problema, tenta escondê-lo – como se viu na demissão do Diretor do Instituto Nacional de Pesquisas Espaciais (INPE), Ricardo Galvão, por divulgar dados de satélites que atestavam o aumento do desmatamento na Amazônia –,[67] ou busca responsabilizar terceiros pelas suas falhas, fazendo falsas e covardes acusações contra ONGs ambientalistas e povos indígenas.

A postura anticientífica, típica do populismo autoritário, revela-se claramente na questão ambiental, tal como no campo sanitário. O governo Bolsonaro é negacionista em relação às mudanças climáticas,[68] por vezes tachada de conspiração "globalista" – apesar do fenômeno ser reconhecido de modo consensual no campo científico, já tendo levado até à afirmação de que vivemos em uma nova era geológica, o Antropoceno.[69] O aquecimento global atingiu índices históricos alarmantes e pesquisas apontam para uma catástrofe ambiental, capaz de adicionar 2,7 bilhões de pessoas à condição de extrema pobreza até 2050.[70] Mesmo assim, o governo federal tem se recusado a adotar as políticas necessárias para enfrentamento desse problema – talvez o mais grave desafio atual para a Humanidade – e, pior que isso, vem contribuindo para o seu agravamento, com a postura adotada em face do desmatamento da Amazônia. Não espanta, portanto, a intensidade das reações internacionais diante da conduta do governo brasileiro, oriundas não só de nações estrangeiras e organizações internacionais, como também de investidores e consumidores privados, que ameaçam abandonar o país e boicotar os nossos produtos. Nesse cenário, até

---

[66] BRUM, Eliane. *Brasil construtor de ruínas. Um olhar sobre o país, de Lula a Bolsonaro*. Porto Alegre: Arquipélago Editorial, 2019. p. 258.

[67] BARRUCHO, Luís. Demissão de chefe do Inpe é 'alarmante', diz diretor de centro da NASA. *BBC*, Londres, 7 ago. 2019. Disponível em: https://www.bbc.com/portuguese/brasil-49256294. Acesso em 14 ago. 2020.

[68] RIBEIRO, Amanda. O que dizem os bolsonaristas que negam o aquecimento global – e por que eles estão errados. *Aos Fatos*, 6 ago. 2019. Disponível em: https://www.aosfatos.org/noticias/o-que-dizem-bolsonaristas-que-negam-o-aquecimento-global-e-por-que-eles-estao-errados/. Acesso em 09 jul. 2020.

[69] Cf., *e.g.*: LATOUR, Bruno. *Onde aterrar? Como se orientar politicamente no Antropoceno*. (Trad. Marcela Vieira). Rio de Janeiro: Bazar do Tempo, 2020.

[70] G1. Relatório da ONU prevê 'catástrofe ambiental' no mundo em 2050. *G1 o globo*, São Paulo, 14 mar. 2013. Disponível em: http://g1.globo.com/natureza/noticia/2013/03/relatorio-da-onu-preve-catastrofe-ambiental-no-mundo-em-2050.html. Acesso em 09 jul. 2020.

mesmo um monstro moral, indiferente ao futuro do planeta, teria motivos econômicos para atuar com maior responsabilidade na questão ambiental. Não é, porém, o caso do governo Jair Bolsonaro: a imoralidade se conjuga com a falta de visão e inteligência, e o resultado é uma tragédia global que vitimará a todos nós, mas cobrará preço ainda mais caro dos excluídos de sempre.

Apesar de todo esse descalabro, não há como negar que, durante a pandemia, foi adotada medida importantíssima em favor da garantia do mínimo existencial: a criação do auxílio emergencial, no valor inicial de 600 reais, pago durante 5 meses; importância depois reduzida para 300 reais, e paga por até 3 meses adicionais (o auxílio será pago apenas até o final de 2020, o que ensejará o pagamento de número menor do que três prestações para beneficiários prejudicados por atrasos na sua primeira concessão). Tal auxílio, concedido a pessoas cuja subsistência ficou comprometida durante a pandemia – como trabalhadores informais, beneficiários do Bolsa Família, desempregados, microempreendedores individuais e outros – foi pago a 65,3 milhões de pessoas,[71] atingindo, em julho deste ano, domicílios em que vive mais da metade da população brasileira, de acordo com dados do IBGE.[72] O valor é bastante expressivo para o padrão dos benefícios sociais pagos no Brasil – o valor médio do Bolsa Família, por exemplo, é de cerca de 190 reais. Ele fez enorme diferença e permitiu a sobrevivência de amplas parcelas da população brasileira, em momento de paralisia quase completa da economia e de grande crescimento do desemprego.

É importante registrar, porém, que não se tratou de iniciativa do governo federal, mas do Congresso, empurrado por pressões da sociedade.[73] O Poder Executivo queria pagar apenas 200 reais, mas sua proposta foi derrotada no Parlamento. De todo modo, o auxílio emergencial evitou a fome e o caos social no país. Ele é apontado por especialistas como principal fator para melhora da popularidade nos

---

[71] COSTA, Gilberto. Auxílio emergencial: 65,3 milhões de brasileiros recebem a 4ª Parcela. *Agência Brasil*, Brasília, 23 jul. 2020. Disponível em: https://agenciabrasil.ebc.com.br/economia/noticia/2020-07/auxilio-emergencial-653-milhoes-de-brasileiros-recebem-4a-parcela. Acesso em 09 set. 2020.

[72] VASCONCELOS, Gabriel; SARAIVA, Alessandra. Auxílio emergencial: Mais da metade da população foi beneficiada, diz IBGE. *Valor Econômico*, Rio de Janeiro, 20 ago. 2020. Disponível em: https://valor.globo.com/brasil/noticia/2020/08/20/aumenta-parcela-de-domicilios-brasileiros-que-recebem-auxilio-emergencial.ghtml. Acesso em 19 set. 2020.

[73] Cf. OROFINO, Alessandra. O levante: como nasceu a inédita mobilização que, em questão de dias, forçou o governo a pagar uma renda básica aos mais pobres. *Piauí*, edição de maio de 2020.

últimos meses do Presidente da República, que tem sabido capitalizar politicamente o benefício.

Houve, porém, graves falhas na implementação do auxílio,[74] concedido para a maior parte dos seus beneficiários por meio de aplicativo de celular. Os problemas maiores ocorreram exatamente com as pessoas mais vulneráveis: analfabetos, indivíduos sem acesso à internet, população de rua, quilombolas, indígenas, seringueiros e outros. Muitos desses cidadãos "invisíveis" foram deixados para trás pelo Estado. Alguns por incompetência governamental na formulação e implementação da política pública, mas outros por decisão deliberada, como se deu com familiares de presos: embora sem qualquer base legal para tanto, o Ministério da Cidadania decidiu criar barreiras adicionais para essas pessoas, sob a alegação de que assim "evitaria fraude".[75] Discriminação explícita.

Com a aproximação do fim do auxílio emergencial, diante das dimensões da crise econômica e do desemprego, há grave e iminente risco de explosão da miséria no Brasil. E o governo, que nunca antes se preocupara com agenda social ou com o combate à pobreza, parece completamente perdido. Por um lado, não deseja perder a popularidade adquirida com o auxílio emergencial. Por outro, não quer desagradar o mercado e as elites, aumentando gastos sociais permanentes e "furando" o teto.

É certo que toda crise é também uma oportunidade. Esta crise sanitária e econômica que vivenciamos poderia ser um momento de inflexão nas políticas sociais voltadas ao combate à miséria, com seu fortalecimento e aprofundamento, em paralelo à reformulação do sistema tributário brasileiro, para torná-lo mais justo e progressivo. Assim, os recursos necessários para o custeio do mínimo existencial seriam extraídos das camadas da população que têm como arcar com eles. Mas, com esse governo, tal possibilidade – certamente a mais consentânea com os valores da Constituição de 1988 –, não parece estar no cardápio.

---

[74] Veja-se, a propósito, os relatórios de acompanhamento do TCU, em que essas falhas são apontadas: TC nº 016.827/2020-1, Acórdão nº 1428/2020, Plenário, Rel. Bruno Dantas, julg. 03.06.2020; e TC nº 016.827/2020-1, Acórdão nº 2282/2020, Plenário, Rel. Bruno Dantas, julg. 26.08.2020.

[75] FERNANDES, Adriana; TURTELLI, Camila, Governo nega auxílio emergencial para parentes de presos. *UOL*, Brasília, 14 mai. 2020. Disponível em: https://economia.uol.com.br/noticias/estadao-conteudo/2020/05/14/governo-nega-auxilio-emergencial-para-parentes-de-presos.htm. Acesso em 09 jul. 2020.

5 Reconhecimento

A filósofa norte-americana Nancy Fraser, em conhecida passagem, afirma que o objetivo central das políticas de promoção do reconhecimento é a construção de "um mundo sensível à diferença, em que a assimilação às normas culturais majoritárias ou dominantes não seja mais o preço para o igual respeito".[76] Confronte-se essa afirmação com a frase de Jair Bolsonaro: "as minorias têm que se curvar às maiorias; [...] as minorias se adéquam ou simplesmente desaparecem".[77] O contraste escandaloso evidencia a dimensão do problema que hoje se vivencia no país, na questão do reconhecimento intersubjetivo. Com o detalhe de que os ataques de Bolsonaro não se voltam apenas contra minorias, mas também contra grupos que são demograficamente majoritários na sociedade brasileira – embora ainda vulnerabilizados na esfera social –, como os negros e as mulheres.

Como destaquei no capítulo 6, o reconhecimento é uma dimensão central da dignidade da pessoa humana. A desvalorização da identidade dos integrantes de grupos não hegemônicos e a exigência de assimilação à cultura dominante, com silenciamento da diferença, são graves ofensas à dignidade. Por isso, infere-se do princípio da dignidade humana o direito ao reconhecimento, que pode ser conceituado como um direito subjetivo ao igual respeito da identidade pessoal. Como registrei no capítulo 6, esse direito possui uma faceta negativa, que se traduz na vedação às práticas que desrespeitem a identidade das pessoas, estigmatizando-as; e uma dimensão positiva, que impõe ao Estado a adoção de medidas voltadas ao combate dessas práticas e à superação dos estigmas existentes.

Há quem sustente que as lutas por reconhecimento são contraprodutivas e deveriam ser evitadas, por causarem derrotas políticas para os progressistas.[78] No Brasil, houve ensaio de culpabilização do movimento feminista, responsável pela belíssima campanha #EleNão, diante da eleição de Bolsonaro no segundo turno. Discordo profundamente dessa

---

76 FRASER, Nancy. Social justice in the age of identiy politics: resdistribution, recognition and participation. *In*: FRASER, Nancy; HONNETH, Axel. *Redistribution and recognition*: a political-philosophical exchange. London: Verso, 2003. p. 7.

77 CARTA CAPITAL. *Bolsonaro em 25 frases polêmicas*. 29 out. 2018. Disponível em: https://www.cartacapital.com.br/politica/bolsonaro-em-25-frases-polemicas/. Acesso em 09 jul. 2020.

78 Nesse sentido: LILLA, Mark. *O progressista de ontem e de amanhã*. Desafios da democracia liberal no mundo pós-políticas identitárias. (Trad. Berilo Vargas). São Paulo: Companhia das Letras, 2017.

tese. O reconhecimento intersubjetivo *é* vital para a justiça de uma sociedade, bem como para a garantia da dignidade de cada pessoa. Uma sociedade que não respeita a diferença e que estigmatiza pessoas pela sua identidade não *é* verdadeiramente democrática. Evidentemente, as lutas por reconhecimento não podem ser travadas com esquecimento das lutas por distribuição – ao modo do que Nancy Fraser chamou de *neoliberalismo progressista*:[79] aquele que abraça a plutocracia, mas tem posições modernas e liberais na seara cultural. Não se deve ignorar os sofrimentos e as reivindicações legítimas do que Juliano Spyer chamou de "pobre sem grife" –[80] o pobre urbano comum, que sofre com a carestia, com a precariedade dos serviços públicos e com a falta de oportunidades de ascensão social – empurrando-o para os braços da direita autoritária. Mas a luta pela justiça social e pelo reconhecimento podem e devem ser travadas conjuntamente, até porque se reforçam mutuamente, e almejam o objetivo comum de assegurar a igual dignidade das pessoas.

Pois bem. Um dos fatores que explica a ascensão ao poder do populismo de extrema-direita, no Brasil e em outros países em que ele tem ocorrido, liga-se à reação contra avanços da agenda igualitária no campo do reconhecimento: o chamado *backlash* cultural.[81] O questionamento e a erosão de hierarquias tradicionais ligadas a gênero, orientação sexual e raça, por exemplo, geram ansiedades e tensões entre segmentos conservadores da sociedade, aos quais essas hierarquias sempre serviram.[82] Lamentavelmente, setores expressivos da população se alinham ao discurso retrógrado e moralista de retorno à antiga ordem, em que *gays* tinham que ficar escondidos no armário, as mulheres deveriam obedecer aos maridos, os negros deveriam se conformar com seu lugar subalterno na sociedade e os indígenas estavam condenados a desaparecer.

Essa "ansiedade de *status*" muitas vezes se sobrepõe até a considerações sobre interesses materiais e de classe social: pobres passam a apoiar políticos de direita que se opõem aos seus interesses econômicos, porque esses abraçam o discurso moral excludente, que aplaca a sua ansiedade. A política, nesse cenário, opera por vezes

---

[79] Cf. FRASER, Nancy. *O velho está morrendo e o novo ainda não pode nascer*. (Trad. Gabriel Lande Fazzio). São Paulo: Autonomia literária, 2020.

[80] SPYER, Juliano. *Povo de Deus*: quem são os evangélicos e por que eles importam. São Paulo: Geração Editorial, 2020. p. 211.

[81] Sobre o fenômeno, veja-se: NORRIS, Pippa; INGLEHART, Ronald. *Cultural backlash*: Trump, Brexit and Authoritarian Populism. Cambridge: Cambridge University Press, 2019.

[82] Cf. BRUM, Eliane. *Brasil construtor de ruínas. Um olhar sobre o país, de Lula a Bolsonaro*. Porto Alegre: Arquipélago Editorial, 2019. p. 231-234.

como um "circo",[83] que distrai os cidadãos, afastando a sua atenção de problemas reais que os atingem. Grupos não hegemônicos funcionam como verdadeiros bodes expiatórios: o trabalhador não tem recursos para prover a própria subsistência, mas passa a achar que seu grande problema está nas feministas, nos homossexuais ou nos militantes do movimento negro.

Essa dinâmica operou com intensidade na eleição de Jair Bolsonaro. Parte da sua base se engajou – e continua engajada – em uma espécie de guerra santa contra o "marxismo cultural" e a "ditadura do politicamente correto", travada visando à preservação ou à restauração dos seus privilégios de *status*, no contexto de ordem cultural que, conquanto ainda profundamente injusta e assimétrica, vinha se movendo nos últimos tempos no sentido da maior inclusão e respeito às diferenças. Reivindicou-se, nesse quadro, o direito a ser tosco, machista, racista, homofóbico, sem as interdições do "politicamente correto" – leia-se, aquelas impostas pela Constituição e pelos direitos humanos. Daí a adesão entusiasmada da sua base ao "mito", "sincero e espontâneo", capaz de dizer a uma mulher que não a estupra porque ela não merece,[84] de afirmar que preferia ter um filho morto a sabê-lo homossexual,[85] de falar que os indígenas brasileiros que vivem em suas terras são iguais a seres humanos pré-históricos[86] e de dizer sobre quilombolas: "Eu fui a um quilombo. O afrodescendente mais leve lá pesava sete arrobas. Não fazem nada. Nem pra procriador servem mais".[87]

Não ignoro que, de certo modo, alguns setores que se mobilizam contra avanços na agenda igualitária também se envolvem em "políticas de identidade". Travam batalhas no campo cultural, em que almejam

---

[83] Cf. MENDES, Conrado Hubner. A política do pânico e circo. *In*: ABRANCHES, Sérgio *et al*. *Democracia em Risco?* 22 ensaios sobre o Brasil hoje. São Paulo: Companhia das Letras, 2019. p. 230-246.

[84] CALGARO, Fernanda. Bolsonaro repete que não estupra deputada porque ela 'não merece'. *G1*, Brasília, 09 dez. 2014. Disponível em: http://g1.globo.com/politica/noticia/2014/12/bolsonaro-repete-que-nao-estupra-deputada-porque-ela-nao-merece.html. Acesso em 09 jul. 2020.

[85] TERRA. *Bolsonaro*: 'prefiro filho morto em acidente a um homossexual'. 8 jun. 2011. Disponível em: https://www.terra.com.br/noticias/brasil/bolsonaro-prefiro-filho-morto-em-acidente-a-um-homossexual,cf89cc00a90ea310VgnCLD200000bbcceb0aRCRD.html. Acesso em 09 jul. 2020.

[86] ESTADÃO CONTEÚDO. Bolsonaro diz que índios vivem 'pré-históricos dentro de suas terras'. *Exame*, 27 nov. 2019. Disponível em: https://exame.com/brasil/bolsonaro-diz-que-indios-vivem-pre-historicos-dentro-de-suas-terras/. Acesso em 09 jul. 2020.

[87] CONGRESSO EM FOCO. *Bolsonaro*: 'Quilombola não serve nem para procriar'. 05 abr. 2017. Disponível em: https://congressoemfoco.uol.com.br/especial/noticias/bolsonaro-quilombola-nao-serve-nem-para-procriar/. Acesso em 09 jul. 2020.

preservar ou restaurar uma ordem de valores que lhes assegura maior reconhecimento social. Algumas vezes, até se valem da retórica da igualdade, quando se dizem antielitistas. O antielitismo, aliás, é um eixo central do populismo. Mas a elite que atacam é a elite intelectual, mais liberal e ilustrada, que não partilha dos seus preconceitos. Apesar de defenderem privilégios de *status*, vitimizam-se como supostos alvos de uma elite esnobe, que povoa as universidades, o universo artístico e as redações dos jornais, e que se encontraria distanciada dos valores reais e cristãos do "povo" e das "pessoas de bem". Contudo, é evidente que essas mobilizações reacionárias não cabem no direito ao reconhecimento, porque são despidas de caráter efetivamente igualitário: ao contrário, são lutas intrinsecamente anti-igualitárias, já que voltadas à manutenção ou à restauração de hierarquias que implicam estigma e menoscabo aos integrantes de grupos não hegemônicos.[88]

As "guerras culturais" são verdadeira obsessão de Bolsonaro, seja pelos valores pessoais do Presidente, seja porque elas mobilizam sua base e afastam a atenção dos gravíssimos problemas do seu governo. Por isso, são tantos e tão variados os ataques ao reconhecimento que se torna até difícil narrá-los neste texto.

No campo do gênero, o governo trava luta incansável contra a agenda igualitária. A batalha envolve, inclusive, desautorizar a própria ideia de gênero – segundo a qual as diferenças entre homens e mulheres são construções sociais, geralmente opressivas, e não elementos resultantes da "natureza das coisas". Daí a alusão recorrente à "ideologia de gênero" e o esforço para banir a própria palavra de documentos internacionais.[89]

O ministério de Bolsonaro *é* composto por 23 pessoas, dentre as quais apenas duas mulheres ("naturalmente", todos os 23 são brancos). Uma delas tornou-se verdadeiro ícone na defesa da agenda reacionária contra o feminismo e a igualdade de gênero: Damares Alves, que ocupa

---

[88] Nancy Fraser emprega critério importante para aferição da legitimidade das demandas identitárias: a *paridade de participação*. No que concerne ao reconhecimento, demandas legítimas são as que reivindicam que "*os padrões institucionalizados de valor cultural expressem igual respeito para todos os participantes da sociedade e lhes garanta oportunidades iguais para conquistarem a estima social*". (FRASER, Nancy. Social justice in the age of identiy politics: resdistribution, recognition and participation. *In*: FRASER, Nancy; HONNETH, Axel. *Redistribution and recognition*: a political-philosophical exchange. London: Verso, 2003. p. 253). Evidentemente, esse critério afasta a legitimidade de demandas reacionárias dirigidas contra mudanças inclusivas na esfera da cultura.

[89] CHADE, Jamil. Brasil veta o termo gênero em resoluções da ONU e cria mal-estar. *UOL*, 27 abr. 2020. Disponível em: https://jamilchade.blogosfera.uol.com.br/2019/06/27/brasil-veta-termo-genero-em-resolucoes-da-onu-e-cria-mal-estar/. Acesso em 05 ago. 2020.

pasta intitulada "Família, Mulher e Direitos Humanos". A Ministra Damares, que já disse que a mulher deve ser submissa ao homem no casamento,[90] foi protagonista de uma das cenas mais constrangedoras da política brasileira contemporânea, ao salientar a suposta diferença de papéis entre homens e mulheres: nos primeiros dias do governo Bolsonaro, participou de filmagem com outras pessoas, em que aparecia dizendo – e cantando – "É uma nova era no Brasil: menino veste azul, menina veste rosa".[91]

Houve também retrocessos no reconhecimento da população LGBTQI+. O governo deixou de dar qualquer atenção *à* proteção dos direitos desses grupos, e adotou medidas de explícita discriminação, como o cancelamento de financiamento público a filmes com a temática da diversidade sexual.[92] Essa postura exerceu influência na sociedade, aumentando a violência física e simbólica contra as minorias sexuais.

Apesar disso, tais grupos tiveram um firme defensor dentre as instituições do Estado brasileiro: o STF. Desde a última edição deste livro, a Corte – que antes já tinha reconhecido o direito à união homoafetiva[93] (com argumentação depois empregada pelo CNJ para reconhecer também o casamento entre pessoas do mesmo sexo) –[94] afirmou o direito dos transexuais à mudança do prenome e gênero declarado no registro civil, independentemente de cirurgia de redesignação sexual e de ajuizamento de ação judicial;[95] derrubou a proibição à doação de sangue por homens gays;[96] e afastou decisão de instância inferior que mantivera a possibilidade de realização de terapia de "cura gay".[97] Mais ainda, em decisão controversa – em relação a qual guardo reservas, pela sua incompatibilidade com o princípio da reserva legal em direito penal (art. 5º, XXXIX, C.F.) – o Supremo afirmou que o crime de racismo

---

[90] BARBIÉRI, Luiz Felipe. Damares diz que na 'concepção cristã' mulher deve ser 'submissa' ao homem no casamento. *G1*, Brasília, 16 abr. 2019. Disponível em: https://g1.globo.com/politica/noticia/2019/04/16/damares-diz-que-em-sua-concepcao-crista-mulher-deve-ser-submissa-ao-homem-no-casamento.ghtml. Acesso em 05 ago. 2020.

[91] G1. *Em vídeo, Damares diz que 'nova era' começou:* meninos vestem azul, meninas vestem rosa. Brasília, 03 jan. 2019. Disponível em: https://g1.globo.com/politica/noticia/2019/01/03/em-video-damares-alves-diz-que-nova-era-comecou-no-brasil-meninos-vestem-azul-e-meninas-vestem-rosa.ghtml. Acesso em 05 ago. 2020.

[92] FOLHA DE SÃO PAULO. *Bolsonaro diz que 'garimpou' e vetou filmes com temática LGBT*. 16 ago. 2019. Disponível em: https://www1.folha.uol.com.br/ilustrada/2019/08/bolsonaro-diz-que-garimpou-e-vetou-filmes-com-tematica-lgbt.shtml. Acesso em 05 ago. 2020.

[93] STF. ADI nº 4277 e ADPF nº 132, Tribunal Pleno, Rel. Min. Ayres Britto, DJe 14.10.2011.

[94] CNJ. Resolução nº 175 de 14.05.2013.

[95] STF. RE nº 670422, Tribunal Pleno, Rel. Min. Dias Toffoli, DJe 10.03.2020.

[96] STF. ADI nº 5543, Tribunal Pleno, Rel. Min. Edson Fachin, DJe 26.08.2020.

[97] STF. Rcl nº 31818 AgR, Segunda Turma, Rel. Min. Cármen Lúcia, DJe 24.04.2020.

também abarca a homofobia e a transfobia, de modo a coibir penalmente as práticas discriminatórias contra minorias sexuais.[98] Apesar da minha discordância quanto a essa última decisão, considero que o STF tem desempenhado papel importantíssimo na proteção dos direitos da população LGBTQI+. Nessa matéria – diferentemente do que ocorre, por exemplo, com os presos – o Supremo tem se mostrado à altura da sua missão constitucional de defesa de grupos minoritários, cujo exercício se torna ainda mais relevante em tempos de crise democrática.

Na seara racial, as violações à dignidade humana também se intensificaram nesses últimos anos. Além de apoiar e estimular políticas que penalizam predominantemente as pessoas negras – como o superencarceramento e a violência policial –, o governo tem procurado, de modo sistemático, diminuir e desvalorizar a cultura negra, seus símbolos e heróis, atingindo o direito ao reconhecimento. A intenção parece ser a de voltar algumas décadas no tempo, para a época em que a historiografia oficial só enaltecia os heróis brancos, a contribuição social e intelectual dos negros era ignorada, o racismo não era sequer discutido, e, sob o manto do silenciamento e da opressão, todos fingiam acreditar no mito da democracia racial. Nenhum exemplo ilustra melhor essa história do que o tratamento dado à Fundação Cultural Palmares, que tem como missão institucional exatamente a promoção da cultura negra. Com o detalhe sórdido de que, para desempenhar o triste papel de agitador cultural contrário ao antirracismo, o governo escolheu um negro: Sérgio Camargo.

O atual presidente da Fundação Cultural Palmares tem atuado de maneira clara para desmerecer a cultura negra e desmontar as políticas públicas voltadas à sua promoção. Entre outras barbaridades, já disse que a escravidão foi boa para os descendentes de escravos;[99] que o movimento negro é formado por uma "escória maldita";[100] já "repudiou" Zumbi dos Palmares – principal símbolo da resistência negra, que dá nome à fundação – afirmando que ele seria um falso herói, ao contrário

[98] STF. ADO nº 26, Tribunal Pleno, Rel. Min. Celso de Mello, DJe 06.10.2020; STF. MI nº 4733, Tribunal Pleno, Rel. Min. Edson Fachin, DJe 29.09.2020.

[99] GZH CULTURA E LAZER. Novo presidente da Fundação Palmares já afirmou, em redes sociais, que a escravidão foi benéfica 'para os descendentes'. 27 nov. 2019. Disponível em: https://gauchazh.clicrbs.com.br/cultura-e-lazer/noticia/2019/11/novo-presidente-da-fundacao-palmares-ja-afirmou-em-redes-sociais-que-a-escravidao-foi-benefica-para-os-descendentes-ck3htcbla00gm01lloiorqmzo.html. Acesso em 05 ago. 2020.

[100] LINDNER, Júlia; ROSA, Vera. Educafro pede ação penal contra Sérgio Camargo após frase sobre 'escória'. *UOL*, Brasília, 03 jun. 2020. Disponível em: https://noticias.uol.com.br/ultimas-noticias/agencia-estado/2020/06/03/educafro-entra-com-representacao-contra-sergio-camargo-no-mpf.htm. Acesso em 05 ago. 2020.

da Princesa Isabel.[101] Não bastasse, na sua gestão foi drasticamente reduzido o trabalho de certificação dos territórios das comunidades remanescentes de quilombo – competência legal da Fundação Cultural Palmares –, o que não apenas compromete o exercício do direito à terra dessas coletividades negras, como também dificulta o acesso às políticas públicas existentes em favor dos quilombolas.

Com os povos indígenas não tem sido diferente. O Presidente Bolsonaro elegeu-os, aliás, como um dos seus alvos preferenciais, chegando a atacá-los na abertura da Assembleia Geral da ONU, e a culpá-los pelo desmatamento da Amazônia[102] – que tanto tem aumentado em sua gestão. A posição do governo sobre os povos indígenas, externada com toda clareza, é francamente assimilacionista: os índios devem se "integrar" à sociedade, abandonando sua cultura tradicional – vista como "pré-histórica". Em outras palavras, se quiserem continuar vivendo, devem deixar de ser indígenas. Suas terras devem ser exploradas economicamente, com mineração, garimpo, corte de árvores, agricultura e pecuária. Desde a "descoberta" do país, o Estado sempre atentou contra a vida e a existência dos povos indígenas. Nesse momento, porém, vive-se a aceleração e a explicitação desse projeto genocida, declarado em alto e bom som, sem qualquer disfarce. Não à toa, Eduardo Viveiros de Castro afirmou que "estamos assistindo a uma ofensiva final contra os povos indígenas".[103]

Nessa linha, Bolsonaro prometeu em campanha – e vem cumprindo – não demarcar mais "nenhum centímetro" de terras indígenas.[104] Mais do que não demarcar, o governo tem estimulado invasões de terras indígenas por garimpeiros, madeireiros, grileiros etc., aliando-se politicamente aos invasores, e deixando de coibir essas

---

[101] G1. *Sérgio Camargo, presidente da Fundação Palmares, chama movimento negro de 'escória maldita' em reunião*. 02 jun. 2020. Disponível em: https://g1.globo.com/politica/noticia/2020/06/02/sergio-camargo-presidente-da-fundacao-palmares-chama-movimento-negro-de-escoria-maldita-em-reuniao.ghtml. Acesso em 05 ago. 2020.

[102] UOL. *Bolsonaro*: indígenas e caboclos causam 'parte considerável' do desmatamento. São Paulo, 16 jul. 2020. Disponível em: https://noticias.uol.com.br/meio-ambiente/ultimas-noticias/redacao/2020/07/16/bolsonaro-diz-que-indigenas-e-caboclos-causam-grande-parte-do-desmatamento.htm. Acesso em 05 ago. 2020.

[103] BARROS, Ciro; DOMENICI, Thiago. Viveiros de Castro. Estamos assistindo a uma ofensiva final contra os povos indígenas. *Publica,* 10 out. 2019. Disponível em: https://apublica.org/2019/10/viveiros-de-castro-estamos-assistindo-a-uma-ofensiva-final-contra-os-povos-indigenas/. Acesso em 05 ago. 2020.

[104] RESENDE, Sarah Mota. 'No que depender de mim, não tem mais demarcação de terra indígena', diz Bolsonaro a TV. *Folha de São Paulo*, São Paulo, 05 nov. 2018. Disponível em: https://www1.folha.uol.com.br/poder/2018/11/no-que-depender-de-mim-nao-tem-mais-demarcacao-de-terra-indigena-diz-bolsonaro-a-tv.shtml. Acesso em 05 ago. 2020.

ações criminosas.[105] São pessoas que agem frequentemente com grande violência, praticando até assassinatos, além da devastação ambiental. No cenário da pandemia do Coronavírus, esses invasores se tornaram o principal vetor de disseminação da doença.

Em paralelo, ocorre o desmonte dos *órgãos* indigenistas, aparelhados com pessoas francamente hostis aos direitos indígenas, bem como a consequente paralisia das políticas voltadas *à* proteção e promoção desses direitos. O atual presidente da Funai *é* um delegado da Polícia Federal, nomeado com o decisivo apoio da bancada ruralista.[106] Já o coordenador de povos indígenas isolados e de recente contato da Funai *é* um ex-missionário evangélico, que já se dedicou *à* evangelização de povos isolados.[107]

Nesse cenário de dramáticos retrocessos, as lideranças indígenas têm se mobilizado de várias formas: campanhas públicas, ações no STF e na jurisdição internacional, construção de parcerias com outros atores nacionais e internacionais etc. Trata-se de luta verdadeiramente existencial, e os povos indígenas estão ao leme da defesa dos seus direitos e da sua sobrevivência. A sua resistência, porém, incomoda, e, como não poderia deixar de ser, o governo reage de modo autoritário. O Ministro do Gabinete de Segurança Institucional, General Heleno, por exemplo, ameaçou usar a Lei de Segurança Nacional contra importante liderança indígena, Sônia Guajajara, pelas campanhas e denúncias internacionais que vem promovendo contra o governo Bolsonaro, relativas aos ataques aos povos originários e ao desmatamento da Amazônia.[108]

Na agenda do reconhecimento, sob o ângulo positivo, pode-se ressaltar a intensa mobilização de grupos excluídos em defesa da sua identidade e dos seus direitos. Além dos indígenas, mulheres, negros, quilombolas, pessoas com deficiência, minorias sexuais e

---

[105] BENITES, Afonso. Bolsonaro anuncia projeto que permite garimpo em área indígena e sugere 'confinar ambientalistas'. *El País*, Brasília, 05 fev. 2020. Disponível em: https://brasil.elpais.com/brasil/2020-02-05/bolsonaro-anuncia-projeto-que-permite-garimpo-em-area-indigena-e-sugere-confinar-ambientalistas.html. Acesso em 05 ago. 2020.

[106] INSTITUTO SOCIOAMBIENTAL. *Assessor da bancada ruralista é nomeado presidente da Funai*. 19 jul. 2019. Disponível em: https://www.socioambiental.org/pt-br/noticias-socioambientais/assessor-da-bancada-ruralista-e-nomeado-presidente-da-funai. Acesso em 05 ago. 2020.

[107] JUCÁ, Beatriz. Governo ignora críticas e nomeia ex-missionário evangélico para proteção de indígenas isolados. *El País*, São Paulo, 05 fev. 2020. Disponível em: https://brasil.elpais.com/brasil/2020-02-05/governo-ignora-criticas-e-nomeia-ex-missionario-evangelico-para-protecao-de-indigenas-isolados.html. Acesso em 05 ago. 2020.

[108] MARCELLO, Maria Carolina. Heleno defende que governo entre com ação contra associação indígena por crime de lesa-pátria. *Reuters*, 22 set. 2020. Disponível em: https://economia.uol.com.br/noticias/reuters/2020/09/22/heleno-defende-que-governo-entre-com-acao-contra-associacao-indigena-por-crime-de-lesa-patria.htm. Acesso em 27 set. 2020.

religiosas, dentre outros grupos, estão cada vez mais articulados e atuantes, sobretudo as suas gerações mais novas. Estão empoderados, reivindicando direitos, assumindo o protagonismo das suas lutas, mas sem dispensar alianças e apoios. Exigem voz e respeito: reconhecimento. Aí está a esperança.

6 Conclusão: resistir e lutar

> *"(...) aconselharei e promoverei, não a insurreição, que é um crime, mas a resistência, que é uma virtude cívica"* (Luiz Gama. *Correio Paulistano*, 10.11.1871)[109]

Tal como a democracia, a dignidade humana vive no Brasil tempos difíceis. A brutalidade se instalou no poder. Parte da sociedade apoia os escandalosos retrocessos, enquanto outra parte finge que não vê e segue indiferente. Como sempre, os mais atingidos são os grupos não hegemônicos, como negros, indígenas, mulheres, pobres e minorias sexuais.

É preciso resistir e lutar. Resistir onde for possível: nas ruas, nas redes sociais, nas mobilizações cívicas, na imprensa, nas artes, na vida cotidiana, no parlamento. Resistir nas cortes, que devem, mais do que nunca, defender os direitos fundamentais diante da barbárie.[110] Resistir

---

[109] "Luís G. P. Gama", reproduzido integralmente em FERREIRA, Lígia Fonseca (Org.). *Lições de resistência*: artigos de Luís Gama na imprensa de São Paulo e do Rio de Janeiro. São Paulo: Edições SESC, 2020. p. 199.

[110] Cláudio Pereira de Souza Neto defende que, em contexto de crise democrática como o vivenciado no Brasil, a jurisdição constitucional deve assumir uma postura *anticíclica*, com abandono da deferência em caso de ameaças aos direitos fundamentais e às regras do jogo democrático. Pela engenhosidade da tese – com a qual estou de pleno acordo –, vale reproduzir a longa citação: "Os economistas keynesianos costumam recomendar que os ciclos econômicos sejam equilibrados por meio da adoção de políticas anticíclicas: as recessões são atenuadas por investimentos públicos; no período de desenvolvimento acelerado, economiza-se. As cortes constitucionais devem assumir o mesmo papel diante dos ciclos políticos – pode-se conceber nesse sentido uma jurisdição constitucional anticíclica. Diante de governos que não revelam compromisso com as instituições democráticas, a função anticíclica da jurisdição constitucional implica a 'redução situacional da deferência', da qual resulta a adoção de parâmetros mais rigorosos de controle dos atos estatais. As cortes não devem atuar como vanguardas de um processo de transformação social, nada obstante, em temas pontuais, possam proferir decisões inovadoras. Cabe-lhes, antes, atenuar o extremismo dos ciclos políticos, com o propósito de proteger a democracia e proteger as minorias. A função anticíclica provê equilíbrio ao sistema, preservando, sobretudo, o que não pode ser posto à

na cultura, desvelando a selvageria e o ridículo de quem nos tiraniza. Resistir disputando corações e mentes, buscando conquistar pessoas para o *front* da justiça, sem desistir delas, só porque uma vez votaram contra o espírito da Constituição. Resistir nas urnas, antes que seja tarde. É hora de lutar pela Constituição, pela democracia, pelos direitos humanos. Erigir essa luta sobre os melhores afetos: solidariedade ao invés do *ódio*, empatia ao invés da indiferença, esperança ao invés do medo. Lutar com paixão, mas também com estratégia e inteligência. É hora de lutar pelo projeto constitucional de construção de uma democracia inclusiva, de pessoas livres e iguais. É hora de defender a dignidade da pessoa humana, diante da tragédia civilizacional que ameaça o nosso horizonte.

Rio de Janeiro, outubro de 2020.

---

disposição das maiorias eventuais: o sistema de direitos fundamentais e os procedimentos para a eleição de governantes". (SOUZA NETO, Cláudio Pereira de. *Democracia em crise no Brasil*: valores constitucionais, antagonismo político e dinâmica institucional. São Paulo: Contracorrente, 2020. p. 270-271).

REFERÊNCIAS

ABRAMOVICH, Víctor; COURTIS Christian. *Los derechos sociales como derechos exigibles*. 2. ed. Madrid: Editorial Trotta, 2004.

ACKERMAN, Bruce. *Social justice in the liberal state*. New Haven: Yale University Press, 1980.

ACKERMANN, Laurie. *Human dignity*: lodestar for equality in South Africa. Cape Town: Juta & Co., 2014.

ALEMANY, Macario. *El paternalismo jurídico*. Madrid: Portal Derecho, 2006.

ALEXY, Robert. *Teoria dos direitos fundamentais*. (Trad. Virgílio Afonso da Silva). São Paulo: Malheiros, 2008.

ALEXY, Robert. Derechos individuales y bienes colectivos. *In*: ALEXY, Robert. *El concepto y la validez del derecho*. (Trad. Jorge M. Seña). Barcelona: Gedisa, 1994.

ALEXY, Robert. Direitos fundamentais no estado constitucional democrático. (Trad. Luís Afonso Heck). *Revista de Direito Administrativo*, Rio de Janeiro, n. 217, 1999.

ALEXY, Robert. *The argument from injustice*: a reply to legal positivism. (Trad. Bonnie Lischewski Paulson e Stanley L. Paulson). Oxford: Oxford University Press, 2002.

ALMEIDA, Alberto Carlos. *A cabeça do brasileiro*. Rio de Janeiro: Record, 2007.

ALMEIDA, Luiz Antônio Freitas de. *Direitos fundamentais sociais e ponderação*: ativismo irrefletido e controle jurídico racional. Porto Alegre: Sergio Antonio Fabris Editor, 2014.

ALMEIDA, Sílvio. *O que é racismo estrutural?* Belo Horizonte: Letramento, 2018.

ALONSO, Ângela. A comunidade moral bolsonarista. *In*: ABRANCHES, Sérgio *et al*. *Democracia em Risco?* 22 ensaios sobre o Brasil hoje. São Paulo: Companhia das Letras, 2019.

ALVES, José Augusto Lindgren. Excessos do culturalismo: pós-modernidade ou americanização da esquerda? *In*: ALVES, José Augusto Lindgren. *Os direitos humanos na pós-modernidade*. São Paulo: Perspectiva, 2005.

AMARAL, Gustavo. *Direito, escassez e escolha*. Rio de Janeiro: Renovar, 2001.

ANAYA, James. *Indigenous peoples in international law*. Oxford: Oxford University Press, 2004.

ANDERSON, Perry. *Brazil Apart 1964-2019*. London: Verso, 2019.

ANDORNO, Roberto. *La bioéthique et la dignité de la personne*. Paris: PUF, 1997.

ANDORNO, Roberto. Liberdade e dignidade da pessoa: dois paradigmas opostos ou complementares na bioética? *In*: MARTINS-COSTA, Judith; MOLLER, Letícia Ludwig (Coord.). *Bioética e responsabilidade*. Rio de Janeiro: Forense, 2009.

ANDRADE, Carlos Drummond de. Nosso tempo. *In*: ANDRADE, Carlos Drummond de. *Antologia poética*. São Paulo: Companhia das Letras, 2015.

ANDRADE, José Carlos Vieira de. *Os direitos fundamentais na Constituição Portuguesa de 1976*. Coimbra: Almedina, 1988.

ANJOS FILHO, Robério Nunes dos. Arts. 231 e 232. *In*: BONAVIDES, Paulo; MIRANDA, Jorge; AGRA, Walber Moura (Coords.). *Comentários à Constituição Federal de 1988*. Rio de Janeiro: Forense, 2009.

AN-NA'IM, Abdullahi Ahmed. Toward a cross-cultural approach to defining international standards of human rights: the meaning of cruel, inhuman and degrading treatment or punishment. *In*: GOODALE, Mark (Ed.). *Human rights*: an anthropological reader. Oxford: Wiley-Blackwell, 2009.

APPIAH, Kwame Anthony. *The ethics of identity*. Princeton: Princeton University Press, 2005.

APPIAH, Kwame Anthony. *The honor code*: how moral revolutions happen. New York: W. W. Norton & Company, 2010.

ARANGO, Rodolfo. *El concepto de derechos sociales fundamentales*. Mexico: Legis, 2005.

ARANGO, Rodolfo; LEMAITRE, Julieta. *Jurisprudencia constitucional sobre el derecho al mínimo vital*. Bogotá: Ediciones Uniandes, 2002.

ARENDT, Hannah. *A condição humana*. (Trad. Roberto Raposo). 10. ed. Rio de Janeiro: Forense, 2000.

ARISTÓTELES. Nicomachean Ethics, Book V. (Trad. W. D. Ross). *In*: *The works of Aristotle*. 21. imp. London: Encyclopaedia Britannica, 1978. v. II.

ARISTÓTELES. Politics. (Trad. Benjamin Jowett). *In*: *The works of Aristotle*. 21. imp. London: Encyclopaedia Britannica, 1978. v. II.

ARIZA, Libardo José. The economic and social rights of prisoners and constitutional court intervention in the penitentiary system in Colombia. *In*: MALDONADO, Daniel Bonilla (Ed.). *Constitutionalism of the global south*. Cambridge: Cambridge University Press, 2013.

ARNAUD, André-Jean. *Les origines doctrinales du Code Civil Français*. Paris: L. G. D. J, 1969.

ASCENSÃO, José de Oliveira. O 'fundamento do direito': entre o direito natural e a dignidade da pessoa humana. *Revista da Faculdade de Direito da Universidade de Lisboa*, v. 52, n. 1 e 2, 2011.

ASSY, Bethânia; FERES JUNIOR, João. Reconhecimento. *In*: BARRETTO, Vicente de Paulo (Coord.). *Dicionário de filosofia do direito*. São Leopoldo: Unisinos, 2006.

ÁVILA, Humberto. *A segurança jurídica*: entre permanência, mudança e realização no direito tributário. São Paulo: Malheiros, 2011.

ÁVILA, Humberto. *Teoria dos princípios*: da definição à aplicação dos princípios jurídicos. 10. ed. São Paulo: Malheiros, 2009.

ÁVILA, Humberto. *Sistema constitucional tributário*. São Paulo: Saraiva, 2004.

AZEVEDO, Antônio Junqueira de. Caracterização jurídica da dignidade da pessoa humana. *Revista USP*, n. 53, 2002.

BAKER, Hershel. *The image of man*: a study of the idea of human dignity in classical antiquity, the middle ages and the renaissance. New York: Harper & Brothers, 1961.

BALDI, César Augusto (Org.). *Direitos humanos na sociedade cosmopolita*. Rio de Janeiro: Renovar, 2004.

BALKIN, Jack. *Constitutional redemption*: political faith in an unjust world. Cambridge: Harvard University Press, 2011.

BALKIN, Jack; SIEGEL, Reva. The american civil rights tradition: anticlassification or antisubordination? *University of Miami Law Review*, n. 59, 2003.

BANDEIRA DE MELLO, Celso Antonio. *Curso de direito administrativo*. 30. ed. São Paulo: Malheiros, 2013.

BARAK, Aharon. *Human dignity*: the constitutional value and the constitutional right. Cambridge: Cambridge University Press, 2015.

BARAK, Aharon. *Proportionality*: constitutional rights and their limitations. Cambridge: Cambridge University Press, 2012.

BARBIÉRI, Luiz Felipe. Damares diz que na 'concepção cristã' mulher deve ser 'submissa' ao homem no casamento. *G1*, Brasília, 16 abr. 2019. Disponível em: https://g1.globo.com/politica/noticia/2019/04/16/damares-diz-que-em-sua-concepcao-crista-mulher-deve-ser-submissa-ao-homem-no-casamento.ghtml. Acesso em 05 ago. 2020.

BARBOZA, Heloísa Helena Gomes. A autonomia da vontade e a relação médico-paciente no Brasil. *Lex Medicinae – Revista Portuguesa de Direito da Saúde*, Coimbra, n. 2, 2004.

BARBOZA, Heloísa Helena Gomes. A proteção da identidade genética. *In*: ALMEIDA FILHO, Agassiz; MELGARÉ, Plínio (Orgs.). *Dignidade da pessoa humana*: fundamentos e critérios interpretativos. São Paulo: Malheiros, 2010.

BARCELLONA, Pietro. *Diritto privato e società moderna*. Napoli: Jovene, 1996.

BARCELLOS, Ana Paula de. *A eficácia jurídica dos princípios*: o princípio da dignidade da pessoa humana. Rio de Janeiro: Renovar, 2002.

BARCELLOS, Ana Paula de. *Ponderação, racionalidade e atividade jurisdicional*. Rio de Janeiro: Renovar, 2005.

BARCELLOS, Ana Paula. O mínimo existencial e algumas fundamentações: John Rawls, Michael Walzer e Robert Alexy. *In*: TORRES, Ricardo Lobo (Org.). *A legitimação dos direitos humanos*. Rio de Janeiro: Renovar, 2002.

BARCELLOS, Ana Paula. Violência urbana, condições das prisões e dignidade humana. *Revista de Direito Administrativo*, Rio de Janeiro, n. 254, 2010.

BARRETTO, Vicente de Paulo. *O fetiche dos direitos humanos*. 2. ed. Porto Alegre: Livraria dos Advogados, 2013.

BARRETTO, Vicente de Paulo; PAIM, Antonio. *Evolução do pensamento político brasileiro*. São Paulo: Edusp, 1989.

BARROS, Ciro; DOMENICI, Thiago. Viveiros de Castro: Estamos assistindo a uma ofensiva final contra os povos indígenas. *Publica*, 10 out. 2019. Disponível em: https://apublica.org/2019/10/viveiros-de-castro-estamos-assistindo-a-uma-ofensiva-final-contra-os-povos-indigenas/. Acesso em 05 ago. 2020.

BARROSO, Luís Roberto. *A dignidade da pessoa humana no direito constitucional contemporâneo*: a construção de um conceito jurídico à luz da jurisprudência mundial. Belo Horizonte: Fórum, 2013.

BARROSO, Luís Roberto. A revolução da brevidade. *Migalhas*, 29 ago. 2009. Disponível em: http://www.migalhas.com.br/dePeso/16,MI65100,4104. Acesso em 10 set. 2015.

BARROSO, Luís Roberto. A superação da ideologia da segurança nacional e a tipificação dos crimes contra o estado democrático de direito. *In*: BARROSO, Luís Roberto. *Temas de direito constitucional*. Rio de Janeiro: Renovar, 2003. t. II.

BARROSO, Luís Roberto. Aqui, lá e em todo lugar: a dignidade humana no direito contemporâneo e no discurso transnacional. *Revista dos Tribunais*, São Paulo, v. 919, 2012.

BARROSO, Luís Roberto. *Cotas raciais são legítimas com parâmetros razoáveis*. 2012. Parecer. Disponível em: http://www.conjur.com.br/2012-abr-25/politica-cotas-raciais-legitima-parametros-razoaveis. Acesso em 15 ago. 2015.

BARROSO, Luís Roberto. Da falta de efetividade à judicialização excessiva: direito à saúde, fornecimento gratuito de medicamentos e parâmetros para a atuação judicial. *In*: SOUZA NETO, Cláudio Pereira de; SARMENTO, Daniel (Orgs.). *Direitos sociais: fundamentos, judicialização e direitos sociais em espécie*. Rio de Janeiro: Lumen Juris, 2008.

BARROSO, Luís Roberto. Diferentes, mas iguais: o reconhecimento jurídico das relações homoafetivas no Brasil. *In*: SARMENTO, Daniel; IKAWA, Daniela; PIOVESAN, Flávia (Orgs.). *Igualdade, diferença e direitos humanos*. Rio de Janeiro: Lumen Juris, 2008.

BARROSO, Luís Roberto. Fundamentos teóricos e filosóficos do novo direito constitucional brasileiro: pós-modernidade, teoria crítica e pós-positivismo. *In*: BARROSO, Luís Roberto (Org.). *A nova interpretação constitucional*: ponderação, direitos fundamentais e relações privadas. Rio de Janeiro: Renovar, 2003.

BARROSO, Luís Roberto. *Legitimidade da recusa à transfusão de sangue por testemunhas de Jeová*: dignidade humana, liberdade religiosa e escolhas existenciais. Disponível em: http://www.conjur.com.br/dl/testemunhas-jeova-sangue.pdf. Acesso em 25 set. 2015.

BARROSO, Luís Roberto. Prefácio. *In*: SARMENTO, Daniel (Org.). *Interesses públicos versus interesses privados*: desconstruindo o princípio da supremacia do interesse público. Rio de Janeiro: Lumen Juris, 2006.

BARROSO, Luís Roberto; MARTEL, Letícia de Campos Velho. A morte como ela é: dignidade e autonomia individual no final da vida. *In*: PEREIRA, Tânia da Silva; MENEZES, Rachel Aisengart; BARBOZA, Heloisa Helena (Coords.). *Vida, morte e dignidade humana*. Rio de Janeiro: GZ Editora, 2010.

BARROSO, Luís Roberto; OSÓRIO, Aline Rezende Peres. Sabe com quem está falando?: algumas notas sobre o princípio da igualdade no Brasil contemporâneo. Disponível em: http://www.luisrobertobarroso.com.br/wp-content/themes/LRB/pdf/SELA_Yale_palestra_igualdade_versao_fina.pdf. Acesso em 15 ago. 2015.

BARRUCHO, Luís. Demissão de chefe do Inpe é 'alarmante', diz diretor de centro da NASA. *BBC*, Londres, 7 ago. 2019. Disponível em: https://www.bbc.com/portuguese/brasil-49256294. Acesso em 14 ago. 2020.

BARRY, Brian. *Culture and equality*. Cambridge: Harvard University Press, 2001.

BAUMAN, Zygmunt. *Identidade*. (Trad. Carlos Alberto Medeiros). Rio de Janeiro: Zahar, 2005.

BAYEFSKY, Rachel. Dignity as a value in agency cost-benefit analysis. *Yale Law Journal*, New Haven, n. 123, 2014.

BEAUCHAMP, Tom; CHILDRESS, James. *Principles of biomedical ethics*. 4. ed. New York: Oxford University Press, 1994.

BECK, Ulrich. *La sociedad del riesgo*. (Trad. Navarro, Jiménez e Borra). Barcelona: Paidós, 1986.

BECKHAUSEN, Marcelo. Etnocidadania, direitos originários e inconstitucionalidade do poder tutelar. *In*: SARMENTO, Daniel; IKAWA, Daniela; PIOVESAN, Flávia (Orgs). *Igualdade, diferença e direitos humanos*. Rio de Janeiro: Lumen Juris, 2008.

BENDA, Ernst. Dignidad humana y derechos de la personalidad. *In*: BENDA, Ernst *et al*. *Manual de derecho constitucional*. 2. ed. (Trad. Antonio López Pina). Barcelona: Marcial Pons, 2001.

BENEDICT, Ruth. *Padrões de cultura*. (Trad. Ricardo A. Rosenbusch). Petrópolis: Vozes, 2012.

BENHABIB, Seyla. From distribution to recognition?: the paradigm change of contemporary politics. *In*: BENHABIB, Seyla. *The claims of culture*: equality and diversity in the global era. Princeton: Princeton University Press, 2002.

BENHABIB, Seyla. Nous et les Autres (we and the others): is universalism etnocentric? *In*: BENHABIB, Seyla. *The claims of culture*: equality and diversity in the global era. Princeton: Princeton University Press, 2002.

BENHABIB, Seyla. The return of political theology: the scarf affair in comparative constitutional perspective in France, Germany and Turkey. *In*: BENHABIB, Seyla. *Dignity in adversity*: human rights in troubled times. Cambridge: Polity Press, 2011.

BENITES, Afonso. Bolsonaro anuncia projeto que permite garimpo em área indígena e sugere 'confinar ambientalistas'. *El País*, Brasília, 05 fev. 2020. Disponível em: https://brasil.elpais.com/brasil/2020-02-05/bolsonaro-anuncia-projeto-que-permite-garimpo-em-area-indigena-e-sugere-confinar-ambientalistas.html. Acesso em 05 ago. 2020.

BENJAMIN, Walter. Sobre o conceito de história. *In*: BENJAMIN, Walter. *Obras escolhidas*: magia e técnica, arte e política. (Trad. Sergio Paulo Rouanet). 8. ed. São Paulo: Editora Brasiliense, 2012. v. 1.

BENTHAM, Jeremy. Anarchical fallacies: a critical examination of the declaration of rights. *In*: HAYDEN, Patrick. *The philosophy of human rights*. Saint Paul: Paragon House, 2001.

BENTHAM, Jeremy. *Introduction to principles of morals and legislation*. Oxford: Oxford University Press, 1996.

BERGER, Peter. On the obsolescence of the concept of honor. *In*: SANDEL, Michael (Ed.). *Liberalism and its critics*. New York: New York Press, 1984.

BERLIN, Isaiah. Dois conceitos de liberdade. *In*: BERLIN, Isaiah. *Estudos sobre a humanidade*: uma antologia de ensaios. (Trad. Rosaura Achenberg). São Paulo: Companhia das Letras, 2002.

BEYLEVELD, Deryck; BROWNSWORD, Roger. *Human dignity in bioethics and biolaw*. Oxford: Oxford University Press, 2001.

BICKEL, Alexander. *The least dangerous branch*: the Supreme Court at the bar of politicis. 2. ed. New Haven: Yale University Press, 1986.

BINENBOJM, Gustavo; CYRINO, André Rodrigues. O direito à moradia e a penhorabilidade do bem único do fiador nos contratos de locação: limites à revisão judicial de diagnósticos e prognósticos legislativos. *In*: SOUZA NETO, Cláudio Pereira de; SARMENTO, Daniel (Orgs.). *Direitos sociais*: fundamentos, judicialização e direitos sociais em espécie. Rio de Janeiro: Lumen Juris, 2008.

BIRNBAUM, Jean; VIGUIER, Fréderic. *La laicité, une question au présent*. Paris: Éditions Cécile Defaut, 2005.

BITTENCOURT NETO, Eurico. *Direito ao mínimo para uma existência digna*. Porto Alegre: Livraria do Advogado, 2010.

BLAUG, Ricardo; SCHWARZMANTEL, John. *Democracy*: a reader. Edinburg: Edinburg University Press, 2000.

BOBBIO, Norberto. Individualismo e organicismo. *In*: *Liberalismo e democracia*. (Trad. Marco Aurélio Nogueira). 6. ed. São Paulo: Brasileira, 1994.

BOBBIO, Norberto. *Teoria do ordenamento jurídico*. 7. ed. (Trad. Maria Celeste Cordeiro dos Santos). Brasília: UnB, 1996.

BÖCKENFÖRDE, Ernst-Wolfgang. L´état comme organisme. *In*: BÖCKENFÖRDE, Ernst-Wolfgang. *Le droit, l´état et la Constitution Democratique*. (Trad. Olivier Jouanjan). Paris: L. G. D. J., 2000.

BÖCKENFÖRDE, Ernst-Wolfgang. *Le droit, l'état e la Constitution Democratique*. (Trad. Olivier Jouanjan). Paris: L. G. D. J, 2000.

BÖCKENFÖRDE, Ernst-Wolfgang. Los derechos fundamentales sociales en la estructura de la constitución. *In*: BÖCKENFÖRDE, Ernst-Wolfgang. *Escritos sobre derechos fundamentales*. (Trad. Juan Requejo Pagés e Ignacio Villaverde Menendez). Baden-Baden: Nomos, 1993.

BONAVIDES, Paulo. Prefácio. *In*: SARLET, Ingo Wolfgang. *Dignidade da pessoa humana e direitos fundamentais na Constituição Federal de 1988*. Belo Horizonte: Livraria do Advogado, 2001.

BONAVIDES, Paulo; ANDRADE, Paes. *História constitucional do Brasil*. 3. ed. São Paulo: Paz e Terra, 1991.

BONAVIDES, Paulo; MIRANDA, Jorge; AGRA, Walber Moura (Coords.). *Comentários à Constituição Federal de 1988*. Rio de Janeiro: Forense, 2009.

BOROWSKY, Martin. *La estructura de los derechos fundamentales*. (Trad. Carlos Bernal Pulido). Bogotá: Universidad Externado de Colombia, 2003.

BORRILO, Daniel; LOCHAK, Danièle. *La liberté sexuelle*. Paris: Presses Univeristaires de France, 2005.

BOULOS, Guilherme. Previdência de Bolsonaro colocará a maioria na miséria absoluta. *Carta Capital*, 10 mar. 2019. Disponível em: https://www.cartacapital.com.br/opiniao/previdencia-de-bolsonaro-colocara-a-maioria-na-miseria-absoluta/. Acesso em 14 ago. 2020.

BOURDIEU, Pierre. *A distinção*: crítica social do julgamento. São Paulo: Edusp, 2006.

BOURDIEU, Pierre. *A economia das trocas simbólicas*. (Trad. Sérgio Miceli *et al.*). São Paulo: Perspectiva, 1987.

BOURDIEU, Pierre. *Razões práticas*: sobre a teoria da ação. (Trad. Mariza Corrêa). Campinas: Papirus, 1996.

BRANCO, Paulo Gustavo Gonet. Art. 5º, XVI. *In*: CANOTILHO, J. J. Gomes *et al*. *Comentários à Constituição do Brasil*. São Paulo: Saraiva, 2013.

BRANCO, Paulo Gustavo Gonet. Vastas emoções e pensamentos imperfeitos: algumas ideias obre a dignidade da pessoa no direito. *In*: BRANCO, Paulo Gustavo Gonet (Org.). *Princípio da dignidade da pessoa humana*. Brasília: IDP, 2013.

BRANDÃO, Pedro Augusto Domingues Miranda. *O novo constitucionalismo pluralista latino-americano*: participação popular e cosmovisões indígenas (Pachamama e Sumak Kawsay). Dissertação (Mestrado em Direito) ⊠ Faculdade de Direito, Universidade Federal de Pernambuco, 2013.

BRANDÃO, Rodrigo. *Direitos fundamentais, democracia e cláusulas pétreas*. Rio de Janeiro: Renovar, 2008.

BRANDÃO, Rodrigo. *Supremacia judicial versus diálogos constitucionais*: a quem cabe a última palavra sobre o sentido da Constituição? Rio de Janeiro: Lumen Juris, 2011.

BRENNAN JR., William J. *The Constitution of the United States*: contemporary ratification. Disponível em: http://www.staffweb.wilkes.edu/kyle.kreider/Brenn an.doc. Acesso em 15 set. 2015.

BROWN, Wendy; HALLEY, Janet (Eds.). *Left legalism, left critique*. Durham: Duke University Press, 2002.

BROWN, Wendy. *Nas ruínas do neoliberalismo*: a ascensão da política antidemocrática no Ocidente. (Trad. Mario Antunes Marino e Eduardo Altheman C. Santos). São Paulo: Editora Filosófica Politeia, 2019.

BRUM, Eliane. *Brasil construtor de ruínas. Um olhar sobre o país, de Lula a Bolsonaro*. Porto Alegre: Arquipélago Editorial, 2019.

BRUGGER, Winfried. Dignity, rights and legal philosophy within the anthropological cross of decision-making. *German Law Journal*, v. 9, n. 10, 2008.

BRUGGER, Winfried. The treatment of hate speech in German Constitutional Law. *In*: *AA.VV. Acts of the 16th Congress of the International Academy of Comparative Law*. Brisbane, 2002.

BUENO, José Antônio Pimenta. Direito público brasileiro e análise da constituição do império. *In*: KUGELMAN, Eduardo (Org.). *Marquês de São Vicente*. São Paulo: Editora 34, 2002.

BURGORGUE-LARSEN, Laurence (Ed.). *La dignité saisie par les juges en Europe*. Bruxelas: Bruylant, 2010.

BURKE, Edmund. *Reflections on the revolution in France*. Indianapolis: Hackett, 1987.

BUTLER, Judith. *Undoing gender*. New York: Routledge, 2004.

CAENEGEM, R. C. Van. *Uma introdução histórica ao direito constitucional ocidental*. (Trad. Alexandre Vaz Pereira). Lisboa: Fundação Calouste Gulbenkian, 2009.

CALABRESI, Guido; BOBBIT, Philip. *Tragic choices*. New York: Norton, 1978.

CALGARO, Fernanda. Bolsonaro repete que não estupra deputada porque ela 'não merece'. *G1*, Brasília, 09 dez. 2014. Disponível em: http://g1.globo.com/politica/noticia/2014/12/bolsonaro-repete-que-nao-estupra-deputada-porque-ela-nao-merece.html. Acesso em 09 jul. 2020.

CAMPBELL, Keith. *Body and mind*. 2. ed. Notre Dame: Notre Dame University Press, 1984.

CAMPOS, Carlos Alexandre de Azevedo. *Da inconstitucionalidade por omissão ao estado de coisas inconstitucional*. 2015. Tese (Doutorado em Direito) ⊠ Faculdade de Direito, Universidade do Estado do Rio de Janeiro, Rio de Janeiro, 2015.

CAMPOS, Francisco. *O estado nacional*. Campinas: Ebookslibris, 2002.

CANARIS, Claus-Wilhelm. *Direitos fundamentais e direito privado*. (Trad. Ingo Wolfgang Sarlet e Paulo Mota Pinto). Coimbra: Livraria Almedina, 2003.

CANCIK, Hubert. Dignity of man and 'persona' in stoic antrophology: some remarks on Cicero, De Officiis I, 105-107. *In*: KRETZMER, David; KLEIN, Eckart (Eds.). *The concept of human dignity in human rights discourse*. The Hague: Kluwer Law International, 2002.

CANOTILHO, J. J. Gomes. *Direito constitucional e teoria da constituição*. Coimbra: Almedina, 1998.

CANOTILHO, J. J. Gomes. *Direito constitucional*. Coimbra: Almedina, 1992.

CANOTILHO, J. J. Gomes. Metodologia Fuzzy e 'camaleões normativos' na problemática atual dos direitos sociais, econômicos e culturais. *In*: CANOTILHO, J. J. Gomes. *Estudos sobre direitos fundamentais*. Coimbra: Coimbra Editora, 2004.

CARNEIRO, Mariana; FERNANDES, Talita; URIBE, Gustavo. Governo emite nova lei na tentativa de destravar burocracia. *Folha de São Paulo*, 30 abr. 2019. Disponível em: https://www1.folha.uol.com.br/mercado/2019/04/orgaos-regulatorios-terao-que-analisar-impacto-economico-antes-de-baixar-normas.shtml. Acesso em 11 ago. 2020.

CAROZZA, Paolo G. Human dignity in constitutional adjudication. *In*: GINSBURG, Tom; DIXON, Rosalind (Eds.). *Comparative constitutional law*. Cheltenham: Edward Elgar Publishing Limited, 2011.

CARROL, Lewis. Through the looking glass. *In*: CARROL, Lewis. *The complete illustrated works*. London: Leopard Books, 1995.

CARRUTHERS, Peter. *Introducing persons*. London: Croom Helm, 1986.

CARTA CAPITAL. *Bolsonaro em 25 frases polêmicas*. 29 out. 2018. Disponível em: https://www.cartacapital.com.br/politica/bolsonaro-em-25-frases-polemicas/. Acesso em 09 jul. 2020.

CARVALHO, José Murilo de. *A cidadania no Brasil*: o longo caminho. 5. ed. Rio de Janeiro: Civilização Brasileira, 2004.

CARVALHO, José Murilo de. *A formação das almas*: o imaginário da república no Brasil. Rio de Janeiro: Companhia das Letras, 1990.

CARVALHO, José Murilo de. Entre a autoridade e a liberdade. *In*: CARVALHO, José Murilo de (Org.). *Paulino José de Souza – Visconde do Uruguai*. São Paulo: Editora 34, 2002.

CASABONA, Carlos Maria Romeo. O consentimento informado na relação entre médico e paciente. *In*: CASABONA, Carlos Maria Romeo; QUEIROZ, Juliana Fernandes (Coords.). *Biotecnologia e suas implicações ético-jurídicas*. Belo Horizonte: Del Rey, 2004.

CASTELLS, Manuel. *Ruptura*: a crise da democracia. Rio de Janeiro: Zahar, 2018.

CASTRO, Carlos Roberto Siqueira. Dignidade da pessoa humana: o princípio dos princípios constitucionais. *In*: CASTRO, Carlos Roberto Siqueira. *Direito constitucional e regulatório*: ensaios e pareceres. Rio de Janeiro: Renovar, 2011.

CASTRO, Eduardo Viveiros de. Sociedade. *In*: LIMA, Antônio Carlos de Souza. *Antropologia e direitos*: temas antropológicos para estudos jurídicos. Rio de Janeiro/ Brasília: Contra-Capa, LACED, Associação Brasileira de Antropologia, 2012.

CHADE, Jamil. Brasil veta o termo gênero em resoluções da ONU e cria mal-estar. *UOL*, 27 abr. 2020. Disponível em: https://jamilchade.blogosfera.uol.com.br/2019/06/27/brasil-veta-termo-genero-em-resolucoes-da-onu-e-cria-mal-estar/. Acesso em 05 ago. 2020.

CHAUÍ, Marilena. *Introdução à história da filosofia 1*: dos pré-socráticos a Aristóteles. São Paulo: Schwartz, 2002.

CHAUÍ, Marilena. O homem cordial, um mito destruído à força. *In*: CHAUÍ, Marilena. *Manifestações ideológicas do autoritarismo brasileiro*. Belo Horizonte: Autêntica, 2013.

CHOUDHRY, Sujit (Ed.). *The migration of constitutional ideas*. Cambridge: Cambridge University Press, 2006.

CÍCERO. *De officiis*. (Trad. Walter Miller). Cambridge: Harvard University Press, 1913. Disponível em: http://www.constitution.org/rom/de_officiis.htm. Acesso em 04 abr. 2015.

CITTADINO, Gisele. *Pluralismo, direito e justiça distributiva*: elementos de filosofia constitucional contemporânea. Rio de Janeiro: Lumen Juris, 1999.

CLÈVE, Clèmerson Merlin. A eficácia dos direitos fundamentais sociais. *Boletim Científico da Escola Superior do Ministério Público da União*, Brasília, n. 8, jul./dez. 2003.

CLÈVE, Clèmerson Merlin. Jurisdição constitucional e paternalismo: considerações sobre a Lei da Ficha Limpa. *In*: CLÈVE, Clèmerson Merlin. *Temas de direito constitucional*. 2. ed. Belo Horizonte: Fórum, 2014.

CLÈVE, Clèmerson Merlin. O jurídico como espaço de luta. *In*: CLÈVE, Clèmerson Merlin. *Para uma dogmática constitucional emancipatória*. Belo Horizonte: Fórum, 2012.

COELHO, Edmundo Campos. *Em busca da identidade*: o exército e a política na sociedade brasileira. Rio de Janeiro: Record, 2000.

COIMBRA, Cecília Maria Bouças. Doutrinas de segurança nacional: banalizando a violência. *Psicologia em estudo*, Maringá, v. 5, n. 2, p. 1-22, 2000.

COLIVER, Sandra (Ed.). *Striking a balance*: hate speech, freedom of expression and non-discrimination. Essex: Human Rights Centre of the University of Essex, 1992.

COMPARATO, Fábio Konder. *A afirmação histórica dos direitos humanos*. São Paulo: Saraiva, 1999.

COMPARATO, Fábio Konder. Ética: direito, moral e religião no mundo moderno. São Paulo: Companhia das Letras, 2006.

COMTE, Auguste. *Catéchisme positiviste*. Paris: Editions du Sandre, 1852.

CONDE DE MIRÂNDOLA E CONCÓRDIA, Giovanni Pico. *A dignidade do homem*. (Trad. Luiz Feracine). 2. ed. Campo Grande: Solivros, 1999.

CONGRESSO EM FOCO. *Bolsonaro*: 'Quilombola não serve nem para procriar'. 05 abr. 2017. Disponível em: https://congressoemfoco.uol.com.br/especial/noticias/bolsonaro-quilombola-nao-serve-nem-para-procriar/. Acesso em 09 jul. 2020.

CONSTANT, Benjamin. De la liberté des Anciens comparée a celles des Modernes. *In*: CONSTANT, Benjamin. Écrits Politiques. Paris: Gallimard, 1997.

CORDEIRO, Francisco. O risco concreto de propagação do COVID-19 no falido sistema prisional brasileiro. *Canal Ciências Criminais*, 14 abr. 2020. Disponível em: https://canalcienciascriminais.com.br/o-risco-concreto-de-propagacao-do-covid-19-no-falido-sistema-prisional/. Acesso em 04 set. 2020.

CORDEIRO, Karine da Silva. *Os direitos fundamentais sociais*: dignidade da pessoa humana e mínimo existencial: o papel do Poder Judiciário. Porto Alegre: Livraria do Advogados, 2012.

CORNELL, Drucilla. *Beyond accommodation*: ethical feminism, deconstruction and the law. Boston: Rowman & Littlefield Publishers, 1999.

CORNELL, Drucilla; MUVANGUA, Nyoko. *Ubuntu and the law*: African ideals and postapartheid jurisprudence. New York: Fordham University Press, 2012.

COSTA, Gilberto. Auxílio emergencial: 65,3 milhões de brasileiros recebem a 4ª Parcela. *Agência Brasil*, Brasília, 23 jul. 2020. Disponível em: https://agenciabrasil.ebc.com.br/economia/noticia/2020-07/auxilio-emergencial-653-milhoes-de-brasileiros-recebem-4a-parcela. Acesso em 09 set. 2020.

COSTA NETO, João. *Dignidade humana*: visão do Tribunal Constitucional Federal Alemão, do STF e do Tribunal Europeu. São Paulo: Saraiva, 2014.

COULANGES, Fustel de. *A cidade antiga*. 8. ed. Lisboa: Livraria Clássica, 1980.

COURTIS, Christian. *Los derechos sociales como derechos exigibles*. 2. ed. Madrid: Editorial Trotta, 2004.

CRUZ, Álvaro Ricardo de Souza. *Habermas e o direito brasileiro*. Rio de Janeiro: Lumen Juris, 2006.

CRUZ, Álvaro Ricardo de Souza. Um olhar crítico-deliberativo sobre os direitos sociais no estado democrático de direito. *In*: SOUZA NETO, Cláudio Pereira de; SARMENTO, Daniel (Orgs.). *Direitos sociais*: fundamentos, judicialização e direitos sociais em espécie. Rio de Janeiro: Lumen Juris, 2008.

CUNHA, Manuela Carneiro. *Cultura com aspas*. São Paulo: Cosac Naify, 2009.

D'AGOSTINI, Franca. *Analíticos e continentais*. (Trad. Benno Dischinger). São Leopoldo: Unisinos, 2003.

DALY, Erin. *Dignity rights*: courts, constitution and the worth of the human person. Philadelphia: University of Pennsylvania Press, 2013.

DAMÁSIO, Antonio. *O erro de Descartes*. (Trad. Dora Vicente e Georgina Segurado). São Paulo: Companhia das Letras, 1996.

DAMATTA, Roberto. Sabe com quem está falando? A distinção entre indivíduo e pessoa no Brasil. *In*: DAMATTA, Roberto. *Carnavais, malandros e heróis*: para uma sociologia do dilema brasileiro. 6. ed. Rio de Janeiro: Rocco, 1996.

DANOWSKI, Déborah; CASTRO, Eduardo Viveiros de. *Há mundo por vir?*: ensaio sobre os medos e os fins. Florianópolis: Cultura e Barbárie, 2014.

DAVIS, D. M. Equality: the majesty of Legoland jurisprudence. *South African Law Journal*, n. 116, 1999.

DERSHOWITZ, Alan M. *Why terrorism works*: understanding the threat, responding the challenge. New Haven: Yale University Press, 2002.

DEVLIN, Lord Patrick. Moral and the criminal law. *In*: DWORKIN, Ronald. *The philosophy of law*. Oxford: Oxford University Press, 1977.

DI PIETRO, Maria Sylvia (Org.). *Supremacia do interesse público e outros temas relevantes do direito administrativo*. São Paulo: Atlas, 2010.

DIAS, Roberto. *O direito fundamental à morte digna*: uma visão constitucional da eutanásia. Belo Horizonte: Fórum, 2012.

DÍAZ, Elias. *Estado de derecho y sociedade democratica*. Madrid: Tecnos, 1979.

DIMOULIS, Dimitri. Neoconstitucionalismo e moralismo jurídico. *In*: SARMENTO, Daniel. *Teoria e filosofia constitucional contemporânea*. Rio de Janeiro: Lumen Juris, 2010.

DIMOULIS, Dimitri. *Positivismo jurídico*: introdução a uma teoria do direito e defesa do pragmatismo jurídico-político. São Paulo: Método, 2006.

DIMOULIS, Dimitri; MARTINS, Leonardo. *Teoria geral dos direitos fundamentais*. São Paulo: Revista dos Tribunais, 2006.

DINIZ, Iara. De crítico a defensor do Bolsa Família: veja as frases de Bolsonaro. *A Gazeta*, 27 ago. 2020. Disponível em: https://www.agazeta.com.br/es/politica/de-critico-a-defensor-do-bolsa-familia-veja-frases-de-bolsonaro-0820. Acesso em 14 set. 2020.

DONNELLY, Jack. *Universal human rights in theory and practice*. 2. ed. Ithaca: Cornell University Press, 2003.

DOSTOIEWSKY, Fiodor. *The brothers Karamazov*. (Trad. R. Pevear e L. Volokhonsky). New York: Vintage Classics, 1991.

DOUZIMAS, Costas. *O fim dos direitos humanos*. (Trad. Luzia Araújo). São Leopoldo: Unisinos, 2007.

DOYAL, Len; GOUGH, Ian. *A theory of human need*. New York: The Gilford Press, 1991.

DUGUIT, Léon. *Las transformaciones del derecho público y privado*. (Trad. Carlos Posada). Buenos Aires: Editorial Heliasta, 1975.

DUMONT, Louis. *Essais sur l'individualisme*: une perspective anthropologique sur l'idéologie moderne. Paris: Editions du Seuil, 1983.

DUPRAT, Deborah. O direito sob o marco da plurietnicidade/multiculturalidade. *In*: RAMOS, Alcida Rita. *Constituições nacionais e povos indígenas*. Belo Horizonte: UFMG, 2012.

DUPRÉ, Catherine. *Importing law in post-communist transitions*: the Hungarian Constitutional Court and the right to human dignity. Oxford: Hart Publishing, 2003.

DUPRÉ, Catherine. *The Age of Dignity:* human rights and constitutionalism in Europe. Oxford: Hart Publishing, 2015.

DÜRIG, Günter; NIPPERDEY, Hans Carl; SCHWABE, Jürgen. *Direitos fundamentais e direito privado*. (Trad. Luis Afonso Heck). Porto Alegre: Sergio Antonio Fabris, 2012.

DURKHEIM, Émile. As regras do método sociológico. (Trad. Maria Garrido Esteves). *In*: *Os pensadores*: Durkheim. São Paulo: Abril Cultural, 1978.

DÜWELL, Marcus *et al*. (Eds.). *The Cambridge handbook of human dignity*: interdisciplinary perspectives. Cambridge: Cambridge University Press, 2014.

DWORKIN, Andrea. Against the male flood: censorship, pornography and equality. *Harvard Women's Law Journal*, n. 8, 1985.

DWORKIN, Gerald. Paternalism. *In*: SARTORIUS, Rolf (Ed.). *Paternalism*. Minneapolis: University of Minnesota Press, 1983.

DWORKIN, Gerald. Paternalism: some second thoughts. *In*: SARTORIUS, Rolf (Ed.). *Paternalism*. Minneapolis: University of Minnesota Press, 1983.

DWORKIN, Ronald. Liberty and moralism. *In*: DWORKIN, Ronald. *Taking rights seriously*. Cambridge: Harvard University Press, 1977.

DWORKIN, Ronald. *Domínio da vida*: aborto, eutanásia e liberdades individuais. (Trad. Jefferson Luiz Camargo). São Paulo: Martins Fontes, 2003.

DWORKIN, Ronald. *Freedom's law*: the moral reading of the American Constitution. Cambridge: Harvard University Press, 1996.

DWORKIN, Ronald. In praise of theory. *In*: DWORKIN, Ronald. *Justice in robes*. Cambridge: Harvard University Press, 2006.

DWORKIN, Ronald. Introduction: the moral reading and the majoritarian premise. *In*: DWORKIN, Ronald. *Freedom's law*: the moral reading of the American Constitution. Cambridge: Harvard University Press, 1996.

DWORKIN, Ronald. *Is democracy possible here?*: principles for a new political debate. Princeton: Princeton University Press, 2006.

DWORKIN, Ronald. *Justice for hedgehogs*. Cambridge: The Belknap Press of Harvard University Press, 2011.

DWORKIN, Ronald. Rights as trumps. *In*: WALDRON, Jeremy (Ed.). *Theories of rights*. New York: Oxford University Press, 1984.

DWORKIN, Ronald. *Taking rights seriously*. Cambridge: Harvard University Press, 1978.

DWORKIN, Ronald. What rights do we have? *In*: DWORKIN, Ronald. *Taking rights seriously*. Cambridge: Harvard University Press, 1977.

DWORKIN, Ronald. Why speech must be free. *In*: DWORKIN, Ronald. *Freedom's law*: the moral reading of the American Constitution. Cambridge: Harvard University Press, 1996.

EBERHARD, Christoph. Direitos humanos e diálogo intercultural: uma perspectiva antropológica. *In*: BALDI, César Augusto. *Direitos humanos na sociedade cosmopolita*. Rio de Janeiro: Renovar, 2004.

EBERLE, Edward J. *Dignity and liberty*: constitutional visions in Germany and the United States. Westport: Praeger, 2002.

ECO, Umberto. O fascismo eterno. *In*: *Cinco Escritos Morais*. São Paulo: Record, 1997.

ECO, Umberto. Quando o outro entra em cena. *In*: ECO, Umberto. *Cinco escritos morais*. (Trad. Eliana Aguiar). Rio de Janeiro: Record, 1998.

EDMONDS, David. *Would you kill the fat man?*: the trolley problem and what your answer tells us about rights and wrongs. Princeton: Princeton University Press, 2014.

EGIDY, Stefanie. *Casenote*: the fundamental right to guarantee of a subsistence minimum in the Hartz IV Decision of the German Federal Constitutional Court. Disponível em: http://www.germanlawjournal.com. Acesso em 13 ago. 2015.

ELIAS, Norbert; SCOTSON, John L. *Os estabelecidos e os outsiders*: sociologia das relações de poder a partir de uma pequena comunidade. (Trad. Vera Ribeiro). São Paulo: Zahar, 2000.

ELSTER, Jon. *Reason and rationality*. Princeton: Princeton University Press, 2009.

ELSTER, Jon. *Sour grapes*: studies in the subversion of rationality. Cambridge: Cambridge University Press, 1985.

ENGELHARDT JR., H. Tristram. *Fundamentos da bioética*. (Trad. José A. Ceschin). São Paulo: Loyola, 1998.

ESKRIDGE JR., William N. *The case for same-sex marriage*: from sexual liberty to civilized commitment. New York: The Free Press, 1996.

ESTADÃO CONTEÚDO. Bolsonaro diz que índios vivem 'pré-históricos dentro de suas terras'. *Exame*, 27 nov. 2019. Disponível em: https://exame.com/brasil/bolsonaro-diz-que-indios-vivem-pre-historicos-dentro-de-suas-terras/. Acesso em 09 jul. 2020.

ESTEVES, Bernardo. O Meio Ambiente como estorvo. *Piauí*, edição de junho de 2019. Disponível em: https://piaui.folha.uol.com.br/materia/o-meio-ambiente-como-estorvo/. Acesso em 14 ago. 2020.

FABRE, Cécile. *Social rights under the Constitution*. Oxford: Oxford University Press, 2000.

FACHIN, Luiz Edson. *Estatuto jurídico do patrimônio mínimo*. Rio de Janeiro: Renovar, 2001.

FALK, Richard. The rights of peoples (in particular indigenous peoples). *In*: CRAWFORD, James (Ed.). *The rights of peoples*. Oxford: Oxford University Press, 1988.

FAORO, Raymundo. *Os donos do poder*: formação do patronato político brasileiro. 9. ed. Rio de Janeiro: Globo, 1991. v. 2.

FARIA, Márcio Senra. *A prostituição no Brasil no século XXI*: razões para a sua regulamentação. 2013. Dissertação (Mestrado em Direito) – Faculdade de Direito, Universidade do Estado do Rio de Janeiro, Rio de Janeiro, 2013.

FEINBERG, Joel. *Harm to others*: the moral limits of criminal law. New York: Oxford University Press, 1985.

FEINBERG, Joel. *Harmless wrongdoing*: the moral limits of criminal law. New York: Oxford University Press, 1990.

FEINBERG, Joel. Legal paternalism. *In*: SARTORIUS, Rolf (Ed). *Paternalism*. Minneapolis: University of Minnesota Press, 1983.

FEINBERG, Joel. *Offense to others*: the moral limits of the criminal law. New York: Oxford University Press, 1985.

FEINBERG, Joel; SHAFER-LANDAU, Russ (Eds.). *Reason & responsibility*. 11. ed. Belmont: Wadsworth/Thompson Learning, 2002.

FELDMAN, David. Human dignity as a legal value: part I. *Public Law*, 2000.

FERES JÚNIOR, João; POGREBINSCHI, Thamy. *Teoria política contemporânea*: uma introdução. Rio de Janeiro, Elsevier, 2011.

FERNANDES, Adriana; TURTELLI, Camila, Governo nega auxílio emergencial para parentes de presos. *UOL*, Brasília, 14 mai. 2020. Disponível em: https://economia.uol.com.br/noticias/estadao-conteudo/2020/05/14/governo-nega-auxilio-emergencial-para-parentes-de-presos.htm. Acesso em 09 jul. 2020.

FERNANDES, Javier Martín (Coord.). *El mínimo personal y familiar en el impuesto de la renta de las personas físicas*. Madrid: Marcial Pons, 2000.

FERRAJOLI, Luigi. Derechos fundamentales. *In*: FERRAJOLI, Luigi. *Los fundamentos de los derechos fundamentales*. Madrid: Editorial Trotta, 2001.

FERRAZ, Octavio L. Mottta. Brazil: health inequalities, rights and courts: the social impact of the judicialization of health. *In*: YAMIN, Alicia Ely; GLOPPEN, Siri (Eds.). *Litigating health rights*: can courts bring more justice to health? Cambridge: Harvard University Press, 2011.

FERREIRA, Lígia Fonseca (Org.). *Lições de resistência*: artigos de Luis Gama na imprensa de São Paulo e do Rio de Janeiro. São Paulo: Edições SESC, 2020.

FINNIS, John. Law, morality and sexual orientation. *In*: CORVINO, John (Ed.). *Same sex*: debating the ethics, science, and culture of homosexuality. Lanham: Rowman and Littlefield, 1997.

FINNIS, John. *Lei natural e direitos naturais*. (Trad. Leila Mendes). São Leopoldo: Unisinos, 2006.

FISS, Owen. The Supreme Court and the problem of hate speech. *Capitol University Law Review*, n. 24, 1995.

FISS, Owen. Groups and the equal protection clause. *Journal of Philosophy and Public Affairs*, n. 107, 1976.

FOLHA DE SÃO PAULO. *Bolsonaro diz que 'garimpou' e vetou filmes com temática LGBT*. 16 ago. 2019. Disponível em: https://www1.folha.uol.com.br/ilustrada/2019/08/bolsonaro-diz-que-garimpou-e-vetou-filmes-com-tematica-lgbt.shtml. Acesso em 05 ago. 2020.

FOLHAPRESS. Em entrevista de 1993, Geisel diz que Bolsonaro era mau militar que pedia volta da ditadura. *Folha de Pernambuco*, 26 out. 2018. Disponível em: https://www.folhape.com.br/noticias/em-entrevista-de-1993-geisel-diz-que-bolsonaro-era-mau-militar-que-ped/85694/. Acesso em 15 set. 2020.

FONTE, Felipe de Melo. *Políticas públicas e direitos fundamentais*. São Paulo: Saraiva, 2013.

FORST, Rainer. The ground of critique: on the concept of human dignity in social orders of justification. *Philosophy and Social Criticism*, n. 37, 2011.

FOSTER, Sheila R.; BONILLA, Daniel. The social function of property: a comparative law perspective. *Fordham University Law Review*, New York, n. 80, 2011.

FOUILLÉE, Alfred. *La science sociale contemporaine*. Paris: Hachette, 1880.

FRANCE, Anatole. *Le Lys rouge*. Paris: Calmann-Levy, 1906.

FRANKENBERG, Günther. Tirania da dignidade?: paradoxos e paródias de um valor supremo. *In*: FRANKENBERG, Günther. *A gramática da constituição e do direito*. Belo Horizonte: Del Rey, 2007. Coleção Del Rey Internacional. v. 7.

FRANKFURT, Harry. Freedom of the will and the concept of a person. *The Journal of Philosophy*, n. 68, 1971.

FRASER, Nancy. *O velho está morrendo e o novo ainda não pode nascer*. (Trad. Gabriel Lande Fazzio). São Paulo: Autonomia literária, 2020.

FRASER, Nancy. Reframing justice in a globalizing world. *In*: OLSON, Kevin (Ed.). *Adding insult to injury*: Nancy Fraser debates her critics. London: Verso, 2008.

FRASER, Nancy. Distorted beyond recognition: a rejoinder to axel honneth. *In*: FRASER, Nancy; HONNETH, Axel. *Redistribution or recognition*: a political-philosophical exchange. London: Verso, 2003.

FRASER, Nancy. Social justice in the age of identity politics: redistribution, recognition and participation. *In*: FRASER, Nancy; HONNETH, Axel. *Redistribution or recognition*: a political-philosophical exchange. London: Verso, 2003.

FRASER, Nancy. From redistribution to recognition?: dilemmas of justice in a "postsocialist" age. *In*: FRASER, Nancy. *Justice interruptus*: critical reflections on the "postsocialist" condition. New York: Routledge, 1997.

FREEMAN, Samuel Eed. *The Cambridge companion to Rawls*. Cambridge: Cambridge University Press, 2003.

FREIRE, Paulo. *Pedagogia da autonomia*. São Paulo: Paz e Terra, 1996.

FREITAG, Bárbara. *Itinerários de Antígona*: a questão da moralidade. São Paulo: Papirus, 1992.

FREUD, Sigmund. Uma dificuldade da psicanálise. *In*: FREUD, Sigmund. *Obras completas*. (Trad. Paulo César de Souza). São Paulo: Companhia das Letras, 2010. v. 14.

FRIED, Charles. *Modern liberty and the limits of government*. New York: W.W Norton & Company, 2007.

FRIEDMAN, Milton. *Capitalismo e liberdade*. (Trad. Luciana Carli). São Paulo: Artenova, 2000.

FRIEDRICH, Carl J. Derechos, independencia, libertad: una nueva evaluación. *In*: FRIEDRICH, Carl J. *La filosofía del derecho*. 6. reimp. (Trad. Margarita Alvarez Franco). México: Fondo de Cultura Económica, 1997.

FULLER, Lon. *The morality of law*. New Haven: Yale University Press, 1964.

G1. *Em vídeo, Damares diz que 'nova era' começou: meninos vestem azul, meninas vestem rosa*. Brasília, 03 jan. 2019. Disponível em: https://g1.globo.com/politica/noticia/2019/01/03/em-video-damares-alves-diz-que-nova-era-comecou-no-brasil-meninos-vestem-azul-e-meninas-vestem-rosa.ghtml. Acesso em 05 ago. 2020.

G1. Ministro do Meio Ambiente defende passar 'a boiada' e 'mudar' regras enquanto atenção da mídia está voltada para a Covid-19. *O Globo*, 22 mai. 2020. Disponível em: https://g1.globo.com/politica/noticia/2020/05/22/ministro-do-meio-ambiente-defende-passar-a-boiada-e-mudar-regramento-e-simplificar-normas.ghtml. Acesso em 14 ago. 2020.

G1. Relatório da ONU prevê 'catástrofe ambiental' no mundo em 2050. *G1 o globo*, São Paulo, 14 mar. 2013. Disponível em: http://g1.globo.com/natureza/noticia/2013/03/relatorio-da-onu-preve-catastrofe-ambiental-no-mundo-em-2050.html. Acesso em 09 jul. 2020.

G1. *Sérgio Camargo, presidente da Fundação Palmares, chama movimento negro de 'escória maldita' em reunião*. 02 jun. 2020. Disponível em: https://g1.globo.com/politica/noticia/2020/06/02/sergio-camargo-presidente-da-fundacao-palmares-chama-movimento-negro-de-escoria-maldita-em-reuniao.ghtml. Acesso em 05 ago. 2020.

G1. *Veja as principais frases do Presidente Jair Bolsonaro durante reunião ministerial que teve gravação divulgada pelo STF*. 22 mai. 2020. Disponível em: https://g1.globo.com/politica/noticia/2020/05/22/veja-as-principais-frases-do-presidente-jair-bolsonaro-durante-reuniao-ministerial-que-teve-gravacao-divulgada-pelo-stf.ghtml. Acesso em 24 set. 2020.

GALDINO, Flávio. *Introdução à teoria dos custos dos direitos*: direitos não nascem em árvores. Rio de Janeiro: Lumen Juris, 2005.

GALSTON, Willian A. *Anti-pluralism*: the populist threat to liberal democracy. New Haven: Yale University Press, 2018.

GARAVITO, César Rodríguez. Más Allá del desplazamiento, o cómo superar un estado de cosas inconstitucional. *In*: GARAVITO, César Rodríguez (Coord.). *Más Allá del desplazamiento*: políticas, derechos y superación del desplazamiento forzado en Colombia. Bogotá: Ediciones Uniandes, 2010.

GARCIA, Diego. Questão ambiental é para veganos, que só comem vegetais, diz Bolsonaro. *Folha de São Paulo*, 21 jul. 2019. Disponível em: https://www1.folha.uol.com.br/cotidiano/2019/07/questao-ambiental-e-para-veganos-que-so-comem-vegetais-diz-bolsonaro.shtml. Acesso em 14 ago. 2020.

GARGARELLA, Roberto. Democracia deliberativa e o papel dos juízes diante dos direitos sociais. *In*: SOUZA NETO, Cláudio Pereira de; SARMENTO, Daniel (Orgs.). *Direitos sociais*: fundamentos, judicialização e direitos sociais em espécie. Rio de Janeiro: Lumen Juris, 2008.

GARGARELLA, Roberto. Dialogic justice in the enforcement of social rights: some initial arguments. *In*: YAMIN, Alicia Ely; GLOPPEN, Siri. *Litigating health rights*: can courts bring more justice to health? Cambridge: Harvard University Press, 2011.

GARGARELLA, Roberto. *Las teorías de la justicia después de Rawls*. Barcelona: Paidós, 1999.

GASPARI, Elio. *A ditadura escancarada*. São Paulo: Companhia das Letras, 2002.

GATES JR., Henry Louis *et al*. *Speaking of race, speaking of sex*: hate speech, civil rights and civil liberties. New York: New York University Press, 1994.

GATES JR., Henry Louis. War of words: critical race studies and the first amendment. *In*: GATES JR., Henry Louis *et al*. *Speaking of race, speaking of sex*: hate speech, civil rights and civil liberties. New York: NYU Press, 1995.

GAUDEMET, Jean. *Institutions de L'Antiquité*. Paris: Sirey, 1967.

GEWIRTH, Alan. Duties to fulfill the human rights of the poor. *In*: POGGE, Thomas (Ed.). *Freedom from poverty as a human right*. Oxford: Oxford University Press, 2005.

GEWIRTH, Alan. *Human rights*: essays on justification and applications. Chicago: Chicago University Press, 1982.

GEWIRTH, Alan. *On human rights*. Oxford: Oxford University Press, 2008.

GIANNETTI, Eduardo. *Trópicos utópicos*. São Paulo: Companhia das Letras, 2016.

GIANNETTI, Eduardo. *A ilusão da alma*: biografia de uma ideia fixa. São Paulo: Companhia das Letras, 2010.

GIDDENS, Anthony. *O mundo em descontrole*. (Trad. Maria Luiza de A. Borges). São Paulo: Record, 2000.

GIMENO-CABRERA, Véronique. *Le traitement jurisprudentiel du principe de dignité de la personne humaine dans la jurispudence du Conseil Constitutionnel Français et du Tribunal Constitutionnel Espagnol*. Paris: L.G.D.J., 2004.

GINSBURG, Tom; HUQ, Aziz Z. *How to Save a Constitutional Democracy*. Chicago: The University of Chicago Press, 2018.

GIORGIANNI, Michele. O direito privado e suas atuais fronteiras. (Trad. Maria Cristina de Cicco). *Revista dos Tribunais*, São Paulo, n. 747, 1998.

GLENDON, Mary Ann. *The world made new*: Eleanor Roosevelt and the Universal Declaration of Human Rights. New York: Random House, 2001.

GÓES, Bruno; ARAGÃO, Helena; SOARES, Jussara. Roberto Alvim copia discurso do nazista Joseph Goebbels e causa onda de indignação. *O Globo*, 16 jan. 2020. Disponível em: https://oglobo.globo.com/cultura/roberto-alvim-copia-discurso-do-nazista-joseph-goebbels-causa-onda-de-indignacao-24195523. Acesso em 15 set. 2020.

GOFFMAN, Erving. *Stigma*: notes on the management of spoiled identities. New York: Simon & Schuster, 1963.

GOMES, Juliana Cesario Alvim. O constitucionalismo difuso e seus fundamentos. *In*: SARMENTO, Daniel (Org.). *Jurisdição constitucional e política*. Rio de Janeiro: Forense, 2015.

GOMES, Mércio Pereira. *Os índios e o Brasil*: passado, presente e futuro. São Paulo: Contexto, 2012.

GOMES, Orlando. *Direito de família*. 11. ed. Rio de Janeiro: Forense, 1999.

GOMES, Orlando. *Transformações gerais do direito das obrigações*. São Paulo: Revista dos Tribunais, 1970.

GOODALE, Mark (Ed.). *Human rights*: an anthropological reader. Oxford: Wiley-Blackwell, 2009.

GOODALE, Mark. *Surrendering to utopia*: an anthropology of human rights. Stanford: Stanford University Press, 2008.

GOODIN, Robert. E. Utility and the good. *In*: SINGER, Peter (Ed.). *A companion to ethics*. Malden: Blackwell Publishers, 2010.

GOUVÊA, Marco Maselli. *O controle judicial das omissões administrativas*: novas perspectivas de implementação dos direitos prestacionais. Rio de Janeiro: Forense, 2003.

GRABER, Mark A.; LEVINSON, Sanford; TUSHNET, Mark (Eds.). *Constitutional Democracy in Crisis?* Oxford: Oxford University Press, 2018.

GRECO, Luís. Casa de prostituição (art. 229) e direito penal liberal: reflexões por ocasião do recente julgado do STF (HC nº 104.467). *Revista Brasileira de Ciências Criminais*, São Paulo, n. 92, 2011.

GREEN, Leslie. Internal minorities and their rights. *In*: KYMLICKA, Will (Ed.). *The rights of minority cultures*. Oxford: Oxford University Press, 1995.

GRIMM, Dieter. A dignidade humana é intangível. (Trad. Eduardo Mendonça). *Revista de Direito do Estado*, n. 19, n. 20, p. 3-5, 2010.

GRIMM, Dieter. Dignity in a legal context: dignity as an absolute right. *In*: MCCRUDDEN, Christopher (Ed.). *Understanding human dignity*. Oxford: Oxford University Press, 2013.

GROSSI, Paolo. Propiedad y contrato. *In*: FIORAVANTI, Maurizio (Ed.). *El estado moderno en Europa*: instituciones y derecho. (Trad. Manuel Martínez Neira). Madrid: Editorial Trotta, 2004.

GULLINO, Daniel. Bolsonaro defende proposta de abstinência sexual e vê cenário de depravação total. *O Globo*, 05 fev. 2020. Disponível em: https://oglobo.globo.com/sociedade/bolsonaro-defende-proposta-de-abstinencia-sexual-ve-cenario-de-depravacao-total-2-24230440. Acesso em 14 ago. 2020.

GUTMANN, Amy. *Identity in democracy*. Princeton: Princeton University Press, 2003.

GZH CULTURA E LAZER. Novo presidente da Fundação Palmares já afirmou, em redes sociais, que a escravidão foi benéfica 'para os descendentes'. 27 nov. 2019. Disponível em: https://gauchazh.clicrbs.com.br/cultura-e-lazer/noticia/2019/11/novo-presidente-da-fundacao-palmares-ja-afirmou-em-redes-sociais-que-a-escravidao-foi-benefica-para-os-descendentes-ck3htcbla00gm01lloiorqmzo.html. Acesso em 05 ago. 2020.

HÄBERLE, Peter. A dignidade humana como fundamento da comunidade estatal. (Trad. Ingo Wolfgang Sarlet e Pedro Scherer de Melo Aleixo). *In*: SARLET, Ingo Wolfgang (Org.). *Dimensões da dignidade*: ensaios de filosofia do direito e direito constitucional. Porto Alegre: Livraria do Advogado, 2005.

HABERMAS, Jürgen. A luta por reconhecimento no estado democrático de direito. *In*: HABERMAS, Jürgen. *A inclusão do outro*: estudos de teoria política. (Trad. George Sperber e Paulo Astor Soethe). São Paulo: Edições Loyola, 2002.

HABERMAS, Jürgen. Learning by disaster? A Diagnostic Back on the Short 20th Century. *Constellations*, n. 5, 1998.

HABERMAS, Jürgen. *Direito e democracia*: entre facticidade e validade. (Trad. Flávio Beno Siebeneichler). Rio de Janeiro: Tempo Brasileiro, 1997. v. 1.

HABERMAS, Jürgen. *Direito e democracia*: entre facticidade e validade. (Trad. Flávio Beno Siebeneichler). Rio de Janeiro: Tempo Brasileiro, 1997. v. 2.

HABERMAS, Jürgen. Direito e moral (Tanner Lectures, 1986). *In*: HABERMAS, Jürgen. *Direito e democracia entre facticidade e validade*. (Trad. Flávio Beno Siebeneichler). Rio de Janeiro: Tempo Brasileiro, 1997. v. 2.

HABERMAS, Jürgen. Direitos culturais iguais e os limites do liberalismo pós-moderno. *In*: HABERMAS, Jürgen. *Entre naturalismo e religião*: estudos filosóficos. (Trad. Flávio Beno Siebeneichler). Rio de Janeiro: Tempo Brasileiro, 2007.

HABERMAS, Jürgen. *El futuro de la naturaleza humana*. (Trad. R. S. Carbó). Barcelona: Paidós, 2001.

HABERMAS, Jürgen. Inserção: inclusão ou confinamento?: da relação entre nação, estado de direito e democracia. *In*: HABERMAS, Jürgen. *A inclusão do outro*: estudos de teoria política. (Trad. George Sperber e Paulo Astor Soethe). São Paulo: Loyola, 1996.

HABERMAS, Jürgen. O conceito de dignidade humana e a utopia realista dos direitos humanos. *In*: HABERMAS, Jürgen. *Sobre a constituição da Europa*. (Trad. Luis Werle, Luiz Repa e Rúrion Melo). São Paulo: UNESP, 2012.

HABERMAS, Jürgen. O estado democrático de direito: uma amarração paradoxal de princípios contraditórios? *In*: HABERMAS, Jürgen. *Era das transições*. (Trad. Flávio Beno Siebeneichler). Rio de Janeiro: Tempo Brasileiro, 2003.

HABERMAS, Jürgen. Paradigms of law. *In*: ROSENFELD, Michel; ARATO, Andrew (Eds.). *Habermas on law and democracy*: critical exchanges. Berkeley: University of California Press, 1998.

HABERMAS, Jürgen. Religião na esfera pública: pressuposições cognitivas para o "uso público da razão" de cidadãos seculares e religiosos. *In*: HABERMAS, Jürgen. *Entre naturalismo e religião*: estudos filosóficos. Rio de Janeiro: Tempo Brasileiro, 2007.

HABERMAS, Jürgen. Sobre a coesão interna entre estado de direito e democracia. *In*: HABERMAS, Jürgen. *A inclusão do outro*: estudos de teoria política. (Trad. George Sperber e Paulo Astor Soethe). São Paulo: Loyola, 2002.

HABERMAS, Jürgen. *Teoría de la acción comunicativa*: critica de la razón funcionalista. (Trad. Manuel Jimenez Redondo). Madrid: Taurus, 2003. v. 2.

HABERMAS, Jürgen. Três modelos normativos de democracia. *In*: HABERMAS, Jürgen. *A inclusão do outro*: estudos de teoria política. (Trad. George Sperber e Paulo Astor Soethe). São Paulo: Loyola, 2002.

HACHEM, Daniel Wunder. *Princípio constitucional da supremacia do interesse público*. Belo Horizonte: Fórum, 2011.

HALL, Stuart. *A identidade cultural na pós-modernidade*. (Trad. Tomaz Tadeu da Silva e Guaraciara Lopes Louro). 10. ed. Rio de Janeiro: DP&A, 2005.

HANVEY, James. Dignity, person and imago trinitatis. *In*: MCCRUDDEN, Christopher (Ed.). *Understanding human dignity*. Oxford: Oxford University Press, 2013.

HARE, Richard M. *Moral thinking*. Oxford: Claredon Press, 1981.

HARRIS, Sam. *Free will*. New York: Free Press, 2012.

HART, Herbert L. A. *Law, liberty and morality*. Stanford: Stanford University Press, 1963.

HAYEK, Friedrich von. Freedom and coercion. *In*: MILLER, David (Ed.). *The liberty reader*. Boulder: Paradigm Publishers, 2006.

HAYEK, Friedrich von. *Law, legislation and liberty*: the mirage of social justice. Chicago: University of Chicago Press, 1976. v. 2.

HAYEK, Friedrich von. *Law, legislation and liberty*. Chicago: University of Chicago Press, 1979. v. 3.

HEGEL, Georg Wilhelm Friedrich. *A fenomenologia do espírito*. 8. ed. Petrópolis: Vozes, 2014.

HEGEL, Georg Wilhelm Friedrich. *Princípios da filosofia do direito*. (Trad. Orlando Vitorino). São Paulo: Martins Fontes, 2003.

HEGEL, George Wilhelm Friedrich. *A fenomenologia do espírito*. (Trad. Paulo Meneses). 6. ed. São Paulo: Vozes, 2011.

HELD, David. *Models of democracy*. Stanford: Stanford University Press, 1987.

HELLER, Agnes. *Una revisión de la teoría de las necesidades*. (Trad. Ángel Rivero Rodriguez). Barcelona: Editora Paidós, 1996.

HENNETTE-VAUCHEZ, Stéphanie. A human dignitas?: the contemporary principle of human dignity as a mere reappraisal of an ancient concept. *European University Institute Working Papers*, Law 2008/18.

HERÓDOTO. *The histories*. (Trad. Aubrey de Sélincourt). Londres: Penguin, 1996.

HERRERA FLORES, Joaquín. *La reinvención de los derechos humanos*. Madrid: Atrapasueños, 2005.

HERRERA, Carlos Miguel. Estado, constituição e direitos sociais. *In*: SOUZA NETO, Cláudio Pereira; SARMENTO, Daniel (Orgs.). *Direitos sociais*: fundamentos, judicialização e direitos sociais em espécie. Rio de Janeiro: Lumen Juris, 2008.

HESPANHA, António Manuel. *Panorama histórico da cultura jurídica européia*. Mira-Sintra: Publicações Europa-América, 1997.

HESSE, Konrad. *Derecho constitucional y derecho privado*. (Trad. Ignácio Gutièrrez y Gutièrrez). Madrid: Civitas, 1995.

HEYMAN, Steven J. *Free speech and human dignity*. New Haven: Yale University Press, 2008.

HIRATA, Daniel Veloso; GRILLO, Carolina Cristoph. *Operações policiais no Rio de Janeiro*. Rio de Janeiro: Fundação Heinrich Böll, 2019.

HIRSHMANN, Nancy J. *The subject of liberty*: toward a feminist theory of freedom. Princeton: Princeton University, 2003.

HOBBES, Thomas. *Leviatã ou matéria, forma e poder de um estado eclesiástico e civil*. (Trad. João de Paulo Monteiro e Maria Beatriz Nizza da Silva). 2. ed. São Paulo: Abril Cultural, 1979.

HÖFFE, Otfried. *Immanuel Kant*. (Trad. Christian Viktor Hamm e Valério Rohden). São Paulo: Martins Fontes, 2005.

HOLANDA, Sérgio Buarque de. *Raízes do Brasil*. 26. ed. São Paulo: Companhia das Letras, 2004.

HONNETH, Axel. *La societé du Mépris*. (Trad. Olivier Voirol *et al*.). Paris: Éditions la Découverte, 2006.

HONNETH, Axel. *Luta por reconhecimento*: a gramática moral dos conflitos sociais. (Trad. Luiz Repa). São Paulo: Editora 34, 2003.

HONNETH, Axel. Redistribution as recognition: a response to Nancy Fraser. *In*: FRASER, Nancy; HONNETH, Axel. *Redistribution or recognition*: a political-philosophical exchange. (Trad. Joel Golb, James Ingram e Christine Eilke). London: Verso, 2003.

HONNETH. Axel. *Freedom's right*: the social foundations of democratic life. (Trad. Joseph Ganahl). New York: Columbia University Press, 2014.

HONÓRIO, Cláudia. *Olhares sobre o mínimo existencial em julgados brasileiros*. 2009. Dissertação (Mestrado em Direito) – Faculdade de Direito, Universidade Federal do Paraná, Curitiba, 2009.

HUACO, Marcos. A laicidade como princípio constitucional do estado de direito. *In*: LOREA, Roberto Arriada (Org.). *Em defesa das liberdades laicas*. Porto Alegre: Livraria do Advogado, 2008.

HUAROTO. Beatriz May Ling Ramírez. *Estado de cosas inconstitucional y sus posibilidades como herramienta para el litigio estratégico de derecho público*: una mirada en la jurisprudencia colombiana y peruana. 2013. Dissertação (Mestrado em Direito) – Pontifícia Universidade Católica do Peru, Lima, 2013.

HUMAN RIGHTS WATCH. *Europe's Refugee Crisis Isn't Only About Syria*. 18 set. 2015. Disponível em: https://www.hrw.org/news/2015/09/18/europes-refugee-crisis-isnt-only-about-syria. Acesso em 14 out. 2015.

HUNT, Lynn. *Inventing human rights*: a history. New York: W. W. Norton & Company, 2007.

IKAWA, Daniela. *Ações afirmativas em universidades*. Rio de Janeiro: Lumen Juris, 2011.

INSTITUTO SOCIOAMBIENTAL. *Assessor da bancada ruralista é nomeado presidente da Funai*. 19 jul. 2019. Disponível em: https://www.socioambiental.org/pt-br/noticias-socioambientais/assessor-da-bancada-ruralista-e-nomeado-presidente-da-funai. Acesso em 05 ago. 2020.

ISHAY, Micheline R. *The human rights reader*. 2. ed. New York: Routledge, 2007.

JACKSON, Vicki C. *Constitutional engagement in a transnational era*. New York: Oxford University Press, 2009.

JACOBS, Francis G. Judicial dialogues and the cross-fertilization of legal systems: the European Court of Justice. *Texas International Law Journal*, v. 38, p. 547-557, 2003.

JENNINGS, Bruce. Autonomy. *In*: STEINBOCK, Bonnie (Ed.). *The Oxford Handbook of Bioethics*. Oxford: Oxford University Press, 2007.

JIMÉNEZ, Carla. Menina de 10 anos violentada faz aborto legal, sob alarde de conservadores à porta do hospital. *El País*, São Paulo, 18 ago. 2020. Disponível em: https://brasil.elpais.com/brasil/2020-08-16/menina-de-10-anos-violentada-fara-aborto-legal-sob-alarde-de-conservadores-a-porta-do-hospital.html. Acesso em 25 set. 2020.

JOAS, Hans. *A sacralidade da pessoa*: nova genealogia dos direitos humanos. (Trad. Nélio Schneider). São Paulo: Unesp, 2012.

JUCÁ, Beatriz. Governo ignora críticas e nomeia ex-missionário evangélico para proteção de indígenas isolados. *El País*, São Paulo, 05 fev. 2020. Disponível em: https://brasil.elpais.com/brasil/2020-02-05/governo-ignora-criticas-e-nomeia-ex-missionario-evangelico-para-protecao-de-indigenas-isolados.html. Acesso em 05 ago. 2020.

JUNGES, José Roque. *Bioética*: perspectivas e desafios. São Leopoldo: Unisinos, 1999.

KAMALI, Mohammad Hashim. *Human dignity in Islam*. Disponível em: http://www.iais.org.my/e/index.php/publications-sp-1447159098/articles/item/36-hum an-dignity-in-islam.html. Acesso em 15 set. 2015.

KAMIR, Orit. Honor and dignity cultures: the case of kavod and ha-adam in Israeli society and law. *In*: KRETZMER, David; KLEIN, Eckart (Eds.). *The concept of human dignity in human rights discourse*. The Hague: Kluwer Law International, 2002.

KANT, Immanuel. *Fundamentação da Metafísica dos costumes*. (Trad. Pedro Quintela). Lisboa: Edições 70, 2011.

KANT, Immanuel. *A metafisica dos costumes*. (Trad. Edson Bini). 2. ed. Bauru: Edipro, 2008.

KANT, Immanuel. *La metafísica de las costumbres*. (Trad. Adela Cortina Orts e Jesús Conill Sancho). 4. ed. Madrid: Tecnos, 2005.

KANT, Immanuel. An answer to the question: 'what is enlightenment?' *In*: KANT, Immanuel. *Political writings*. (Trad. H. B. Nisbet). Cambridge: Cambridge University Press, 1991.

KANT, Immanuel. *Letters on ethics*. (Trad. Louis Infield). Cambridge: Hackett Publishing, 1981.

KANT, Immanuel. On the common saying: this may be true in theory, but it does not apply in practice. *In*: KANT, Immanuel. *Political writings*. (Trad. H. S. Nisbet). Cambridge: Cambridge University Press, 1971.

KATEB, George. *Human dignity*. Cambridge: The Belknap Press of Harvard University Press, 2011.

KELSEN, Hans. *Teoria pura do direito*. (Trad. João Batista Machado). 6. ed. São Paulo: Martins Fontes, 1999.

KIRSTE, Stephan. A legal concept of dignity as a foundation of law. *In*: BRUGGER, Winfried; KIRSTE, Stephan (Eds.). *Human dignity as a foundation of law*. Stuttgart: Nomos, 2013.

KLOEPFER, Michael. Vida e dignidade humana. (Trad. Rita Dostal Zanini). *In*: SARLET, Ingo Wolfgang (Org.). *Dimensões da dignidade*: ensaios de filosofia do direito e direito constitucional. 2. ed. Porto Alegre: Livraria do Advogado, 2013.

KOMMERS, Donald P.; MILLER, Russel A. *The constitutional jurisprudence of the Federal Republic of Germany*. 3. ed. Durham: Duke University Press, 2012.

KOPENAWA, Davi; ALBERT, Bruce. *A queda do céu*: palavras de um Xamã Yanomami. (Trad. Beatriz Perrone-Moisés). São Paulo: Companhia das Letras, 2015.

KORSGAARD, Christine M. *Creating the kingdom of ends*. Cambridge: Cambridge University Press, 1996.

KRELL, Andreas J. *Direitos sociais e controle judicial no Brasil e na Alemanha*: os (des)caminhos de um direito constitucional "comparado". Porto Alegre: Sergio Antonio Fabris, 2002.

KRETZMER, David; KLEIN, Eckart (Eds.). *The concept of human dignity in human rights discourse*. The Hague: Kluwer Law International, 2002.

KUHSE, Helga. Is there a tension between autonomy and dignity? *In*: KEMP, Peter; RENDTORFF, Jacob; JOHANSEN, Niels Matton (Eds.). *Bioethics and biolaw*: four ethical principles. Copenhagen: Rhodos International Science e Art Publishers e Centre for Ethics and Law, 2000. v. II.

KUKATHAS, Chandran. Are there any cultural rights? *In*: KYMLICKA, Will (Ed.). *The rights of minority cultures*. Oxford: Oxford University Press, 1995.

KYMLICKA, Will (Ed.). *The rights of minority cultures*. Oxford: Oxford University Press, 1995.

KYMLICKA, Will. *Contemporary political philosophy*: an introduction. 2. ed. Oxford: Oxford University Press, 2002.

KYMLICKA, Will. *Liberalism, community and culture*. Oxford: Oxford University Press, 1989.

KYMLICKA, Will. *Multicultural citizenship*: a liberal theory of minority rights. Oxford: Claredon University Press, 1996.

LACORDAIRE, Jean-Baptiste-Henri Dominique. *Conferénces de Notre-Dame de Paris*. Paris: Sagnier et Bray, 1848.

LAFER, Celso. *A reconstrução dos direitos humanos*. São Paulo: Companhia das Letras, 1988.

LAMPEDUSA, Giuseppe. *O leopardo*. (Trad. Rui Cabeçadas). São Paulo: Abril, 1979.

LANGFORD, Malcolm (Ed.). *Social rights jurisprudence*: emerging trends in international and comparative law. Cambridge: Cambridge University Press, 2008.

LARENZ, Karl. *Derecho justo*: fundamentos de etica juridica. (Trad. Luis Díes-Picazo). Madrid: Editorial Civitas, 1993.

LARMORE, Charles. *Patterns of moral complexity*. Cambridge: Cambridge University Press, 1987.

LAS CASAS, Bartolomé de. In defense of the Indians. *In*: ISHAY, Micheline R. (Ed.). *The human rights reader*. 2. ed. New York: Routledge, 2007.

LATOUR, Bruno. *Onde aterrar? Como se orientar politicamente no Antropoceno*. (Trad. Marcela Vieira). Rio de Janeiro: Bazar do Tempo, 2020.

LEAL, Fernando. Argumentando com o sobreprincípio da dignidade da pessoa humana. *Arquivos de Direitos Humanos*, v. 07, 2005.

LEAL, Fernando. *Decidindo com normas vagas*: estado de direito, coerência e pragmatismo por uma teoria da decisão argumentativa e institucionalmente adequada. Dissertação (Mestrado em Direito) ⊠ Faculdade de Direito, Universidade do Estado do Rio de Janeiro, Rio de Janeiro, 2006.

LEAL, Saul Tourinho. *Direito à felicidade*. Rio de Janeiro: Saul Tourinho Leal, 2014.

LEÃO XIII. *Quod Apostolici Muneris*. Carta Encíclica sobre o socialismo (28.12. 1878). Disponível em: http://www.ascendensblog.blogspot.com.br/2011/02/enciclica-quod-apostolici-muneris-leao.html. Acesso em 15 set. 2015.

LEIVAS, Paulo Gilberto Cogo. O direito fundamental à alimentação: da teoria das necessidades ao mínimo existencial. *In*: PIOVESAN, Flávia; CONTI, Irio Luiz. *Direito humano à alimentação adequada*. Rio de Janeiro: Lumen Juris, 2007.

LEIVAS, Paulo Gilberto Cogo. *Teoria dos direitos fundamentais sociais*. Porto Alegre: Livraria do Advogado, 2006.

LEMAITRE, Julieta. El coronel sí tiene quien le escriba: la tutela por mínimo vital en Colombia. SELA Papers. Paper 43. *Yale Law School Legal Scholarship Repository*, 2005. Disponível em: http://digitalcommons.law.yale.edu/yls_sela/43. Acesso em 15. set. 2015.

LESSA, Renato. Homo bolsonarus. *Serrote*, (edição especial), p. 46-67, jul. 2020.

LEVINSON, Sanford (Ed.). *Torture*: a collection. New York: Oxford University Press, 2004.

LÉVI-STRAUSS, Claude. *A antropologia diante dos problemas do mundo moderno*. (Trad. Rosa Freire Aguiar). São Paulo: Companhia das Letras, 2009.

LEVITSKY, Steven; ZIBLATT, Daniel. *Como as Democracias morrem*. Rio de Janeiro: Zahar, 2018.

LIMA, Viviane Nunes Araújo. *A saga de Zangão*: uma visão sobre o direito natural. Rio de Janeiro: Renovar, 1999.

LINDNER, Júlia; ROSA, Vera. Educafro pede ação penal contra Sérgio Camargo após frase sobre 'escória'. *UOL*, Brasília, 03 jun. 2020. Disponível em: https://noticias.uol.com.br/ultimas-noticias/agencia-estado/2020/06/03/educafro-entra-com-representacao-contra-sergio-camargo-no-mpf.htm. Acesso em 05 ago. 2020.

LILLA, Mark. *O progressista de ontem e de amanhã*. Desafios da democracia liberal no mundo pós-políticas identitárias. (Trad. Berilo Vargas). São Paulo: Companhia das Letras, 2017.

LOCKE, John. O *segundo tratado sobre o governo*: ensaio relativo à verdadeira origem, extensão e objetivo do governo civil. (Trad. E. Jacy Monteiro). São Paulo: Abril Cultural, 1973.

LONDOÑO, Ernesto, ANDREONI, Manuela; CASADO, Letícia. As coronavirus strikes prisons, hundreds of thousands are released. *New York Times*, 26 abr. 2020. Disponível em: https://www.nytimes.com/2020/04/26/world/americas/coronavirus-brazil-prisons.html. Acesso em 24 ago. 2020.

LOPES, José Reinaldo de Lima. Liberdade e direitos sexuais: o problema a partir da moral moderna. *In*: RIOS, Roger Raupp (Org.). *Em defesa dos direitos sexuais*. Porto Alegre: Livraria dos Advogados, 2007.

LOPES, José Reinaldo de Lima. O direito ao reconhecimento para gays e lésbicas. *Sur – Revista Internacional de Direitos Humanos*, v. 2, n. 2, 2005. Disponível em: http://www.scielo.br/scielo.php?script=sci_arttext&pid=S1806-64452005000100004. Acesso em 31 jul. 2015.

LORBERBAUM, Yair. Blood and the image of God: on the sanctity of life in Biblical and early Rabbinic law, myth, and ritual. *In*: KRETZMER, David; KLEIN, Eckart (Eds.). *The concept of human dignity in human rights discourse*. The Hague: Kluwer Law International, 2002.

LOREA, Roberto Arriada (Org.). *Em defesa das liberdades laicas*. Porto Alegre: Livraria do Advogado, 2008.

LOUREIRO, João Carlos Gonçalves. O direito à identidade genética do ser humano. *In*: *AA.VV. Portugal-Brasil Ano 2000*. Tema Direito. Coimbra: Coimbra Editora, 2001.

LOURENÇO, Daniel Braga. *Direito dos animais*: fundamentação e novas perspectivas. Porto Alegre: Sérgio Antonio Fabris Editor, 2008.

LUHMANN, Niklas. *Sociologia do direito*. (Trad. Gustavo Bayer). Rio de Janeiro: Tempo Brasileiro, 1983. v. 2.

LUHMANN, Niklas. The self-reproduction of law and its limits. *In*: TEUBNER, Gunther (Ed.). *Dilemmas of law in the Welfare State*. New York: Walter de Gruyter, 1986.

LUKÁCS, György. *History and class consciousness*: studies in Marxist dialectics. Cambridge: MIT Press, 1971.

LYONS, David. Utility and rights. *In*: WALDRON, Jeremy. *Theories of rights*. New York: Oxford University Press, 1984.

MACEDO, Stephen. *Liberal virtues*: citizenship, virtue and community in liberal constitutionalism. Oxford: Claredon Press, 1990.

MACHADO, Jónatas Eduardo Mendes. *Liberdade religiosa numa comunidade constitucional inclusiva*: dos direitos da verdade aos direitos do cidadão. Coimbra: Coimbra Editora, 1996.

MACKINNON, Catharine. Pornography, civil rights and speech. *Harvard Civil Rights and Civil Liberties Law Review*, Cambridge, n. 20, 1985.

MACKLIN, Ruth. Dignity is a useless concept. *British Medical Journal*, London, n. 327, 2003.

MACPHERSON, C. B. *The political theory of possessive individualism*: Hobbes to Locke. Oxford: Oxford University Press, 2011.

MAHLMANN, Mathias. Human dignity and autonomy in modern constitutional orders. *In*: ROSENFELD, Michel; SAJÓ, András (Eds.). *The Oxford Handbook of comparative constitutional law*. Oxford: Oxford University Press, 2012.

MAHLMANN, Mathias. The good sense of dignity: six antidotes do dignity fatigue in ethics and law. *In*: MCCRUDDEN, Christopher (Ed.). *Understanding human dignity*. Oxford: Oxford University Press, 2013.

MAIA, Antonio Cavalcanti. *Jürgen Habermas*: filósofo do direito. Rio de Janeiro: Renovar, 2008.

MAINE, Henry J. S. *Ancient law*: its connection with the early history of society and its relation to modern ideas. New York: Henry Holt and Company, 1906.

MALDONADO, Daniel Bonilla. *La constitución multicultural*. Bogotá: Siglo de Hombre Editores, 2006.

MALDONADO, Daniel Bonilla. Toward a constitutionalism of the global south. *In*: MALDONADO, Daniel Bonilla (Ed.). *Constitutionalism of the global south*: the activist tribunals of India, South Africa, and Colombia. New York: Cambridge University Press, 2013.

MANSO, Bruno Paes. *A República das milícias*: dos esquadrões da morte à era Bolsonaro. São Paulo: Todavia, 2020.

MARCELLO, Maria Carolina. Heleno defende que governo entre com ação contra associação indígena por crime de lesa-pátria. *Reuters*, 22 set. 2020. Disponível em: https://economia.uol.com.br/noticias/reuters/2020/09/22/heleno-defende-que-governo-entre-com-acao-contra-associacao-indigena-por-crime-de-lesa-patria.htm. Acesso em 27 set. 2020.

MARITAIN, Jacques. *Man and the state*. New York: The Catholic University of America Press, 1989.

MARQUIS, Don. An argument that abortion is wrong. *In*: LAFOULETTE, Hugh (Ed.) *Ethics in practice*. Malden: Blackwell Publishers, 2007.

MARSHALL, T. H. *Citizenship and social class*. London: Doubleday, 1963.

MARTEL, Letícia Campos Velho. Adaptação razoável: o novo conceito sob as lentes de uma gramática constitucional inclusiva. *SUR – Revista Internacional de Direitos Humanos*, v. 8, n. 14, 2011.

MARTEL, Letícia de Campos Velho. *Direitos fundamentais indisponíveis*: os limites e os padrões do consentimento para a autolimitação do direito fundamental à vida. 2010. Tese (Doutorado em Direito) ⊠ Faculdade de Direito, Universidade do Estado do Rio de Janeiro, Rio de Janeiro, 2010.

MARTÍNEZ, Gregorio Peces-Barba. *Curso de derechos fundamentales*: teoría general. Universidad Carlos III: Madrid, 1999.

MARTINS-COSTA, Judith. *Pessoa, personalidade, dignidade*. Tese (Livre-docência em Direito Civil) – Faculdade de Direito, Universidade de São Paulo, São Paulo, 2003.

MARX, Karl. A questão judaica. *In*: MARTINS-COSTA, Judith. *Manuscritos econômicos e filosóficos*. (Trad. Alex Martins). São Paulo: Martins Claret, 2001.

MATHIS, Klaus. Human dignity as a two-edged sword. *In*: BRUGGER, Winfried; KIRSTE, Stephan (Eds.). *Human dignity as a foundation of law*. Stuttgart: Franz Steiner Verlag/Nomos, 2013.

MATSUDA, Mari J. *et al*. *Words that wound*: critical race theory, assaultive speech and the first amendment. Boulder: Westview, 1993.

MATTOS, Patrícia. O reconhecimento social e a sua refundação filosófica em Charles Taylor. *In*: SOUZA, Jessé de; MATTOS, Patrícia (Orgs.). *Teoria crítica no século XXI*. São Paulo: Annablume, 2007.

MAURER, Beatrice. Notas sobre o respeito da dignidade humana... ou uma pequena fuga incompleta em torno de um tema central. *In*: SARLET, Ingo Wolfgang (Org.). *Dimensões da dignidade*: ensaios de filosofia do direito e direito constitucional. Porto Alegre: Livraria do Advogado, 2005.

MAUS, Ingeborg. *O judiciário como superego da sociedade*. (Trad. Geraldo de Campos Carvalho e Gercélia Batista de Oliveira Mendes). Rio de Janeiro: Lumen Juris, 2010.

MBEMBE, Achille. *Necropolítica*: biopoder, soberania, estado de exceção, política da morte. São Paulo: n-1 edições, 2018.

MCCRUDDEN, Christopher. Human dignity and judicial interpretation of human rights. *European Journal of international Law*, Firenze, v. 19, n. 4, p. 655-724, 2008.

MCCRUDDEN, Christopher. In pursuit of human dignity: an introduction to current debates. *In*: MCCRUDDEN, Christopher (Ed.). *Understanding human dignity*. Oxford: Oxford University Press, 2013.

MEAD, George Herbert. *Mind, self and society*. Chicago: University of Chicago Press, 1934.

MEIRELES, Rose Melo Venceslau. *Autonomia privada e dignidade humana*. Rio de Janeiro: Renovar, 2009.

MEIRELLES, Hely Lopes. *Direito administrativo brasileiro*. São Paulo: Malheiros, 2001.

MEIRELLES, Hely Lopes. Poder de polícia e segurança nacional. *Revista dos Tribunais*, São Paulo, v. 61, n. 445, 1972.

MEIRELLES, Jussara. O ser e o ter na codificação civil brasileira: do sujeito virtual à clausura patrimonial. *In*: FACHIN, Luiz Edson (Coord.). *Repensando os fundamentos do direito civil brasileiro*. Rio de Janeiro: Renovar, 2000.

MELLO FILHO, José Celso de. O direito constitucional de reunião. *Justitia*, n. 98, 1997.

MELLO, Cláudio Ari. *Democracia constitucional e direitos fundamentais*. Porto Alegre: Livraria dos Advogados, 2004.

MELLO, Patrícia Campos. *A máquina do ódio*: notas de uma repórter sobre fake news e violência digital. São Paulo: Companhia das Letras, 2020.

MELLO, Patrícia Perrone Campos. *Nos bastidores do STF*. Rio de Janeiro: Forense, 2015.

MENDES, Conrado Hubner. A política do pânico e circo. *In*: ABRANCHES, Sérgio *et al*. *Democracia em Risco?* 22 ensaios sobre o Brasil hoje. São Paulo: Companhia das Letras, 2019.

MENDES, Conrado Hübner. *Direitos fundamentais, separação de poderes e deliberação*. São Paulo: Saraiva, 2011.

MENDES, Gilmar Ferreira; BRANCO, Paulo Gonet. *Curso de direito constitucional*. 9. ed. São Paulo: Saraiva, 2012.

MENDES, Gilmar Ferreira; STRECK, Lenio Luiz. Art. 93. *In*: CANOTILHO, J. J. Gomes *et al*. *Comentários à Constituição do Brasil*. São Paulo: Saraiva, 2013.

MENDONÇA, Eduardo Bastos Furtado de. *A democracia das massas e a democracia das pessoas*: uma reflexão sobre a dificuldade contramajoritária. 2014. Tese (Doutorado em Direito) – Faculdade de Direito, Universidade do Estado do Rio de Janeiro, Rio de Janeiro, 2014.

MENDONÇA, Eduardo Bastos Furtado de. *A constitucionalização das finanças públicas no Brasil*: devido processo orçamentário e democracia. Rio de Janeiro: Renovar, 2010.

METZ, Thaddeus. Dignity and the Ubuntu tradition. *In*: DÜWELL, Marcus *et al*. (Eds.) *Human dignity*: interdisciplinary perspectives. Cambridge: Cambridge University Press, 2014.

MEYER, Michael J. Dignity as a (modern) virtue. *In*: KRETZMER, David; KLEIN, Eckart (Eds.). *The concept of dignity in human rights discourse*. The Hague: Kluwer Law International, 2005.

MEYER, Michael J.; PARENT, W. A. *The constitution of rights*: human dignity and American values. Ithaca: Cornell University Press, 1992.

MICHELMAN, Frank. Rawls on constitutionalism and constitutional law. *In*: FREEMAN, Samuel (Ed.). *The Cambridge companion to Rawls*. Cambridge: Cambridge University Press, 2003.

MICHELMAN, Frank. *Brennan and democracy*. Princeton: Princeton University Press, 1999.

MICHELMAN, Frank. Constitutional welfare rights and a theory of justice. *In*: DANIELS, Norman (Ed.). *Reading Rawls*: critical studies on Rawl's a theory of justice. Stanford: Stanford University Press, 1989.

MILL, John Stuart. On liberty. *In*: *Great books of the western world*: American State papers, the federalist, Stuart Mill. Chicago: Encyclopaedia Britannica, 1971. v. 43.

MILLER, David. Introduction. *In*: MILLER, David (Ed.). *The liberty reader*. Boulder: Paradigm Publishers, 2006.

MILLER, James. *Vidas investigadas*: de Sócrates a Nietzsche. (Trad. Hugo Langone). Rio de Janeiro: Rocco, 2011.

MINOW, Martha. Accommodating integration. *University of Pennsylvania Law Review*, v. 157, 2008.

MINOW, Martha. *Not only for myself*: identity, politics and the law. New York: The New York Press, 1997.

MIRANDA, Jorge. *Manual de direito constitucional. Direitos Fundamentais*. Coimbra: Coimbra Editora, 1988. t. IV.

MIRANDA, Jorge; SILVA, Marco Antonio Marques da. *Tratado luso-brasileiro da dignidade humana*. 2. ed. São Paulo: Quartier Latin, 2009.

MOLINARO, Carlos Alberto *et al.* (Orgs.). *A dignidade da vida e os direitos fundamentais para além dos humanos*: uma discussão necessária. Belo Horizonte: Fórum, 2008.

MONTEIRO, Geraldo Tadeu Moreira. *Construção jurídica das relações de gênero*: o processo de codificação civil na instauração da ordem liberal conservadora do Brasil. Rio de Janeiro: Renovar, 2003.

MONTESQUIEU. *O espírito das leis*. 2. ed. (Trad. Fernando Henrique Cardoso e Leôncio Martins Rodrigues). São Paulo: Abril Cultural, 1979.

MORAES, Maria Celina Bodin de. *Danos à pessoa humana*: uma leitura civil-constitucional dos danos morais. Rio de Janeiro: Renovar, 2003.

MORAES, Maria Celina Bodin de. O conceito de dignidade humana: substrato axiológico e conteúdo normativo. *In*: SARLET, Ingo Wolfgang (Org.). *Constituição, direitos fundamentais e direito privado*. Porto Alegre: Livraria do Advogado, 2003.

MORAES, Maria Celina Bodin de. O princípio da dignidade da pessoa humana. *In*: MORAES, Maria Celina Bodin de. *Na medida da pessoa humana*: estudos de direito civil-constitucional. Rio de Janeiro: Renovar: 2010.

MOREIRA, José Carlos Barbosa. A motivação das decisões judiciais como garantia inerente ao estado de direito. *In*: MOREIRA, José Carlos Barbosa. *Temas de direito processual* (segunda série). São Paulo: Saraiva, 1980.

MOUNK, Yascha. *O povo contra a Democracia*: por que nossa liberdade corre perigo e como salvá-la. Rio de Janeiro: Companhia das Letras, 2019.

MOYN, Samuel. The surprising origins of human dignity. *In*: MOYN, Samuel. *Human rights and the uses of history*. London: Verso, 2014 (*e-book*).

MULHALL, Stephen; SWIFT, Adam. *Liberals and communitarians*. 2. ed. Oxford: Blackwell Publishers, 1996.

MÜLLER, Friedrich. Que grau de exclusão social ainda pode ser tolerado por um regime democrático? *In*: PIOVESAN, Flávia (Coord.). *Direitos humanos, globalização econômica e integração regional*. São Paulo: Max Limonad, 2002.

MURALIDHAR, R. India: the expectations and challenges of judicial enforcement of social rights. *In*: LANGFORD, Malcolm (Ed.). *Social rights jurisprudence*: emerging trends in international and comparative law. Cambridge: Cambridge University Press, 2008.

MUSSOLINI, Benito. Fundamental ideas. *In*: BRONNER, Stephen Eric (Ed.). *Twentieth century political theory*: a reader. New York: Routledge, 1997.

NABAIS, José Casalta. *O dever fundamental de pagar impostos*. Coimbra: Almedina, 2004.

NASCIMENTO, Rogério Soares do. A ética do discurso como justificação dos direitos fundamentais na obra de Jürgen Habermas. *In*: TORRES, Ricardo Lobo (Org.). *Legitimação dos direitos humanos*. Rio de Janeiro: Renovar, 2003.

NEUMAN, Gerald. Human dignity in the United States Constitutional Law. *In*: SIMON, Dieter; WEISS, Manfred (Eds.) *Zur autonomie des individuums*: Liber Amicorum Spiros Simitis. Berlin: Nomos, 2000.

NEVES, Marcelo. *A constitucionalização simbólica*. 2. ed. São Paulo: Martins Fontes, 2007.

NEVES, Marcelo. Abuso de princípios no Supremo Tribunal Federal. *Revista Consultor Jurídico* (CONJUR), 27 out. 2012. Disponível em: http://www.conjur.com.br/2012-out-27/observatorio-constitucional-abuso-principios-supremo-tribunal. Acesso em 14 out. 2015.

NEVES, Marcelo. Direitos humanos: inclusão ou reconhecimento? *In*: FERRAZ, Carolina Valença; LEITE, Glauber Salomão (Coord.). *Direito à diversidade*. São Paulo: Atlas, 2015.

NEVES, Marcelo. Entre subintegração e sobreintegração: a cidadania inexistente. *Dados – Revista de Ciências Sociais*, v. 37, n. 2, 1994.

NEVES, Marcelo. Luhmann, Habermas e o estado de direito. *Lua Nova*, n. 37, 1996.

NEVES, Marcelo. *Transconstitucionalismo*. São Paulo: Martins Fontes, 2012.

NIETZSCHE, Friedrich. *A genealogia da moral*: uma polêmica. (Trad. Noéli Correia de Melo Sobrinho). São Paulo: Companhia das Letras, 1998.

NIETZSCHE, Friedrich. O Estado grego. *In*: NIETZSCHE, Friedrich. *Cinco prefácios para cinco livros não escritos*. (Trad. Pedro Süssekind). Rio de Janeiro: 7 Letras, 2013.

NINO, Carlos Santiago. Derechos sociales. *In*: CARBONELL, Miguel; CRUZ PARCERO, Juan Antonio; VÁSQUEZ, Rodolfo (Orgs.). *Derechos sociales y derechos de las minorias*. México: Editorial Porrúa, 2004.

NINO, Carlos Santiago. El concepto de persona moral. *In*: NINO, Carlos Santiago. *Derecho, moral y política II*. Buenos Aires: Gedisa, 2007.

NINO, Carlos Santiago. Ética y derechos humanos. 2. ed. Buenos Aires: Editorial Astrea, 1989.

NINO, Carlos Santiago. *La constitución de la democracia deliberativa*. (Trad. Roberto P. Saba). Barcelona: Gedisa, 1997.

NOBRE, Marcos. *Ponto final:* a guerra de Bolsonaro contra a democracia. São Paulo: Todavia, 2020.

NORRIS, Pippa; INGLEHART, Ronald. *Cultural backlash*: Trump, Brexit and Authoritarian Populism. Cambridge: Cambridge University Press, 2019.

NOVAIS, Jorge Reis. *Direitos fundamentais*: trunfos contra a maioria. Coimbra: Coimbra Editora, 2006.

NOVAIS, Jorge Reis. *Os princípios constitucionais estruturantes da República Portuguesa.* Coimbra: Coimbra Editora, 2004.

NOZICK, Robert. *Anarquia, estado e utopia*. (Trad. Ruy Jungmann). Rio de Janeiro: Jorge Zahar, 1994.

NUSSBAUM, Martha. *Creating capabilities*: the human development approach. Cambridge: The Belknap Press of Harvard University Press, 2011.

NUSSBAUM, Martha. *From disgust to humanity*: sexual orientation and constitutional law. New York: Oxford University Press, 2010.

NUSSBAUM, Martha. *Frontiers of justice*: disability, nationality, species membership. Cambridge: The Belknap Press of Harvard University Press, 2006.

NUSSBAUM, Martha. *Hiding from humanity*: disgust, shame and the law. Princeton: Princeton University Press, 2004.

NUSSBAUM, Martha. Human dignity and political entitlements. *In*: PELLEGRINO, Edmund D. *et al*. *Human dignity and bioethics*: essays commissioned by the president's council on bioethics. Washington: The President's Council on Bioethics, 2008.

NUSSBAUM, Martha. Judging other cultures: the case of genital mutilations. *In*: NUSSBAUM, Martha. *Sex and social justice*. New York: Oxford University Press, 1999.

NUSSBAUM, Martha. *Liberty of conscience*: in defense of America's tradition of religious equality. New York: Basic Books, 2008.

NUSSBAUM, Martha. *Political emotions*: why love matters for justice. Cambridge: The Belknap Press of Harvard University Press, 2013.

NUSSBAUM, Martha. Whether from reason or prejudice: taking money for bodily services. *In*: SPECTOR, Jessica (Ed.) *Prostitution and pornography*: philosophical debate about the sex industry. Stanford: Stanford University Press, 2006.

O GLOBO. *Da 'gripezinha' ao 'e daí?', confira as reações de Bolsonaro enquanto aumentavam as mortes pela pandemia no Brasil*. 30 abr. 2020. Disponível em: https//oglobo.globo.com/brasil/da-gripezinha-ao-dai-confira-as-reacoes-de-boslonaro-enquanto-aumentavam-as-mortes-no-brasil-24402593. Acesso em 24 ago. 2020.

OBAMA, Barack. *In Commemorative MLK Speech, President Obama Recalls His Own 2008 Dream*. 2013. Diponível em: http://swampland.time.com/2013/08/28/in-commemorative-mlk-speech-president-obama-recalls-his-own-2008-dream/. Acesso em 06. jan. 2016.

O'NEILL, Onora. *Acting on principle*: an essay on Kantian ethics. Cambridge: Cambridge University Press, 2013.

O'NEILL, Onora. Kantian ethics. *In*: SINGER, Peter (Ed.). *A companion to ethics*. Malden: Blackwell Publishers, 2010.

OLIVEIRA, Fernando Fróes. *Direitos sociais, mínimo existencial e democracia deliberativa*. Rio de Janeiro: Lumen Juris, 2013.

OROFINO, Alessandra. O levante: como nasceu a inédita mobilização que, em questão de dias, forçou o governo a pagar uma renda básica aos mais pobres. *Piauí*, edição de maio de 2020.

ORWELL, George. *Nineteen Eighty-Four.* London: Penguin Books, 1989.

OSÓRIO, Aline Rezende Peres. *O direito eleitoral e a liberdade de expressão*: política, palavra e paixão. 2015. Dissertação (Mestrado em Direito) – Faculdade de Direito, Universidade do Estado do Rio de Janeiro, 2015.

OTERO, Paulo. *Personalidade e identidade pessoal e genética do ser humano*: um perfil constitucional da bioética. Coimbra: Almedina, 1999.

OXFAM Brasil. *País estagnado*: um retrato das desigualdades brasileiras. 2018.

PADILHA, Valquíria. *A distinção por trás das grades*: reflexões sobre a prisão especial. *Revista Sociologia Jurídica*, n. 4, 2007. Disponível em: http://www.sociologiajuridica.net.br/numero-4/193-a-distincao-por-atras-das-grades. Acesso em 23 mar. 2015.

PANIKKAR, Raimundo. Seria a noção de direitos humanos um conceito ocidental? (Trad. Roberto Cataldo de Costa). *In*: BALDI, César Augusto (Org.). *Direitos humanos na sociedade cosmopolita.* Rio de Janeiro: Renovar, 2004.

PAREKH, Bhikhu C. *Rethinking multiculturalism*: cultural diversity and political theory. Cambridge: Harvard University Press, 2000.

PATEMAN, Carole. What's wrong with prostitution? *In*: SPECTOR, Jessica (Ed.) *prostitution and pornography*: philosophical debate about the sex industry. Stanford: Stanford University Press, 2006.

PELE, Antonio. *Dignidad humana en la historia y la filosofía.* Tese (Doutorado em Direito) – Universidad Carlos III, Madrid, 2006.

PELE, Antonio. Una aproximación al concepto de dignidad humana. *Universitas*, n. 1, dez./jan. 2004. Disponível em: http://universitas.idhbc.es/n01/01_03pele.pdf. Acesso em 28 set. 2015.

PELLEGRINO, Edmund D. *et al. Human dignity and bioethics*: essays commissioned by the president's council on bioethics. Washington: The President's Council on Bioethics, 2008.

PEREIRA, Jane Reis Gonçalves. *Interpretação constitucional e direitos fundamentais.* Rio de Janeiro: Renovar, 2006.

PEREIRA, Potyara A. *Necessidades humanas*: subsídios à crítica dos mínimos sociais. 6. ed. São Paulo: Cortez Editora, 2000.

PEREIRA, Tânia da Silva; MENEZES, Rachel Aisengart; BARBOZA, Heloísa Helena (Coords.). *Vida, morte e dignidade humana.* Rio de Janeiro: GZ Editora, 2010.

PÉREZ, Jesús González. *La dignidad de la persona*. Madrid: Civitas, 1986.

PERLINGIERI, Pietro. *Commento alla Costituzione Italiana.* 2. ed. Napoli: Edizioni Scientifiche Italiane, 2001.

PERLINGIERI, Pietro. *La personalità umana nell'ordinamento giuridico.* Camerino: Jovene Editore, 1972.

PERLINGIERI, Pietro. *Perfis do direito civil*: introdução ao direito civil constitucional. (Trad. Maria Cristina de Cicco). Rio de Janeiro: Renovar, 1999.

PESSANHA, José Américo de. Vida e obra. *In*: *Os pensadores*: Santo Agostinho. São Paulo: Abril Cultural, 1979.

PESSOA, Mário. *O direito da segurança nacional*. São Paulo: Revista dos Tribunais, 1971.

PETTIT, Philip. Consequentialism. *In*: SINGER, Peter (Ed.). *A companion to ethics*. Malden: Blackwell Publishers, 1991.

PETTIT, Philip. *Republicanism*: a theory of freedom and government. Oxford: Oxford University Press, 1997.

PHARO, Lars Kirkhusmo. The Council of Valladolid (1550-1551): a European disputation about the human dignity of indigenous peoples of the Americas. *In*: DÜWELL, Marcus *et al*. (Orgs.). *The Cambridge handbook of human dignity*: interdisciplinary perspectives. Cambridge: Cambridge University Press, 2014.

PIEROTH, Bodo; SCHLINK, Bernhard. *Direitos fundamentais*. (Trad. António Francisco de Souza e António Franco). São Paulo: Saraiva, 2012.

PINHEIRO-MACHADO, Rosana. *Amanhã vai ser maior. O que aconteceu com o Brasil e possíveis rotas de fuga para a crise atual*. São Paulo: Planeta do Brasil, 2019.

PINKER, Steven. The stupidity of dignity. *The New Republic*, 28 mai. 2008. Disponível em: http://www.newrepublic.com/article/the-stupidity-dignity. Acesso em 28 set. 2015.

PINTO, Paulo Mota. Direito ao livre desenvolvimento da personalidade. *In*: *AA. VV. Portugal-Brasil Ano 2000*. Tema Direito. Coimbra: Coimbra Editora, 1999.

PIOVESAN, Flávia. *Direitos humanos e justiça internacional*. 3. ed. São Paulo: Saraiva, 2012.

PIOVESAN, Flávia. Igualdade, diferença e direitos humanos: perspectivas global e regional. *In*: SARMENTO, Daniel; IKAWA, Daniela; PIOVESAN, Flávia (Orgs.). *Igualdade, diferença e direitos humanos*. Rio de Janeiro: Lumen Juris, 2008.

PIRES, Luiza Nassif; CARVALHO, Laura; XAVIER, Laura de Lima. *Covid-19 e desigualdade*: a distribuição dos fatores de risco no Brasil. 2020. Disponível em: https://www.researchgate.net/publication/340452851_COVID-19_e_Desigualdade_no_Brasil. Acesso em 14 ago. 2020.

PISARELLO, Gerardo. *Los derechos sociales y sus garantias*: elementos para una reconstrucción. Madrid: Editorial Trotta, 2007.

POLÍTICA AO MINUTO. *Enem*: Bolsonaro chama direitos humanos de esterco e vagabundagem. 05 nov. 2017. Disponível em: https://www.noticiasaominuto.com.br/politica/471652/enem-bolsonaro-chama-direitos-humanos-de-esterco-e-vagabundagem. Acesso em 18 set. 2020.

PONTES, João Gabriel Madeira. *Democracia Militante em tempos de crise*. Rio de Janeiro: Lumen Juris, 2020.

PONTES DE MIRANDA. *Direitos à subsistência e direito ao trabalho*. Rio de Janeiro: Alba Limitada, 1933.

PONTES DE MIRANDA. *Os novos direitos do homem*. Rio de Janeiro: Alba Limitada, 1933.

PORTALIS, Jean-Étienne-Marie. *Discours préliminaire du premier projet du code civil*. Disponível em: http://www.justice.gc.ca/fra/apd-abt/gci-icg/code/index.html. Acesso em 28 set. 2015.

POSSAS, Mariana Thorstensen; ALMEIDA, Andrija Oliveira; MATIAS, Carla. E daí?: respostas à pandemia e gestão de mortes no Brasil. *Dilemas. Revista de Estudos de Conflito e Controle Social*, Reflexões na Pandemia, p. 1-10, 2020.

POST, Robert C. Racist speech, democracy and the first amendment. *In*: GATES JR., Henry Louis *et al*. *Speaking of race, speaking of sex*: hate speech, civil rights and civil liberties. New York: New York University Press, 1994.

POST, Robert. Cultural heterogeneity and law: pornography, blasphemy and the first amendment. *In*: POST, Robert. *Constitutional domains*. Cambridge: Harvard University Press, 1995.

PRATA, Ana. *A tutela constitucional da autonomia privada*. Coimbra: Livraria Almedina, 1984.

PRZEWORSKI, Adam. *Crises of Democracy*. Cambridge: Cambridge University Press, 2019.

PULIDO, Carlos Bernal. *El principio de proporcionalidad y los derechos fundamentales*. 3. ed. Madrid: Centro de Estudios Constitucionales, 2007.

PULIDO, Carlos Bernal. Fundamento, concepto y estrutura de los derechos sociales. *In*: PULIDO, Carlos Bernal. *El derecho de los derechos*. Bogotá: Universidad Externado de Colombia, 2005.

PUPO, Fábio; RESENDE, Thiago. Governo quer corte de R$10 bi ao ano em benefício para pessoas com deficiência e idosos. *Folha de São Paulo*, 14 set. 2020. Disponível em: https://www1.folha.uol.com.br/mercado/2020/09/governo-quer-corte-de-r-10-bi-ao-ano-em-beneficio-para-deficientes-e-idosos.shtml. Acesso em 24 set. 2020.

RACHELS, James. *Elementos de filosofia moral*. (Trad. F. J. Azevedo Gonçalves). Lisboa: Gradiva, 2004.

RADBRUCH, Gustav. *Filosofia do direito*. (Trad. L. de Cabral Moncada). 6. ed. Comimbra: Coimbra Editora, 1979.

RANIER, Bragon. Nos anos 90, Bolsonaro defendeu novo golpe militar e guerra. *Folha de São Paulo*, 3 jun. 2018. Disponível em: https://www1.folha.uol.com.br/poder/2018/06/nos-anos-90-bolsonaro-defendeu-novo-golpe-militar-e-guerra.shtml. Acesso em 20 abr. 2020.

RAWLS, John. *A theory of justice*. Cambridge: The Belknap Press of Harvard University Press, 1971.

RAWLS, John. *Conferências sobre a história da filosofia política*. (Trad. Fábio M. Said). São Paulo: Martins Fontes, 2012.

RAWLS, John. *História da filosofia moral*. (Trad. Ana Aguiar Contrim). São Paulo: Martins Fontes, 2005.

RAWLS, John. *O liberalismo político*. (Trad. Álvaro de Vita). São Paulo: Martins Fontes, 2011.

RAWLS, John. *Political liberalism*. New York: Columbia University Press, 1993.

RAZ, Joseph. *A moralidade da liberdade*. (Trad. Carlos Henrique de Oliveira Blecher e Leandro Mafei Rabelo Queiroz). São Paulo: Elsevier Editora, 2011.

RAZ, Joseph. Multiculturalismo: una concepción liberal. *In*: RAZ, Joseph. *La ética en el ámbito público*. (Trad. Maria Luz Melón). Barcelona: Gedisa, 2001.

REALE, Miguel. A pessoa, valor-fonte fundamental do direito. *In*: REALE, Miguel. *Nova fase do direito moderno*. São Paulo: Saraiva, 1990.

REALE, Miguel. Fundamentos do estado integral. In: REALE, Miguel. *Obras políticas*: 1ª fase: 1931-1937. Brasília: Editora UnB, 1983.

REGAN, Tom. *The case for animal rights*. Berkeley: University of California Press, 2004.

RESENDE, Sarah Mota. 'No que depender de mim, não tem mais demarcação de terra indígena', diz Bolsonaro a TV. *Folha de São Paulo*, São Paulo, 05 nov. 2018. Disponível em: https://www1.folha.uol.com.br/poder/2018/11/no-que-depender-de-mim-nao-tem-mais-demarcacao-de-terra-indigena-diz-bolsonaro-a-tv.shtml. Acesso em 05 ago. 2020.

RIBEIRO, Amanda. O que dizem os bolsonaristas que negam o aquecimento global – e por que eles estão errados. *Aos Fatos*, 6 ago. 2019. Disponível em: https://www.aosfatos.org/noticias/o-que-dizem-bolsonaristas-que-negam-o-aquecimento-global-e-por-que-eles-estao-errados/. Acesso em 09 jul. 2020.

RIBEIRO, Darcy. *A política indigenista brasileira*. Rio de Janeiro: Ministério da Agricultura, 1962.

RIBEIRO, Diaulas. Autonomia: viver a própria vida e morrer a própria morte. *In*: *Cadernos de Saúde Pública*, n. 22, v. 8, 2006.

RIBEIRO, Janaína. Vamos fuzilar a petralhada, diz Bolsonaro em campanha no Acre. *Exame*, 03 set. 2018. Disponível em: https://exame.com/brasil/vamos-fuzilar-a-petralhada-diz-bolsonaro-em-campanha-no-acre/. Acesso em 24 ago. 2020.

RIOS, Roger Raupp. *Direito da discriminação*: discriminação direta, indireta e ações afirmativas. Porto Alegre: Livraria do Advogado, 2002.

RIOS, Roger Raupp. *Em defesa dos direitos sexuais*. Porto Alegre: Livraria dos Advogados, 2007.

ROCHA, Carmen Lúcia Antunes. O princípio da dignidade da pessoa humana e a exclusão social. *Revista de Interesse Público*, n. 4, p. 32, 1999.

RODRIGUES, Eduardo; RODRIGUES, Lorenna. Governo vai taxar seguro-desemprego para bancar empregos de mais jovens. *UOL*, Brasília, 12 nov. 2019. Disponível em: https://economia.uol.com.br/noticias/estadao-conteudo/2019/11/12/governo-vai-taxar-seguro-desemprego-para-bancar-empregos-de-mais-jovens.htm. Acesso em 14 ago. 2020.

RORTY, Richard. Direitos humanos, racionalidade e sentimentalidade. *In*: RORTY, Richard. *Verdade e progresso*: escritos filosóficos. (Trad. Denise Sales). Barueri: Manole, 2005.

RORTY, Richard. Is cultural recognition a useful notion for leftist politics? *In*: OLSON, Kevin (Ed.). *Adding insult to injury*: Nancy Fraser debates her critics. London: Verso, 2008.

ROSE-ACKERMAN, Susan. Análise econômica progressista do direito e o novo Direito Administrativo. *In*: MATTOS, Paulo; PRADO, Mariana Mota; ROCHA, Jean Paul Cabral Veiga (Orgs.). *Regulação econômica e democracia*: o debate norte-americano. São Paulo: Editora 34, 2004.

ROSEN, Michael. *Dignity*: its history and meaning. Cambridge: Harvard University Press, 2012.

ROSENFELD, Michel. *Affirmative action and justice*: a philosophical and constitutional inquiry. New Haven: Yale University Press, 1991.

ROSENFELD, Michel; ARATO, Andrew. *Habermas on law and democracy*: critical exchanges. Berkeley: University of California Press, 1998.

ROSENFELD, Michel. Hate speech in constitutional jurisprudence: a comparative analysis. *Cardozo Law School Working Paper Series*, n. 41, 2001.

ROSENN, Keith N. *O jeito na cultura jurídica brasileira*. Rio de Janeiro: Renovar, 1998.

ROUANET, Sérgio Paulo. *A razão cativa*: as ilusões da consciência, de Platão a Freud. 3. ed. Brasília: Brasiliense, 1990.

ROUSSEAU, Jean-Jacques. *Discurso sobre a origem da desigualdade entre os homens*. (Trad. Paulo Neves e Maria Lacerda Moura). São Paulo: L&PM, 2008.

ROUSSEAU, Jean-Jacques. *Do contrato social*. (Trad. Eduardo Brandão). São Paulo: Companhia das Letras, 2011.

ROUSSEAU, Jean-Jacques. *Emílio ou da educação*. (Trad. Roberto Leal Ferreira). 4. ed. São Paulo: Martins Fontes, 2014.

RUZYK, Carlos Eduardo Pianovski. *Institutos fundamentais do direito civil e liberdade(s)*. Rio de Janeiro: GZ Editora, 2011.

RYAN, Alan. *On politics*: a history of political thought: from Herodotus to the present. New York: Liveright Publishing Corporation, 2012. v. 2.

SABBAGH, Daniel. Affirmative action. *In*: ROSENFELD, Michel; SAJÓ, András (Eds.). *The Oxford handbook of comparative constitutional law*. Oxford: Oxford University Press, 2012.

SABEL, Charles F. S; SIMON, William H. Destabilization rights: how public law litigation succeds. *Harvard Law Review*, n. 117, 2004.

SAGER, Lawrence. Material rights, underenforcement, and the adjudication thesis. *Boston University Law Review*, v. 90, 2010.

SALDANHA, Nelson. *O jardim e a praça*. Porto Alegre: Sergio Antonio Fabris, 1986.

SANDEL, Michael (Ed.). *Liberalism and its critics*. New York Press: New York, 1984.

SANDEL, Michael. *Justiça*: o que é fazer a coisa certa. (Trad. Heloísa Matias e Maria Alice Máximo). 2. ed. Rio de Janeiro: Civilização Brasileira, 2012.

SANTO AGOSTINHO. *A cidade de Deus*. (Trad. J. Dias Pereira). Lisboa: Calouste Gulbenkian, 1993. v. 2.

SANTO AGOSTINHO. *Confissões*. São Paulo: Vozes de Bolso, 2011.

SANTORO, Emilio. *Autonomia individuale, libertà e diritti*: una critica dell'antropologia liberale. Pisa: ETS, 1999.

SANTOS, Boaventura de Sousa. *Pela mão de Alice*: o social e o político na pós-modernidade. São Paulo: Cortez Editora, 1995.

SANTOS, Boaventura de Sousa. Por uma concepção multicultural de direitos humanos. *In*: SANTOS, Boaventura de Sousa. *Reconhecer para libertar*: os caminhos do cosmopolitismo multicultural. Rio de Janeiro: Civilização Brasileira, 2003.

SANTOS, Fernando Ferreira dos. *O princípio constitucional da dignidade da pessoa humana*. São Paulo: Celso Bastos Editor, 1999.

SARLET, Ingo Wolfgang (Org.). *Direitos fundamentais sociais*: estudos de direito constitucional, internacional e comparado. Rio de Janeiro: Renovar, 2003.

SARLET, Ingo Wolfgang (Org.). *Dimensões da dignidade*: ensaios de filosofia do direito e direito constitucional. Porto Alegre: Livraria do Advogado, 2005.

SARLET, Ingo Wolfgang; FIGUEIREDO, Mariana Filchtiner. Reserva do possível, mínimo existencial e direito à saúde: algumas aproximações. *In*: SARLET, Ingo Wolfgang; TIMM, Luciano Benetti (Orgs.). *Direitos fundamentais, orçamento e 'reserva do possível'*. Porto Alegre: Livraria do Advogado, 2008.

SARLET, Ingo Wolfgang. *A eficácia dos direitos fundamentais*: uma teoria geral dos direitos fundamentais na perspectiva constitucional. 9. ed. Porto Alegre: Livraria do Advogado, 2009.

SARLET, Ingo Wolfgang. Art. 1, III. *In*: CANOTILHO, J. J. Gomes *et al*. *Comentários à Constituição do Brasil*. São Paulo: Saraiva/Almedina, 2013.

SARLET, Ingo Wolfgang. As dimensões da dignidade da pessoa humana: construindo uma compreensão jurídico-constitucional necessária e possível. *In*: SARLET, Ingo Wolfgang (Org.). *Dimensões da dignidade*: ensaios de filosofia do direito e direito constitucional. Porto Alegre: Livraria do Advogado, 2005.

SARLET, Ingo Wolfgang. *Dignidade da pessoa humana e direitos fundamentais na Constituição Federal de 1988*. Belo Horizonte: Livraria do Advogado, 2001.

SARLET, Ingo Wolfgang. Direitos fundamentais e direito privado: algumas considerações em torno da vinculação dos particulares aos direitos fundamentais. *In*: SARLET, Ingo Wolfgang (Org.). *A constituição concretizada*. Porto Alegre: Livraria do Advogado, 2000.

SARLET, Ingo Wolfgang. Direitos fundamentais sociais, 'mínimo existencial' e direito privado: breves notas sobre alguns aspectos da possível eficácia horizontal dos direitos sociais nas relações entre particulares. *In*: SARMENTO, Daniel; GALDINO, Flávio (Orgs.). *Direitos fundamentais*: estudos em homenagem ao professor Ricardo Lobo Torres. Rio de Janeiro: Renovar, 2006.

SARLET, Ingo Wolfgang. Notas a respeito do direito fundamental à moradia na jurisprudência do Supremo Tribunal Federal. *In*: SARMENTO, Daniel; SARLET, Ingo Wolfgang (Coords.). *Direitos fundamentais no Supremo Tribunal Federal*: balanço e crítica. Rio de Janeiro: Lumen Juris, 2011.

SARLET, Ingo Wolfgang. Notas sobre a dignidade da pessoa humana na jurisprudência do Supremo Tribunal Federal. *In*: SARMENTO, Daniel; SARLET, Ingo Wolfgang (Coords.). *Direitos fundamentais no Supremo Tribunal Federal*: balanço e crítica. Rio de Janeiro: Lumen Juris, 2011.

SARLET, Ingo Wolfgang. Os direitos sociais na Constituição de 88. *In*: SARLET, Ingo Wolfgang (Org.). *O direito público em tempos de crise*: estudos em homenagem a Ruy Ruben Ruschel. Porto Alegre: Livraria do Advogado, 1999.

SARLET, Ingo Wolfgang; FENSTERSEIFER, Tiago. Estado socioambiental e mínimo existencial (ecológico?): algumas aproximações. *In*: SARLET, Ingo Wolfgang (Org.). *Estado socioambiental e direitos fundamentais*. Porto Alegre: Livraria do Advogado, 2010.

SARLET, Ingo Wolfgang; LEITE, George Salomão (Orgs.). *Direitos fundamentais e biotecnologia*. São Paulo: Método, 2008.

SARLET, Ingo Wolfgang; MARINONI, Luiz Guilherme; MITIDIERO, Daniel. *Curso de direito constitucional*. 3. ed. São Paulo: Revista dos Tribunais, 2014.

SARLET, Ingo Wolfgang; TIMM, Luciano Benetti (Orgs.). *Direitos fundamentais, orçamento e "reserva do possível"*. Porto Alegre: Livraria do Advogado, 2008.

SARLET, Ingo Wolfgang; VALE, André Rufino do. Direito geral de liberdade. *In*: CANOTILHO, J. J. Gomes *et al*. *Comentários à Constituição do Brasil*. São Paulo: Saraiva, 2013.

SARMENTO, Daniel (Org.). *Interesses públicos versus interesses privados*: desconstruindo o princípio da supremacia do interesse público. Rio de Janeiro: Lumen Juris, 2006.

SARMENTO, Daniel. A liberdade de expressão e o problema do 'hate speech'. *In*: SARMENTO, Daniel. *Livres e iguais*: estudos de direito constitucional. Rio de Janeiro: Lumen Juris, 2007.

SARMENTO, Daniel. *A ponderação de interesses na Constituição Federal*. Rio de Janeiro: Lumen Juris, 1999.

SARMENTO, Daniel. A proteção judicial dos direito sociais: alguns parâmetros ético-jurídicos. *In*: SOUZA NETO, Cláudio Pereira de; SARMENTO, Daniel (Orgs.). *Direitos sociais*: fundamentos, judicialização e direitos sociais em espécie. Rio de Janeiro: Lumen Juris, 2008.

SARMENTO, Daniel. Casamento e união estável entre pessoas do mesmo sexo: perspectivas constitucionais. *In*: SARMENTO, Daniel; IKAWA, Daniela; PIOVESAN, Flávia (Orgs.). *Igualdade, diferença e direitos humanos*. Rio de Janeiro: Lumen Juris, 2008.

SARMENTO, Daniel. Dimensão objetiva dos direitos fundamentais: fragmentos de uma teoria. *In*: SAMPAIO, José Adércio Leite (Coord). *Jurisdição constitucional e direitos fundamentais*. Belo Horizonte: Del Rey, 2003.

SARMENTO, Daniel. *Direitos fundamentais e relações privadas*. 2. ed. Rio de Janeiro: Lumen Juris, 2010.

SARMENTO, Daniel. Igualdade étnico-racial no direito constitucional brasileiro: discriminação "de facto", teoria do impacto desproporcional e ação afirmativa. *In*: SARMENTO, Daniel. *Livres e iguais*: estudos de direito constitucional. Rio de Janeiro: Lumen Juris, 2007.

SARMENTO, Daniel. Interesses públicos vs. interesses privados na perspectiva da teoria e da filosofia constitucional. *In*: SARMENTO, Daniel (Org.). *Interesses públicos vs. interesses privados*: desconstruindo o princípio da supremacia do interesse público. Rio de Janeiro: Lumen Juris, 2006.

SARMENTO, Daniel. Interpretação constitucional, pré-compreensão e capacidades institucionais do intérprete. *In*: SARMENTO, Daniel. *Por um constitucionalismo inclusivo*. Rio de Janeiro: Lumen Juris, 2010.

SARMENTO, Daniel. Legalização do aborto e constituição. *In*: SARMENTO, Daniel. *Livres e iguais*: estudos de direito constitucional. Rio de Janeiro: Lumen Juris, 2006.

SARMENTO, Daniel. O neoconstitucionalismo no Brasil: riscos e possibilidades. *In*: SARMENTO, Daniel. *Por um constitucionalismo inclusivo*: história constitucional brasileira, teoria da constituição e direitos fundamentais. Rio de Janeiro: Lumen Juris, 2010.

SARMENTO, Daniel. Representação sobre a violação ao direito de voto do preso provisório. *In*: SARMENTO, Daniel. *Por um constitucionalismo inclusivo*: história constitucional brasileira, teoria da constituição e direitos fundamentais. Rio de Janeiro: Lumen Juris, 2010.

SARMENTO, Daniel. Supremacia do interesse público?: as colisões entre direitos fundamentais e interesses da coletividade. *In*: ARAGÃO, Alexandre dos Santos; MARQUES NETO, Floriano de Azevedo. *Direito administrativo e seus novos paradigmas*. Belo Horizonte: Fórum, 2008.

SARMENTO, Daniel. Ubiquidade constitucional: os dois lados da moeda. *In*: SARMENTO, Daniel. *Livres e iguais*: estudos de direito constitucional. Rio de Janeiro: Lumen Juris, 2006.

SARMENTO, Daniel; SOUZA NETO, Cláudio Pereira de. *Direito constitucional*: teoria, história e métodos de trabalho. Belo Horizonte: Forum, 2012.

SARTRE, Jean Paul. *O ser e o nada*: ensaio de ontologia existencial. (Trad. Paulo Perdigão). 12. ed. Petrópolis: Vozes, 2007.

SCAFF, Fernando Facury. Reserva do possível, mínimo existencial e direitos humanos. *Verba Juris*, n. 4, 2005.

SCANLON, Thomas. A theory of freedom of expression. *In*: DWORKIN, Ronald (Ed.). *Philosophy of law*. Oxford: Oxford University Press, 1977.

SCHEFFLER, Samuel. Rawls and utilitarianism. *In*: FREEMAN, Samuel (Ed.). *The Cambridge companion to Rawls*. Cambridge: Cambridge University Press, 2003.

SCHILLER, Friedrich. On grace and dignity. (Trad. George Gregory). *In*: *Friedrich Schiller*: poet of freedom. Disponível em: www.schillerinstitute.org/educ/aesthetics/Schiller_On_Grace_and_Dignity.pdf. Acesso em 15 mai. 2015.

SCHLINK, Bernard. The concept of human dignity: current usages, future discourses. *In*: MCCRUDDEN, Christopher (Ed.). *Understanding human dignity*. Oxford: Oxford University Press, 2013.

SCHMITT, Carl. *Constitutional theory*. (Trad. Jeffrey Seitzer). Durham: Duke University Press, 2008.

SCHOPENHAUER, Arthur. *On the basis of morality*. Indianapolis: Hackett, 1965.

SCHREIBER, Anderson. *Direitos da personalidade*. São Paulo: Atlas, 2011.

SCHWABE, Jürgen. Cinquenta anos de jurisprudência do Tribunal Constitucional Federal Alemão. (Trad. Beatriz Hennig *et al.*). Konrad Adenauer Stiftung: Berlin, 2005.

SCOTT, Rebecca J. Dignité/dignidade. Organizing against threats to dignity in societies after slavery. *In*: MCCRUDDEN, Christopher (Ed.). *Understanding human dignity*. Oxford: Oxford University Press, 2013.

SEELMAN, Kurt. Pessoa e dignidade da pessoa humana na filosofia de Hegel. *In*: SARLET, Ingo Wolfgang (Org.). *Dimensões da dignidade*: ensaios de filosofia do direito e direito constitucional. 2. ed. Porto Alegre: Livraria do Advogado, 2013.

SECRETARIA NACIONAL DE SANEAMENTO AMBIENTAL DO MINISTÉRIO DAS CIDADES. *Diagnóstico dos Serviços de Água e Esgotos, Sistema Nacional de Informações sobre Saneamento (SNIS)*. 2013. p. 17. Disponível em: http://www.snis.gov.br/diagnostico-agua-e-esgotos/diagnostico-ae-2013. Acesso em 11 jan. 2016.

SEGATO, Rita. Que cada povo teça os fios de sua história: o pluralismo jurídico em diálogo didático com legisladores. *Direito UnB*, 2014.

SEN, Amartya. *Desenvolvimento como liberdade*. (Trad. Laura Teixeira Motta). São Paulo: Companhia das Letras, 1999.

SEN, Amartya. Human rights and Asian values: what Lee Kuan Yew and Le Peng don't understand about Asia. *The New Republic*, v. 217, p. 33-38, n. 2-3.

SEN, Amartya. *Identity and violence*: the illusion of destiny. New York: W. W. Norton & Company, 2006.

SEN, Amartya. *Sobre ética e economia*. (Trad. Laura Teixeira Mota). São Paulo: Companhia das Letras, 1999.

SEN, Amartya. *The idea of justice*. Cambridge: The Belknap Press of Harvard University Press, 2009.

SEN, Amartya; WILLIAMS, Bernard (Eds.). *Utilitarianism and beyond*. Cambridge: Cambridge University Press, 1982.

SHACHAR, Ayelet. *Multicultural jurisdictions*: cultural differences and women's rights. Cambridge: Cambridge University Press, 2001.

SIEGEL, Reva B. Dignity and the politics of protection: abortion restrictions under Casey/Carhart. *Yale Law Journal*, n. 118, 2008.

SILVA, José Afonso da. A dignidade da pessoa humana como valor supremo da democracia. *In*: SILVA, José Afonso da. *Poder constituinte e poder popular*. São Paulo: Malheiros, 2000.

SILVA, Maria Osmarina. Saindo da invisibilidade: a política nacional de povos e comunidades tradicionais. *Inclusão Social*, v. 2, n. 2, 2007.

SILVA, Virgílio Afonso da. *A constitucionalização do direito*: os direitos fundamentais nas relações entre particulares. São Paulo: Malheiros, 2005.

SILVA, Virgílio Afonso da. *Direitos fundamentais*: conteúdo essencial, restrições e eficácia. São Paulo: Malheiros, 2009.

SILVA, Virgílio Afonso da. Integração e diálogo constitucional na América do Sul. *In*: BOGDANDY, Armin Von; PIOVESAN, Flávia; ANTONIAZZI, Mariela Morales (Orgs). *Direitos humanos, democracia e integração jurídica*. Rio de Janeiro: Lumen Juris, 2010.

SILVA, Virgílio Afonso da. Interpretação constitucional e sincretismo metodológico. *In*: SILVA, Virgílio Afonso da (Org.). *Interpretação constitucional*. São Paulo: Malheiros, 2005.

SILVA, Virgílio Afonso da. O judiciário e as políticas públicas: entre transformação social e obstáculo. *In*: SOUZA NETO, Cláudio Pereira de; SARMENTO, Daniel (Orgs.). *Direitos sociais*: fundamentos, judicialização e direitos sociais em espécie. Rio de Janeiro: Lumen Juris, 2008.

SINGER, Peter. *Practical ethics*. Cambridge: Cambridge University Press, 1993.

SÓCRATES. *Os pensadores*: seleção de textos de José Américo Motta Pessanha. (Trad. Jaime Bruna *et al*). 2. ed. São Paulo: Editora Abril, 1980.

SÓFOCLES. *Tragedias completas*. (Trad. Ignacio Errandonea). 5. ed. Madri: Aguillar, 1964.

SOUSA, Bruno Stigert. *Constitucionalismo solidário na era dos deveres*: democracia, diferença e inclusão. Dissertação (Mestrado em Direito) – Faculdade de Direito, Universidade do Estado do Rio de Janeiro, 2008.

SOUZA FILHO, Carlos Frederico Marés. O direito de ser povo. *In*: SARMENTO, Daniel Sarmento; IKAWA, Daniela Ikawa; PIOVESAN, Flávia (Orgs.). *Igualdade, diferença e direitos humanos*. Rio de Janeiro: Lumen Juris, 2008.

SOUZA NETO, Cláudio Pereira de. *Democracia em crise no Brasil*: valores constitucionais, antagonismo político e dinâmica institucional. São Paulo: Contracorrente, 2020.

SOUZA NETO, Cláudio Pereira de; SARMENTO, Daniel. *Direito constitucional*: teoria, história e métodos de trabalho. Belo Horizonte: Fórum, 2012.

SOUZA NETO, Cláudio Pereira de. *Constitucionalismo democrático e governo das razões*. Rio de Janeiro: Lumen Juris, 2011.

SOUZA NETO, Cláudio Pereira de. A teoria constitucional e seus lugares específicos: notas sobre o aporte reconstrutivo. *Revista de Direito do Estado*, n. 1, 2006.

SOUZA NETO, Cláudio Pereira de. *Teoria constitucional e democracia deliberativa*. Rio de Janeiro: Renovar, 2006.

SOUZA NETO, Cláudio Pereira de. *Jurisdição constitucional, democracia e racionalidade prática*. Rio de Janeiro: Renovar, 2002.

SOUZA NETO, Cláudio Pereira de; SARMENTO, Daniel. Controle de constitucionalidade e democracia: algumas teorias e parâmetros de ativismo. *In*: SARMENTO, Daniel (Coord.). *Jurisdição constitucional e política*. Rio de Janeiro: Gen/Forense, 2015.

SOUZA NETO, Cláudio Pereira de; MENDONÇA, José Vicente dos Santos. Fundamentalização e fundamentalismo na interpretação do princípio constitucional da livre iniciativa. *In*: SOUZA NETO, Cláudio Pereira de. *Constitucionalismo Democrático e Governo das razões*. Rio de Janeiro: Lumen Juris, 2011.

SOUZA, Jessé de. A gramática social da desigualdade brasileira. In: SOUZA, Jessé de (Org.). *A invisibilidade da desigualdade brasileira*. Belo Horizonte: UFMG, 2006.

SOUZA, Jessé de. Uma teoria crítica do reconhecimento. *Lua Nova: Revista de Cultura e de Política*, n. 50, 2000. Disponível em: http://dx.doi.org/10.1590/S0102-64452000000200008. Acesso em 10 set. 2015.

SOUZA, Jorge Munhós de. *Diálogo institucional e direito à saúde*. Salvador: Juspodium, 2013.

SPENCER, Herbert. Social statics. *In*: SCHAPIRO, J. Salwin (Ed.). *Liberalism*: its meaning and history. New York: Van Nostrand Reinhold, 1958.

SPRIGGS, M. Current controversy: lesbian couple creates a child who is deaf like them. *Journal of Medical Ethics*, n. 28, 2002.

SPYER, Juliano. *Povo de Deus*: quem são os evangélicos e por que eles importam. São Paulo: Geração Editorial, 2020.

STANLEY, Jason. A democracia brasileira. *Quatro Cinco Um*, n. 33, 2020.

STANLEY, Jason. *Como funciona o fascismo*: a política do "nós" e "eles". Porto Alegre: LPM, 2018.

STARCK, Christian. The religious and philosophical background of human dignity and its place in modern constitutions. *In*: KRETZMER, David; KLEIN, Eckart (Eds.). *The concept of human dignity in human rights discourse*. The Hague: Kluwer Law International, 2002.

STEINMETZ, Wilson Antônio. *Vinculação dos particulares aos direitos fundamentais*. São Paulo: Malheiros, 2005.

STF. *Discurso de posse no cargo de Presidente do Supremo Tribunal Federal e do Conselho Nacional de Justiça*. 19 abr. 2012. Disponível em: http://www.stf.jus.br/arquivo/cms/noticiaNoticiaStf/anexo/DiscursoAyresBritto.pdf. Acesso em 31 dez. 2015.

STOLLEIS, Michael. *Public Law in Germany, 1800-1914*. (Trad. Pamela Biel). New York: Bergham Books, 2001.

STOLLEIS, Michael. *The law under the swastika*: studies on legal history in Nazi Germany. (Trad. Thomas Dunlop). Chicago: The University of Chicago Press, 1998.

STROSSEN, Nadine. *Defending pornography*: free speech, sex and the fight for women's rights. New York: Scribner, 1995.

SUNDFELD, Carlos Ari. Princípio é preguiça? *In*: SUNDFELD, Carlos Ari. *Direito administrativo para céticos*. 2. ed. São Paulo: Malheiros, 2014.

SUNDFELD, Carlos Ari. Que constituição? *In*: *Direito administrativo para céticos*. 2. ed. São Paulo: Malheiros, 2014.

SUNSTEIN, Cass (Ed.). *Behavioral law & economics*. Cambridge: Harvard University Press, 2000.

SUNSTEIN, Cass. Caste and disability: the moral foundations of the ADA. *University of Pennsylvania Law Review*, v. 157, 2008.

SUNSTEIN, Cass. Incompletely theorized agreements in constitutional law. *Chicago Public Law and Legal Theory Working Paper*, n. 47, 2007. Disponível em: http://www.law.uchicago.edu/academics/publiclaw/index.html. Acesso em 30 set. 2015.

SUNSTEIN, Cass. *One case at a time*: judicial minimalism on the Supreme Court. Cambridge: Harvard University Press, 1989.

SUNSTEIN, Cass. *Radical in robes*: why extreme right-wing justices are wrong for America. New York: Books, 2005.

SUNSTEIN, Cass. Social and economic rights?: lessons from South Africa. *John M. Olin Law & Economics Working Papers*, n. 124, 2001.

SUNSTEIN, Cass. *The partial constitution*. Cambridge: Harvard University Press, 1993.

SUNSTEIN, Cass. *The second bill of rights*: FDR's unfinished revolution and why we need it more than ever. New York: Basic Books, 2004.

SUNSTEIN, Cass. *Valuing life*: humanizing the regulatory state. Chicago: The University of Chicago Press, 2014.

SUNSTEIN, Cass; HOLMES, Stephen. *The cost of rights*: why liberty depends on taxes. New York: W.W. Norton and Company, 1999.

SUNSTEIN, Cass; THALER, Richard H. Libertarian paternalism. *American Economic Review*, n. 93, 2003.

SUNSTEIN, Cass; THALER, Richard H. *Nudge*: improving decisions about health, wealth, and happiness. New York: Penguin Books, 2008.

SUNSTEIN, Cass; VERMEULE, Adrian. Interpretation and institutions. *John M. Olin Law & Economics Working Paper*, n. 156, 2002. Disponível em: http://www.law.uchicago.edu/Lawecon/index.htlm. Acesso em 30 set. 2015.

TARUFFO, Michele. Il significato costituzionale dell'obligo di motivazione. *In*: GRINOVER, Ada Pellegrini; DINAMARCO, Cândido Rangel; WATANABE, Kazuo (orgs.). *Participação e processo*. São Paulo: RT, 1988.

TAYLOR, Charles. *A ética da autenticidade*. (Trad. Talyta Carvalho). São Paulo: Realizações Editora, 2010.

TAYLOR, Charles. *El multiculturalismo y la política del reconocimiento*. (Trad. Mónica Utrilla de Neira). México: Fondo de Cultura Económica, 1993.

TAYLOR, Charles. *Hegel e a sociedade moderna*. (Trad. Luciana Pudenzi). São Paulo: Edições Loyola, 2005.

TAYLOR, Charles. *Multiculturalismo*: examinando a política do reconhecimento. (Trad. Martha Machado). Lisboa: Instituto Piaget, 1998.

TAYLOR, Charles. Propósitos entrelaçados: o debate liberal-comunitário. *In*: TAYLOR, Charles. *Argumentos filosóficos*. (Trad. Adail Ubirajara Sobral). São Paulo: Loyola, 1995.

TAYLOR, Charles. *Sources of the self*: the making of modern identity. Cambridge: Harvard University Press, 1989.

TEIXEIRA, Ana Carolina Brochado. *Saúde, corpo e autonomia privada*. Rio de Janeiro: Renovar, 2010.

TEPEDINO, Gustavo. A tutela da personalidade no ordenamento civil-constitucional brasileiro. *In*: TEPEDINO, Gustavo. *Temas de direito civil*. Rio de Janeiro: Renovar, 1999.

TEPEDINO, Gustavo. Contornos constitucionais da propriedade privada. *In*: TEPEDINO, Gustavo. *Temas de direito civil*. Rio de Janeiro: Renovar, 1999.

TEPEDINO, Gustavo. Direitos humanos e relações privadas. *In*: TEPEDINO, Gustavo. *Temas de direito civil*. Rio de Janeiro: Renovar, 1999.

TEPEDINO, Gustavo. Do sujeito de direito à pessoa humana. *In*: TEPEDINO, Gustavo. *Temas de direito civil*. Rio de Janeiro: Renovar, 2006. t. II.

TERRA. *Bolsonaro*: 'prefiro filho morto em acidente a um homossexual'. 8 jun. 2011. Disponível em: https://www.terra.com.br/noticias/brasil/bolsonaro-prefiro-filho-morto-em-acidente-a-um-homossexual,cf89cc00a90ea310VgnCLD200000bbcceb0aRCRD.html. Acesso em 09 jul. 2020.

THE LANCET. COVID-19 in Brazil: so what?. *The Lancet*, v. 395, issue 10.235, p. 1461. Disponível em: https://www.thelancet.com/journals/lancet/article/PIIS0140-6736(20)31095-3/fulltext. Acesso em 14 ago. 2020.

THOMSON, Judith Jarvis. A defense of abortion. *In*: DWORKIN, Ronald (Ed.). *The philosophy of law*. Oxford: Oxford University Press, 1977.

THOMSON, Judith Jarvis. The trolley problem. *Yale Law Journal*, n. 94, 1985.

TOCQUEVILLE, Alexis de. *A democracia na América*. (Trad. Eduardo Brandão). São Paulo: Martins Fontes, 2004.

TODOROV, Tzvetan. *A conquista da América*. (Trad. Beatriz Perrone-Moisés). São Paulo: Martins Fontes, 2011. v. 2.

TODOROV, Tzvetan. *A vida em comum*: ensaio de antropologia geral. (Trad. Mara Angélica Deângeli e Norma Wimmer). São Paulo: Unesp, 2013.

TODOROV, Tzvetan. *O medo dos bárbaros*: para além do choque das civilizações. (Trad. Guilherme João de Freitas Teixeira). Rio de Janeiro: Vozes, 2010.

TOLLEFSEN, Christopher. The dignity of marriage. *In*: MCCRUDDEN, Christopher (Ed.). *Understanding human dignity*. Oxford: Oxford University Press, 2013.

TOMÁS DE AQUINO. *Summa contra Gentiles*. (Trad. Joseph Rickaby). Livro III, Cap. LXXXI. Disponível em: http://www.catholicprimer.org/aquinas/aquinas_summa_contra_gentiles.pdf. Acesso em 25 set. 2015.

TOMÁS DE AQUINO. *The Summa Theologica*. (Trad. Daniel J. Sullivan). Londres: Encyclopedia Britannica, 1978.

TORRES, Ricardo Lobo. A metamorfose dos direitos sociais em mínimo existencial. *In*: SARLET, Ingo Wolfgang (Org.). *Direitos fundamentais sociais*: estudos de direito constitucional, internacional e comparado. Rio de Janeiro: Renovar, 2003.

TORRES, Ricardo Lobo. *O direito ao mínimo existencial*. Rio de Janeiro: Renovar, 2009.

TORRES, Ricardo Lobo. O mandado de injunção e a legalidade financeira. *Revista de Direito Administrativo*, n. 177, 1992.

TORRES, Ricardo Lobo. O mínimo existencial como conteúdo essencial dos direitos fundamentais. *In*: SOUZA NETO, Cláudio Pereira de; SARMENTO, Daniel (Orgs.). *Direitos sociais*: fundamentos, judicialização e direitos sociais em espécie. Rio de Janeiro: Lumen Juris, 2008.

TORRES, Ricardo Lobo. O mínimo existencial e os direitos fundamentais. *Revista de Direito Administrativo*, n. 177, p. 29-49, 1989.

TORRES, Ricardo Lobo. O mínimo existencial, os direitos sociais e os desafios de natureza orçamentária. *In*: SARLET, Ingo Wolfgang; TIMM, Luciano Benetti (Orgs.). *Direitos fundamentais, orçamento e reserva do possível*. Porto Alegre: Livraria do Advogado, 2008.

TORRES, Ricardo Lobo. O mínimo existencial, os direitos sociais e a reserva do possível. *In*: NUNO, Antônio José Avelãs; COUTINHO, Jacinto Nelson de Miranda (Org.). *Diálogos constitucionais Brasil/Portugal*. Rio de Janeiro: Renovar, 2004.

TORRES, Ricardo Lobo. O princípio fundamental da dignidade da pessoa humana. *In*: VELLOSO, Carlos Mário da Silva; ROSAS, Roberto; AMARAL, Antonio Carlos Rodrigues do (Coords.). *Princípios constitucionais fundamentais*: estudos em homenagem ao professor Ives Gandra da Silva Martins. São Paulo: Lex Editora, 2005.

TORRES, Ricardo Lobo. *Os direitos humanos e a tributação*: imunidades e isonomia. Rio de Janeiro: Renovar, 1995.

TORRES, Ricardo Lobo. *Tratado de direito constitucional financeiro e tributário*: o orçamento na Constituição. Rio de Janeiro: Renovar, 2000. v. 5.

TRAVASSOS, Marcelo Zenni. *A legitimação jurídico-moral da regulação estatal à luz de uma premissa liberal republicana*: autonomia privada, igualdade e autonomia pública. Estudo de caso sobre argumentos paternalistas. Rio de Janeiro: Renovar, 2015.

TRIBE, Laurence H. *The invisible constitution*. New York: Oxford University Press, 2008.

TUGENDHAT, Ernst. *Lições sobre ética*. (Trad. Róbson Ramos dos Reis *et al.*). 4. ed. Petrópolis: Vozes, 2000.

TULLY, James. *Strange multiplicity*: constitutionalism in the age of diversity. Cambridge: Cambridge University Press, 1995.

TUSHNET. Mark. *Weak courts, strong rights*: judicial review and social Welfare Rights in comparative constitutional law. Princeton: Princeton University Press, 2008.

UOL. *Bolsonaro*: indígenas e caboclos causam 'parte considerável' do desmatamento. São Paulo, 16 jul. 2020. Disponível em: https://noticias.uol.com.br/meio-ambiente/ultimas-noticias/redacao/2020/07/16/bolsonaro-diz-que-indigenas-e-caboclos-causam-grande-parte-do-desmatamento.htm. Acesso em 05 ago. 2020.

VALDÉS, Ernesto Garzón. Es éticamente justificable el paternalismo jurídico? *Doxa: Cuadernos de Filosofía del Derecho*, n. 5, 1988.

VALENTE, Rubens. Bolsonaro admitiu atos de indisciplina e deslealdade no Exército. *Folha de São Paulo*, 15 mai. 2017. Disponível em: https://www1.folha.uol.com.br/poder/2017/05/1884033-bolsonaro-admitiu-atos-de-indisciplina-e-deslealdade-no-exercito.shtml. Acesso em 15 set. 2020.

VALLENTYNE, Peter. Consequentialism. *In*: LAFOLLETTE, Hugh (Ed.). *Ethics in practice*: an anthology. 3. ed. Malden: Blackwell Publishing, 2007.

VALOR ECONÔMICO. *Nós temos e que desconstruir muita coisa, diz Bolsonaro durante jantar*. 18 mar. 2019. Disponível em: https://valor.globo.com/brasil/noticia/2019/03/18/nos-temos-e-que-desconstruir-muita-coisa-diz-bolsonaro-durante-jantar.ghtml. Acesso em 18 set. 2020.

VASCONCELOS, Gabriel; SARAIVA, Alessandra. Auxílio emergencial: Mais da metade da população foi beneficiada, diz IBGE. *Valor Econômico*, Rio de Janeiro, 20 ago. 2020. Disponível em: https://valor.globo.com/brasil/noticia/2020/08/20/aumenta-parcela-de-domicilios-brasileiros-que-recebem-auxilio-emergencial.ghtml. Acesso em 19 set. 2020.

VAZ, Henrique C. de Lima. *Antropologia filosófica*. 7. ed. São Paulo: Loyola, 2004. v. 1.

VEJA. *Esses marginais vermelhos serão banidos da nossa pátria*. 22 out. 2018. Disponível em: https://www.google.com.br/amp/s/veja.abril.com.br/brasil/esses-marginais-vermelhos-serao-banidos-de-nossa-patria-diz-bolsonaro/amp/. Acesso em 24 ago. 2020.

VEJA. *Wilson Witzel*: a polícia vai mirar na cabecinha e... fogo. 01 nov. 2018. Disponível em: https://veja.abril.com.br/politica/wilson-witzel-a-policia-vai-mirar-na-cabecinha-e-fogo/. Acesso em 10 abr. 2020.

VERMEULE, Adrian. *Judging under uncertainty*: an institutional theory of legal interpretation. Cambridge: Harvard University Press, 2006.

VIEIRA, Oscar Vilhena. *A Constituição e sua reserva de justiça*: um ensaio sobre os limites materiais ao poder de reforma. São Paulo: Malheiros, 1999.

VIEIRA, Oscar Vilhena. A desigualdade e a subversão do estado de direito. *In*: SARMENTO, Daniel; IKAWA, Daniela; PIOVESAN, Flávia (Orgs.). *Igualdade, diferença e direitos humanos*. Rio de Janeiro: Lumen Juris, 2008.

UNICEF. World Health Organization. *Progress on Drinking Water and Sanitation*. 2014. p. 54. Disponível em: http://www.unicef.org/gambia/Progress_on_drinking_water_and_sanitation_2014_update.pdf. Acesso em 11 jan. 2016.

VIEIRA, Oscar Vilhena. A moralidade da constituição e os limites da empreitada interpretativa, ou entre Beethoven e Bernstein. *In*: SILVA, Virgílio Afonso da (Org.). *Interpretação constitucional*. São Paulo: Malheiros, 2005.

VIEIRA, Oscar Vilhena. *Direitos fundamentais*: uma leitura da jurisprudência do STF. São Paulo: Malheiros, 2006.

VIEIRA, Oscar Vilhena. Introduction. *In*: VIEIRA, Oscar Vilhena; BAXI, Upendra; VILJOEN, Frans (Eds.). *Transformative constitutionalism*: comparing the apex courts of Brazil, India and South Africa. Pretoria: Pretoria University Law Press, 2013.

VILLEY, Michel. *Le Droit et les Droits de l'Homme*. Paris: PUF, 1983.

WALDRON, Jeremy. *Dignity, rank and rights*. New York: Oxford University Press, 2012.

WALDRON, Jeremy. Homelessness and the issue of freedom. *In*: GOODIN, Robert E.; PETTIT, Philip (Eds.). *Contemporary political philosophy*: an anthology. Oxford: Blackwell Publishers, 1997.

WALDRON, Jeremy. *The harm in hate speech*. Cambridge: Harvard University Press, 2012.

WALZER, Michael. *Esferas da justiça*: uma defesa do pluralismo e da igualdade. (Trad. Jussara Simões). São Paulo: Martins Fontes, 2003.

WARNER, Michael. Beyond gay marriage. *In*: BROWN, Wendy; HALLEY, Janet (Eds.). *Left legalism, left critique*. Durham: Duke University Press, 2002.

WEBER, Max. *Economía y sociedad*. (Trad. José Medina Echavarría *et al.*). México: Fondo de Cultura Económica, 1998.

WEBER, Max. La ética protestante y el espíritu del capitalismo. *In*: WEBER, Max. *Obras selectas*. (Trad. Carlos Alberto Samonta). Distal: Buenos Aires, 2003.

WEIL, Laurence. La dignité de la personne humaine en Droit Administratif. *In*: PAVIA, Marie-Luce; REVET, Thierry (Eds.). *La dignité de la personne humaine*. Paris: Economica, 1999.

WEINGARTNER NETO, Jayme. *Liberdade religiosa na constituição*: fundamentalismo, pluralismo, crenças, cultos. Porto Alegre: Livraria do Advogado, 2007.

WHITMAN, James Q. *Harsh justice*: criminal punishment and the widening divide between America and Europe. New York: Oxford University Press, 2003.

WHITMAN, James Q. Human dignity in Europe and the United States: the social foundations. *In*: NOLTE, Georg (Ed.). *European and US Constitutionalism*. Cambridge: Cambridge University Press, 2005.

WHITMAN, James Q. The two western cultures of privacy: dignity versus liberty. *Yale Law School Legal Scholarship Repository*, paper 649. Disponível em: http://digitalcommons.law.yale.edu/fss_papers/649. Acesso em 15. set. 2015.

WOLFRUM, Rüdger. A proteção dos povos indígenas no direito internacional. *In*: SARMENTO, Daniel; IKAWA, Daniela; PIOVESAN, Flávia (Orgs.). *Igualdade, diferença e direitos humanos*. Rio de Janeiro: Lumen Juris, 2008.

WOOLMAN, Stuart. Dignity. *In*: WOOLMAN, Stu; BISHOP, Michael (Eds.). *Constitutional Law of South Africa*. 2. ed. Cape Town: Juta & Co. Ltd., 2013. v. 3.

WORLD HEALTH ORGANIZATION. *UNODC, WHO, UNAIDS and OHCR joint statement on COVID-19 in prisons and other closed settings*. 13 mai. 2020. Disponível em: https://www.who.int/news/item/13-05-2020-unodc-who-unaids-and-ohchr-joint-statement-on-covid-19-in-prisons-and-other-closed-settings. Acesso em 24 set. 2020.

YOUNG, Iris Marion. *Inclusion and democracy*. Oxford: Oxford University Press, 2000.

YOUNG, Iris Marion. Unruly categories: a critique of Nancy Fraser's dual systems theory. *In*: WILLET, Cynthia (Ed.). *Theorizing multiculturalism*: a guide to current debate. Malden: Blackwell Publishers, 1998.

YOUNG, Katharine G. The minimum core of economic and social rights: a concept in search of content. *Yale Journal of International Law*, v. 33, 2008.

ZAMBITTE, Fábio. *A previdência social no estado contemporâneo*. Niterói: Impetus, 2011.

ZIPPELIUS, Reinhold. *Teoria geral do estado*. (Trad. Karin Praefke-Aires Coutinho). Lisboa: Fundação Calouste Gulbenkian, 1997.

ZIZEK, Slavoj. A leftist plea for "eurocentrism". *Critical Inquiry*, n. 24, 1998.

Esta obra foi composta em fonte Palatino Linotype, corpo 10
e impressa em papel Pólen Bold 70g (miolo) e Supremo 250g (capa)
pela Paulinelli Serviços Gráficos.